“De vierde editie alweer… Plus inmiddels de nodige vertalingen van Kentie’s standaardwerk. Daar valt weinig aan toe te voegen. Of het zou moeten zijn dat deze jongste editie weer helemaal bij de tijd is. Zaken als DHTML, XML en de toepassingen die met de producten van Macromedia tegenwoordig een integraal onderdeel van een website vormen, komen nu uitvoerig (maar altijd praktisch benaderd!) aan bod. Zelfs een relatief nieuwe techniek als WAP waarmee het Web aan de alom tegenwoordige GSM-telefoon wordt gekoppeld ontbreekt niet.
En dat is knap, want in een wereld waarin de ontwikkelingen letterlijk met de snelheid van het licht gaan, is een goed bruikbaar en actueel boek lastig te vervaardigen. Kentie slaagt daar echter weer in. In mijn optiek door ogenschijnlijk lastige zaken helder en duidelijk te beschrijven.
Zo blijft dit boek een ‘must’ voor iedereen die zijdelings of dagelijks met interactieve communicatie bezig is.”
***Wim Andrea, managing partner PPGH JWT-COLORS, Amsterdam***

“Werken met nieuwe media leer je het beste wanneer je kunt terugvallen op een traditioneel medium. Peter Kentie past deze oude tactiek succesvol toe in een boek dat gerust verplichte literatuur voor iedere serieuze webprofessional genoemd mag worden. Het interactieve marketingconcept ligt duidelijk aan de basis van zijn nieuwste editie, die gewaardeerd zal worden door de technicus, de creatief en de marketeer.
Een unieke prestatie, want moeilijker verenigbare doelgroepen zijn op dit moment nauwelijks te vinden.”
***Arko van Brakel, Directeur puntEDU bv, Instituut voor Interactieve Media***

“Als er in Nederland één autoriteit op het gebied van webdesign rondloopt, dan is het wel Peter Kentie. De nieuwe *Webdesign in de praktijk* kunt u ongezien kopen!”
***Hans Frederiks, hoofdredacteur Publish***

# Webdesign in de praktijk

4e geheel herziene druk

Peter Kentie

Addison Wesley Longman
Nederland BV

ADDISON-WESLEY
LONGMAN
A Pearson Company

Amsterdam • Auckland • Bangkok • Bogota • Bonn • Buenos Aires • Cape Town • Don Mills • Harlow • Hong Kong • Jakarta • Madrid • Manila • Melbourne • Mexico • Milan • Puerto Rico • Reading • Santiago • Selangor • Seoul • Singapore • Sydney • Taipei • Tokyo

ISBN 90-430-0181-3
NUGI 854
Trefw.: Internet / Grafische toepassingen

4e geheel herziene druk, eerste oplage

Vormgeving, opmaak, illustraties & design websites: Peter Kentie
Omslag- en katernillustraties: Sander Kessels, Amsterdam
Omslagrealisatie: Be One, Haarlem
Druk: Giethoorn, Meppel

*Dit boek is gedrukt op een papiersoort die niet met chloorhoudende chemicaliën is gebleekt. Hierdoor is de produktie van dit boek minder belastend voor het milieu.*

Voor mijn liefste Marjan.
Dank voor je inzet en oneindige geduld.

Over de auteur:

Peter Kentie is Creative Director Web bij Philips Design. Hij is opgeleid als grafisch vormgever en marketeer. Hij heeft websites gerealiseerd voor professionele organisaties en bedrijven zoals Philips, VNU, DAF Trucks, Kluwer, ECI, Simac, Merck, e.a.
Daarnaast schrijft hij voor de publicaties Publish en Emerce over Internet en vormgeving. Hij heeft een standaardwerk over DeskTop Publishing geschreven voor Addison Wesley Longman getiteld: DTP in de praktijk. Peter is getrouwd met Marjan en woont in Eindhoven.

## Read me

Hoogstwaarschijnlijk wordt elk voorwoord van een lijvig naslagwerk pas 'achteraf' geschreven. Zo ook deze pagina. De ontwikkelingen op het Internet gaan hard en zijn onverbiddelijk ten opzichte van de huidige standaarden, waardoor een boek over webdesign in theorie nooit af zal komen. Zou het dan überhaupt niet geschreven kunnen worden? In een nieuwsgroep stond ooit een bericht van iemand die medelijden had met een persoon die zich afficheerde als webdesigner. "Hoe kun je vormgeven voor een medium waar je als ontwerper geen enkele controle over hebt?" luidde zijn betoog. Er zit uiteraard een kern van waarheid in deze boude uitspraak. Doordat de basis wordt gevormd door een gestructureerde opmaaktaal, zijn de mogelijkheden voor een vormgever 'in theorie' beperkt. Maar de tijd staat ook niet stil en het Web wordt steeds meer een multimediaal en interactief communicatiemedium.

De aantrekkingskracht van de webpagina's speelt ook een rol. Aangezien het medium voortraast naar een versmelting van radio, televisie en telefoon, wordt de 'beeldkwaliteit' ook belangrijker. Het Web is echt meer dan tekst en wat plaatjes; de multimediale en interactieve capaciteiten bepalen steeds meer het succes van een website. Dit heeft tot gevolg dat de technieken die ter beschikking staan, steeds complexer worden. Kunnen grafische vormgevers, die al met opmaak- en tekenprogrammatuur werken, ook multimediaproducties maken? In de praktijk blijkt dat voor sommigen toch een flinke horde te zijn. Om over het efficiënt gebruik van een programmeertaal als Java maar te zwijgen. Moet een succesvolle webdesigner in spe daarom C++ leren? Gelukkig niet. Waar men wel verstand van moet hebben, zijn de creatieve mogelijkheden die Java*(script)*, XML en Shockwave c.s. bieden aan de webdesigners!

Doordat aan succesvolle pagina's steeds hogere eisen gesteld worden, zijn in dit praktijkboek alle relevante opmaak- en webdesign-technieken in kaart gebracht. Of het nu beeldbewerking, Java- en ActiveX-programmering, XML-codering of het produceren van een Flash animatie betreft, u vindt de basis van elke bepalende webdesign techniek in dit boek terug.

Zoals eerder gesteld, ontwikkelt het Web zich in een razend tempo en wordt de leercurve voor een aspirant webdesigner ook steeds steiler. En als men het idee heeft opgevat dat men het vak nu wel beheerst, blijken de spelregels alweer veranderd te zijn. Het Internet is wat dat betreft een 'levend organisme'. En de nieuwste ontwikkelingen brengen niet alleen allerlei interessante creatieve mogelijkheden met zich mee, maar introduceren tegelijkertijd de problematiek van de compatibiliteit met oudere browsers en afwijkende besturingssystemen.

De in dit boek getoonde technieken vormen een basis waarmee we nog wel een tijd vooruit kunnen. En als ruggesteun hoort bij dit boek een website waar u de speciaal voor deze publicatie gemaakte webpagina's en de relevante externe verwijzingen kunt verkrijgen op het webadres: **www.kentie.com.** Als u mij een vraag of opmerking over dit boek wilt toesturen, of het resultaat van uw werk met mij wilt delen, mail dan naar: **peter@kentie.com**. Ik kom er graag op terug! Ik wens u veel leesplezier.

*Peter Kentie*

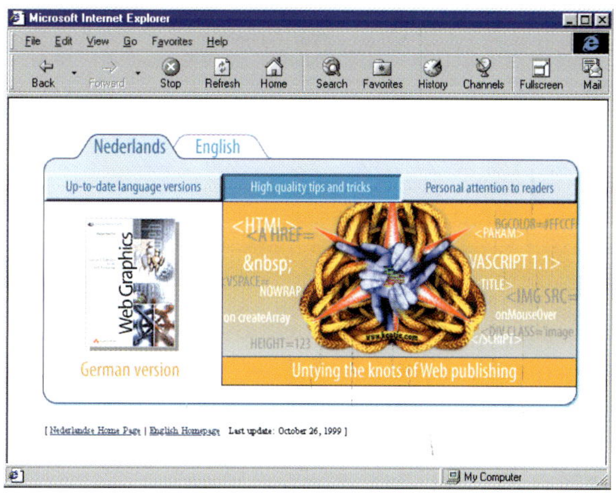

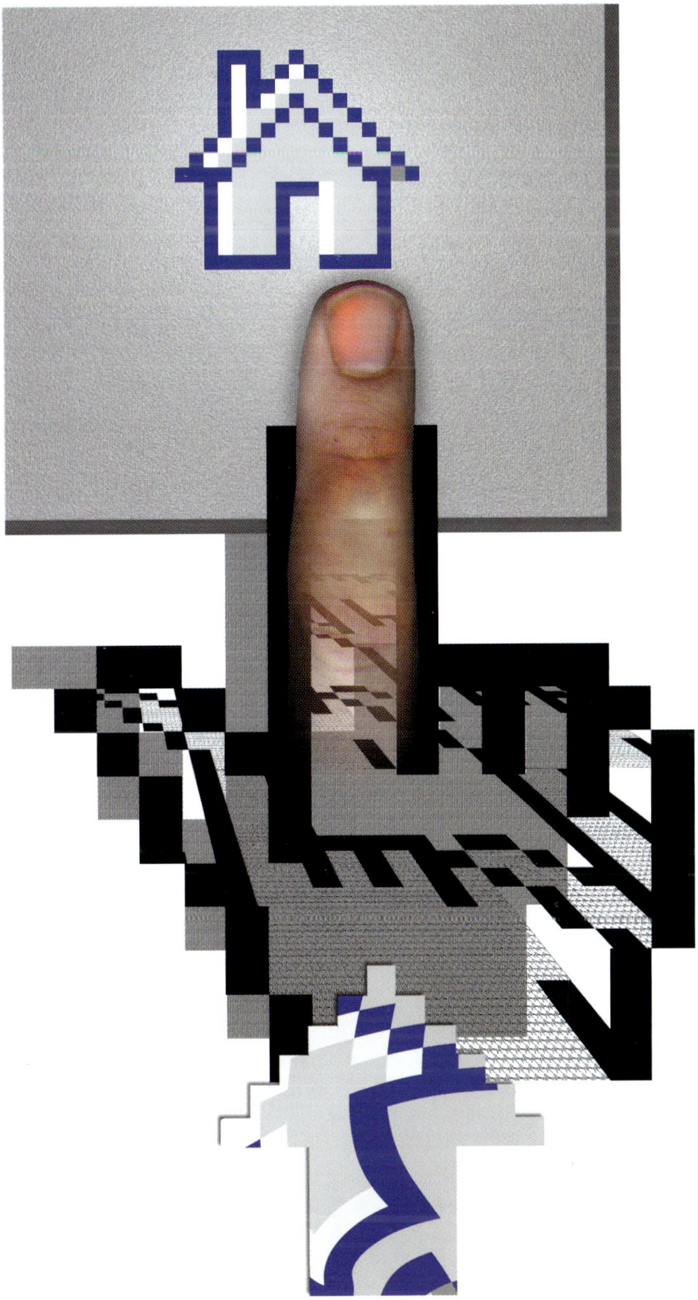

# Functioneel webdesign

KISS design ▶ (Keep It Simple Stupid) in bijna pure HTML opmaak versus visuele communicatie pur sang! Het Web biedt beide extremen alle ruimte.

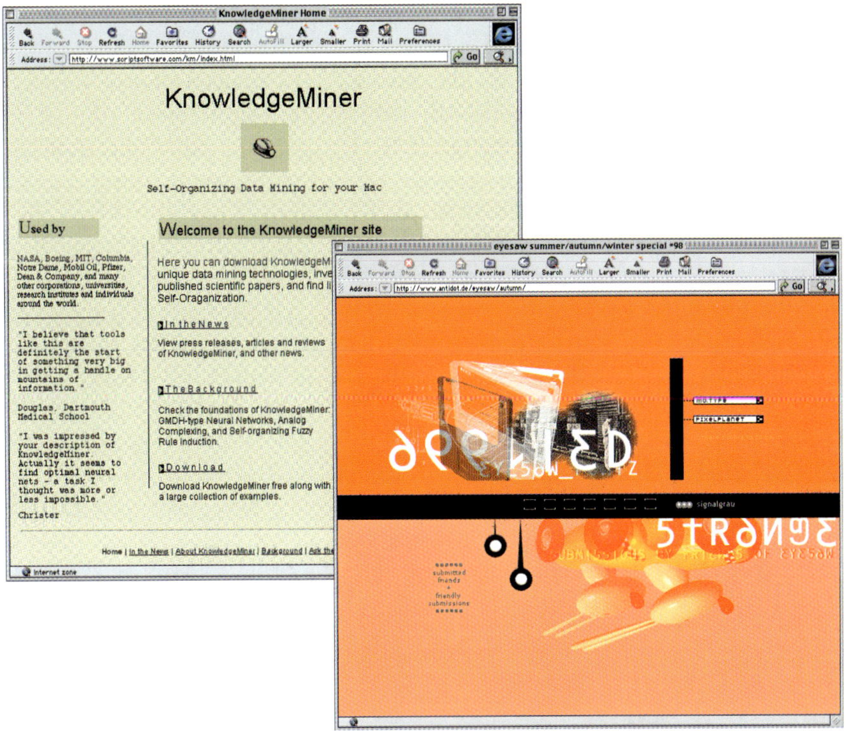

Al gaat het vak nog zo snel de regels achterhalen het wel. In dit hoofdstuk worden tien uit praktische ervaring opgedane regels gepresenteerd die het ontwikkelen en bouwen van een website in banen leidt.

## 10 Webdesign-regels

In alle professionele vakgebieden zijn er regels en wetten. Of het nu om het slaan van een spijker in een stuk hout gaat of om een olieboring op de Noordzee, er zijn altijd algemeen geldende regels die de beoefenaars van het vak respecteren. In het vakgebied Webdesign zijn deze regels nog 'in ontwikkeling'. Denkt men. In de praktijk blijkt echter dat het vakgebied Webdesign zich niet aan algemeen geldende user interface design en beeldschermcommunicatiewetten kan onttrekken. Begrippen als leesgrootte en navigatiestructuur zijn voor alle digitale media hetzelfde. Het Web heeft echter ook nog zijn eigen *(spel)*regels. Deze zijn specifiek voor het medium en aan een continue verandering onderhevig. De technologie schrijdt voort en de vormgevers worden steeds inventiever in hun digitale creaties. Toch is het duidelijk dat er basisregels zijn die een sitebouwer dient te respecteren.

## ▶ Regels en wetten

Een goed gemaakte webpagina bezit een aantal specifieke eigenschappen die ervoor zorgen dat de 'user' – of in goed Nederlands gebruiker – de geboden informatie efficiënt tot zich kan nemen. Zowel de overdracht van de informatie via de digitale snelweg, als de communicatie van de feitelijke inhoud van de pagina. Uiteraard zijn de gepresenteerde regels geen dwingende wetten. Met de voortdurende innovatie van het medium is geen enkel huisje meer heilig, maar dat neemt niet weg dat er een aantal vormgevingsaspecten zijn waar de webdesigner rekening mee dient te houden. Het opvolgen van de adviezen kan men laten afhangen van de specifieke doelstelling van de site.

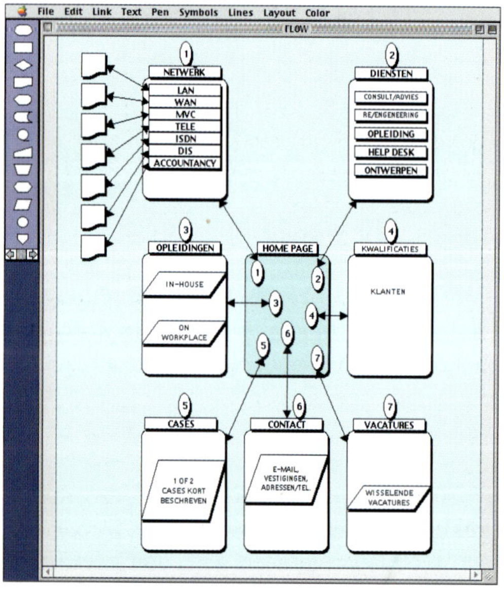


▲ Een flow-diagram is een manier om de site te structureren.

### Regel 1: Bereid eerst een structuur voor

■ Voordat u de muis ter hand neemt, is het goed om eerst een pen of potlood in te zetten. Een simpel storyboard of een diagram waarin de verschillende onderdelen van de site zijn aangegeven is vaak al voldoende om structuur in de informatie aan te brengen. Verderop in dit boek gaan we dieper op dit onderwerp in.

### Regel 2: Zet waardevolle inhoud op elke pagina

■ Een tweede onderdeel van de webplanning is het vergaren van content. Wat gaat de site communiceren? Welke informatie wordt getoond en is die digitaal beschikbaar. En vooral, maak geen onnodige pagina's met louter links naar weer volgende webpagina's. Dat frustreert de bezoeker alleen maar. Deze is op zoek naar informatie. Zorg er dan ook voor dat op elke pagina betekenisvolle informatie te vinden is, die afgestemd is op de gebruiker van de site.

De concurrentie op het Web is dusdanig groot en ook nog eens bijzonder laagdrempelig *(slechts één click)* dat u uw publiek waar voor zijn geld *(tijd = geld)* dient te geven. Uit de Verenigde Staten, waar anders, is dan ook de uitdrukking 'catching the eyeballs' uitgevonden. Het verkrijgen van de aandacht van de gebruiker en de tijd die men doorbrengt op een specifieke pagina of site, bepalen voor een overgroot deel de *(reclame)* inkomsten die de site-eigenaar opstrijkt. De grootste vijand is dan ook de Back-knop.

### Regel 3: Test de site vooraf en tijdens

■ Maak in de ontwikkelfase indien mogelijk gebruik van een 'usertest'. In dit proces worden potentiële bezoekers van de site vooraf met de vorm en inhoud geconfronteerd en om hun mening gevraagd. De uitkomsten van deze gebruikerstest kunnen dan weer verwerkt worden in de volgende iteratie van het ontwerp. Het is logisch dat de testpersonen qua profiel aan moeten sluiten bij de doelgroep van de site.

Uiteraard is dit een investering die zich pas op termijn terugverdient en niet echt van toepassing is voor een privé-pagina. Een commerciële organisatie doet er meer dan goed aan om een usertest in het ontwikkelproces op te nemen. De test kan ook 'virtueel' worden uitgevoerd door een ontwerp als Gif-bestand online te zetten en de URL met een vragenlijst aan de kandidaten voor te leggen.

▲ De site van Herman Miller is een toonbeeld van efficiency.

## Regel 4: De eerste indruk is (alles)bepalend

De homepage is de belangrijkste pagina van de site. Afhankelijk van de indruk die deze pagina maakt, bepaalt de bezoeker of hij doorsurft of afhaakt. Zorg er dan ook voor dat het nut van de site of de doelstelling duidelijk zichtbaar is. 'Op deze site vindt u informatie over...' dient niet alleen in woord maar ook visueel gecommuniceerd te worden. Het is de kunst om een goede balans te vinden tussen de introductieboodschap en de navigatie-elementen naar de vervolgpagina's toe.

Let wel, de kwaliteit en helderheid van de navigatie is net zozeer van belang als de visuele indruk die de site maakt. Belangijke links dienen helder gecommuniceerd te worden.

## Regel 5: Gebruik technologie met verstand

Het is verleidelijk om de allernieuwste webtechnologiën in een site op te nemen. De belofte van een multimediaal medium dient nu eenmaal waar te worden gemaakt. Helaas is de doelgroep 'not amused' als deze met een gebroken ikoon van een ontbrekende plug-in geconfronteerd wordt. Om nog maar te zwijgen over een crash die door een experimentele applet veroorzaakt wordt. De onduidelijkheden omtrent uniforme webstandaarden en de verschillende browser- en systeemversies vereisen enige terughoudendheid bij het inzetten van state-of-the-art technologie.

## Regel 6: Biedt keuzes, bewust en onbewust

Als men toch per se gebruik wil maken van specifieke plug-ins of zware graphics, is het zaak om de bezoeker de keuze te bieden om de site te kunnen beleven op een manier die hij prefereert. Een introductie gemaakt in Macromedia Flash is pas echt fraai als er door middel van een 'browsercheck' vooraf is gecontroleerd of de bewuste plug-in ook geïnstalleerd is. Zo niet, dan dient automatisch een vervangende afbeelding te worden getoond. Een site die gebruikmaakt van zware afbeeldingen, moet ook een 'licht' alternatief hebben. Bij een site met een hoog servicegehalte, zoals een online beleggerssite, is dit een absolute must vanwege de tijdwinst!

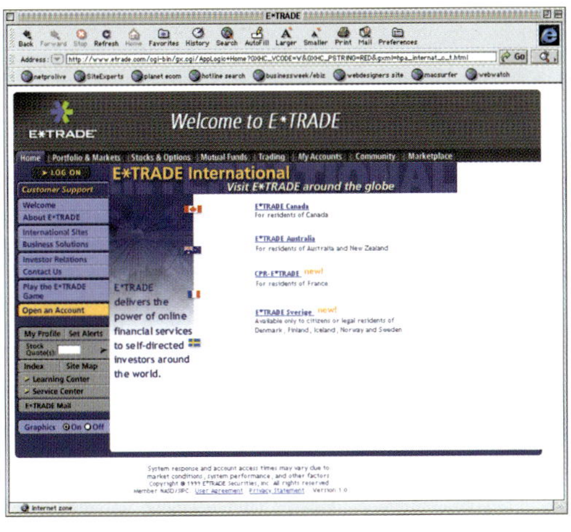


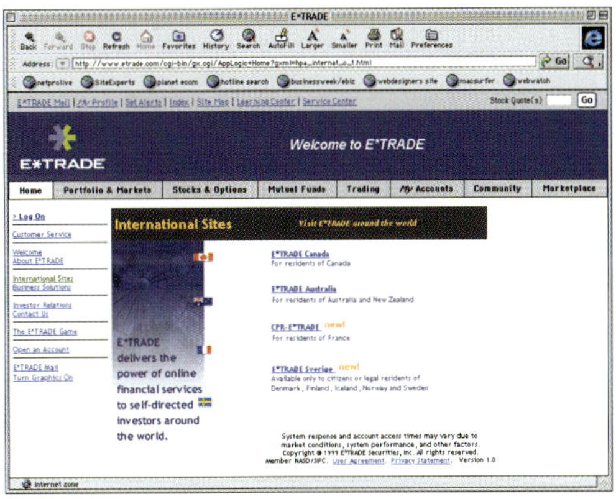


▲ De beleggers van E*Trade hebben de keuze tussen een
◄ versie met en zonder graphics. Downloadtijd is geld waard.

## Regel 7: Design met mate en intelligentie

■ Ook al worden de nieuwste computers nu al met 56k6 modems uitgerust en is de opkomst van Internet via de kabel niet te stoppen, een vrijbrief om de site alsmaar groter *(in kilobytes)* te laten worden, is dit daarom nog niet. De bezoeker van uw site wil de informatie snel op zijn scherm hebben, het liefst binnen de tien seconden! Uiteraard kan dat nooit als harde eis gesteld worden vanwege alle externe omstandigheden waar een webdesigner mee te maken heeft. Dat neemt echter niet weg dat een pagina dusdanig opgezet dient te worden dat de gebruiker onmiddellijk 'iets' op zijn scherm krijgt nadat de verbinding is gemaakt. Dat betekent voor de siteontwerper dat de pagina zodanig opgezet dient te worden dat er alvast tekstuele informatie zichtbaar is die de bezoeker tot zich kan nemen, en dat vervolgens het beeld *(de afbeeldingen)* binnenstroomt afhankelijk van de snelheid van de Internet-connectie.

Een expliciete voorwaarde is dan ook dat u bij alle afbeeldingen de breedte én hoogte vermeldt. De reden hiervoor is dat de browser deze data nodig heeft om de HTML-pagina in tekst weer te kunnen geven.

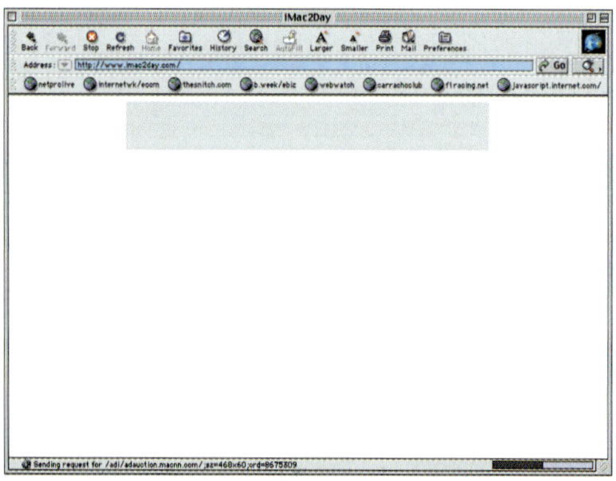


▲ De banner houdt de rest van download tegen...

Nadat de tekst ingelezen is, worden dan een voor een de bijbehorende afbeeldingen getoond. Een tabel die gebruikt wordt om de gehele pagina bij elkaar te houden, kan ook flinke wachttijden opleveren.

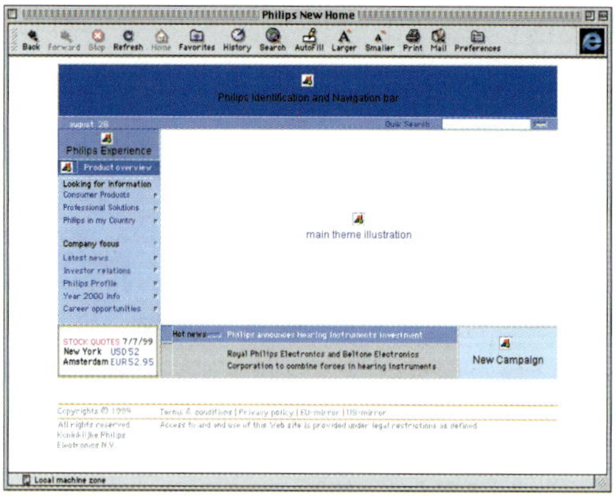


▲ De HTML wordt eerst door de browser getoond. Al heel wat informatie is zichtbaar en kan daardoor gelezen worden.

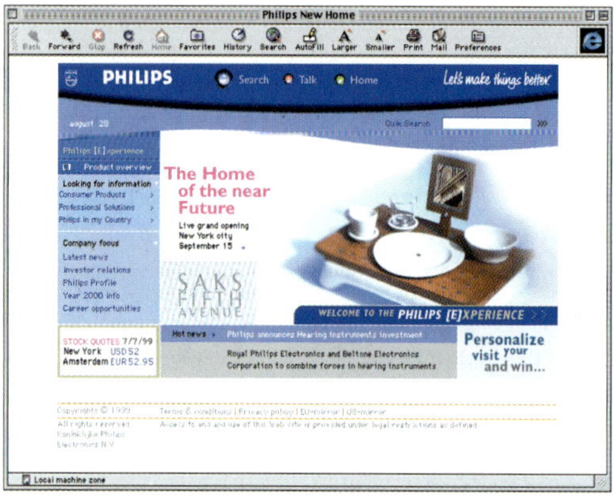


▲ De complete pagina nadat de beeldinformatie toegevoegd is.

Sites die content *(afbeeldingen of scripts)* van 'externe' servers ophalen, zoals advertising banners van DoubleClick, lopen ook het risico dat de vertraging door de externe verbinding veroorzaakt wordt. Probeer de banner dan ook te 'isoleren' in de opmaak zodat niet de hele pagina erop moet wachten.

■ Een specifieke bron van informatie waar met enig invoelingsvermogen naar gekeken moet worden, is de statistiek van de site. Er zitten bijzonder waardevolle gegevens in de statistische data die in het ontwerp- en onderhoudsproces kunnen worden opgenomen. Rubrieken en functies die voor de bezoeker hoog in de prioriteitenlijst staan, vindt men ook in de statistieken terug. De opmaak kan dientengevolge worden aangepast.

## Regel 8: Een heldere en consistente navigatie !

Hoe fraai de eerste indruk ook is, de homepage is slechts de start van het virtuele bezoek. Op de vervolgpagina's staat vaak de eigenlijke informatie. Dat betekent dat de bezoeker op een heldere manier de content moet kunnen bereiken. Tegelijkertijd betekent dit ook dat de subpagina's eenzelfde navigatiestructuur moeten hebben als de homepage. Kortom, de consistentie zorgt ervoor dat de gebruiker zijn weg zonder hindernissen kan vinden, daardoor langer op de site zal vertoeven en genoeg redenen heeft om naar de site terug te keren. De navigatie is dus een belangrijk deel van de beleving van de site.

Als de bezoeker de startpagina heeft verlaten en door de site begint te clicken, is het van belang dat duidelijk is waar in de sitehiërarchie men zich bevindt en hoe men terug kan keren naar de homepage. Ook de relatie met de andere sub- of themapagina's moet helder zijn. Het toenemende gebruik van tabs is dan ook goed te verklaren; dankzij tabs kan men economisch met de beschikbare schermruimte omgaan en tegelijkertijd dient de geselecteerde tab als plaatsindicator.

▲ Tabs winnen meer en meer aan populariteit op het Web.

**Alle links links!** Dit lijkt wel het uitgangspunt voor de meeste publieksites. Een recent onderzoek onder Amerikaanse top 50 media- en entertainmentsites leverde een opvallend resultaat op: bijna driekwart van de sites bezit een kolom aan de linkerzijde waarin alle navigatie-elementen zijn samengebracht. Op zich werkt deze pagina-indeling goed, de hoeveelheid links in de marge dient echter wel in toom gehouden te worden. Anders worden alleen de bovenste keuzes aangeklikt.

Alternatieve navigatie-methodes zoals de search-engine kunt u het best op een prominente en constante plaats in de pagina-layout opnemen. Een zogeheten 'Quick Search' is ideaal voor de surgical surfer. Deze kan direct zijn zoekwoord ingeven zonder dat eerst de zoekpagina aangeklikt hoeft te worden. Het zoekresultaat is uiteraard identiek.

## Regel 9: Webdesign is dynamisch en proactief

■ Een website is als een levend organisme; er worden continu pagina's aan toegevoegd en tegelijkertijd verwijderd. Ook de vormgeving dient doorlopend kritisch bekeken te worden. Kan de pagina 'lichter' *(in Kb)* worden gemaakt? Zijn er online trends die we moeten volgen waardoor de site aangepast moet worden? Niet alleen het gedrag van de bezoekers verandert, maar ook de omstandigheden waaronder de pagina's bekeken worden. Monitorgroottes groeien, modemsnelheden nemen toe, maar helaas ook de online drukte. Stilstand is achteruitgang, vooral in webdesign. Ter illustratie de 'voor' *(boven)* en 'na' *(onder)* van Amazon.com. Daarom is de ultieme tip: Control-E ofwel 'View Source'...

## Regel 10: En vooral niet...

■ Vermijd drukke achtergronden die de tekst in de voorgrond moeilijk leesbaar maken...

■ ...En pas de achtergrondkleur aan het achtergrondpatroon aan. Dat voorkomt een schokeffect bij het inlezen van de pagina.

■ Vermijd webpagina's die louter uit schermvullende plug-ins bestaan zonder een alternatieve HTML-versie aan te bieden voor de gebruiker die de plug-in niet bezit.

■ Maak van achtergrondmuziek altijd een optie; ongewenste geluiden zijn vaak een doorn in het oor van de surfer.

■ Zorg voor leesbare tekstgroottes en varieer niet te veel met allerlei verschillende lettertypen en -groottes op dezelfde pagina.

■ Vermijd onnodige GIF-afbeeldingen als men dezelfde *(tekstuele)* informatie ook in HTML kan aanbieden.

■ Wees terughoudend met teksten in kapitalen of wel hoofdletters. Dat leest ongemakkelijk en associeert al gauw met 'vloeken'.

■ Maak van uw site geen brochureware; probeer het hergebruiken van bestaande informatie te vermijden. Het Web is een interactief medium en vereist dus een andere aanpak.

■ Wees voorzichtig met acties die de gebruiker niet verwacht. Het plots laden van een applet, onaangekondigde pop-upvensters wordt bijna nooit positief opgevat.

■ Gif-animaties zijn cool en vaak het enige dynamische element op de pagina. Echter, overdaad schaadt zowel qua kwantiteit als duur. De snelheid lijdt er ook onder.

■ Controleer uw site regelmatig. Pagina's die niet meer gevonden kunnen worden en Java*(script)*-foutmeldingen werken op de zenuwen van de gebruiker.

■ Pas de venstergrootte aan de schermgrootte van de gebruikers aan. Maak pagina's niet te breed en vermijd extreem lange pagina's. Scrollen is niet ieders favoriete tijdverdrijf.

■ Maak heldere en duidelijke pagina's waarin de belangrijkste informatie en benodigde links duidelijk herkenbaar en vindbaar zijn.

■ En: zorg voor vernieuwing en updates!

MS Explorer 5 ▸ geeft een uniek ikoontje aan de favorieten in uw lijst.

Niet alleen de vormgeving is bepalend voor het succes van de webpresentatie. De techniek, de mate van interactie en praktische zaken als de kwaliteit van de opvolging van de e-mail zijn evenzeer belangrijk. Kortom, de marketing van de website en de aandacht die aan de interactieve presentatie binnen de organisatie wordt gegeven, zijn doorslaggevend voor het succes van de website.

## Marketing & webdesign

Het lot van een webdesigner is dat hij in het ontwerp- en productieproces met een aantal medium-specifieke omgevingsfactoren te maken krijgt, die in de andere media niet aan de orde komen. De technische mogelijkheden én –zeker zo belangrijk– de beperkingen van het medium dienen bij de vormgever in ruime mate bekend te zijn, zodat het beoogde concept en de gedroomde uitvoering ervan goed op elkaar aansluiten. En dat alles om de doelgroep te bedienen waarvoor de site uiteindelijk wordt gebouwd!

Ook zijn er een aantal externe factoren van belang die sterk de bekendheidsgraad en dus ook het succes van de site bepalen. Want wat is de waarde van een schitterende website die niemand kan vinden? En hoe succesvol is een 3D-animatie die slechts een enkeling kan zien omdat er specifieke plug-ins ontbreken? Het is juist de kunst om als vormgever en webmarketeer een goede balans te vinden tussen de technische voorwaarden en de creatieve mogelijkheden van het medium. Er dringt zich dan ook een vergelijking op met de opkomst van desktop publishing.

Toen DTP als concept zijn opgang maakte in de grafische industrie, betrapte ik me er zelf ook op dat mijn vormgeving geremd werd door de technische beperkingen. Met name het gebrek aan fonts en rekenkracht. Dit is uiteraard een verkeerd uitgangspunt. Van mijn vader had ik geleerd om me op het originele idee of concept te concentreren en me dan pas zorgen te maken over de *(technische)* realisatie ervan. Dezelfde situatie doet zich nu weer voor bij webdesign. De beperkingen van HTML en de overmaat aan codes en technische weetjes leidt vaak tot saaie en universeel vormgegeven producties.

Toch hoeft dit niet zo te zijn. Als men zich enigszins verdiept in de technologie die aan Internet ten grondslag ligt en men zich, met behulp van dit boek, de heersende regels en wetten eigen maakt, kan elk ontwerp vertaald worden naar een professioneel HTML-document. En laten we eerlijk zijn, in vergelijking met DTP hebben we het nu makkelijker. HTML is veel eenvoudiger dan de cryptische PostScript-programmeertaal die aan de basis stond van de DTP-revolutie.

Het is overigens wel aardig om op te merken dat beide revoluties in de communicatie-industrie, DTP en WWW, gebaseerd zijn op een programmeertaal én op een uniforme standaard. Het World Wide Web gaat een stap verder doordat dit concept ook nog eens volledig systeemonafhankelijk is.

## ▶ Push en pull

Publiceren op papier en op een beeldscherm kent evenzoveel verschillen als overeenkomsten. Een ding staat echter bij beiden voorop en dat is dat de inhoud en de vorm bepalend zijn voor het succes en dientengevolge het bereik van de boodschap. Aangezien we op Internet in direct contact staan met de 'ontvanger' van de boodschap ontstaan er nog extra communicatiemogelijkheden. Een goede website presenteert niet alleen de informatie van de aanbieder, maar legt ook een 'verbinding' met de lezer.

▲ De site van Philips Semiconductors voor en na het redesign.

De mogelijkheid tot directe interactie is een machtig instrument van het Web! Achter deze constatering gaat een belangrijk feit schuil: op Internet komt de 'lezer' naar de afzender van de boodschap toe! Met andere woorden, tussen het aanbod van al die miljoenen webpagina's moet iemand de moeite nemen om de locatie van uw homepagina in te voeren om de boodschap te kunnen lezen. Dat is een heel andere vorm van communicatie dan bijvoorbeeld een tv-commercial of een advertentie in een dagblad. Zo'n *(reclame)*-boodschap wordt u opgedrongen doordat uw oog geconfronteerd wordt met het aanbod.

Op het World Wide Web ligt dit geheel anders. Als iemand uw website wil zien, dan moet hij de moeite nemen om een adres in te voeren. En hoe komt hij überhaupt aan dit adres? Een vermelding van het webadres *(de URL)* op het visitekaartje en in een advertentie levert uiteraard bezoekers op.

Het kan ook zijn dat een zogeheten search-engine uw URL heeft aangegeven. Via zo'n speciale website, die verwijzingen geeft aan de hand van een zoekinstructie op een steekwoord of naam, kan men ook *(onverwachte)* bezoekers krijgen. Er zijn uiteraard nog meer methodes om websurfers te lokken om naar uw homepage te komen kijken. Maar voorop staat dat iemand de moeite moet nemen om langs te komen.

## ▶ Take me Home-page

Het feit dat de bezoeker er een inspanning voor heeft gedaan, betekent ook dat men deze moeite als aanbieder moet belonen. Dus een slordig gemaakte website met inconsequente typografie en kleurgebruik zal in negatieve zin opvallen. Als men een bedrijfsmatige website bezoekt, krijgt men informatie te zien die normaliter in een nette brochure is gevat. Als Internet gekozen is om een commerciële boodschap te communiceren, heeft dit dus ook consequenties voor de kwaliteit van de presentatie. Ook de mate van interactiviteit en de wijze waarop de bezoeker 'rondgeleid' wordt, is van groot belang. Onduidelijke verwijzingen en knoppen maken dit informatieproces onnodig complexer.

Een website is voor sommige bedrijven een vertegenwoordiger die 24 uur per dag en zeven dagen per week beschikbaar is. Maar let wel, deze vertegenwoordiger kan de klant niet 'sturen' door aan te geven op welke knoppen en hyperlinks hij moet klikken om de gevraagde informatie te vergaren. De interactie en de logica die aan de website ten grondslag moeten liggen, worden dus in het ontwerp en de uitvoering ervan vastgelegd. Er rust dus een belangrijke taak bij de webdesigner om de vormgeving niet alleen

▲ **De homepage van Philips Semiconductors bezit een unieke navigatie-eigenschap waardoor de bezoeker rechtstreeks naar een webpagina doorgelinkt kan worden die vele lagen dieper ligt. De doelgroep van de site bestaat voornamelijk uit engineers die op zoek zijn naar specifieke productinformatie. Dankzij deze Dynamic HTML-oplossing wordt de doelgroep snel bediend.**

aantrekkelijk te maken, maar ook navigeerbaar. Zodat hij niet later via de serverstatistieken moet ontdekken dat een speciale webpagina die wat dieper in de site verborgen zit, amper is bezocht...

### ▶ Doelgroep en bereik

Net als alle andere marketingactiviteiten is reclame sterk doelgroepgericht. Men onderzoekt meestal eerst aan wie de commerciële boodschap gericht moet worden en vervolgens maakt men een 'presentatie' gebaseerd op het profiel van deze doelgroep. Een goede website moet ook aan deze criteria voldoen. Zeker als men meer wil bereiken dan alleen maar informeren. Misschien willen we de digitale bezoeker ook overtuigen om iets aan te schaffen via een invulbon. Zoals gesteld is deze optie uniek voor het medium Internet: een tv-commercial met daaraan gehecht een invulcoupon! Is dit niet de droom van elke marketeer? Een rechtstreekse interactie met

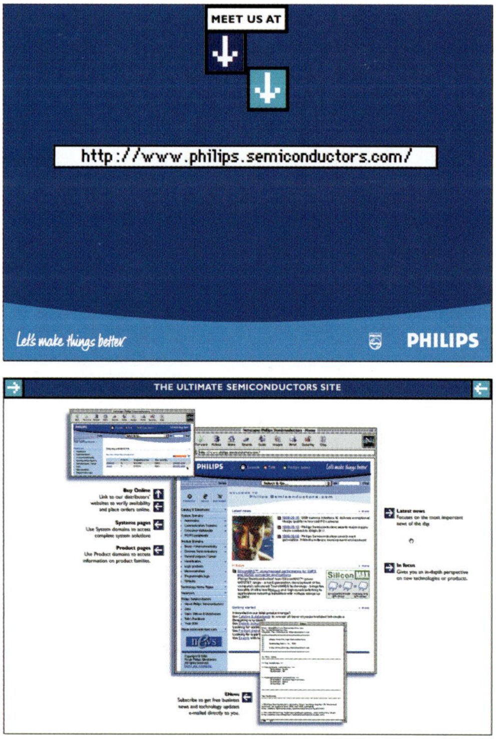


▲ De flyer legt uit wat de belangrijkste site-elementen zijn.

de lezer van de boodschap en die ook nog zonder tussenkomst van andere partijen *(lees winkeliers)* tot aanschaf kan overgaan. Een-op-een marketing is daardoor mogelijk geworden en deze ultieme vorm van relatiemarketing bezit enorm veel potentieel.

### ▶ Sta ik in uw Bookmark-lijst?

In theorie is deze mogelijkheid een enorm krachtig instrument. In de praktijk blijkt het echter nogal lastig om dit ook te effectueren. De bereidheid tot aanschaf is nog niet eens het grote probleem. Zorg eerst maar eens dat men komt kijken én dat men bereid is om een tweede keer terug te komen naar de site! Want een goede website moet aantrekkelijk genoeg zijn voor de lezer om nog eens langs te komen. De webdesigner moet er naar streven dat de doelgroep van de opdrachtgever de website in zijn favoriete lijst van 'Bookmarks' opneemt.

Dank zij dit mechanisme kunnen een aantal webadressen in een aparte menulijst van de browser worden bewaard. Door de naam uit het 'Bookmark'-menu te selecteren wordt de juiste URL-locatie automatisch in het 'Go to'-venster geplaatst. Vervolgens wordt ook automatisch contact opgenomen met de gekozen website. Onderschat de kracht van deze functie niet; de bookmarks zijn de feitelijke hotlist van een gebruiker. Ze weerspiegelen de persoonlijke hobby's, interesses en voorkeuren van de Internet-surfer. Als u van een vriend of collega-websurfer zijn bookmarks zou opvragen, zou u veel leren over de persoon in kwestie. De bookmarklijst is dus eigenlijk een moderne spiegel van de ziel...

### ▶ Het meten van het bereik

Hoe technischer het communicatiemedium, des te eenvoudiger de meting. Voor de verschillende soorten media zijn in de loop der jaren allerhande meetinstrumenten bedacht en ontwikkeld om het effectieve bereik ervan te meten en in kaart te brengen. Vanaf het ontstaan van het medium televisie

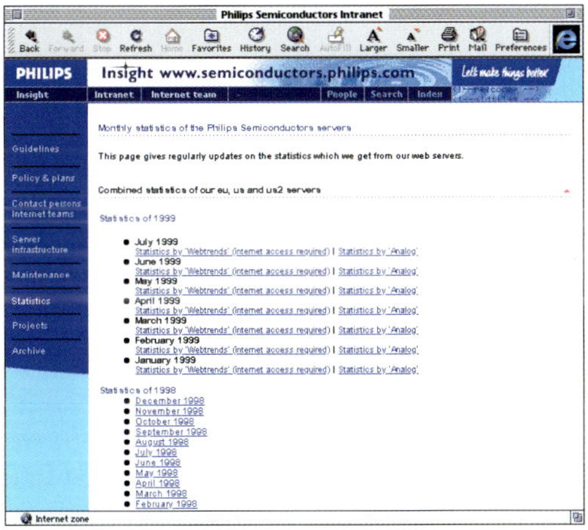


▲ **Op het Intranet van Philips Semiconductors zijn de meest actuele gegevens over het bezoek aan de (publieke Internet) site beschikbaar voor de organisatie. Zowel in visuele vorm in WebTrends als in 'text only' vorm.**

heeft men gezocht naar systemen die inzicht konden geven in de effectiviteit en het bereik van het medium. Dank zij instituten als Nielsen is men nu in staat om tamelijk exact te bepalen hoeveel televisiekijkers een bepaald programma hebben gezien. Door te werken met representatieve steekproeven komt men deze waardevolle informatie te weten. Door deze cijfers te extrapoleren naar de totale bevolkingscijfers ontstaat een reëel beeld van het bereik van het medium. Voor de adverteerders zijn deze cijfers van groot belang aangezien zij hun reclameboodschap het liefst willen koppelen aan een goed bekeken programma.

## ▶ Meten is weten

Op het World Wide Web zijn voornoemde technieken niet toepasbaar. Die zijn ook niet nodig want het medium meet zichzelf! Dat is mogelijk doordat het HTTP-protocol een bezoekersregistratie bijna automatisch administreert. Het bezoek aan een website betekent feitelijk dat door middel van een gestandaardiseerd technisch protocol aan de server wordt gevraagd om een HTML-bestand en de bijbehorende afbeeldingen, animaties, Javascripts en 'applets' over te sturen.

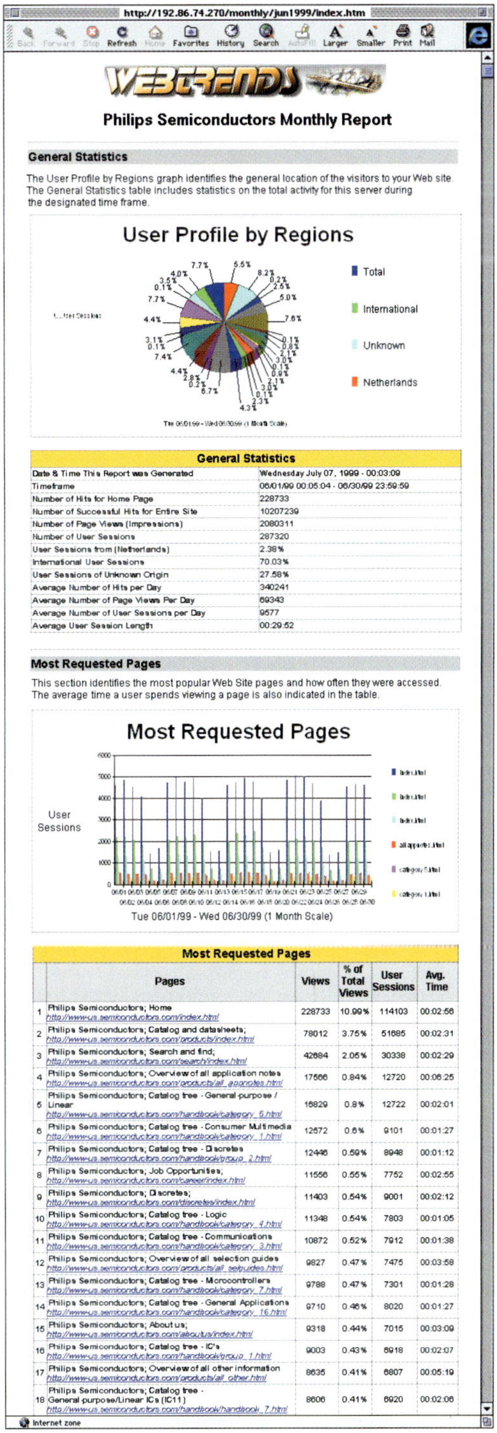


▲ **Hoeveel bezoekers er zijn geweest, waar ze vandaan zijn gekomen en wat ze bekeken hebben, blijkt uit de statistiek!**

Deze onderdelen worden een voor een per modem of *(vaste)* lijnverbinding overgestuurd. De browser, het leesprogramma op het web, doet eigenlijk niets anders dan het in beeld brengen van de werktekening, bestaande uit het HTML-document en de daarin geplaatste afbeeldingen.

### ▶ Cijfers liegen niet...

Zoals vermeld, wordt bij elk bezoek aan de webpagina een HTML-bestand overgestuurd. Het mechanisme waar men nu op eenvoudige wijze gebruik van kan maken, is het logboek van de server. Hierin staat namelijk exact weergegeven hoe vaak en wanneer elk HTML-document overgestuurd is. Als de home-pagina volgens de gangbare conventie 'index.html' is genoemd, kan u deze aantallen interpreteren als een correcte weergave van de bezoekcijfers.

Let wel, dit zijn niet de bekende 'hits' waar menige Internet-publikatie over opgeeft. Dat cijfer geeft namelijk veel minder inzicht in het aantal bezoekers. Want telkens wanneer een afbeelding op een webpagina verstuurd wordt, wordt dit als een hit geteld. U kunt zich voorstellen dat een complexe pagina met een grote hoeveelheid plaatjes een flink aantal hits oplevert. Daar zijn niet veel bezoekers voor nodig! De betrouwbaarheid van de door de provider verstrekte cijfermatige informatie is daardoor in het geding. Iedereen kan in principe maar wat beweren zonder dat er een verificatie van de gegevens is. De aanduiding 'Pageviews' of 'Impressions' is een betere indicator aangezien alleen het echte bezoek wordt gemeten.

### ▶ Anonieme bezoekers

Eén van de karakteristieke kenmerken van het Internet is het feit dat op het World Wide Web een bezoeker anoniem blijft. De server kan niet registreren wie er gekeken heeft op de homepagina. Dat is nog steeds zo. Wat de server echter wel registreert is, waar de bezoeker vandaan komt. Met andere woorden de zogeheten 'Host' wordt namelijk wel gekenmerkt bij elk bezoek. Dat betekent dus, dat als een *(anonieme)* bezoeker van Philips inlogt op de server, de software automatisch registreert dat er een bezoeker van het domein: 'com.philips' is geweest. Het aantal verstuurde bestanden wordt ook geregistreerd, evenals de browser van de bezoeker en welke bestanden geraadpleegd zijn! Dit betekent ook dat u een duidelijk overzicht krijgt van de software die gebruikt wordt om te websurfen. Aangezien de verschillende browsers ook weer verschillende 'standaarden' ondersteunen, kunt u zich een beeld vormen van het gedrag.

Als u deze informatie gaat analyseren en in kaart brengt, levert dit interessante marketinginformatie op voor de 'eigenaar' van de website. In de voorbeelden die bij dit hoofdstuk afgebeeld zijn, is dit een fabrikant van hoogwaardige semiconductorprodukten. De site maakt gebruik van scripts waardoor de pagina's dynamisch gegenereerd worden vanuit verschillende databases. Het grote voordeel van deze opzet is dat men specifieke bezoekers hun eigen pagina kan serveren die geheel afgestemd is op hun voorkeuren. Denk bijvoorbeeld aan speciale pagina's voor distributeurs met aangepaste prijzen.

### ▶ Eenmalige contacten zijn fout

Eén hit is een eendagsvlieg. Dit motto stamt uit de muziekindustrie en geeft aan dat een artiest die slechts eenmaal een groot succes heeft gescoord, toch geen topper is. Op het World Wide Web doet zich eigenlijk hetzelfde fenomeen voor. Wat is het nut als een website slechts eenmalig bezocht wordt door de websurfer. Als deze zo snel uitgekeken is of afgeschrikt wordt door factoren als saaiheid, *(te)* zware illustratiebestanden of een ronduit slechte interface, zal deze persoon moeilijk te verleiden zijn tot een tweede bezoek. Nogmaals, de bezoeker moet de moeite nemen om in te loggen en dient daar enigszins voor te worden beloond.

Een 'consumer responsive' benadering is daarom een voorwaarde voor een succesvolle commerciële site op de lange termijn.

### ▶ Super zappen

Het fenomeen 'zappen' is bekend van de televisie. Saaie momenten in een programma of hinderlijke commercials geven aanleiding om naar een andere zender over te schakelen. Dit is een relatief eenvoudige handeling; het vergt slechts één druk op de knop. Als we het medium Internet met televisie vergelijken, gaat de vergelijking wederom op. Als een webpagina niet interessant genoeg is, volstaat een druk op de *(muis)*knop om naar een andere World Wide Web-site te springen. Een groot verschil met het medium televisie is het programma-aanbod. Op het Web kan u miljoenen pagina's –lees zenders– bezoeken. Het aantal alternatieven is echter veel groter dan bij het medium televisie. U kan namelijk het ene moment bij een Nederlandse website op bezoek gaan en een seconde later inloggen bij een Amerikaanse platenmaatschappij! Een ware vorm van super zappen!

Opvallen is dus niet makkelijk, zeker als u een site wil bouwen die een groter online publiek moet aanspreken. De concurrentie is grenzenloos...

### ▶ Verticale markten

Websites die minder last van deze enorme concurrentiestrijd hebben zijn degenen die zich richten op een niche-markt of een sterk vertikaal georiënteerde toepassing hebben. Een niche is een marketingterm voor een specifiek en afgebakend marktsegment. Een typerend voorbeeld is de in dit hoofdstuk afgebeelde Semiconductors-toepassing. De doelgroepen van Philips Semiconductors, met name ingenieurs in de electronica-industrie, spenderen veel tijd op het Web *(twee uur per dag volgens studies)* en gebruiken dit medium om informatie op te vragen. De doelgroep beoordeelt een site op de structuur en toegankelijkheid van de informatie. Dat is het primaire uitgangspunt bij de vormgeving en technische opzet van de site geweest. In totaal bestaat de site uit 18.000 pagina's die dynamische vanuit een database gecreëerd worden. Dat betekent dus ook dat de vorm van de webpagina en de inhoud eigenlijk gescheiden zijn. Op het moment van publiceren worden de twee informatiestromen bij elkaar gevoegd. Deze randvoorwaarden beïnvloeden de speelruimte van de webdesigner in hoge mate, maar zorgen tegelijkertijd voor unieke mogelijkheden. Het wijzigen van 18.000 pagina's kan in één keer door het basis template aan te passen! Database driven Webdesign is onderhand een voorwaarde voor onderhouds-intensieve websites.

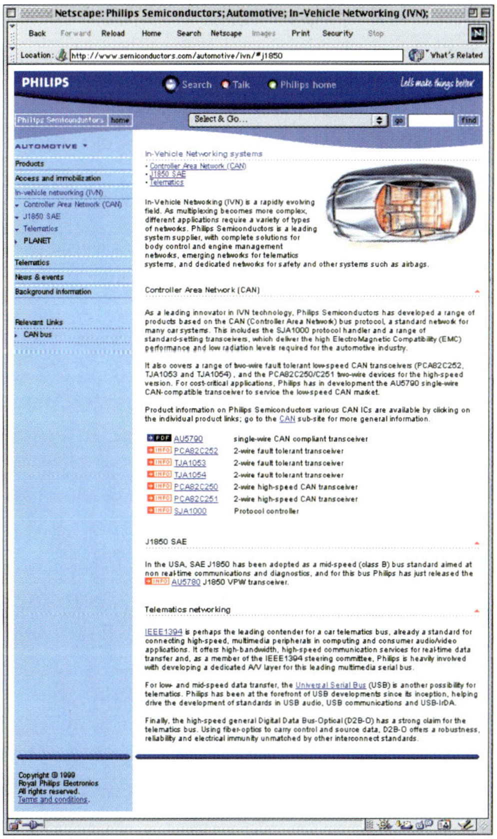


▲ **De pagina bestaat uit losse 'gescripte' tekstmodules die uit meerdere databases samengesteld wordt.**

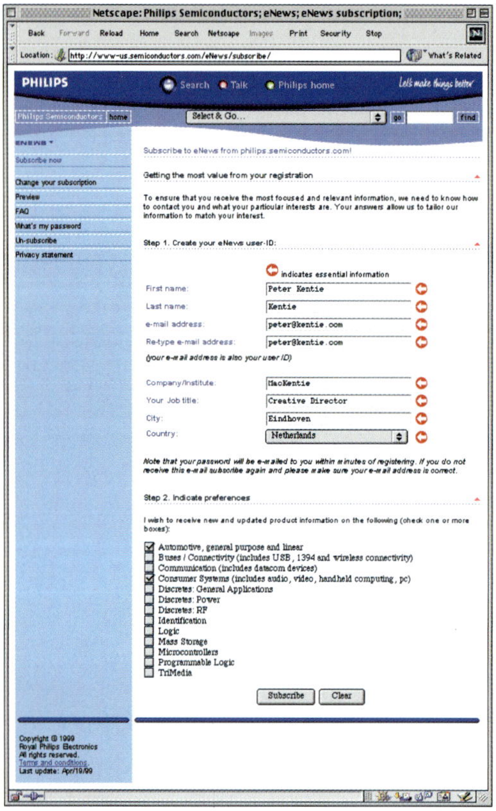


▲ Het eNews aanvraagformulier is kort en bondig gehouden.

## ▶ E-mail is king

Een goede graadmeter voor het succes van een website is niet alleen het aantal hits of de bezoekfrequentie van de home-pagina. Een zeker zo efficiënte graadmeter is de kwaliteit van de e-mail, de elektronische post, die de bezoekers adresseren aan de beheerder van de website. Een positieve response, zowel kwantitatief als kwalitatief, geeft heel exact aan dat de boodschap bij de doelgroep overkomt. Dit is voor de webmarketeer dan ook een waardevol meetinstrument.

Ondanks de omvang van Internet, het is de omschrijving 'massa-medium' meer dan waard, en het wereldwijde bereik kan de eindgebruiker individueel aangesproken worden. Dit biedt uiteraard ook mogelijkheden om te segmenteren, want het is ondoenlijk om een website te maken die iedereen bereikt. Dit is slechts voorbehouden aan de grote 'search-engines' als Yahoo, Lycos, Alta Vista, Excite en Hotbot.

▲ eNews is de naam van de wekelijkse e-mail nieuwsbrief van Semiconductors.

## ▶ Opvolging is cruciaal

Het krijgen van een elektronische reactie is één, het beantwoorden ervan is ook belangrijk. De zogeheten 'Net-etiquette', *(nog)* een ongeschreven standaard, schrijft voor dat aan het elektronische bericht binnen 24 uur een response moet worden gegeven. Dit betekent dat als u een website commercieel wil exploiteren, er dus ook binnen de organisatie een juiste structuur moet bestaan om de reacties een waardige, en vooral tijdige, opvolging te geven. De website vergt evenveel betrokkenheid van de webmaster, de technische beheerder, als van de 'webmarketeer'. Deze persoon, vaak een product- of communicatiemanager, is zowel verantwoordelijk voor de inhoud als de tijdige opvolging van de digitale 'leads' en 'contacts'. De beantwoording wordt vaak door de organisatie verricht.

▼ Een voorbeeld van de Philips' Semiconductors eNews mailing. De content stamt uit dezelfde database als de site!

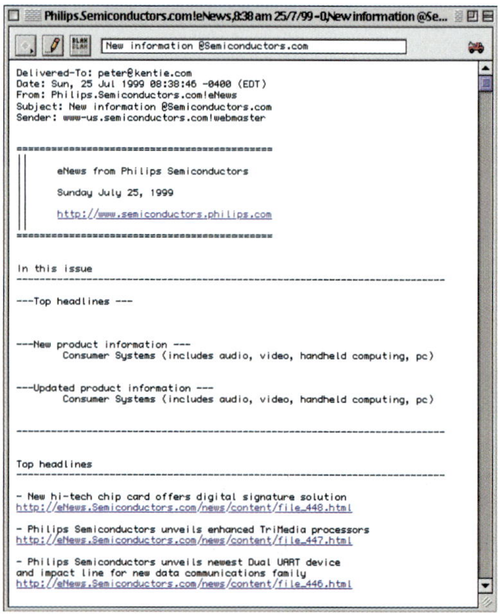

## ▶ Elke webpagina is relevant

Veel bedrijven concentreren zich te sterk op de homepagina en laten de rest van de website verkommeren. Het spreekt voor zich dat een aantrekkelijke 'voorgevel' bezoekers lokt. Maar een succesvolle website vergt meer dan alleen mooie plaatjes en praatjes op de homepage. U moet zich vooral afvragen hoe men wederkerige bezoekers naar dezelfde homepagina of subpagina's krijgt. Een consistente navigatie is dus een absolute voorwaarde. In een technische omgeving blijkt zelfs dat de bezoekers vaker op subpagina niveau de site binnenkomen *(via bookmarks of search engines)* dan via de homepage.
Als u dus een site overweegt met een op 'frames' gebaseerde opzet, bedenk dan dat alleen gebruikers vanaf versie 5.0 van Microsoft Internet Explorer een specifieke subpagina ook kunnen bookmarken. Elke andere browser keert terug naar de homepage waar de basis frameset gedefinieerd is. Dit is een belangrijk aandachtspunt waar u in de opzet van de site rekening mee moet houden. Daarom gebruiken op het Internet maar weinig grote publiekssites frames.

## ▶ E-commerce voorbereid

We kunnen ervan uitgaan dat de bezoeker geïnteresseerd is in de boodschap van de aanbieder. Hij heeft de moeite genomen om de URL in te typen of op een hyperlink te klikken die naar de website leidt. Dat betekent ook dat de bezoeker een bepaald verwachtingspatroon heeft waarop u dient te anticiperen. Aantrekkelijk gepresenteerde informatie en courant nieuws zijn voorwaarden voor elke site. Dit hoeven niet gelijk persberichten te zijn, maar ook redactionele bijdragen zijn voor de gebruiker aantrekkelijk.

Dankzij de directe distributiemogelijkheden van het Net is 'online' winkelen gemeengoed geworden! En niet alleen in de consumentenmarkt. In de business-to-business wereld *(kortweg B2B)* heeft het Web zijn tweede roeping gevonden. Van een communicatiemedium verschuift Internet naar een Direct Marketing instrument. Door de reeds bestaande structuren als Edi en EdiFact is e-commerce in de B2B wereld snel geadopteerd en vormt het nu een snelgroeiende bron van inkomsten. De site vervult in dit proces een belangrijke rol: die van omzetmaker!

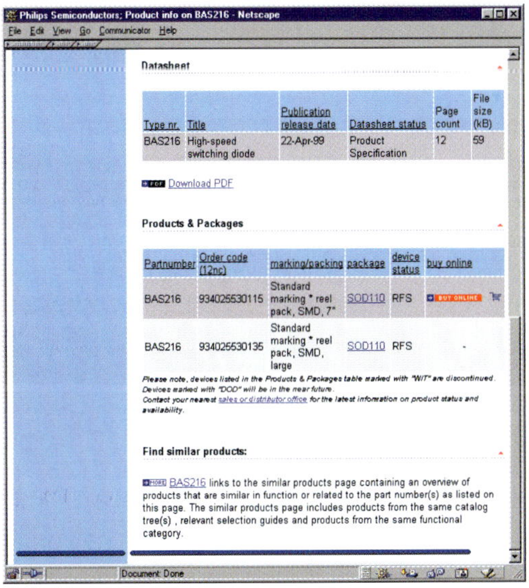


▲ Op de Product Informatie Pagina (PIP) van Philips Semiconductors kan de klant een product selecteren...

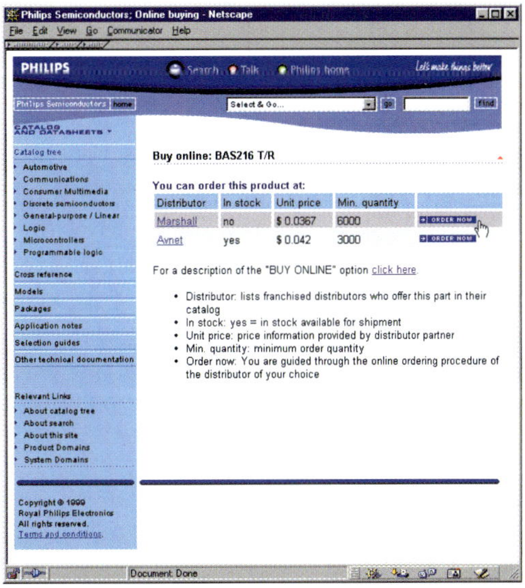


▲ ...en vervolgens online aanschaffen. De eigenlijke verkoop wordt door geselecteerde distributeurs afgehandeld.

### ▶ Respons genereren

De aantrekkingskracht van een website wordt dus niet alleen bepaald door de vorm, maar vooral door de inhoud en de interactie tussen aanbieder en bezoeker. Spelmogelijkheden zijn ook een middel om meer bezoekers te trekken; zeker met behulp van Shockwave en Java-applets kan een grote mate van interactiviteit op gang worden gebracht. Uiteraard lenen lang niet alle sites zich voor deze online hoogstandjes.

Toch is het zonde als men geen gebruik maakt van de interactieve mogelijkheden van het medium. Het World Wide Web laat het juist toe dat de bezoeker 'betrokken' raakt bij de inhoud. Uiteraard moet u deze mogelijkheid wel in de site inbouwen. Goede respons kan alleen verkregen worden als u ook de ruimte geeft om een mening, al dan niet in multiple choice-vorm, te laten invoeren. Een goed opgezet invulformulier kan van grote waarde zijn voor de kwaliteit én de kwantiteit van de respons. Maar denk ook aan een effectieve opvolging van de reacties...

### ▶ Promotionele acties

Een actie gericht op het verkrijgen van respons is het meest effectieve instrument voor de webmarketeer. Door een unieke, op het medium toegesneden actie in de website te integreren, kan een stuk toegevoegde waarde aan de website worden gegeven. Een persoonlijke nieuwsbrief die afgestemd is op de voorkeuren van de bezoeker is een prima voorbeeld. De wekelijkse eNews nieuwsbrief van Philips Semiconductors geeft de klant maatgesneden informatie. De afzender van de maildienst bouwt daardoor een relatie op met de *(potentiële)* klant en verrijkt zijn database met waardevulle relatiegegevens.

### ▶ Een-op-een marketing

De serieuze respondenten dienen in een database te worden gerangschikt zodat hun gegevens niet verloren gaan. Het is aan te bevelen om een zogeheten Direct Marketing database aan te leggen, zodat de respondenten ook ingedeeld kunnen worden naar hun specifieke interesse en belangstelling. De belofte van een-op-een marketing kan hierdoor waargemaakt worden. Elke klant kan voorzien worden van informatie en aanbiedingen die op zijn specifieke behoeftes afgestemd zijn. Door alle 'tracking' technieken die het Web mogelijk maakt, kan men zelfs informatie op de gebruiker afstemmen zonder dat hij die specifiek kenbaar heeft gemaakt. Door louter naar het surf- of clickgedrag te kijken en dit te analyseren wordt unieke content aan de gebruiker aangeboden die bij zijn surfgedrag hoort. Dit riekt een beetje naar 'Big brother is watching you' en de consumentenrechten zullen geëerbiedigd moeten worden, maar het is de toekomst van wat we nu nog marketing noemen. Maar vergelijk het met een bezoek, heel vroeger, aan de bakker om de hoek. Die wist toch ook precies welk brood en in welke hoeveelheid er door zijn klanten geconsumeerd werd.

E-commerce is dus eigenlijk oude wijn in nieuwe zakken. De vraag is alleen of elk bedrijf met de nieuwe spelregels om kan gaan. Als een bedrijf ingesteld is op bulkleveringen, hoe handelt het dan een eenmalig verkoop aan een individuele klant af als administratieve en logistieke organisatie. Het is niet de bedoeling dat alle omdozen van 1000 stuks constant opengesneden moeten worden en vervolgens opnieuw verpakt moeten worden. Als de website bestellingen van produkten en/of diensten toestaat, zorg er dan absoluut voor dat de organisatie hierop ingesteld is. Een directe link met het magazijnadministratie- en boekingssysteem kan een workflow creëren die de investering in de ontwikkeling van de website weer terugverdient. Een E-commerce website die 'ad hoc' is opgezet, zorgt voor veel administratieve zorgen, want een webmaster is niet echt ingesteld op boekhoudkundige en logistieke vraagstukken. In dat geval kan het meer schade opleveren dan goed doen.

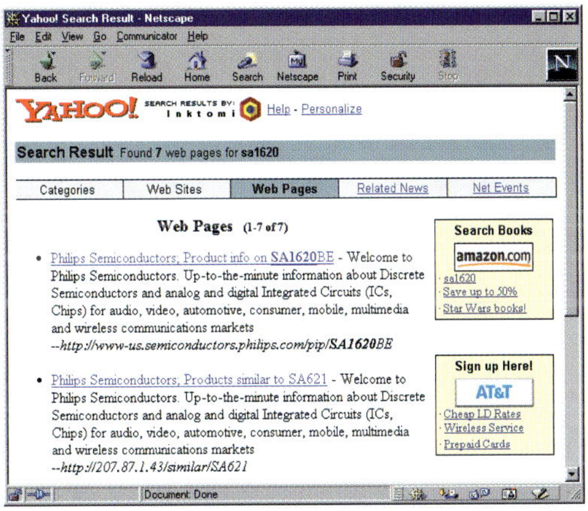


▲ Bij een zoektocht op een, in de industrie gestandaardiseerd, typenummer scoort de Semiconductors site hoog...

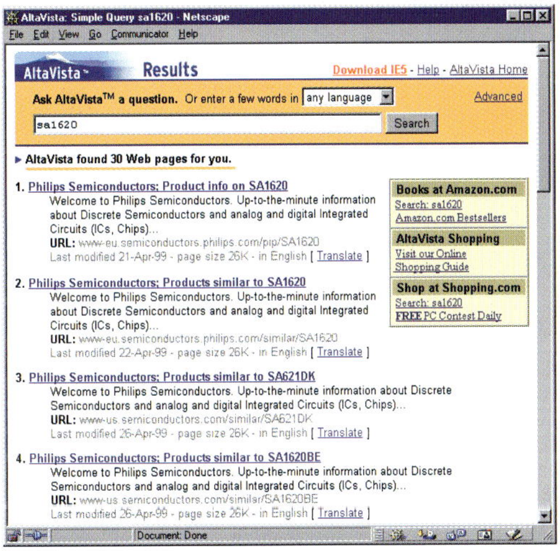


▲ ...bij alle drie populaire search engines van dit moment.

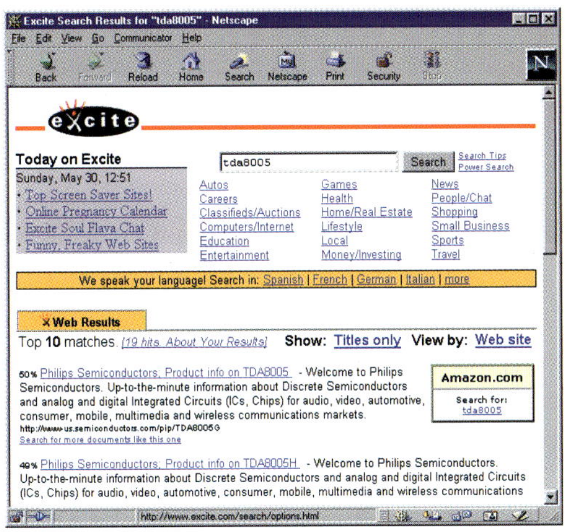


## ▶ Kracht van de search engines

De zoekrobots of search engines zijn de ware krachtpatsers van het Web. In de ongestructureerde virtuele wereld die het Internet heet, zijn de search engines het enige houvast voor de gebruiker om de gezochte informatie te vinden. De search engines zijn zich hun 'status aparte' bewust en hebben hun primaire functie uitgebreid zodat ze nu portals zijn geworden. Voor een aanbieder van commerciële informatie betekent dit dat een hoge klassering in de zoek uitslagen bij de belangrijkste search engines veel waard is. Feitelijk meer waard dan een online advertentie, want minder mensen klikken op de banner ads, dan dat ze search engines inzetten voor hun informatiebehoefte. Uit studies blijkt dat meer dan 70% van de websurfers primair search engines gebruiken om op het Web te navigeren. Bookmarks worden meer dan 75% gebruikt, terwijl online advertenties door minder dan 20% van de gebruikers aangeklikt worden. Het percentage dat op een advertentie doorklikt *(de clickthrough ratio in Web lingo)* is amper een paar procent.

Advertenties in andere media bieden betere vooruitzichten voor de adverteerder. Het verkrijgen van een hoge positie bij de search engines is van veel factoren afhankelijk en niet alle wetten gelden even zeer voor AltaVista, Yahoo en Excite. Een specialist op dit search engine gebied weet hoe de posities te beïnvloeden zijn en mag dus niet in het webteam ontbreken.

## ▶ Geen contact?

Door technische factoren kan de online communicatie op het Net verstoord raken. Houd daar rekening mee en regisitreer deze storingen. Ook in de site zelf is er wel eens een probleem. Zorg dan ook voor een foutmeldingspagina waarin verontschuldigingen worden aangeboden omdat het niet gelukt is om de bezoeker te helpen. Plaats ook op de pagina een alternatieve zoekmethode zodat er een optie open blijft voor de gebruiker.

## ▶ Online projectsite

De vormgeving en navigatie van de site dient door alle geledingen heen consistent te zijn. Dat is het uitgangspunt dat we eerder in dit hoofdstuk hebben besproken. Vooral bij omvangrijke sites die veel onderhoud vergen is dit een must. Als er meerdere partijen aan de site werken, denk aan netredacteuren, technische ontwikkelaars, content bouwers, en dergelijke, is het dan ook aan te bevelen om een site guideline te maken. In dit document, dat verder gaat dan een huisstijlhandboek, kunnen alle relevante data van en over de site vastgelegd worden. Het medium dat bij uitstek geschikt is voor deze informatieoverdracht is Internet. In dit specifieke geval echter is het een inTRAnet, aangezien de informatie omtrent de site achter de firewall moet blijven. Er kan bedrijfsgevoelige informatie op staan die niet voor iedereen vrij is.

Een online projectsite is meer dan alleen de informatiebron over de te gebruiken templates en de gescoorde statistieken. In het ideale geval is alle informatie die met de site te maken heeft op de project site te vinden. De projectbeschrijvingen en wie de 'content owners' zijn, ofwel de eigenaren, van de informatie die op het Internet staat. In grotere organisaties, zoals in dit geval Philips Semiconductors, zijn meerdere functionele groepen bij de site betrokken. Denk aan de afdeling Media Relations die de persberichten beheert of Finance & Accounting die de rubriek 'Investor Relations' onder haar hoede heeft. Alle zijn onderdeel van het project.

▲ Een productinformatie-pagina bestaat uit losse 'gescripte' tekstmodules die op de Webpagina worden samengebracht.

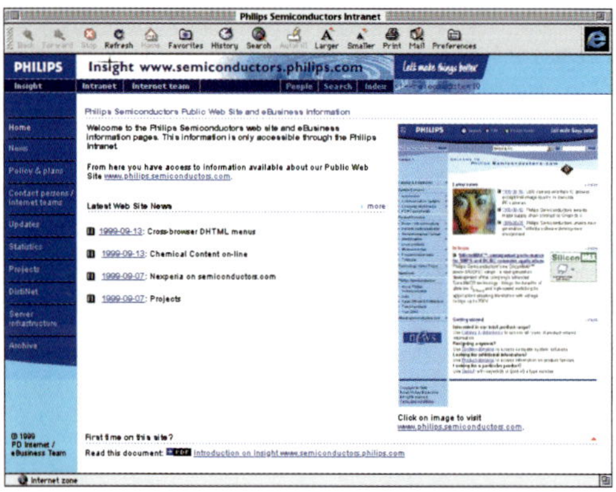


▲ Het Intranet wordt gebruikt als centraal informatiepunt voor de publieke Internet site en de eBusiness strategie.

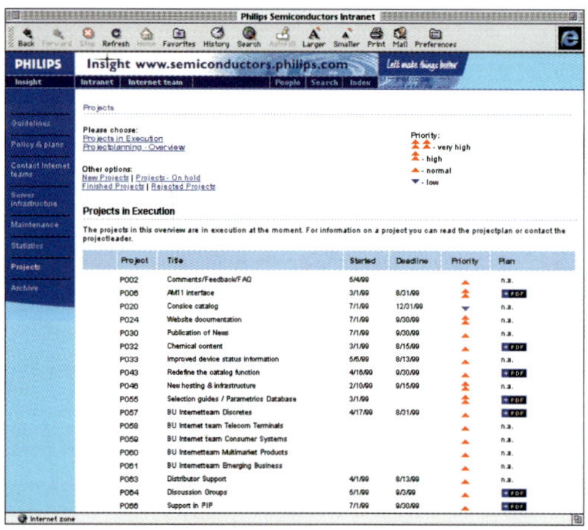

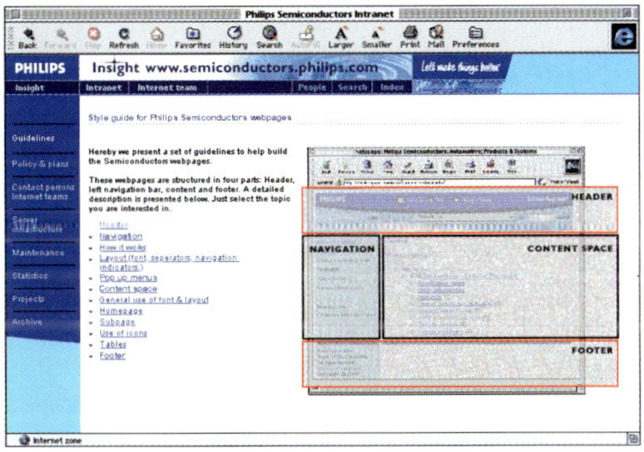


▲ De Philips Semiconductor Homepage beschrijving.

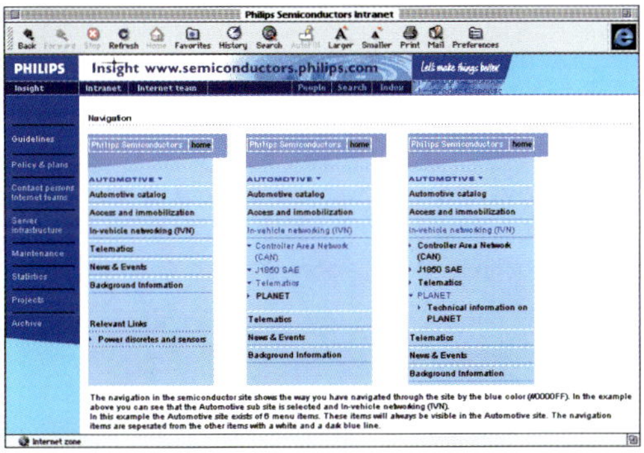


▲ De navigatie-structuur weergegeven in de linkerbalk.

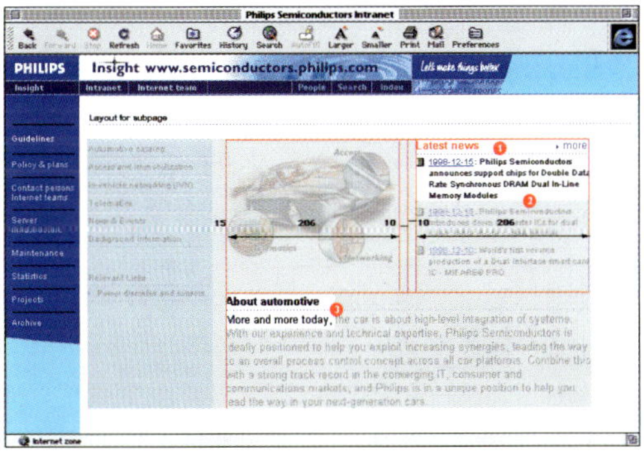


▲ De opzet van rubriekspagina's is tot op de pixel beschreven.▼

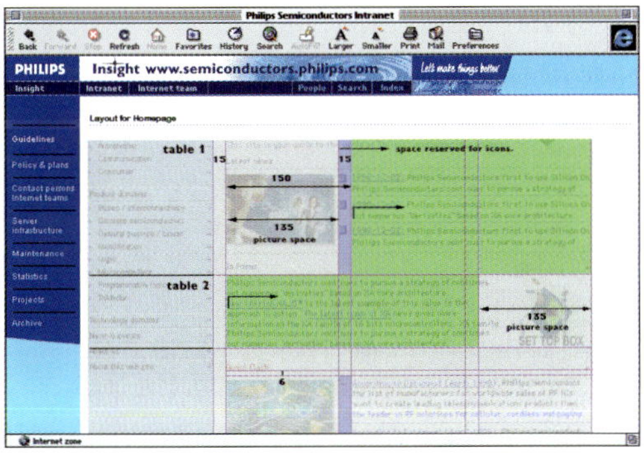


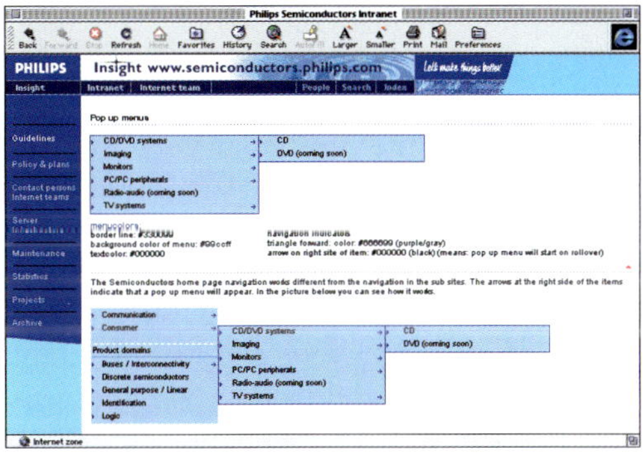


▲ De unieke DHTML navigatie uitgelegd.

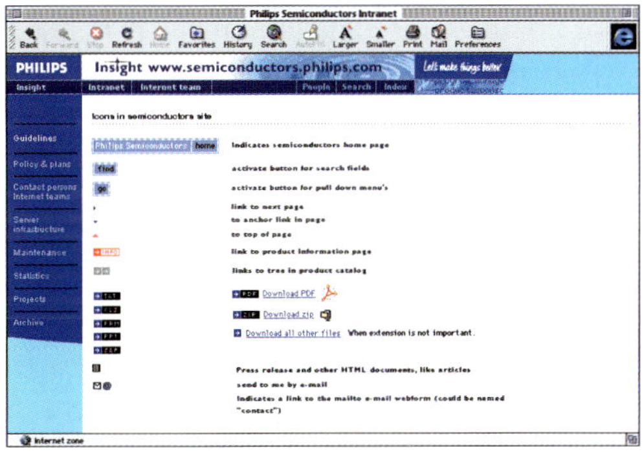


▲ Alle gebruikte ikoontjes met de bijbehorende functies.

## ▶ Online styleguide

De verschijningsvormen van de diverse webpagina's zijn in de hier afgebeelde online styleguide minutieus vastgelegd. De redenen daarvoor zijn duidelijk: het waarborgen van de consistente vormgeving en het aanmaken van nieuwe content vereenvoudigen. Door de stringente aanpak die uiteraard een aparte investering vergt, verdient men op langere termijn zijn uitgegeven geld terug in de gestandaardiseerde opmaak van de pagina's.

De styleguide zorgt ervoor dat geografisch gescheiden partijen gelijktijdig aan de site kunnen werken. Het eindresultaat is, dat een subsite die in Silicon Valley gemaakt is afgestemd is op de pagina's die in Eindhoven ontstaan. In de voorbeelden ziet u dat niet alleen de grids tot op de pixel zijn vastgelegd, maar ook het gebruik van de navigatie-elementen, de ikoontjes, enzovoort. Op de Intranet projectsite is al deze informatie overzichtelijk gepubliceerd.

## ▶ Intranet en Extranet vormgeving

Er bestaan ook websites waarbij het aantal hits en e-mailreacties geen kernpunten zijn. De verbinding met de buitenwereld is niet eerste prioriteit, maar de interne communicatie staat voorop. Deze websites hebben inmiddels ook een eigen naam gekregen: 'InTRAnet'. Het primaire voordeel van deze intranet technologie voor een bedrijf schuilt in het feit, dat verschillende computerplatforms en besturingssystemen met elkaar kunnen communiceren. Het Internet-protocol TCP/IP wordt namelijk universeel ondersteund in de computerwereld. Dit heeft tot gevolg dat u op basis van dit gegeven ineens over een gemeenschappelijke standaard voor het bedrijfsnetwerk beschikt!

Het basisprincipe van Internet –systeemonafhankelijke communicatie-overdracht– is voor het interne bedrijfsnetwerk een zegen van boven: een virtueel bedrijfsintern netwerk. Door tevens gebruik te maken van een browser die op alle platforms beschikbaar is, is ook de gebruikersinterface op alle werkstations gelijk. De voordelen qua training en onderhoud zijn evident.

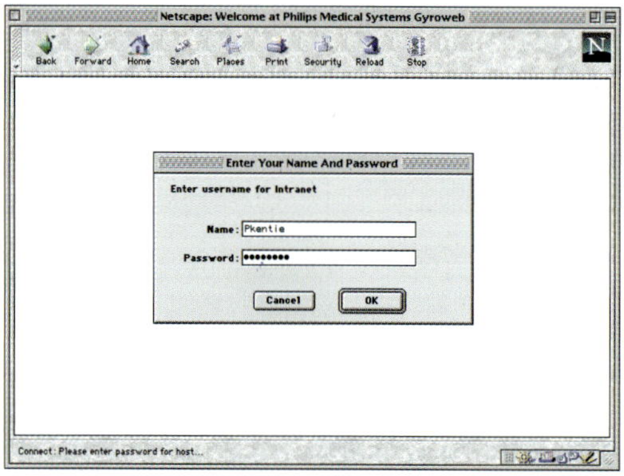


▲ Een Intranet moet goed beveiligd zijn. Toch kan een opening naar buiten nodig zijn voor het 'externe' personeel.

▲ De opstartpagina van het Philips Intranet magazine biedt alle medewerkers die op het wereldwijde netwerk zijn aangesloten een variëteit aan relevante onderwerpen.

## ▶ Paperless office?

De communicatie in een bedrijf dat zich bedient van een intranet, zal snel anders verlopen dan voorheen. Als er bedrijfsintern ook webservers ingericht worden, kan de informatiestroom nog beter beheerst worden. De marketingafdeling bijvoorbeeld kan haar rapporten en prognoses op het eigen net zetten en deze zo eenvoudig bereikbaar maken voor alle geïnteresseerde partijen in het bedrijf. Deze werkwijze vergt een totale cultuuromslag vergeleken met de papieren wereld. Communicatie per e-mail is al een stap vooruit, maar dan nog moeten de berichten naar de personen toegestuurd worden. Een bedrijfsinterne webserver werkt andersom; als men iets wil weten over een bepaald project, kijkt men maar op het Intranet. Alle informatie is continu en op een uniforme manier beschikbaar. Het opzetten van een intranet stelt wel andere eisen aan de vormgever dan een 'publieke' website. De aankleding is minder belangrijk dan de sitestructuur en de interface. Een goede search-engine is ook onontbeerlijk aangezien de ervaring leert dat een Intranet razendsnel groeit.

Het is bijna vanzelfsprekend dat typische 'papieren' informatiebronnen als het interne telefoonboek, training manuals, en vacatures, op de server gezet worden. Dit scheelt op termijn aanzienlijk in de hoeveelheid papier die normaliter in een kantooromgeving in omloop is. De plek waar de werknemer die de informatie wil vergaren zich bevindt, is minder relevant geworden. Overal heeft men toegang tot het netwerk en dus ook tot de gezochte informatie.

## ▶ Intranet-specifieke voorwaarden

Doordat er van een bestaande infrastructuur gebruik gemaakt wordt, is het opzetten van de intranet webserver voor een automatiseringsafdeling een standaard klus. Het aanmaken en beheren van de webpagina's is echter een probleem op zich.

Niet alleen moet er een structuur gevonden worden hoe de pagina's worden gecreëerd, maar ook hun onderlinge relatie moet worden gemanaged. De webdesigner wordt ingeschakeld bij het maken van een HTML-basisgrid waarin de vaste elementen die van de pagina's, geordend en gestructureerd worden. Uiteraard binnen de huisstijlregels van de onderneming. De wetten die voor de papieren communicatie gelden, zijn ook op het *(intra)*net toepasbaar.

Het feit dat iedereen op het intranet van een webbrowser gebruikmaakt, is een goed uitgangspunt. De omgevingsfactoren zijn daardoor voor de automatiseerders en vormgevers eveneens bepaald. Op het Web maakt iedereen namelijk gebruik van dezelfde simpele en toch erg effectieve conventies: een hyperlink wordt in blauw weergegeven en door een onderstreping van de tekst geaccentueerd. Deze conventie is niet alleen algemeen geaccepteerd, het is ook uiterst eenvoudig aan te leren als er een nieuwe gebruiker op het intranet geïntroduceerd moet worden.

## ▶ Templates

De 'content' van de webpagina's is op het intranet veel belangrijker dan de aankleding van het HTML-document. De vormgever dient dan ook te streven naar eenvoudige en goed te printen pagina's. Documenten moeten nu eenmaal ook op papier gearchiveerd worden. Het gebruiken van eenvoudige pictogramachtige GIF-afbeeldingen kan de inzichtelijk van de navigatie bevorderen.

Als de webpagina's door het eigen personeel gemaakt moeten worden, betekent dit dat men geen erg complexe basispagina moet ontwerpen. Het toepassen van een wysiwyg-HTML-editor als Microsoft FrontPage 2000 of Netscape Navigator Gold is een manier om het opmaakwerk zo 'laagdrempelig' mogelijk te maken. Een consequent gebruik van dezelfde GIF-afbeeldingen met dezelfde

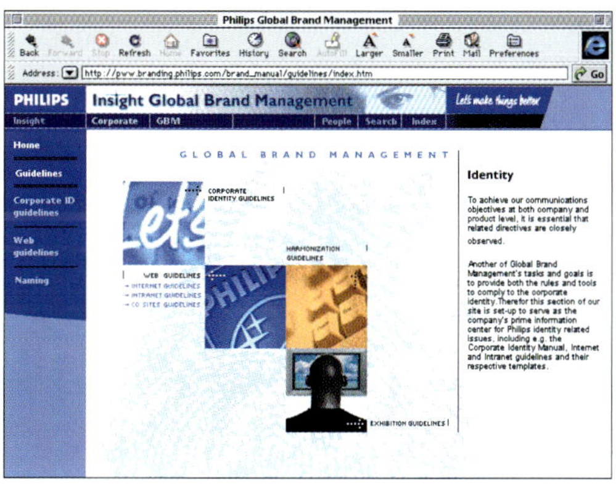


▲ Op het Intranet staan de Internet en Intranet guidelines.

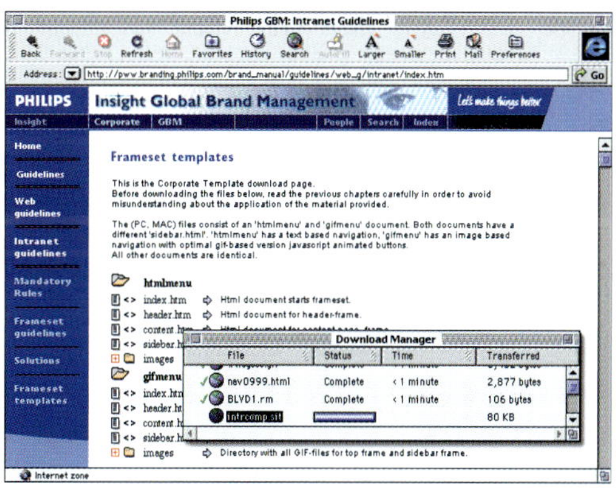


▲ Compleet opgemaakte templates zijn downloadbaar.

grootten kan vastgelegd worden in een HTML huisstijlmanual. Door vaste 'template' of gridpagina's te ontwerpen en te distribueren onder de gebruikers, verzekert u zich van een constante kwaliteit van de webpagina's die intern gemaakt worden. In zo'n template kan bijvoorbeeld vastgelegd worden dat een titel van het document altijd door de tags <H2></H2> wordt bepaald, of dat een tussenkop door de Bold-tag <B></B> moet worden aangegeven. Door consequent deze opmaakregels te hanteren ontstaat er een homogeen beeld ondanks de verschillende bronnen.

### ▶ Databasekoppelingen

Elk bedrijf heeft een interne database *(of zelfs meerdere)* waarin een enorme hoeveelheid informatie over de gevoerde producten of de te leveren diensten is opgeslagen. Het ligt voor de hand dat ook deze informatie aan het Intranet wordt toevertrouwd. Het koppelen van de bedrijfsinterne databases vergt echter veel meer expertise. Maar ook hiervoor zijn standaard-oplossingen beschikbaar van bijvoorbeeld Oracle, Microsoft en Sybase. Het bekende database bestandsformaat ODBC wordt door de meeste pakketten ondersteund.

### ▶ Extranet

Een intranetsite is 'afgesloten' van de buitenwereld en behoeft derhalve ook geen publiciteit. Daar staat tegenover dat menige 'corporate' website een open én een gesloten gedeelte heeft. Het is namelijk ook mogelijk om slechts een gedeelte van de webpagina's af te grendelen voor de buitenwereld. Deze situatie waarbij vrij toegankelijke én afgeschermde pagina's onder één domeinnaam gevonden kunnen worden heet een 'extranet'.

Ook zijn extranetten ideaal om een apart gedeelte in te richten voor afgeschermde communicatie met externe relaties, bijvoorbeeld distributeurs en klanten Het stelt uiteraard ook eisen aan de beveiliging van uw site.

Een firewall, een computer die ongenode gasten buiten houdt, is een voorwaarde evenals een strikte naleving van de veiligheidsvoorschriften. Het verschil tussen Inter-, Intra- en Extranet is eigenlijk het verschil in toegangsprivileges van de bezoekers!

Het Internet ▸ heeft zijn eigen 'taal' met bijbehorende schrijfconventies.

**Acroniemen als HTML, HTTP, WWW, URL e.d. lijken een geheimtaal te vormen. Toch staat elk van deze afkortingen voor een logische, zij het Engelse, omschrijving. Elk vak kent nu eenmaal zijn eigen vaktaal. In dit hoofdstuk komen de basisbegrippen aan bod en worden deze aan de hand van praktische voorbeelden uitgelegd.**

## HTML voor vormgevers

HTML is niets meer dan een set opmaakcodes die aan ASCII-tekst toegevoegd worden waardoor het uiterlijk van de tekst vormgegeven wordt. Tevens voegen de HTML-commando's verwijzingen toe die het document 'verbinden' aan andere web-documenten, FTP- of electronic mail-adressen. De HyperText Markup Language, kortweg HTML, is afgeleid van de eveneens gecodeerde opmaaktaal SGML of voluit Standard General Markup Language.

De woorden taal en code wekken misschien de indruk dat HTML –spreek uit als Ha Té Em El– een programmeertaal is. Deze omschrijving schept ogenblikkelijk een afstand en zal misschien menig webdesigner doen afschrikken. In realiteit is de kreet programmeertaal wat te veel van het goede; HTML is eerder een opmaaktaal, waarbij logische codes die altijd tussen haakjes staan, het uiterlijk van de webpagina en de daarin vermelde teksten bepalen. Gebruikers van QuarkXPress die wel eens met opmaaklabels gewerkt of eventueel geëxperimenteerd hebben, zullen deze codes zelfs heel bekend voorkomen. Kortom laat u zich niet afschrikken door een vermeende complexiteit van het gebruikte vocabulaire. Het ontwerpen en werktekenen van een World Wide Webpagina met behulp van de HyperText Markup Language is zeker geen hoog-technologische arbeid waarbij allerlei codes uit het hoofd geleerd moeten worden. Dankzij de HTML-editors die momenteel ter beschikking staan, wordt het werk al zeer veraangenaamd zonder dat de kwaliteit van de pagina's daar onder lijdt. Voor degene die al helemaal geen codes wenst te typen, zijn er zelfs zogenaamde 'Wysiwyg HTML-editors' verkrijgbaar. In dit boek vindt u een duidelijke uitleg inclusief sprekende voorbeelden over Adobe Golive en zijn tegenstrevers Macromedia Dreamweaver en Microsoft FrontPage 2000, waarmee de slogan 'What you see is what you get' ook op het Internet waargemaakt wordt.

### ▶ De basis leren om beter te presteren

Waarom beperkt de schrijver zich dan niet tot deze categorie opmaakprogramma's, zult u zich misschien afvragen. Welnu, er zijn twee belangrijke redenen om ook de theorie te onderwijzen en te verduidelijken.

Allereerst is het bezitten van een gedegen basiskennis van de HTML-commando's altijd een pré tijdens het opmaakwerk, als men de structuur van een technologie of zelfs het technisch principe begrijpt, kunnen handelingen beter ingeschat en uitgevoerd worden. Vergelijk het maar met autorijden, als men weet wat de koppeling doet, kan men de werking van dit linkerpedaal beter en sneller aanleren. Dit geldt evenzeer bij het opmaken van een document met behulp van HTML-codes.

Een tweede reden waarom de kennis onontbeerlijk is, wordt door de 'Wysiwyg HTML-editors' zelf veroorzaakt. Aangezien deze programma's niet het complete arsenaal aan HTML-commando's ondersteunen, ontkomt de vormgever van een gestructureerde en creatieve website er niet aan om uitgebreid kennis van zaken op te doen over HTML en de bijbehorende conventies.

### ▶ Voorvader SGML

Zoals vermeld, is de HyperText Markup Language niet zo maar uit de lucht komen vallen; de basisprincipes van de 'neutrale' opmaaktaal SGML liggen eraan ten grondslag. De uitdrukking 'neutraal' is niet zo maar gekozen, want we moeten op het Internet rekening houden met het feit dat alle computers- en besturingssystemen de informatie op een eenduidige manier moeten en kunnen weergeven. Dit is feitelijk ook een verklaring voor de enorme belangstelling die het communicatie-medium World Wide Web ondergaat: het is volledig systeemonafhankelijk! Of we nu een computer bezitten waar het Microsoft Windows 95-besturingssysteem op draait of de oudere Windows 3.1 versie, een Apple Macintosh of een op Unix gebaseerd systeem, het Internet kent geen grenzen voor de diversiteit aan systemen. Voor het eerst in de geschiedenis is er een gemeenschappelijk protocol dat de concurrentiestrijd op platformgebied overstijgt!

De twee pijlers van het World Wide Web zijn dan ook het protocol TCP/IP dat de overdracht van de gegevens in de vorm van 'pakketjes' data regelt en de HTML-opmaaktaal. Doordat de systeemonafhankelijkheid gegarandeerd moest zijn, hebben de samenstellers van de originele HTML-commandotaal leentjebuur gespeeld bij het instituut ISO *(International Standards Organization).*

ISO is bekend vanwege de certificeringsactiviteiten, denk aan de bekende ISO 9000 en 9001-normen. Maar het instituut heeft de wereld ook verrijkt met een groot aantal standaarden. Een daarvan is de opmaaktaal SGML, kort voor Standard Generalized Markup Language. Deze algemene opmaaktaal wordt door tal van Amerikaanse overheidsinstituten toegepast om hun documenten te structureren.

Ook vindt men SGML terug in opmaakprogramma's als Adobe FrameMaker en Interleaf. De logische opbouw van SGML heeft als uitgangspunt gediend voor de ontwikkelaars van de HTML codeset, aangezien het een ideale basis is voor 'systeem-onafhankelijke opmaak'. Op het World Wide Web weinig tot geen invloed heeft op de geïnstalleerde lettertypen èn basisinstellingen van de ontvanger van de web-boodschap. Een opmaaktaal die logische formatteringen voorop stelt een must. Let wel de lezer bepaalt in zijn browser het lettertype en corpsgrootte. Dit kan men niet beïnvloeden. Als men zou kunnen bepalen dat een webpagina in het Helvetica lettertype gelezen moet worden, wat moeten dan die arme computerbezitters die geen Helvetica maar het font Swiss geïnstalleerd hebben? Deze 'zwakte' is de prijs die men betaalt voor de volledige systeemonafhankelijkheid van het Internet en specifiek het World Wide Web-protocol. Hierdoor kan iedereen zijn eigen standaard-instellingen bepalen met een voorkeurlettertype waardoor de beeldscherminformatie beter *(lees duidelijker)* bekeken kan worden. Totdat systemen als Adobe Acrobat gemeengoed zijn op alle computerplatforms, zullen we met deze beperkingen moeten leven. Het aanbod dat men nu al op het Internet kan vinden, geeft echter aan dat aan de behoefte al meer dan voldaan wordt.

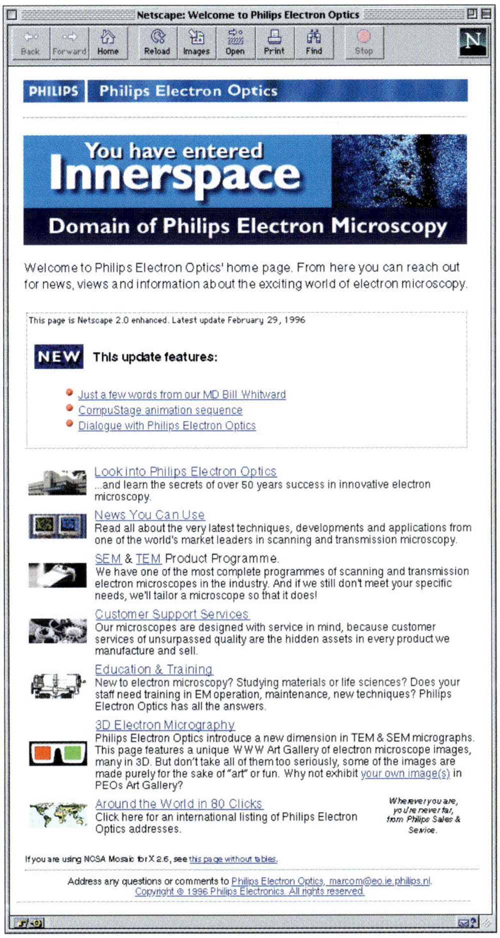


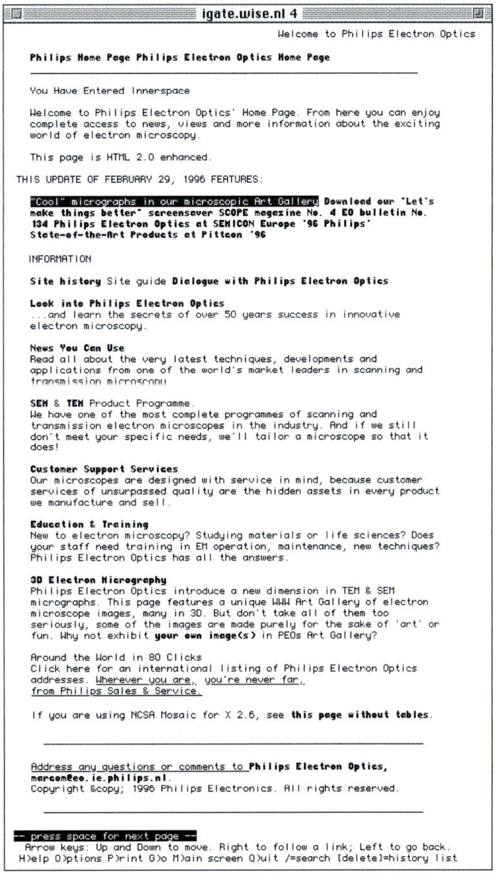


Zoek de verschillen: dezelfde webpagina bekeken in de ▲ ◀ Netscape Navigator browser en in de Lynx-tekstbrowser.

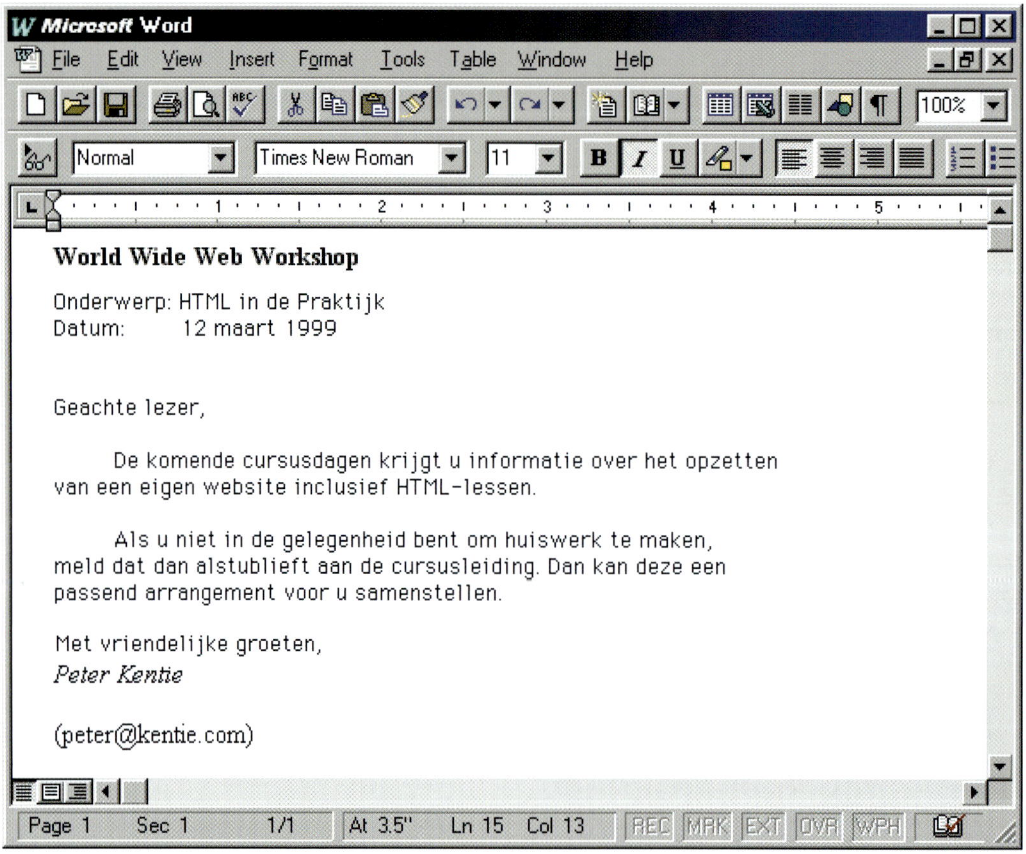


▲ Als men geformatteerde tekst uit een wordprocessor inleest in een webbrowser, zal de opmaak als sneeuw voor de zon verdwijnen. Spaties en harde returns hebben geen enkele invloed op de weergave.

De browser zal de kopij in de standaardgrootte zoals die in het voorkeuren-venster is bepaald, op de pagina afbeelden. De HTML-codes zijn dringend gewenst om deze pagina met cursus-informatie te structureren en toonbaar te maken. ▼

### ▶ Codetaal

Feitelijk zijn HTML-bestanden weinig meer dan pure tekst of ASCII-documenten waaraan opmaaklabels of zogenaamde 'tags' toegekend zijn. Ruwweg kan men de tags in twee categorieën indelen:

- 'Stijlen' voor de visuele opmaak
- 'Ankers' voor de verwijzingen naar andere HTML-documenten, geluid- of film-fragmenten, e-mail-adressen en dergelijke.

De ankers zijn uniek voor de HTML-taal en vormen de basis van de 'hypertekst'-mogelijkheden van het world wide web. Hierdoor volstaat het om met het pijltje een stuk tekst of een afbeelding aan te klikken, waardoor de computer opdracht krijgt om een ander HTML-document *(per modem)* op te halen, in plaats van het intypen van allerlei ingewikkelde codes en adressen. Uiteraard is deze techniek niet voorbehouden aan het World Wide Web; ook CD-ROM en CD-I-media maken gebruik van hyperlinks. Deze methodiek is overigens in 1945 al door ene Vannevar Bush besproken en later door Alan Kay en consorten in Xerox Parc laboratorium uitgewerkt.

### ▶ Opmaaklabels en tags

Het spreekt voor zich dat de tags niet worden weergegeven in de webbrowser-pagina; zichtbare opmaakcodes verstoren nu eenmaal het lezen van de tekstuele informatie. Om een onderscheid te maken tussen de 'tekstuele' ASCII-tekst en de gecodeerde ASCII-tekst staan alle opmaakcodes tussen twee 'chevrons' of in Nederlands het 'kleiner dan'- (<) en het 'groter dan'-teken (>). Deze techniek wordt overigens al jaren bij zetsystemen toegepast en zelfs in tekstverwerkers als WordStar, één van de allereerste wordprocessors uit het begin van de tachtiger jaren, zat al iets dergelijks ingebouwd. QuarkXPress werkt ook met 'opmaaklabels' waardoor kopij al in een tekstverwerker 'voorgecodeerd' kan worden.

### ▶ Solo en paren

HTML-tags worden meestal in combinatie van twee paren toegepast. Een tag om de instructie 'aan' te zetten en een tweede om de tag weer ongedaan te maken. Deze laatste is te herkennen aan het '/' teken *(spreek uit 'slash')* dat direct na de eerste chevron gezet wordt. Een voorbeeld ter verduidelijking: Stel we willen een stukje **tekst** vet weergeven, dan moet men dit in HTML als volgt coderen:

```
<B>tekst</B>
```

De eerste tag <B> geeft aan dat alle tekst in de stijl 'Bold', dat is Engels voor 'Vet', zal worden weergegeven. De tweede tag </B> heft de stijl weer op. De tekst die achter de tweede tag geplaatst wordt, zal weer als normaal *(lees ongeformatteerd)* worden afgebeeld. Als de tweede, afsluitende tag echter ontbreekt, dan zal verder alle ASCII-tekst die op de pagina staat, in deze stijl worden afgebeeld. Het spreekt voor zich dat men bij het opmaken van een pagina secuur moet werken, want anders wordt het opsporen van het foutieve of ontbrekende opmaaklabel een flink karwei! Het is net als vroeger bij het fotografisch zetten; als de zetter vergat om de zetinstructie 'lettergrootte corps 24' weer op te heffen met de tweede instructie, rolde uit de ontwikkelmachine een ellenlang stuk papier *(of nog kostbaarder een rol film)* dat direct naar de prullenmand kon worden verwezen. Als er tijdens het opmaakproces van een HTML-pagina foutieve codes ingeslopen zijn, kan men dat gelukkig nog controleren door de pagina in de webbrowser te openen.

Gecompliceerde HTML-pagina's, waarin bijvoorbeeld lijsten en tabellen toegepast zijn, zullen toch flink wat zoekwerk opleveren. De schier eindeloze hoeveelheid tags die een tabel vereist, zorgen er al snel voor dat het overzicht verloren gaat. En een verkeerd uitgevoerde correctie kan flinke gevolgen hebben. Het is altijd handig om op cruciale plaatsen 'commentaar'-tags <!--> te zetten.

### ▶ HTML dialecten

Niet alle tags worden in combinatie van twee paren gebruikt. Er zijn ook tags die solo voorkomen. Voorbeelden hiervan zijn de alinea- en regel-afbrekingstags <P> en <BR> en ook de horizontale lijn-tag <HR> wordt niet ongedaan gemaakt door een 'opheffing'.
Zo zie je maar weer, ook deze standaard heeft flexibele regels. Sterker nog, HTML is eigenlijk helemaal geen standaard! Deze opmaaktaal wordt namelijk met grote regelmaat gewijzigd en aangevuld. De standaard HTML 3.0 commando's worden door alle browsers ondersteund. De firma Netscape is echter vanaf eind 1994 begonnen met het introduceren van de zogenaamde extensions. Uiteraard werden deze dan ook alleen in de eigen Netscape Navigator 1.0 browser ondersteund. Deze extensions waren voor een deel een uitbreiding op de bestaande HTML standaard, zoals tags om afbeeldingen rechtslijnend te plaatsen. En andere nieuwe tags dienden als vervanging voor de gestandaardiseerde 2.0-tag. Deze actie van Netscape is in het begin zeer omstreden geweest omdat het uitgangsprincipe van de HTML-standaard de wereldwijde en systeemonafhankelijke uitwisseling van documenten mogelijk maakt. De HTML-taal is zelfs 'backward-compatible' aangezien een enorme diversiteit aan hard- en software de gegevens moet kunnen interpreteren. Zelfs zogenaamde LYNX-browsers moeten de informatie kunnen weergeven. Aangezien zo'n browser geen beeld kan weergeven, kan men zich voorstellen hoe raar een pagina met allerlei nieuwe cryptische en zeldzame commando's over zal komen.

## Web PraktijkTIP

▶ Als u wilt bijhouden wat de stand van zaken is qua browsers en hun ontwikkelingen, is er een website waar u deze info, overzichtelijk gerubriceerd, kunt vinden. Hier vindt u ook een lijst met alle beschikbare plug-ins. De website wordt door Dave J. Garaffa onderhouden en heet BrowserWatch.

De URL is:
http://www.browserwatch.com

### ▶ HTML > XHTML > XML

De HTML versie waarmee practisch alle browsers compatible zijn is versie 3.2. De specificaties van de officiële opvolger, versie 4.0 is gereed en wordt door Internet Explorer ondersteunt. Ondertussen wordt er door het W3C hard gewerkt aan een nieuwe standaard genaamd XHTML. Dit moet een soort moeder van alle HTML-varianten worden. Op zich een fantastisch streven, maar waarom nu weer een afkorting die verwarring oplevert? XHTML staat voor eXtended HTML, maar is iets geheel anders dan XML...

Onderwijl worden er ook 'illegale' uitbreidingen aan de de HTML specificaties toegevoegd. Doordat de gebruikers deze nieuwe extensies ook zijn gaan toepassen en gezien het succes van de Netscape software, zijn deze extensies 'onofficiële' uitbreidingen van de HTML-standaard geworden.

Onder de naam Internet Explorer heeft Microsoft zijn browser ontwikkeld waarvan de marktacceptatie sterk groeiende is en inmiddels tot absolute marktleider is uitgegroeid. De nauwe integratie met Microsoft Office componenten en de dominante positie van het Windows besturingssysteem heeft de marktpositie van de browsers bepaald. MSIE is nu de meest populaire browser en wordt door zo'n kleine zeventig procent van de gebruikers ingezet.

Microsoft heeft zijn positie ook aangegrepen om eigen extensies aan de HTML-taal toe te voegen. Met als doel uiteraard om de eigen browser qua populariteit te doen toenemen. De uitgebreide functionaliteit die deze nieuwe tags introduceren, mag niet afgedaan worden als een slimme marketingtruc. Mogelijkheden als achtergrondgeluid, gekleurde tabelcellen en ingebouwde videobeelden zijn Microsoft innovaties die inmiddels door de concurrentie worden ondersteund.

### ▶ Strijd of samenwerking

Feitelijk is de browserstrijd die Microsoft en Netscape voeren, een extra zorg voor de content-aanbieders aangezien ze nog meer rekening moeten houden met de browsermarkt. Men zou bijna een flinke administratie moeten bijhouden welke extensies met welke browser functioneren. En net als alles weer in het gareel loopt, verschijnt er weer een nieuwe versie met nog meer eigen tags...

Beter zou het zijn als de partijen Netscape en Microsoft nauwer zouden samenwerken. Of beter nog dat men bereid is om van elkaar de succesvolste extensies over te nemen. Ongetwijfeld zal de tijd ons leren wat de gevolgen voor de browsermarkt zullen zijn. Gezien de belangen die hiermee gemoeid zijn, zullen de partijen ongetwijfeld hun eigen richting kiezen. Het W3-consortium treedt tegenwoordig als scheidsrechter op en publiceert op zijn website www.w3c.org de nieuwste suggesties en uitbreidingen op de HTML-taal.

### ▶ HTML-containers

Terug naar de basis. Elke webpagina kent een vaste opbouw. Deze bestaat namelijk uit drie delen of containers. De gehele pagina begint altijd met de tag <HTML> en eindigt met de tag </HTML>. Een tweede onderverdeling is mogelijk in een kopgedeelte, de zogenaamde <HEAD>. Hierbinnen wordt de titel van het document gezet. Deze tekst is, afhankelijk van de browser, bovenaan de pagina of in een aparte titelbalk zichtbaar. De tekst dient tevens als 'Bookmark'-vemelding. De Head-tag wordt weer ongedaan gemaakt door het HTML-commando </HEAD>.

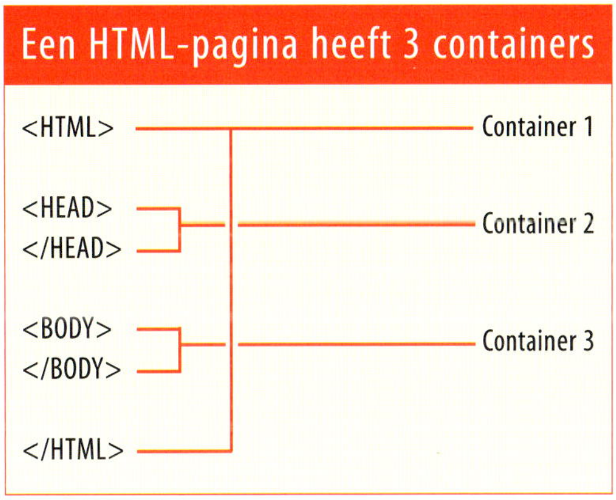


▲ **Een schematische weergave van de drie basis-containers en hun onderlinge relatie en rangorde.**

De rest van de webpagina wordt met de tag <BODY> aangegeven. Hierin worden alle tekst en beeld geplaatst die binnen het paginabeeld zichtbaar zijn. Met de tag </BODY> eindigt de derde container. Netscape heeft in 1996 een vierde container geïntroduceerd: 'Frames'. In een apart hoofdstuk wordt aandacht aan deze opmaakvariant geschonken.

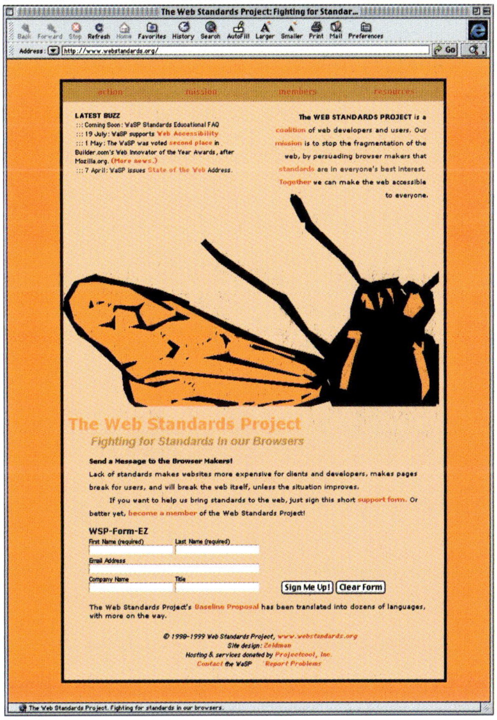


**The Web Standards Project streeft uniforme tags na.** ▶

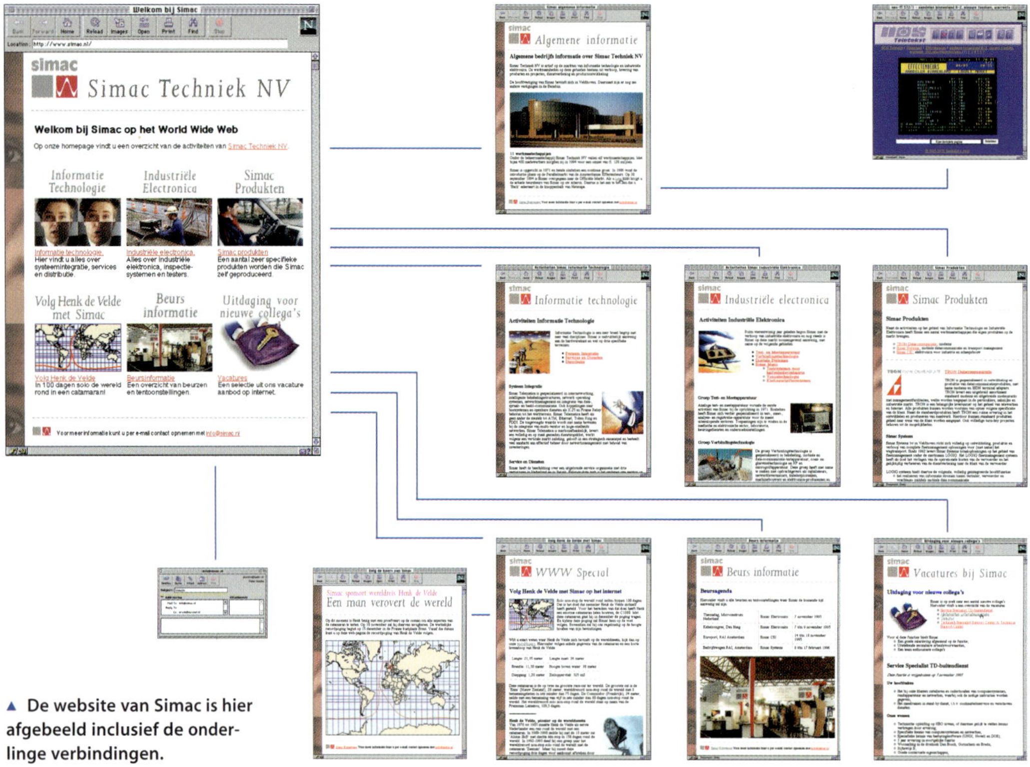


▲ **De website van Simac is hier afgebeeld inclusief de onderlinge verbindingen.**

## ▶ HTTP-protocol

Het enorme en overweldigende succes van het World Wide Web is niet eenvoudig te verklaren. Uiteraard hebben een aantal aspecten een doorslaggevende rol gespeeld in de totstandkoming van dit nieuwe medium. Afgezien van de systeemonafhankelijkheid en het wereldwijde bereik van het web is er nog een factor die enorm bijgedragen heeft aan de snelle acceptatie en dat zijn de hyperlinks of 'Ankers'. Deze verwijzingen naar andere HTML-documenten, geluids- of filmfragmenten, e-mail adressen en aanverwante informatiebronnen zijn met een enkele druk op de *(muis)*knop te bereiken. Men hoeft geen ingewikkelde commando's in te typen en te onthouden. Een klik op een gekleurd woord of tekstfragment volstaat om een verbinding te leggen tussen een ander HTML-document dat op dezelfde computer staat of aan de andere kant van de wereld. Als de netsurfer niet af en toe eens opkijkt naar het HTTP-adres waar hij nu weer is beland, zou hij niet eens in de gaten hebben dat hij ongemerkt de wijde wereld verkent vanachter een toetsenbord en een *(kleuren)*monitor! De codes die men in het HTML-document moet zetten om deze interactie op gang te brengen, zijn relatief eenvoudig. In bovenstaand overzicht zijn de verwijzingen vanaf de homepage *(thuispagina klinkt zo typisch Nederlands)* van Simac zichtbaar gemaakt.

Vanaf de homepagina 'index.html' zijn negen verwijzingen gemaakt naar de subpagina's. Deze variëren van algemene informatie-pagina's tot een vacature-overzicht van het bedrijf. Om de aantrekkelijkheid van de website te vergroten is er ook een hyperlink gemaakt naar een actiematig element. Simac sponsorde de wereldreis van een zeiler.

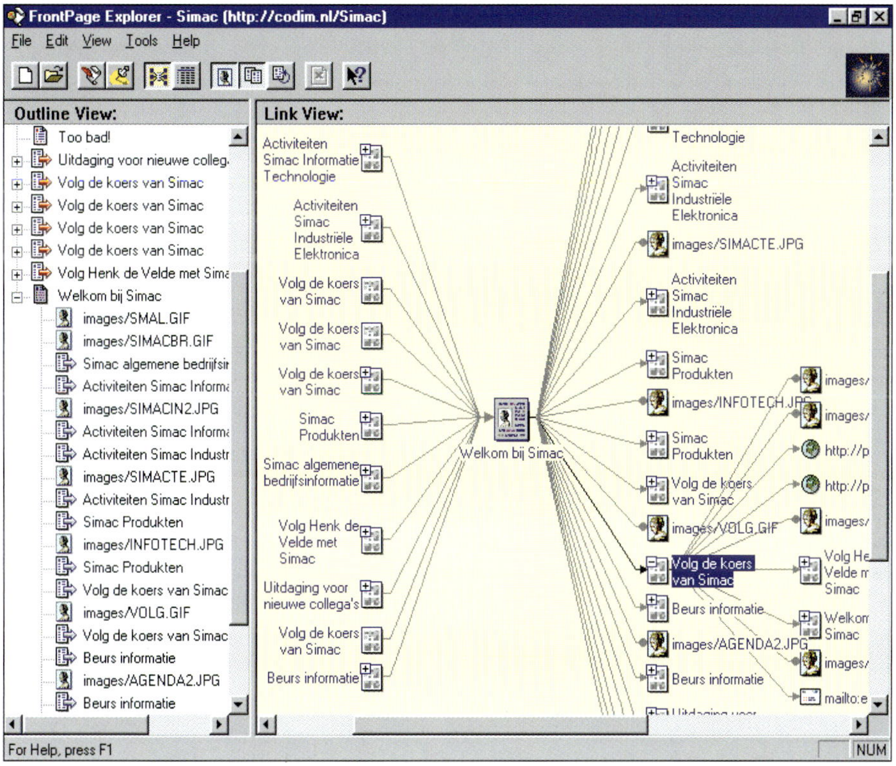


◄ FrontPage van Microsoft kan de site van Simac schematisch weergeven. Inclusief de hyperlinks en afbeeldingen die naar de diverse URL's leiden.

Men kan diens tocht via het web volgen. Elke dag wordt op een webpagina een nieuwe positie op de wereldkaart afgebeeld inclusief een stuk tekst met de laatste belevenissen van de zeeman. Zo krijgt de website een meerwaarde door het actuele nieuws en kan de websurfer tegelijkertijd kennis maken met de diensten en produkten die men op de website aanprijst! Uiteraard is op de homepagina een verwijzing naar het elektronische postadres van Simac opgenomen. Deze 'footer' wordt trouwens ook op alle subpagina's afgebeeld inclusief een knop 'terug naar homepagina'. Zeker voor de wat langere pagina's, zoals het actuele vacature-overzicht, is dit een dankbaar navigatie-element.

De titelbalk 'Welkom bij Simac' is in de Windows en Macintosh-versies van Internet Explorer en Netscape aan de bovenzijde van het document zichtbaar.

### ▶ De kracht van de hyperlinks

HTML is zoals eerder gesteld een hypertext systeem. Dit betekent dat met behulp van interactieve 'links' documenten naar elkaar kunnen verwijzen en zodoende een interactie mogelijk wordt die door geen ander medium kan worden geëvenaard. Want het is niet alleen mogelijk om links naar tekstdocumenten te leggen, maar ook naar videobeelden, geluidsfragmenten, illustraties, foto's en zelfs animaties dank zij Java van Sun en ShockWave van MacroMedia. Als u deze pagina in een hypertext versie zou kunnen lezen, zouden we slechts het muispijltje op één van deze hyperlinks hoeven te richten en een enkele klik met de muis zou volstaan om het hoofdstuk over deze tekst te kunnen lezen.

Aangezien u dit boek op *(het zo geduldige)* papier aanschouwt, is deze mogelijkheid uiteraard niet aanwezig.

Dit medium heeft zijn eigen technieken voor dit probleem. Een aanwijzing als: lees verder in hoofdstuk Shockwave vervult namelijk dezelfde functie. Dit vergt echter meer moeite van de lezer aangezien deze moet gaan bladeren in het boek. De interactie met andere mediavormen wordt al helemaal lastig. Het afspelen van een animatie of een geluidsfragment is uitgesloten in de papieren versie. De eigenschap van HTML om links te maken naar alle mogelijke mediavormen en -uitingen, gecombineerd met de grenzeloze mogelijkheden die het Web biedt, is in de traditionele communicatie zonder weerga.

Ondanks het gigantische aanbod aan webpagina's zijn er slechts een gering aantal sites waar de inhoud even verzorgd is als de grafische vormgeving. Een firma die veel in zijn huisstijl heeft geïnvesteerd, zal deze kosten en moeite ook in de vormgeving van de website willen terugzien. Een website die slechts een folder-karakter heeft, zal ook als zodanig 'geconsumeerd' worden. Na één keer doorkijken komt de bezoeker geen tweede keer meer terug. Eenzelfde lot als de folder die na het doorbladeren in de prullenmand eindigt. Het Web moet een toegevoegde waarde hebben, want wat is anders het bestaansrecht van een site. Een goede site moet dus meer bieden: 'content' ofwel inhoud in de ruimste betekenis van het woord. En interactiviteit. Het feit dat een relatie opgebouwd kan worden met de lezer van de pagina, maakt het Web uniek. En deze relatie wordt niet door tijd en afstand beperkt, u kunt 24 uur per dag 7 dagen in de week met uw doelgroep communiceren. De site moet dus wel voor deze dialoog openstaan.

### ▶ URL's

Elke webpagina heeft een uniek adres waardoor het bereikbaar is voor alle andere computers die op het Internet aangesloten zijn. De techniek die ervoor zorgt dat al die verschillende computers elkaar kunnen vinden, is één van de pijlers van het Internet. Het navigeren of met een hip woord 'websurfen' wordt oneindig makkelijk gemaakt doordat een klik op een woord of afbeelding voldoende instructie is voor de computer om naar de desbetreffende website of -pagina in te bellen. De techniek die hieraan ten grondslag ligt, is een protocol genaamd URL of Uniform Resource Locator. Dit is feitelijk een verwijzing naar de plek op de harde schijf van een specifieke computer. Technisch gezien geeft het protocol ook aan hoe de uitwisseling van informatie tussen de verschillende netwerkbronnen moet verlopen. Het bekendste protocol dat we op het Web tegen zullen komen, is het hypertext transfer protocol ofwel 'HTTP'. Dit is altijd een verwijzing naar een hypertext-document *(lees een HTML-bestand)*. Er zijn echter nog legio andere protocollen waarmee we online geconfronteerd worden. Andere voorbeelden zijn het File Transfer Protocol of 'FTP' en het 'mail to'-protocol. Deze laatste zorgt voor een verbinding met een programma dat het versturen van elektronische post *(e-mail)* mogelijk maakt. Deze functie is van groot belang om respons te genereren en te kunnen meten.

De 'mail to'-optie zorgt ervoor dat in de browser het Mail-venster aangeroepen wordt. De e-mail van de ontvanger en de naam èn e-mail van de verzender zijn automatisch ingevuld. Dit voorkomt veel ellende, want de Internet-protocollen luisteren heel nauw. Vervolgens kan men de boodschap direct typen en versturen.

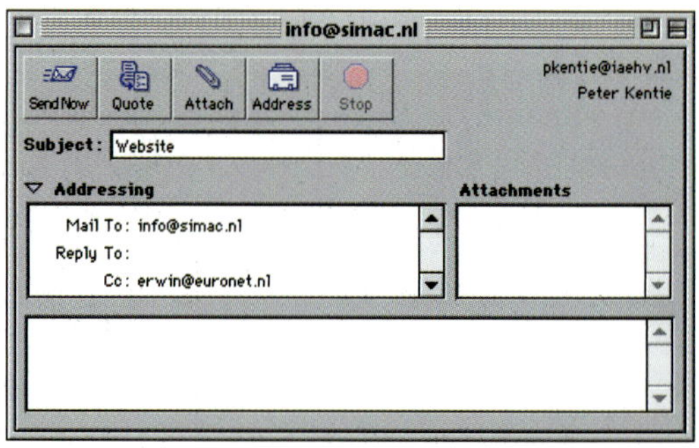


▲ Het e-mail-adres kan men vanuit de browser 'mailen'.

## ▶ FTP-en

Dit boek is primair gericht op webdesign. Toch komen een aantal typisch Internet-technische onderwerpen *(zij het summier)* aan bod. Eén daarvan is het file transfer protocol of 'ftp'. Als men de HTML pagina's en de in-line bestanden namelijk op het Web wil 'publiceren', betekent dit feitelijk dat de data op een server geplaatst moeten worden. Om dit te kunnen realiseren moet men men soms met een UNIX-systeem 'FTP-en'. Hiervoor kan men speciale programma's gebruiken zoals WS-FTP voor Windows, maar ook steeds meer HTML-editors bieden deze faciliteit aan zoals Netscape Composer of NetObjects Fusion.

In het bijgaande voorbeeld wordt een update-procedure in beeld gebracht van de homepagina van de auteur bij zijn eigen provider IAEHV, kort voor Internet Access Eindhoven. De meeste FTP-programma's werken op basis van het Drag 'n drop-mechanisme. De eerste stap bestaat uit het contact zoeken met de server-frontend. Dank zij het commando 'Get via FTP' in het Macintosh-programma Anarchie wordt de verbinding gemaakt. De naam en het wachtwoord dienen correct ingevuld te worden. Vervolgens wordt de inhoud van de map getoond die op naam staat van de gebruiker. Door nu de bestanden die vervangen moeten worden, in één keer in de map te slepen weet de software dat het deze bestanden moet copiëren. De gelijknamige documenten worden overschreven en de data worden over het Internet naar de server van de provider gestuurd. Pas wel op met de verschillende 'modi'. De 'Binary'-mode verstuurt het bestand één op één, terwijl de 'Text'-mode een vertaalslag doet van het ene naar het andere platform. Een veilige optie is ook om alle informatie als 'raw data' te versturen. Dan is men er zeker van dat 'aan de andere kant' geen corrupte bestanden ontstaan. Voor PDF-files en multimedia bestanden als Shockwave Flash films of geluiden is dit ook aan te bevelen.

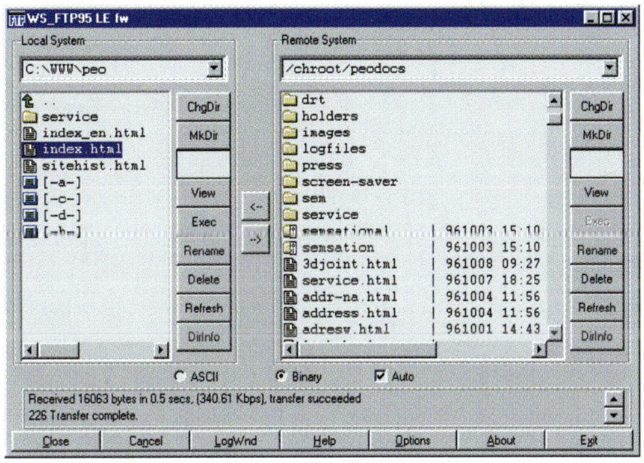


▲ Een erg goede Windows FTP-client is WS-FTP

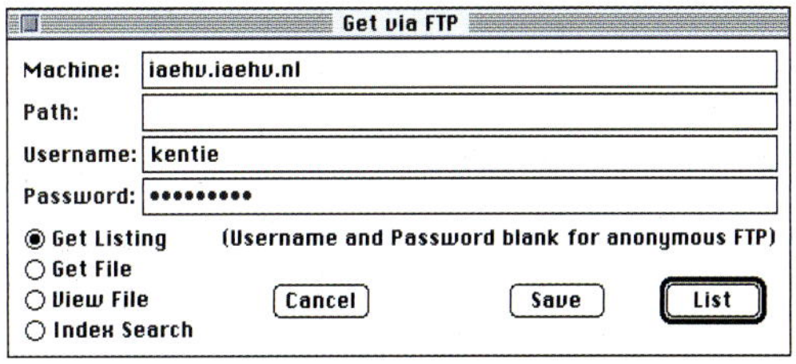


▲ Met behulp van een FTP-client wordt contact gezocht met de externe UNIX-server.

Na de acceptatie van de naam en het wachtwoord is men 'binnen'. ▶

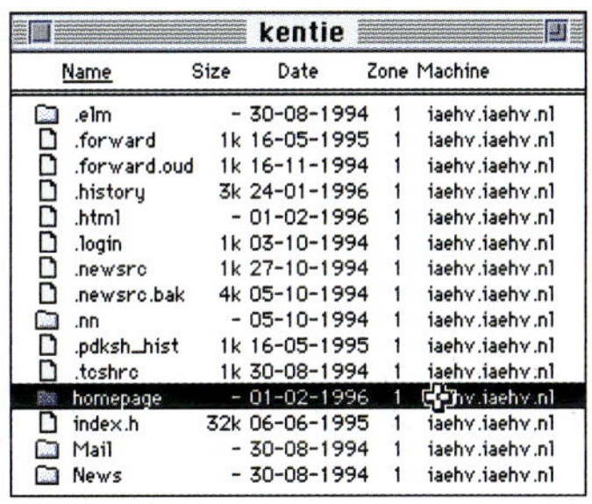


◀ Door gebruik te maken van 'drag 'n drop' wordt de nieuwe inhoud van de homepage naar de server gesleept.

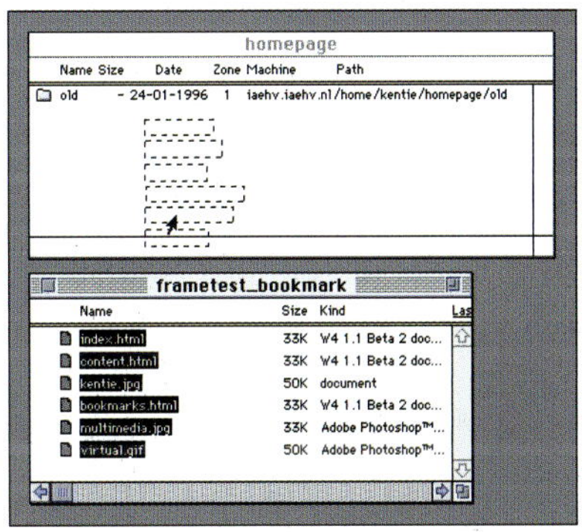


▼ Tijdens het oversturen is deze voortgangsbalk zichtbaar.

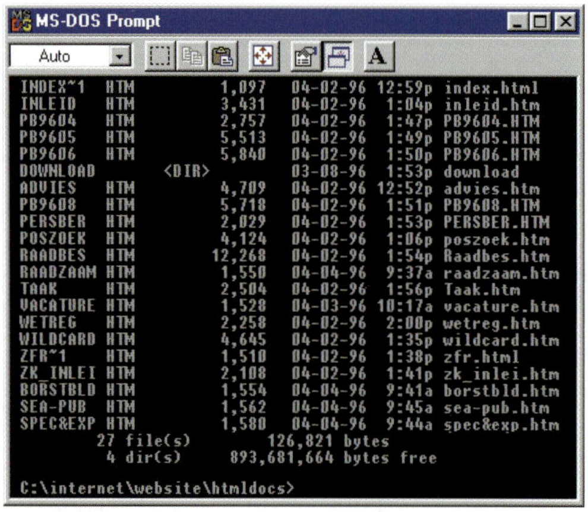


▲ **Het bestand 'INDEX~1.HTM' is de naam op de schijf van het document 'index.html'. Ook de verschillende regeleindes creëren problemen bij de conversies tussen de platforms.** ▼

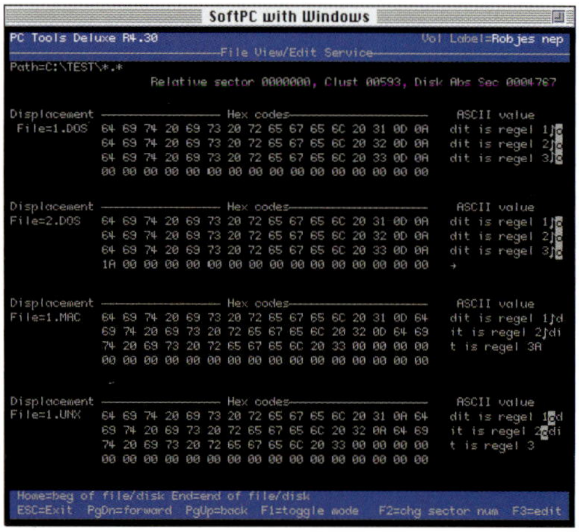


## ▶ Carriage Return vs Line Feed

Een tweede aandachtspunt waar men mee te maken krijgt, zijn de verschillende interpretaties van de regeleindes op de diverse systemen. Door de overzetting naar een ander platform wordt het regeleinde soms niet herkend of verkeerd geïnterpreteerd. Dat levert dan tekst op zoals die hierlangs staat afgebeeld. In de grafiek hierboven is te zien hoe een identiek tekstbestand 'op diskniveau' er op de verschillende besturingssystemen uitziet. Ook de beperkingen van de karakterset is een struikelblok. DOS heeft een ASCII-set van 8-bits ofwel 256 tekens. Op de Macintosh is de karakterset 16-bits groot!

## ▶ Naam- en schrijfconventies

Aan de basis van het Internet heeft UNIX, het 'cryptische' besturingssysteem, gestaan. Dit heeft gevolgen gehad voor de naamgeving van de bestandsnamen. Unix-servers maken onderscheid tussen hoofdletters en kleine letters. Een bestandsnaam als 'index.html' is dan ook een algemeen geaccepteerde betiteling van de homepage. De HTTP-server kan hier standaard op worden ingesteld.

De 'content' van de websites worden op PC- of Apple Macintosh-systemen ontwikkeld. Dit heeft tot gevolg dat er nog al eens communicatiestoornissen optreden door de verschillende naamsconventies van deze besturingssytemen. Windows 95 heeft een probleem toegevoegd omdat niet alle programma's aan de WIN 95-bestandsstructuur voldoen. Dat betekent dat een Windows 95-bestand genaamd 'index.html' als 'INDEX~1.HTM' wordt weggeschreven! Ook bij het kopiëren naar de schijf ontstaan deze problemen omdat Windows de lange bestandsnamen in een directory op schijf heeft staan. De naamsconventie '8.3' is veilig, gebruik geen kapitalen en vermijdt 'spaties' in namen. Anders staat er '%20' in HTML...

| Platform | Max. aantal karakters | Verboden karakters |
|---|---|---|
| UNIX | 256 in bestandsnaam | Uitroepteken, &-teken, aanhalingstekens ",", " UNIX is 'case' sensitive |
| Macintosh | 32 in bestandsnaam | Dubbele punt (:), punt aan begin van naam |
| DOS/Win 3.11 | 8.3 naamsconventie | Punt-komma (;), namen met een streepje |
| Windows 95 | 64 op eigen harde schijf | Punt-komma (;), namen met een streepje |

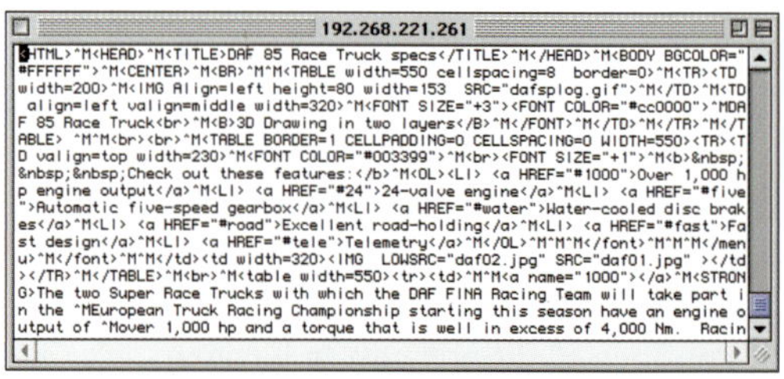

Hype of geen hype; het World Wide Web wordt meer en meer gezien als het vierde medium naast radio, televisie en print.

3D-model: David Merck, Specular

Men maakt niet zonder reden een verzameling webpagina's, ofwel een website. Het kan zijn dat men zijn persoonlijke informatie of voorkeuren aan de Internet-gemeenschap wil tonen of dat men een interactieve (bedrijfs)presentatie moet ontwikkelen. De basisregel die voor alle situaties geldt, luidt: bezint voordat je begint...

## Opbouw van een website

Wat het uitgangspunt ook is om HTML-documenten te produceren, men zal zich vooraf rekenschap moeten geven van een aantal voorwaarden die door het medium én de doelgroep waarvoor de boodschap is bestemd, gesteld worden.

De stijl, de layout en de 'content' van de website moeten afgestemd worden op de lezers. Inherent hieraan is het feit dat men zijn doelgroep ook zal moeten leren kennen. Het World Wide Web ondergaat een gestage groei, maar men moet uiteraard wel kijken waardoor deze toename verklaard wordt. Als men een website specifiek richt op personen waarvan bekend is dat ze slechts in geringe aantallen op het web vertegenwoordigd zijn, is dit uiteraard geen goed uitgangspunt. Een ander medium levert misschien een aanzienlijk groter bereik in de doelgroep op en zal dan ook de voorkeur verdienen.

Het overbrengen van een boodschap, hoe commercieel ook, is de basis van communiceren. En daar moet een geëigend medium bij worden uitgezocht. Als Internet straks bij iedereen via de kabeltelevisie in de huiskamers geaccepteerd is, betekent dit dat de doelgroepdefinitie opnieuw bekeken moet worden. Tot die tijd dient men onderzoeksrapporten, die zich bezighouden met het Web en zijn populatie, serieus te studeren en de plannen erop af te stemmen.

### ▶ Pixels drukken

Een gevleugelde uitspraak is deze: "Het World Wide Web is in feite een elektronische pers; in plaats van inkt en papier worden bits en pixels gebruikt om te publiceren." Als er een kern van waarheid in dit betoog zit, betekent dit, dat een aantal regels die voor 'papieren' publicaties gelden, ook op het Web van toepassing zijn. Men zal dus met een aantal aspecten rekening moeten houden tijdens de ontwikkeling én vormgeving van de website. Als hiermee een firma 'online' vertegenwoordigd wordt, zal dit tot uitdrukking moeten komen in de schermpresentatie. Een website representeert de hele firma, maar er is geen vertegenwoordiger aanwezig die commentaar kan geven...

### ▶ Inhoud en informatie

In het vorige hoofdstuk is erop gewezen dat de online-bezoeker 'moeite' heeft gedaan om de informatie op zijn scherm te krijgen. Of men nu via een hyperlink, een zoekrobot of search-engine of via een aansporing in een ander medium op de juiste URL is gekomen, is van minder belang. De kernvraag is nu: wat presenteren we de bezoeker?

We kunnen ervan uitgaan dat de gebruiker een specifiek verwachtingspatroon heeft, hij denkt een bepaald soort informatie aan te treffen. En voor deze kennisoverdracht is het medium Internet zeer geschikt. Dit wil echter nog niet zeggen dat men de bedrijfsbrochure ongewijzigd naar het web kan vertalen!

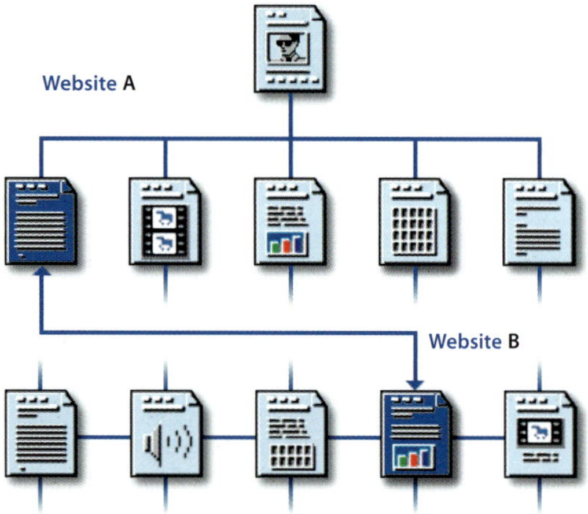


▲ Hyperlinking biedt unieke navigatie-mogelijkheden.

De kwaliteit van de informatie die op een pagina wordt gevonden, is sterk bepalend voor het succes van de website. De vraag is natuurlijk wat verstaan we daaronder? Is een lijst met interessante URL's die weer naar andere websites leiden, aantrekkelijk voor de lezer? Ja, als u een homepagina maakt die als een soort 'verkeersagent' hyperlinks naar andere sites maakt, kan dit een reden zijn voor de bezoeker om later weer eens op deze locatie terug te komen.

Het nadeel van een website met louter verwijzingen is dat men zo weinig 'persoonlijke' informatie kan communiceren. Als het juist de bedoeling is om te informeren, wees dan spaarzaam met externe hyperlinks. Maak dan links naar pagina's binnen de eigen website, des te langer zal de bezoeker blijven rondhangen en geconfronteerd worden met de *(commerciële)* boodschap van de afzender. Om dit doel te bereiken moet men uiteraard de kwaliteit en de presentatie van de informatie in orde hebben. De vormgeving van de pagina's dient ter ondersteuning van de 'afzender' en kan tegelijkertijd als navigatie-instrument dienst doen. Als men deze twee kernpunten goed uitvoert en consequent doorvoert in de vormgeving van de website, is men op de goede weg.

### ▶ Navigeren en ageren

Alle goede webpagina's hebben een aantal elementen gemeen. Ten eerste een duidelijke 'afzender' van de eigenaar van de website. Dit betekent dat een bezoeker redelijk snel moet begrijpen wiens pagina's men aan het bekijken is. Dit lijkt vanzelfsprekend, maar er zijn veel webpagina's waarvan het onduidelijk is van wie ze zijn. Als men zo'n pagina zonder afzender als 'Bookmark' aanmerkt en men keert later terug, is de afzender onvindbaar. En men kan dan ook niet gebruikmaken van de 'Go Back'-optie van de webbrowser.

A propos bookmarks, geef alle webpagina's altijd een heldere en beknopte titel zodat de tekst in één oogopslag aangeeft van wie de pagina is en wat het onderwerp is.

U dient vanaf het prille begin rekening te houden met de groei van uw website. Het is ondoenlijk om alle informatie op één niveau te presenteren. De interactie tussen de verschillende pagina's is juist hetgeen het Web zo interessant maakt. Dus moet men de pagina's niet alleen in de verticale richting, maar ook onderling, door de diverse lagen heen, verbinden. In het voorbeeld dat op deze pagina is afgebeeld, zijn alleen verticale 'sprongen' mogelijk.

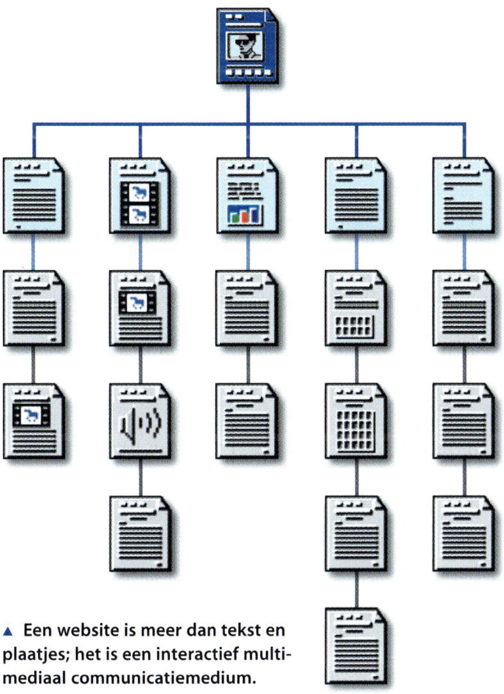

▲ Een website is meer dan tekst en plaatjes; het is een interactief multimediaal communicatiemedium.

Dat betekent dat de gebruiker helemaal terug moet naar de homepagina om een andere richting in te slaan. Dat is uiteraard niet de bedoeling. Door goede navigatiemiddelen als knoppenbalken of door 'clickable image maps' in te bouwen stuurt men de lezer door het informatie-aanbod heen.

Men hoeft niet altijd een grafische oplossing te gebruiken als navigatiebalk; een opsomming van de belangrijkste thema's kan voldoende zijn om als wegwijzer te dienen. Door deze regel 'los te weken' van de rest van de informatie wordt de waarde ervan versterkt. Het is wel zaak om een consequente plaats op de pagina's aan te houden. Bij lange pagina's gaat zelfs de voorkeur uit naar een vermelding onder- én bovenaan de pagina. Meestal wordt voor de bovenste navigatiebalk een afbeelding gebruikt. Door dezelfde illustratie consequent te gebruiken zal deze ook snel op het scherm worden getoond, dankzij het uitgekiende cache-mechanisme van de populaire browsers. Een afbeelding die al eens is ingelezen, wordt bij hergebruik op een andere pagina vanaf de harde schijf ingelezen. De browsersoftware bewaart de afbeeldingen van de reeds gelezen pagina's tijdelijk in een aparte 'cache'. Deze wordt door de software zelf regelmatig opgeschoond, maar dit is wel afhankelijk van de door de gebruiker in de 'Preferences' ingestelde cachegrootte. Vier tot acht megabyte is standaard.

Een tweede element dat elke pagina zou moeten bezitten, is een mogelijkheid om in contact te komen met de afzender of anders de maker van de webpagina. Een referentie naar een e-mail-adres is een mogelijkheid of –indien aanwezig– een hyperlink naar een invulformulier waarin een uitgebreide mening kan worden gegeven. De vermelding van de webmaster is minder relevant.

Te brede opzet ▸

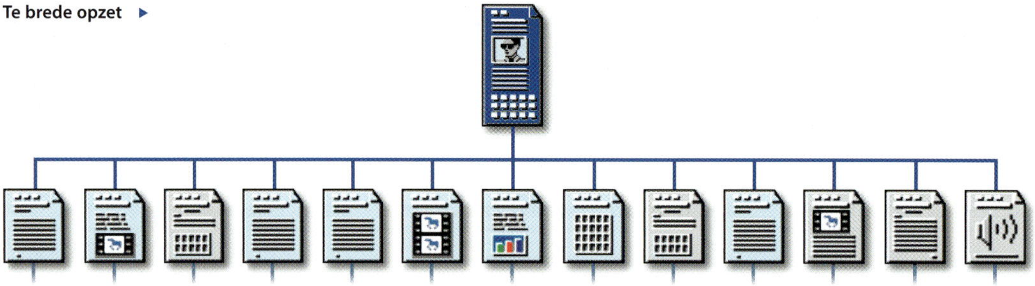

▶ **Structuur van de website**

Als men de moeite neemt de website vooraf 'op papier' uit te tekenen, kan men een hoop problemen voorkomen waarmee men in een later stadium geconfronteerd wordt. Zo'n boomstructuur kan in elk tekenprogramma gemaakt worden en dient als een soort 'logboek' voor de vormgever. Het voordeel van deze aanpak is dat men niet alleen inzicht krijgt in de opzet van de site, maar ook dat er een helder beeld verschaft waar de informatie zit en welke aspecten eventueel aangevuld moeten *(of kunnen)* worden.

Ook is dit overzicht handzaam voor de gebruikers zelf; men kan later een poster maken waarop alle pagina's en de onderlinge links zijn afgebeeld. Dit stimuleert het bezoeken van de site en geeft aan welke informatie aanwezig is die de bezoeker op het eerste gezicht niet kan zien. In tegenstelling tot een folder of brochure waarin men kan bladeren, onderscheiden de interactieve media zich door hun ondoorzichtigheid. Het is aan de lezer om te ontdekken wat achter een knop *(of button)* schuilgaat. Maar dit mag niet tot gevolg hebben dat essentiële pagina's consequent worden overgeslagen.

▶ **Site map**

De basisopzet van een site kan men ook in 'visuele' vorm opnemen in de eigenlijke website. Zo'n visualisatie noemt men een 'site map' en dient enerzijds als ondersteuning van de hoofdnavigatie en anderzijds als een overzicht voor –met name– de wederkerende bezoekers.

▶ **Paginalengte en -breedte**

Het web is er voor iedereen, dus ook voor alle beeldschermen! De diverse soorten en maten moeten allemaal de informatie kunnen weergegeven. Dit is een aspect waar de webdesigner terdege rekening mee moet houden. Op het voorbeeld hiernaast is het relatief grote verschil tussen een 14 en een 17 inch monitor schematisch weergegeven.

Te diepe opzet ▸

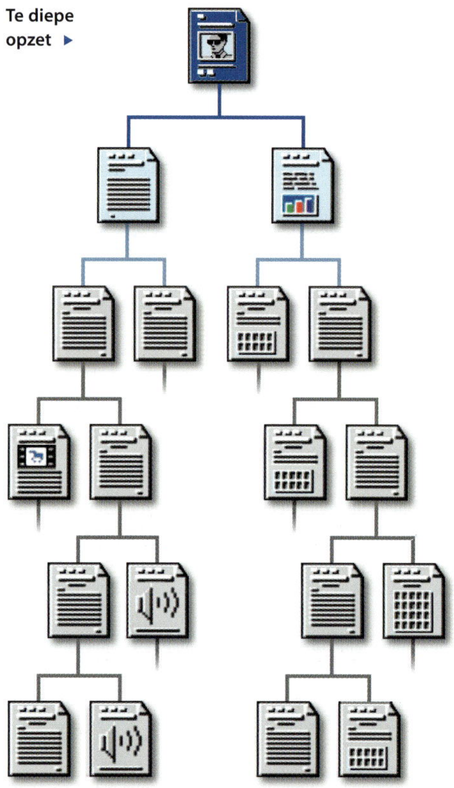

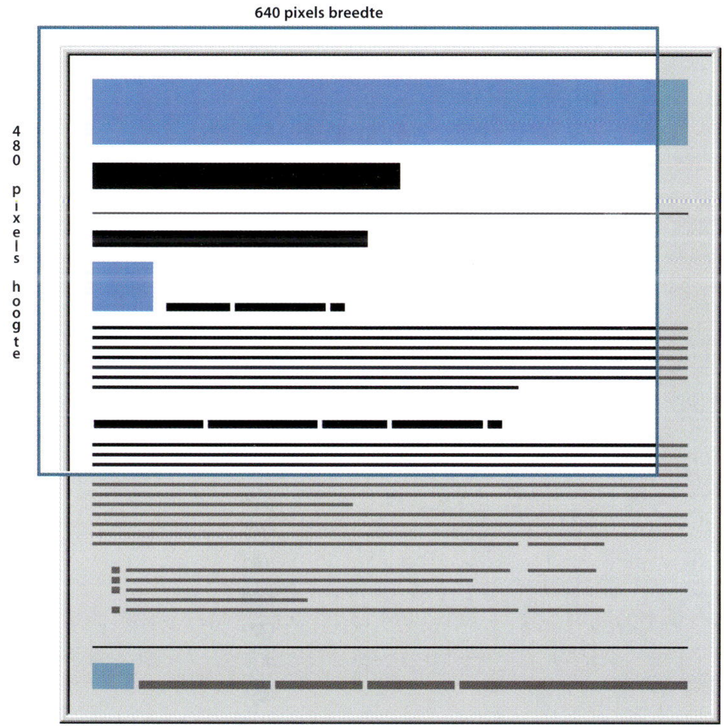


◂ De standaard monitorgrootte van 640 x 480 pixels is bepalend voor de opzet van de pagina. Als men het ontwerp op een grotere monitorafmeting baseert, heeft een flink deel van de doelgroep moeite met het lezen van de informatie.

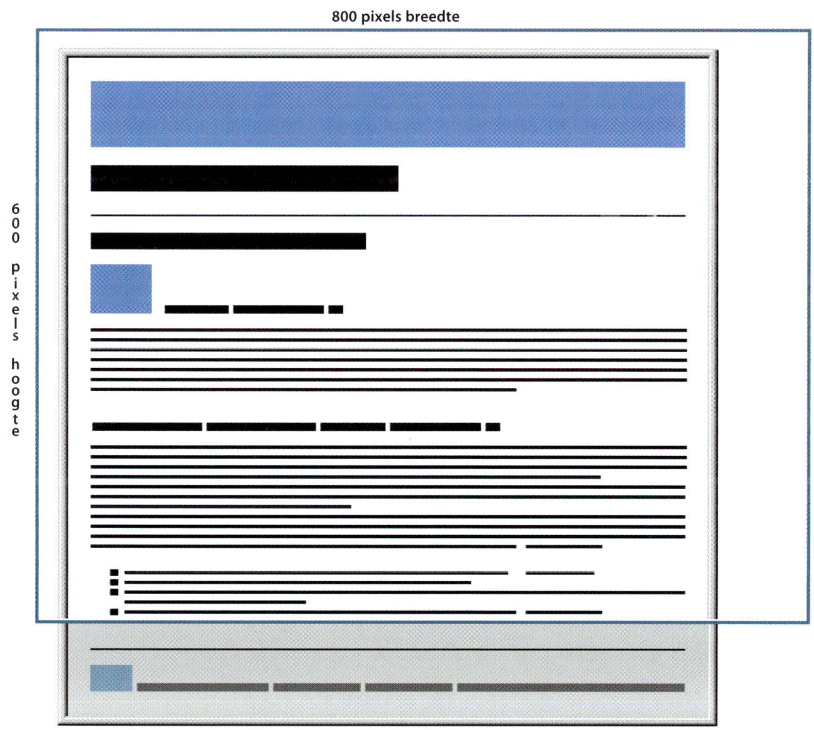


◂ De gebruikers van 17 inch monitoren houden met deze beeldinstelling zelfs ruimte over!

### ▶ Variabele monitorbreedtes

De grootte van de monitor bepaalt de beleving van de pagina. De meestgebruikte monitor heeft een diagonale breedte van 15 inch, maar 17 inch monitoren worden steeds populairder. Dit betekent dat de beeldscherminstelling van een breedte van 800 pixels en een hoogte van 600 pixels de meestgebruikte is. Meer dan 50 procent volgens de informatie van Statmarket.com. De tweede grote groep websurfers gebruikt monitoren met een resolutie van 1024 x 768 pixels; dit zijn 15 inch tot en met 21 inch monitoren. Deze maten bepalen voor een belangrijk deel de basis van de vormgeving van webpagina's. Want nog een aardig gedeelte van de gebruikers, bijna 15 procent, bekijkt de sites in 640 x 480 pixels beeldscherminstelling. Dat betekent dat deze monitormaat de minimale eisen bepaalt. De uitdaging voor de webdesigner is het ontwikkelen van een site die op de beeldschermen van de doelgroep ideaal wordt weergegeven. Grote publiekssites zijn daarom zo gemaakt dat ze op 600 pixels breedte de belangrijkste content tonen.

Door middel van kleine banners kan men de ideale instelling aangeven. ▶

Een tweede aspect dat we niet in de hand hebben, is de door de gebruiker ingestelde breedte van de browser. Sommigen hebben hun monitor 'beeldvullend' ingesteld, anderen daarentegen maken het scherm juist smaller zodat ook nog iets van de desktop in beeld blijft. Vooral bij grote monitoren een veelvoorkomend verschijnsel. Een pagina die over de volle schermbreedte tekst weergeeft wordt bij een 21 inch scherm onleesbaar en kan ook niet efficiënt afgedrukt worden.

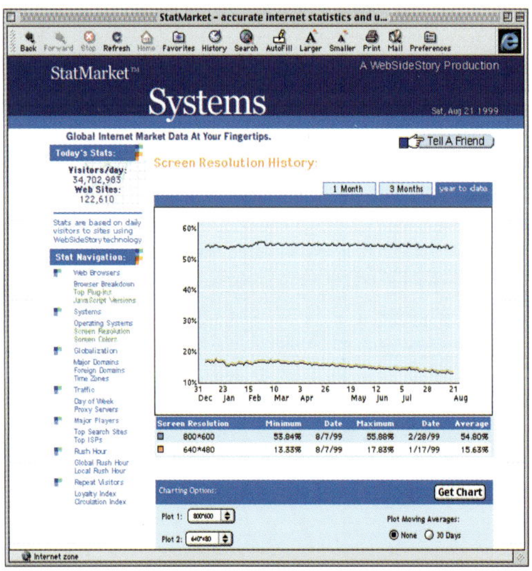


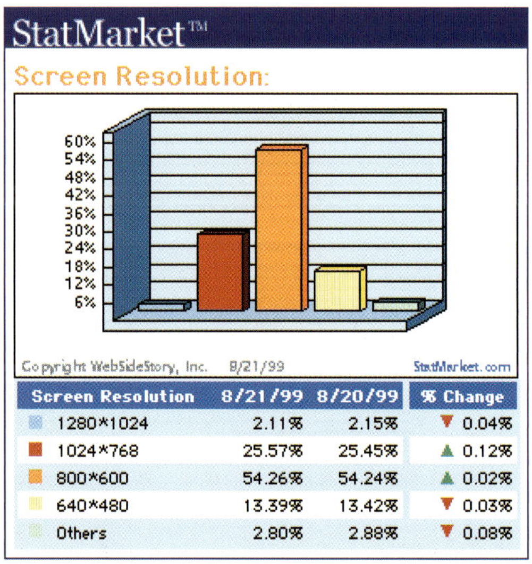

◄ Dezelfde webpagina is hier afgebeeld in drie verschillende monitorinstellingen:

- 640 x 480 op de linkerpagina;
- 800 x 600 pixels bovenaan rechts;
- 1024 x 768 pixels onderaan de pagina.

De webpagina is zo geconstrueerd dat een achtergrondpatroon zichtbaar wordt als de pagina op een grotere resolutie bekeken wordt. Deze werkwijze zorgt ervoor dat de lezer niet geconfronteerd wordt met een groot wit vlak. Doordat de tekst op een vaste breedte is ingesteld, d.m.v. een tabel, worden (te) brede regels voorkomen.

### ▶ Corps en breedte adviseren

Ook de lengte van de webpagina is een variabel element. Als de lezer een flinke corpsgrootte bij zijn voorkeuren heeft ingesteld, zal de pagina langer worden dan bij een gebruiker die een klein corps of een smal lettertype heeft gekozen. De voorkeuren verschillen per gebruiker. Men kan wel in de aanhef van de webpagina vermelden dat “deze pagina het best met de Times Roman c.12 kan worden gelezen”, maar dat is natuurlijk geen garantie voor succes. Zorg dan ook dat de pagina flexibel is opgemaakt of bepaal door gebruik te maken van tabellen een vaste breedte. De lezer zal dan geneigd zijn de schermbreedte aan te passen aan de inhoud.

U kunt ook een ‘maatlat’ op de homepage aanbrengen met daarbij een tekst als: “deze pagina kan het best bekeken worden als u het scherm net zo breed als de liniaal maakt.” Dit is uiteraard een lapmiddel en zal ook lang niet altijd worden opgevolgd. Er zijn nu eenmaal net zo veel websurfers als meningen op het Internet vertegenwoordigd.

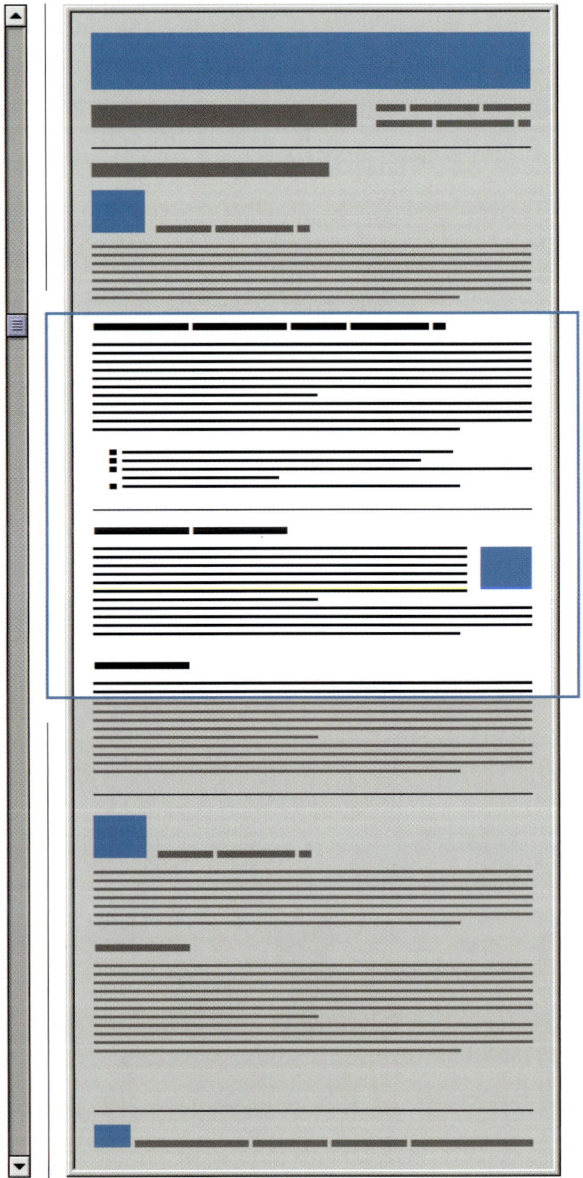

### ▶ To scroll or not to scroll

Wat is nu de juiste lengte voor een webpagina. Hierover zijn de meningen verdeeld. Sommige ontwerpers maken de pagina’s zodanig dat de gebruiker nooit hoeft te scrollen. Dus alle informatie wordt binnen het 600 x 400 pixelformaat weergegeven *(als men met deze groep rekening houdt)* of met behulp van een hyperlink in schermvullende brokstukken opgedeeld. Dit is natuurlijk lang niet alle websites gegeven; lange stukken tekst moeten af en toe ook een plekje op het Web vinden. Een online-manual of een persbericht zijn voorbeelden van typische lange tekstpassages die moeilijk in korte stukken opgedeeld kunnen worden.

### ▶ Lengte is niet alles...

Het maximum aantal pagina’s dat een lezer zou mogen scrollen, is vier. Op langere pagina’s heeft men de neiging om de aan-

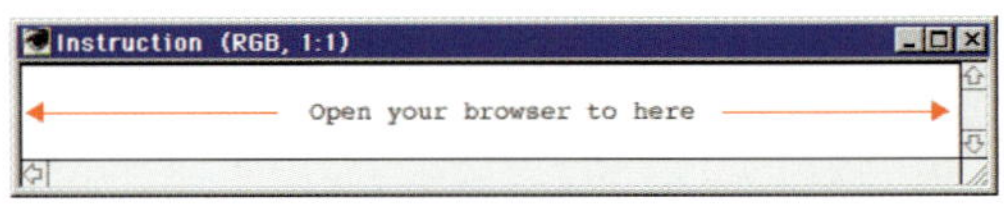

dacht te verliezen doordat men niet meer precies weet waar men zich in het document bevindt. Het plaatsen van 'referenties' in de tekst kan het lezen van de lange tekstpagina veraangenamen. In het algemeen kan men stellen dat het lezen van tekst vanaf een beeldscherm zo zijn restricties heeft. De leessnelheid is op een monitor een kwart minder dan vanaf papier. Dat zegt ook iets over het medium...

Korte pagina's hebben weer het nadeel, dat als men veel tekst kwijt moet, deze over verschillende subpagina's verdeeld moet worden. Als het druk is op Internet, kan dit een probleem vormen omdat er voor iedere subpagina een nieuwe verbinding gemaakt moet worden. Eén lange pagina waar alle tekst op staat, heeft dan toch zijn voordelen.

Ook het afdrukken van de pagina's speelt hier een rol. Een lange pagina kan als compleet document naar de printer gestuurd worden. Losse subpagina's moeten per keer ingelezen en afgedrukt worden. De beste oplossing is uiteraard een synthese van beide. Korte en makkelijk leesbare pagina's en een aparte pagina met alle relevante tekst erop om af te drukken.

Moraal van dit verhaal: bekijk elke situatie afzonderlijk en houd rekening met het publiek én de omstandigheden waarin de gegevens worden geconsumeerd.

## ▶ Hoeveel hyperlinks

Een pagina met een groot aantal hyperlinks en verwijzingen wordt minder overzichtelijk. Als op deze pagina ook nog veel gebruik wordt gemaakt van vette tekst en grote koppen, zal de lezer verloren gaan in de om aandacht schreeuwende elementen. Wees dus spaarzaam met vetgezette teksten en probeer niet hele tekstgedeelten als hyperlink te markeren.

En vermijd zogenoemde 'dode punten' zo veel mogelijk. Niets is erger*(lijker)* dan een hyperlink die nergens toe leidt en vervolgens een foutmelding genereert. Controleer de site dan ook altijd eerst offline, dus vanaf de harde schijf waarop deze is ontwikkeld, om te zien of alle interne *(relatieve)* en externe links goed functioneren. En controleer eveneens of er in elke pagina een mogelijkheid ingebouwd is om weer naar het hoofdmenu, oftewel de homepage, terug te keren.

## ▶ Bandbreedte en afbeeldingen

Als er één medium is waarop de uitdrukking 'tijd is geld' van toepassing is, is het wel het Internet. De bezoeker is via een 28k8- of ISDN-modem aangesloten op het Net. Dat betekent dat de teller doorloopt terwijl de informatie verkregen wordt. Voor de tekstuele informatie zijn de gevolgen relatief; als men een slechte *(lees langzame)* verbinding heeft met Internet, zal de tijd die het 'contact zoeken' met een externe server kost, eerder een struikelblok zijn voor de gebruiker dan de omvang van de pagina's.

Een heel andere situatie doet zich voor als een pagina onnodig 'verrijkt' is met afbeeldingen en allerhande logo's van diverse pluimage. Lang niet alle websurfers hebben een 56k6- of kabelmodem en zullen dus, na lang wachten, niet echt veel waarde hechten aan het zoveelste leuke opstartplaatje. Wees dus behoedzaam met de grafische informatie die op de webpagina wordt afgebeeld. Nutteloze versieringen kunnen beter vermeden worden en probeer het aantal kilobytes te beperken tot een maximum van 50 voor een homepagina en 30 voor vervolgpagina's. Dit zijn uiteraard 'grove' indicaties.

▼ De Screen Ruler is een handig hulpmiddel bij het bepalen van de breedte van de foto's en illustraties.

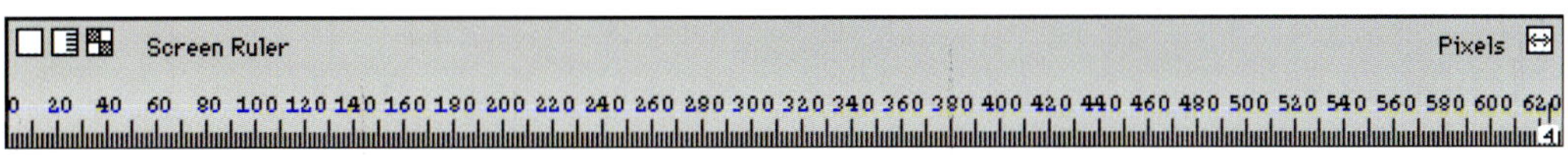

Als de noodzaak echt aanwezig is om een flinke afbeelding te presenteren, neem dan de volgende voorzorgsmaatregelen:

■ Zorg ervoor dat de breedte en hoogte van de afbeelding in de HTML-code is gedefinieerd. Deze extra moeite zal gewaardeerd worden, want hierdoor kan de browser de tekst alvast op de pagina weergeven alvorens over te gaan tot het tonen van de afbeeldingen. De gebruiker heeft dan echter al wat te lezen en kan snel besluiten of het waard is om op de beeldinformatie te wachten of verder te surfen naar een afgebeelde hyperlink.

■ Een tweede efficiënte maatregel is het toepassen van 'interlacing' bij GIF-bestanden. Deze techniek zorgt ervoor dat de afbeelding in vier stappen wordt opgebouwd. Van heel grof tot het definitieve formaat. Op de rechterpagina ziet u hoe dat in zijn werk gaat.

De afbeelding wordt tegelijkertijd ook scherper en ietwat helderder. Diverse browsers hebben eigen technieken ontwikkeld om de 'interlace' weer te geven. Op sommige UNIX-systemen wordt een soort 'Luxaflex'-effect gebruikt. Netscape daarentegen bouwt de afbeelding op door eerst de regels 1 en 9 te tonen en in de tweede doorgang de regels 5 en 13. Dan komen de regels 3, 7 en 11 erbij en in de laatste doorgang worden de resterende regels weergegeven. De ontbrekende tussenliggende informatie bestaat steeds uit kopieën van de reeds getoonde regels. In de meeste tekenpaketten en GIF-bewerkingsprogramma's kan de optie 'Interlaced' worden ingegeven. Meestal staat erbij: GIF89a. Deze variant van het GIF-formaat kent

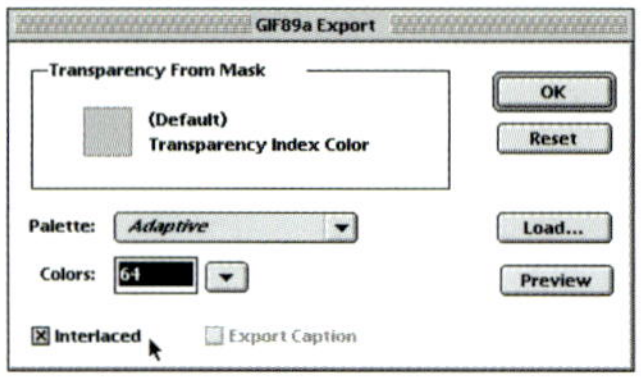


◂ Interlacing maakt een GIF-afbeelding iets 'zwaarder' maar zorgt er wel voor dat de gebruiker snel 'iets ziet'.

de interlace-optie. Het is overigens wel raadzaam om bij grote afbeeldingen de bestandsgrootte in kilobytes te vermelden. Zo weet de gebruiker tenminste wat hij kan verwachten.

■ Een laatste opmerking geldt het aantal afbeeldingen dat op een webpagina staat. Realiseer je altijd dat één grote afbeelding veel sneller inleest dan diverse kleinere plaatjes die gezamenlijk even groot zijn! Dat komt door de verbindingstechniek van de browser.

Feit is wel dat afbeeldingen aan het World Wide Web juist de aantrekkelijkheid en het multimediale karakter geven. Voor elke afbeelding zal dan ook de afweging gemaakt moeten worden tussen het nut ervan en het nadelige effect dat de langere inleestijd heeft. Een boodschap die online gecommuniceerd wordt, zal met relevante plaatjes geïllustreerd worden. En een commerciële website zonder *(bedrijfs)*logo's is ook niet echt denkbaar.

### ▸ JPEG compressie en progressie

Ook het JPEG-bestandsformaat kent een techniek waardoor de opbouw van de afbeelding gefaseerd, of beter gezegd, progressief wordt ingelezen. Als zo'n 10 à 15 procent van het beeld is ingelezen, krijgt men al een redelijke indruk van de complete afbeelding.

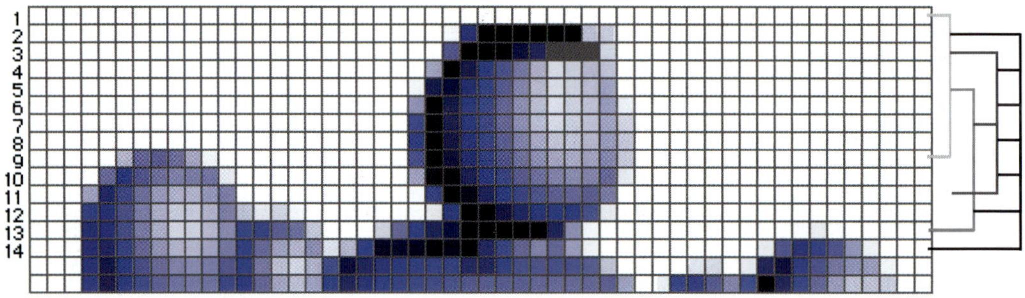

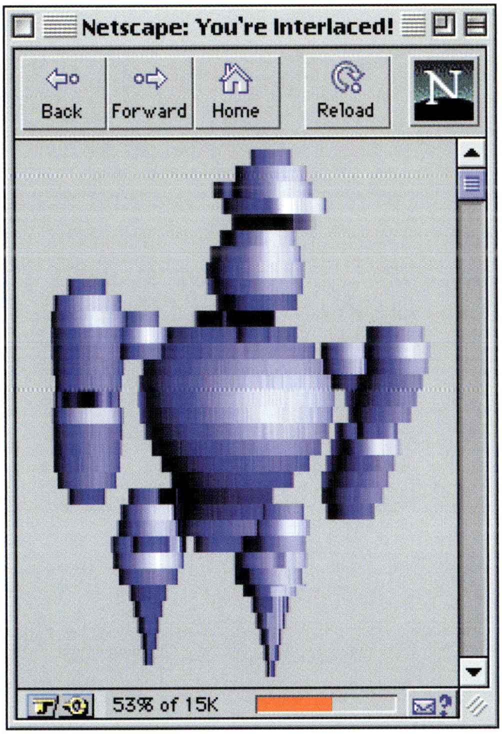


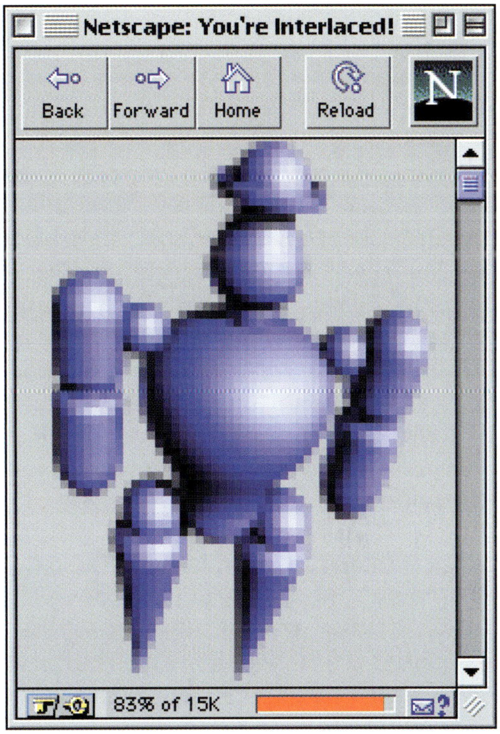


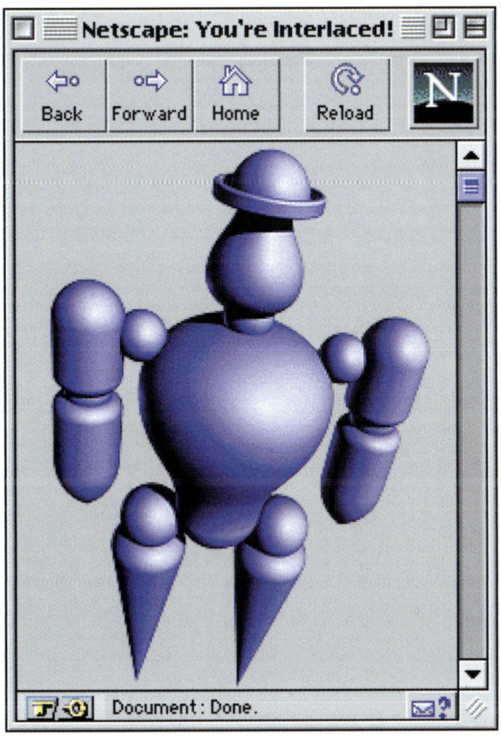


◂ **Drie fases van het inlezen van een 'Interlaced GIF-plaatje.**

Browsers die deze standaard niet herkennen, lezen gewoon van boven naar beneden in. In Photoshop kan men deze JPEG-beelden maken evenals in PhotoImpact Smartsaver.

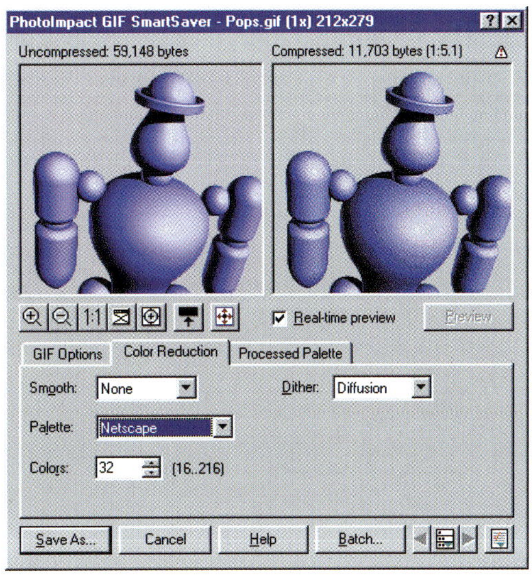

### ▶ Achtergrondkleur

Menige discussie is al gevoerd over de juiste achtergrondkleur van de webpagina's. Waarom heeft men ooit een neutrale, maar niet echt lichte kleur grijs genomen als standaardkleur? Het onverwachte antwoord is dat de mensen die de originele web-standaarden bepaald hebben, een compromiskleur hebben uitgekozen waarop de tekstuele en visuele informatie beide aangenaam overkomen op een beeldscherm.

Met het feit dat de tekst minder goed leesbaar is op grijs, heeft men minder rekening gehouden. De gebruiker is nu eenmaal van papier gewend om tekstuele informatie op een witte ondergrond te bekijken.

De HTML-taal bezit gelukkig ook een tag die de achtergrondkleur wijzigt. De code: `<BODY bgcolor="#FFFFFF">` resulteert in een witte pagina; de kleur wordt in een hexadecimale waarde beschreven. Als alternatief kan ook: `<BODY bgcolor="White">` ingevoerd worden. De leesbaarheid van de witte pagina is daardoor beter dan de *(standaard)* grijze, en ook het beeld contrasteert veel beter op de witte webpagina-achtergrond.

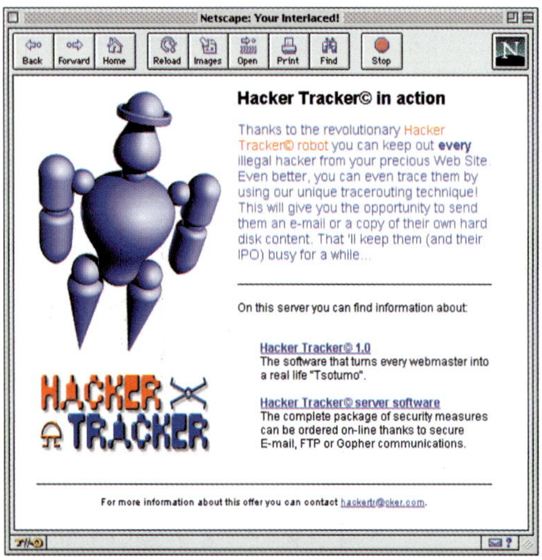


▲ De leesbaarheid van de witte achtergrond is erg goed.

Het maken van een webpagina vergt enige inleving in de mogelijkheden alvorens men een kwalitatief goed produkt kan maken.

Het aanleren van HTML vormt een goede basis voor het creëren en onderhouden van een website. Vergelijk het maar met het leren van muziekschrift. Op gevoel een instrument willen spelen kan altijd nog, maar dankzij de kennis van de 'taal' wordt de aanstaande muzikant beter en sneller opgeleid!

## HTML basisbegrippen

De basisbegrippen van de paginabeschrijvende taal HTML zijn op zich niet echt moeilijk. Als men dit hoofdstuk aandachtig doorneemt en ter hand houdt bij het maken van een standaard webpagina, heeft men het leeuwendeel van de theorie al te pakken. De verfraaiingen als tabellen en frames worden allemaal in aparte hoofdstukken in het boek behandeld. En daar worden de 'additionele' HTML-codes onderwezen. De basis wordt echter ook gevormd in deze sectie. Het begint met de elementaire uitleg van de tekstattributen en de basale typografische mogelijkheden die de taal biedt. Vervolgens wordt getoond hoe men structuur kan geven aan tekstgedeeltes. Dit wordt aangevuld door een overzicht van de speciale 'formulier'-codes die nu eenmaal een apart segment binnen de taal vormen. Daarna komen de diverse lijn-varianten en de beeldtags aan bod. Hierbij wordt steeds de HTML-code getoond met daarbij het resultaat zoals het in de browser wordt weergegeven.

De standaard kopgroottes variëren van <H1> tot <H6>.

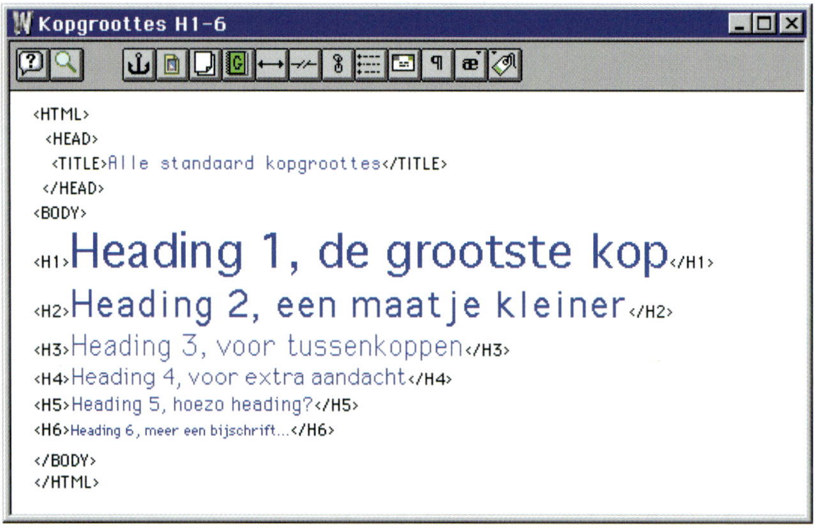


Na elke sluit-tag </Hx> wordt de volgende regel automatisch in een nieuwe alinea gezet met een extra regel witruimte.

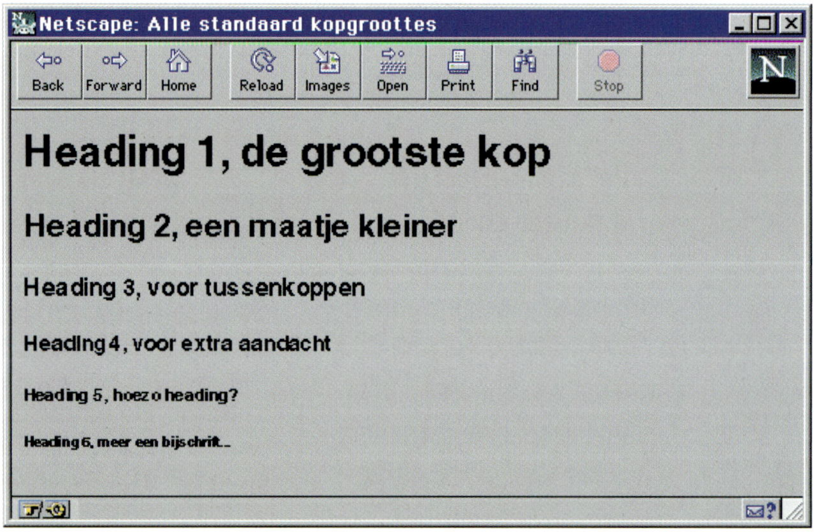


### ▶ Uitgangspunt

Zoals gesteld heet de standaard op het Web momenteel HTML 3.2. Zowat alle browsers ondersteunen de mogelijkheden van deze versie. Vandaar dat we met deze codes beginnen. De extensies en attributen die Netscape en Microsoft als 'standaard' hebben ingevoerd, worden, waar relevant, ook geïntroduceerd. Een aantal hiervan is echter zo specifiek dat ze uitsluitend in aparte hoofdstukken worden besproken. Bij 'Webdesign in de Praktijk' staat de Web vormgeving voorop; het is beslist niet de ultieme opsomming van alle extensies die er in omloop zijn. Het is sowieso ondoenlijk om zo'n werk te schrijven aangezien de zogenaamde 'standaard' wekelijks wordt uitgebreid en gesaneerd. Het nut van de code, in relatie tot de vormgeving en het beoogde resultaat, is van een groter belang. De bedoeling van deze praktijkgids is primair, dat de lezer onderwezen wordt hoe bepaalde codes worden toegepast en in welke relatie deze codes zich tot elkaar verhouden. Dat weegt in de praktijk het zwaarst!

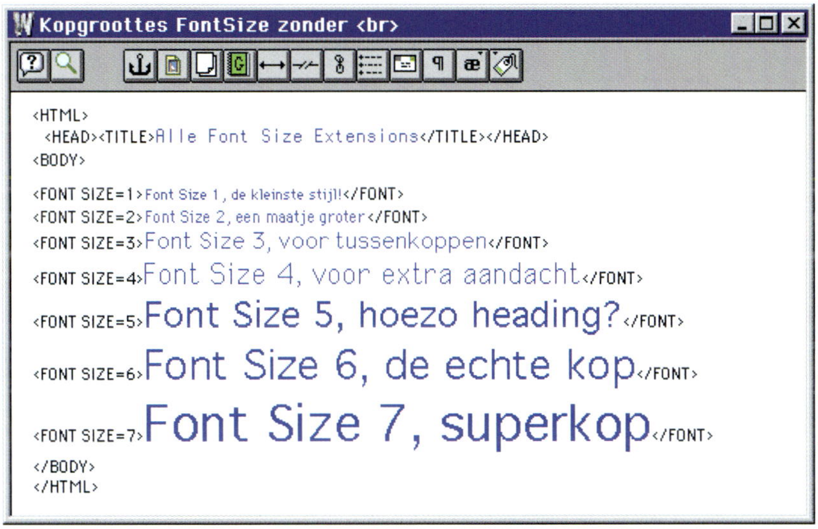


◂ De tegenhanger van de Headings zijn de Font sizes. Let wel, er zijn nog steeds browsers in omloop die deze tags niet ondersteunen.

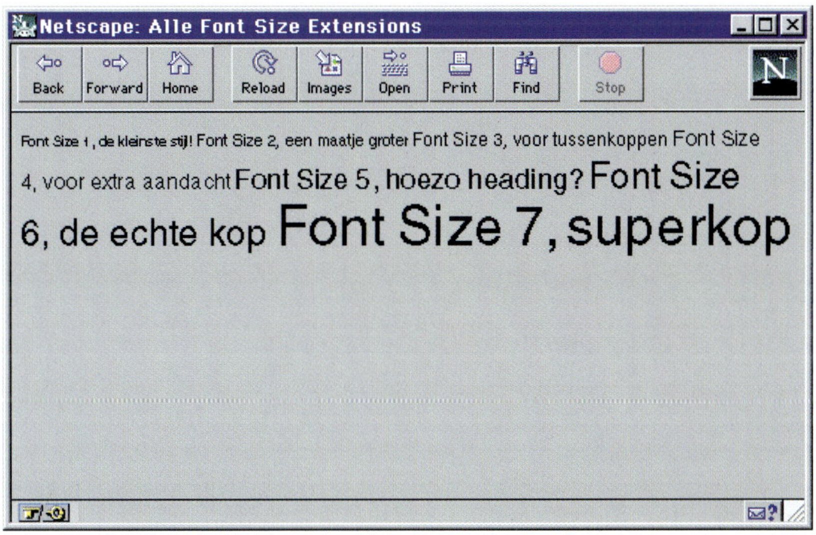


◂ De zeven verschillende font sizes kunnen in één alinea gecombineerd worden.

## ▸ Heading & Font size

We zijn nog niet begonnen of de eerste controverse dient zich al aan: de strijd tussen de labels <Hx></Hx> en de tegenhanger van Netscape <FONT Size="x"></FONT>. De 'x' staat voor een waarde. Aangezien de HyperText Markup Language lang voor de oprichting van Netscape is vastgelegd, hebben de <Hx>-tags *(labels, codes het is allemaal hetzelfde)* de oudste rechten. Zoals u aan het voorbeeld ziet, zijn er zes verschillende kopniveaus. De koppen <H1> en <H2> worden meestal als pagina-opener gebruikt. De kleine <H6> kop is bijna onbruikbaar, zeker als de lezer een font kleiner dan corps 12 heeft ingesteld. De tag <TITLE></TITLE> geeft de titel van de pagina aan en hoort formeel ook in de 'kop'-categorie. Tekst die na een <Hx>-kop volgt, wordt altijd op een nieuwe alinea gezet. De <FONT size> tag, afgebeeld op deze pagina, bestaat uit een definitie: 'FONT' en het bijbehorende attribuut genaamd 'size'. Deze worden altijd in combinatie met elkaar gebruikt, en winnen steeds meer aan populariteit.

De <BR>-tag zorgt ervoor dat de tekstregels steeds op een nieuwe regel gezet worden.

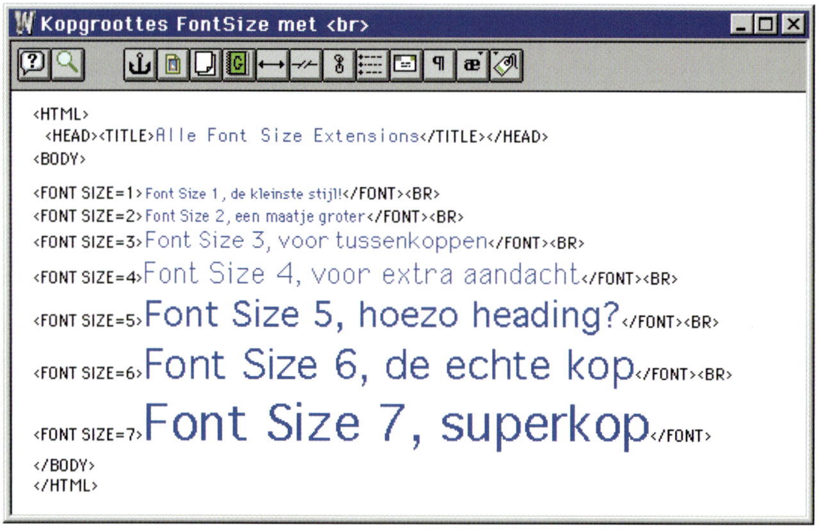


Het resultaat van de bovenstaande HTML-code als deze in de browser is ingelezen.

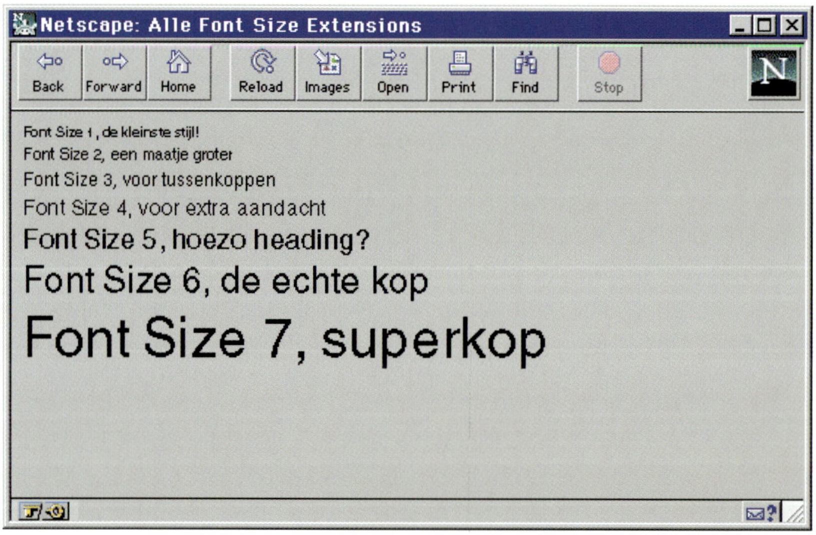


De <FONT size> is een getal tussen één en zeven. Ook hier geldt dat van de kleinste fontgroottes, met name size="1", bitter weinig op het scherm overblijft. De waarde kan overigens tussen aanhalingstekens gezet worden. Wat wel van groot belang is, is dat men zich realiseert dat het label <FONT size> de navolgende tekst niet beïnvloedt als de sluit-tag </FONT> gebruikt wordt. Dit is handig als we een bepaald woord in een regel willen laten domineren. Het maken van groot- en kleinkapitalen kan ook zo gerealiseerd worden.

Diverse font sizes kan men ook op één regel combineren.

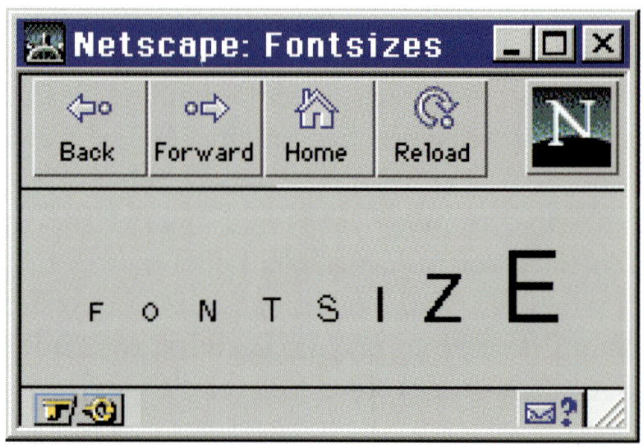

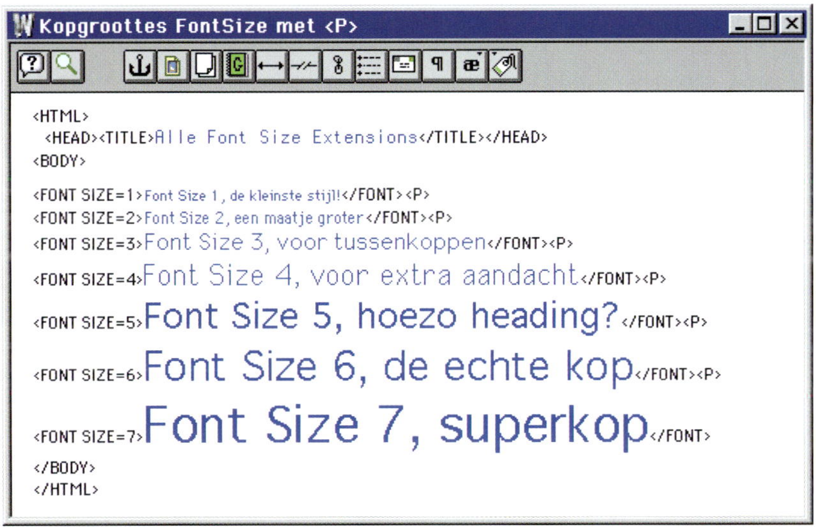


◂ De toevoeging <P> aan elke regel...

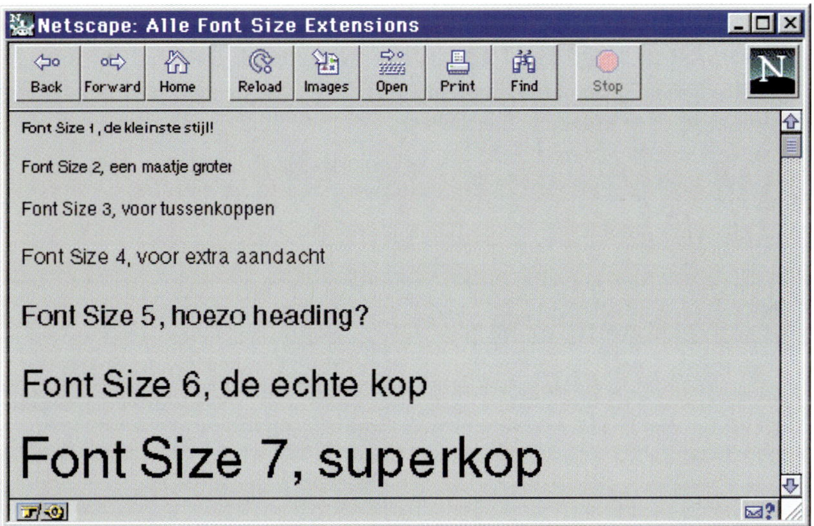


◂ ...levert het resultaat op, dat elke regel op een nieuwe alinea gezet wordt met een witregel ertussen.

Een speciale variant van de <FONT>tag is <BASEFONT>. Deze code kan direct na de <BODY>-tag geplaatst worden en zorgt ervoor dat de standaard fontgrootte van de 'fonts' aangepast wordt. Normaal staat de fontgrootte in Netscape op size="3".

Door een <BASEFONT size="+1"> in te stellen zullen alle navolgende fonts één waarde groter worden. Overigens kan ook een negatieve waarde opgegeven worden. <FONT ="-1"> levert hetzelfde resultaat op als <FONT size="2">. Zoals ook op deze pagina's blijkt, zijn er twee methodes om tekst op een nieuwe regel te zetten. Een simpele <BR>-code, kort voor 'BReak', forceert een regelovergang. Een stap verder gaat de tag <P>. De afkorting staat voor Paragraph. Deze tag levert een nieuwe alinea op. In HTML+ is ook een sluitcode </P> gedefinieerd. Als men deze tag combineert met het attribuut 'align=center'of 'align=left', is de sluitcode zelfs verplicht.

De tag <P align=center>tekst</P> zorgt voor een gecentreerde tekstregel. De eerstvolgende regel begint weer aan de linker kantlijn.

### ▶ Logische en fysieke tekststijlen

De codes die de weergave van de tekst bepalen, kunnen in twee groepen worden opgedeeld. Logische codes die door tekst georiënteerde browsers genegeerd kunnen worden, en fysieke of harde stijlen die precies bepalen hoe een tekst wordt afgebeeld. Het verschil tussen deze twee tekststijlen is inherent aan het Internet. Het is nu eenmaal een van oorsprong technisch, lees ongrafisch, medium. De eerste lichting browsers richtte zich volledig op het zo correct mogelijk weergeven van tekst. Een browser als Lynx, die geen enkel onderscheid kan maken qua formattering, laat eenvoudig de labels weg.

Het nadeel van logische codes is, dat verschillende browsers de tags op diverse manieren interpreteren en weergeven. De tag <STRONG></STRONG> geeft aan dat de tekst die 'ertussen' geplaatst wordt, zwaar geaccentueerd moet worden. Voor de ene browser betekent dit, dat de tekst 'vet' wordt getoond, een andere browser maakt de tekst gewoon een stuk groter. De tag <EM></EM> levert hetzelfde resultaat op.

Fysieke tekststijlen geven exact aan hoe de browser de geselecteerde tekst moet weergeven. Enige ruimte voor interpretatie is er niet. De twee bekendste codes zijn <B></B> en <I></I>. Deze zorgen ervoor dat de tekst respectievelijk 'vet' en 'cursief' getoond wordt.

Volgens de Internet-puristen is dit tegen het zere been, maar voor de HTML-opmakers is dit dé methode die het meeste zekerheid geeft over de uiteindelijke interpretatie door de diverse browsers.

### ▶ In de nesten

De meeste tekststijlen en headings kunnen ook gecombineerd worden. Dit heet met een mooi woord 'nesten'. Let wel op dat de codes elkaar niet overlappen. Dat leidt tot onvoorspelbaar gedrag van de tekst in de diverse browsers.

▼ **De meest gebruikte stijlen zijn in deze illustratie als HTML-code , én in de browser zelf afgebeeld.**

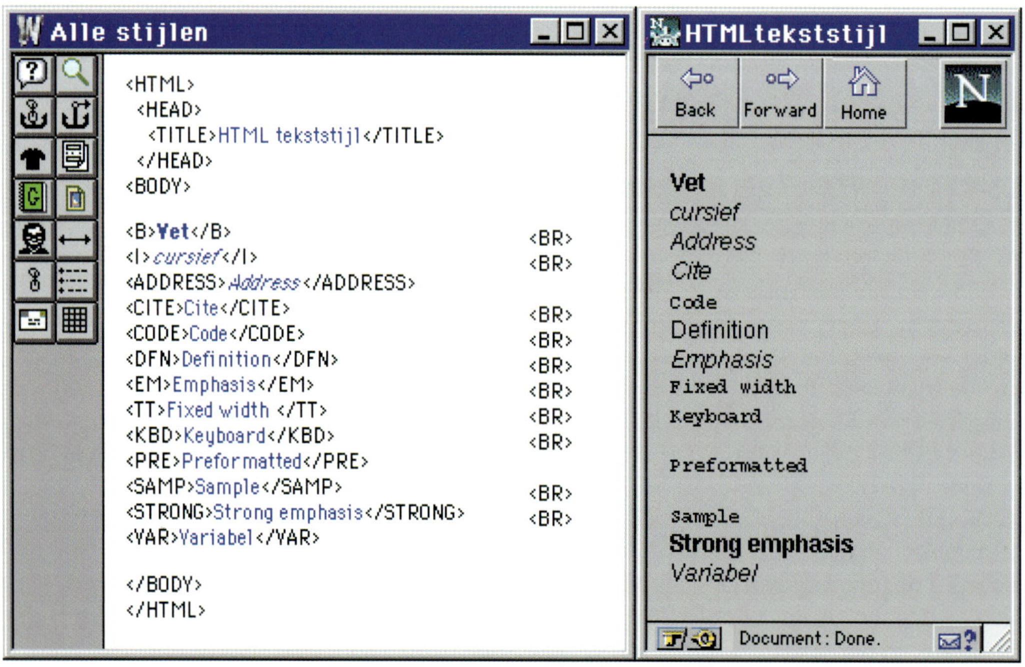

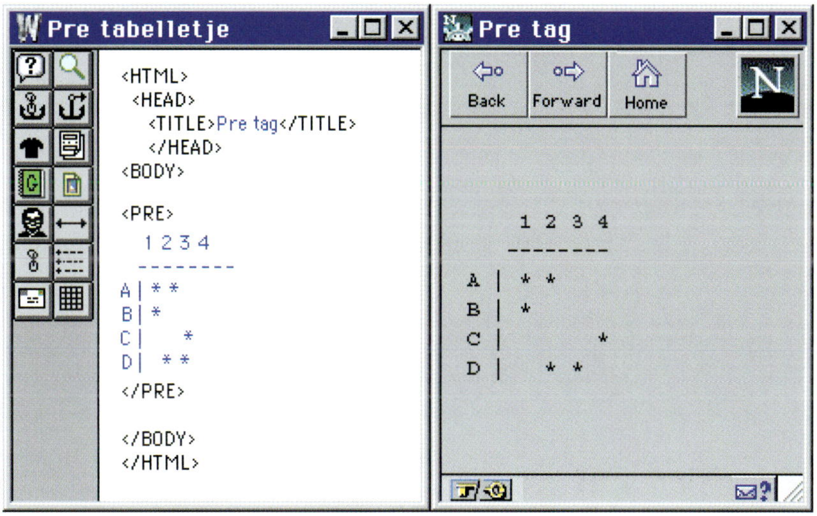


◂ Gepreformatteerde tekst maakt het mogelijk om eenvoudige tabellen weer te geven in HTML.

### ▶ Gepreformatteerde tekst

Het voorkeurschermfont dat door de lezer is ingesteld, is in de meeste gevallen een proportioneel font. Dit betekent dat de letter 'i' lang niet zo veel ruimte in beslag neemt als de letter 'm'. De afspatiëringswaarde, de exacte ruimte die tussen de lettertekens wordt aangehouden, is in het font opgeslagen. Er is echter nog een tweede font-categorie die in HTML kan worden aangesproken: de niet-proportionele fonts. Voor zo'n lettertype is de ruimte voor elke letter en leesteken identiek; zelfs de spatie neemt een evengrote breedte in beslag. Een niet-proportioneel font is perfect inzetbaar voor een kleine tabel. Zelfs de tabellijnen kunnen met streepjes 'getekend' worden en met behulp van spaties kunnen de tekst- en cijferkolommen uitgelijnd worden.
Zelfs tabs kunnen in deze tabel worden gebruikt, maar men loopt wel het risico dat een aantal browsers de tab niet herkent en dus overslaat. Het gebruik van spaties is de enig juiste manier om de tabel uit te lijnen.

Voor webpagina's is de mogelijkheid om niet-proportionele fonts af te beelden een uitkomst. Er is een speciale weergave-tag in HTML voor gedefinieerd: <PRE></PRE>. Alle tekst die binnen deze codes wordt geplaatst, zal volgens de voorkeursinstelling van de browser worden weergegeven. In Netscape Navigator heet dit een 'Fixed Font' en moet als zodanig ingesteld zijn. Zorg ervoor dat u een font instelt dat ook op het scherm goed te lezen is. De fonts Courier en Letter Gothic zijn goede keuzes voor het standaard niet-proportionele lettertype. De <PRE>-tag is ook te gebruiken voor lijsten, weergave van electronic mail-achtige teksten en dergelijke. De tag heeft ook een attribuut: <PRE width="x"> waarbij de breedte het maximale aantal tekens aangeeft dat binnen de tag op één regel gezet mag worden.

De tag <TT></TT>, kort voor TeleType, geeft de tekst, die door de tags omsloten wordt, ook het typische schrijfmachine-achtige effect. Hiermee kunnen interessante grafische effecten worden gecreëerd. Men heeft eigenlijk twee lettertypen tot zijn beschikking!

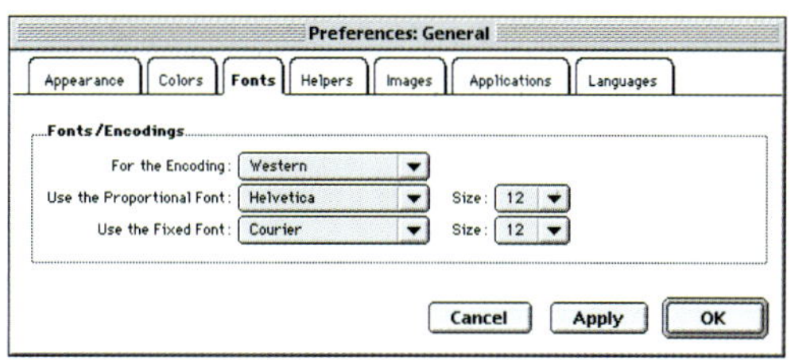

Deze vier 'entiteiten' ▶ zijn de uitzonderingen op de regel. Deze tekens kunnen niet zo maar in de HTML-code gebruikt worden, dus is er naar een alternatieve manier gezocht om ze in de browser weer te geven.

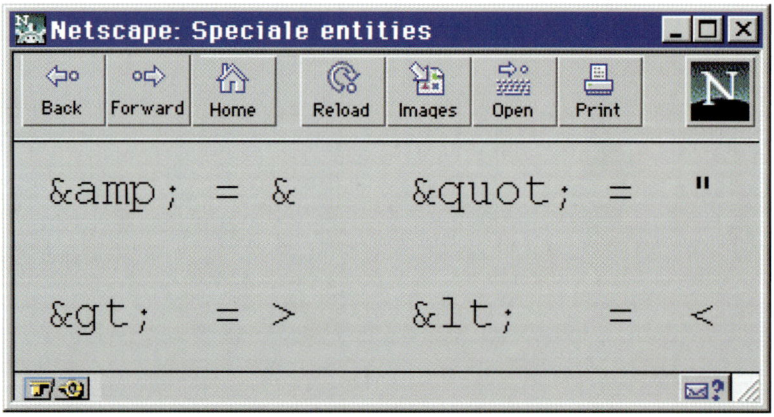


## ▶ Uitzonderingen op de regel

HTML is platform-onafhankelijk opgezet. Dat betekent dus ook, dat een speciaal teken, bijvoorbeeld een 'é' er zowel op de PC, als op een UNIX-systeem identiek moet uitzien.Om dit te kunnen garanderen zijn de zogenaamde 'entities' bedacht. Elk *(letter)*teken heeft een eigen HTML-code gekregen. De code van voornoemde 'é' is é. Een Duitse 'ß' heeft als HTML-code ß gekregen. Zoals u ziet, beginnen alle entiteiten met een ampersand. Het is dus logisch dat dit teken en de 'groter dan' en 'kleiner dan' tekens uitgesloten zijn. Deze laatste twee tekens geven nu juist het begin en het einde van een tag aan. De vraag is echter wat men moet ingeven als men het 'groter dan'-teken per se op de webpagina wil afbeelden. De oplossing is heel eenvoudig. Ook deze tekens hebben een eigen entiteit gekregen. Dus als men de tekst </FONT> wil lezen, moet men in de HTML-code </FONT> intypen.

Een aparte HTML-code betreft de commentaarregels. Het is soms aantrekkelijk om een afzender van de maker van de webpagina in de code op te nemen. Hier kunnen ook een datum en een eventueel e-mail adres bij geplaatst worden. Door de code <!-- voor en de code --> na de commentaartekst te typen wordt deze niet op de webpagina getoond.

## ▶ Uitbreidingen op de taal

De HTML opmaaktaal wordt door het W3C continu geëvalueerd en uitgebreid. Na de versie 3.2 is men inmiddels aangeland bij HTML 4.0. Een typisch voorbeeld van tags die later toegevoegd zijn, ziet u hieronder. De tags genaamd 'Strikeout' en 'Underline' waren nodig om deze typische teksteffecten online afgebeeld te krijgen.

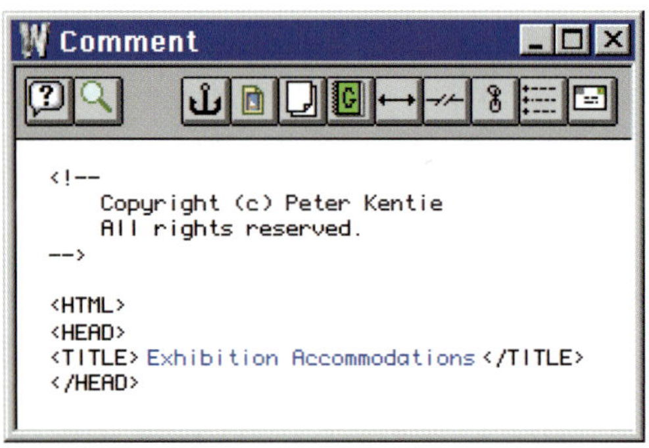


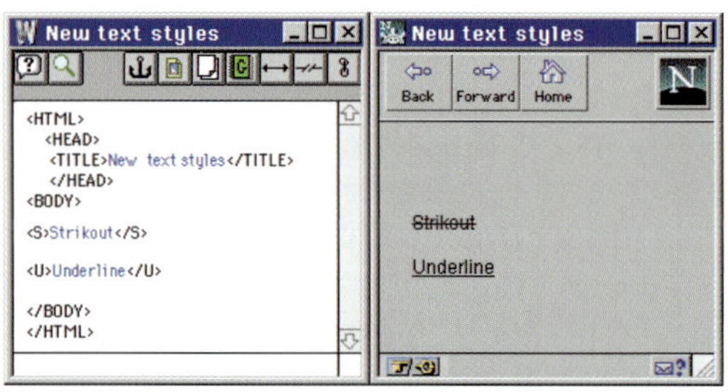


◀ Deze commentaarregels geven aan wie de maker en rechthebbende eigenaar is van het copyright. Deze tekst wordt niet afgebeeld in de browsersoftware!

### ▶ Lijststructuren

In webpagina's kan niet alle tekst met behulp van alinea's weergegeven worden. Er zijn soms opsommingen of lijsten nodig om de informatie zo effectief mogelijk te tonen.

In HTML kunnen diverse lijststructuren toegepast worden. Deze lijsten onderscheiden zich door het gebruik van nummers of 'bullets'. Netscape heeft er nog een schepje bovenop gedaan door ook de vorm van de bullets variabel te maken. Eén ding hebben de lijsten gemeen, de regels worden altijd met de code <LI> aangegeven. Deze LIst-tag heeft ook een einde-tag </LI> maar die wordt zelden toegepast. De omschrijving van de lijstsoort is afhankelijk van het beoogde effect.

De standaard lijstsoort wordt bepaald door de labels <UL></UL>. Deze combinatie van begin- en eindetag moeten de regels die door de <LI>tag gesepareerd worden, geheel omsluiten. Elke regel kenmerkt zich doordat een ronde, dichte bullet eraan voorafgaat en het feit dat de regel een aantal posities inspringt. De afkorting <UL> staat voor Unnumbered List. Een variant op dit label is de begin- en eindetag <OL></OL>, kort voor Ordered List. Deze codes resulteren in een lijst waarbij de regels met een oplopend cijfer worden gerangschikt. Ook hier springen de regels in en wordt er extra witruimte tussen de regels toegevoegd om de informatie duidelijker te separeren. Zie figuur 1.

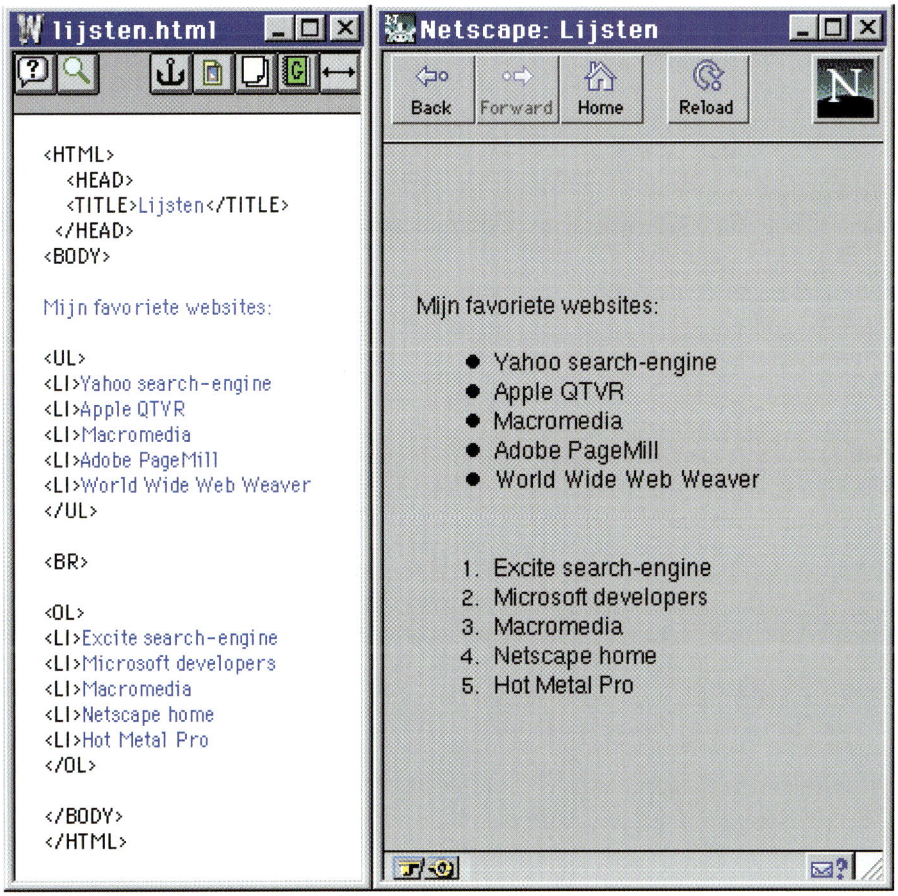


Figuur 1 ▸

### Het nesten van lijsten

*Door de diverse list-items met elkaar te combineren en te 'nesten' ontstaan sublijsten die zich qua uiterlijk onderscheiden. De sublijst van een Unnumbered List krijgt een open cirkel als bullet.*

```
Mijn favoriete websites:
<UL>
<LI>Apple QTVR
<LI>Macromedia
<LI>Adobe PageMill
<LI>World Wide Web Weaver
<LI>Search-engines:
<BR>
<UL>
<LI>Excite
<LI>Yahoo
<LI>WebCrawler
<LI>Lycos
<LI>Philips
</UL>
</UL>
```

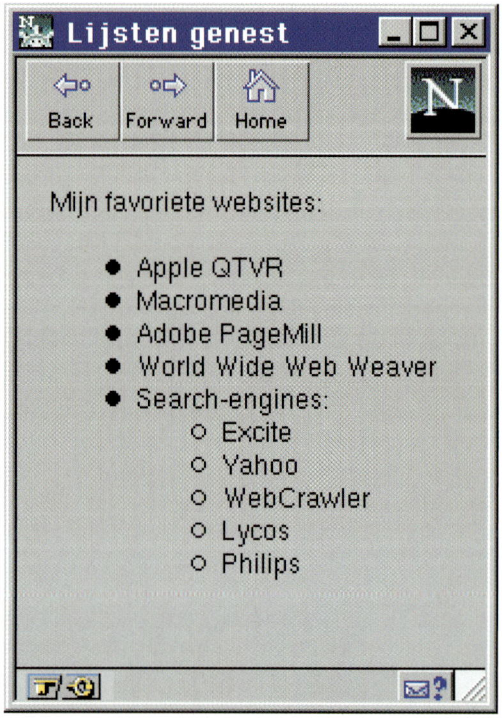


### Nest-variant

*Om-en-om nesten levert een heldere structuur op.*

```
<B>Mijn favoriete websites:</B>
<UL>
<LI>Fabrikanten hardware
<UL>
<LI>Apple
<LI>Sun
</UL>
<LI>Fabrikanten software
<UL>
<LI>Quark
<LI>Adobe
</UL>
<LI>Grafische software
<UL>
<LI>Quark
<LI>Macromedia
<LI>MetaTools
</UL>
</UL>
```

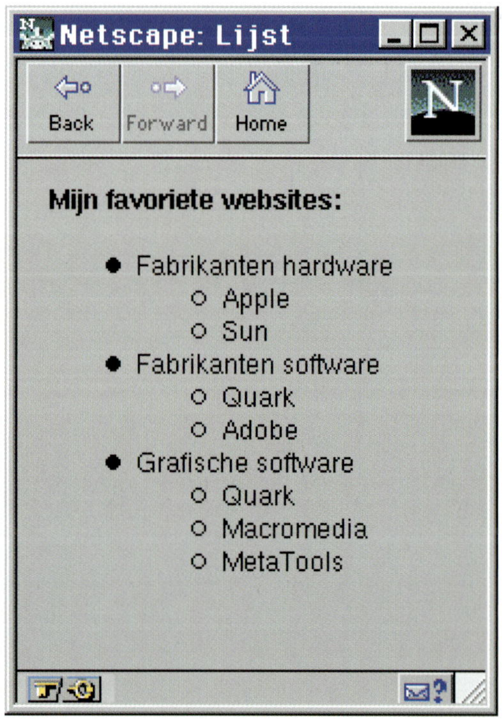

## De definitielijst

*Voor korte reeksen is een aparte tag gereserveerd: <DL></DL> ofwel Definition List. Deze code zorgt voor een inspringing maar plaatst geen bullets aan het begin van de regels. De tags <DT> en <DD> onderscheiden de Definitie van de Term.*

```
<B>Mijn software websites:</B>
<DL>
<DT>Adobe
<DD>PageMaker
<DD>Photoshop
<DD>Illustrator
<DT>Macromedia
<DD>Director
<DD>FreeHand
<DT>MetaTools
<DD>KPT Bryce
<DD>KPT PowerTools
<DT>Fractal Design
<DD>Painter
</DL>
```

## Nest-variant

*Ook de definitielijst kan 'genest' worden, dit geeft een duidelijk onderscheid aan tussen de diverse rangordes van de informatie. De tag <DT> zorgt ervoor dat elke regel apart wordt ingesprongen.*

```
Mijn favoriete websites:
<UL>
<LI>Apple
<LI>Microsoft
<LI>Sun
<LI>Be Box
<LI>DTP Leveranciers
<P>
<DL>
<DT>Quark
<DT>Adobe
<DT>Fractal
<DT>Macromedia
<DT>MetaTools
</DL>
</UL>
```

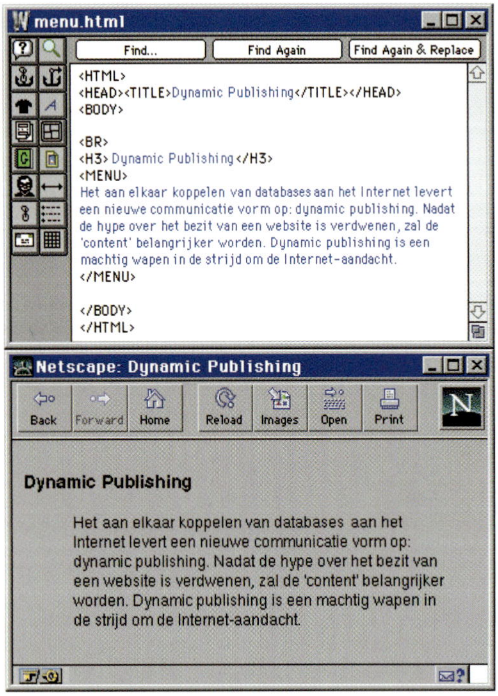


▲ **De <menu>tag gedraagt zich als de <DL>tag en zorgt voor een inspringing aan de linkerzijde.**

## ▶ Alternatieve lijststructuren

Het arsenaal aan lijststructuren reikt nog verder dan de opsomming op de vorige pagina's. Er zijn ook nog lijst-codes gemaakt voor korte en zeer korte items. De tags die hiervoor gebruikt dienen te worden zijn:

<MENU></MENU> voor korte items, en
<DIR></DIR> voor zeer korte items.

In een browser als Netscape Navigator is het moeilijk om een onderscheid te zien tussen deze twee verschillende list-items. Het label <MENU></MENU> wordt ook gebruikt om korte stukken tekst te laten inspringen. Met name aan de linkerzijde wordt een flinke marge aangehouden, zodat de tekst zich duidelijk onderscheidt van de kop. Dit effect kan overigens ook met de <DIR></DIR> en zelfs met de <DL></DL> tags bereikt worden.

Een alternatieve oplossing, die soms voor langere stukken tekst beter is, bestaat uit

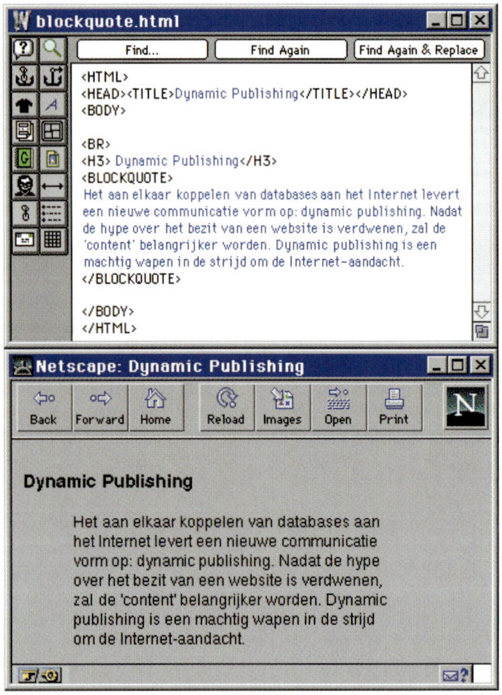


▲ **De <blockquote>tag springt zowel aan de linker- als aan de rechterzijde in. Dat levert soms ruimteproblemen op.**

het toepassen van de wat onbekendere tag <BLOCKQUOTE></BLOCKQUOTE>. Deze code plaatst niet alleen aan de linkerzijde, maar ook aan de rechterzijde een witmarge. Normaliter wordt deze tag gebruikt voor citaten, vandaar de betiteling 'quote', en voor het aangeven van *(externe)* bronnen en verwijzingen. De afkomst van SGML steekt af en toe duidelijk de kop op.

## ▶ Netscape extensies

Zoals vermeld heeft Netscape ook de list-tags onder de loep genomen en de HTML-taal voorzien van een aantal uitbreidingen, met name voor de weergave van de bullets. Dankzij attributen als:

<type=square> De bullet is een open vierkant
<type=circle> De bullet is een open cirkel
<type=disc> De bullet wordt als een gevuld opsomteken afgebeeld.

Probeer dit maar eens uit in een itemlijst.

### ▶ Formulieren en CGI

Invulformulieren spelen een belangrijke rol in het communicatieproces via het web. Slechts het opnemen van een 'e-mail adres' in de pagina geeft de lezer maar weinig mogelijkheden *(en ruimte)* om zijn mening kwijt te kunnen. Daarbij moet de gebruiker alles eigenhandig invullen en zal dus eerder geneigd zijn om spaarzaam met de door hem verstrekte informatie om te gaan.

Door een overzichtelijk en correct invulformulier aan de gebruiker te presenteren zal deze eerder geneigd zijn om zijn mening –of soms nog beter– zijn bestelling door te geven. Het nadeel van een invulformulier is echter dat dit wel gemaakt moet worden en dat dit proces geen akkefietje is. Sterker nog, niet alleen komen hier een flink aantal tags bij te pas, het formulier heeft ook nog een zogenaamd CGI-script nodig om de ingevoerde gegevens te kunnen verwerken. CGI staat voor Common Gateway Interface, het systeem dat de communicatie tussen de webserver en externe programma's regelt. Normaal gesproken gaat dit via zogenaamde Environment Variabelen. Het maken van de CGI-scripts en de achterliggende programma's is een vak apart. Er zullen weinig vormgevers zijn die zich hiermee zullen inlaten. Programmeurs, en zeker diegenen die gewend zijn om in Microsoft Visual Basic te werken, hebben het wat makkelijker. De meeste CGI-scripts worden in PERL, C en C++ geschreven. En uiteraard wordt Java ook in toenemende mate voor CGI gebruikt.

### ▶ Forms

Ieder invulformulier staat tussen de tags <FORM></FORM>. Deze tag kent twee attributen, te weten <action> en <method>. In de HTML-code wordt het invulformulier als volgt aan het script gekoppeld:

```
<FORM action="cgi-bin/script">
```

De gegevens van het formulier kunnen op twee verschillende manieren naar de server gestuurd worden. Hiervoor is het attribuut <METHOD> nodig. Deze onderscheidt twee mogelijkheden voor het verzenden van de form: <GET> en <POST>. De eerste is de default methode, ofwel als u niets invult wordt deze optie automatisch gekozen. De tweede mogelijkheid <POST> is echter de meest gebruikte methode om forms naar de server te sturen. Als u echter een invulformulier gaat ontwikkelen, neem dan eerst de moeite om met de beheerder van de server te overleggen wat de *(technische)* voorwaarden zijn. Dit voorkomt een hoop onnodig werk.

### ▶ Form-tags

Als de verwerkingsmethode bepaald is, kan de tweede stap gezet worden: het ingeven van de <INPUT>tags. De syntax hiervan is als volgt: <INPUT [TYPE="type"] [VALUE="value"] [SIZE=x] [NAME="name"] [CHECKED] [MAXLENGTH=x]>. Een korte uitleg is wel op zijn plaats. Het 'type' geeft aan of er checkboxen, textboxen, radio buttons etc. gebruikt moeten worden bij het invullen. De 'size' bepaalt de breedte van de textbox en 'checked' geeft aan of de checkbox standaard ingevuld weergegeven moet worden op de webpagina. Het attribuut 'value' geeft de standaard waarde aan en 'name' is vanzelfsprekend de naam die naar de server verzonden moet worden. De laatste optie 'maxlength' bepaalt het aantal tekens dat geaccepteerd wordt in een checkbox.

### ▶ Input types

Het attribuut 'type' kent ook weer een onderverdeling in 'text', 'image', 'radio', 'password', 'checkbox', 'submit', 'reset' en 'hidden'. Afgezien van deze input-tags, die op de volgende pagina's afgebeeld staan, bestaan er nog twee soorten input-tags: <SELECT>tags voor het ingeven van een rolmenu en de <TEXTAREA>tag waardoor meerdere regels tekst kunnen worden ingegeven. Dit is eigenlijk een speciale versie van het textbox-attribuut.

Het ontwerp van een formulier kan men met behulp van een wysiwyg-editor maken. Daarna kan men de code verfijnen.

### Een fictief invulformulier

Op deze en de volgende pagina zijn de meest gangbare <input>attributen afgebeeld.

```
<HTML>
  <HEAD>
    <TITLE>Formulier</TITLE>
  </HEAD>
<BODY>
```

**Begin formulier met de <FORM>tag**

*Deze code markeert tevens de verwerkingswijze.*

```
<FORM ACTION="cgi-bin/script.cgi" METHOD="POST">
```

**Tag <INPUT> type "text"**

*Hiermee wordt een standaard textbox in het formulier gedefinieerd.*

```
<INPUT TYPE="text" NAME="Tekstveld" SIZE=53
MAXLENGHT=80> invulveld
<P>
```

**Tag <INPUT> type "checkbox"**

*Deze box kent slechts 2 waarden: 'aan' en 'uit'.*

```
<INPUT TYPE="checkbox" NAME="Check"
VALUE="aan" >
```

**Tag <INPUT> type "radio"**

*Dit is een groep van ronde checkboxen met dezelfde naam, waarvan er maar één tegelijkertijd geselecteerd kan worden.*

```
<INPUT TYPE="radio" NAME="Radioknop"
VALUE="aan" >
<P>
```

**Tag <SELECT>**

*Met deze tag kan een rol- of dropdownmenu worden ingesteld. Met behulp van het speciale attribuut 'multiple' kan het menu als een listbox worden afgebeeld. Hierdoor blijven een aantal, door de opmaker te bepalen, velden altijd zichtbaar op de webpagina.*

```
<SELECT NAME="Pop-up menu">
<OPTION> Keuze 1
<OPTION> Keuze 2
<OPTION> Keuze 3
</SELECT>
<P>
```

**Tag <TEXTARAEA>**

*Deze speciale versie van de textbox geeft de ruimte aan meerdere regels tekst. Dit is aan te raden als men om een mening of reactie vraagt.*
*De breedte en hoogte worden bepaald door de attributen 'rows' en 'cols'.*

```
<TEXTAREA NAME="Textveld" ROWS=5 COLS=50>
</TEXTAREA>
<P>
```

**Tag <INPUT> types "reset" en "submit"**

*'Reset' is een button die het formulier 'terugzet' naar de standaardwaarde. 'Submit' is de knop die ervoor zorgt dat het formulier verzonden wordt naar de server.*

```
<INPUT TYPE="reset" VALUE="Reset" >
<INPUT TYPE="submit" VALUE="Submit" >
```

**Einde formulier </FORM>**

*De tag </FORM> geeft aan dat het formuliergedeelte van de HTML-pagina hier eindigt en dat men weer in de <BODY> van de pagina zit.*

```
</FORM>

</BODY>
</HTML>
```

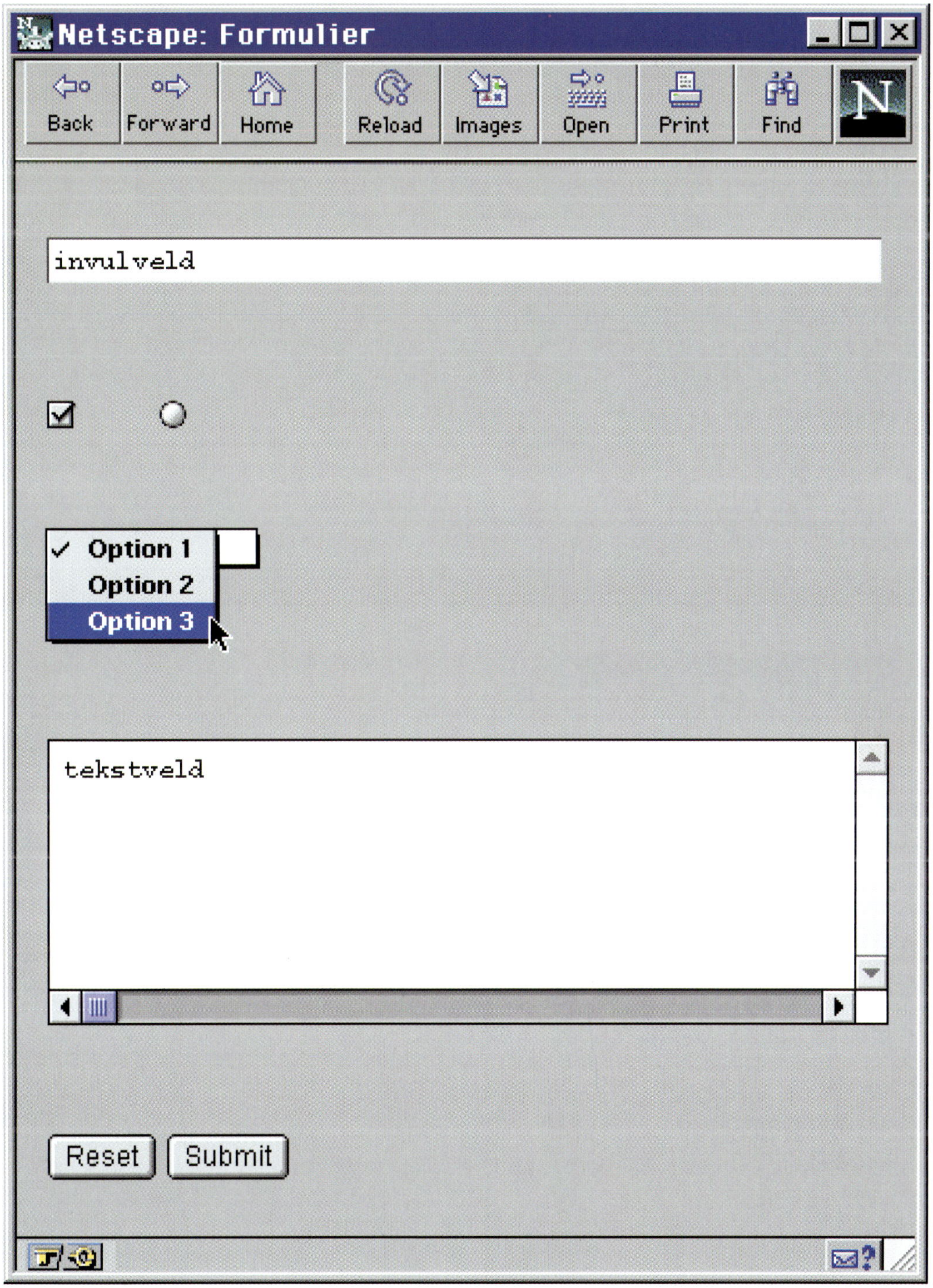


▲ De HTML-code die op de linkerpagina staat afgebeeld, wordt door de webbrowser als volgt geïnterpreteerd.

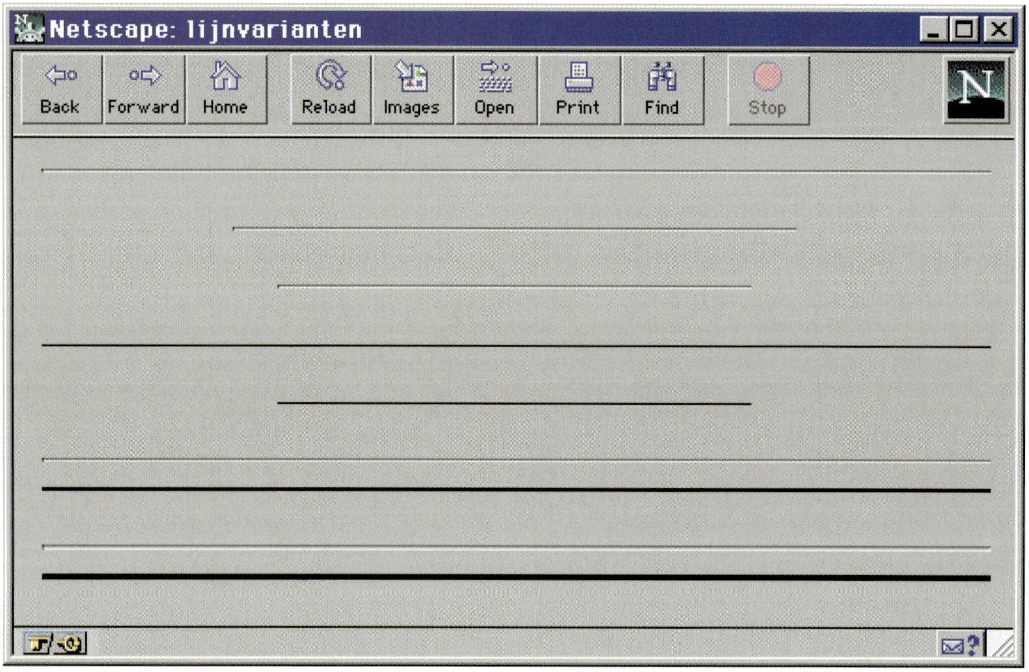


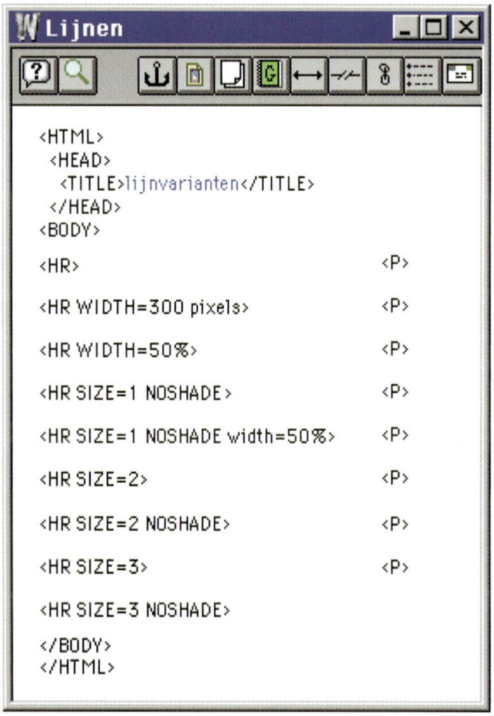


▲ **Deze HTML-codes tonen aan dat er ook met de standaard horizontale lijnen veel mogelijk is...**

## ▶ Horizontale lijnen

Een horizontale lijn kan op een webpagina een toegevoegde waarde aan de opmaak geven. Een lijn kan dienst doen als grafisch element, maar tegelijkertijd voor orde op de pagina zorgen. De lijn kan zelfs tekst- en beeldinformatie scheiden en opdelen.

De standaard tag voor een horizontale lijn is <HR> ofwel Horizontal Ruler. Wederom is de HTML-code eenvoudig af te leiden van de Engelse betekenis van de woorden. Dit is nog altijd de beste methode om als ezelsbruggetje te gebruiken.

De <HR> code tekent een horizontale lijn over de gehele breedte van de pagina. De dikte van deze lijn is normaliter twee pixels. De lijn houdt een marge aan de linker- en rechterzijde van de zichtbare webpagina.

## ▶ Lijnattributen

Net als bijna alle andere tags heeft ook Netscape een aantal eigen attributen aan de <HR> tag toegevoegd. Deze attributen hebben niet alleen effect op de vorm van de lijn,

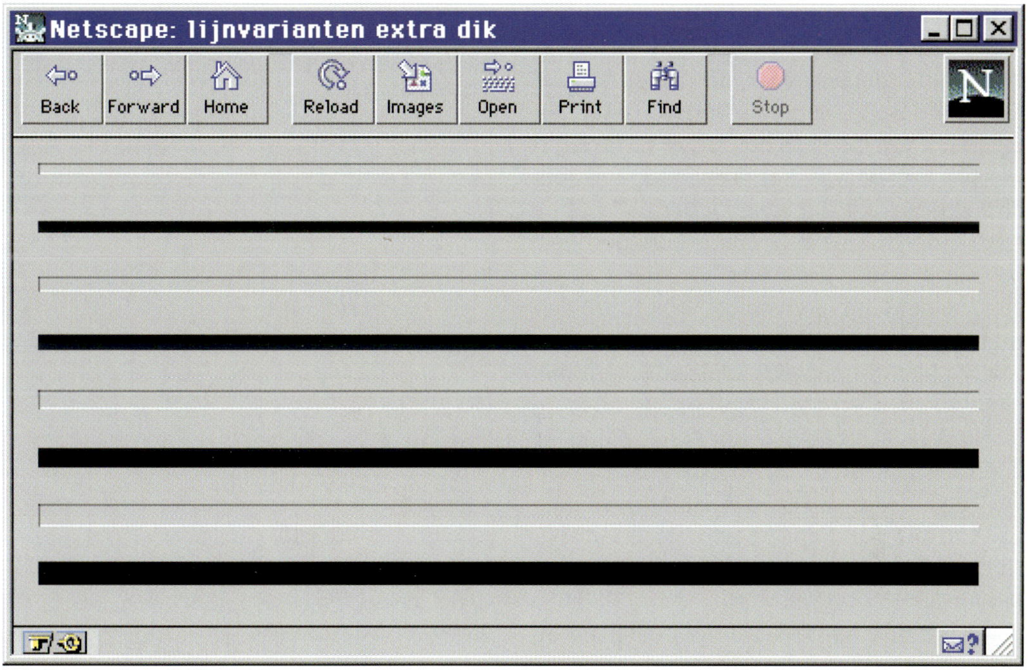


maar ook op de breedte van de lijn ten opzichte van de webpagina zelf.

Zoals u op deze twee pagina's ziet, is er het een en ander mogelijk met lijnen. Verderop in het boek zult u merken dat het eigenlijke assortiment nog veel groter is, omdat men ook grafische bestanden als *(scheidings)*lijnen kan toepassen. Dit verhoogt de creatieve mogelijkheden aanmerkelijk. Uiteraard duurt het opbouwen van een pagina met gecodeerde lijnen minder lang dan een webpagina waarin de lijnen als in-line beelden moeten worden ingelezen. De kreet 'in-line' betekent overigens dat de browser zelf de afbeelding *(of elke andere toevoeging aan de pagina)* kan afbeelden zonder gebruik te hoeven maken van een apart hulpprogramma. Netscape's oplossing om met behulp van plug-ins te werken is een ideale methode om de steeds nieuwe in-line bestanden te ondersteunen. De gebruiker hoeft geen speciale 'mime'-types in te typen om de afbeelding of animatie te kunnen zien. Microsoft ondersteunt deze plug-in standaard overigens ook.

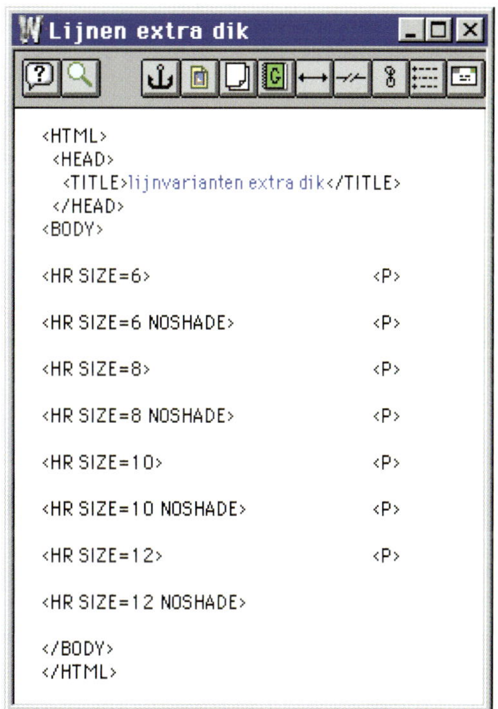


▲ ...zeker als ook het attribuut 'noshade' wordt gebruikt. Zo kan men echte balken in de webbrowser afbeelden.

## ▶ Hyperlinks en ankers

Hoe mooi een webpagina ook is, als er geen verbindingen naar de 'buitenwereld' zijn, is de pagina letterlijk verloren. Aan het hyperlink-principe kan het succes en de enorme populariteit van het Web voor een flink deel worden toegeschreven. Uiteraard zijn de URL's, de Uniform Resource Locators, heel belangrijk omdat het 'adres' van de server op een heldere en eenvoudig te onthouden manier is vastgelegd. Iedereen weet de URL van Apple: http://www.apple.com en ook het webadres van Microsoft is als zodanig te vinden: http://www.microsoft.com. In Netscape kan men het voorvoegsel 'http://' weglaten. De browser vult de ontbrekende code in als men op de return-toets drukt. Internet Explorer 4.0 vult zelfs de URL aan terwijl deze ingegeven wordt.

Zoals eerder gesteld, als men eenmaal op een pagina aangeland is, zal de verdere 'reis' door de hyperlinks bepaald worden. Als een tekst of een tekening aangeeft dat er op een andere pagina meer informatie te vinden is, zal de gebruiker hierop 'klikken' en wordt de URL van het gevraagde adres onderaan de pagina van de browser-software zichtbaar.

Een hyperlink moet uiteraard wel in de HTML-code worden ingegeven. Hiervoor wordt gebruik gemaakt van de anker-tag. Deze is te herkennen aan het voorvoegsel <A></A>. Het anker geeft aan of het document de bron is of de bestemming van een hyperlink. Als het anker de bron van de verwijzing is, wordt het attribuut <NAME> gebruikt. Dit resulteert meestal in een link naar een andere locatie in hetzelfde document. Op deze pagina staat een voorbeeld hoe dit in zijn werk gaat. Door op de link 'ISO 9001' te klikken springt de pagina ogenblikkelijk naar de locatie waar in de HTML-code de verwijzing naar deze naam staat. Dit levert een prima navigatiehulp op voor lange tekstpagina's. Het is wel aan te raden om aan het eind van elk artikel weer een link terug naar 'boven' op te nemen. Anders moet er weer

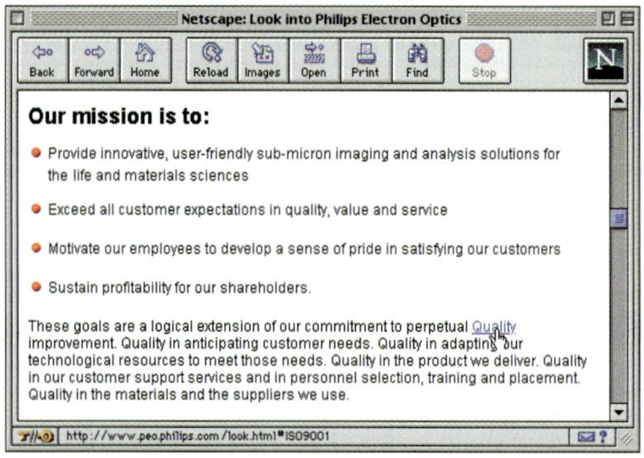


<P>
These goals are a logical extension of our commitment to perpetual <A HREF="#ISO9001">Quality</A> improvement. Quality in anticipating customer needs. Quality in adapting our technological resources to meet those needs. Quality in the product we deliver. Quality in our customer support services and in personnel selection, training, and placement. Quality in the materials and the suppliers we use.

'gescrold' worden. Door aan de bovenzijde van de pagina ook een anker te plaatsen kan daar in de code naar verwezen worden. Dit werkt als volgt: Bovenaan de pagina typen we de tekst: <A NAME="top">. Voor de verwijzing terug naar deze naam moet het tweede attribuut van de anker-tag worden toegepast.

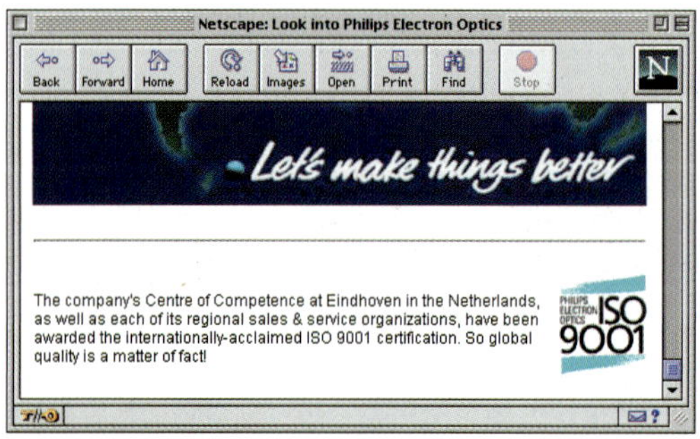


<A NAME="ISO9001"></A>
<IMG SRC="iso.gif" ALIGN=right ALT="ISO 9000 logo">
The company's Centre of Competence at Eindhoven in the Netherlands, as well as each of its regional sales & amp; service organizations, have been awarded the internationally-acclaimed ISO 9001 certification. So global quality is a matter of fact!

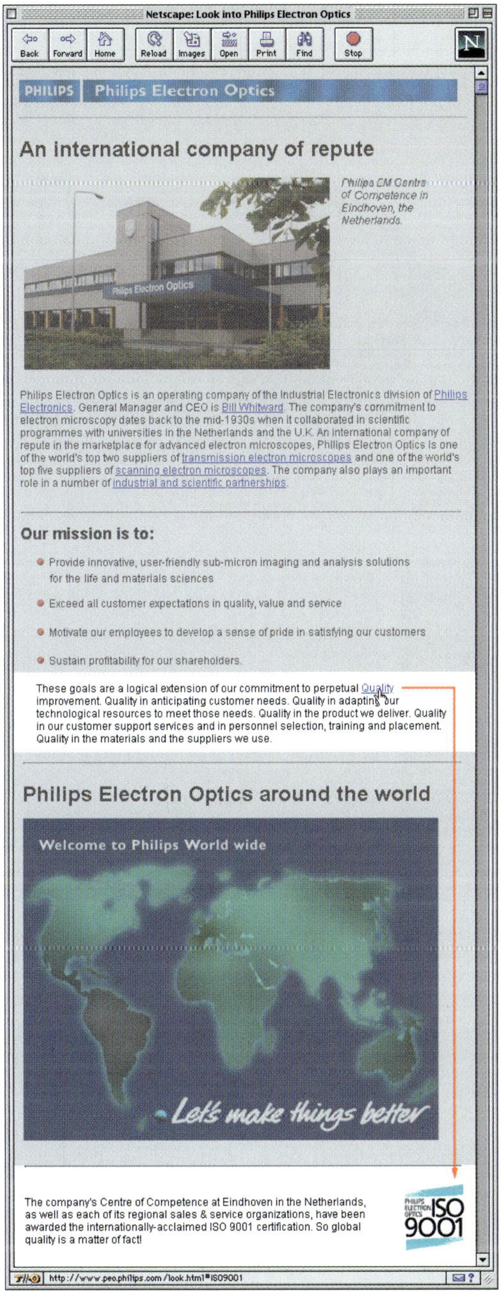


Als het anker zelf de bron vormt, wordt 'HREF' achter de <A geplaatst. Dus als we aan het einde van het artikel onderaan de webpagina weer terug willen, zal de verwijzing <A HREF="#top"> het beoogde effect opleveren. Het '#'-teken kenmerkt de naam waarnaar wordt verwezen. Met behulp van het 'HREF'-attribuut kan een verwijzing naar een andere pagina of zelfs een andere server gemaakt worden. Een link naar een pagina die op een externe server staat, wordt 'hard' gecodeerd:

```
<A HREF="http://www.server.nl/ref.html">hyperlink</a>.
```

Let op dat de aanhalingstekens op de juiste plaats staan en zorg dat de sluit-tag </A> ook aanwezig is. Ook hier kan men een exacte locatie op de externe pagina aangeven door de HTML code uit te breiden met het 'hekje':

```
<A HREF="http://www.peo.philips.com/look.html#IS09001">
hyperlink</A>.
```

Onderin het browser ziet u de verwijzing:

### ▶ Hyperlinks naar afbeeldingen

Het is ook mogelijk om een directe verwijzing naar een afbeelding te maken. Het maakt niet uit of het plaatje een GIF- of JPEG-bestand is. Door de code <A HREF="sign.jpg"> in de HTML-code te zetten zal de browser deze afbeelding inlezen en de hoogte en breedte van de afbeelding, de Image, in de titelbalk van de pagina vermelden. De achtergrond is echter altijd het standaardgrijs *(RGB 192)*.

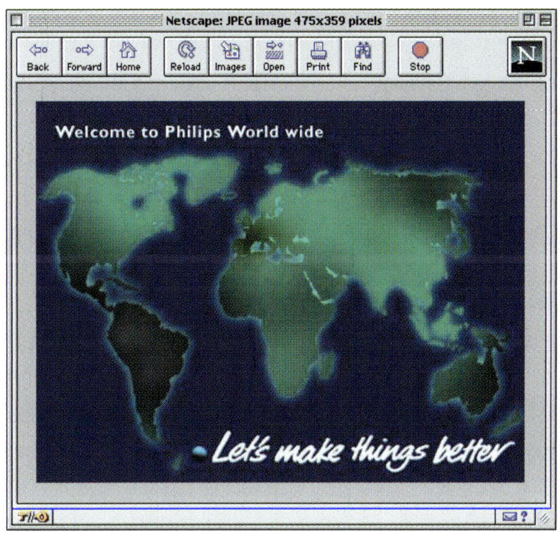

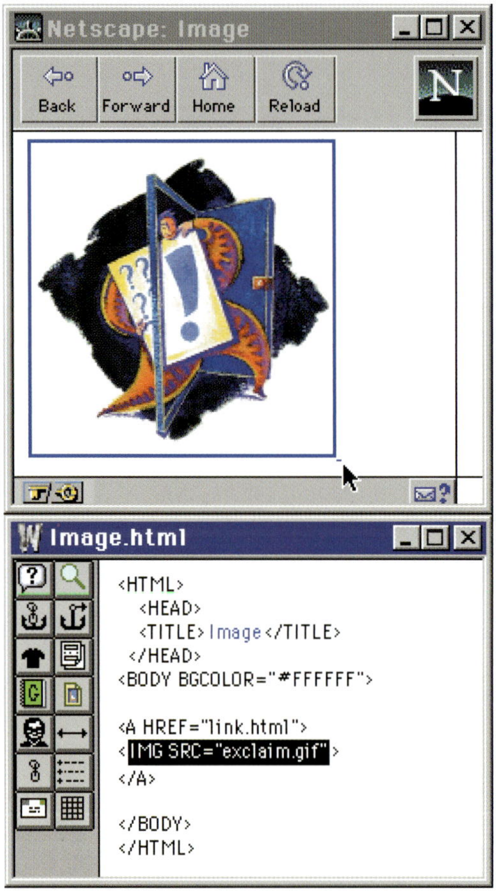


▲ **De harde return die na de <IMG SRC>-tag getypt is, geeft in de webbrowser een hinderlijk horizontaal streepje.**

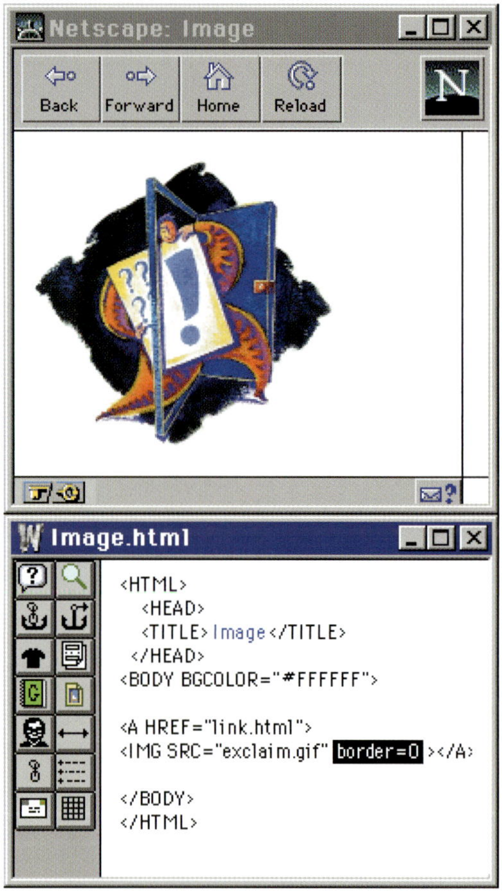


▲ **Dank zij de toevoeging <border=0> wordt de rand genegeerd die om de 'gelinkte' afbeelding zou moeten verschijnen**

### ▶ Image tags

Eén van de meest uitgebreide HTML-codes is de IMG-tag. Deze afkorting is kort voor IMaGe of beeld. Door een image-tag in de webpagina op te nemen maakt men een verwijzing naar een afbeelding, GIF of JPEG, die vervolgens 'inline' wordt afgebeeld. Alle moderne webbrowsers kunnen nu ook het JPEG-bestandsformaat op de pagina zelf afbeelden. De image-tag bestaat uit de definitie <IMG> en heeft als attribuut altijd de code SRC="naam.gif". De tekst die tussen aanhalingstekens geplaatst wordt, is uiteraard de naam van de GIF- of JPEG-afbeelding die getoond moet worden. In feite is dit ook een URL, een Uniform Resource Locator. In dit geval echter verwijst de URL niet naar een HTML-bestand maar naar een grafisch beeld.

Als de afbeelding met behulp van een 'anker' verwijst naar een HTML-bestand, wordt een drie pixels dikke rand aan de buitenzijde van de afbeelding geplaatst en in de zogenaamde 'Link'-kleur weergegeven.

Deze rand kan men afzwakken door het attribuut 'Border' te gebruiken. Als de HTML-code <BORDER=0> in de Image-tag wordt geplaatst dan zal de gekleurde rand verdwijnen. Dit heeft als voordeel dat een storend element weg is, maar hier staat tegenover dat men nu niet meer kan zien welke afbeel-

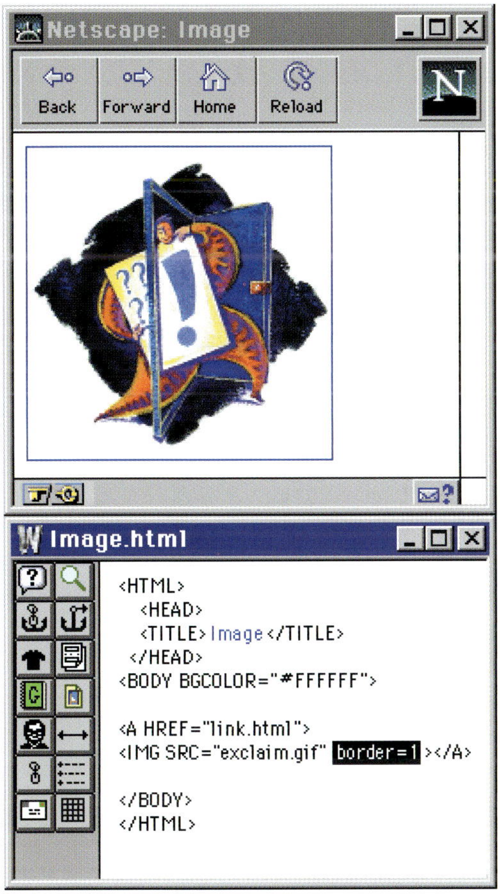


▲ De toevoeging border=1 resulteert in een rand van één pixel dik om de rechthoekige contouren van het plaatje.

dingen hyperlinks bevatten. Als u toch liever een dunne zichtbare rand om de afbeelding wilt zien, geef dan <BORDER=1> in de code op.

Wanneer een afbeelding geladen wordt in de Netscape Communicator 4 of Microsoft Internet Explorer 4 browsers kan men een tekstuele indicatie geven van het beeld terwijl het inleest door het attribuut 'ALT' te gebruiken. De code ziet er als volgt uit: <ALT="tekst">. Deze tekst wordt ook zichtbaar als u met de muis over het beeld gaat en even wacht.

Internet Explorer ondersteunt een tag die een uitleg 'balloon' bij een tekstuele link oplevert. De code is: <A HREF="link.htm" TITLE="This link leads to product information.">External link</A>.

▲ De ALTernatieve-tekst is bedoeld voor browsers die geen plaatjes kunnen weergeven.

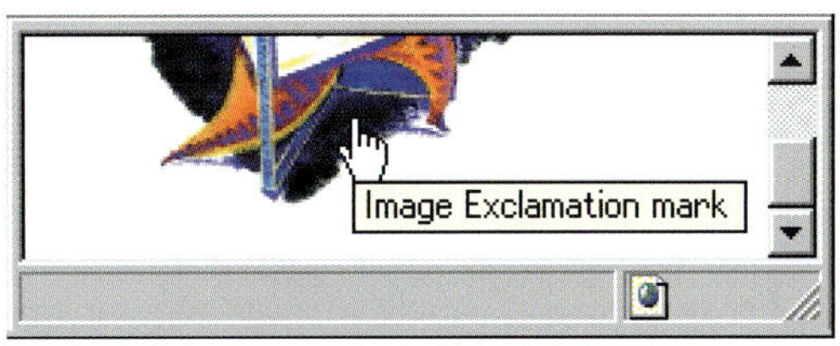


▲ In Internet Explorer wordt de ALT-tekst zichtbaar.

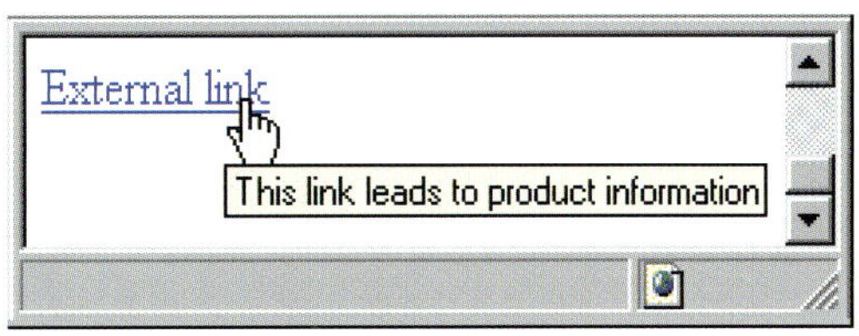


▲ Ook een hyperlink kan van een veelzeggend commentaar worden voorzien door het TITLE-attribuut.

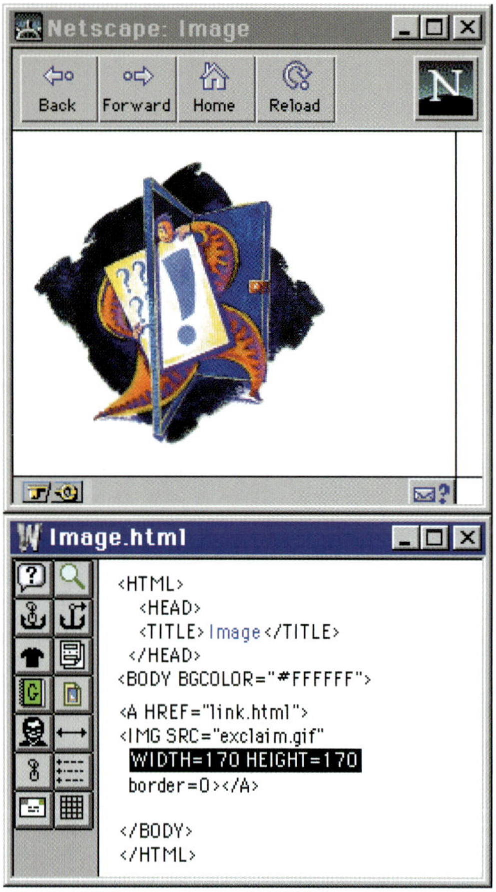


▲ De breedte en hoogte van de afbeelding zijn absoluut onontbeerlijk voor een goed werkend HTML-document.

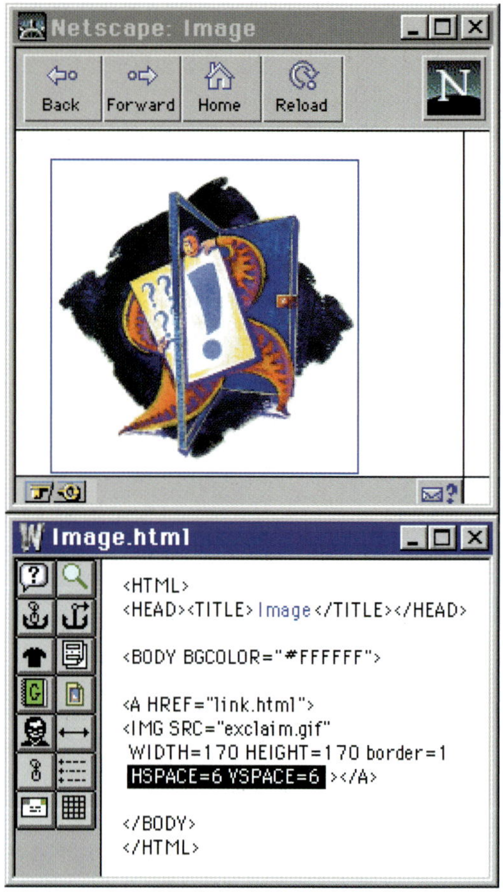


▲ HSPACE en VSPACE bepalen de afstand om de afbeelding heen. De 'witruimte' wordt wel aan beide kanten zichtbaar.

### ▶ Vervolg image tags

Een toevoeging die al eerder aan bod is gekomen, zijn de attributen die de hoogte en breedte van de grafische informatie bepalen. Doordat men niet hoeft te wachten op het inlezen van de beelden, kan de tekstuele informatie onmiddellijk worden getoond. Vooral pagina's die beginnen met een grote*(re)* afbeelding, hebben hier veel baat bij. De lezer, die anders niet eens weet of de verbinding al werkt, krijgt nu direct resultaat op zijn scherm en weet dus dat de grafische informatie ook onderweg is over het Net. De breedte en hoogte worden *(in pixels)* als volgt gecodeerd: <WIDTH=x HEIGHT=x>. Er bestaat ook nog een mogelijkheid om een percentage in te geven: <WIDTH=x% HEIGHT=x%>. Dit geeft soms echter onbetrouwbare resultaten.

Een tweede attribuut waar opmakers handig gebruik van kunnen maken, is 'SPACE'. Hiermee wordt de afstand van de afbeelding ten opzichte van de 'omgeving' bepaald. De tag <HSPACE=6> plaatst zes pixels 'witruimte' aan de linker èn de rechterzijde van de image. Ook de verticale witruimte kan worden beïnvloed. Hiervoor moet men <VSPACE=x> gebruiken. Met behulp van deze twee attributen kan men het beeld enigszins uitlijnen.

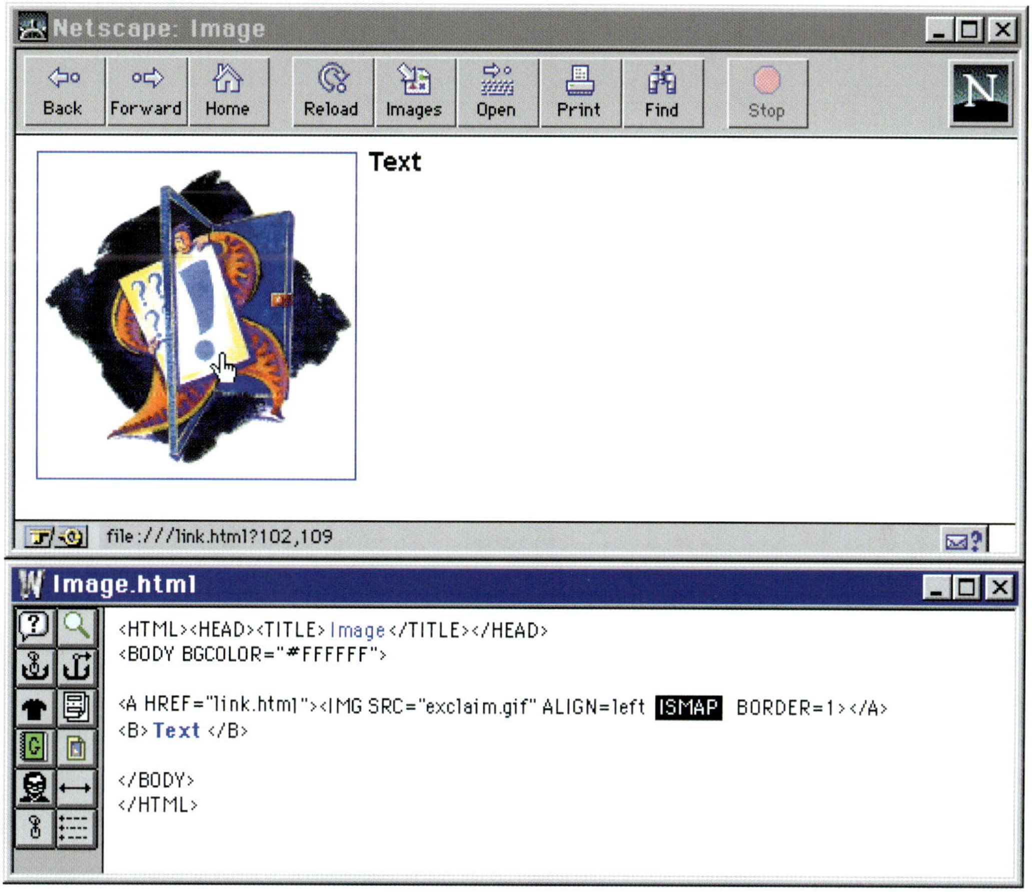


▲ **De <ISMAP> geeft aan dat de illustratie een 'clickable map' is geworden. In de browser is dat zichtbaar door de x- en y-coördinaten die naast het 'sleuteltje' worden afgebeeld.**

Een speciaal attribuut is <ISMAP>. Deze code geeft aan dat de afbeelding een verwijzing bevat naar URL's. Met name bij zogenaamde 'clickable maps' moet men gebruik maken van deze tag.

In een apart hoofdstuk wordt uitgebreid ingegaan op de *(on)*mogelijkheden van deze vorm van verwijzingen. Het relatieve voordeel dat de gebruiker slechts één plaatje hoeft in te lezen, wordt teniet gedaan doordat de 'map' iedere keer geraadpleegd moet worden. Aangezien de 'map' een apart bestand is en op de server staat, treedt er een vertragende factor in. Er is gelukkig een uitbreiding gekomen op deze techniek in de vorm van de zogenaamde 'client-side' clickable map. Deze door Netscape geïntroduceerde extensie maakt het mogelijk dat er wel met een clickable map gewerkt kan worden, maar dat de verwijzingen direct in het HTML-bestand zijn ingebouwd. Daardoor is er geen vertragingseffect op de server. Het enige nadeel van deze extensie is het feit dat lang niet alle browsers het attribuut USEMAP ondersteunen. De volledige tag ziet er in HTML als volgt uit: <USEMAP ="#name">. De naam van de map verwijst naar de lijst met URL's en de bijbehorende x- en y-coördinaten die in hetzelfde HTML-document moeten staan. Anders werkt de client-side clickable map niet! In het hoofdstuk On- en offline clickable maps vindt u meer informatie over deze techiek.

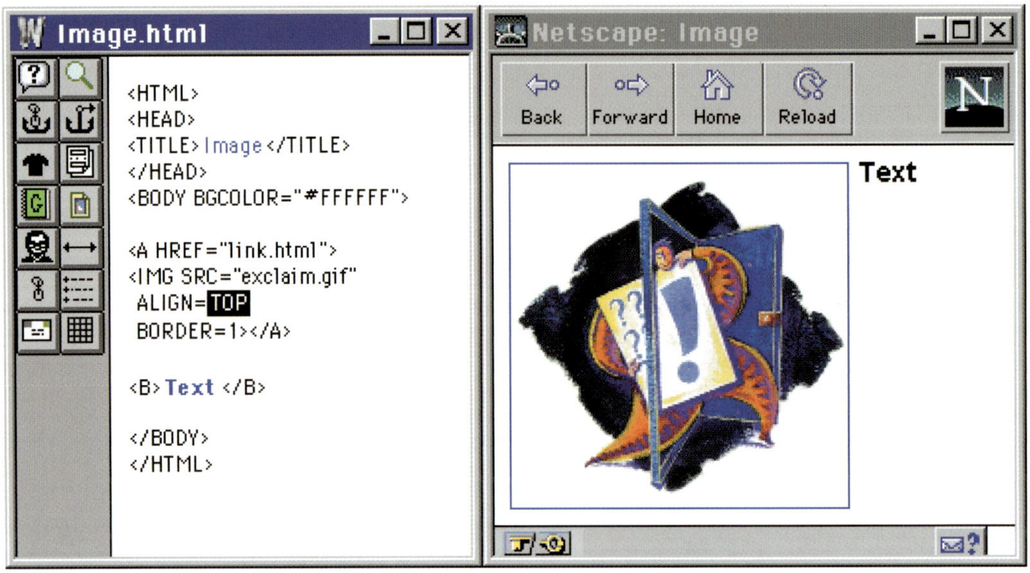


▲ Het attribuut <Align=TOP> zorgt ervoor dat de navolgende tekst bovenaan lijnt met de illustratie.

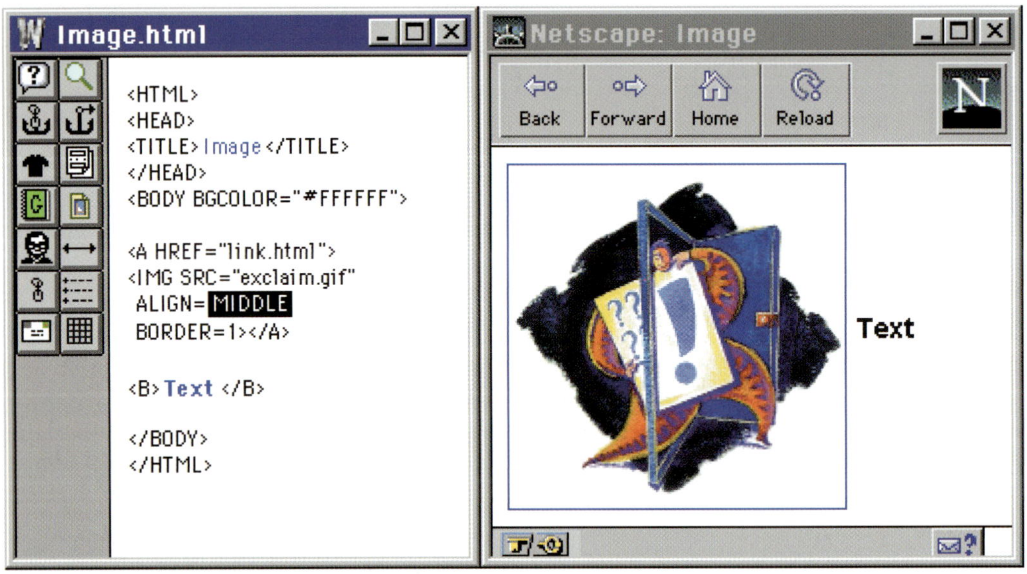


▲ <Align=MIDDLE> zorgt ervoor dat de navolgende tekst verticaal gecentreerd staat ten opzichte van de illustratie.

Netscape heeft ook het aantal 'ALIGN'-attributen flink uitgebreid. Bovenaan de wenslijst van de HTML3-specificaties staat grotere controle op het uitlijnen van tekst en beeld. Op deze en de volgende drie pagina's staan de belangrijkste ALIGN-attributen afgebeeld. Het volledige arsenaal van mogelijke tags reikt echter nog verder; met name de interactie tussen tekst en beeld is bij HTML 3.2 en 4.0 sterk verbeterd.

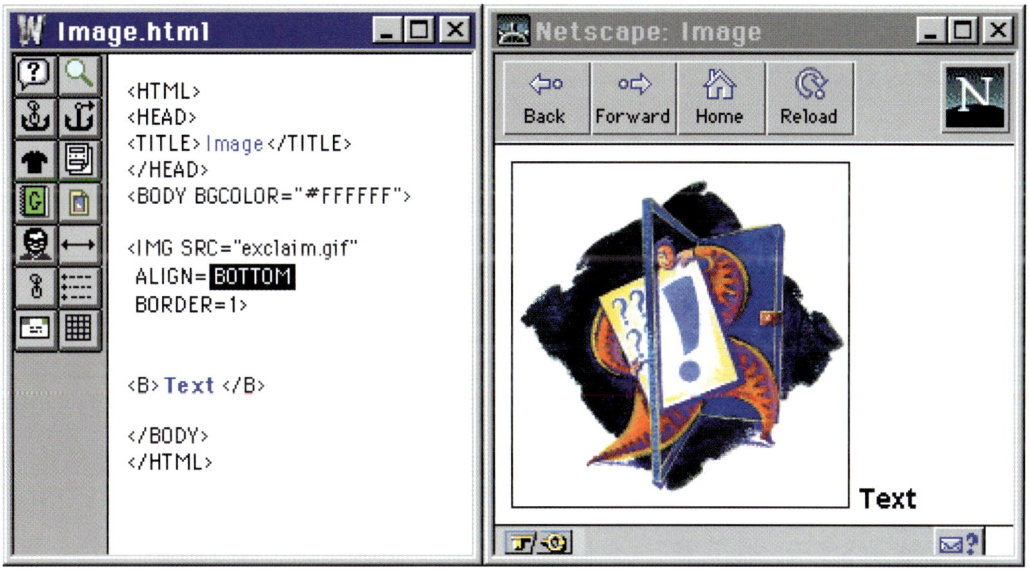


▲ Het attribuut <Align=BOTTOM> zorgt ervoor, dat de navolgende tekst aan de onderzijde lijnt met de illustratie.

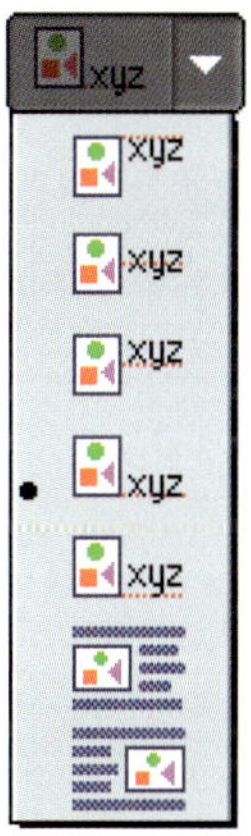

De belangrijkste vier attributen zijn: <ALIGN=top>, <ALIGN=left>, <ALIGN=middle> en <ALIGN=right>. De ALIGN-tag vereist dat één van deze vier attributen gebruikt moet worden. Het <ALIGN=top> attribuut zorgt ervoor, dat de afbeelding aan de bovenzijde lijnt met de tekst die er op volgt. Let wel het beginpunt van de illustratie, de meest linkse en bovenste pixels geldt als referentiepunt. Als men een vrijstaand gemaakte afbeelding bekijkt, lijkt het alsof de tekst hoger staat. Dat klopt, want de transparante kleur is waarschijnlijk de eerste pixel die als referentie dient! In zo'n situatie is het vaak mooier als de afbeelding een rand krijgt van één pixel dikte. Mocht de afbeelding geen hyperlink-functie hebben, dan werkt de <BORDER=1> optie nog steeds! De illustratie krijgt echter nu een zwarte lijn van één pixel dikte. Dit is overigens een grafisch element waar vormgevers interessante visuele effecten mee kunnen realiseren.

Met het <ALIGN=bottom> attribuut kan tekst aan de onderzijde van de afbeelding worden uitgelijnd. Het <ALIGN=middle> attribuut lijnt de tekst verticaal gecentreerd uit. Interessant hieraan is het feit dat men het woord 'middle' gebruikt en niet de toevoeging 'center'. De reden hiervoor is dat er al een attribuut 'center' wordt gebruikt bij het centreren van informatie op alinea-niveau. Ook hiervoor zijn varianten mogelijk: <P ALIGN=center></P> is de wijze waarop de officiële W3C standaard zich richt. Netscape echter volstaat met de tag <CENTER></CENTER>. Let op dat de schrijfwijze 'op z'n Amerikaans' is en niet Engels *(centre)*.

De andere attributen waarmee Netscape de webdesigners verblijd heeft, zijn:

| | |
|---|---|
| <ALIGN=texttop> | het attribuut waardoor de tekst van de langste regel aan de bovenkant lijnt. |
| <ALIGN=absmiddle> | het attribuut waardoor het midden van de afbeelding lijnt met het midden van de langste regel. |

<ALIGN=baseline> een attribuut dat hetzelfde resultaat geeft als 'bottom'.

<ALIGN=absbottom> het attribuut waardoor de onderkant van de afbeelding lijnt aan het laagste 'item' in de regel.

Een tag die in de toekomst veel toegepast zal worden is <DIV> kort voor DIVision. Hiermee kan een alinea of een grafisch element op de pagina locaal worden gewijzigd ongeacht de globale instellingen van de pagina. De Align-attributen zijn ook hier toepasbaar. Een voorbeeld ter illustratie:

```
<DIV ALIGN=right>Deze tekst lijnt rechts</DIV>
```

Als deze code in een gecentreerde pagina is geplaatst zal alleen deze tekst afwijken.

### ▶ BREAK clear=all

Af en toe krijg je de zenuwen van HTML. Ben je uren bezig om een layout uit te lijnen om een bepaalde overzichtelijkheid aan de webpagina te geven, stuit je op het volgende. De tekst die naast een afbeelding afgebeeld moet worden, wil maar niet naar links. Sterker nog, deze verdwijnt zelfs uit beeld!

Dit is een klassiek voorbeeld waarin de tag <BR clear=all> wonderen kan verrichten. Wat is nu het geval? Door het gebruik van het attribuut <ALIGN=right> wordt alle navolgende informatie naar de rechterzijde van het venster 'geduwd'. Deze instructie moet opgeheven worden anders zal de navolgende code niet correct worden weergegeven. De instructie <clear=all> herstelt de nadelige effecten van de tag. Er is ook nog een <clear=left> en een <clear=right> variant. Pas wel op met deze tags; ze dienen met zorg toegepast te worden, want anders creëert men het omgekeerde effect. Alle navolgende HTML code zal zich onttrekken aan de algemene instellingen. De <DIV> tag biedt dan meestal uitkomst.

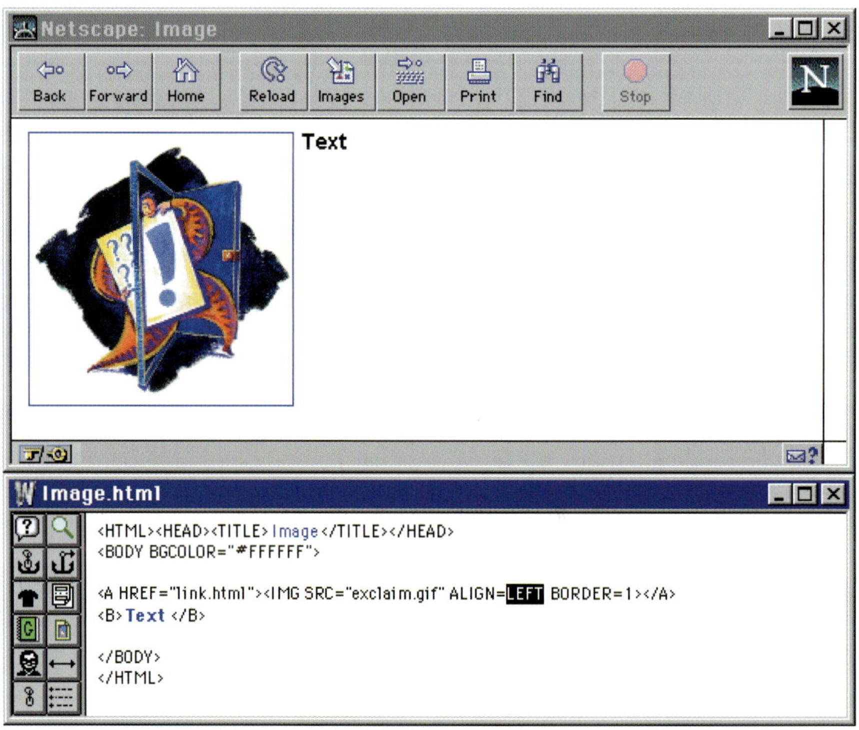


Het attribuut ▶ <ALIGN=LEFT> dwingt de illustratie naar de linker kantlijn van de pagina.

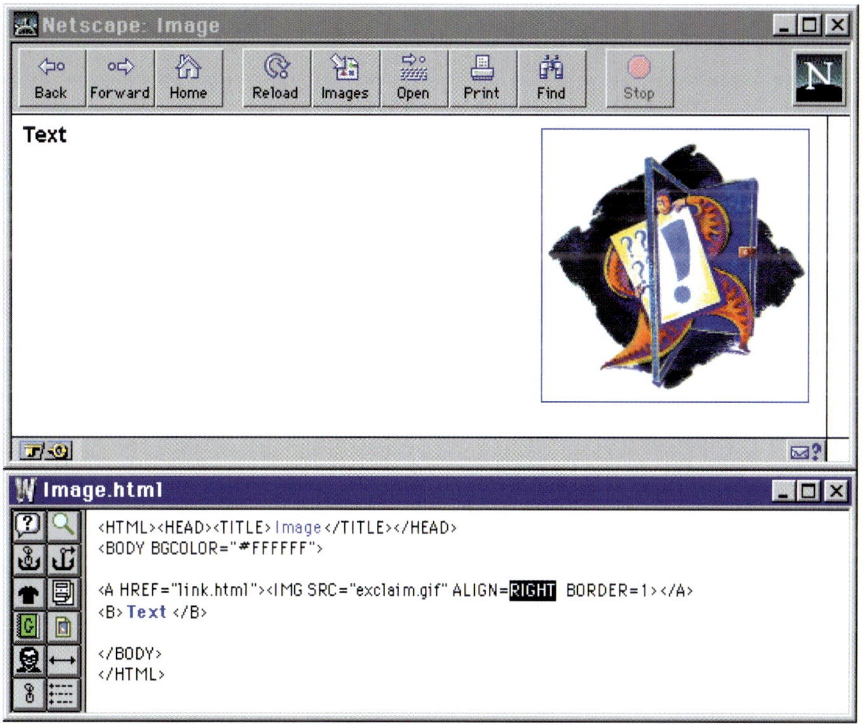


◂ De toevoeging <ALIGN=RIGHT> dwingt de illustratie naar de rechter kantlijn van de pagina.

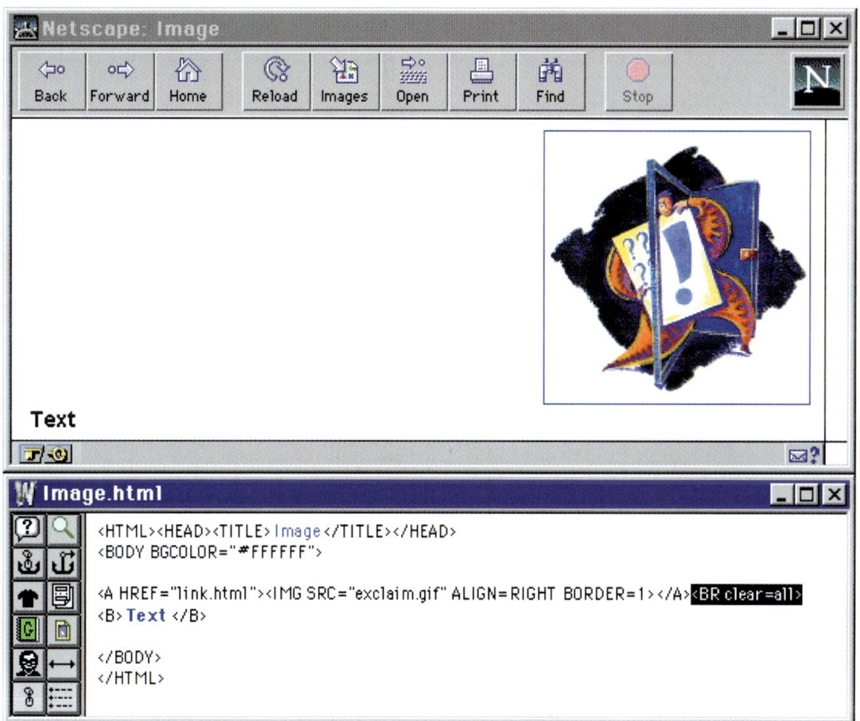


◂ De tag <BR clear=all> is onmisbaar als men de ALIGN=LEFT en RIGHT attributen gaat toepassen. Het attribuut <clear=all> zorgt ervoor dat de tekst weer op een nieuwe alinea gezet wordt.

## ▶ Automatisering van opmaak

De hoeveelheid tags en opmaakcodes die in de vorige pagina's de revue passeren impliceren dat er heel wat typewerk verricht moet worden alvorens men een pagina op de juiste manier in de browser op het scherm krijgt. In de praktijk valt dit reuze mee omdat men al gauw gebruik gaat maken van een editor of nog beter van een wysiwyg HTML opmaakprogramma. De codes worden hierdoor minder belangrijk gemaakt omdat 'een ander' ze voor u schrijft. Toch zult u in het eindprodukt van zo'n semi-geautomatiseerd proces nog al eens in moeten grijpen. Bijvoorbeeld door gebruik te maken van de zojuist onderwezen <BR clear=all> tag. Geen enkele HTML-editor zal het speciale attribuut <clear=all> aan de pagina toevoegen omdat dit een opmaakbeslissing is. Het programma kan niet inschatten of het niet juist de bedoeling van de opmaker is om de tekst naast de afbeelding te plaatsen. Zonder de kennis van deze tag kan de maker zich alleen maar afvragen wat er fout is gegaan.

## ▶ Include tag

Een HTML-pagina is opgedeeld in drie stukken. De 'header', de 'body' en de 'footer' vormen gezamenlijk de complete webpagina. Als u een grotere website gaat bouwen ontdekt u al gauw dat de informatie die per pagina verschillend is, zich voor 99% in het 'body'-gedeelte bevindt. Alleen de titel van de webpagina is steeds verschillend. De rest van de informatie, de achtergrondkleur, de tekstkleur, de afzender onderaan de pagina is in alle gevallen gelijk. Daarvoor zijn het nu eenmaal 'subpagina's. Toch lijkt het dat men steeds weer dezelfde 'header' en 'footer' aan de pagina moet toevoegen. Dat klopt maar er bestaat ook een alternatieve werkwijze om dit werk te automatiseren: de 'include'-tag. Let wel dit functioneert alleen als men online is en gebruik maakt van een daarvoor geschikte server. Het getoonde voorbeeld is op basis van de Apache server software.

```
<HR SIZE=1 WIDTH=320 NOSHADE>
<CENTER>
<a href="var.htm">Partners, Developers &amp; VARs</a> |
<a href="cases.htm">Cases</a> |
<a href="products.htm">Product info</a> |
<a href="r-d.htm">R &amp; D</a> |
<a href="press.htm">Press info</a> |
<a href="info.htm">General info and FAQ</a> |
<a href="profile.htm">Company profile</a> |
<FONT size=-1>Copyright &#169; Philips, All rights reserved
</FONT>
</CENTER>
</BODY>
</HTML>
```

In plaats van de standaardprocedure waarbij de tekst ingebouwd wordt, bewaren we de HTML-code als een separaat bestand genaamd 'footer'. Voor de 'header' doen we iets soortgelijks. Aan het begin van de 'body' van de HTML-pagina zetten we de verwijzing: <!-- #include file="header"-->. Aan het einde van de body-tekst typen we: <!-- #include file="footer"-->. Doordat de tekst tussen commentaar-tags staat wordt deze niet afgebeeld. En het commando #include file="bestand" zorgt ervoor dat de server deze bestanden zelf plaatst!

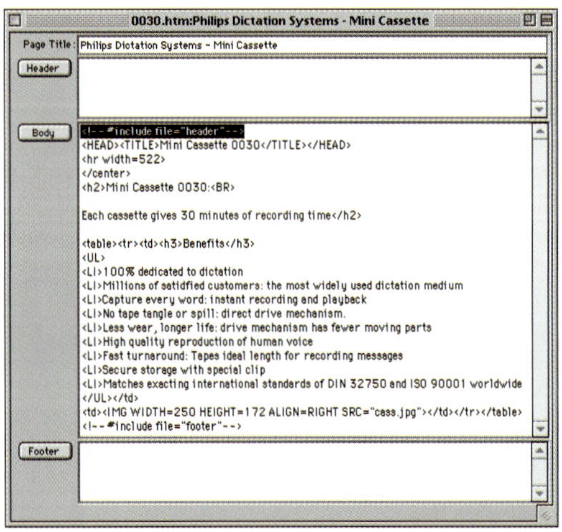


▲ De 'include'-tag kan het dateren van de webpagina's automatiseren. De opmaker hoeft alleen maar de 'body' te maken.

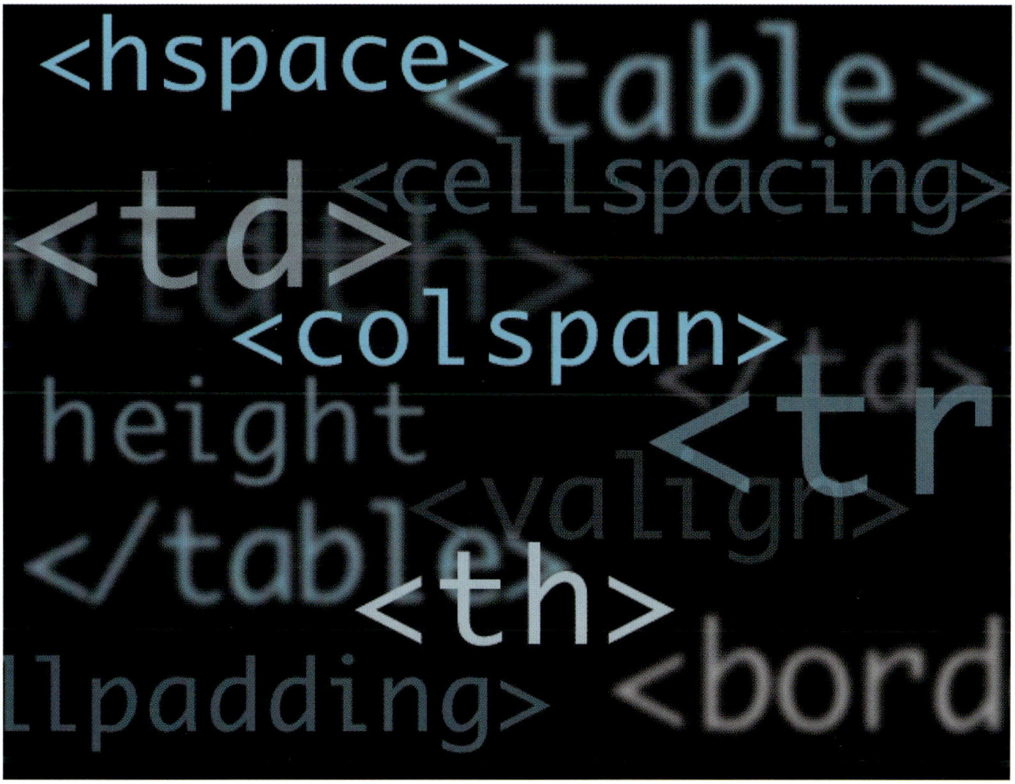


Een HTML-techniek die een webdesigner absoluut moet beheersen is, het maken van tabellen. Deze combinatie van tags maakt een aantrekkelijke weergave van gegevens èn afbeeldingen mogelijk. Maar u moet er wel even voor gaan zitten om het onder de knie te krijgen.

## Basisleer tabelopmaak

Een 'tabel' is het krachtigste hulpmiddel dat een webdesigner ter beschikking staat. Dit lijkt een boude uitspraak; wat heeft een tabel nu te maken met het structureren van informatie op het web?

Nu, dat lijkt in tegenspraak met elkaar, maar de mogelijkheden die de HTML3-uitbreiding <TABLE> biedt, reiken veel verder dan alle tags en attributen die de opmaaktaal verder bezit. Het toepassen van een tabel geeft namelijk aan de opmaker een sterk houvast bij het positioneren en uitrichten van de grafische en tekstuele elementen die op de webpagina staan. De tabel-codering maakt deel uit van de specificaties van de HTML3-standaard, en wordt door alle commerciële browsers inclusief WebTV ondersteund. Tabellen zijn primair bedoeld voor het rangschikken en ordenen van grotere hoeveelheden informatie.

Door de beschikbare data in rijen en kolommen onder te verdelen en gebruik te maken van kopjes en tussenkoppen, wordt er structuur aangebracht. De overzichtelijkheid neemt eveneens toe. Dit klinkt prachtig, maar met de <PRE></PRE> of <TT></TT> tag kan men toch ook tabellen maken? Dat klopt, maar dan wordt de tekst in het schrijfmachine-font weergegeven èn moet het geheel met spaties uitgelijnd worden. Er zijn echter situaties waardoor deze oplossing niet toepasbaar is. Daarvoor kan men de <TABLE> tag gebruiken.

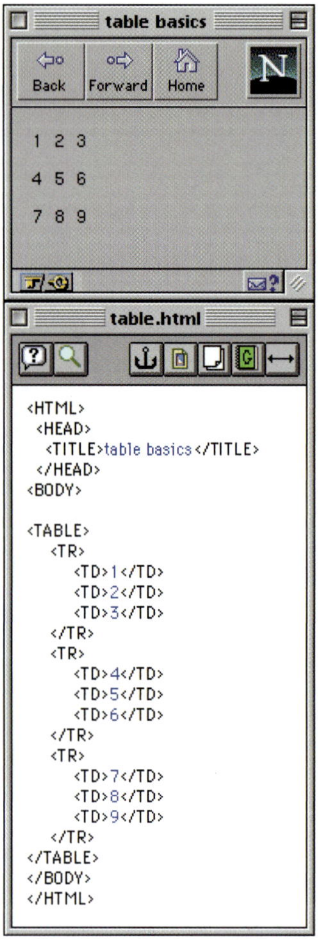


◂ Een heel eenvoudige tabel op basis van onderstaande code.

### ▶ Table-tags

De basisgedachte van deze tag is, dat de informatie 'rij voor rij' bepaald wordt. Elke rij wordt gemarkeerd door de code <TR></TR>. Uiteraard moet ook de informatie in de rij zelf gedefinieerd worden. Deze informatie op horizontaal niveau noemt men 'cellen'. Hiervoor zijn de tags <TH></TH> en <TD></TD>. Het verschil tussen de tags <TH> en <TD> is alleen zichtbaar als men tekst in de cel plaatst. De tekst die omsloten wordt door de <TH> tag wordt 'vet' afgebeeld. Een cel kan echter ook door een afbeelding worden opgevuld. Het is van belang dat u het onderstaand schema goed bestudeert zodat u inzicht krijgt in de structuur en opbouw van een tabel.

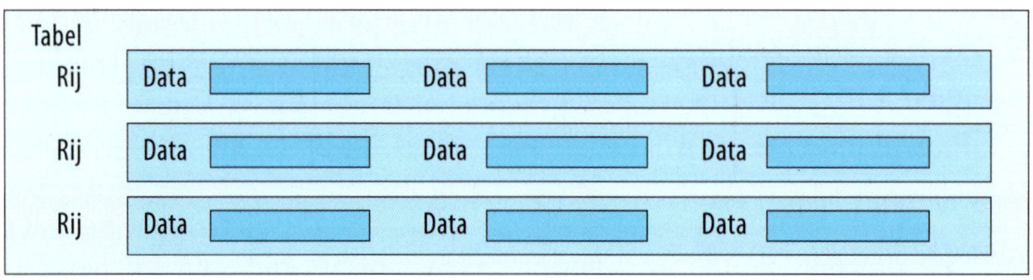


◂ In deze twee schema's wordt het basisprincipe van de opbouw van een tabel weergegeven. ▾

TD = Table Data
TR = Table Row

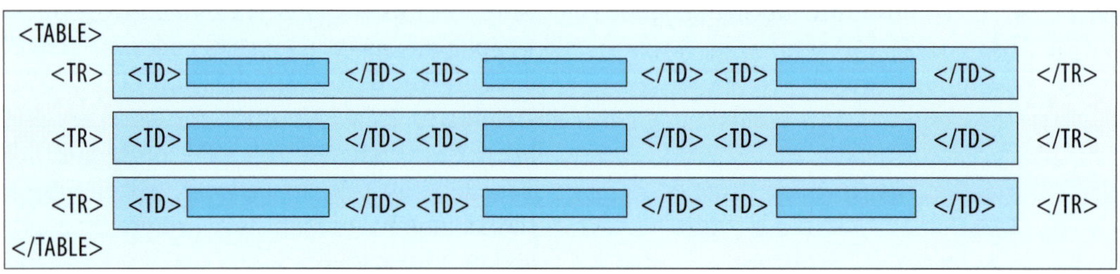

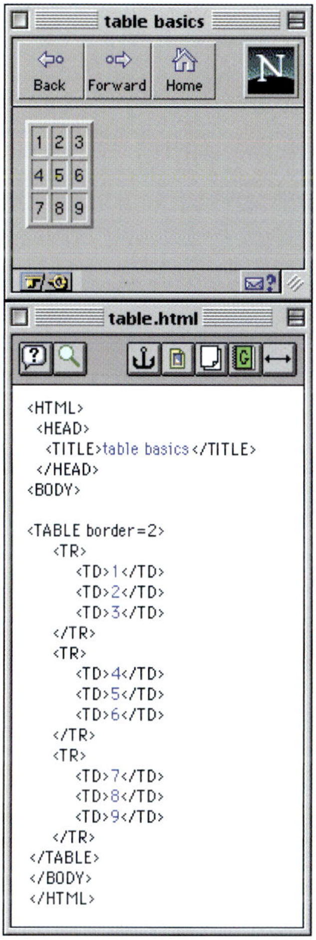


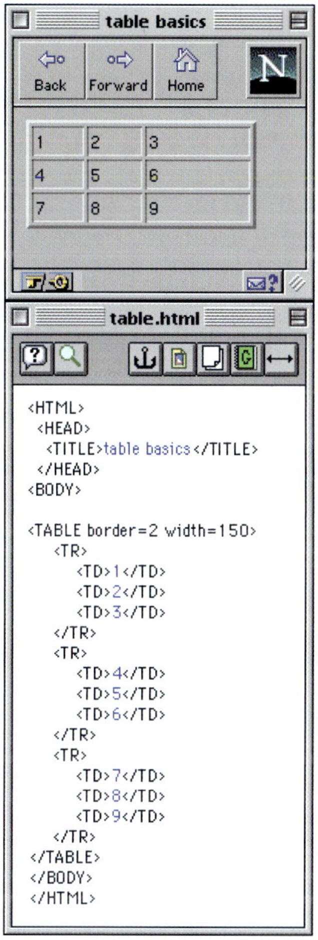


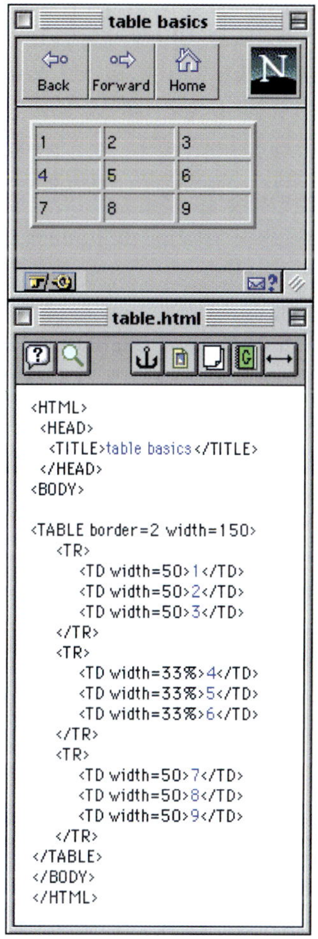


▲ **In deze drie voorbeelden is zichtbaar dat de breedte en hoogte van de individuele tabelcellen door toevoeging van extra HTML-code ingesteld kunnen worden.**

## ▶ Bewerkelijke code

Zoals u in het voorbeeld ziet, is het maken van een tabel een omslachtig karwei; er moet flink wat code getypt worden om het beoogde resultaat op het scherm te toveren. En dan staan op deze en de volgende pagina's de tabelcodes nog overzichtelijk gerangschikt in de HTML-code. Als deze informatie achter elkaar gezet wordt, verliest men al gauw het overzicht. Corrigeren wordt dan een crime...

Uiteraard heeft ook de <TABLE>-tag attributen. Eén daarvan is <BORDER>. Hiermee wordt het mogelijk om het kader van de tabel zichtbaar te maken èn qua dikte te beïnvloeden. De tag <TABLE border=1> resulteert in een tabel met een *(decoratieve)* rand van één pixel. Andere attributen die zowel bij de <TABLE>-tag als bij de <TR>, <TH> en <TD>-tags gebruikt kunnen worden, zijn <WIDTH> en <HEIGHT>. De maten kunnen 'hard' ingesteld worden in pixels of 'relatief' in procenten. Voorwaarde is dan wel dat de cellen een gezamenlijke breedte hebben van 100%. In bovenstaand voorbeeld is zichtbaar dat een tabel waarvan slechts de breedte is gedefinieerd, ongelijke tabelbreedtes oplevert. Door ook de celbreedte in te stellen wordt het 'evenwicht' hersteld.

## ▶ Caption

Een speciale tag die in de <TABLE> structuur gebruikt wordt, is de kop of alinea-code <CAPTION> </CAPTION>. Tekst die tussen deze HTML-code geplaatst wordt, vormt de titel van de tabel. Uniek aan deze tag is echter, dat deze titel boven de tabel zelf geplaatst wordt. Wilt u echter de titel aan de onderzijde van de tabel afgebeeld zien, dan moet het attribuut <ALIGN=bottom> erbij getypt worden. Pas dan doet de caption-tag zijn naam echt eer aan...

## ▶ ALIGN=center

Niet alleen de breedte en hoogte van de cellen kan men opgeven, ook de plaatsing van de tekst binnen de cel is beïnvloedbaar. Hiervoor gebruikt men weer de <ALIGN> tags. Er zijn vijf verschillende versies inzetbaar:
<ALIGN=center>
<ALIGN=left>
<ALIGN=right>
<ALIGN=top>
<ALIGN=bottom>

Een variant die de verticale plaatsing kan beïnvloeden, staat ook nog ter beschikking. Door de letter 'V' voor de <ALIGN> tag te typen ontstaat de variant <VALIGN>. De opties die hierbij mogelijk zijn, heten:
<VALIGN=top>
<VALIGN=bottom>
<VALIGN=middle>
<VALIGN=baseline>

Het voorbeeld dat op deze pagina wordt getoond, is een tabel waarin een mix van beide varianten is verwerkt. Ook deze voorbeeldtabel is een toonbeeld van overzichtelijkheid. Met behulp van spaties en harde returns zijn de tags gerangschikt. De <TR> tags en de <TD> tags staan op aparte regels, waarbij de <TD> tags ook nog iets ingesprongen zijn om het verschil in rang*(orde)* te accentueren. De spaties worden uiteraard niet afgebeeld in de webpagina. We hebben nu eenmaal nog steeds te maken met een 'Markup Language'. Een spatie is geen code en zal dus geen invloed op het eindresultaat hebben. Een harde return echter wel. Met name bij tabellen waar de celdata door een afbeelding worden opgevuld, zal de return een storende factor spelen. Als men illustraties of foto's 'koud' tegen elkaar of tegen de kaderrand wil plaatsen, zal dit niet lukken als u elke <TR> tag en <TD> tag op aparte regels plaatst. De webbrowser interpreteert dit als moedwillig geplaatste witruimte. Het gevolg is dat de celdata zo'n vier pixels van de lijn afblijven. Dit levert dus problemen op als men de cellen naadloos wil laten aansluiten.

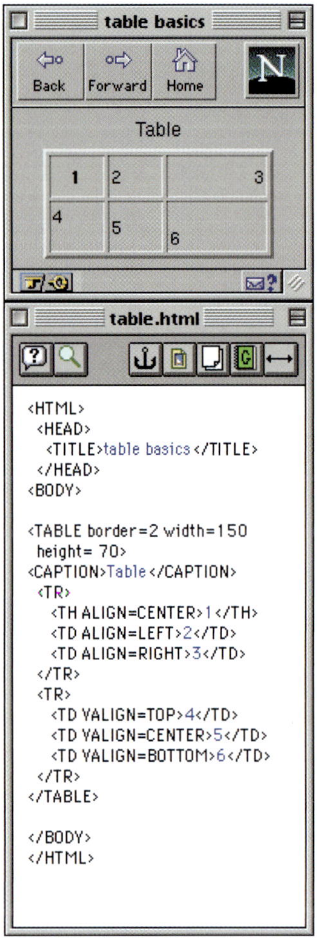


◂ De teksten die in de individuele cellen staan, kan men op diverse manieren uitlijnen met behulp van de attributen.

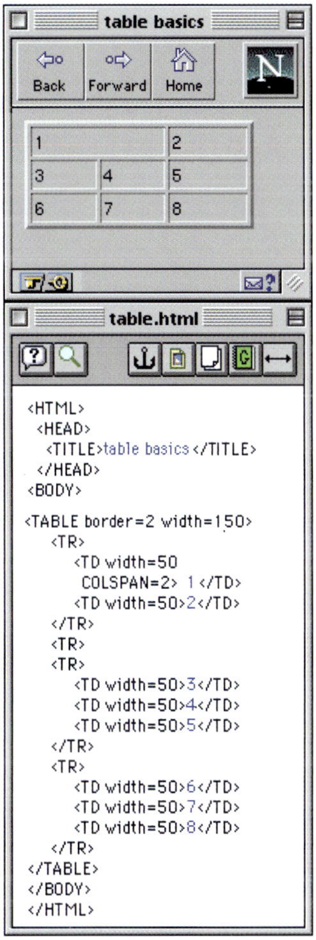


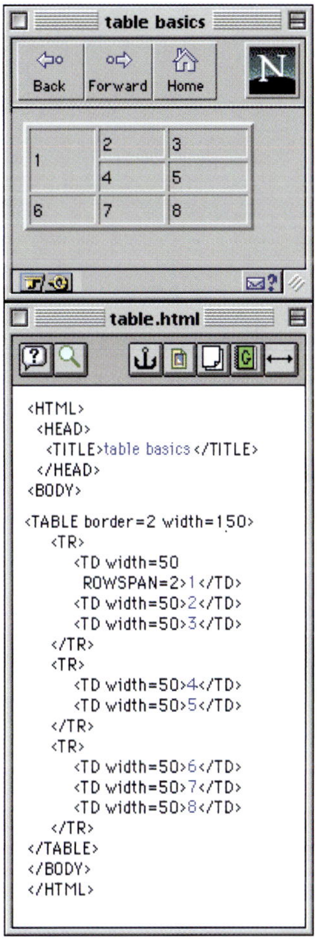


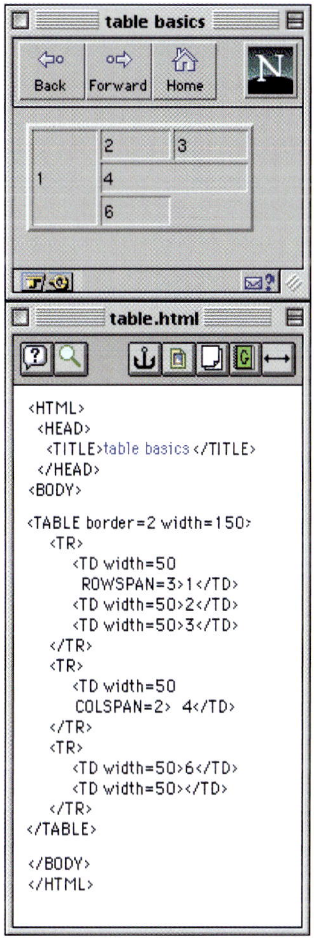


### ▶ Goed tellen

Er doen zich in de praktijk ook situaties voor waarbij één cel de ruimte van meerdere rijen of kolommen moet innemen. Voor deze situatie zijn twee speciale attributen bedacht: <ROWSPAN> en <COLSPAN>. Deze attributen kunnen alleen geplaatst worden in de <TR>, <TH> en <TD> tags. De tag <TD colspan=2> geeft dus aan dat deze cel twee horizontale posities in beslag zal nemen. Als men in de andere rijen drie cellen heeft geplaatst, betekent dit dat de rij met de <TD colspan=2> tag nog slechts één extra cel kan bevatten. De tag <TD colspan=3> zou de hele rij vullen. Als u nog een extra cel in dezelfde rij zou definiëren, raakt de hele tabelstructuur in de war. Het is daarom aan te bevelen om een tabel eerst uit te tekenen en vervolgens de rijen en cellen te coderen. De tag <TD rowspan=2> resulteert in een cel die verticaal twee cellen in beslag neemt.

### ▶ Lege of blanke cel

U kunt een cel ook leeg laten zoals in de rechter afbeelding te zien is. De cel wordt dan dichtgemaakt. Als u een <BR>-tag in de cel typt, zal het kader wel om de *(lege)* celinhoud getoond worden. De HTML-code voor een spatie *( )* levert hetzelfde resultaat op.

## Border variant

*De rand van een tabel is met behulp van diverse methodes beïnvloedbaar:*

```
<TABLE cellpadding=0 cellspacing=0
  border=2 width=500 height=500>
   <TR>
      <TD width=250 COLSPAN=2>1</TD>
      <TD width=125>2</TD>
      <TD width=125>3</TD>
   </TR>
   <TR>
      <TD width=125>4</TD>
      <TD COLSPAN=2  width=250>5</TD>
      <TD ROWSPAN=2 width=125>6</TD>
   </TR>
   <TR>
      <TD width=125>7</TD>
      <TD width=125>8</TD>
      <TD width=125>9</TD>
   </TR>
</TABLE>
```

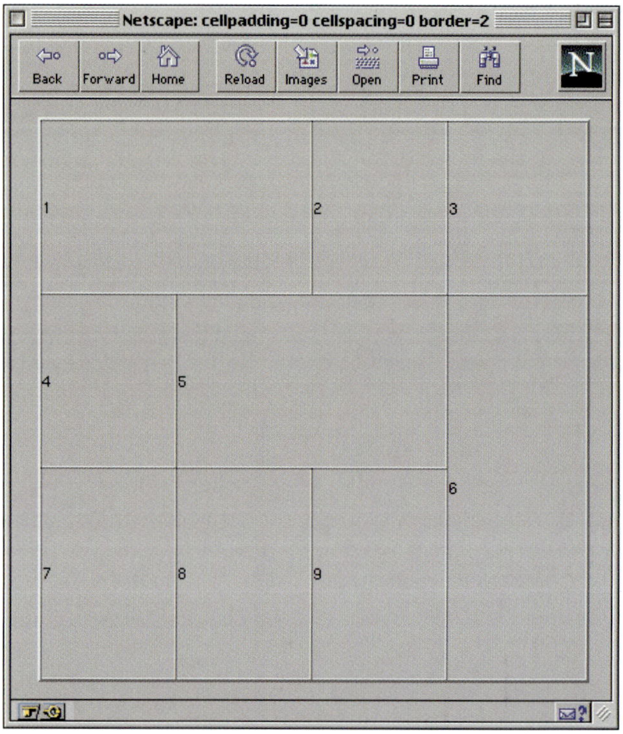


## Cellpadding variant

*Het attribuut 'cellpadding' bepaalt de marge tussen de celinhoud en de -rand.*

```
<TABLE cellpadding=6
  width=500 height=500>
   <TR>
      <TD width=250 COLSPAN=2>1</TD>
      <TD width=125>2</TD>
      <TD width=125>3</TD>
   </TR>
   <TR>
      <TD width=125>4</TD>
      <TD COLSPAN=2  width=250>5</TD>
      <TD ROWSPAN=2 width=125>6</TD>
   </TR>
   <TR>
      <TD width=125>7</TD>
      <TD width=125>8</TD>
      <TD width=125>9</TD>
   </TR>
</TABLE>
```

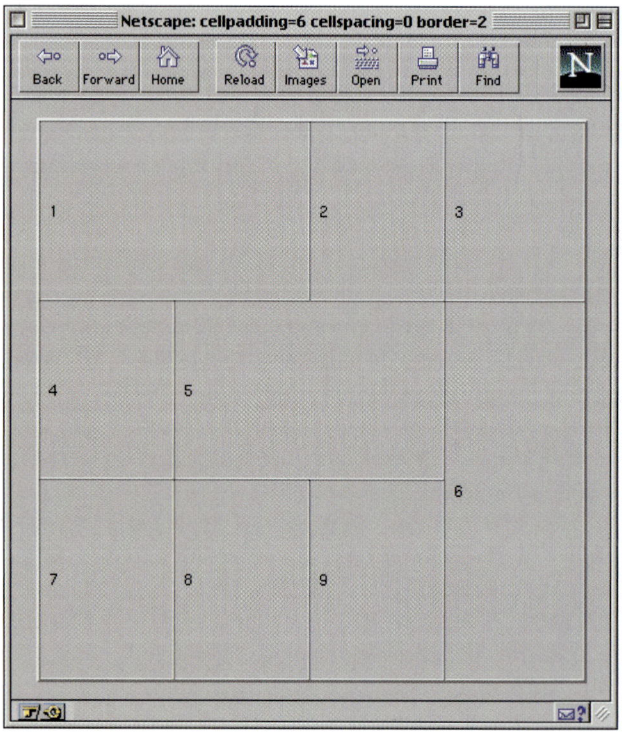

## Cellspacing variant

*Het attribuut 'cellspacing' bepaalt de breedte van de celrand.*

```
<TABLE cellpadding=6  cellspacing=6
 border=2 width=500 height=500>
  <TR>
    <TD width=250 COLSPAN=2>1</TD>
    <TD width=125>2</TD>
    <TD width=125>3</TD>
  </TR>
  <TR>
    <TD width=125>4</TD>
    <TD COLSPAN=2  width=250>5</TD>
    <TD ROWSPAN=2 width=125>6</TD>
  </TR>
  <TR>
    <TD width=125>7</TD>
    <TD width=125>8</TD>
    <TD width=125>9</TD>
  </TR>
</TABLE>
```

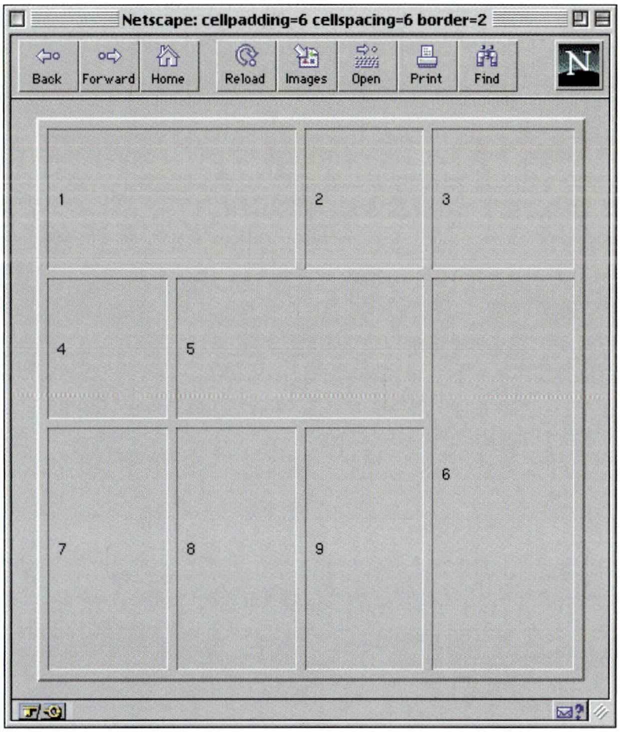


## Combinatie

*Door de tags 'cellpadding', 'cellspacing' en 'border' te combineren ontstaat dit:*

```
<TABLE cellpadding=6  cellspacing=6
 border=6 width=500 height=500>
  <TR>
    <TD width=250 COLSPAN=2>1</TD>
    <TD width=125>2</TD>
    <TD width=125>3</TD>
  </TR>
  <TR>
    <TD width=125>4</TD>
    <TD COLSPAN=2  width=250>5</TD>
    <TD ROWSPAN=2 width=125>6</TD>
  </TR>
  <TR>
    <TD width=125>7</TD>
    <TD width=125>8</TD>
    <TD width=125>9</TD>
  </TR>
</TABLE>
```

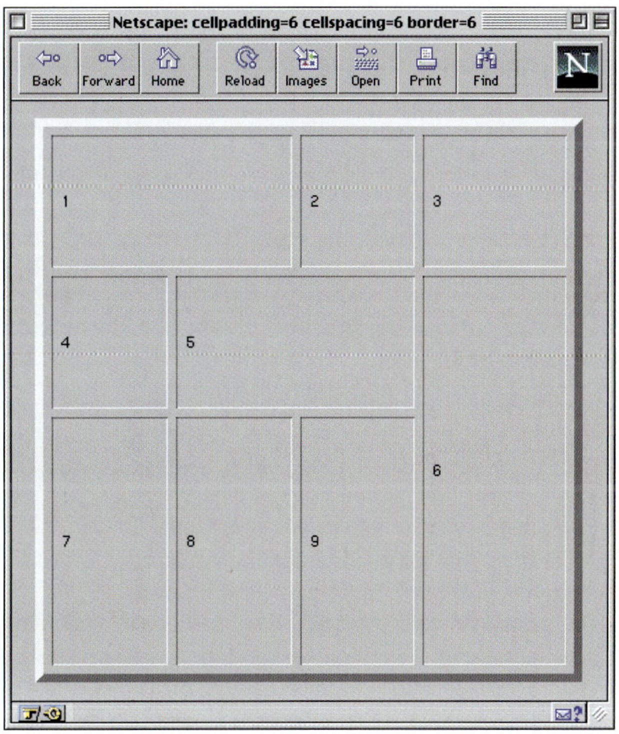

### ▶ Microsoft Internet Explorer tags

Ook Microsoft heeft een aantal attributen aan de table-tags toegevoegd. Zij geven de celrand en -inhoud kleur. In de afgebeelde HTML-code ziet u welke code tot welk visueel effect leidt. De mogelijkheid om de celinhoud te kleuren is een welkome uitbreiding!

### Het attribuut <BORDERCOLOR> ▶

*De attributen BORDERCOLOR="#x", BORDERCOLORLIGHT="#x" en BORDERCOLORDARK="#x" geven de rand een kleur. Het getal 'x' staat voor een hexadecimale kleurwaarde.*

### De tag <FONT COLOR> ▶

*De tag <FONT color="#x"></FONT> is geen uitvinding van Microsoft. Maar in de context van deze uitleg wel op zijn plaats. Deze tag kleurt de tekst volgens een hexadecimale kleurwaarde. Als deze tag in combinatie met de <FONT size>-tag gebruikt wordt, moet u oppassen. Het ligt voor de hand om het color-attribuut tussen 'dezelfde haakjes' te plaatsen. Dat is nu echter precies wat u niet moet doen. Als we de voorbeeldtekst èn groter èn in kleur willen laten weergeven, moeten we de volgende code schrijven: <FONT size=+2><FONT color="#x">tekst</FONT> De sluit-tag </FONT> hoeft slechts één keer te worden getypt.*

### Het attribuut <BGCOLOR> ▶

*De kleur van één specifieke cel kan met behulp van het attribuut <BGCOLOR="#x"> bepaald worden. Hierdoor kan aan een cel en de tekstuele inhoud ervan meer aandacht gegeven worden. In het voorbeeld in de rechter kolom is duidelijk zichtbaar tot welke aantrekkelijke resultaten dit kan leiden. Een stap verder gaat het attribuut <BACKGROUND="url"> dat ook door Microsoft is geïntroduceerd. Hiermee kan in een tabel of zelfs in een tabelcel een (repeterende) GIF- of JPEG-afbeelding als achtergrond worden toegepast.*

```
<HTML><HEAD><TITLE>Warehouse</TITLE></HEAD>
<BODY BGCOLOR="#CCFFFF">

<center><IMG Align=Top SRC="warehouse.gif"><BR>
<H3><MARQUEE>Welcome to the <B>online shopping
centre</B></H3></MARQUEE><BR></center>

<TABLE cellpadding=6 cellspacing=0 border=2
BORDERCOLOR="#FFBB57" BORDERCOLORLIGHT="#F7EFAD"
BORDERCOLORDARK="#A59335" width=500 height=500>
  <TR>
    <TD width=250 COLSPAN=2 BGCOLOR="#FFFFFF">
      <IMG WIDTH=75 HEIGHT=90
       SRC="audio.gif">text</TD>
    <TD width=125 BGCOLOR=#003399><H3>
      <FONT COLOR="#FFFFFF">text</H3></FONT></TD>
    <TD width=125 BGCOLOR="#FFFFFF">
      <IMG WIDTH=75 HEIGHT=90
       SRC="smokes.gif"></TD>
  </TR>
  <TR>
    <TD width=125 BGCOLOR="#FFFFFF">
      <IMG WIDTH=75 HEIGHT=90
      SRC="living.gif"></TD>
    <TD COLSPAN=2 BGCOLOR="#FFFFFF" width=250>
      <IMG ALIGN=RIGHT WIDTH=75 HEIGHT=90
       SRC="makeup.gif">text</TD>
    <TD ROWSPAN=2 BGCOLOR="#FFEEAA"
      VALIGN=BOTTOM width=125>
      <IMG WIDTH=75 HEIGHT=72 SRC="letter.gif">text
      <P ALIGN=CENTER><I>e-mail us<I></P></TD>
  </TR>
  <TR>
    <TD width=125 VALIGN=BOTTOM
      BACKGROUND="patroon.gif" >
      <FONT COLOR="#003399">text</FONT></TD>
    <TD width=125 BGCOLOR="#FFFFFF">
      <IMG WIDTH=75 HEIGHT=90 VALIGN=TOP
      SRC="alcohol.gif">text</TD>
    <TD width=125 BGCOLOR="#FFFFFF">
      <IMG WIDTH=75 HEIGHT=90 VALIGN=BOTTOM
      SRC="autopart.gif">text</TD>
  </TR>
</TABLE>
</BODY>
</HTML>
```

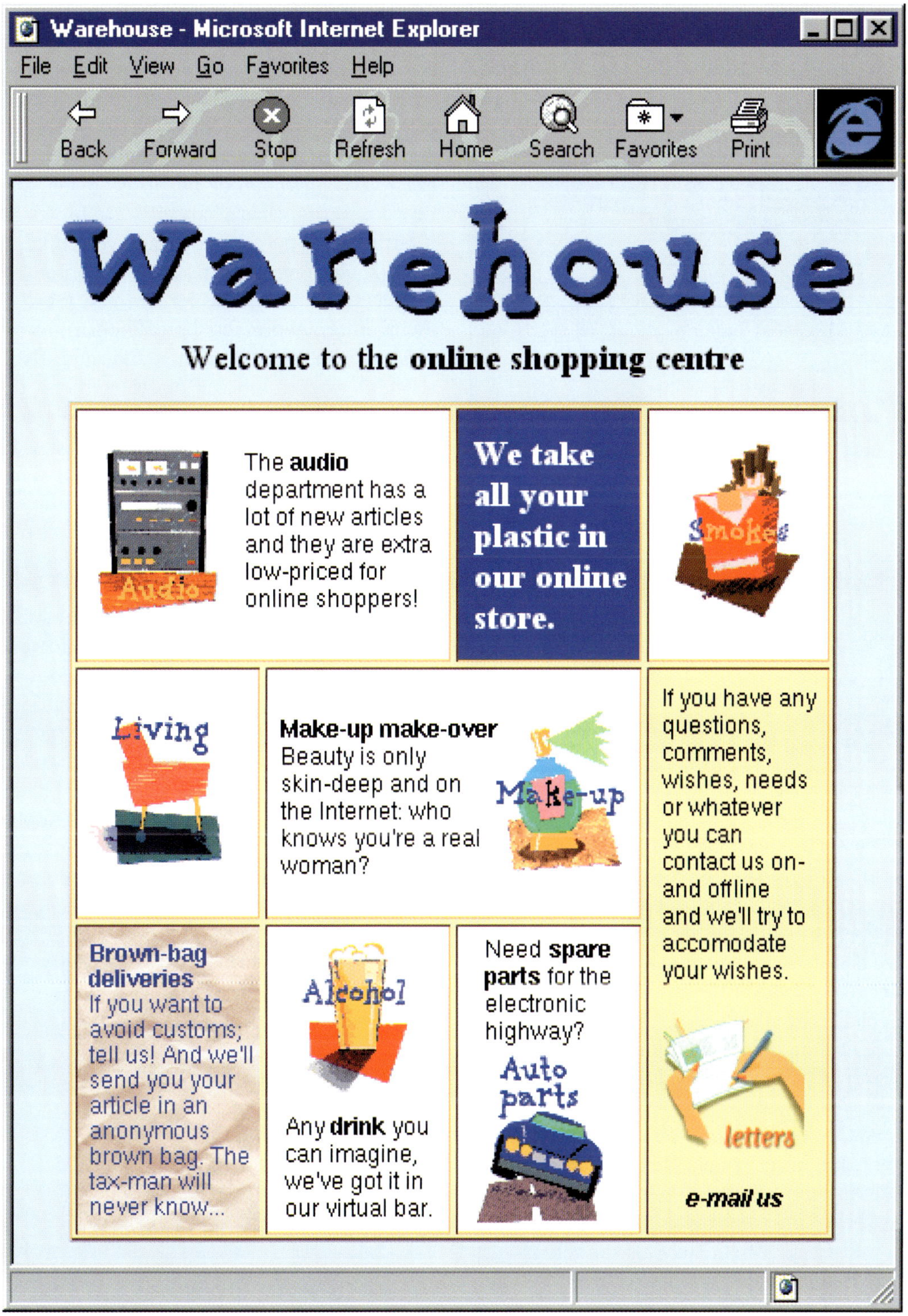
Warehouse - Microsoft Internet Explorer
File Edit View Go Favorites Help
Back Forward Stop Refresh Home Search Favorites Print
Warehouse
Welcome to the online shopping centre
Audio
The audio department has a lot of new articles and they are extra low-priced for online shoppers!
We take all your plastic in our online store.
Smokes
Living
Make-up make-over
Beauty is only skin-deep and on the Internet: who knows you're a real woman?
Make-up
If you have any questions, comments, wishes, needs or whatever you can contact us on- and offline and we'll try to accomodate your wishes.
Brown-bag deliveries
If you want to avoid customs; tell us! And we'll send you your article in an anonymous brown bag. The tax-man will never know...
Alcohol
Any drink you can imagine, we've got it in our virtual bar.
Need spare parts for the electronic highway?
Auto parts
letters
e-mail us

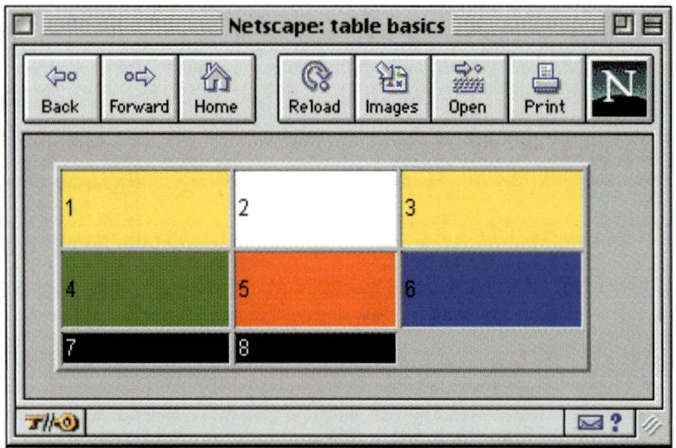


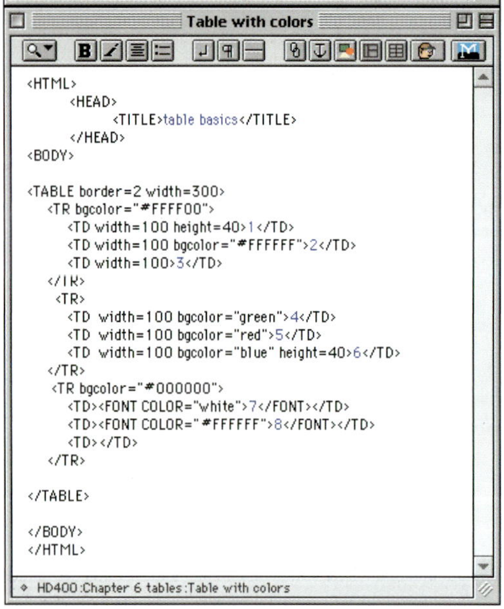


### ▶ Tips en trucs voor tabellen

HTML 3.2 heeft een groot aantal aanvullende opties geïntroduceerd die extra mogelijkheden bieden bij het maken van tabellen. Op de voorgaande pagina zag u het effect van het gebruik van achtergrondkleuren en patronen. Een eenvoudige tag waarmee een hele rij dezelfde achtergrondkleur krijgt is: <TR bgcolor="#FFFF00">. Hiermee worden alle cellen geel weergegeven.

Als u een van de 16 primaire kleuren gebruikt, krijgt u hetzelfde resultaat met de HTML-code <TR bgcolor="yellow">. Vergeet niet het hekje *(#)* weg te laten als u de naam van een kleur gebruikt. Zelfs als de hele tabelrij geel is, kunt u afzonderlijke cellen nog steeds een andere kleur geven.

U kunt voor een tabel een vaste breedte instellen door de <width="x">-tag toe te voegen aan de tabel header. Als voor een tabel geen vaste breedte is ingesteld, wordt deze aangepast aan de venstergrootte van de webbrowser. In de praktijk zult u ontdekken dat het exact vastleggen van de tabelbreedte een lastig en onvoorspelbaar karwei is. De browsers interpreteren de tabelcodering verschillend en zijn ook nog inconsistent per computerplatform. De beste manier om een tabel te dwingen om een exacte breedte per rij of cel aan te houden is om een onzichtbaar grafisch element per rij of cel op te nemen. De WYSIWYG HTML-editors NetObjects Fusion en GoLive CyberStudio, dat speciaal voor de Macintosh is ontwikkeld, maken van deze techniek gebruik. In het hoofdstuk 'Uitlijnen van tekst en beeld' wordt deze werkwijze uitgebreid belicht.

### ▶ Tabellen bewerken met WYSIWYG HTML-editor

Het werken met tabellen is vaak moeilijk voor beginnende webdesigners. Eén fout in de HTML-code kan de hele webpagina door de war gooien. En om de fout op te sporen moet u echt elke regel code controleren en het aantal rijen goed tellen. Soms is het beter om een WYSIWYG HTML-editor zoals Adobe Golive, Macromedia Dreamweaver, Netscape Communicator of Microsoft FrontPage 2000 te gebruiken voor de tabel-opzet.

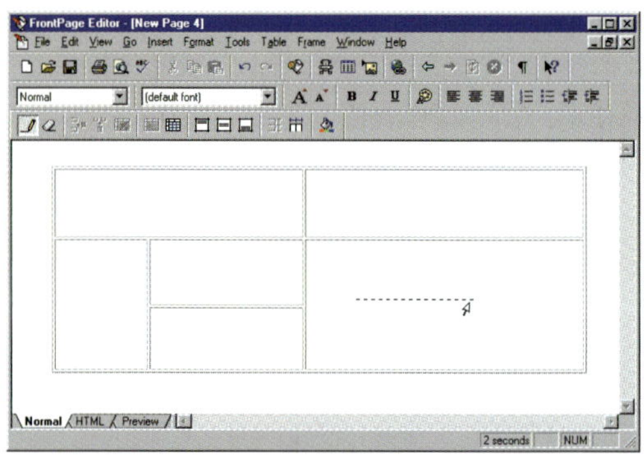


▲ **FrontPage 98 heeft een visuele HTML Assistant waarmee snel en eenvoudig complexe tabellen kunnen worden gemaakt.**

Dit online-stripverhaal is gebaseerd op een combinatie van frames en de <META>-tag. Elke vijftien seconden wordt geheel automatisch een nieuwe tekening in het grote kader getoond!

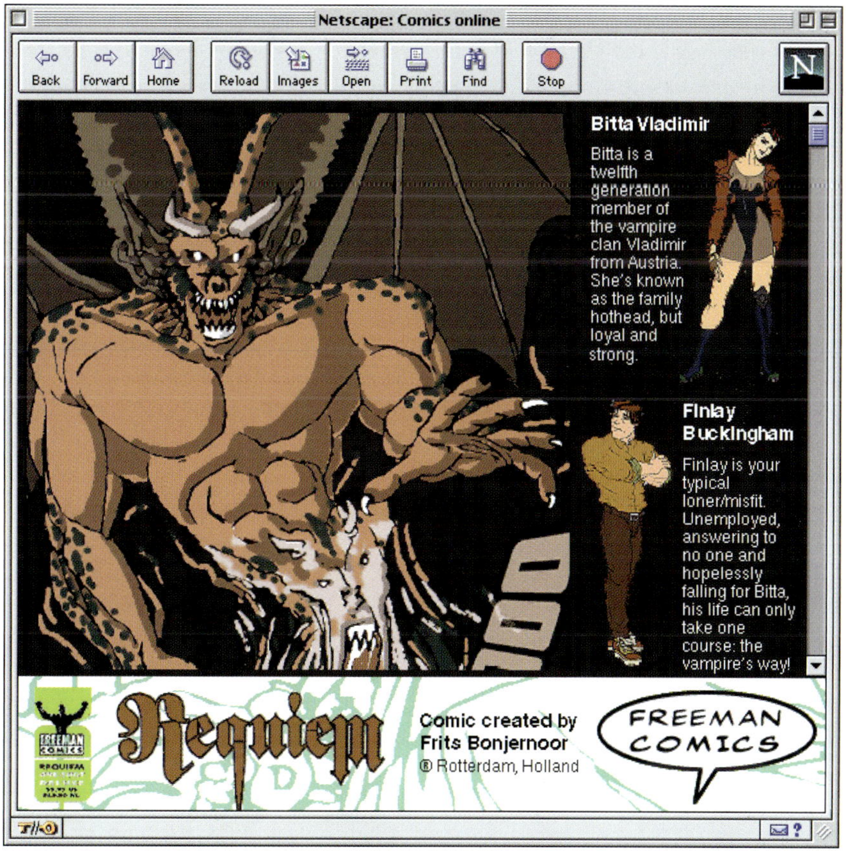


De introductie van Frames heeft heel wat gevolgen gehad. Door de webpagina in diverse 'compartimenten' op te delen kan soms een betere gebruikersinterface gerealiseerd worden. De keerzijde is dat de gebruiker en de search engines de draad nog wel eens wil kwijtraken...

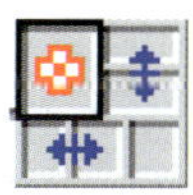

## Frames en de META-tag

Als u het hoofdstuk Navigatie goed naleest, wordt duidelijk dat de relatie tussen de webpagina's bepaald wordt door de 'user-interface'. Door gebruik te maken van knoppenbalken en hyperlinks kan men de navigatie tussen de pagina's sturen en in goede banen leiden. De mogelijkheden blijven echter beperkt, aangezien de gebruiker iedere keer weer een nieuwe pagina moet inlezen. Dat betekent ook dat de navigatiehulpmiddelen op dezelfde plek terug moeten komen op iedere pagina uit de website.

De programmeurs van Netscape hebben een methode geïntroduceerd die de traditionele interactie tussen webpagina's logischer maakt. Met behulp van frames kan de pagina opgedeeld worden in meerdere segmenten.

## ▶ Opdelen in frames

Een webpagina die opgedeeld is in frames, is feitelijk een pagina die in een apart segment een andere pagina weergeeft. Elk frame heeft dan ook een eigen URL. Dat kan weer een pagina zijn met teksten en plaatjes maar ook een PDF-bestand of een ShockWave-animatie. Door de webpagina op te splitsen wordt het zelfs mogelijk om de verschillende pagina-onderdelen met elkaar te laten communiceren. Hiervoor moet men echter wel speciale JavaScripts toepassen om de frames te koppelen. Dit voorbeeld geeft wel aan dat de extra mogelijkheden die door de framestechniek geboden worden, het ontwerpen van webpagina's een geheel nieuwe dimensie hebben gegeven.

## ▶ 'Scroll'-balken

Aangezien elk frame een 'normale' webpagina is, kan dit pagina-deel horizontaal en verticaal scrollen. Voor een 'normale' URL is dat ook logisch; als de inhoud niet in de door de frame geboden ruimte past, moet men kunnen scrollen. Aangezien men de breedte en hoogte van elk frame kan vastleggen, is het ook mogelijk om een afbeelding met een corresponderende maat in het frame te plaatsen. De horizontale en verticale scroll-balken zijn dan overbodig geworden. De ontwikkelaars van Netscape hebben een aantal nieuwe attributen geïntroduceerd waardoor de weergave van de frames aangepast kan worden.

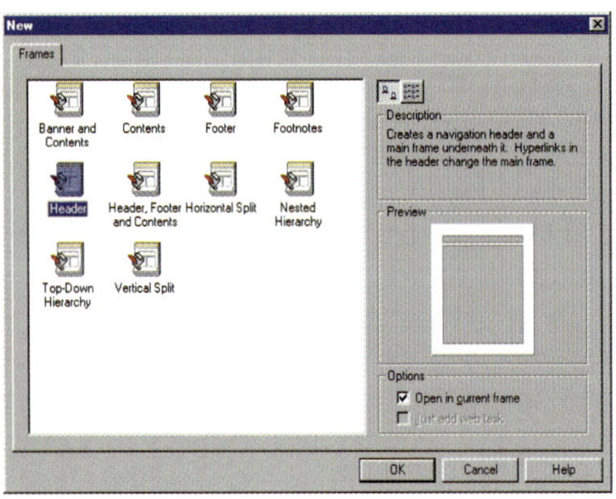

## ▶ Probleemgevallen

Het succes van een frames-webpagina is uiteraard afhankelijk van het percentage webbrowsers die deze HTML-tags herkennen. Want in tegenstelling tot de meeste tags leidt het tot grote problemen als men een 'oudere' browser gebruikt om de frames-webpagina te bekijken. In de frames-code is hiervoor een aparte tag ontwikkeld: <NOFRAMES> </NOFRAMES>. De tekst die tussen deze tags geplaatst wordt, is de enige informatie die men met een oude browser te zien krijgt! Dit betekent feitelijk dat men de hele originele html-tekst nog een keer tussen de <NOFRAMES>-tag moet zetten. Dat is voor een grote website die uit veel pagina's bestaat een onmogelijke opdracht.

Andere nadelen van frames zijn de problemen die search engines hebben om op diepere niveaus van een frames-site gegevens te kunnen zoeken. Goed gedoseerde Meta-data, met name in de startpagina, is dus belangrijk. De problemen bij het bookmarken vormen het grootste nadeel van frames. Pagina's anders dan de startpagina waarin de 'verdeling' van de frames wordt bepaald kunnen niet in de favorietenlijst van de surfer opgenomen worden. Gelukkig wordt dit nadeel door Internet Explorer 5.0 opgeheven. Deze browser kan een site die gebruik maakt van frames op elk niveau 'bookmarken'. Dat is een grote sprong voorwaarts en neemt één van de primaire bezwaren tegen frames weg. Lastig voor de maker blijft het tegelijkertijd aansturen van meerdere frames. Hiervoor is aparte Javascripting voor nodig.

## ▶ Microsoft FrontPage Frames Wizard

Aangezien het coderen van de frames een lastig karwei is, heeft het zin om een pakket als FrontPage te gebruiken. Hiermee kan men snel en efficiënt de complexe frames HTML-code op het scherm toveren.

◂ **Microsoft FrontPage kan de basis van een frame-pagina automatisch genereren dankzij deze Frames Wizard.**

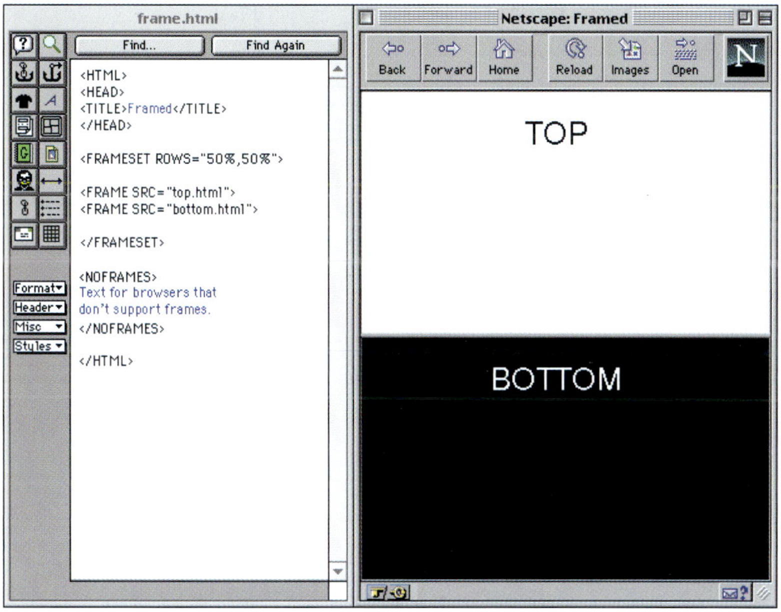


◂ De twee horizontale rijen zijn even groot doordat het attribuut <ROWS> bij beide op een waarde van 50% is ingesteld. Het bovenste frame krijgt als 'source' het bestand boven.html. In het tweede (onderste) frame komt het bestand onder.html.

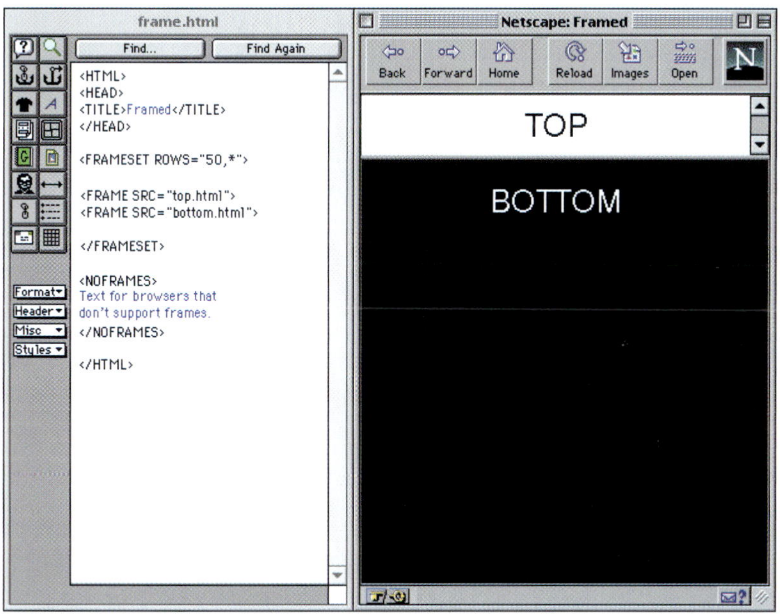


◂ Hier krijgt het eerste frame een (vaste) hoogte van 50 pixels. De rest van de schermhoogte van het browservenster wordt aan het tweede frame gegund vanwege de "*"-instelling.

## ▸ Frameset basis

Het definiëren van de frames in HTML-code is relatief eenvoudig. De frame-code komt in plaats van de <BODY>-tags. De basis HTML-code bestaat uit <FRAMESET ROWS="x,y"> </FRAMESET>. Het attribuut <ROWS> geeft aan in hoeveel verticale rijen het scherm opgedeeld moet worden. De verhouding tussen de rijen kan in procenten uitgedrukt of door een vaste instelling bepaald worden. De wildcard "*" geeft aan dat de overgebleven ruimte aan dit frame wordt gegeven.

De verticale verdeling ▶ wordt gerealiseerd door het attribuut <COLS>. Ook deze verhouding kan men in procenten uitdrukken. Voorwaarde is wel dat het totale percentage '100' oplevert. In plaats van de afgebeelde '50%,50%' kan men bijvoorbeeld ook '30%,40%,30%' opgeven.

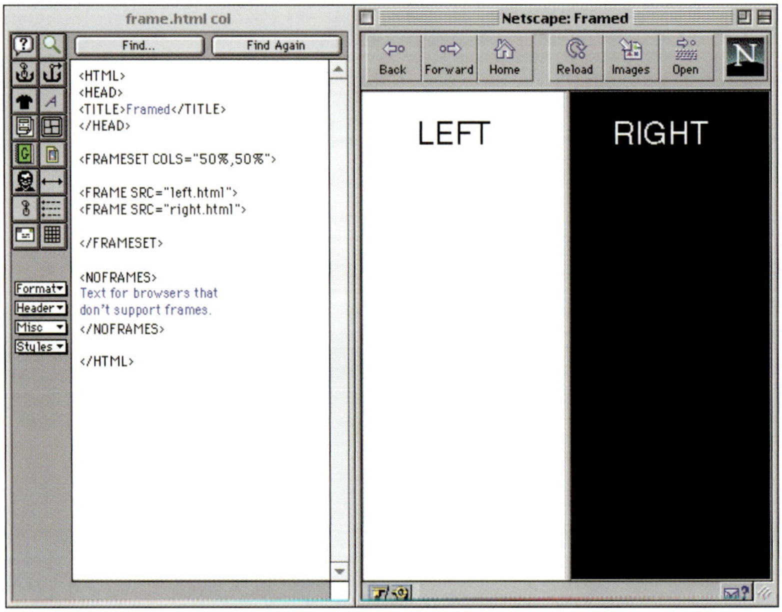


Of men gebruikt ▶ een vaste breedte, uitgedrukt in een bepaalde hoeveelheid pixels en een wildcard door "*" te typen.

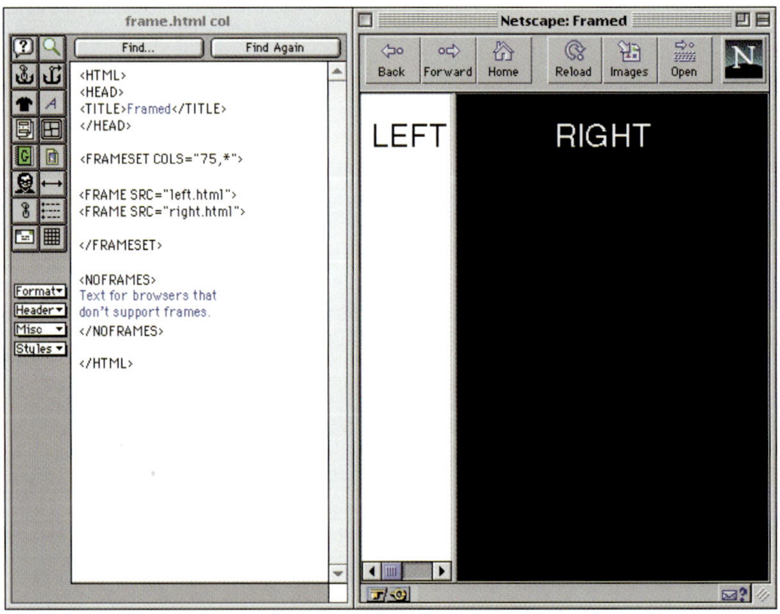


## ▶ Verwijzingen naar URL's

De inhoud van de <FRAMESET> kan niet op dezelfde pagina weergegeven worden als de frames-specificatie. Alleen de verwijzingen naar de URL's worden met behulp van de tag <FRAME SRC="een.html"> en <FRAME SRC="twee.html"> binnen de 'frameset' aangegeven. Er moeten net zo veel URL's gedefinieerd worden als er frames zijn bepaald in de <COL> of <ROW>-attributen. De tekst die tussen de <NOFRAME>-tag wordt gezet, is bedoeld voor de browsers die de frames-standaard niet ondersteunen.

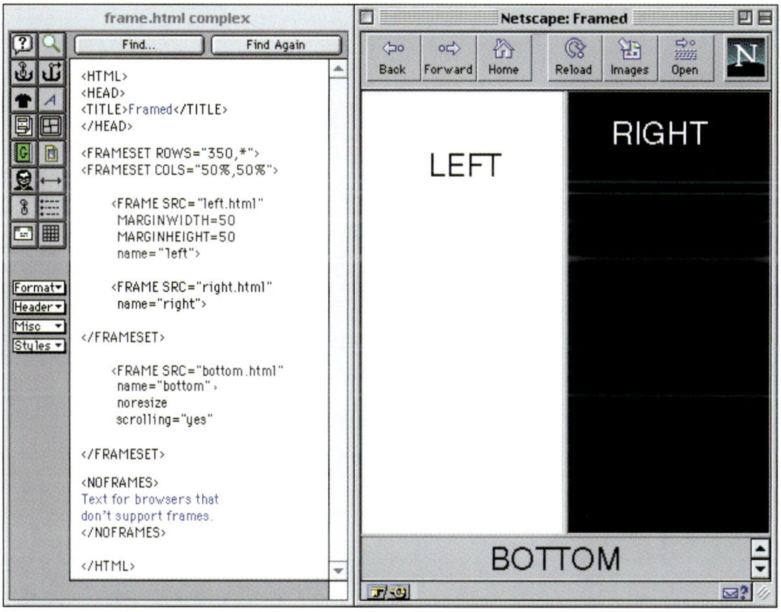


◄ Het aantal attributen kan uitgebreid worden met <NORESIZE> zodat de gebruiker het kader qua maat niet kan aanpassen. De locatie-attributen <MARGINWIDTH> en ook <MARGINHEIGHT> resulteren in een vrije kantlijn uitgedrukt in pixels.

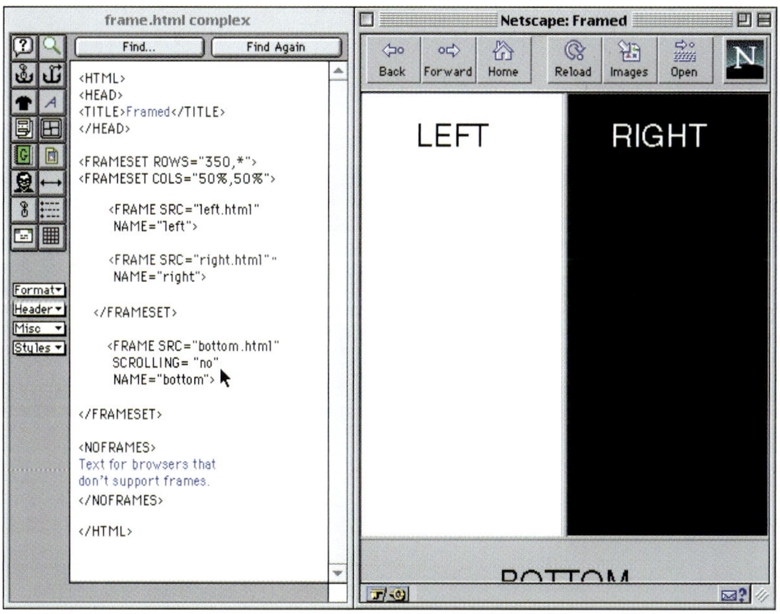


◄ Het speciale attribuut <SCROLLING="NO"> zorgt ervoor dat het frame altijd zonder horizontale en verticale scroll-balken wordt afgebeeld.

## ▶ Geneste frames

Net zoals tabellen kan men ook een frame in een ander frame 'nesten'. Hiervoor moet wel de frameset worden aangepast. In de hierboven afgebeelde illustratie is de verticale frameset in tweeën gedeeld. Het is in dit geval aan te bevelen om de frames een naam te geven door het attribuut <NAME="naam"> aan de frame-source toe te voegen. Een tweede attribuut dat hier van pas komt, is <SCROLLING>. De waarden "YES" en "NO" bepalen of de scroll-balk afgebeeld wordt in het subframe.

Het attribuut <TARGET> ▶ voegt een extra dimensie toe aan een webpagina met frames. Door een specifieke URL als target op te geven zal deze door de webbrowser enkel in het daartoe bestemde frame worden afgebeeld.

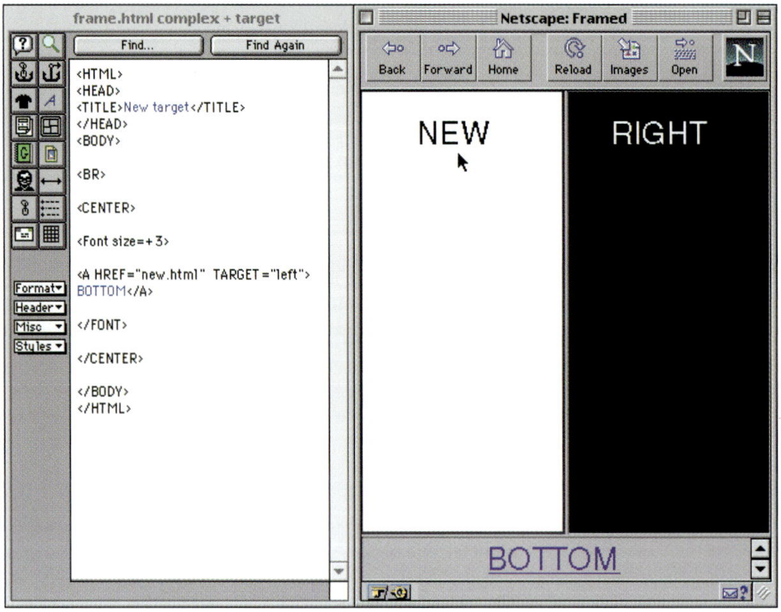


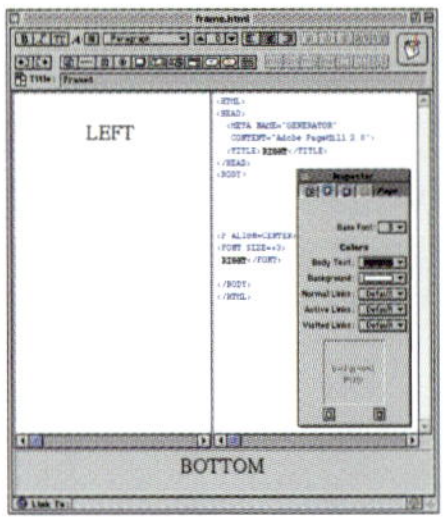


▲ In Adobe PageMill kan de HTML-code in een frame worden bekeken.

Als men geen <TARGET> ▶ specificeert zal de browser een geheel nieuw venster openen in de standaardmaat en de URL daarin weergeven.

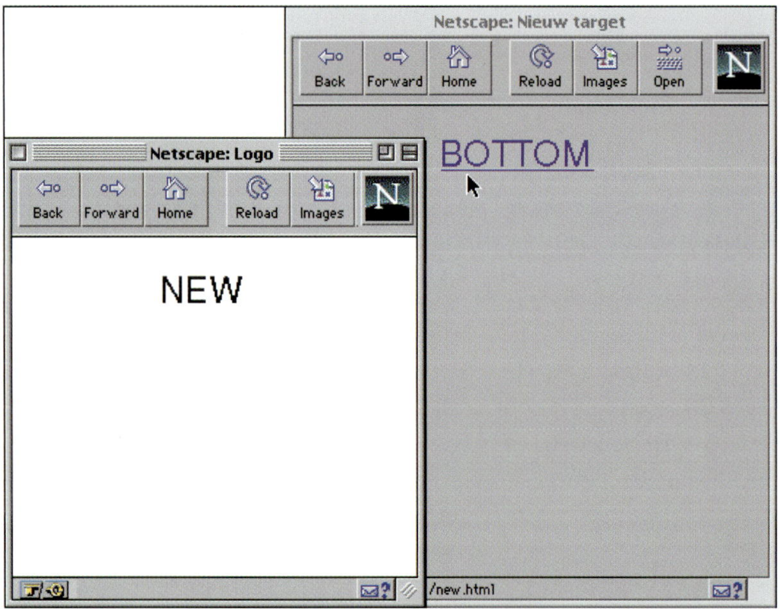


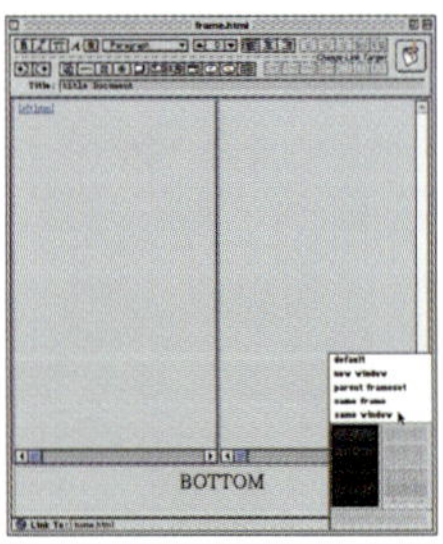


▲ In PageMill kan men een target visueel maken door de juiste frame te selecteren.

## ▶ Target-training

Het attribuut <TARGET="naam.html"> is een verhaal apart. Hiermee kan men bepalen in welk frame een bepaalde URL afgebeeld wordt. De 'naam' van de frame komt nu goed van pas. Door deze aan te wijzen als 'doel' *(vandaar de aanduiding 'target')* kan men de content van een nieuwe URL steeds op dezelfde webpagina houden. Als men de frames geen namen heeft gegeven, moet de code <TARGET="_parent"> of <TARGET="_top"> toegevoegd worden om binnen het frame te blijven.

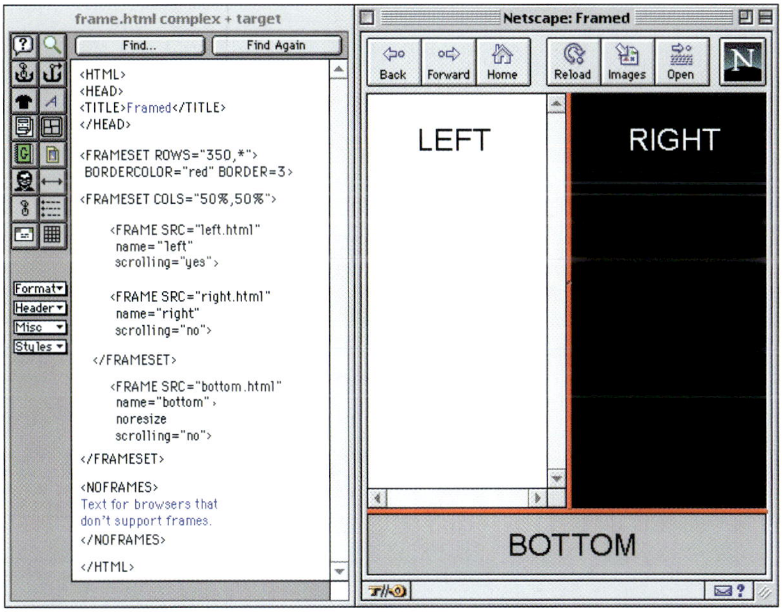


◀ Het <FRAMEBORDER> attribuut wordt standaard op YES ingesteld. Als het attribuut in de <Frameset> wordt gebruikt, wordt de instelling op het hele frame en alle subsets toegepast.

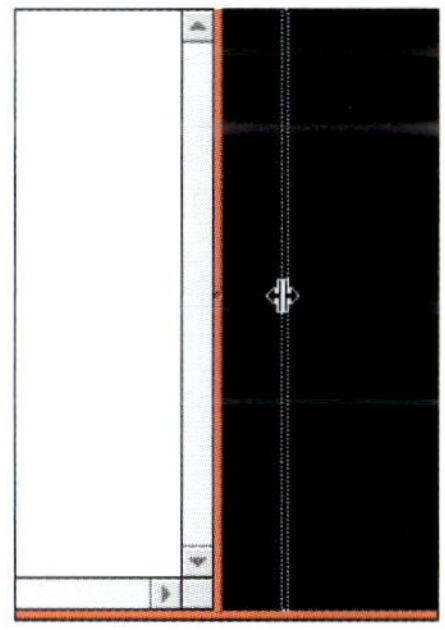

▲ Een stip op de rand van het frame geeft aan dat de grootte kan worden aangepast.

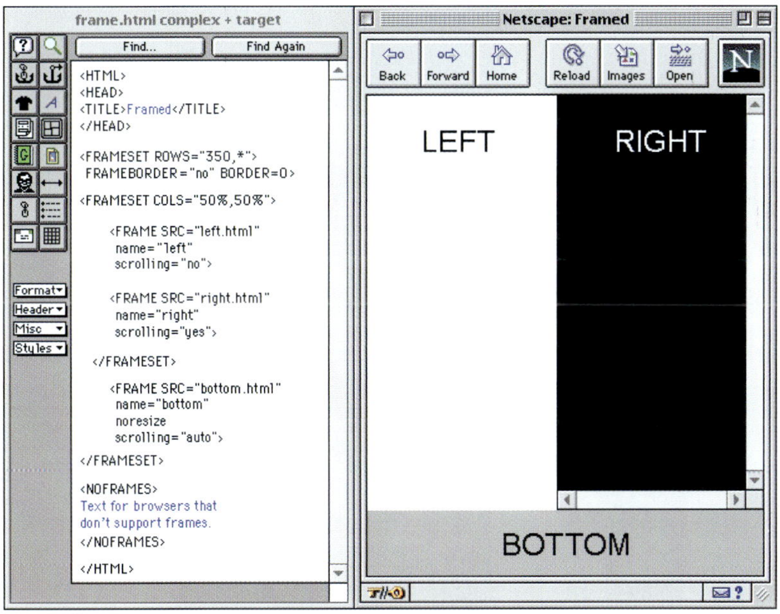


◀ De combinatie <FRAMEBORDER="no" BORDER=0> zorgt ervoor dat Netscape Navigator en Microsoft Internet Explorer de randen van de frames niet weergeven. Dit lijkt dubbel op, echter doordat de verschillende browsers de HTML-code afwijkend interpreteren is de dubbele vermelding hoogst noodzakelijk.

## ▶ Microsoft attributen voor frames

Aangezien ook Microsoft Internet Explorer frames ondersteunt, is het niet zo vreemd dat in het programma ook een aantal nieuwe attributen worden geïntroduceerd. Deze attributen zijn: <FRAMEBORDER="yes" or "no">, <BORDER-Color="x"> en <FRAMESPACING=x>. Het eerste attribuut bepaalt of een frame een zichtbare rand heeft. Om ervoor te zorgen dat de rand ook in Navigator 3.0 weg is, moet <BORDER=0> aan de code worden toegevoegd. <FRAMESPACING>geeft extra witruimte tussen de frames.

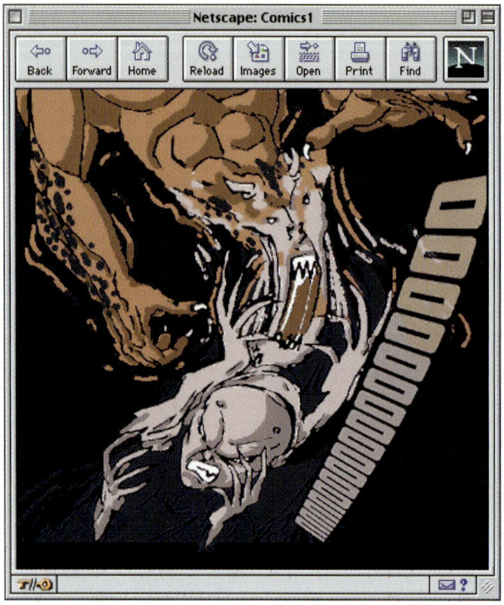


▲ De 'dynamische' strip bestaat uit diverse tekeningen...

▲ ...die alle dezelfde afmetingen bezitten. De illustraties...

## ▶ Frames in combinatie met de META-tag

Doordat elk frame naar een eigen URL verwijst, kan men het 'gedrag' van ieder frame ook verschillend instellen. Deze optie wordt goed toegepast in het voorbeeld dat op deze en de volgende pagina's wordt getoond.

◀ Het frame 'rechts' toont de hoofdrolspelers uit de strip-animatie met een beknopte beschrijving van de karakters.

▲ ...zijn allemaal gebaseerd op dezelfde set geïndexeerde...

▲ ...kleuren waardoor de bestandsgrootte gelimiteerd wordt.

Het is een 'dynamische' strip die gebruik maakt van een zogenaamde 'client-pull'-techniek. Dit betekent dat in de HTML-code een tag wordt ingebouwd waardoor de webbrowser zelf na een bepaalde tijd het initiatief neemt om een ander HTML-bestand te laden. Door de <META>-tag in de heading van het bovenste frame van de strippagina te plaatsen zal deze steeds weer een nieuwe tekening inladen en op het scherm van de bezoeker weergeven. De tijd moet uiteraard niet te krap worden ingesteld omdat niet iedereen een snelle modem tot zijn beschikking heeft. Een interval van 15 seconden is voldoende.

### ▶ Automatische update

De volledige HTML-code om de volgende webpagina te 'laden' na 15 seconden is:

```
<META HTTP-EQUIV="refresh"
CONTENT="15; URL= strip2.html">
```

De attributen <HTTP-EQUIV> en <CONTENT> geven de HTML-pagina de 'client-pull'-eigenschap. Men kan in de URL ook naar een Shockwave Flash-animatie of een geluids- of videobestand verwijzen.

▼ Het onderste frame is voor de aftiteling en de naam van de maker gereserveerd. Dit frame kan niet 'geresized' worden.

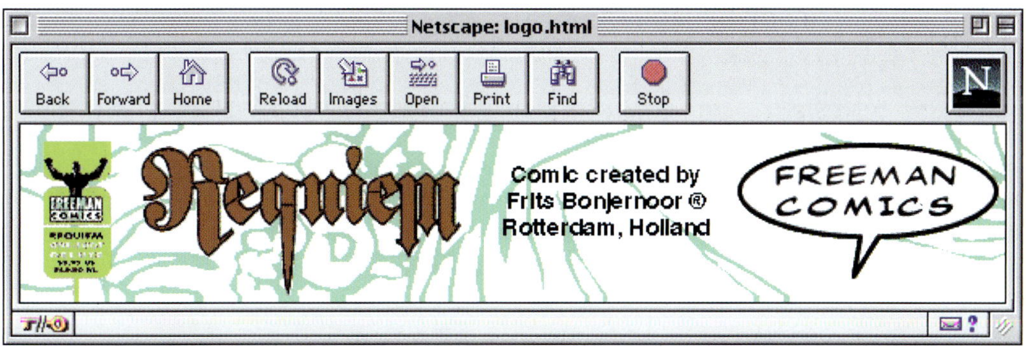

### De Requiem-homepage

Deze HTML-pagina wordt afgebeeld als men de URL intypt. De pagina is in drie frames opgedeeld:

**<FRAME SRC="strip1.html">**
*De frame 'strip1.html' is de eerste uit de reeks illustraties die tezamen de strip vormen.*

**<FRAME SRC="rechts.html">**
*De twee frame-attributen <SCROLLING="YES"> en <NORESIZE> bepalen de instelling van het rechter frame. Hierin staat de 'legenda' van de gebruikte stripfiguren.*

**<FRAME SRC="logo.html">**
*Door het attribuut <SCROLLING="auto"> kan het onderste frame alleen 'scrollen' als de lezer het scherm verkleind. In dit kader wordt de aftiteling van de auteur getoond.*

**De tag <NOFRAMES></NOFRAMES>**
*Voor degene die geen van de genoemde browsers bezit, moet men een tekst met uitleg opnemen. Het is ook mogelijk om op deze locatie naar een script te verwijzen zodat men niet de complete HTML-code van de homepage hoeft op te nemen.*

```
<HTML> <HEAD><TITLE>Requiem</TITLE></HEAD>

<FRAMESET ROWS="420,*">
<FRAMESET COLS="420,*">

    <FRAME SRC="strip1.html"
      NAME=animated-comic>

    <FRAME SRC="rechts.html"
      SCROLLING="YES"
      NORESIZE
      NAME="rechts">

  </FRAMESET>

  <FRAME SRC="logo.html"
    SCROLLING="auto"
    NORESIZE
    NAME="logo">

</FRAMESET>

<NOFRAMES>
Netscape 2.0 and Microsoft Internet Explorer 3.0 or higher
can see this comic much clearer :-). Please upgrade!
</NOFRAMES>

</HTML>
```

---

### De Requiem figuranten-pagina

Het bestand 'rechts.html' is opgebouwd met de HTML-code die hiernaast staat.

**Het attribuut <CLEAR=all>**
*De striptekening van de hoofdfiguren wordt om en om geplaatst. Hierdoor is de tag <BR> uitgebreid met het attribuut <CLEAR =all>. Dit voorkomt dat de tekst van de navolgende stripfiguur de illustratie aanraakt. In principe moet men altijd het attribuut <CLEAR =all> toepassen als de <ALIGN>-tag gebruikt wordt.*

```
<HTML>
  <HEAD>
    <TITLE>rechts</TITLE>
  </HEAD>
<BODY BGCOLOR="#000000" TEXT="#FFFFFF">

<IMG width=102 height=200 ALIGN=right SRC="bitta.gif">
<H3>Bitta Vladimir</H3>
Bitta is a twelfth generation member of the vampire clan
Vladimir from Austria. She&#146;s known as the family
hothead, but loyal and strong.
<BR CLEAR=all>
</BODY>
</HTML>
```

### ▶ De dynamische strippagina

De pagina 'Strip1.html' is de eerste dynamische webpagina uit de getekende reeks.

### De tag <META>

*Door de <META>-tag in de heading op te nemen en te verwijzen naar de volgende strippagina 'strip2.html' ontstaat de dynamische reeks. Elke volgende webpagina verwijst weer met dezelfde wachttijd naar de volgende URL.*

```
<HTML>
<HEAD>
<TITLE>animated-comic</TITLE>

<META HTTP-EQUIV="refresh"
  CONTENT="15;URL= strip2.html">
</HEAD>
<BODY bgcolor="#000000">

<CENTER>
  <IMG SRC="ill1.gif" width=400  height=400>
</CENTER>
</BODY>
</HTML>
```

## ▶ Cascading Style Sheets

De zogeheten 'Cascading Style Sheets' zijn voor de typografisch onderlegde webdesigner een ware openbaring vergeleken met het bewerkelijke coderingsproces dat nu eenmaal bij de HTML-taal hoort. Ze zijn tevens een grote stap vooruit op weg naar het werken met gestructureerde layouts. De werking van Cascading Style Sheets is vergelijkbaar met die van opmaakprofielen in tekstverwerkers en layout-programma's.

Style sheets zijn geaccepteerd door het World Wide Web Consortium *(W3C)* en zijn als eerste door Microsoft toegepast in versie 3.0 van Internet Explorer. Ze werken nagenoeg volgens dezelfde methode als wordt gebruikt in Microsoft Word, QuarkXPress en Adobe PageMaker. De instellingen voor de verschillende stijlen worden gedefinieerd aan het begin van de <BODY>. Zo zijn in het voorbeeld hiernaast de <BODY> en de kopregel <H1> voorzien van een stijl. Het aantal mogelijkheden dat de webdesigner tot zijn of haar beschikking heeft is ongekend groot: het font, de fontgrootte *(in punten)*, de kleur van de tekst en de achtergrond, de inspringing en zelfs de interlinie kan in het typogram worden gedefinieerd.

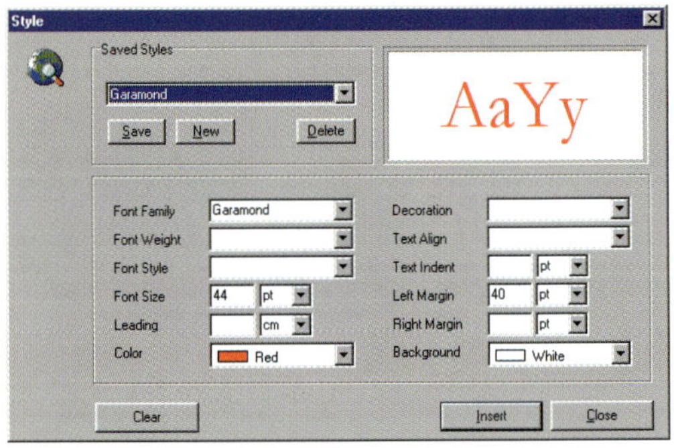


```
<HTML><HEAD><TITLE>test style</TITLE></HEAD>
<BODY BGCOLOR="white">
<STYLE>
<!--
  H1     { font-size: 24pt; font-family: Arial; font-weight: bold;
           line-height: 36pt; text-indent: 6pt; margin-left: 6pt;
           color: Silver; background: Maroon; }
  BODY   { font-size: 18pt; font-family: Century Schoolbook;
           font-weight: normal; line-height: 20pt; color: Purple; }
-->
</STYLE>
<H1> This is styled text </H1>
The body copy is styled<BR>
<SPAN STYLE="font-size: 44pt; font-family: Garamond;
        margin-left: 40pt; color: Red;">Garamond text</SPAN>
</BODY>
</HTML>
```

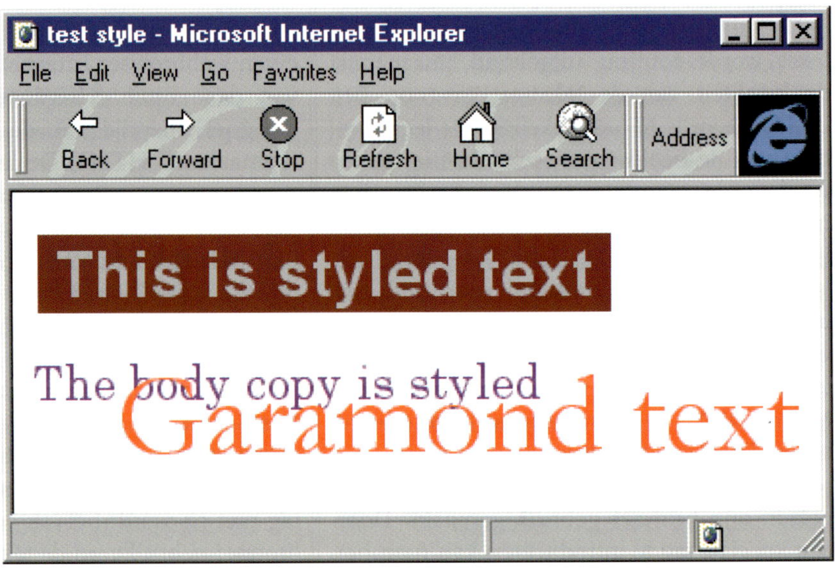


De stijlen in dit ▶ voorbeeld zijn gemaakt met de HTML-editor HomeSite 2.5.

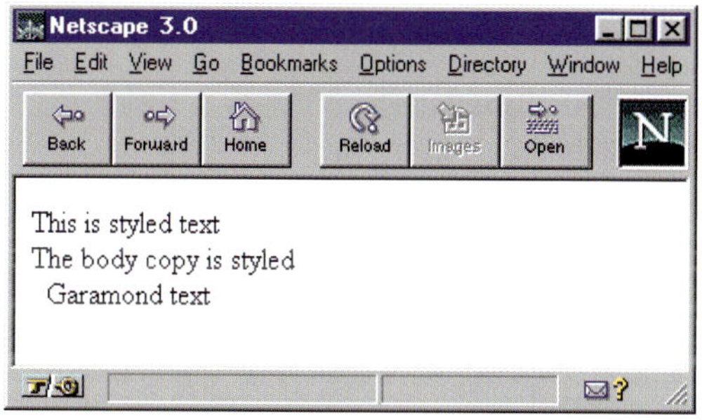


▲ Netscape Navigator 3.0 ondersteunt geen Style Sheets.

Als de <H1>-tag vervolgens wordt toegepast op de webpagina, zal een compatibele browser de kopregel weergegeven met de instellingen van het typogram. Microsoft Internet Explorer versie 3.0 en hoger en Netscape Navigator 4.0 geven de tekst weer zoals de webdesigner het ook heeft bedoeld. Oudere browsers, zoals de versies 2.0 en 3.0 van Netscape Navigator en versie 2.0 van Microsoft Internet Explorer, kunnen niet overweg met Style Sheets, zodat de standaardinstellingen van de gebruiker bepalen hoe de tekst in deze browsers wordt weergegeven! U dient hiermee dus rekening te houden als u gebruik maakt van Style Sheets. U kunt wel zorgen dat de weergave in de diverse browsers zo veel mogelijk overeenkomt door de tag: <FONT size="X" color="#xxxxx"> te gebruiken, maar verticale uitlijning is niet mogelijk.

## ▶ SPAN en LINK

Het is niet nodig om al aan het begin van het HTML-document alle code voor de Style Sheets op te geven. Met de <SPAN>-tag kunt u aan een deel van de tekst een andere stijl toekennen. U moet dan niet vergeten deze tekst weer af te sluiten met <SPAN>, omdat anders ook de rest van de tekst in deze stijl wordt weergegeven. Het is ook mogelijk de Style Sheets te definiëren in een extern HTML-bestand en vanuit het document naar dit externe bestand te verwijzen met een <LINK> tag in de heading van het document. Zie de kolom hiernaast voor een voorbeeld.

```
<TITLE>Externe link met stylesheet</TITLE><HEAD>
<LINK REL=stylesheet HREF="style.css" TYPE="text/css">
</HEAD>
```

▲ De tag <LINK REL=stylesheet> spreekt een extern bestand aan waardoor een hele site van één Style Sheet gebruik kan maken. Dat maakt het wijzigen van de stijl eenvoudiger.

```
Copyright (c) Macaw New Media NV, Hoofddorp, www.macaw.nl
<HTML>
<STYLE TYPE="text/css">
<!--
BODY      { background: "#FEFFCD"
          color: black;
          font-size: 80%; }

P         { color: black;
          font-size: 100%;
          margin-left: 12%;
          margin-right: 0%;
          font-family: Times, Times New Roman; }

H3, H4    { font-size: 100%;
          margin-left: 12%;
          margin-right: 0%;
          font-weight: bold;
          color: black;
          font-family: Arial, Helvetica, helv, Verdana, sans-serif; }

A:link    { color: "#0000DF";
          font-weight: bold;
          text-decoration: none; }

A:visited { color: "#DC5A5A";
          font-weight: bold;
          text-decoration: none; }

A:active  { color: "#FF0000";
          font-weight: bold;
          text-decoration: none; }

-->
</STYLE>
<BODY>
 
</BODY>
</HTML>
```

### ▶ W3C Style Sheets voorbeeld

Op deze pagina ziet u een uitleg bij de HTML-code van een webpagina weergegeven in Microsoft Internet Explorer 4.0.

**De <STYLE> Tag**

*De <STYLE> definieert het begin van het Style sheet. De verschillende Style Sheet onderdelen zijn voor de duidelijkheid onder elkaar gezet.*

**Tussen haakjes**

*Om ervoor te zorgen dat de inhoud van de <STYLE>-tag niet als normale tekst wordt weergegeven, wordt de code tussen 'commentaarhaakjes' geplaatst. Browsers die de stylesheet-specificaties van het World Wide Web Consortium herkennen, zullen het aldus gemerkte commentaar niet weergeven.*

**De <SPAN> Tag**

*Met behulp van de <SPAN>-tag kunt u aan een deel van de tekst een andere stijl toekennen. De fontgrootte (de hoogte van de letters in punten) kan in punten of in percentages worden opgegeven. In dit voorbeeld worden alleen puntgrootten gebruikt.*

**Het <STYLE> Attribuut**

*Met de code <SPAN STYLE="color: Black; background: White"> wordt de tekst zwart weergegeven op een witte balk. De code ' ' zorgt voor extra ruimte links en rechts van de balk.*

**De <A STYLE> Tag**

*De tag <A STYLE="font-size:9pt; color:lime" HREF= "index.htm" TARGET="_top"> overschrijft de instellingen van de <A>-tag die aan het begin van het document is opgegeven. Er zijn dus twee manieren om een stijl te vervangen.*

```
<HTML>
  <HEAD>
    <TITLE>Styles Example</TITLE>
  </HEAD>

<STYLE>
<!--
  BODY {font: 9pt/18pt Arial; color: white}
  H1 {font: 24pt Garamond; color: yellow}
  H3 {font: 18pt Arial; font-weight: bold; color: white}
  B {font-size: 18pt; font-family: Courier; font-weight: bold;
    color: Teal; background: Silver}
  A:link {font: 12pt helv; font-weight: bold; color: aqua}
-->
</STYLE>

<BODY TOPMARGIN=20 LEFTMARGIN=1
  BGCOLOR=maroon LINK=white VLINK=white>

<H1>Style Sheets</H1>
This page shows a superb technique which enables
<SPAN STYLE="font-size: 18pt; font-family: Arial; font-weight:
bold; line-height: 36pt; color: Silver; background: Maroon">
authors</SPAN> to create web pages with <SPAN STYLE="color:
Black; background: White">style sheets</SPAN>. A bit like produ-
cing a document with <A HREF="http://www.quark.com/">
Quark XPress&reg; </A>, with the same versatility and
ease-of-use. <SPAN STYLE="color: Black; background: White">
Style sheets</SPAN> were created at the W3C consortium
and introduced to the browserwars by <A HREF=
"http://www.microsoft.com/">Microsoft&reg;</A>. Webdesign
will benefit enormously from these options.
<P>

<H3>Tags</H3>
The <SPAN STYLE="color: Black; background: White">  
style sheet   </SPAN> tags are not easily learned, but
once mastered you'll appreciate the versatility of this technique.
Webdesign has gained a key concept of page design. The last
two letters of the word <A STYLE="Font-size:9pt; color:lime"
HREF="index.htm" TARGET="_top">H</SPAN>TML</A>, the
abbreviation of Hyper Text Mark-up Language, is being transfor-
med into <B>M</B>ultiple <B>L</B>ayout.

</BODY>
</HTML>
```

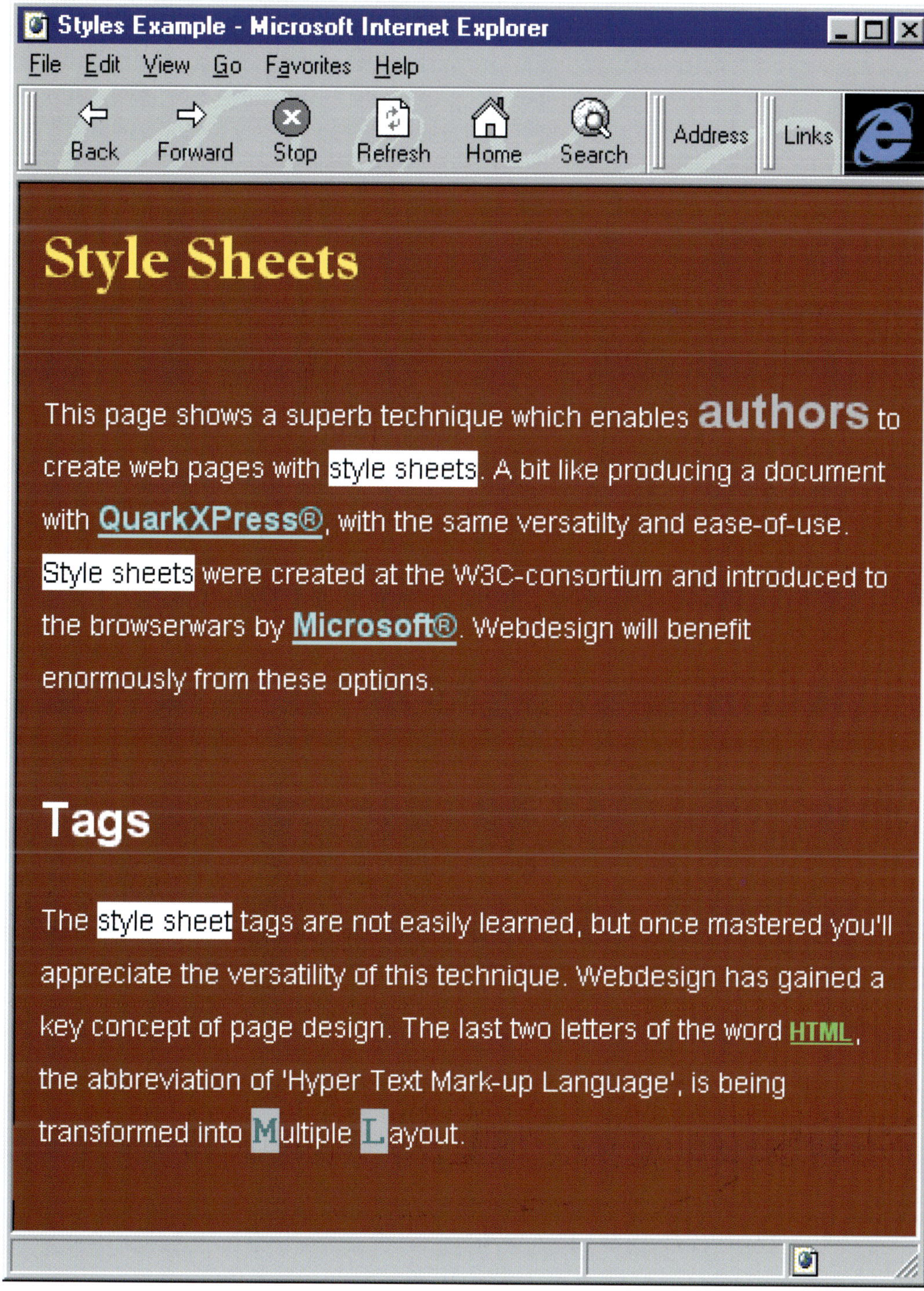


▲ Het resultaat van de HTML-code is een bijzonder kleurrijke en aantrekkelijke webpagina.

### ▶ Corpsgrootte vastzetten in pixels

Als een vormgeving van een webpagina ‘exact’ moet passen, ontdekt men dat er flinke verschillen zijn in weergave tussen de browsers onderling en de besturingssystemen. Vooral de fontgrootte-verschillen tussen een Macintosh en een Windows PC zijn erg groot. Soms meer dan 30 procent! Door gebruik te maken van Cascading Style Sheets kan dit probleem geneutraliseerd worden. U kunt een fontgrootte ook in pixels *(px)* opgeven. Daardoor worden de verschillen tussen de browsers en computerplatforms bijna geheel geneutraliseerd. In het Style Sheet is de code: {font-family: Verdana, Arial, Helvetica; font-size: 26px} Deze techniek heeft echter twee nadelen: de fontgrootte kan door de gebruiker niet meer worden aangepast en het afdrukken levert soms wat problemen op. Maar het werkt wel!

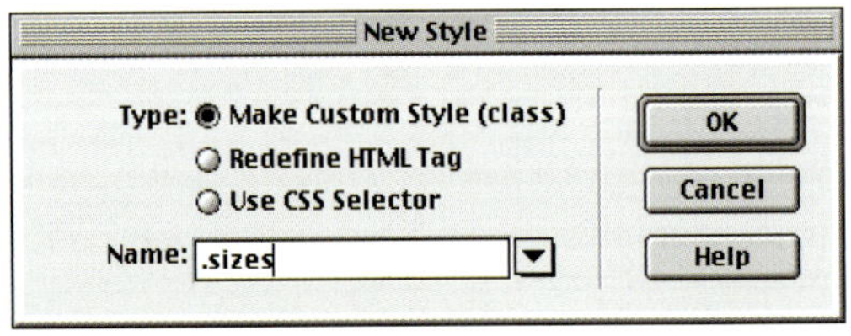


▲ In Macromedia Dreamweaver maken we twee nieuwe Style Sheet aan genaamd ‘sizes’ en ‘sizes2’.

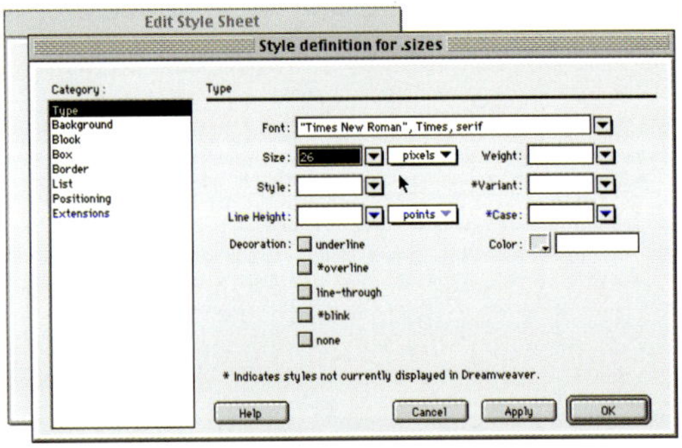


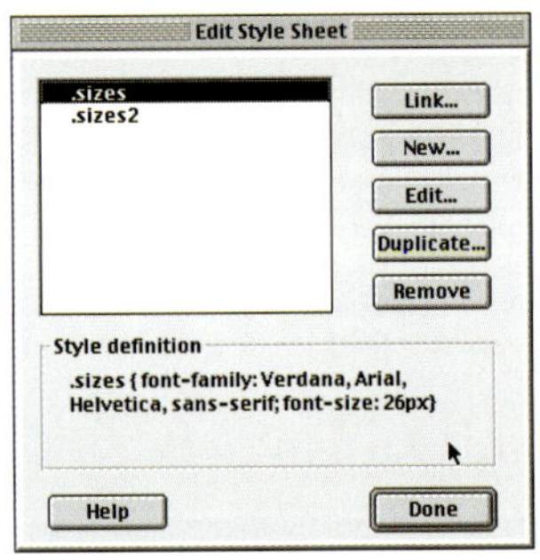


◄ De corpsgrootte van .sizes wordt opgegeven als 26 pixels en als Style Sheet bewaard.

**De HTML van ▶ toont dat we drie fontgrootte-beschrijvingen vergelijken:**

**<font size = "6">**

**en twee Style Sheet varianten:**

**.sizes in pixels**
**.sizes2 in points.**

**Op de rechter-pagina staan een aantal variaties in platform en browsertype. De fontgrootte in de vaste grootte '6' en in 26 punten, wordt door de browsers erg verschillend weergegeven. De grootte uitgedrukt in 26 pixels is nagenoeg constant.**

```
<html>
<head>
<title>Always use pixels</title>
<style type="text/css">
<!--
.sizes { font-family: Verdana, Arial, Helvetica, sans-serif; font-size: 26px}
.sizes2 { font-family: Verdana, Arial, Helvetica, sans-serif; font-size: 26pt}
-->
</style>
</head>

<body bgcolor="#FFFFFF">
<p>
<font size="6" face="Verdana, Arial, Helvetica, sans-serif">Font size = 6</font></p>
<p class="sizes">
<font face="Verdana, Arial, Helvetica, sans-serif" class="sizes">Font size = 26 pixels</font></p>
<p class="sizes2">
<font face="Verdana, Arial, Helvetica, sans-serif" class="sizes2">Font size = 26 points</font></p>
</body>
</html>
```

## ■ Fontgrootte variaties tussen browsers en operating systems

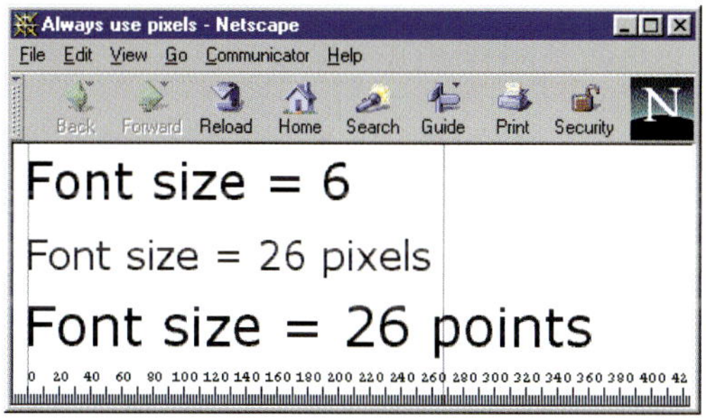


▲ Netscape Communicator op een Windows PC wijkt qua fontgrootte in pixels iets af in vergelijking met Internet Explorer.

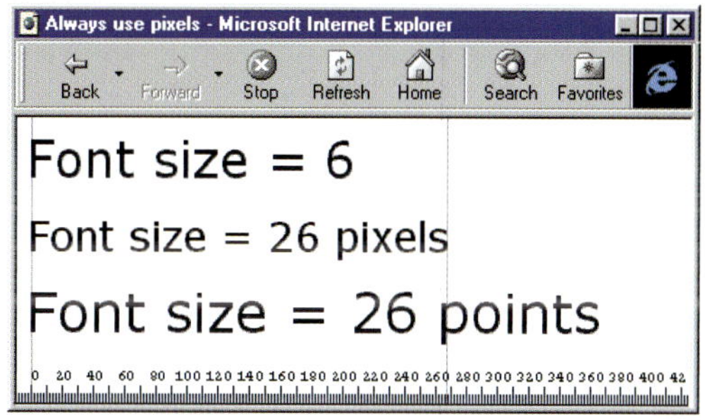


▲ Microsoft Internet Explorer op een Windows PC is consistenter in zijn weergave, zeker in vergelijking met de Mac. ▼

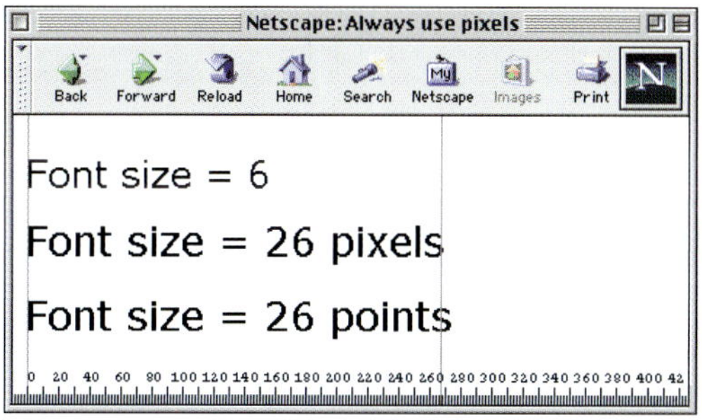


▲ Netscape Communicator op een Macintosh toont een erg klein letterbeeld qua font size en en Style Sheet .sizes2.

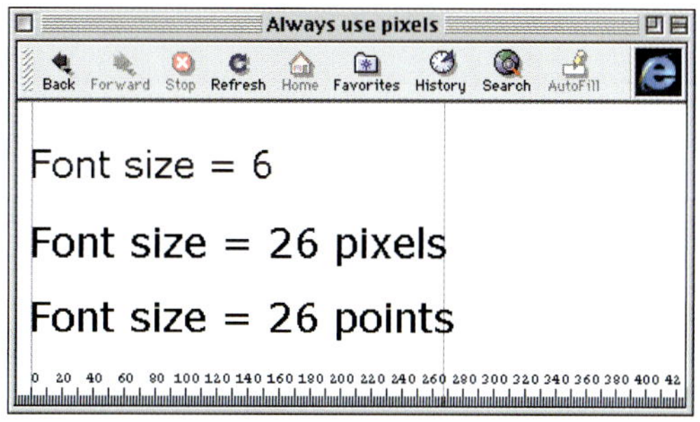


▲ Microsoft Internet Explorer op een Macintosh levert een vergelijkbaar resultaat op als Netscape. Een groot verschil!

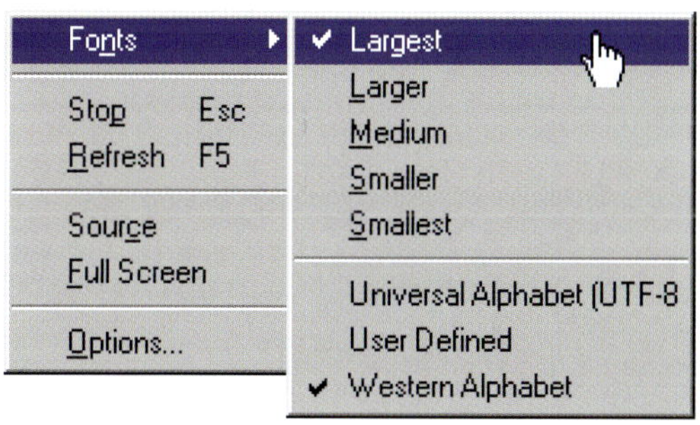


▲ Als de font-instelling in de browser op 'largest' wordt gezet...

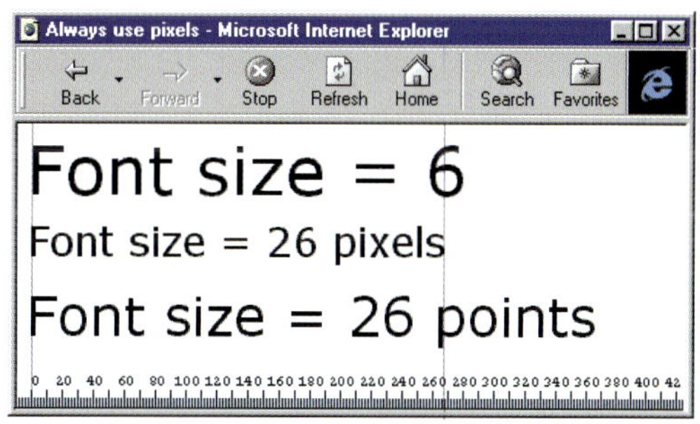


▲ ...veranderen de fontgroottes dramatisch. De versie die gebruikmaakt van het Style Sheet in pixels blijft onveranderd.

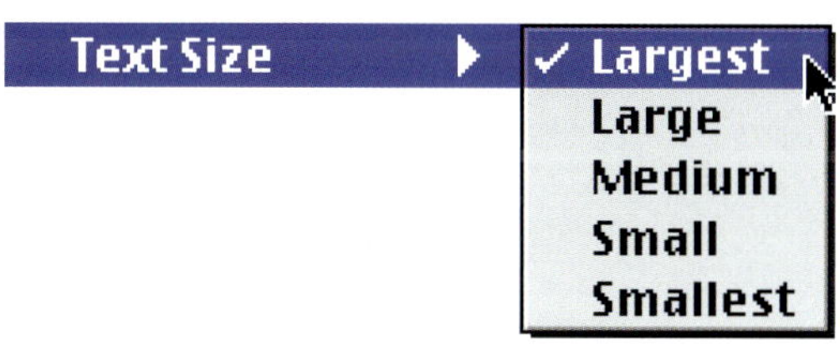


▲ Ook op de Macintosh levert een verandering van de text size in de browser een fors verschil in lettergrootte.

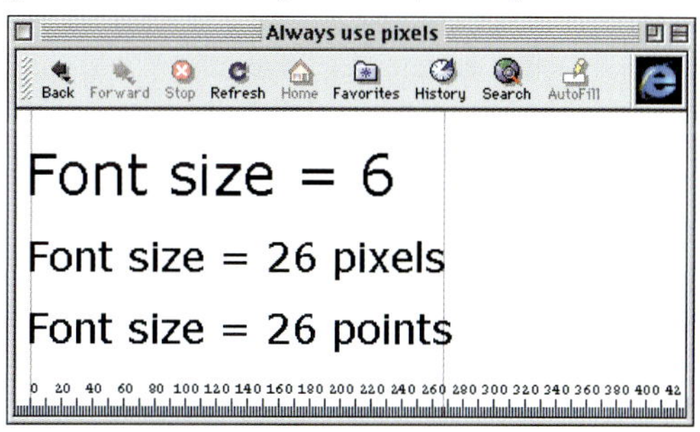


▲ Ook hier blijft de grootte in pixels identiek aan de PC!

### ▶ Dynamic fonts

De kwaliteit en de interactiemogelijkheden van het Web worden steeds dichter naar het niveau van de cd-rom gebracht. In een voorgaande workshop is Dynamic HTML beschreven waarmee de Internet-vormgever letterlijk dynamiek aan zijn webpagina's kan toevoegen.

Op typografisch gebied zijn er ook ontwikkelingen gaande die de beeldkwaliteit en tekstweergave een flinke stap hoger: de zogeheten Dynamic Fonts. Deze technlogie adresseert een van de primaire tekortkomingen van de opmaaktaal HTML: de controle over de fonts. Normaliter kan men in HTML slechts marginaal de font-weergave beïnvloeden. HTML is een 'Markup Language', ofwel een taal die de pagina-opmaak beschrijft. De tags zijn gecodeerde beschrijvingen die aangeven of een tekstfragment vet weergegeven wordt of cursief. Men is namelijk afhankelijk van de lettertypen die de gebruiker op zijn computer heeft geïnstalleerd. Dat betekent dat als men de tekst op een webpagina graag in het lettertype Gill Sans afgebeeld wil zien, dit font ook aanwezig moet zijn op de harde schijf van de lezer.

Als het font niet aanwezig is, toont de browser het standaardfont zoals dat ingesteld is in de voorkeuren van Netscape Navigator of Microsoft Internet Explorer.

Voor grotere ondernemingen is dit principe een doorn in het oog omdat men een zo consistent mogelijk beeld van de onderneming naar buiten wil brengen en daar hoort vaak een specifiek lettertype bij: het 'Corporate typeface'. Het feit dat een webpagina geen controle biedt over de typografie noopt de vormgevers om de kopteksten in een grafisch bestand om te zetten. Dit gaat echter ten koste van de bestandsgrootte van de pagina' elk nieuw GIFje is weer een hoop extra kilobytes die over het modem verstuurd moeten worden.

Dynamic Fonts brengt verandering in deze situatie door letterlijk de lettertype-informatie mee te sturen met het HTML document! Aan de basis van deze ontwikkeling staat het door Bitstream bedachte TrueDoc systeem en dit wordt Netscape Navigator vanaf versie 4.0 ondersteund.

▼ **Een pagina die gebruikmaakt van het TrueDoc formaat kan niet zo maar op de eigen PC gereproduceerd worden in dezelfde kwaliteit. Er zit een beveiliging op serverniveau in...**

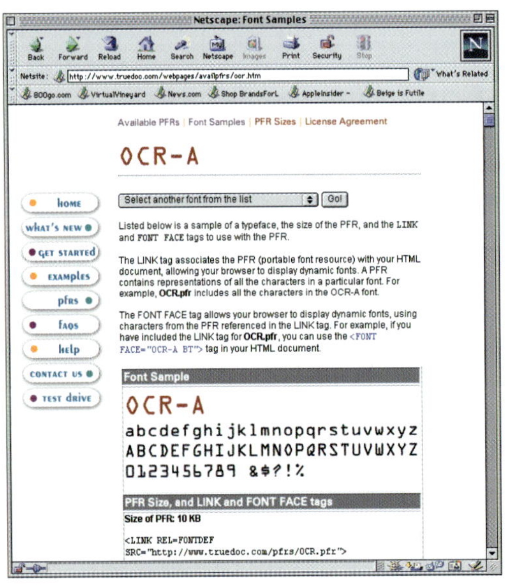


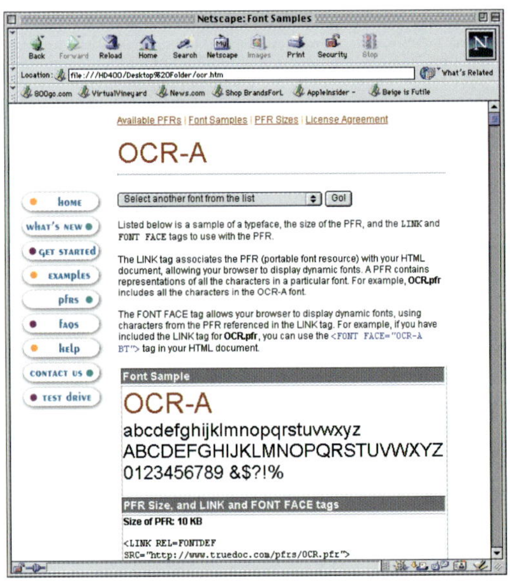

Ook Microsoft Internet Explorer kan deze technologie afbeelden, maar men dient wel een aparte ActiveX Control gebruik te maken. De reden hiervoor is dat Netscape niet de enige die een standaard probeert op te zetten qua webtypografie. Ook Microsoft heeft samen met Adobe een oplossing present genaamd WEFT, Web Embedding Fonts Tool. De opzet van dit font-distributiesysteem is vergelijkbaar met het concurrerende voorstel van Netscape en Bitstream. Het W3C is uiteraard niet gelukkig met deze ontwikkelingen. De nabije toekomst zal uitmaken welk systeem de bovenhand krijgt. Dit neemt echter niet weg dat het TrueDoc systeem al bij menig site in gebruik is en de webdesigner enorm veel additionele creatieve mogelijkheden biedt.

### ▶ Portable Font Resource

De TrueDoc techniek zorgt in wezen voor een automatische 'upload' van de fontdata vanaf de server waar de webpagina staat naar de computer van degene die de webpagina ophaalt. Het TrueDoc-bestandsformaat maakt gebruik van de beeldinformatie die in een PostScript Type 1 of TrueType font verborgen zitten. Het is feitelijk een compacte 'opname' van de lettercontouren van een specifiek font. Deze informatie wordt opgeslagen in het 'Portable Font Resource' bestand. In de browser zit een Character Shape Player *(CSP)* ingebouwd zodat de PFR-data uitgepakt, geantialiased en gepresenteerd worden. Voor Internet Explorer is een CSP beschikbaar, op de website van Bitstream, in de vorm van een ActiveX control.

De bestandsgrootte van het font is minimaal, de voor dit hoofdstuk aangemaakte Gill Sans PFR is slechts 17 kilobyte groot. Aangezien dit additionele data zijn die de gebruiker over een modemverbinding moet inlezen, wordt er door de browser gebruikgemaakt van zogenaamde 'progressive rendering'. Netscape Communicator zal de data eerst in het standaard browserfont weergeven en als het .pfr-bestand eenmaal ingelezen is, wordt de tekst afgebeeld in het TrueDoc-font. Aangezien het systeem ook gebruikmaakt van anti-aliasing waardoor de tekst ook bij kleinere fontgroottes erg goed leesbaar blijft. Kortom een technologie die erom vraagt veel meer toegepast te worden. De vraag rijst dan ook: waarom wordt deze technologie niet veel vaker toegepast.

Waarschijnlijk is het meer een technische dan een creatieve reden die hieraan ten grondslag ligt. Het maken van een PFR-font is niet moeilijk, maar het hele beveiligingsconcept dat de rechten van de lettertype-ontwerper moet beschermen, levert wel de nodige hoofdbrekens op. Want in theorie krijgt de 'lezer' van de webpagina een compleet lettertype toegestuurd. Dat zou kunnen inhouden dat deze data omgebouwd kunnen worden naar een font dat de gebruiker weer in zijn systeem zou kunnen gebruiken. Voor een lettertype-fabrikant als Bitstream is dit een nachtmerrie-scenario en heeft men het TrueDoc- systeem zo ontwikkeld dat het PFR-font alleen werkt op een specifieke server waarnaar het Portable Font Resource-bestand verwijst. Een zeer adequate beveiliging, echter niet bepaald eenvoudig te implementeren door de webdesigner.

### ▶ Fontconversie

Het Duitse bedrijf HexMac, maker van de uitstekende XPress naar Web-converter HexWeb heeft een hulpprogramma genaamd Typograph 2.1 uitgebracht waarmee het '.pfr'-bestand gemaakt kan worden. Er is tevens een speciale BBEdit plug-in zodat men de procedure ook in deze favoriete HTML-editor kan toepassen. In het bijgaande voorbeeld willen we het standaard Philips lettertype, de Gill Sans gaan toepassen in de Philips webpagina's. De eerste stap is dan ook een conversie van het PostScript Type 1 font naar een TrueDoc font. Met behulp van HexMac Typograph is dit op zich een fluitje van een cent als men zich aan de procedure houdt.

De werkwijze van HexMac levert wel een belangrijke voorwaard op: de gebruiker moet de domeinnaam van de server al in Typograph ingeven, en wel het hard(!) gecodeerde pad. Dus niet: www.philips.com, maar de echte URL: http://www.philips.com/. Aangezien we de verwijzing naar het PFR-font in het HTML-document ingeven, kunnen we daar apart specificiëren in welke directory de fonts staan, bijvoorbeeld: /fonts. De hardgecodeerde serverlocatie, de 'Base URL', is echter onontbeerlijk voor een geslaagd TrueDoc experiment!

gilles.pfr

In Typograph selecteren we vervolgens het lettertype, de Gill Sans en Typograph 'brand', vervolgens een nieuw lettertype genaamd 'gilles.pfr' waarin de complete karakterset is opgenomen. Het is ook mogelijk om slechts een beperkt aantal tekst- en symbolen-karakters in het PFR-font op te nemen, maar dat veroorzaakt bij hergebruik problemen. In de header van de webpagina wordt vervolgens de locatie van het PFR-font aangegeven door het <LINK>-commando en kan de tekst in de webpagina verwezen worden naar het PFR-font. Dit is op twee manieren mogelijk: door gebruik te maken van de <FONT FACE> tag of door middel van een speciaal Cascading Style Sheet *(CSS)*. In bijgaand voorbeeld is de conventionele manier uitgewerkt:

```
<HTML>
<HEAD>
<LINK REL="FONTDEF" SRC="fonts/gilles.pfr">
<TITLE>New sites</TITLE>
</HEAD>
<BODY bgcolor="blue">
<FONT FACE="GillSans" SIZE=+4 COLOR="white">
Gill Sans<p>
The Philips <br>
corporate typeface
</FONT>

</BODY>
</HTML>
```

### ▶ Specifiek MIME-type

Ervan uitgaande dat alles goed uitgevoerd en geïnstalleerd is, zou men in de browser nu een webpagina kunnen zien waarin de tekst in het juiste font en in een hoogstaande kwaliteit zichtbaar is. Mocht dit niet geval zijn, is waarschijnlijk een aanpassing aan de serverinstelling nodig. Het PFR-bestandsformaat is natuurlijk nieuw voor de server en dus zal de System administrator de bijbehorende MIME-type in moeten geven.

Het MIME-type is: 'application/font-tdpfr', de bijbehorende file extensie is '.pfr'. Dit werkt prima met een Apache-server. Als u gebruik maakt van een Windows NT-server dient u gebruik te maken van informatie die te vinden is op de site van Hexmac.

### ▶ Server op eigen harde schijf

Alles goed en wel, maar een webdesigner maakt meestal eerst een testversie die op een lokale test- of stagingserver geplaatst wordt. Hoe kan men nu het TrueDoc systeem testen als deze nog niet op de publieke server staat. Een oplossing om toch op de eigen machine het beoogde effect te controleren is de installatie van server-software op de computer. Hiervoor zijn allerhande oplossingen mogelijk; voorwaarde is echter wel dat de server-software qua MIME-type aangepast kan worden. Voor Windows-gebruikers zijn daar ruime voorzieningen voor en ook voor de Macintosh-liefhebbers is er een oplossing in de vorm van het freeware programma QuidProQuo. Deze even simpele als effectieve webserver kan in geen tijd geïnstalleerd worden op een Macintosh computer. Het grote voordeel van QuidProQuo 2.0 is dat de configuratie eenvoudig aan te passen is. Dus ook de suffix (.pfr) en de bijbehorende MIME-type *(application/font-tdpfr)*. Door nu een apart PFR-font aan te maken met als domeinnaam het IP-adres van uw eigen computer, kan men naar hartelust lokaal testen. Zoals u rechts ziet, geven de dynamische fonts uw webpagina's een fraai letterbeeld.

◂ HexWeb Typograph wordt gebruikt om de TrueDoc fonts aan te maken.

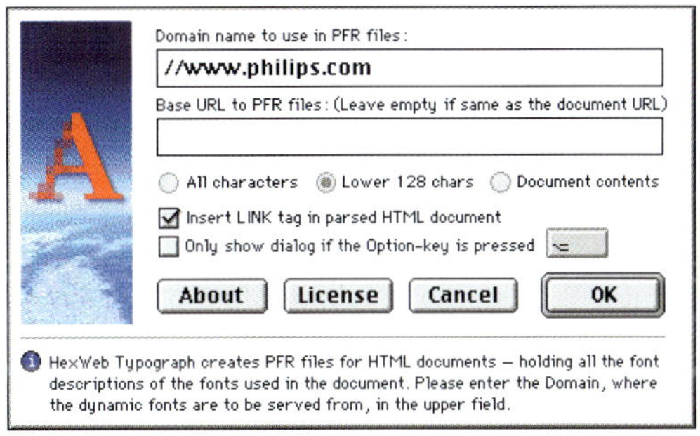


▴ De zogenaamde 'Base URL' is de kern van het copyright beveiligings-systeem van TrueDoc fonts.

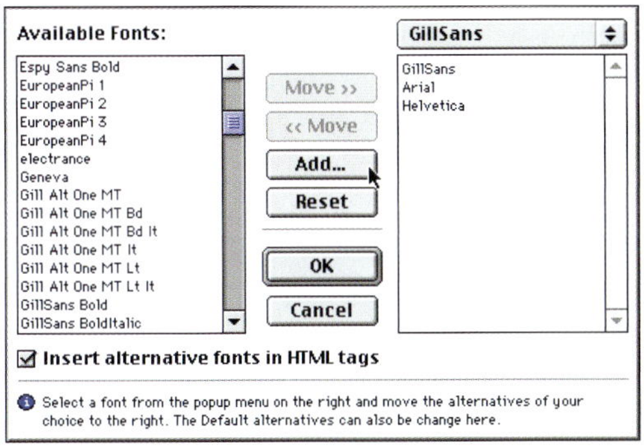


▴ Het is ook mogelijk om meerdere fonts en stijlen in één PFR-bestand te combineren.

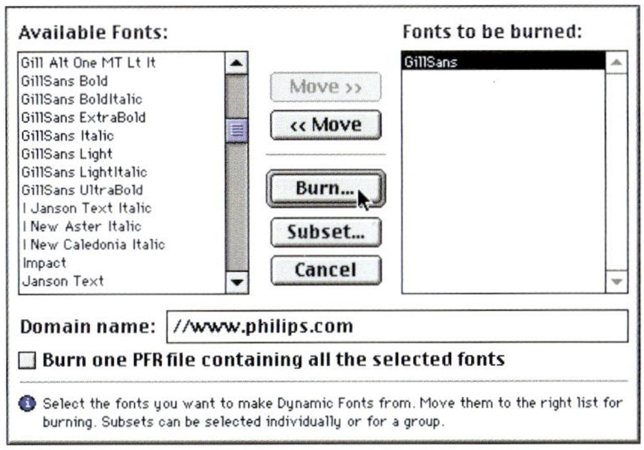


▴ Het lettertype Gill Sans wordt vervolgens omgezet in een Portable Font Resource bestand door het 'Burn' commando.

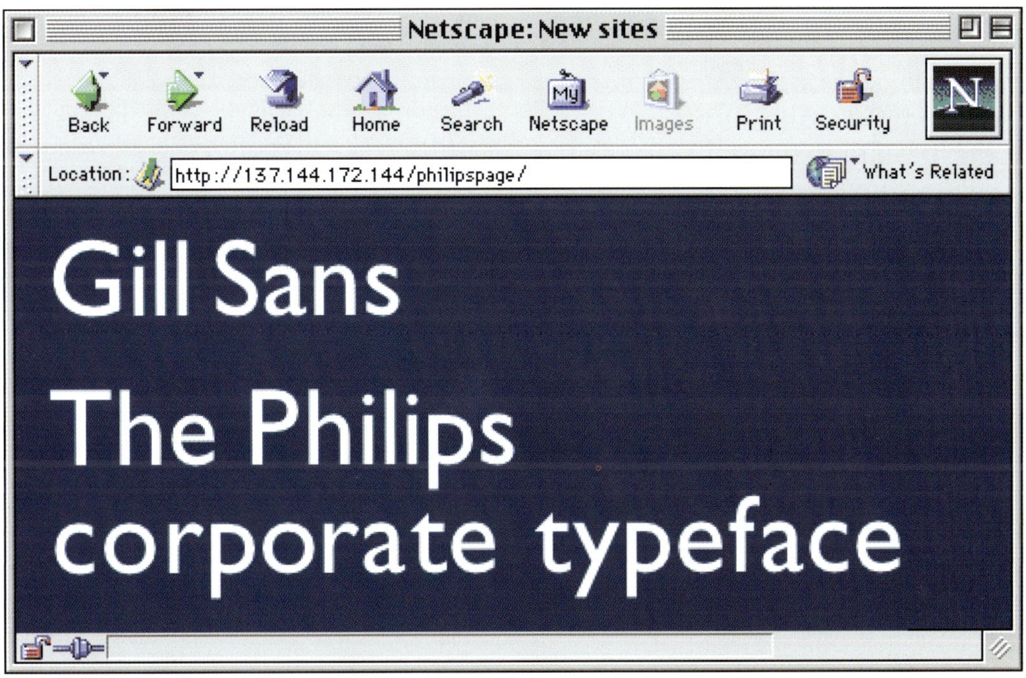


▴ Het corporate typeface van Philips is de Gill Sans. Dankzij TrueDoc kan de webpagina's nu bekeken worden in dit lettertype.

### ▶ Kleurgebruik in tekst

Het werken met gekleurde tekst is ook een mogelijkheid om aandacht te vragen voor een pagina-onderdeel. De HTML-taal biedt een aantal opties om de kleur van de tekst te bepalen; dit kan op 'lokaal niveau' of voor de hele pagina. Meestal is een combinatie van beide een ideaal uitgangspunt.

In de <BODY> van het HTML-document worden niet alleen het achtergrondpatroon en/of de achtergrondkleur bepaald, maar ook de kleuren van de tekst en de hyperlinks. De kleurwaarde wordt hexadecimaal opgegeven.

De tekstattributen met een kleurwaarde zijn:

| | |
|---|---|
| <TEXT="#X"> | De kleur van de paginatekst. |
| < LINK="#X"> | De kleur van een hyperlink. |
| <VLINK="#X"> | De kleur van een hyperlink die bezocht is *(Visited)*. |
| < ALINK="#X"> | De kleur van een hyperlink op het moment dat deze geactiveerd wordt *(Active)*. |

```
<HTML>
  <HEAD>
    <TITLE>kleurtest</TITLE>
  </HEAD>
<BODY BGCOLOR="#FFFFFF" TEXT="#003399"
LINK="#007000" VLINK="#94CA99" ALINK="#00FF00">
<FONT size=+3>Deze tekst is donkerblauw, een
<A HREF="link1.html">hyperlink</A> is groen, een
<A HREF="link2.html">actieve link</A> is felgroen en
een <A HREF="link3.html">reeds bezochte
hyperlink</A> is lichtgroen.</FONT>
</BODY>
</HTML>
```

In het voorbeeld is duidelijk zichtbaar wat het gevolg is van de instellingen in de <BODY>. Het is ook mogelijk om op 'lokaal niveau' met kleur te werken. Een zin, woord of zelfs letter kan met de <FONT color="#x"></FONT>-tag gekleurd worden. Uiteraard dient dit met beleid te worden toegepast, anders verliest de optie zijn kracht. Voor de keuze van de kleuren gelden dezelfde restricties als voor de GIF-afbeeldingen en achtergronden. De 216 kleuren die Netscape heeft gedefinieerd, zijn het veiligst om in een HTML-pagina te gebruiken. De kans dat de tekst aan client-side onleesbaar wordt geditherd, wordt daardoor voorkomen.

### ▶ Leesbaarheid verbeteren door de opmaak

De toegankelijkheid van een webpagina is niet uitsluitend afhankelijk van de grootte van de tekst en de kleur van het lettertype. De pagina-opzet, het witgebruik en de toepassing van illustraties, buttons en ikoontjes bepalen evenzeer de 'leesbaarheid' van het online-document. De grafische vormgeving van de webpagina bepaalt evenzeer de aantrekkelijkheid *(en daarmee ook het succes)* van de pagina als de toegankelijkheid van de informatie die erin besloten ligt. Voorwaarden voor een 'goede layout' zijn moeilijk in zijn algemeenheid voor te schrijven. Toch zijn er een aantal criteria waar men rekening

◂ **Met behulp van een ASCI editor kunt u ook een unieke 'afzender' in de HTML code achterlaten. Ideaal voor nieuwsgierige surfers die in de broncode willen snuffelen. Vergeet niet om de tekening tussen 'comments' code te plaatsen!**

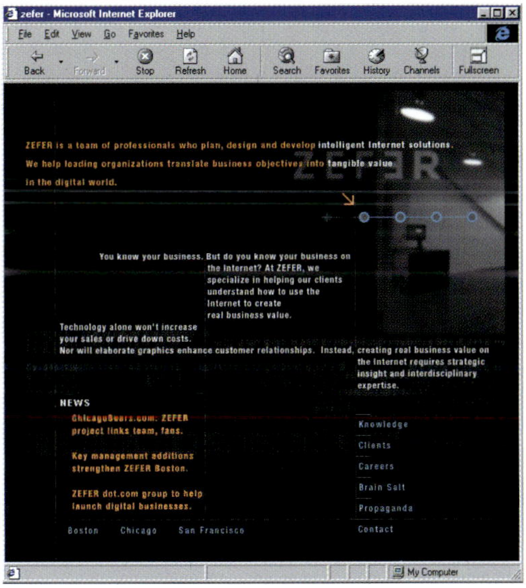


▲ De site van www.zefer.com heeft alle tekstuele content in GIFjes geplaatst om de (complexe) layout te garanderen.

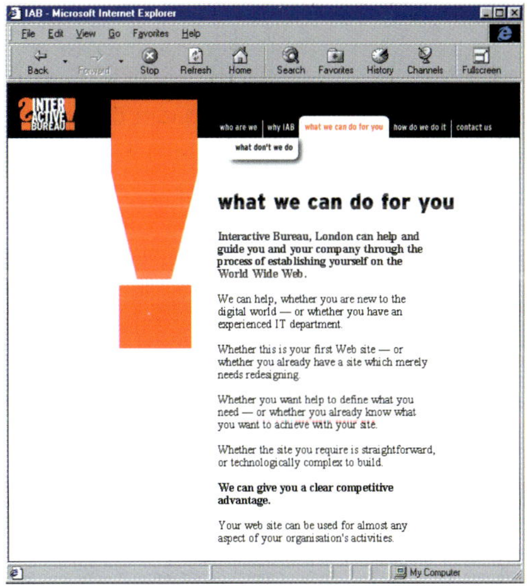


▲ Interactive Bureau is een voorstander van grote en heldere typografie. De witruimte om de tekst heen is ruim bemeten.

mee kan houden, en die de kwaliteit ten goede komen. Belangrijk is ook dat men een consistente layout gebruikt die consistent door de hele site aangehouden wordt. Zorg tevens voor genoeg 'witruimte' op de pagina en tussen de verschillende tekstelementen in het bijzonder. En maak gebruik van lijnen en inspringers om de verschillende data te ordenen en te rangschikken en beperk de lengte van de pagina tot maximaal 3 schermen.

## ▶ Leesbaarheid verbeteren door fontgebruik

De keuze van het lettertype waarin de tekst wordt gepresenteerd dient u niet over te laten aan de standaardinstellingen van uw opmaakprogramma. Standaard wordt de Arial of de Times New Roman geselecteerd. Veel beter leesbare fonts zijn de Georgia en de Verdana. Beiden zijn ook standaard op elke *(nieuwe)* Windows PC geïnstalleerd.

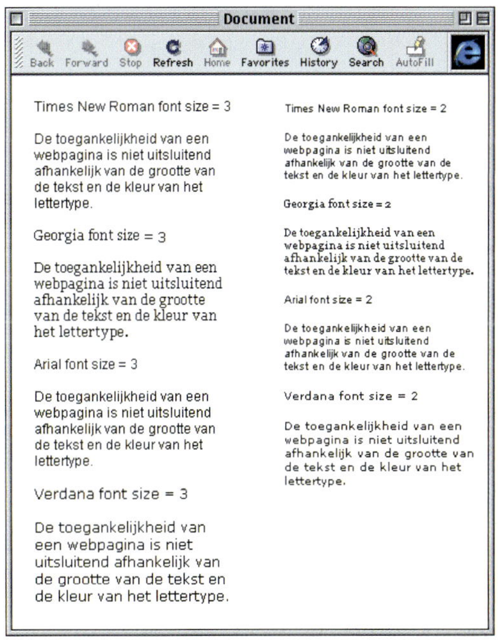


▲ De leesbaarheid van de Georgia en Verdana is buiten kijf.

▼ In Macromedia Dreamweaver zijn al een aantal standaard fontstijlen opgenomen. Het lettertype 'Geneva' is aan de lijst toegevoegd om de Macintosh gebruikers te plezieren.

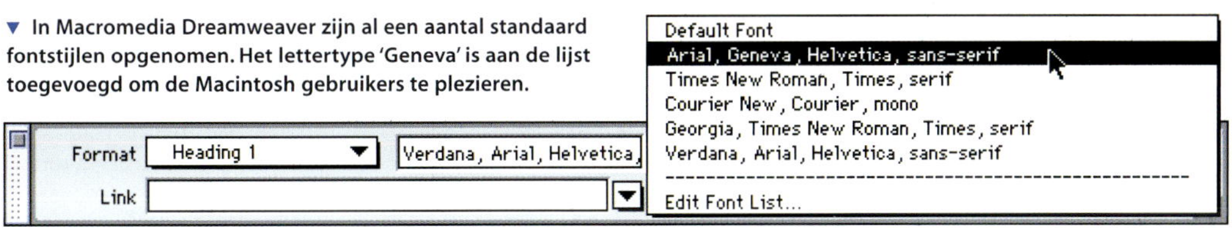

## ▶ Speciale karakters

De lijst toont een overzicht van de meest voorkomende speciale tekens. De lijst is gebaseerd op de ISO-standaard. De eerste kolom geeft de syntax weer zoals die in HTML getypt moet worden. De volgende kolom toont de omschrijving en daarnaast staat het juiste karakter.

| Syntax | Omschrijving | Letter | Syntax | Omschrijving | Letter |
|---|---|---|---|---|---|
| Á | Hoofdletter A, accent aigue | Á | á | Onderkast a, accent aigue | á |
| À | Hoofdletter A, accent grave | À | à | Onderkast a, accent grave | à |
| Â | Hoofdletter A, circumflex | Â | â | Onderkast a, circumflex | â |
| Ã | Hoofdletter A, tilde | Ã | ã | Onderkast a, tilde | ã |
| Å | Hoofdletter A, ring | Å | ä | Onderkast a, umlaut | ä |
| Ä | Hoofdletter A, umlaut | Ä | æ | Onderkast ae (ligatuur) | æ |
| Æ | Hoofdletter ÂE (ligatuur) | Æ | ç | Onderkast c, cedille | ç |
| Ç | Hoofdletter C, cedille | Ç | é | Onderkast e, accent aigue | é |
| É | Hoofdletter E, accent aigue | É | è | Onderkast e, accent grave | è |
| È | Hoofdletter E, accent grave | È | ê | Onderkast e, circumflex | ê |
| Ê | Hoofdletter E, circumflex | Ê | ë | Onderkast e, umlaut | ë |
| Ë | Hoofdletter E, umlaut | Ë | í | Onderkast i, accent aigue | í |
| Í | Hoofdletter I, accent aigue | Í | ì | Onderkast i, accent grave | ì |
| Ì | Hoofdletter I, accent grave | Ì | î | Onderkast i, circumflex | î |
| Î | Hoofdletter I, circumflex | Î | ï | Onderkast i, umlaut | ï |
| Ï | Hoofdletter I, umlaut | Ï | ñ | Onderkast n, tilde | ñ |
| Ð | Hoofdletter Eth | ‹ | ó | Onderkast o, accent aigue | ó |
| Ñ | Hoofdletter N, tilde | Ñ | ò | Onderkast o, accent grave | ò |
| Ó | Hoofdletter O, accent aigue | Ó | ô | Onderkast o, circumflex | ô |
| Ò | Hoofdletter O, accent grave | Ò | õ | Onderkast o, tilde | õ |
| Ô | Hoofdletter O, circumflex | Ô | ö | Onderkast o, umlaut | ö |
| Õ | Hoofdletter O, tilde | Õ | ø | Onderkast o, slash | ø |
| Ö | Hoofdletter O, umlaut | Ö | ú | Onderkast u, accent aigue | ú |
| Ø | Hoofdletter O, slash | Ø | ù | Onderkast u, accent grave | ù |
| Ú | Hoofdletter U, accent aigue | Ú | û | Onderkast u, circumflex | û |
| Ù | Hoofdletter U, accent grave | Ù | ü | Onderkast u, umlaut | ü |
| Û | Hoofdletter U, circumflex | Ù | ß | Duitse 'S' | ß |
| Ü | Hoofdletter U, umlaut | Ü | ’ | plus/minus teken | ± |
| Ý | Hoofdletter Y, accent aigue | † | © of © | Copyright symbool | © |
|   | Spatie | | ® of ® | Registered trademark symbool | ® |

## ▶ Typefouten

Veel voorkomende ergernissen op het Web zijn 'dode' URL's, pagina's die maandenlang 'under construction' zijn èn slordigheidsfouten in de HTML-tekst. Deze missers zijn vaak het gevolg van een nonchalante 'knip-en-plak'-opmaak. Men dient zich wel te realiseren dat een aantal tekens niet zo maar naar HTML vertaald kunnen worden. Controleer de output daarom altijd eerst in de browser!

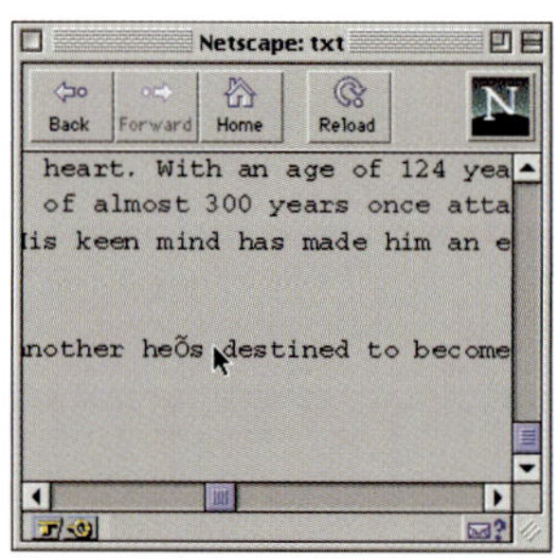


◂ Hier stond waarschijnlijk een 'apostrof'-teken in het tekstverwerkersbestand. In HTML wordt de code niet herkend en door een onherkenbaar teken vervangen. Dat levert geen fraai beeld op en dient te gecorrigeerd te worden.

Van DeskTop naar WebTop Publishing zou ook de titel van dit hoofdstuk kunnen zijn geweest. Oftewel hoe kan men 'bestaande kopij' uit een tekstverwerkings- of opmaakprogramma met zo min mogelijk moeite naar HTML omzetten. In dit hoofdstuk worden de diverse mogelijkheden belicht variërend van een Microsoft Word-vertaler tot HTML-editors en worden twee verschillende QuarkXPress XTensions voorgesteld.

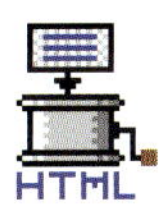


## Van kopij naar HTML

Lang niet alle webpagina's worden 'uit het niets' ontwikkeld. De praktijk wijst uit dat bestaande kopij vaak de basis van de informatie vormt. Dat impliceert dat de tekst al op de één of andere wijze in de computer is gebracht. Dat kan in de vorm van een tekstbestand zijn in een formaat als Microsoft Word. Als een stuk drukwerk 'op het Net' gezet moet worden, is de kans groot dat de kopij in een QuarkXPress-bestand of in een Adobe InDesign-document staat. Het is duidelijk dat het echt onzinnig is om deze kopij opnieuw in een HTML-editor in te typen. Er zijn een aantal standaard oplossingen verkrijgbaar die het 'WebTop Publishing'-proces vereenvoudigen. De vereiste kennis van HTML is minimaal, maar komt wel van pas. Het is zeker mogelijk om hiermee een HTML-document te creëren; maar het onderhouden van een site vergt wel meer kennis van de taal.

### ▶ Microsoft Word

Een goed uitgangspunt om een webpagina te maken is de Office 2000 versie van Microsoft. De opzet van de editor is logisch en ondersteunt de belangrijkste HTML-tags. Het feit dat ook tabellen op een duidelijke en bovenal correcte wijze worden weergegeven is een belangrijk voordeel. De typografische mogelijkheden zijn beperkt tot de standaard HTML-tags, maar geven aan dat het wijzigen van tekst met behulp van een editor een stuk eenvoudiger en intuïtiever is dan het schrijven van codes. Men selecteert de tekst en kiest de bijbehorende stijl uit de knoppenbalk aan de bovenzijde van Word. Voor het maken van lijsten en formulieren wordt ook gebruik gemaakt van de standaard faciliteiten van Microsoft Word. De integratie gaat heel ver. Voor het maken van externe links moet het commando 'HyperLink' gekozen worden. Het plaatsen van een afbeelding is ook simpel dank zij 'Insert Picture'.

### ▶ Microsoft FrontPage 2000

Na een kostbare acquisitie is Microsoft in het bezit gekomen van de HTML-editor genaamd FrontPage. Het programma is bij uitstek geschikt om complexe pagina's met

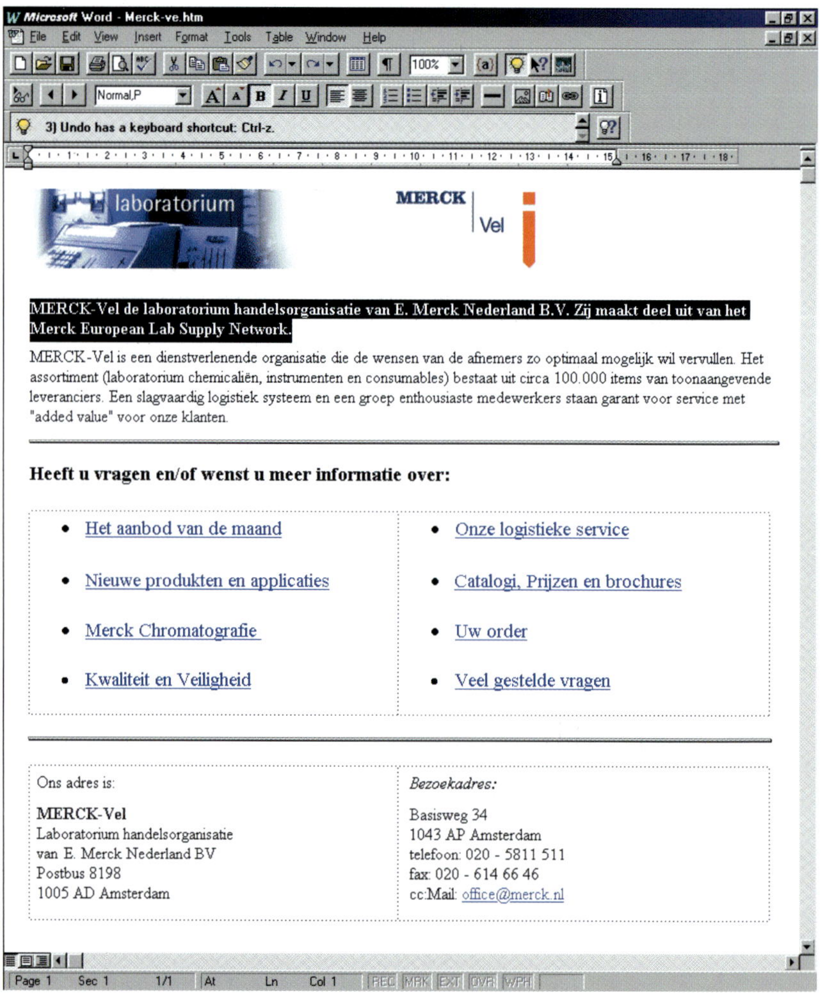


Deze webpagina ▶ van Merck|Vel is compleet opgemaakt met behulp van Microsoft Word.

functies als 'geneste' tabellen, frames en uitgebreide formulier- en keuzevelden te maken. De werkwijze is zo logisch dat het menigeen moeite zal kosten om nog HTML te leren; Microsoft heeft echt een top-editor uitgebracht. De lijst met mogelijkheden is schier oneindig en ook lastige web-functies als search-engines en database-koppelingen kunnen met behulp van 'bots' geautimatiseerd worden. Zelfs Dynamisch HTML is opgenomen in de lijst, evenals Style Sheets en pagina-overgangen op basis van ActiveX. Microsoft FrontPage is een complete webdesign-suite geworden inclusief een eigen webserver.

Vooral in kantooromgevingen is FrontPage populair. Door standaardpagina's voor dit programma te maken, kan men eenvoudig de eigen site onderhouden.

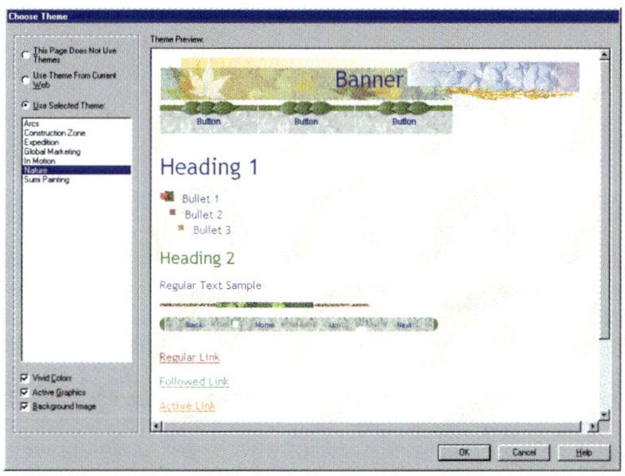


▲ FrontPage 98 biedt ook zogenaamde 'Themes' aan, waardoor een gebruiker die minder creatief is en de inspiratie van dit boek niet nodig heeft, toch een aansprekende en verzorgde site kan bouwen.

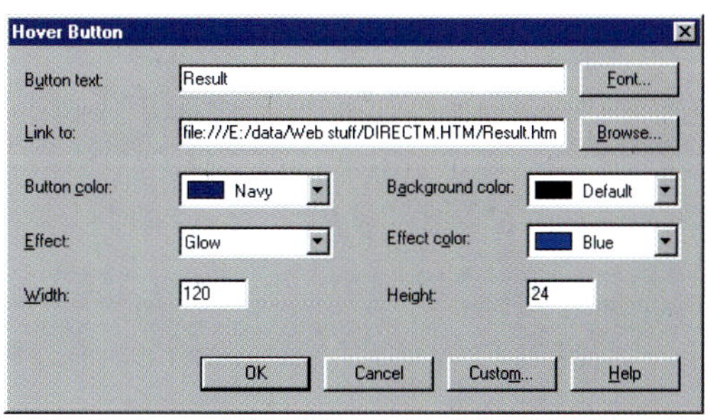


▲ In FrontPage 98 kan men zonder enige kennis van de Java programmeertaal interactieve navigatie-elementen maken.

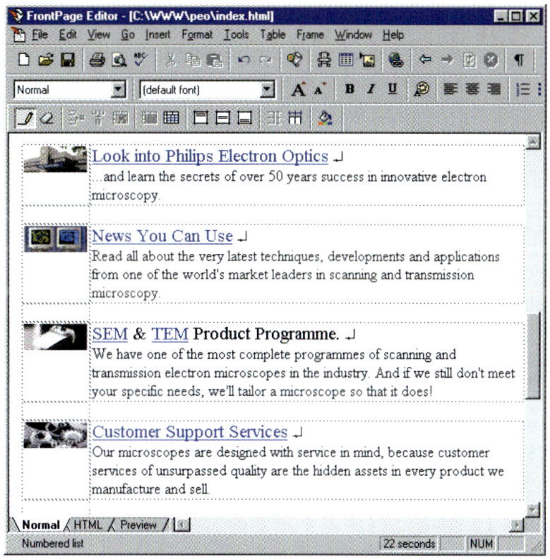


▲ In Microsoft FrontPage wordt de tabel schematisch weergegeven met behulp van stippellijnen die de cellen markeren. De 'break' wordt door het 'nieuwe regel'-teken aangegeven.

## ▶ Adobe PageMaker

Het opmaakprogramma Adobe PageMaker is vanaf versie 6.5 standaard voorzien van een uitgebreid HTML-exportfilter. Door per document een aantal standaard-instellingen op te geven kan men de tekst, door de typogrammen te koppelen aan de HTML-stijlen, heel nauwkeurig omzetten naar een HTML-document. Enige nabewerking in een echte editor is meestal wel noodzakelijk. Goede kennis van de HTML-taal blijft noodzakelijk.

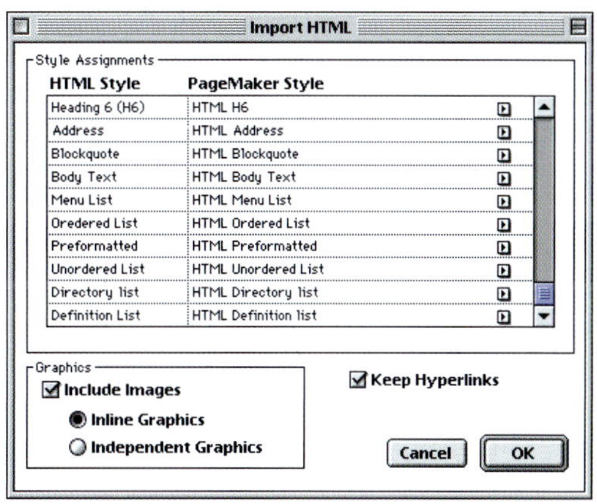


▲ In PageMaker kan men de voorkeuren zodanig instellen dat alle tekststijlen corresponderen met HTML-tekstgroottes.

## ▶ Adobe InDesign en HTML export

De exportmogelijkheden van het opmaakprogramma InDesign zijn indrukwekkend. De kerntechnologie van Adobe InDesign is PostScript en PDF, beide uitvindingen van Adobe. Het spreekt dan ook voor zich dat InDesign een goede PDF-exportmogelijkheid bezit. In tegenstelling tot eerder berichten is het niet mogelijk om PDF-bestanden in InDesign te kunnen openen en bewerken. Plaatsen en maskeren van PDF-bestanden is wel mogelijk. Het programma bezit een aantrekkelijke HTML-exportoptie die zich geheel laat aanpassen aan de wensen van de gebruiker. U kunt namelijk een verschil opgeven tussen de 'Editability' van de gegenereerde site en zijn 'Appearance'.

Dit uit zich dan in een HTML-document dat de leesbaarheid in de webpagina voorop stelt of juist de exacte weergave van het originele InDesign bestand nastreeft. De laatstgenoemde optie levert echter niet altijd bruikbare resultaten op. De website die op deze pagina staat afgebeeld, bezit weinig tekstelementen en veel beeldmateriaal. In dit geval kan de optie 'appearance' een zeer gedetailleerd resultaat opleveren dat in HTML identiek is aan het origineel. InDesign maakt gebruik van Layers om alle beeldelementen op de juiste positie te krijgen. Dat lukt wonderwel en ook de kwaliteit van de HTML en de positionering ervan is netjes. Als u bijbehorende teksten ook met deze instelling zou converteren, zou dit tot gevolg hebben dat er een 'screendump' van de tekst wordt gemaakt. Fraai maar onleesbaar.

▲ De complexe opmaak in InDesign bestaat uit lagen.

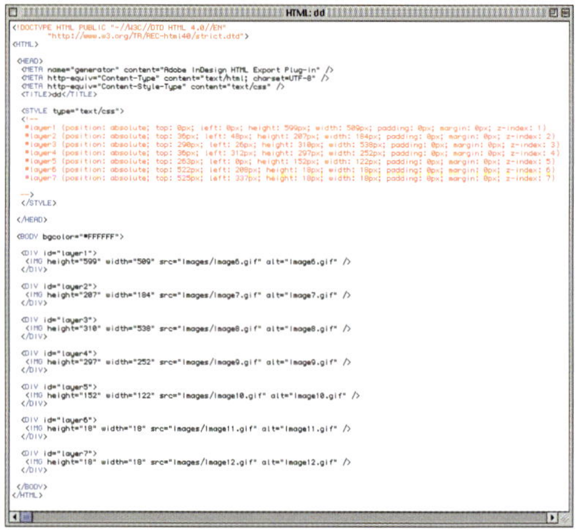

▲ De webconversie heeft de lagen omgezet naar Layers! ▼

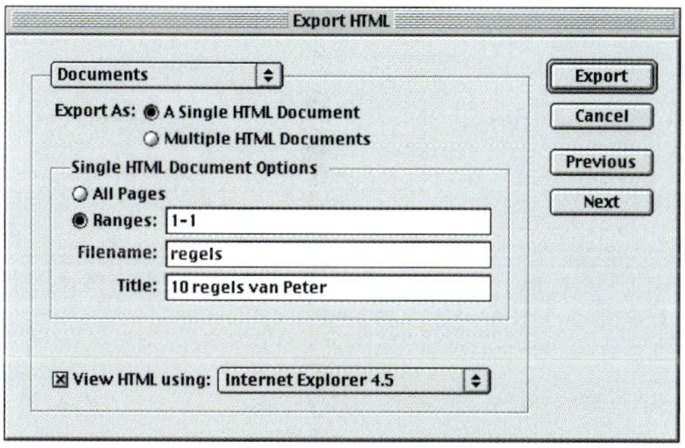


▲ Een groter InDesign bestand kan als een enkele webpagina of als een minisite worden geconverteerd.

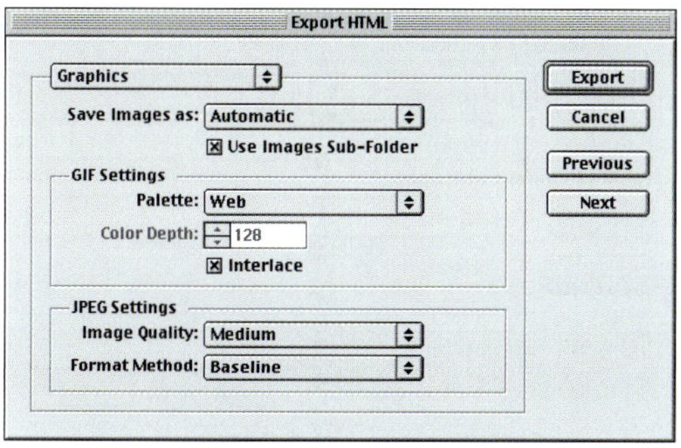


▲ De beeldinstellingen voor conversie naar het Web.

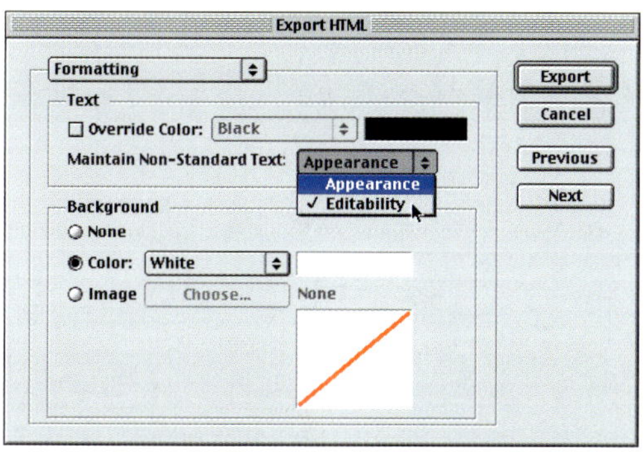


▲ De exportinstellingen voor een HTML-bestand dienen met zorg gekozen te worden in Adobe InDesign.

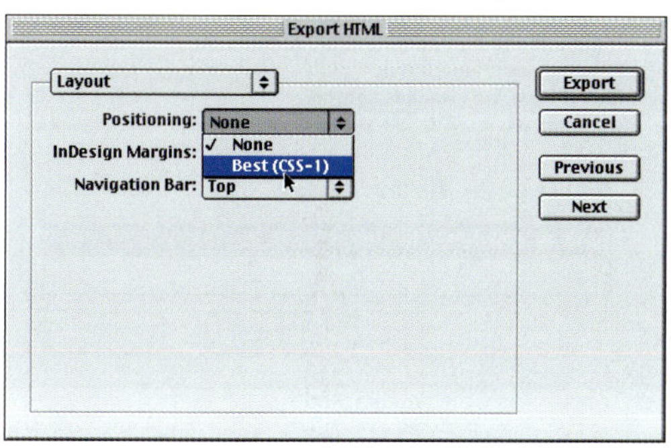


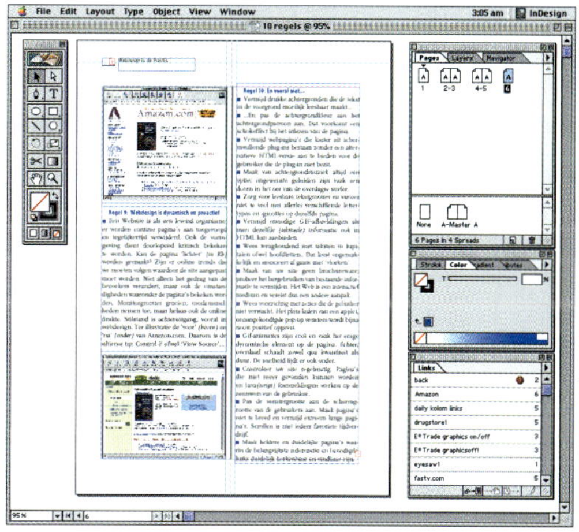


▲ Het voorbeeld bestand zoals het in InDesign is opgemaakt.

In het voorbeeld op deze pagina is de optie 'Editability' gekozen. Daardoor wordt de InDesign tekst wel in HTML tekstcodering omgezet in plaats van een statische afbeelding. De tekstlengte is hierdoor afhankelijk geworden van uw browserinstelling.

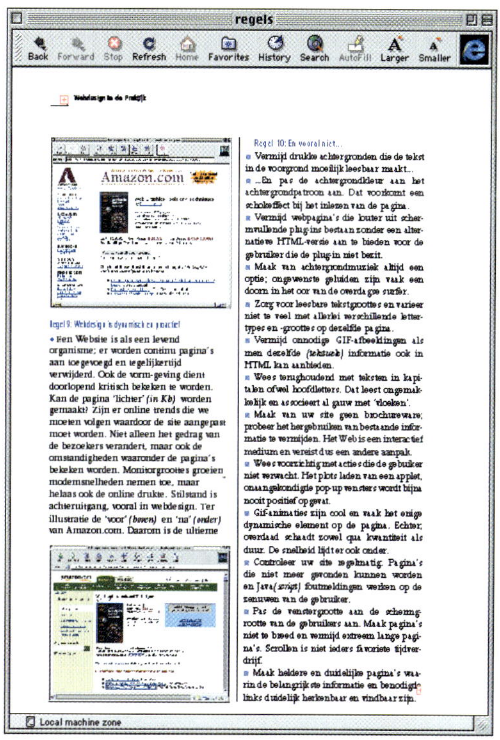

## ▶ QuarkXPress: HexMac XTensions

Voor Markleider QuarkXPress zijn meerdere alternatieven voorhanden om een goede vertaling van het XPress document naar een HTML-bestand mogelijk te maken. De XTension genaamd HexWeb van het Duitse bedrijf HexMac is zo'n product. Uniek aan deze oplossing is het feit dat de gebruiker zelf bepaalt in welke volgorde de tekst- èn beeldelementen op de XPress-pagina geëxporteerd worden naar HTML en JPEG. Want hier wringt namelijk de schoen het sterkst.

Doordat een WWW-pagina van boven naar beneden in één enkele kolom de informatie weergeeft, wijkt de structuur nogal af van een normaal opgemaakte 'papieren' pagina. Een simpel tekstconversie-filter dat linksboven op de pagina begint en rechtsonder eindigt, is daardoor niet echt functioneel. De programmeurs van HexWeb XT hebben dit probleem op een even simpele als geniale manier opgelost. Door in XPress het verplaats-symbool te kiezen en vervolgens in de juiste volgorde op de tekst- en beeldelementen te klikken wordt de 'content' van de webpagina bepaald.

Eén klik op het Netscape-ikoontje*(!)* in het HexWeb-venster volstaat om de computer opdracht te geven om Netscape op te starten èn de opgemaakte pagina compleet af te beelden. In het conversieproces worden de geplaatste PICT, TIFF, en EPS-beelden *(zowel vectoren- als bitmap-illustraties)* vertaald naar JPEG-beelden. Dit gebeurt razendsnel. Op een PowerMac deed de voorbeeldpagina er minder dan 4 *(vier!)* seconden over om de informatie om te zetten en vervolgens af te beelden in de browser.

## ▶ Challenger XTension

Een uitgebreide versie van de HexWeb XT is de Challenger XTension. Uniek aan deze variant is de mogelijkheid om Dynamische HTML te genereren vanuit XPress. In het opmaakprogramma stelt u in welke teksten moeten gaan bewegen. Challenger XT creëert vervolgens alle HTML en CSS code!

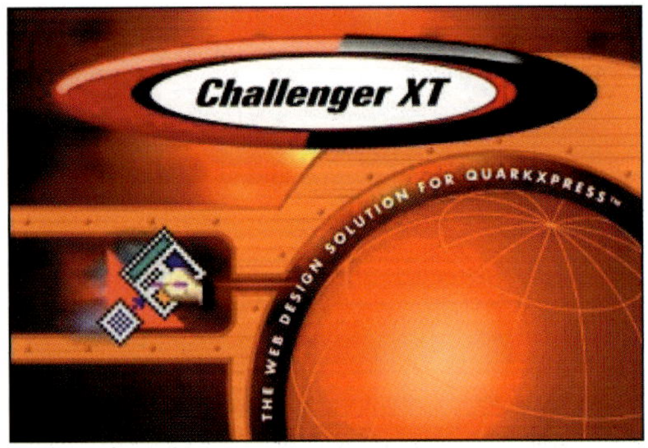


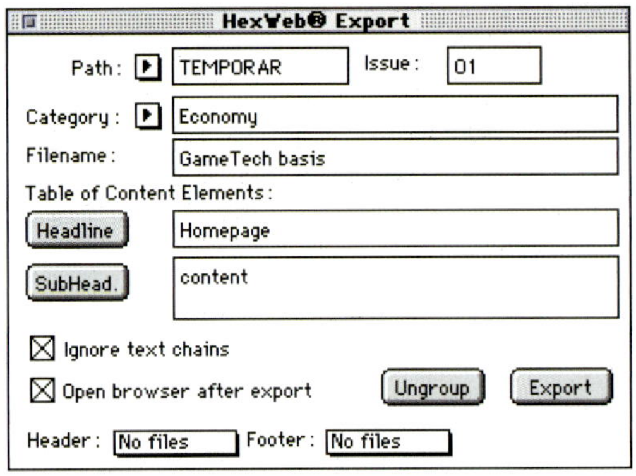


▲ HexWeb XT kan een pagina zodanig exporteren dat deze automatisch vaste 'headers' en 'footers' toebedeeld krijgt.

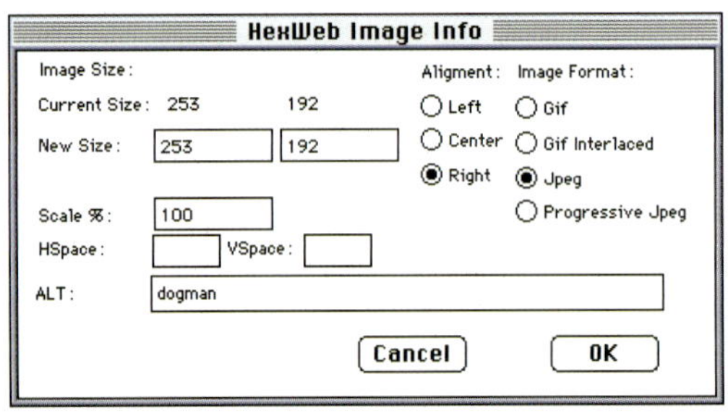


▲ De diverse bestandsformaten staan in het 'Image'-venster.

▲ Men kan de hyperlinks in het XPress-bestand voorbereiden.

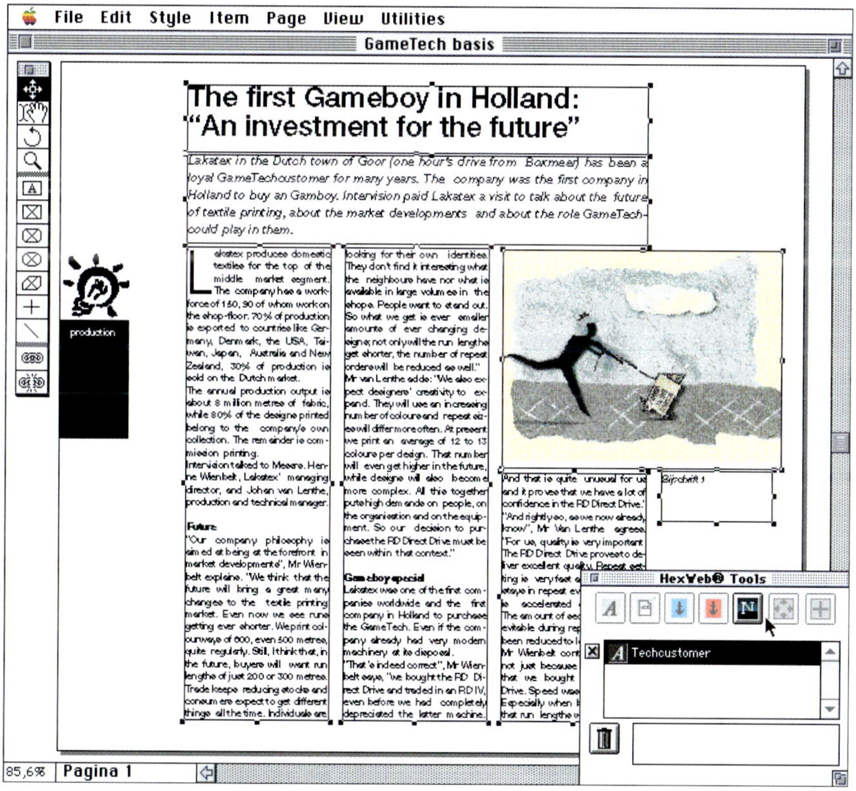


◄ De volgorde waarin de pagina-elementen geselecteerd worden is bepalend voor de conversie naar HTML.

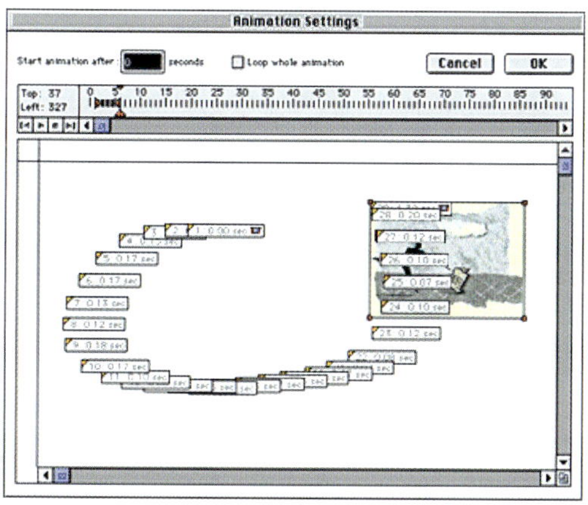


▲ HexMac Challenger XT gebruikt alle mogelijkheden die HTML 4.0 biedt. Met behulp van 'layers' en Javascripting kunnen de XPress-pagina's vertaald naar Dynamische (lees bewegende) HTML-documenten. ▼

▲ De uiteindelijke pagina zoals deze door Netscape weergegeven wordt. Niet slecht voor nog geen minuut werk! Zien is geloven is hier zeker van toepassing...

## ▶ NetObjects Fusion 4.0

Een webdesigner moet van vele markten thuis zijn om succesvolle websites te kunnen ontwikkelen. De ontwerpgereedschappen zijn echter niet specifiek ontworpen voor artistieke doeleinden. Het is dan ook niet meer dan logisch dat Clement Mok, een 'goeroe' uit de grafische wereld, het initiatief heeft genomen om een programma voor webontwerp te ontwikkelen dat net zo eenvoudig te gebruiken is als een DTP-programma. Dat programma, NetObjects Fusion, is de ultieme tool voor webontwerp. Het biedt niet alleen 'WYSIWYG'-functionaliteit, maar ook de mogelijkheid om de positie van tekst- en beeldelementen nauwkeurig te bepalen.

**Dankzij de WYSIWYG-ontwerpomgeving is het toevoegen van een grafisch element eenvoudig uit te voeren.** ▼

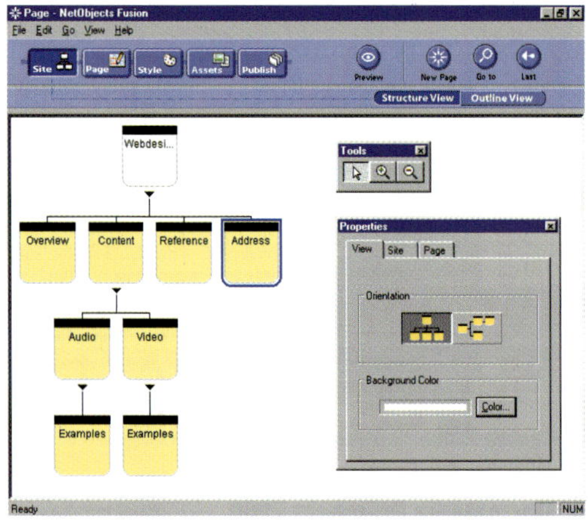


**▲ In NetObjects Fusion kunnen gebruikers de structuur van een website van te voren bepalen. De namen van de pagina's worden door het programma voor titels en knoppen gebruikt.**

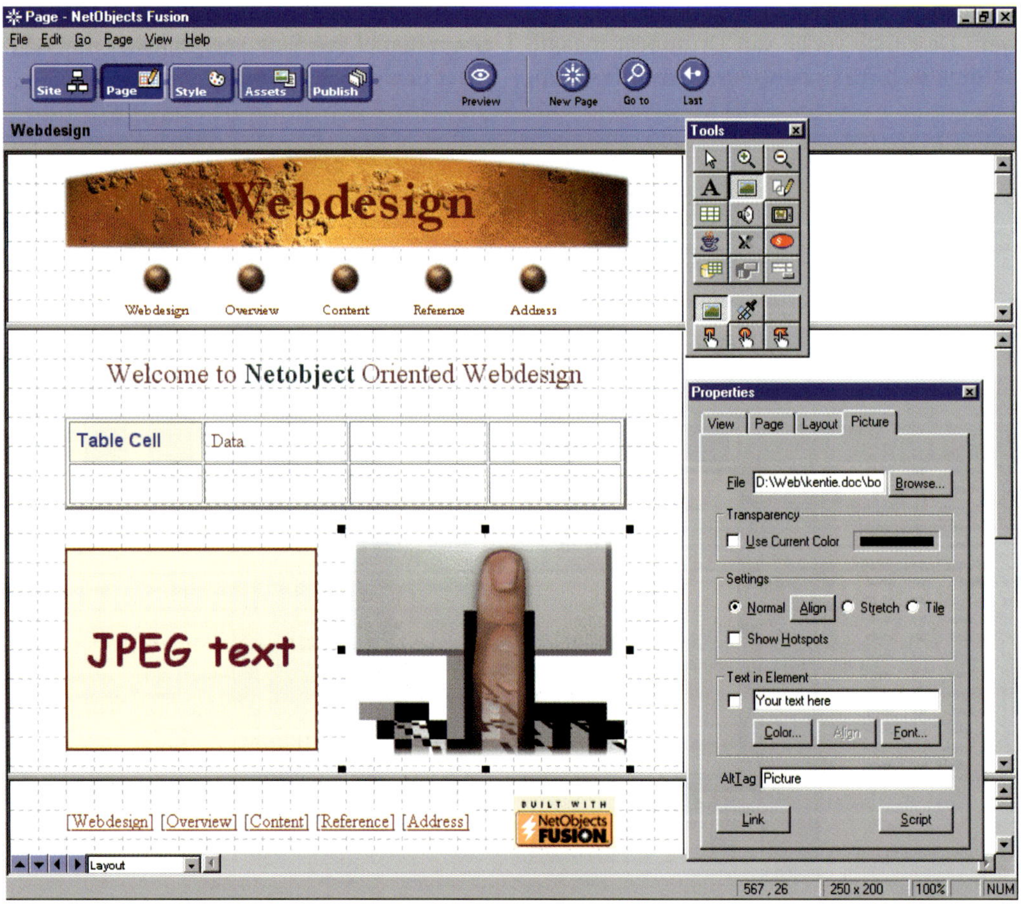

## ▶ Websites maken met Fusion

NetObjects Fusion doet echt zijn naam eer aan: het programma combineert de functionaliteit van database-links met de gestructureerde layout van webpagina's. De ontwerper kan met Fusion pagina's maken door eigen beeldelementen toe te voegen aan een vaste structuur. Ook kan gebruik worden gemaakt van vooraf gedefinieerde stijlen. Een aantal voorbeelden hiervan ziet u op deze pagina. De kwaliteit van deze sjablonen is uitzonderlijk hoog. Fusion is ideaal voor websites die regelmatig moeten worden bijgewerkt en kan zelfs automatisch de grafische bestanden voor kopregels en knoppenbalken genereren.

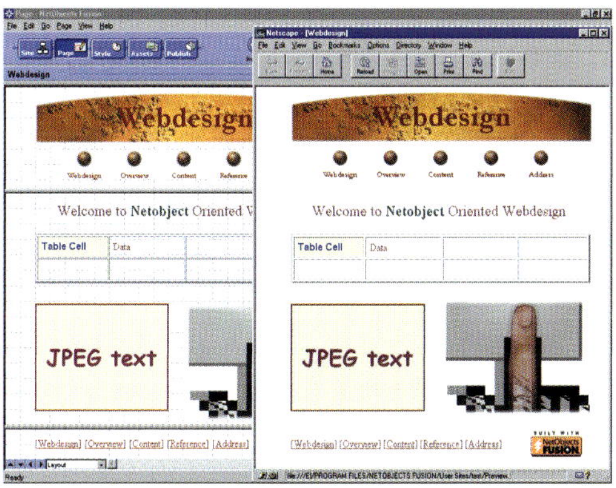


▲ Zoals u ziet, worden de tekst- en beeldelementen van een Fusion-pagina door de browser exact gereproduceerd. Alle beeldelementen zijn vast gepositioneerd. Hierbij is gebruikgemaakt van een transparant GIF-bestand van 1 x 1 pixel.

▲ U kunt een aantrekkelijke website maken op basis van een standaardstijl in NetObjects Fusion.

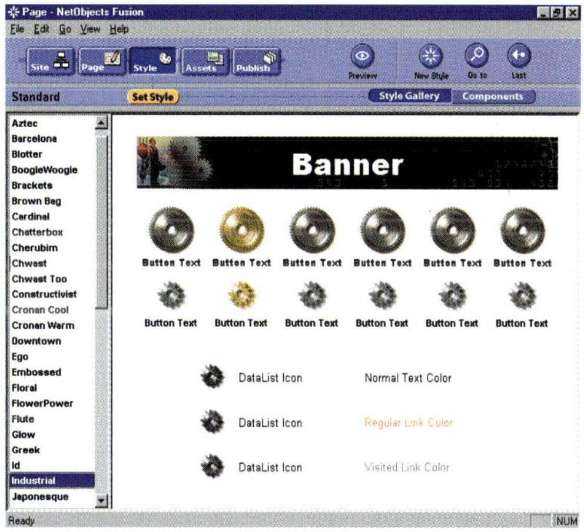


▲ NetObjects Fusion heeft verschillende standaardstijlen...

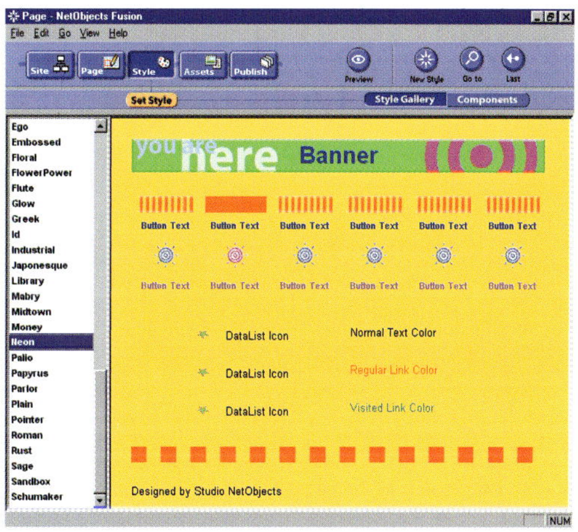


▲ ...waarvan dit een representatieve selectie is. ▼

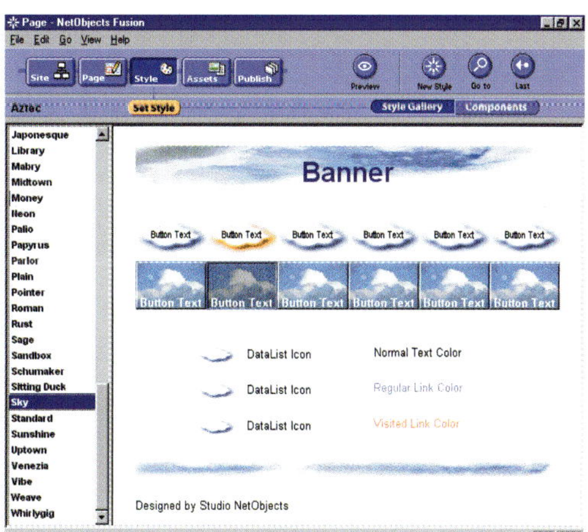

### ▶ Community editors

Er is nog een groep 'editors' op het Web aan de gang. Neen niet de codeschrijvers en hexadecimaal sprekende techies, maar extern opererende redacteuren en opinion leaders die in het openbaar hun mening over sites geven. Ze zijn er in alle soorten en maten, maar twee springen er toch wel uit: Alexa en Thirdvoice. Het verschil tussen georganiseerde en anarchistische meningsuiting!

▲ **Alexa bestaat uit een extra venster met relevante informatie over de site, zijn bezoekers en vergelijkbare content.**

Net als in het echte leven heb je nette mensen en raddraaiers. Het Web is 'slechts' een spiegel van deze orde in digitale vorm.

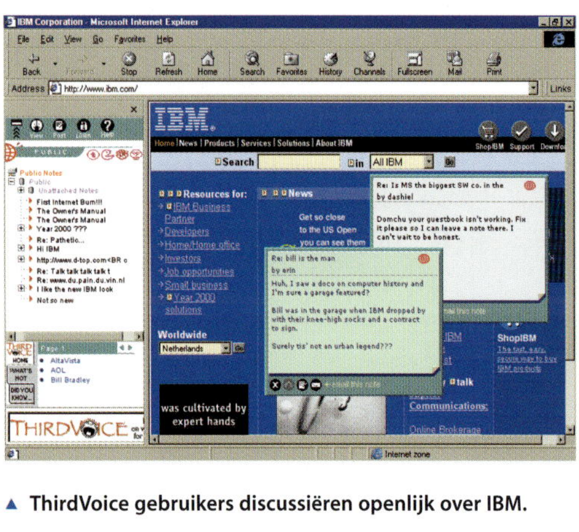


▲ **ThirdVoice gebruikers discussiëren openlijk over IBM.**

De kracht van het Web is zijn onbegrensde toegankelijkheid. En die laat zich niet beperken door welke instantie dan ook. Thirdvoice is dus letterlijk de mening van de derde partij; het volk dat zijn gedachtes spuit over een site, de getoonde producten, enzevoort. Het systeem is open en vooral openhartig. Iedereen die zich registreert bij Thirdvoice, kan in het zwevende venster dat boven op de eigenlijke webpagina geplaatst wordt zijn mening en reacties intypen. Deze variëren uiteraard van ludiek tot belasterend.

De eigenaar van de site kan hier niets aan veranderen. Hoogstens de kritiek ter harte nemen als deze op de performance van de website betrekking heeft. De discussie woedt in het openbaar en dat is altijd lastig

Alexa is veel serieuzer van opzet. Ook hier moet de 'client' een applicatie installeren waardoor een extra veld aan het browservenster wordt toegevoegd. Hierin wordt de informatie getoond die Alexa dankzij zijn artificiële intelligente software heeft vergaard. Dit wordt gecombineerd met de informatie over het surf- en clickgedrag van alle aangesloten leden en zo wordt een profiel en een ranking van de site gegeneerd.

Ongetwijfeld zullen er nog meer initiatieven als Alexa en Thirdvoice op de markt verschijnen. Ze onderschrijven alleen maar de grondbeginselen en originele uitgangspunten van het medium Web. We zullen ermee moeten leven en er het beste van moeten maken!

De gordiaanse ▸ webknoop die de bezoeker moet ontwarren. Dit scenario moet men zien te voorkomen.

HCI of Human Computer Interaction is de leer die de relatie tussen de computer en zijn gebruikers, de mens, beschrijft. Een goede webdesigner is tevens een HCI expert aangezien hij ook te maken krijgt met ergonomie, gedragswetenschappen en Interface en Interaction design.

## Usability design

Het Web kenmerkt zich als een erg democratisch medium; sterker nog op het Web is de gebruiker aan de macht. De klant is hier niet alleen koning, maar ook keizer en admiraal tegelijk. Over een tijd zal deze machtsverschuiving van producent naar consument grote maatschappelijke gevolgen hebben. Tegelijkertijd groeit het aanbod van websites harder dan het aantal surfers, zodat de aanbieders van webcontent nog afhankelijker van het gebruikersoordeel worden. Om het bezoek aan de site ook voor de lange termijn te garanderen, dient de siteopbouw en -presentatie zo veel mogelijk op de wensen en gedragingen van de gebruiker afgestemd te worden. Dit gebruikers-, en straks consument-georiënteerde webdesign vergt specifieke *(voor)*kennis van de wensen van de klant.

## ▶ Online usability testing

Dat betekent in de praktijk dat er goed geluisterd dient te worden naar wat de gebruiker wil en verlangt. Een heldere navigatie is belangrijk, maar de surfer is niet op zoek naar een fraaie navigatie maar naar waardevolle en betekenisvolle content. Een goed doordachte navigatie is voorwaarde, geen luxe! De vraagt rijst natuurlijk hoe de sitebouwer de ervaring van de gebruiker zo optimaal mogelijk kan faciliteren, opdat deze langere tijd doorbrengt op de site. En, als hoogste goed, dat de surfer later weer terugkeert naar dezelfde site omdat de ervaring zo goed bevallen is. Om dit niveau te bereiken dient men zich de vraag te stellen wat de gebruiker eigenlijk wil of zoekt? Om hier een bruikbaar antwoord op te kunnen geven, dient men onderzoek te verrichten. Bijvoorbeeld als deskresearch waarbij de statistieken van de eventuele bestaande site van grote waarde zijn voor kwalitatieve input.

Ook op het Web is een schat aan 'usability' informatie voorhanden. De Website van de

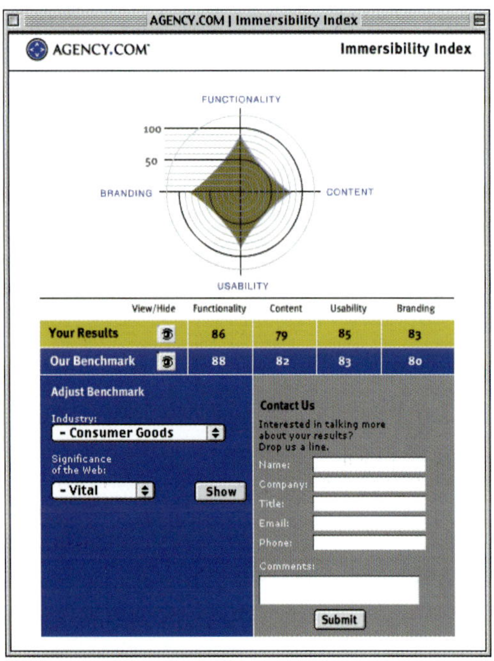


▲ Agency.com offreert online een website efficiency test.

▲ Keep It Simple Stupid ofwel KISS design. Op basis van een goede vlakverdeling en simpele typografie heeft het 'Ease-of-use' webdesignbureau Creative Good zijn site gebouwd.

usability guru Jacob Nielsen, www.useit.com, is echt een must. Zijn provocerende uitgangspunten en vakkundig gepresenteerde argumenten zijn meer dan leerzaam. In samenwerking met een van de grootste webdesign bureaus ter wereld, Agency.com heeft het bedrijf van Nielsen een usability test ontwikkeld die online uitgevoerd kan worden.

## ▶ User testing en focus groepen

De tweede methode om input van de gebruiker te krijgen is door deze daadwerkelijk naar zijn mening te vragen. Een zogeheten User Test is bij uitstek een beproefde manier om precies te weten te komen of een nieuwe vormgevingstijl of navigatiestructuur bij de doelgroep in de smaak valt. Een gebruikerstest kan uiteraard ook benut worden om vooraf te weten te komen aan welke criteria de site moet voldoen om voldoende in de smaak te vallen.

De praktijk heeft ons uiteraard ook het een en ander geleerd over wat de gebruiker echt wil. Deze minimale uitgangspunten blijken vaak een verrassing voor veel webontwikkelaars. Zeker als de sites van ondernemingen met deze criteria in het achterhoofd worden bekeken. De voornaamste factoren die een bezoeker doen terugkeren zijn:

◂ Een search-engine is een voorwaarde voor een grotere website.

- kwalitatieve en unieke content,
- bijdetijdse inhoud die vaak ververst wordt,
- minimale downloadtijd door lichte webpagina's,
- optimaal gebruiksgemak afgestemd op de bezoeker.

### ▶ Het Web is een non-lineair medium

Toegegeven, een aantal van deze criteria zijn 'zacht', ofwel niet in harde aanwijzingen uit te drukken. Maar dat neemt niet weg dat ze van groot belang zijn voor het welslagen van de site. Simpelweg vertalen van bestaande informatie naar het Web is al lang niet meer afdoende. Nog afgezien van de waarde die deze content heeft ze is gemaakt voor media die 'lineair' ingesteld zijn. Een brochure leest van voren naar achteren, een continue, lineaire stroom van informatie. Het Web daarentegen is niet lineair ingesteld; de hyperlinks zorgen voor een sprongsgewijze, associatieve opname van de data. Bij de vertaling van bestaande content zit de toegevoegde waarde in het aanleggen van de onderlinge relaties in en tussen de documenten. Dat vergt uiteraard een redactionele inzet, maar de investering zal door de bezoeker op prijs worden gesteld.

Als de site gebruikt kan worden als vervanger voor traditionele informatiemiddelen als helpdesks, kan de investering ook nog eens snel terugverdiend worden.

### ▶ Een-op-een communicatie

Het onderscheidende verschil ten opzichte van de andere media is de interactieve mogelijkheden van het Web. Dankzij de site kan een dialoog met de gebruiker op gang komen, een-op-een zelfs. Deze directe vorm van communicatie tussen de aanbieder en de consument van de informatie levert een schat aan gegevens op: over de voorkeuren van de consument, zijn gedragingen op het Web en indien aanwezg zijn aankoopgedrag. Al deze informatie kan in de verdere ontwikkeling van de site gebruikt worden. Als men niet op deze ontwikkelingen inspeelt en louter eenrichtingscommunicatie blijft plegen, worden de voordelen die de dialoog biedt, gemist.

Op lange termijn zal de site die openstaat voor de gebruiker een concurrentievoordeel hebben omdat men beter kan inspelen op de consument. Eén punt van aandacht: het veelvuldig gebruik van de woorden 'consument' en 'gebruiker' betekent niet dat we moeten vergeten dat het hier om mensen gaat!

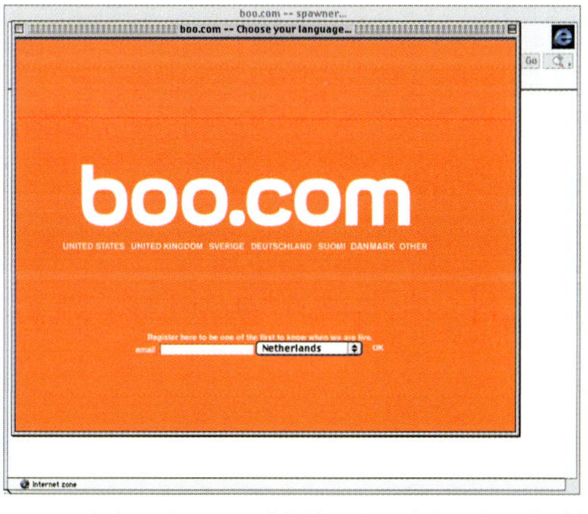


▴ Een 'splash-pagina' moet altijd functioneel zijn. Bijvoorbeeld om een plug-in keuze aan te geven of om informatie te vragen.

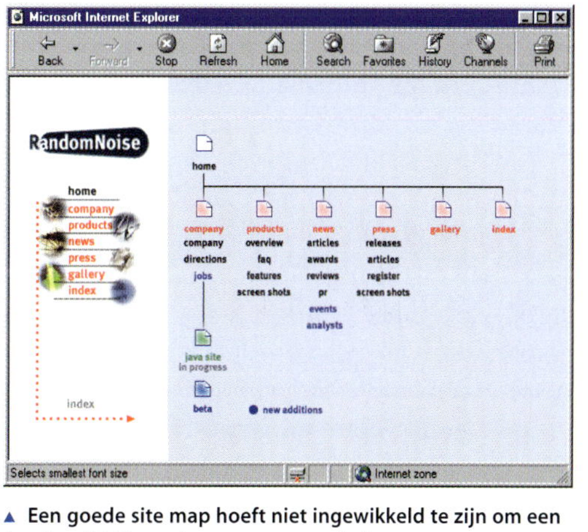


▴ Een goede site map hoeft niet ingewikkeld te zijn om een 'verdwaalde' bezoeker weer op weg helpen.

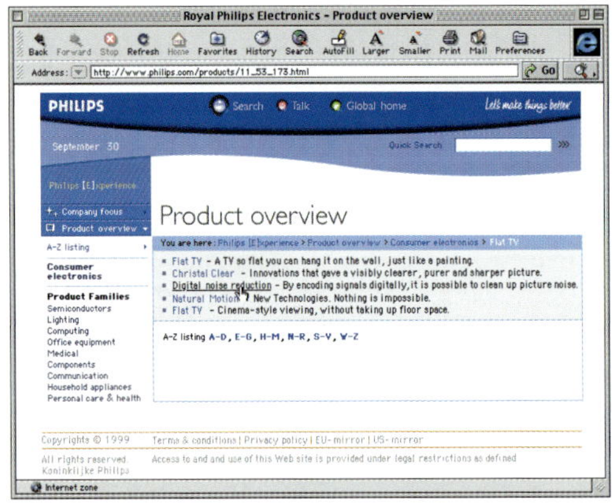


▲ De 'crumbtrails' in de praktijk bij www.philips.com. De balk 'You are here' geeft de bezoeker precies aan waar hij zich bevindt en welke opties er nog meer te kiezen zijn.

## ▶ Ontwerp voor vertrouwen

Voor het bereiken van een optimaal gebruiksgemak van de site en de juiste opbouw van de webpagina's kunnen concrete aanwijzingen gegeven worden. Let wel, het woord aanwijzingen is niet voor niets gekozen. Het web en het vakgebied webdesign zijn nog te jong om zich van definitieve regels en wetten te bedienen. De techniek schrijdt continu, en met grote snelheid, voort en beinvloedt daardoor voortdurend de bestaande conventies en uitgangspunten.

Een ding staat echter vast: het Web zal het allerbelangrijkste medium worden en alle andere media naar zijn hand zetten. En alle bestaande economische conventies zullen overhoop gegooid worden. De rol van de website zal voor een zakelijke onderneming in belang toenemen. Het uitgangspunt verschuift tegelijkertijd van een meer communicatiegerichte informatie naar meer relatiemarketing en verkoopgeoriënteerde content.

Een ding staat voorop: de toegankelijkheid van de informatie en het gemak waarmee de gezochte data gevonden kunnen worden, zijn belangrijke uitgangspunten voor de sitebouwers. Zeker zo belangrijk als de grafische aankleding van het geheel. De juiste balans tussen een professionele grafische verzorging en een heldere en consistente structuur met dienovereenkomstige navigatie geeft de bezoeker het vertrouwen in het merk achter de site. In de post-Amazon commerciële wereld, ook wel bekend onder de naam E-commerce, zal vertrouwen de allerbelangrijkste eigenschap worden. Niet zozeer in het merk zelf, maar in de reputatie ervan. De site wordt de belichaming van het merk, aangezien de webpresentatie het meest directe contactpunt voor de consument wordt.

## ▶ Verlaten winkelwagentjes

Een belangrijk uitgangspunt voor een succesvolle navigatie is de vraag: "Kan ik op elke pagina zien waar ik ben, waar ik vandaan ben gekomen en waar ik heen kan gaan?" Dit lijkt heel basaal, maar probeer het maar eens uit als u op het Web surft.

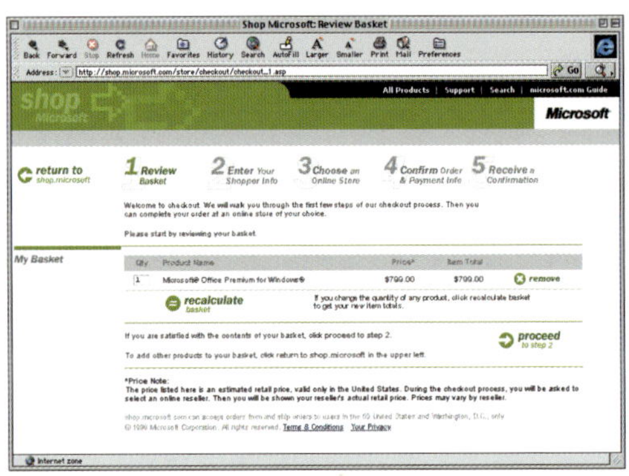


▲ In dit voorbeeld van de Microsoft Webshop weet de klant door de visuele informatie precies hoeveel stappen het aankoop- en registratieproces vergt.

Lang niet alle sites hebben zelfs maar een 'Home' button of een mogelijkheid om naar de thuisbasis van de site terug te keren. Een techniek die op veel E-commerce sites wordt toegepast is het toevoegen van zogeheten 'crumbtrails'. Dit voert terug op het sprookje van roodkapje die haar weg feilloos door het donkere bos kon vinden door een kruimelspoor achter te laten. Wel, in webvormgeving komt deze techniek ook goed van pas; door stapsgewijs het gevolgde pad te tonen aan de bovenzijde van de pagina weet de bezoeker waar hij zich in de structuur bevindt.

Als de stappen ook nog actieve hyperlinks zijn, kan de gebruiker altijd weer terug naar een andere categorie om daarvandaan verder te surfen.

Dit voorbeeld vinden we ook terug bij sites die online koopprocessen toegankelijker willen maken. De diverse stappen die de klant moet doorlopen worden duidelijk aangegeven zodat altijd duidelijk is hoeveel 'moeite' het nog kost voordat de aankoop verricht is. Dit soort technieken helpen om het enorme percentage 'verlaten winkelwagentjes' tegen te gaan. Dat is soms meer dan 65 procent...

**■ User testing in de praktijk. Navigatie- en semantiekmogelijkheden getest voor www.philips.com.**

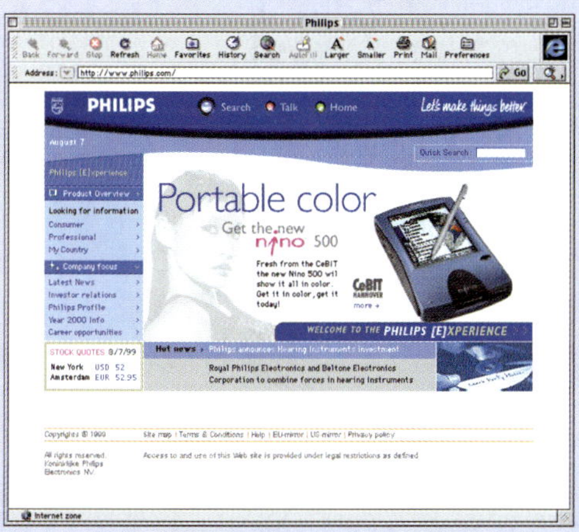


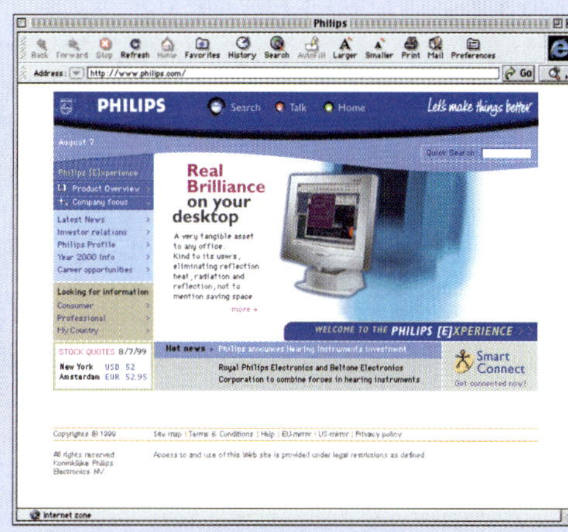


▲ Aan een focusgroep zijn verschillende oplossingen gepresenteerd van de homepage van www.philips.com. ▼

▲ De testpersonen konden kiezen uit diverse varianten in zoekveld en in beschrijving van de diverse secties. ▼

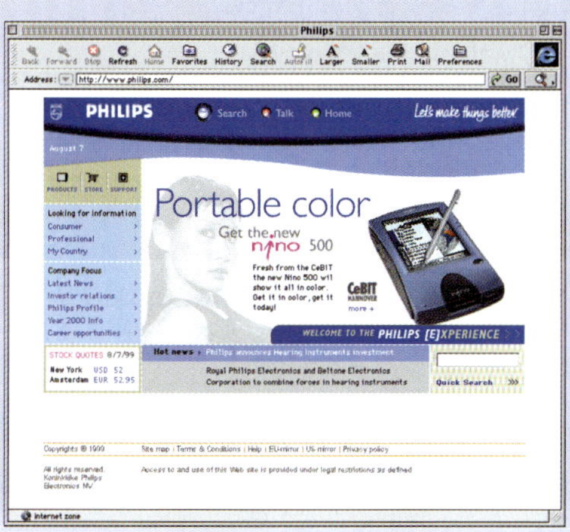


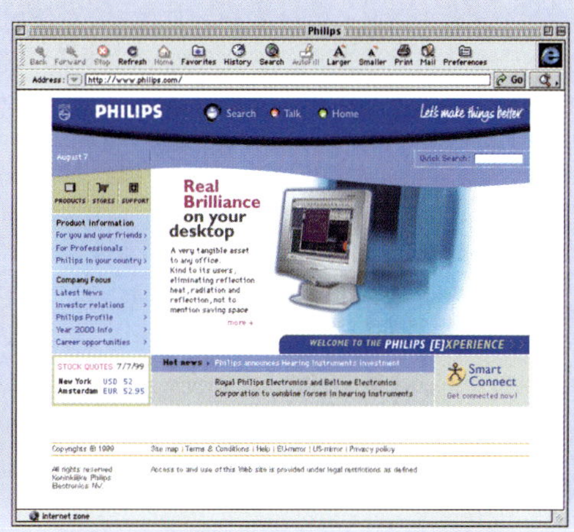

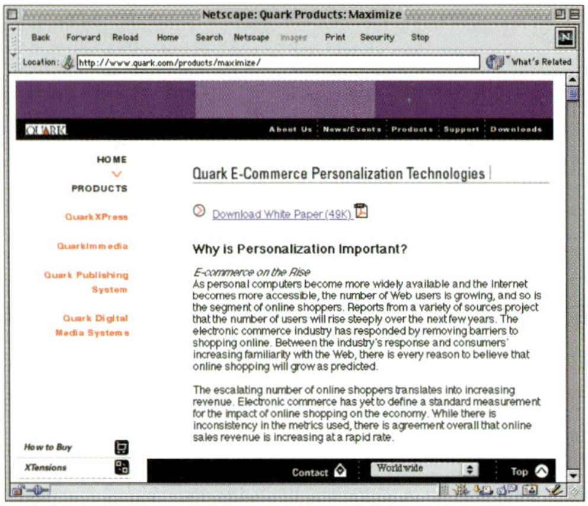


## ▶ Navigatie altijd en consistent in beeld

Het vinden van de informatie is net zo belangrijk als de informatie zelf! Dat betekent dat hoe minder 'clicks' het bereiken van de content vergt, des te effectiever de navigatie is. De informatiearchitectuur van de site bepaalt de organisatie van de content en de relatie tussen de diverse onderdelen van de website. De navigatiebalk is dus een belangrijk onderdeel van de site. Deze kan zowel horizontaal als verticaal worden toegepast. Op zich maakt dat niet zoveel uit, maar een consistente positie op alle relevante pagina's is wel van groot belang. De gebruiker moet vertrouwd raken met de navigatiemiddelen. Deze moeten dus eenvoudig aan te leren zijn en rijkelijk alternatieve oplossingen bieden.

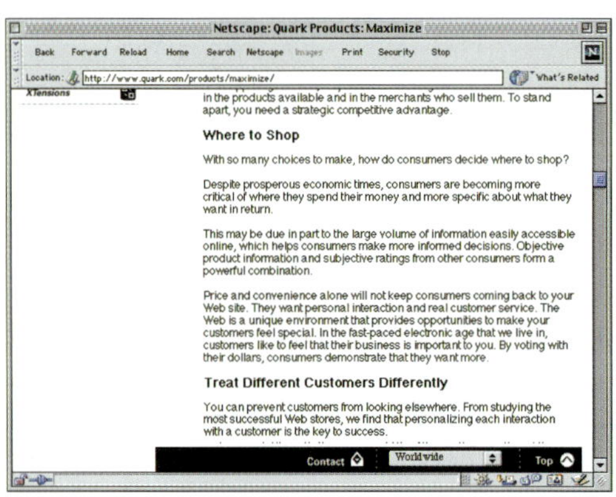


▲ Quark bezit een navigatiebalk die 'meescrollt' met de webpagina zelf. De basisopties zijn daardoor altijd in beeld. De balk is een aparte 'Layer' die op JavaScript code draait.

## ▶ Feedback overal en altijd

Het machtigste wapen is vaak ook het gevaarlijkste wapen. Dat geldt ook voor feedback of directe communicatie met de gebruiker. Als de klant zijn zin niet krijgt of niet snel of adequaat geholpen wordt, vliegen de mailtjes die uitsluitend in hoofdletters geschreven staan je om de oren. De interactie op het Web is tamelijk direct en zeker niet ingehouden. Er zijn echter alternatieve mogelijkheden om met de *(potentiële)* klant in contact te komen. Call back opties waardoor men persoonlijk in contact kan komen of kleine online onderzoekjes zijn methodes om de bezoeker zijn mening te laten geven op een vriendelijke en vooral interactieve manier. De waarde van deze communicatie is uiteraard hoog: u verkrijgt direct én uit de eerste hand de mening van de gebruiker. Simpelweg door u open te stellen via uw site. Interactiviteit is twee-wegcommunicatie!

◀ Een optie als 'Click2talk' is ideaal als een klant geholpen dient te worden of onmiddellijk persoonlijke aandacht vergt.

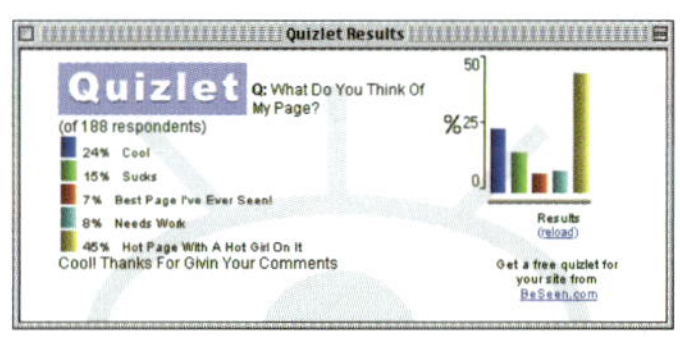


◀ Een Quizlet is een mini-onderzoek dat waardevolle input voor de site beheerder kan opleveren.

De pruikensite ▸ 'wysiWIG.com' is geheel opgemaakt met Adobe GoLive software.

Het ontwikkelen van een website lijkt een tijdrovend en niet echt rationeel proces. Met behulp van speciale 'tags', ofwel opmaakcodes, moeten de pagina's tegelijkertijd ontworpen én opgemaakt worden. Dit hoofdstuk toont een modernere werkwijze: het creëren van een website met behulp van de wysiwyg opmaakprogramma's Adobe Golive en Macromedia Fireworks en Dreamweaver.

## Wysiwyg webdesign

De kernfunctie van een webpagina bestaat voornamelijk uit 'communiceren' in woord en beeld om deze boodschap vervolgens te distribueren over het Internet naar de gebruiker toe. In vergelijking met het publiceren op papier heeft het Web een veel grotere reikwijdte. En daardoor is het ook zo'n fascinerende uitdaging om een site te maken waarmee u potentieel de hele wereld kunt bereiken.

Het bouwen van een site was ooit het terrein van programmeurs en netwerkbeheerders. Dankzij de komst van 'wysiwyg' software is het mogelijk om in realtime te werken en daardoor pagina's te ontwerpen zonder de belemmeringen van het werken met droge computercode. De kwaliteit van het 'What You See Is What You Get' pakket is echter doorslaggevend voor het eindresultaat. Hoe fraai het er ook in de voorvertoning uitziet, niets weegt op tegen de test van de pagina op het Web zelf gezien door de grote variëteit aan browsers en operating systems.

### ▶ Maatgesneden webdesign

Adobe, de leverancier van grafische software, heeft nu ook een volwaardig webdesign programma uitgebracht, genaamd GoLive, waardoor een website volgens de beproefde werkwijze van een pagina-opmaakprogramma kan worden gecreëerd.

Het plaatsen van een GIF-afbeelding bijvoorbeeld vergt in GoLive niet meer werk dan het op de pagina slepen van het plaatje. De bijbehorende HTML-code wordt automatisch toegevoegd: <IMG align=left SRC="bestand.gif" border=0 width=100 height=100 ALT="plaatje">.

Door deze intuïtieve werkwijze wordt het handmatig programmeren in HTML deels overbodig. De zogeheten 'Wysiwyg'-HTML-editors maken van het creatieproces een visuele aangelegenheid in plaats van een typoefening van onoverzichtelijke HTML-codes. Op zich is dit een positieve ontwikkeling. Maar feit blijft dat een gedegen kennis van de opmaaktaal HTML in het productieproces van de site altijd van pas komt. Adobe GoLive speelt goed in op deze ontwikkeling omdat het programma alle benodigde functionaliteit biedt en door professionele vormgevers wordt gebruikt tijdens het webdesignproces.

Tegelijkertijd bezit GoLive een tweetal opties om in de paginacode te corrigeren. In een puur tekstmatige weergave van HTML is voorzien, evenals in een presentatie waarbij de geïmporteerde afbeeldingen met de code samen in de hiërarchie van de pagina getoond worden. Dit maakt het mogelijk om 'visueel' in de code te zoeken naar die ene incorrecte tag.

De presentatiewijze van GoLive en het feit dat het programma naadloos aansluit bij de rest van Adobe's suite aan grafische software, maken GoLive tot een dankbare keuze voor de niet code-geobsedeerde webdesigners. De interface is gebruiksvriendelijk en de integratie met de andere Adobe producten als Photoshop en Illustrator is prima verzorgd.

### ▶ Ontwerp in een tekenprogramma

Als uitgangspunt voor het ontwerp van de homepage *('thuispagina' klinkt zo Nederlands)* van een fictieve online pruikenverkoper met de toepasselijke naam 'wysiwig', wordt van Adobe Photoshop gebruikgemaakt. Door gebruik te maken van een bitmap georiënteerd tekenprogramma kan de vormgever zich concentreren op de layout van de webpagina zonder zich *(nog)* zorgen te hoeven maken over de technische details. Uiteraard dient men wel rekening te houden met de basiswetten van webdesign. Een ontwerp dat meerdere tekst- en beeldlagen op elkaar bezit, zal in HTML niet de verwezenlijken zijn. Of alleen als men de allernieuwste browsers die 'Layers' ondersteunen als doel heeft. Een site voor de massa kan zich dit soort technieken niet veroorloven. Goed, nog afgezien van dit soort discussies, is een belangrijke keuze de vorm van de site. In het ontwerpproces dient men rekening te houden met de wensen van de doelgroep en de omgeving waarin de site wordt bekeken. Het ontwerpen van een pagina in een web-editor is bijna niet mogelijk. Zo'n groot wit scherm nodigt niet echt uit om vrijelijk creatief te zijn. Maak daarom een schets vooraf en werk dit uit in een vertrouwd tekenprogramma. Om de beleving van de pagina zo echt mogelijk te maken wordt het uiterlijk van een webpagina gekopieerd door een screendump van een lege webpagina op de onderste laag te plaatsen. Vervolgens kan men laag voor laag het ontwerp uitbouwen totdat alle beeld- en tekstelementen een goede plek hebben gevonden. De lagenopbouw is ideaal voor de migratie naar het Web.

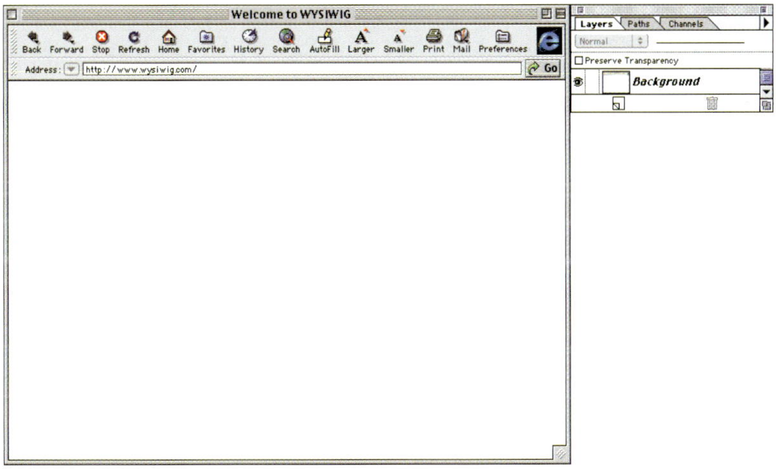


◂ Wysiwyg webdesign in Adobe Photoshop! Door een screendump van een lege webpagina op de achtergrond te plaatsen...

◂ ...en daar vervolgens laag op laag content aan toe te voegen, ontstaat de vormgeving van de Wysiwig website.

## ▶ Van lagen naar bestanden

De volgende stap bestaat uit het omzetten van de Photoshop-lagenafbeelding naar bestandsformaten die door Adobe Golive herkend worden. Er zijn hiervoor diverse opties. Doordat er gebruik is gemaakt van lagen, kan men de gebruikte grafische elementen eenvoudig naar GIF- en JPEG-bestanden omzetten. Selecteer gewoon een afbeelding in een laag, kopieer dit en open een nieuw bestand met dezelfde achtergrond als in het origineel. Plak de gekopieerde afbeelding en bewaar het bestand als GIF- of JPEG-document. De stelregel blijft gelden: grafische bestanden als logo's verdragen zich beter als GIF-bestand terwijl foto's beter als JPEG-document opgeslagen kunnen worden.

De reden waarom de bijbehorende achtergrondkleur gebruikt moet worden, is dat er anders bij vrijstaande afbeeldingen die als transaparante GIFjes worden omgezet, problemen ontstaan als de kleuren sterk verschillen. Het antialiasing effect werkt alleen dan goed als de kleuren optisch aansluiten. Een licht 'aura' om een afbeelding zal vreemd werken als het plaatje op een donkere achtergrond in de webpagina wordt geplaatst.

Wit is verreweg de eenvoudigste kleur om bestanden vrijstaand op te maken. Vandaar

GoLive heeft ▶ meer dan de standaard 216 webkleuren in de aanbieding.

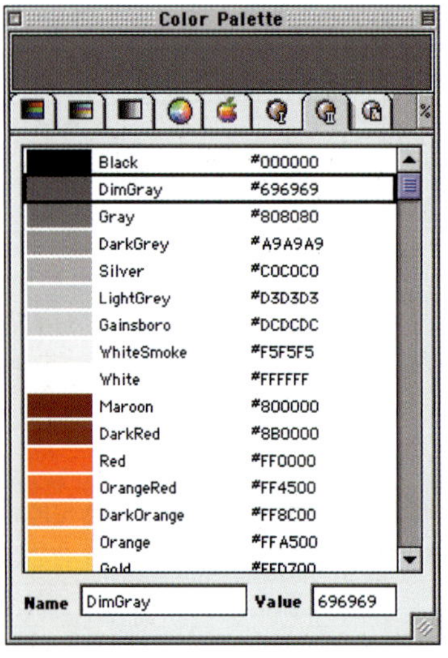


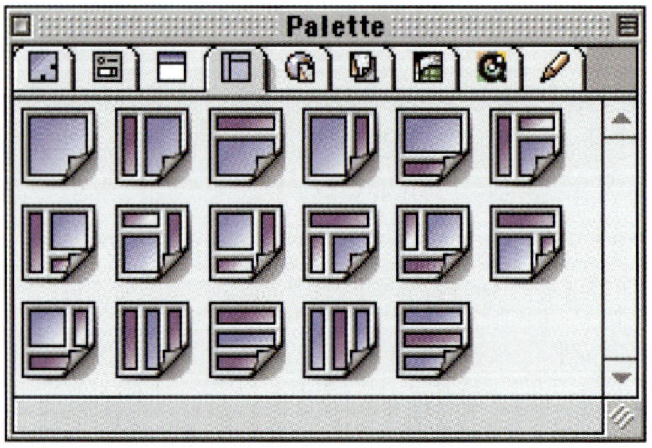


▲ Het opzetten van een site in frames vergt slechts één handeling. De meest gebruikte versies zijn standaard aanwezig.

dat er ook zoveel witte webpagina's zijn. Echt niet alleen vanwege de leesbaarheid van de tekst door het grote contrast.

Als het lagenbestand omgezet is naar losse GIF- en JPEG-afbeeldingen kan de opmaak beginnen. Feitelijk gedraagd GoLive zich net als een wysiwyg paginaopmaakpakket. Door drag 'n drop of door het importeren van de afzonderlijke afbeeldingen worden de grafische bestanden een voor een op hun juiste plaats gezet. Jawel, dat kan in Adobe GoLive als men gebruikmaakt van een pagina-grid. Op basis van harde coördinaten kan elk bestand exact op de juiste positie op de webpagina worden geplaatst. Ook al werkt dit in browsers vanaf versie 4 en hoger, het is een grote stap voorwaarts in de ontwikkeling van webdesign dat absolute positionering mogelijk is. En dat zorgt er ook voor dat webdesign voor steeds meer ontwerpers een optie wordt. Het excuus dat de complexe code hun het spreekwoordelijke zicht op het bos ontnam, is nu weggevallen!

## ▶ Achtergrondkleur en -patroon afstemmen

Nadat we een nieuw document in Golive hebben geopend, wordt eerst de achtergrondkleur bepaald. We gebruiken een witte kleur omdat die overeenkomt met de achtergrondtekening die we in het tekenprogramma hebben gebruikt. Hierdoor wordt de visuele 'schok' na het inladen van de achtergrondafbeelding enigszins beperkt.

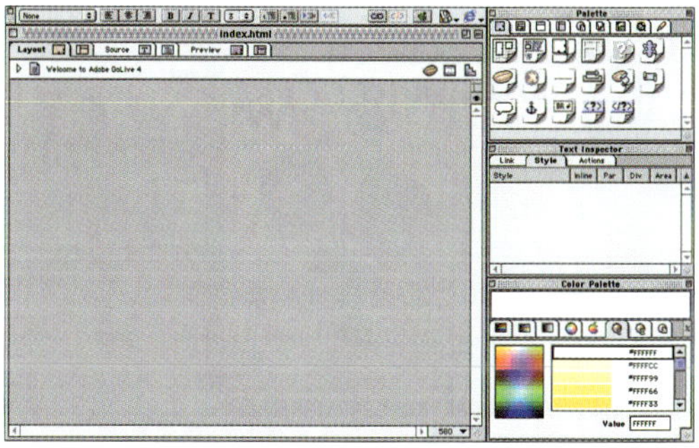


▲ We starten met een nieuw document in Adobe GoLive.

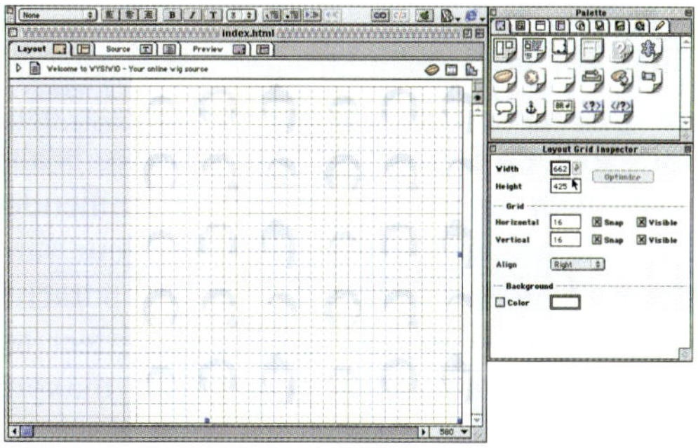


▲ Aangezien het design precies past, wordt het grid ingezet.

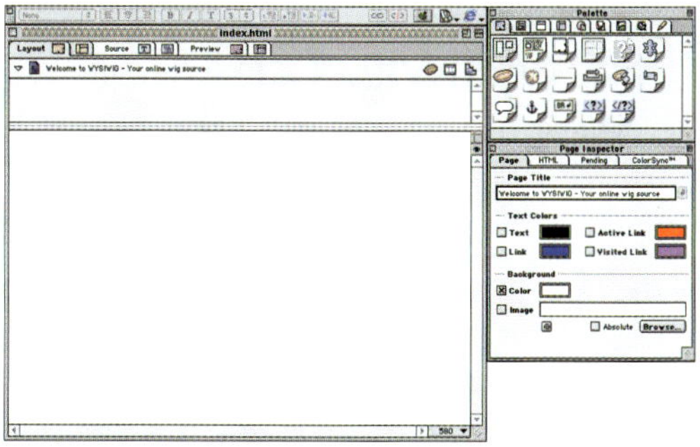


▲ De <title> wordt ingegeven en de achtergrondkleur.

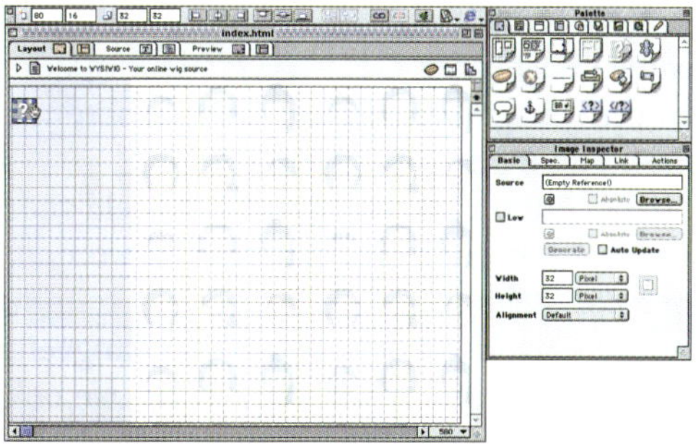


▲ Een 'leeg' image symbool wordt op het grid geplaatst...

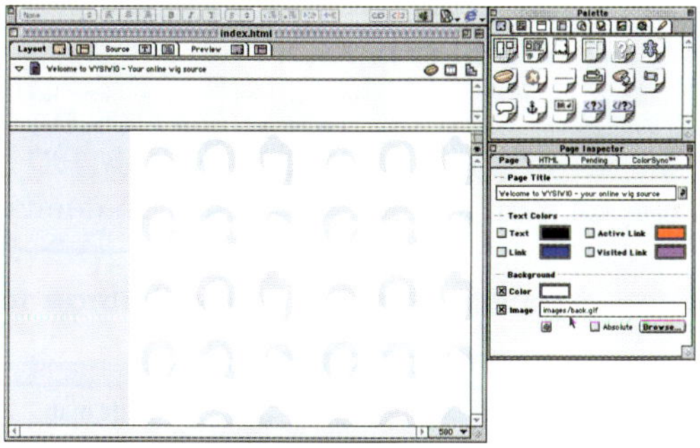


▲ Het achtergrondpatroon wordt eraan toegevoegd.

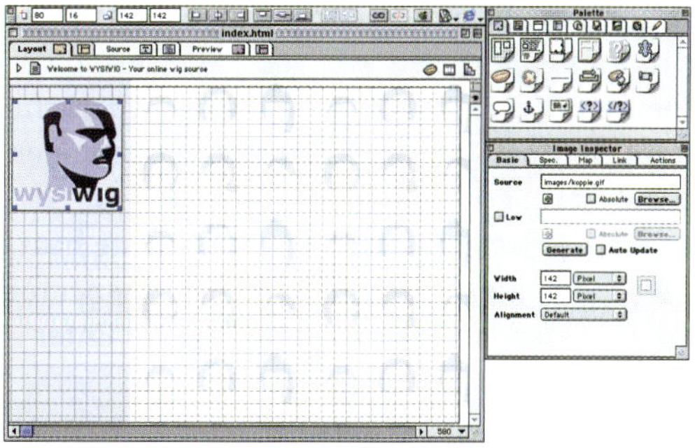


▲ En de bijbehorende afbeelding wordt ingesteld.

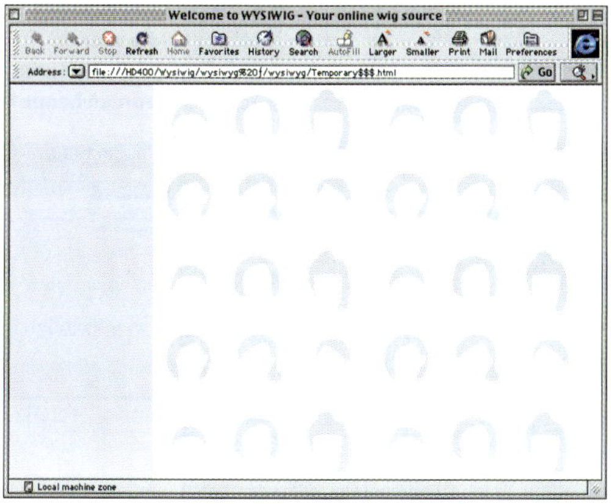


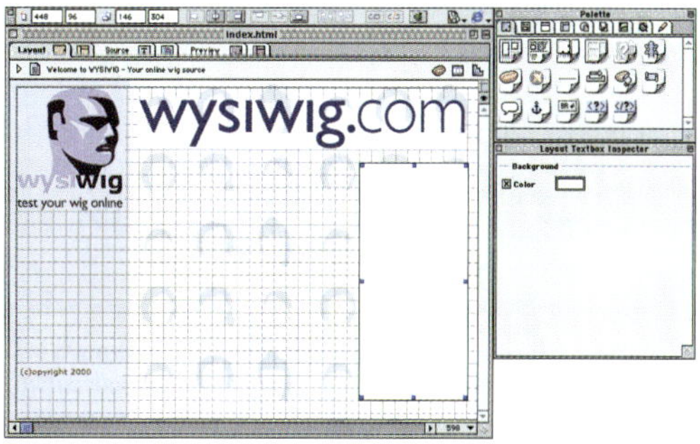


▲ Het kader voor de pruikenkleuren wordt aangemaakt.

◄ De pagina wordt steeds in een 'echte' browser bekeken.

▲ Hulplijnen worden vanuit de linealen getrokken.

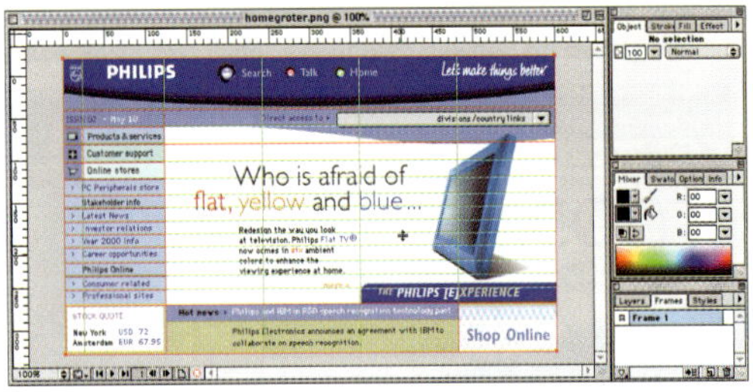


▲ Op de snijvlakken van de hulplijnen worden de vlakken getekend die later uitgesneden worden.

▲ De (groene) hulplijnen zijn tijdelijk verwijderd.

▲ Kies het 'slice' symbool en gebruik een opvallende kleur om de zones te accentueren. Per zone wordt bekeken of het beeld als GIF of als JPEG wordt geëxporteerd. ▼

▲ In Export Preview kan men specifieke kleuren 'vastzetten'.

## ▶ Slicing in Fireworks

Macromedia Fireworks kan een Photoshop lagenbestand laag voor laag inlezen. U kunt echter ook de platte versie importeren. Daarvoor is in dit voorbeeld gekozen, aangezien het ontwerp 'opgesneden' wordt voor een prototype-pagina. Tevens wordt er interactie toegevoegd in Macromedia Fireworks door Rollovers te gebruiken.

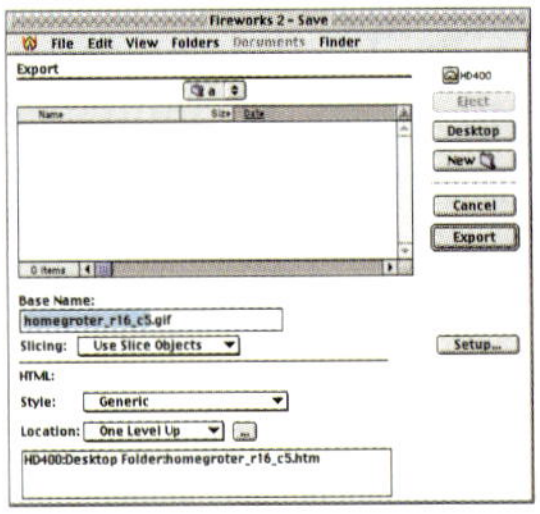


◀ In het Export-venster wordt bij 'Slicing' de optie 'Use Slice Objects' gekozen. De HTML style staat op 'Generic' maar kan ook op 'Dreamweaver' worden ingesteld. De 'Location', de plaats waar de GIF's staan, is één niveau hoger.

▼ Een tussentijdse 'preview' in de webbrowser is altijd nuttig.

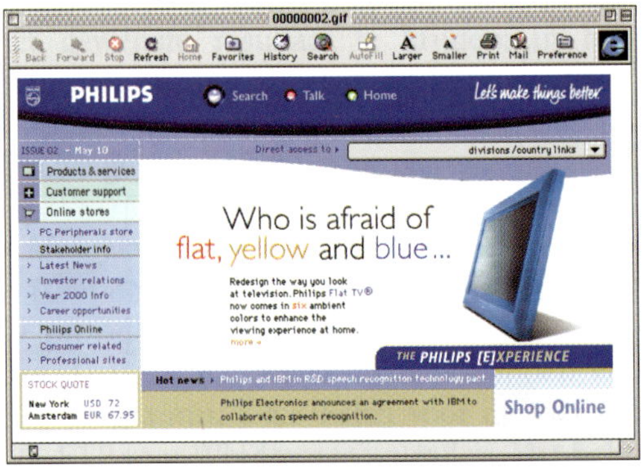


In Fireworks is de 'Slicing' een aantrekkelijke optie voor het creëren van een prototype van een ontwerp. Hierdoor kan een 'plat' ontwerp omgezet worden in een HTML-versie. Door deze te publiceren kan het ontwerp in de browser zelf bekeken worden en ziet het er al aardig realistisch uit.

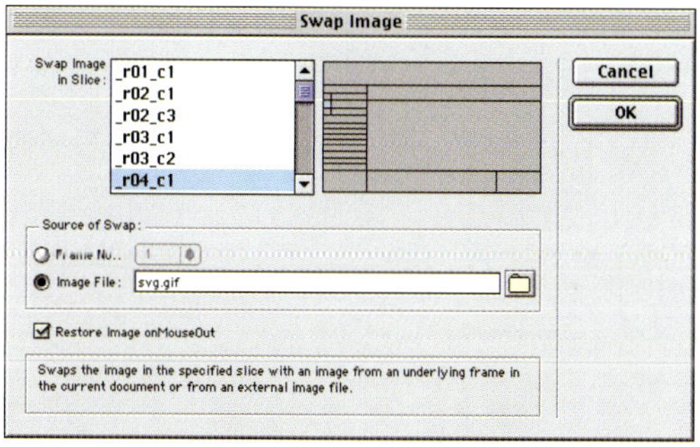


▲ In Fireworks kunt u een 'rollover' maken door de functie 'Swap Image'. Het tweede image kiest men in het venster. ▼

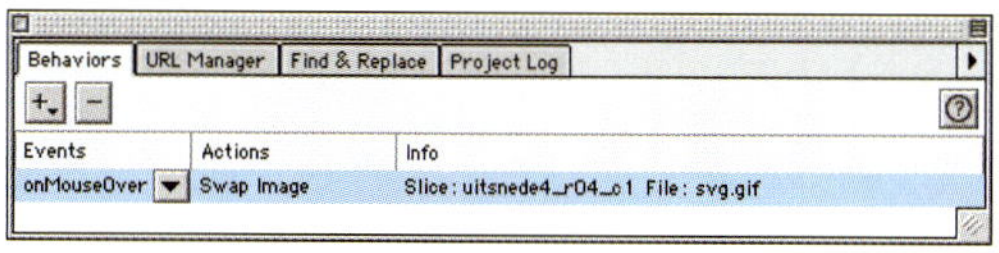


## ▶ Afwerking in Dreamweaver

De compleet getekende webpagina inclusief alle JavaScriptcode en de bijbehorende beelden kunnen zonder enige aanpassing in Macromedia Dreamweaver worden geopend.

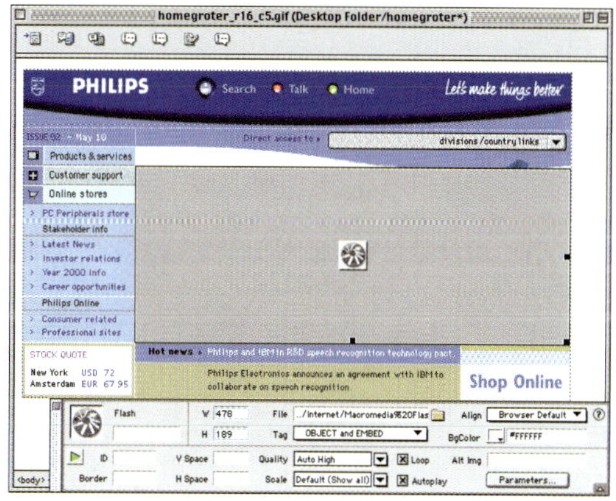


▲ In Dreamweaver kan verdere functionaliteit toegevoegd worden zoals een Flash variant van de centrale illustratie. Deze kan met behulp van Flashwriter snel getekend worden.

In Dreamweaver kan de pagina verder worden bewerkt. Het toevoegen van een Flash animatie is een optie. Hiervoor vervangt u de centrale illustratie door een even groot .SWF bestand. Een unieke optie die nog meer creatieve mogelijkheden biedt, is het converteren van de tabelcellen naar Layers. Dit is een standaardoptie in Dreamweaver. Vervolgens kan men de Layers animeren, bijvoorbeeld door ze de webpagina in te laten vliegen. Dit werkt als volgt: kies een Layer en selecteer: 'Add to Timeline'. Vervolgens kan het object van een 'Behavior' worden voorzien. De mogelijkheden zijn legio!

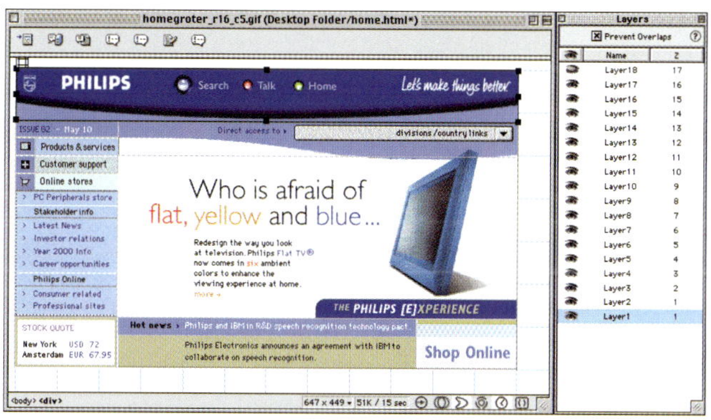


▲ De losse tabelcellen worden geconverteerd naar Layers.

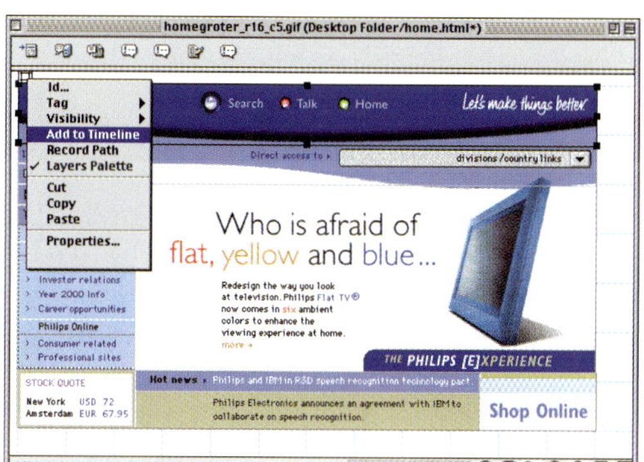


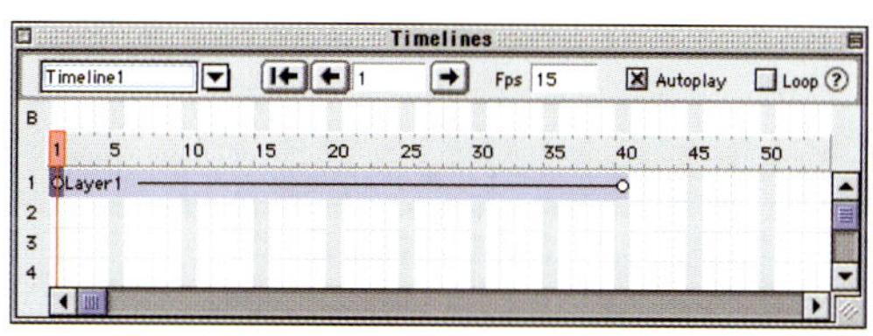


▲ In het animatievenster wordt het begin- en eindpunt van de animatie aangegeven door keyframes te plaatsen.

◀ Nadat de Layer aan de tijdlijn is toegevoegd, kan de beweging opgenomen worden door 'Record Path'.

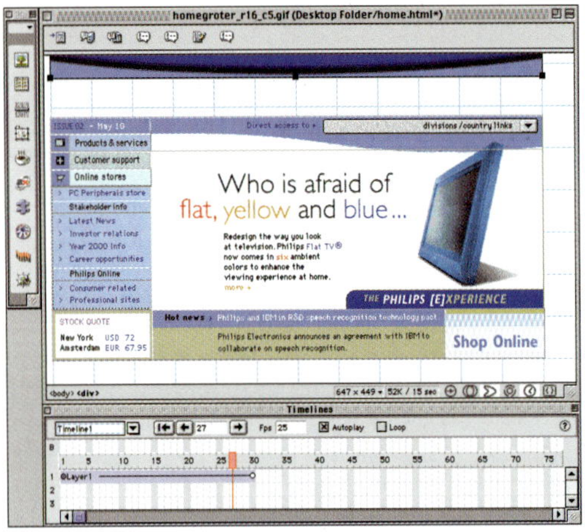


▲ **De horizontale identificatiebalk verschijnt automatisch in beeld tijdens het inlezen van de webpagina dankzij 'Autoplay'.**

## ▶ Het prototype als presentatieontwerp

Het eindresultaat van de ontwerpexercitie is een geanimeerde webpagina met een hoge mate van interactiviteit en dynamiek. Toch is het nog steeds een prototype, aangezien we het originele Photoshop-ontwerp als uitgangspunt hebben genomen. Dat betekent dat alle teksten in plaatjes zijn omgezet.

Voor een eerste presentatie aan een groep opdrachtgevers 'life' op het Web is deze prototyping techniek uitermate geschikt. Het simuleert net genoeg om de interactieve uitgangspunten van het concept te communiceren. Hierdoor kan het concept veel beter beoordeeld worden op zijn merites. En nog een laatste tip voor Mac-gebruikers: installeer Windows emulatie-software als Virtual PC. Dan kunt u zelf controleren wat de klant ziet!

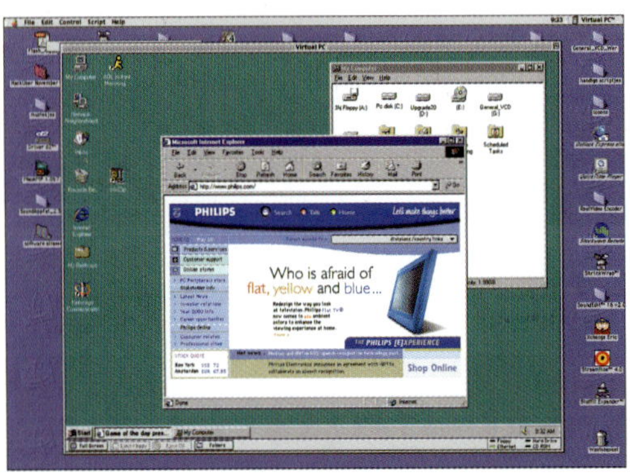

# Creatief webdesign

De kleurenkaart ▸ is op de afgebeelde URL van Victor Engel ook 'online' te bezichtigen.

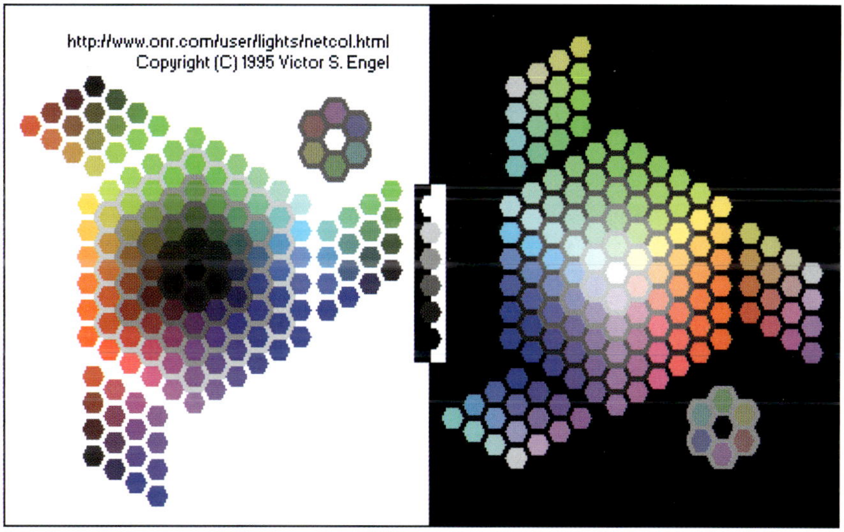


De beeldkwaliteit van de afbeeldingen op het Web wordt niet alleen door de scan- en tekenprogramma's bepaald. De kleurweergave wordt ook bepaald door de mogelijkheden die de PC en de videokaart geven. Dit hoofdstuk geeft inzicht in de theorie die achter de kleuropbouw van Netscape schuil gaat.

## Kleuren afstemmen op het Web

Het fenomeen is algemeen bekend: een afbeelding waarvan men zeker weet dat de kwaliteit prima in orde was, ziet er in Netscape plots minder fraai uit. De oorzaak is moeilijk te achterhalen. Enig researchwerk levert meer vragen dan antwoorden op. Nog complexer wordt het als men de webpagina op diverse computersystemen gaat bekijken. Een Macintosh ingesteld op 256 kleuren blijkt een nog slechter resultaat te geven dan een Windows PC met 256 kleuren. Een Macintosh met duizenden of miljoenen kleuren op de videokaart geeft echter een briljant en helder plaatje weer in Netscape Navigator. Om de *(on)*logica van deze visuele observaties te begrijpen is het zaak om het kleurensysteem van Netscape te begrijpen.

Dankzij deze kennis is men voortaan in staat om beter leesbare illustraties te maken. Aangezien de meeste webgebruikers niet boven de grens van 256 kleuren en een beeldschermformaat van 14 inch uitkomen, is het aan te bevelen om sterk met deze omstandigheden rekening te houden. De doelgroep bepaalt de standaard. Het vergt wel enig vakmanschap op het gebied van pixel-manipulaties. Enig gevoel voor kleuren is ook een pre.

## ▶ Colour Look-Up Tables

De oorzaak van de zichtbare kwaliteitsvermindering wordt veroorzaakt door het feit dat Netscape een eigen kleurenpalet gebruikt. Deze verzameling kleuren zijn in een zogenaamde kleurentabel ofwel 'Colour Look-Up Table' gecombineerd. Deze CLUT is heel bepalend voor de weergavekwaliteit. Want een kleur die niet in de kleurentabel voorkomt, wordt vervangen door de dichtstbijzijnde kleur. In het ergste geval wordt de kleur vervangen door twee kleuren uit de CLUT die gezamenlijk proberen de kleur te benaderen in een zogenaamd 'dither'-effect. Dit gedrag is ook nog per computersysteem verschillend. Op de PC heeft Netscape de optie ingebouwd dat men de kleuren op 'dithering' of 'automatic' kan zetten. Op de Macintosh is 'dithering' niet altijd mogelijk. En het UNIX-platform heeft een eigen CLUT.

## ▶ 216 verschillende kleuren

De browsers gebruiken een kleurenmodel waarin elke primaire kleur wordt opgebouwd op basis van de hexadecimale waarden: 00, 33, 66, 99, CC en FF. De corresponderende decimale waarden zijn: 0, 51, 102, 153, 204 en 255. De kleur <color="#CC3300"> zal dus nooit ditheren op een PC of Macintosh!

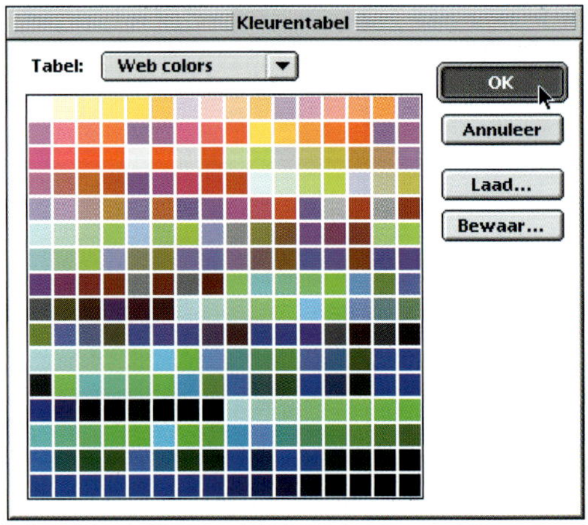


▲ Op basis van de tekening van Victor Engel of de kaart van Douglas Jacobson kan men een eigen Web CLUT maken, of gewoon downloaden van www.kentie.com.

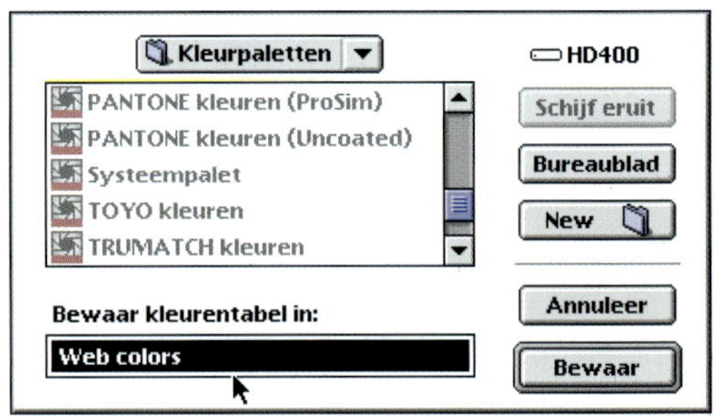


▲ Het kleurenpalet van 216 kleuren kan men apart bewaren door de kleuren te indexeren. Als men de CLUT als 'Web colors' in de kleurenpaletten-folder plaatst, kan men deze voor elke bewerking in Photoshop steeds weer inladen.

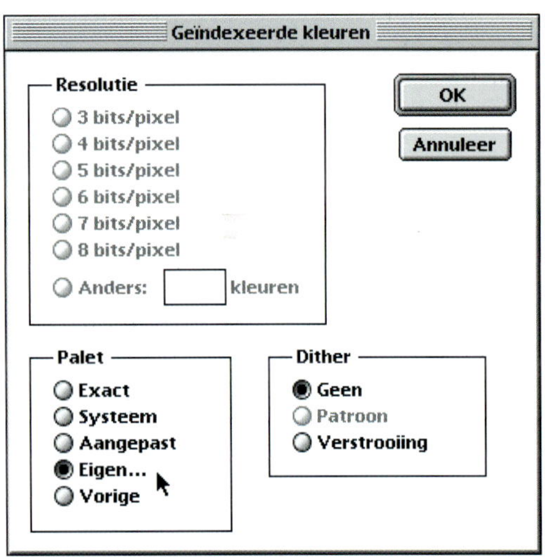


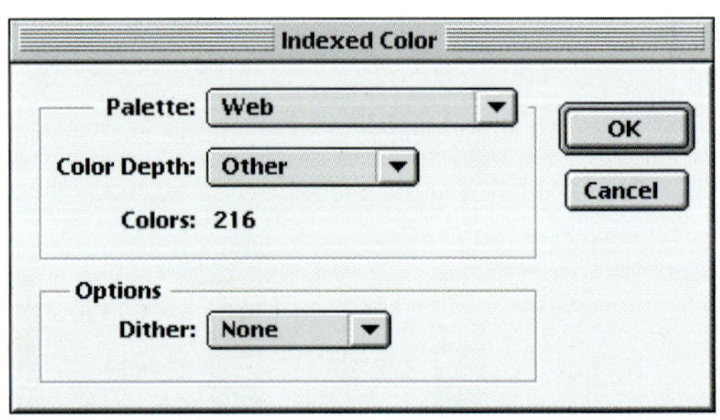


▲ Adobe Photoshop 5.5 heeft een ingebouwd "Web Palette."

◀ Als men 'Eigen' selecteert uit de 'Palet-opties' van Adobe Photoshop, verschijnt bovenstaand venster. Door vervolgens het juiste kleurenpalet te laden kan men een foto of illustratie in GIF-formaat naar de juiste kleuren laten omrekenen. Het eindresultaat is een 'Web-veilige' illustratie voor zowel Windows PC als Macintosh surfers.

◂ De 216 kleuren uit het 'webpalet'.

| | | | | | |
|---|---|---|---|---|---|
| FFFFFF | FFCCFF | FF99FF | FF66FF | FF33FF | FF00FF |
| FFFFCC | FFCCCC | FF99CC | FF66CC | FF33CC | FF00CC |
| FFFF99 | FFCC99 | FF9999 | FF6699 | FF3399 | FF0099 |
| FFFF66 | FFCC66 | FF9966 | FF6666 | FF3366 | FF0066 |
| FFFF33 | FFCC33 | FF9933 | FF6633 | FF3333 | FF0033 |
| FFFF00 | FFCC00 | FF9900 | FF6600 | FF3300 | FF0000 |
| CCFFFF | CCCCFF | CC99FF | CC66FF | CC33FF | CC00FF |
| CCFFCC | CCCCCC | CC99CC | CC66CC | CC33CC | CC00CC |
| CCFF99 | CCCC99 | CC9999 | CC6699 | CC3399 | CC0099 |
| CCFF66 | CCCC66 | CC9966 | CC6666 | CC3366 | CC0066 |
| CCFF33 | CCCC33 | CC9933 | CC6633 | CC3333 | CC0033 |
| CCFF00 | CCCC00 | CC9900 | CC6600 | CC3300 | CC0000 |
| 99FFFF | 99CCFF | 9999FF | 9966FF | 9933FF | 9900FF |
| 99FFCC | 99CCCC | 9999CC | 9966CC | 9933CC | 9900CC |
| 99FF99 | 99CC99 | 999999 | 996699 | 993399 | 990099 |
| 99FF66 | 99CC66 | 999966 | 996666 | 993366 | 990066 |
| 99FF33 | 99CC33 | 999933 | 996633 | 993333 | 990033 |
| 99FF00 | 99CC00 | 999900 | 996600 | 993300 | 990000 |
| 66FFFF | 66CCFF | 6699FF | 6666FF | 6633FF | 6600FF |
| 66FFCC | 66CCCC | 6699CC | 6666CC | 6633CC | 6600CC |
| 66FF99 | 66CC99 | 669999 | 666699 | 663399 | 660099 |
| 66FF66 | 66CC66 | 669966 | 666666 | 663366 | 660066 |
| 66FF33 | 66CC33 | 669933 | 666633 | 663333 | 660033 |
| 66FF00 | 66CC00 | 669900 | 666600 | 663300 | 660000 |
| 33FFFF | 33CCFF | 3399FF | 3366FF | 3333FF | 3300FF |
| 33FFCC | 33CCCC | 3399CC | 3366CC | 3333CC | 3300CC |
| 33FF99 | 33CC99 | 339999 | 336699 | 333399 | 330099 |
| 33FF66 | 33CC66 | 339966 | 336666 | 333366 | 330066 |
| 33FF33 | 33CC33 | 339933 | 336633 | 333333 | 330033 |
| 33FF00 | 33CC00 | 339900 | 336600 | 333300 | 330000 |
| 00FFFF | 00CCFF | 0099FF | 0066FF | 0033FF | 0000FF |
| 00FFCC | 00CCCC | 0099CC | 0066CC | 0033CC | 0000CC |
| 00FF99 | 00CC99 | 009999 | 006699 | 003399 | 000099 |
| 00FF66 | 00CC66 | 009966 | 006666 | 003366 | 000066 |
| 00FF33 | 00CC33 | 009933 | 006633 | 003333 | 000033 |
| 00FF00 | 00CC00 | 009900 | 006600 | 003300 | 000000 |

### ▶ Basispalet

Op de vorige pagina staat de volledige kleurentabel afgebeeld met de bijbehorende hexadecimale waarden. Het basispalet bestaat dus uit combinaties van 00, 33, 66, 99, CC en FF staat voor elk R*(ood)*, G*(roen)* en B*(lauw)* element van de kleurbeschrijving.

Dit resulteert in 6 x 6 x 6 = 216 specifieke kleuren. Het standaard RGB-palet biedt echter plaats aan 256 kleuren. Waar komen dan de resterende kleuren vandaan? Welnu, Netscape gebruikt ook de pure RGB-kleuren. Deze hebben kleurnummers als "#000000" en "#FFFFFF". De eerste kleur is beter bekend als zwart en de tweede waarde hoort bij wit. Belangrijk is nog te weten dat deze theorie geldt voor de voorgrondkleuren.

De vraag rijst natuurlijk: Hoe kom ik aan zo'n kleurenkaart met alle juiste voorbeelden? Het antwoord zult u op het Web vinden. Op een aantal websites staan kleurenkaarten of schema's zoals op de rechterpagina afgebeeld. Daarin zijn alle waarden visueel en/of cijfermatig weergegeven.

### ▶ Eigen Palet...

Op basis van zo'n kaart kunt u een eigen Netscape-tabel maken voor gebruik in een pixelgeoriënteerd beeldbewerkingsprogramma als Adobe Photoshop voor Mac en PC of DeBabelizer voor de Macintosh. De werkwijze voor Photoshop is relatief eenvoudig. Men opent eerst de kleurenkaart en bewaart de kaart als een 8-bits/pixel GIF-bestand. Let op dat de optie 'Verstrooiing' uitstaat. Dit is het Nederlandse equivalent voor 'dithering'.

Als men de optie 'Kleurentabel' uit het 'Modus'-menu kiest, worden de 256 kleuren uit de tabel getoond. Door de optie 'Bewaar...' te selecteren kan men een eigen CLUT aanmaken. In het voorbeeld heet dit bestand 'Netscape colors'. Door steeds deze tabel in te lezen en vervolgens op het geselecteerde beeld toe te passen kan men elke afbeelding grafisch of fotografisch geschikt maken voor het eigen Netscape kleurenpalet.

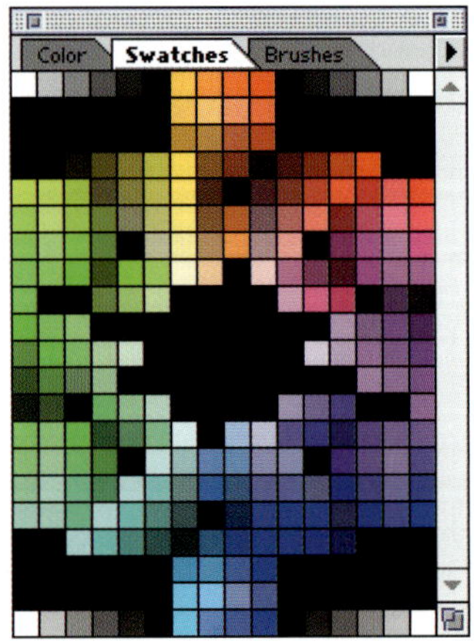


▲ De VISIBONE indeling op basis van het 216 kleurenpalet is ingedeeld op basis van kleurgroepen. Hierdoor wordt het zoeken van een kleur en de aanverwante kleuren wat eenvoudiger!

▲ De VISIBONE kleurenswatch vindt u op: www.visibone.com en installeert u in de 'goodies' map van Photoshop.

### ▶ Kleuren op naam

In de HTML specificaties is een uitbreiding opgenomen voor de definitie van kleuren. In het voorstel voor HTML zijn onder andere 16 algemeen bekende namen van kleuren gestandaardiseerd.

De populaire browsers Netscape Navigator en Internet Explorer herkennen de kleurnamen automatisch en passen ze ook toe. De 16 basiskleuren komen overeen met de standaardkleuren die door het Windows VGA-palet worden ondersteund.

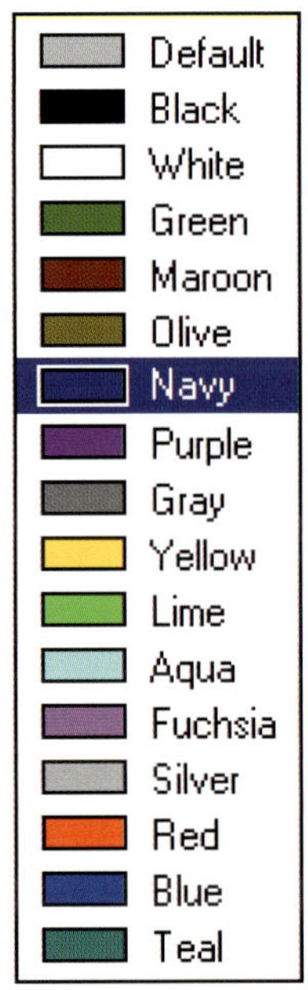


### ▶ En UNIX dan?

Zoals gesteld is de basistheorie voor Netscape 'for the Macintosh' en 'for the PC' gelijk. Slechts verschillen in opties geven de afwijkende resultaten op het beeldscherm.

De UNIX-versie van Netscape Navigator is, afhankelijk van de uitvoering, gebaseerd op een kleurmatrix van 5 x 5 x 5 kleuren.

De hexadecimale waarden van de RGB-kleuren zijn: 00, 40, 80, BF en FF. De bijbehorende decimale waarden zijn: 0, 64, 128, 191 en 255. Hiervoor zou men een andere kleurentabel moeten maken dan de standaard Windows PC/Mac-versie. Helaas zijn beide tabellen onverenigbaar zodat altijd één partij een oogje moet dichtdrukken...

Het is aan te raden om altijd de grootste gebruikersgroep als uitgangspunt te nemen. Momenteel zijn het uiteraard de Windows-gebruikers die op het Net het best vertegenwoordigd zijn. Als deze groep betere videokaarten met meer kleuren gaat aanschaffen, worden de mogelijkheden voor de webdesigner ook groter!

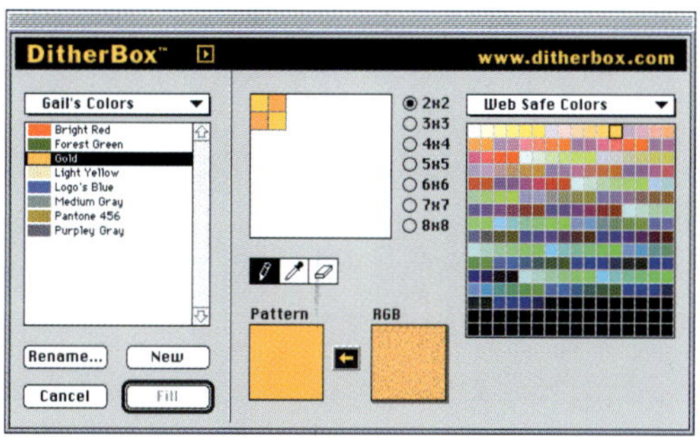


## ▶ Ditherbox alternatief

Tot die tijd zullen we ons moeten behelpen met intelligentere alternatieven zoals de oplossing die het hulpprogramma DitherBox biedt. Met behulp van deze software die zowel voor Macintosh als Windows systemen beschikbaar is, kan men patronen genereren op basis van de gelimiteerde 216 kleurenset. Het programma zet een vrij gekozen kleur om in een twee-kleuren, 4 pixel groot patroon gebaseerd op het webveilige kleurenpalet. Het resulterende patroon levert een verrassend goede vertaling op van elke willekeurige kleur. En men weet zeker dat er verder geen 'dithering' zal optreden doordat het patroon altijd opgebouwd is uit twee kleuren die in het originele 216-webkleurenpalet stammen. DitherBox kan combinaties van omgezette kleuren bewaren in een bibliotheek.

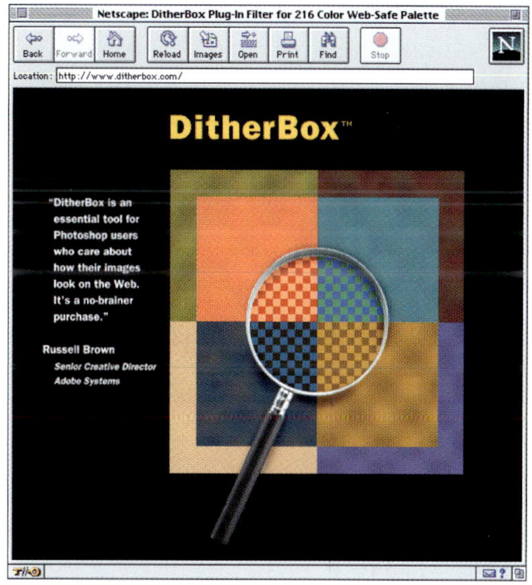


▲ De werkwijze van DitherBox is even simpel als doeltreffend; een kleur wordt vertaald naar een patroon dat bestaat uit twee kleuren uit het originele 216 dithervrije kleurenpalet.

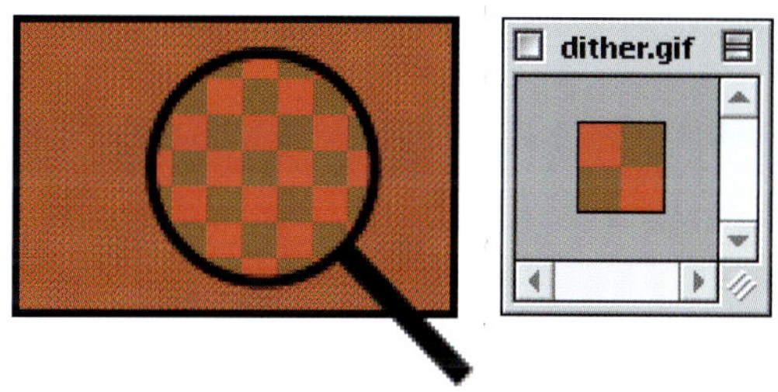


▲ De uitvergrote voorbeelden tonen de effectiviteit van de geditherde patronen. Zorg er wel voor dat de patronen niet te zeer afwijken in kleursterkte, anders wordt het niet mooi. ▼

## ▶ En hoe verder?

"You can't please them all" is een typisch Amerikaanse uitdrukking die een groot waarheidsgehalte heeft op het Web. Als men elk beeld voor een grotere website moet voorbereiden volgens de hiervoor beschreven methode, heeft men veel werk te verrichten. De vraag is of dat loont?

Meer en meer website designers kiezen ervoor om de kleuren niet meer te beperken tot de 216 limiet. Daar is zeker wat voor te zeggen. Volgens www.statmarket.com is het aantal gebruikers dat 65.000 kleuren en meer kan zien al bijna 90 procent! Dus u hoeft zich te laten leiden door een beperkte minderheid. Mocht u toch gebruik maken van een kleur die niet in het webpalet voorkomt, kies dan een kleur die niet fel doorslaat op een monitor met beperktere kleurenmogelijkheden doordat de dichtstbijzijnde alternatieve kleur uit het palet gekozen wordt.

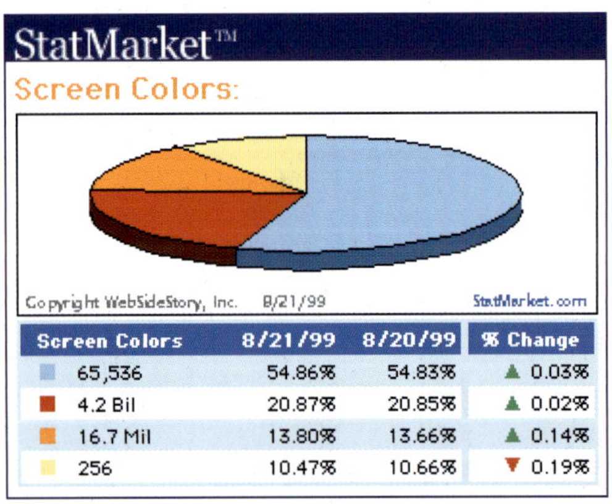


▲ Statmarket is een 'geaggregeerd profiel' van miljoenen webgebruikers. Daardoor zijn de statistisch verkregen data betrouwbaar.

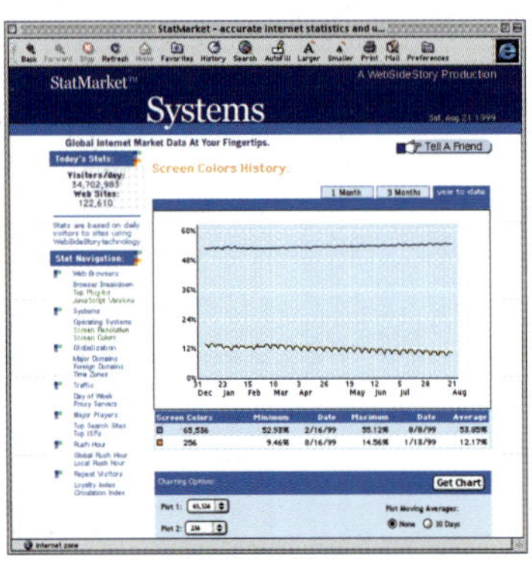

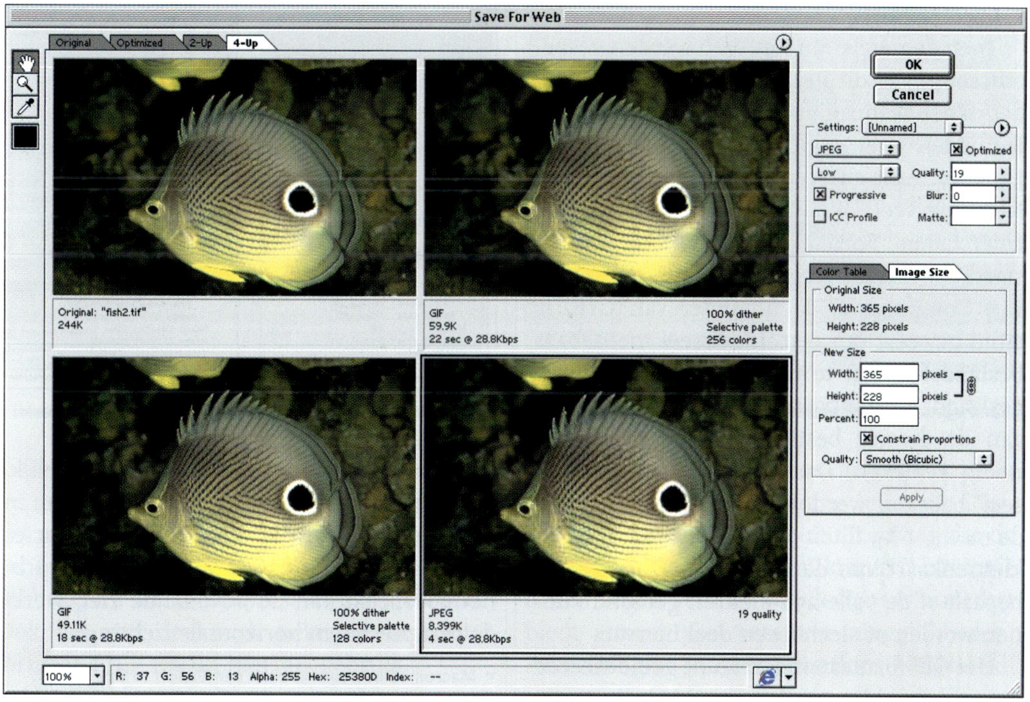


Afbeeldingen op het Web leveren een belangrijke bijdrage aan de content. Wat de mogelijkheden zijn en wanneer men welk bestandsformaat moet kiezen, wordt aan de hand van een groot aantal voorbeelden en illustraties uit de doeken gedaan.

## GIF- en JPEG-afbeeldingen

Het Web is een visueel ingesteld medium. De afbeeldingen en logo's voegen aan de tekstuele content iets toe, waardoor het geheel aantrekkelijk voor de lezer wordt. Tegelijkertijd wordt de afzender ook visueel geïdentificeerd doordat een *(bedrijfs)*logo op elke webpagina getoond wordt. Afbeeldingen zijn dus belangrijk, maar ze kunnen ook hinderlijk zijn doordat het inlezen van de data te lang duurt. Hierdoor zal de ontvanger geïrriteerd raken en op termijn afhaken. Het is nu juist de kunst om de balans te vinden tussen de herkenbaarheid van de afbeelding en zijn bestandsgrootte. Nieuwe software als Adobe ImageReady, onderdeel van Photoshop en Macromedia Fireworks bieden hier uitkomst.

Er zijn twee standaard bestandsformaten die door alle browsers herkend en afgebeeld worden: GIF en JPEG. De keuze tussen deze twee formaten is afhankelijk van het soort afbeelding en de toepassing op de webpagina.

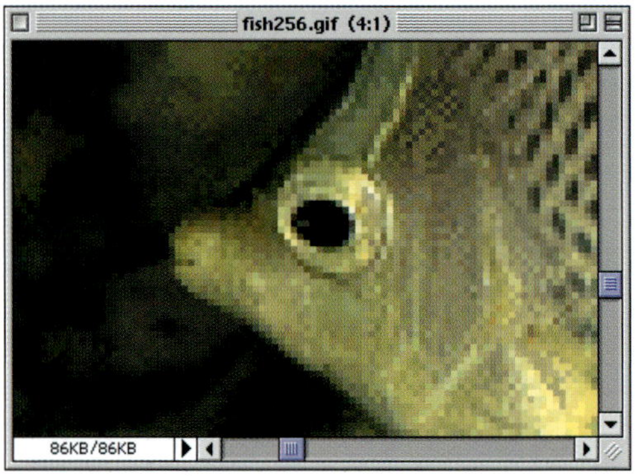


## ▶ Bestandsgrootte en kwaliteit

De basis van het GIF-bestandsformaat wordt gevormd door de unieke LZW-compressietechniek. De heren Lempel, Ziv en Welch hebben hun naam niet voor niets aan dit algoritme gegeven. Doordat hiermee 'herhaalde' patronen en pixels *(kort voor Picture Elements)* worden beschreven, heeft dit gevolgen voor het aantal gebruikte kleuren in een afbeelding. Een 'geditherde' foto waarbij de kleuren opgebouwd worden uit pixels die gezamenlijk de 'illusie' van de kleur geven, zal lang niet zo goed gecomprimeerd worden als een 'niet-geditherde' foto. En hoe minder kleuren in een afbeelding voorkomen, des te groter is de kans dat de LZW-compressie horizontale rijen pixels met dezelfde kleurwaarde vindt. Dit betekent dat de bestandsgrootte in Kilobytes steeds kleiner wordt, terwijl de bestandsgrootte in horizontale en verticale pixels gelijk blijft!

Helaas kan dit niet van de kwaliteit gezegd worden. Hoe minder kleuren in een gedetailleerde foto gebruikt worden om de foto weer te geven, des te 'lager' wordt de beeldkwaliteit. Vergelijk de uitvergroting van het 256-kleuren bestand maar eens met de 8-kleuren versie. Dit zijn overigens de twee uitersten waartussen men moet zoeken. De één-bits versie van de Corel-vis *(zie commentaar)* is slechts 18 Kilobyte groot; de 8-bits versie neemt 59 Kb in beslag. Hierdoor zal het meer dan drie keer zo lang duren voordat deze afbeelding per modem verstuurd is!

◄ De op deze pagina getoonde reeks GIF-afbeeldingen, variërend van 256 naar 8 geïndexeerde kleuren, tonen niet alleen een vermindering van de bestandsgrootte maar ook een evenredig kwaliteitsverlies.

▼ In GIFconverter kan men een commentaar bij elk bestand in het document opslaan. Handig bij copyright-vermelding.

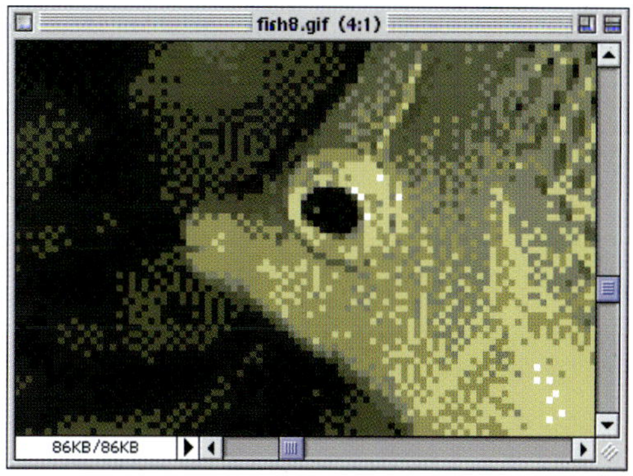


▲ Een detail-vergroting toont het 'verstrooide' pixelpatroon. Als bij het indexeren een gebied geselecteerd wordt en men kiest 'Aangepast', krijgen díe kleuren voorrang. ▼

## ► Aangepaste kleuren in Photoshop

Als u meer controle wilt hebben over de kleuren die weggegooid worden tijdens de kleur-reductie, kunt u een interessante optie in Adobe Photoshop toepassen. Door eerst een belangrijk gebied te selecteren en dan pas de 'Geïndexeerde kleuren' te bepalen, zal het programma proberen zo veel mogelijk kleuren uit het selectie-gebied te gebruiken. Dat geeft vaak een veel beter resultaat.

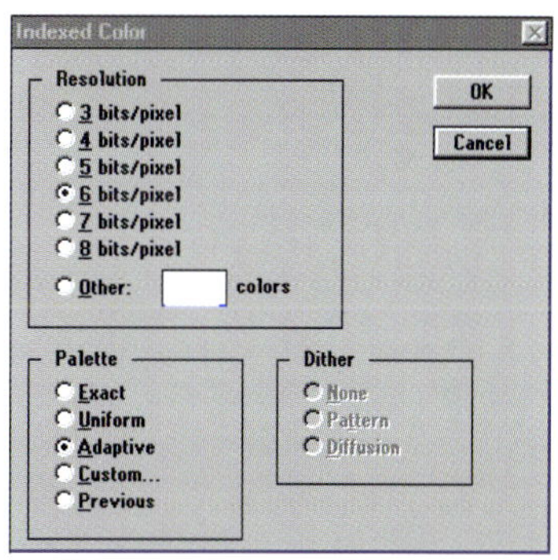

### ▶ JPEG-compressie

Het JPEG-compressieformaat is opgesteld door de Joint Photographic Experts Group en heeft ook zijn 'roots' in de grafische industrie. Zoals in de inleiding is vermeld, wordt dit bestandsformaat op het World Wide Web nog niet zo lang toegepast. Netscape is ermee begonnen om JPEG te ondersteunen in zijn webbrowser. Toen men hiermee begon, was Netscape de enige browser die dit bestand 'in-line' kon tonen. De toenmalige meestgebruikte browser Mosaic *(versie 1.x)* had echter problemen met dit nieuwe bestandsformaat. Alleen met behulp van een apart hulpprogramma kon de afbeelding op het scherm getoond worden. Op de Macintosh werd hiervoor JPEG-view ingeschakeld.

Inmiddels ondersteunen alle belangrijke webbrowsers het JPEG-formaat. Ook Mosaic is vanaf versie 2.0 in staat om de beelden inline af te beelden. En dat is maar goed ook, want de mogelijkheden die deze vorm van compressie biedt, zijn vaak noodzakelijk om een kwalitatief optimaal resultaat te bereiken. Bij het afbeelden van gedetailleerde foto's is het JPEG-bestandsformaat de juiste keuze.

### ▶ Beeldkwaliteit van hoogst tot laag

Aangezien in een foto elke pixel een andere kleurwaarde heeft, is het GIF-bestandsformaat lang niet zo effectief als JPEG. Dat komt omdat het JPEG compressie-algoritme niet naar groepen pixels zoekt, maar naar variaties van pixels die in een groep staan. Aangezien de mate van compressie in JPEG instelbaar is, zal het algoritme grotere of kleinere variaties accepteren.

Om toch een acceptabel resultaat te krijgen zal de compressie er wel toe leiden dat er beeldinformatie weggegooid wordt. Uiteraard zal daardoor de kwaliteit verminderen. Op de pagina hiernaast zijn de varianten die Photoshop toestaat, uitgeprobeerd en afgebeeld. In het venster is zichtbaar dat de beeldkwaliteit van 'laag' *(low)* tot 'hoogst' *(maximum)* ingesteld kan worden.

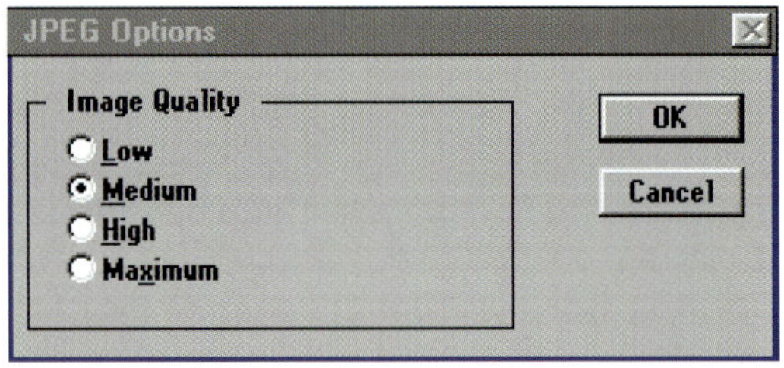


▲ **Het JPEG-compressie algoritme is normaliter traploos instelbaar van nul naar honderd procent. In Photoshop heeft men echter gekozen voor vier standaardinstellingen om enige standaardisering aan te brengen.**

### ▶ Vlekken voor de ogen

Vanzelfsprekend is de bestandsgrootte afhankelijk van de gekozen kwaliteits. In het voorbeeld van de Corel-vis is de 'hoogste' kwaliteit zo'n 46 Kilobyte, terwijl de laagste kwaliteit afbeelding slechts 13 Kb groot is. Dat is 5 Kb minder dan de 'grofste' *(en grotendeels onbruikbare)* GIF-variant.

### ▶ Waarschuwing voor Photoshoppers

Als u Adobe Photoshop gebruikt om de beelden als JPEG-bestand weg te schrijven, let dan wel goed op. Photoshop biedt niet de mogelijkheid om het compressie-verlies op de monitor weer te geven! Dit betekent dat als het bestand als JPEG bewaard is, het er exact zo uitziet als voorheen. Pas als het bestand 'gesloten' en nadien weer 'geopend wordt', wordt het kwaliteitsverlies pas zichtbaar! Als het bestand voor de tweede keer geopend, bewerkt en opgeslagen wordt, is de schade nog groter. Bewaar dus het origineel!

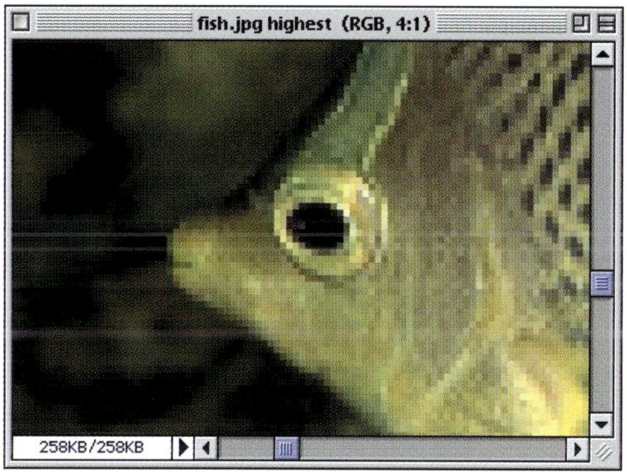


### ▸ Verdere verwerking

Aangezien de JPEG-compressie gebaseerd is op variaties van pixels *(uitgedrukt in sinuscurven)*, bestaat er niet zo iets als een 256-kleuren JPEG-foto. Dat betekent ook dat een JPEG-bestand dat nogmaals in LView Pro, Photoshop of GIFconverter geopend en bewerkt wordt, er niet bepaald beter op wordt. Bewaar daarom altijd de originele versie in PICT- of TIFF-formaat zodat deze voor een eventuele correctie gebruikt kan worden. Als een JPEG-bestand voor de tweede of derde keer weer als JPEG weggeschreven wordt, treedt een toenemende degradatie van de beeldkwaliteit op. Bewaar dus het origineel!

Ook het JPEG-formaat kan tegenwoordig 'gefaseerd' ingelezen worden dankzij de 'Progressieve' JPEG-compressie. Netscape en Internet Explorer ondersteunen deze optie waardoor een JPEG-beeld na het inlezen van zo'n tien procent van de data al een enigszins toonbaar beeld in de browser oplevert.

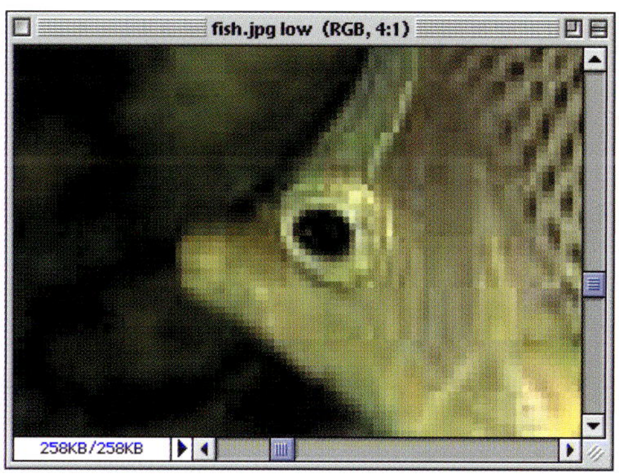

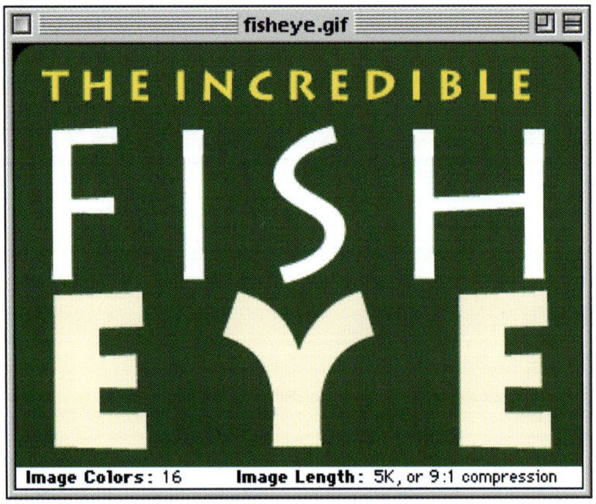


▲ Een 'grafisch' beeld is perfect geëigend voor het GIF-bestandsformaat. Strakke lijnen en een enorm klein bestand.

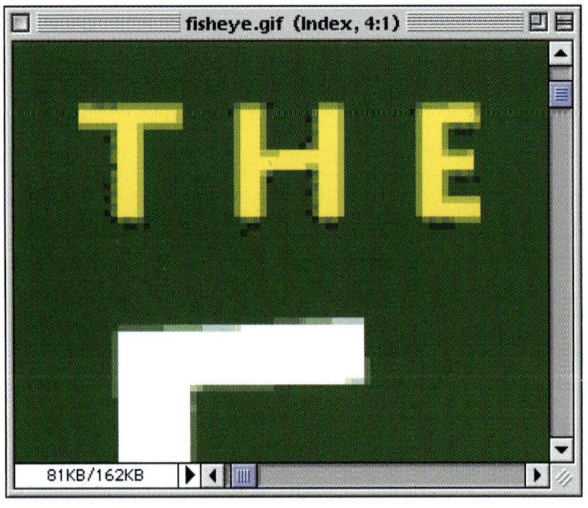


## ▶ GIF voor grafische beelden

Een logo of lettering is bij uitstek geschikt voor de GIF-compressietechniek. Lange repeterende pixelrijen lenen zich perfect voor dit formaat. Ook is het mogelijk om slechts een miniem aantal kleuren toe te passen waardoor de compressie nog meer toeneemt. In plaats van vier of vijf verschillende groene tinten kan één kleur groen voor een groter oppervlak gebruikt worden. De GIF-variant van het logo neemt slechts 5Kb in beslag.

In het voorbeeld ziet u niet alleen dat de JPEG-variant groter *(10Kb)* maar ook een stuk slechter is. Het vlekkenpatroon is bij een effen kleurvlak hinderlijk zichtbaar en doet de kwaliteit ook geen goed. En niet onbelangrijk: JPEG heeft geen transparantie-optie!

▲ De JPEG-compressie kan met een grafisch bestand helemaal niet uit de voeten! Slechte kwaliteit en onnodig groot.

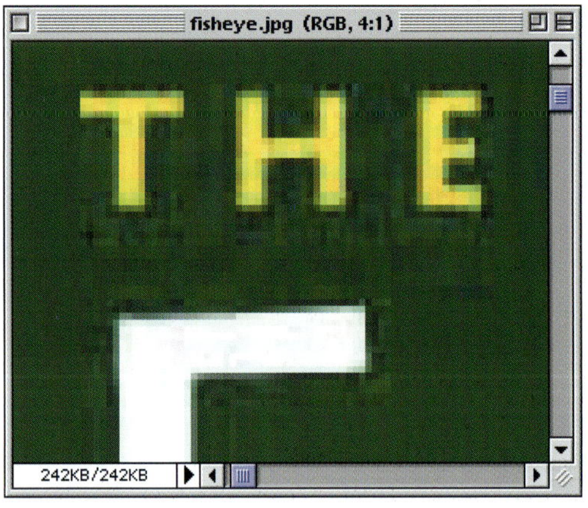


▲ In de uitvergroting is het kenmerkende 'JPEG'-effect duidelijk zichtbaar waardoor het niet de aangewezen methode voor logo's en pictogrammen is. En de 'transparantie'-optie ontbreekt waardoor een afgerond hoekje niet mogelijk is. ▼

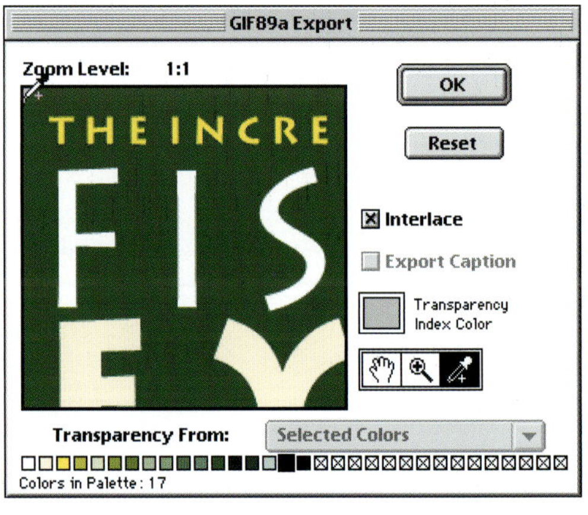

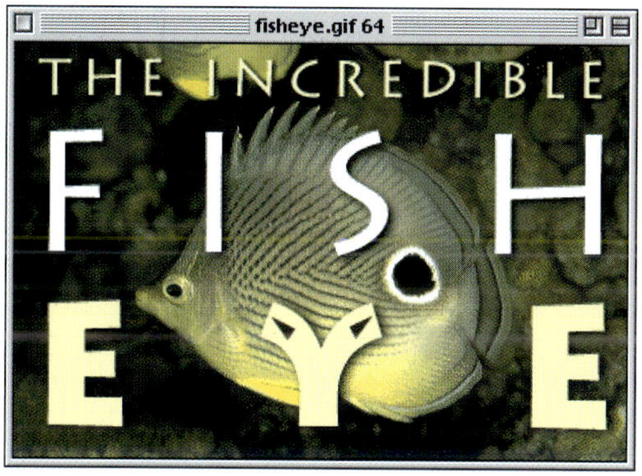


▲ Een 'gecombineerd' beeld is een geval apart. Hier is slechts één oplossing mogelijk: gewoon uitproberen. Soms levert dit een prima resultaat in GIF-bestandsformaat op... ▼

## ▶ Gecombineerde beelden

Het is erg moeilijk om een combinatie van tekstuele informatie en een halftoonbeeld in één bestand te combineren. Probeer daarom altijd deze combinatie te vermijden door de tekening op te delen en in een tabel te zetten. Hierin wordt dan de grafische informatie in een andere cel geplaatst dan de fotografische afbeelding. Het beste van beide werelden.

Als deze oplossing niet mogelijk is, kan men alsnog proberen om een bestand te creëren waarbij het kwaliteitsverlies nog draaglijk is door geen extreme compressie te kiezen. In het afgebeelde logo doet de kwaliteit van de GIF-versie niet echt onder voor de JPEG-variant. De bestandsgrootte zal dan doorslaggevend zijn als keuze-criterium. En dan is de JPEG-compressie vaak de beste keuze.

▲ ...en een andere keer geeft de JPEG-compressie de beste balans tussen kwaliteit en beeldgrootte. Pas wel op dat men hetzelfde JPEG-bestand niet meermaals bewerkt. ▼

## ▶ SVGA en XVGA monitoren

Door de enorm gestegen verkoop van computers die 'duizenden' kleuren kunnen weergeven, is de speelruimte van de webdesigner flink vergroot. Een goede balans tussen bestandsgrootte en beeldweergave kan door een GIF-afbeelding met 'adaptief kleurenpalet' bereikt worden. Op een monitor met 65.000 kleuren ziet het er perfect uit!

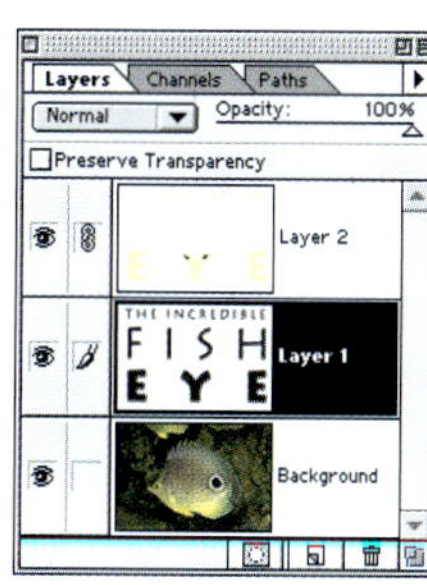


◀ Bewaar altijd de originele tekening als men een bestand in JPEG-formaat wegschrijft. Dan heeft men altijd nog een basis om naar terug te keren.

## ▶ Plug-ins & andere hulpmiddelen

Uiteraard zijn er ook andere methoden om tot een goed resultaat te komen. Een uitstekende investering is het PhotoGIF filter van de firma BoxTop Software. Dit filter kan op een unieke manier een transparante GIF maken. Hiervoor wordt gebruik gemaakt van een laagmasker. In vergelijking met de standaardmethode waarbij een specifieke kleur aangewezen wordt, is de PhotoGIF methode beter beheersbaar aangezien men zich geen zorgen hoeft te maken of de kleur die als transparantie-kleur gekozen is, ook elders in het bestand voorkomt. Dit wordt dan ook een doorzichtig gebied waardoor de achtergrond door de tekening heen zal schijnen.

Om dat akelige effect te voorkomen dient de transparantiekleur niet voor te komen in de eigenlijke afbeelding zelf. Soms is dat erg moeilijk te voorkomen; een bepaalde kleur maakt nu eenmaal deel uit van de illustratie. De oplossing die BoxTop biedt is dus ideaal voor deze situatie. In het bijgaande voorbeeld heeft de staartvin van het vliegtuigje identiek dezelfde kleur als de achtergrond waarop het vrijstaand gemaakt moet worden. Dankzij PhotoGif is dit geen enkel probleem.

▲ In de browser is duidelijk zichtbaar dat het vrijstaand gemaakte vliegtuigje geen doorschijnende pixels bezit.

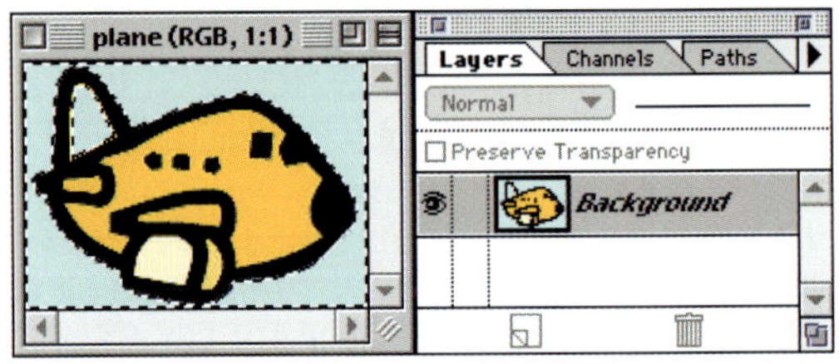


▲ Selecteer de achtergrond van de afbeelding, maar deselecteer de ongewenste maskerkleur in de staartvin...

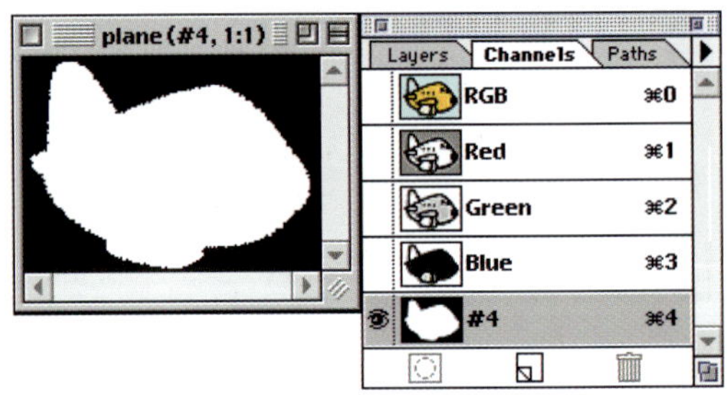


▲ ...bewaar de selectie als een maskerlaag. Let er ook op dat geen pixels in het vrijstaand gemaakte gebied zichtbaar zijn. Het masker van vliegtuigje dient geheel wit te zijn.

▼ In het PhotoGIF venster selecteert u niet alleen het juiste kleurenpalet maar ook het alphakanaal en de transparante GIF is gereed.

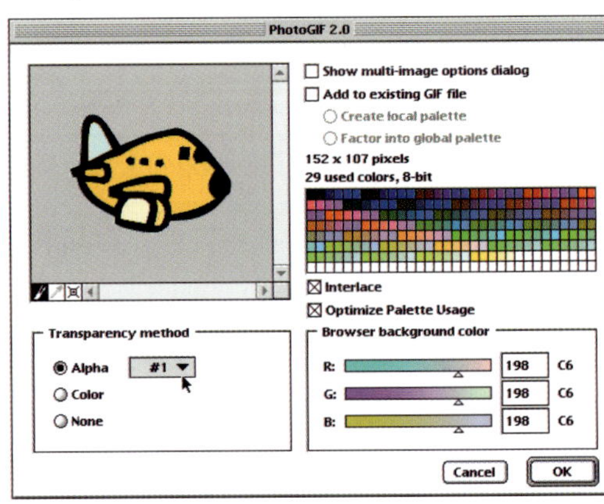

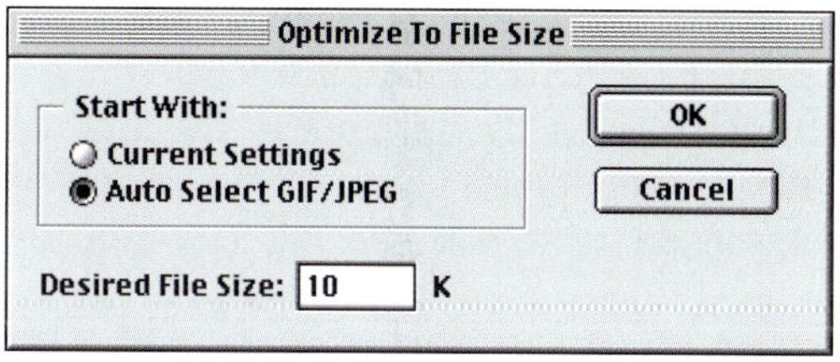


## ▶ Bestandsgrootte perikelen

Hoe minder pixels een afbeelding groot is des te beter. Echter het oog wil ook wat, nietwaar? Het vinden van de juiste balans is een lastig karwei. Maar geen nood, de grafische software programma's bieden steeds betere oplossingen voor dit probleem. Eén van de beste all-in pakketten voor alle grafische werkzaamheden is Macromedia Fireworks. Afgezien van allerhande intelligente wizards bezit Fireworks ook een functie waarbij de gebruiker de ideale bestandsgrootte opgeeft en het programma creëert de best mogelijke illustratie. De ingebouwde 'Auto Select' optie zorgt ervoor dat Fireworks zelf de beste maakt tussen JPEG en GIF.

Het controleren van de juiste bestandsgrootte is ook een verhaal apart. Veel sites worden op een Macintosh ontwikkeld. Vooral het grafische ontwerp en het eerste prototype worden op het Apple platform gemaakt. Macs hebben echter een eigenschap die het controleren van de feitelijke bestandsgrootte lastig maakt: het ikoontje en het voorvertoningsplaatje worden in de grootte meegerekend. In werkelijkheid is het bestand veel kleiner!

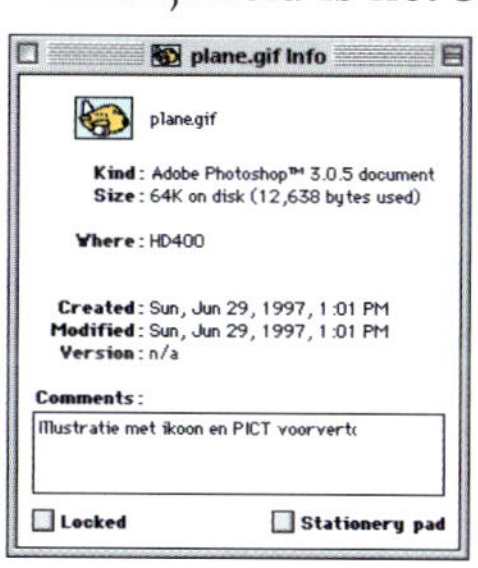


▲ Een GIF-afbeelding inclusief voorvertoning en Photoshop ikoontje is 12 Kilobyte groot...

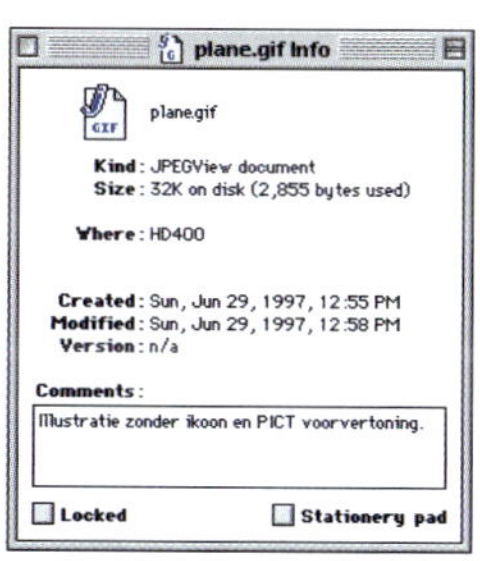


▲ Zonder de voorvertoning en het ikoontje daalt het aantal Kbs naar 3! Dat is de waarde die onderin het browservenstergetoond wordt tijdens het inlezen.

◀ Niet alle beelden bezitten een achtergrond die met een simpele selectie te isoleren is van de voorgrond. Een ideale opdracht voor de plug-in Mask Pro van Extensis.

▲ Op basis van kleurbereik wordt de achtergrond stapje voor stapje weg-geretoucheerd totdat alleen nog het beeld dat in de voorgrond zichtbaar is, over blijft. Zelfs lastige details als de haren zijn uit de drukke achtergrond gehaald. ▶

## ▶ Complexe achtergronden verwijderen

Sommige afbeeldingen vergen meer vakmanchap dan andere als men deze vrijstaand wil maken. Vooral portretten waar haren zichtbaar zijn, leveren problemen op voor de doorsnee graficus. Het retoucheren en bijwerken van beelden is nu eenmaal een vak op zich. Gelukkig heeft ook hier de software zijn intrede gedaan die de handmatige kennis omgezet heeft in kunstmatige intelligentie. Een prima voorbeeld is Extensis Mask Pro. Dit Photoshop filter maakt het mogelijk om stap voor stap complexe afbeeldingen van hun achtergrond te ontdoen op basis van kleurselecties. Met behulp van het pipet wordt de achtergrond weg geretoucheerd zonder lastige kanaal- en maskeroperaties.

## ▶ PNG bestandsformaat

PNG *(Portable Network Graphics)* is een nieuw bestandsformaat waarin de beste eigenschappen van GIF en JPEG zijn verenigd. PNG wordt al door enkele tekenprogramma's ondersteund zoals Adobe Photoshop ondersteunt. In Macromedia Fireworks wordt PNG zelfs als standaard formaat voor alle beeldbewerkingen gebruikt.

Het belangrijkste voordeel van de PNG-compressiemethode is dat opslag in 48-bits kleuren mogelijk is, in tegenstelling tot de limiet van 8 bits bij GIF, terwijl nog steeds een enorme compressieratio wordt bereikt. PNG-bestanden zijn 30% kleiner dan vergelijkbare TIFF-bestanden. Bovendien heeft PNG het belangrijkste voordeel van TIFF overgenomen – compressie van documenten zonder enig gegevensverlies. PNG is een belangrijke verbetering ten opzichte van het zowel het GIF als JPEG-formaat.

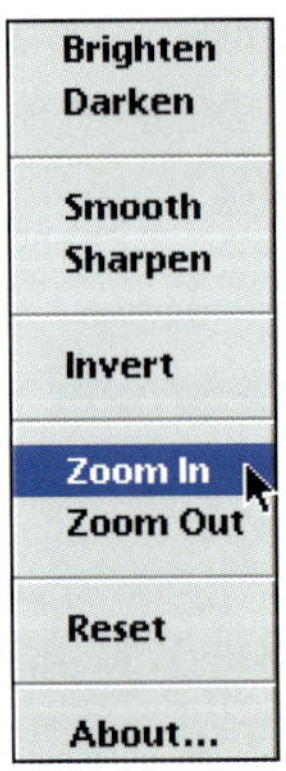

▲ Siegel & Gale hebben een plug-in voor het bekijken van PNG-bestanden uitgebracht. Deze bevat verschillende opties voor het bekijken van een afbeelding op de webpagina. U kunt zelfs inzoomen om ◀ de details te bekijken.

Photoshop 5.0 ▶ biedt een reeks (raadselachtige) opties voor een PNG-afbeelding

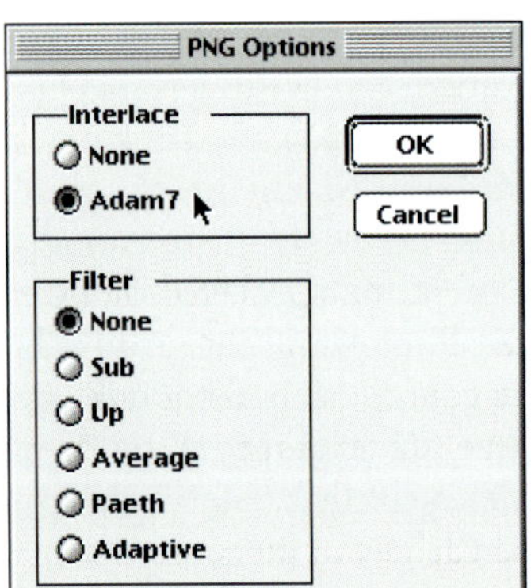


## ▶ Scalable Vector Graphics en JPEG 2000

Naast het PNG formaat zijn er nog meerkandidaten die de hegemonie van GIF en JPEG willen doorbreken. SVG maakt veel kansen en er is ook nog het ISO-initiatief getiteld JPEG 2000. Van dit laatste bestandsformaat is nog niet veel te melden, van SVG echter des te meer. Dit bestandsformaat ligt namelijk bij het W3C om als officiële norm erkend te worden. SVG is feitelijk een concurrent van Macromedia Flash aangezien het ook van vectoren gebruik maakt om een vorm te beschrijven. Het grote onderscheid ten opzichte van Flash is dat SVG gebaseerd is op XML. Dat garandeert een toekomstige uniformiteit van de beelden op alle media en schermen. De continue groei van het Web zorgt er voor dat webpagina's ook op andere media weergegeven dienen te worden als televisieschermen en handheld computers.

Deze laatste groep kan wel eens het grootste platform worden. Als de beloofde integratie tussen portable telefoons en handhelds een feit is, dan zal het Web bevrijdt worden van de kabels en stekkers. SVG en XML anticiperen op deze revolutie doordat dit bestandsformaat op alle media optimaal en supersnel weergegeven wordt. SVG-bestanden zijn volledig op tekst gebaseerd zodat de illustraties ook *(tekstueel)* geïndexeerd kunnen worden. Tevens wordt het mogelijk om hoge-resolutie prints van de afbeeldingen te kunnen afdrukken en alle andere voordelen die Macromedia Flash ook biedt.

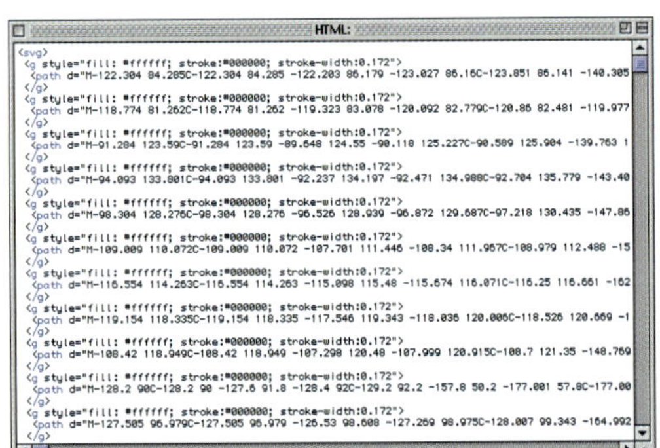


▲ SVG code is indexeerbaar en op XML gebaseerd.

In webpagina's ▸ worden heel diverse patronen gebruikt om extra aandacht te genereren.

Vanaf het moment dat Netscape de <background> -tag heeft geïntroduceerd, zijn de webdesigners over de hele wereld gebruik gaan maken van deze 'betegelde achtergronden'. In dit hoofdstuk wordt aan de hand van voorbeelden getoond hoe deze patronen gemaakt zijn.

## 'Tegel'-achtergrondpatronen

Een effen achtergrond is voor sommige webdesigners en HTML-programmeurs niet toereikend. Men ziet liever een patroon op de achtergrond. Zo'n patroon is echter niet eenvoudig te maken; het mag namelijk geen zichtbare naden in de webpagina opleveren. De basis van het patroon, de zogenaamde 'tegel', wordt door de browser oneindig gerepeteerd totdat de achtergrond geheel bedekt is met het patroon.

Uiteraard komt dit de inleestijd van de webpagina niet ten goede. Het is daarom zaak om de bestandsgrootte van de achtergrond-illustratie zo klein mogelijk te houden. Probeer onder de 10 Kilobyte te blijven, dan zal dit niet ten koste gaan van het geduld van de gebruiker. Probeer ook op vervolgpagina's dezelfde achtergrond toe te passen. De webbrowser zal de achtergrondtekening dan uit de cache van de computer halen. Een wisselende achtergrond kost dus extra wachttijd.

## ▶ KPT Seamless Welder

Eén van de plug-ins van Kai Power Tools mag in dit hoofdstuk niet ontbreken: de KPT Seamless Welder. Met behulp van dit filter kan men namelijk heel creatieve patronen maken van elke foto of illustratie!

KPT Seamless Welder werkt heel eenvoudig: een *(deel)*gebied wordt in een foto geselecteerd en vervolgens kiest men het filter uit het KPT-filters submenu. Op het scherm verschijnt een klein zwevend venster waarin de modus, de opaciteit en de 'Glue' kunnen worden ingesteld. De kracht van deze plug-in is, dat het in staat is om een repeteerbare 'tegel' te maken door delen van het geselecteerde gebied te herhalen. Deze stukken worden weliswaar iets 'teruggedrukt' weergegeven, maar dat doet geen afbreuk aan het eindresultaat. De enige voorwaarde die KPT Seamless welder stelt, is dat er genoeg 'vlees' ofwel vrije beeldruimte om het selectiekader beschikbaar is.

◂ KPT Seamless Welder is één van de creatiefste filters uit de verzameling van Kai Krause.

▲ In het (kleine) voorvertoningsvenster wordt het resultaat van de diverse instellingen en variaties weergegeven. Als men op het groene knopje klikt, treedt het filter in werking.

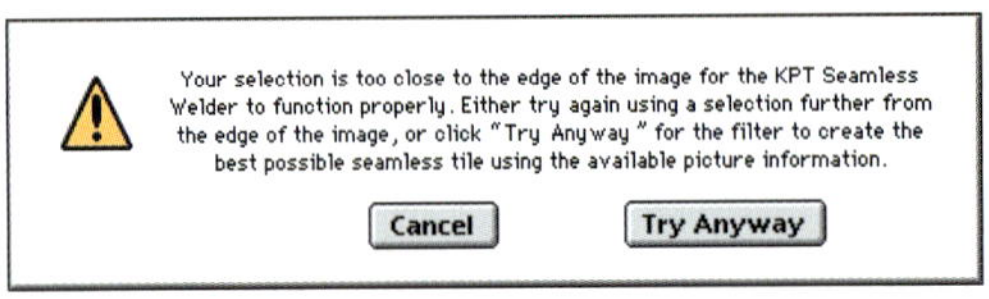


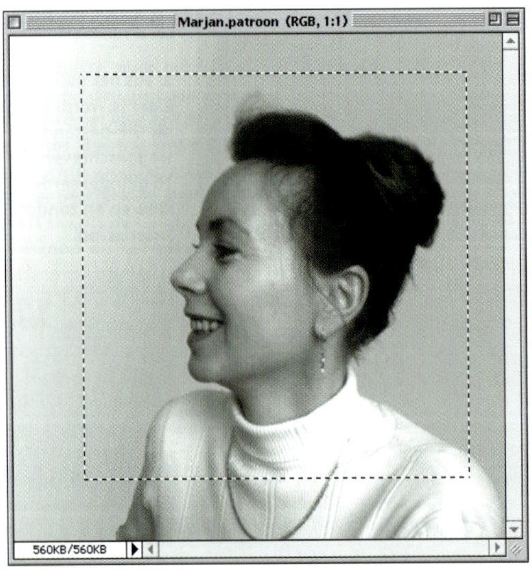


▲ De beeldselectie vereist een flinke beeldmarge.

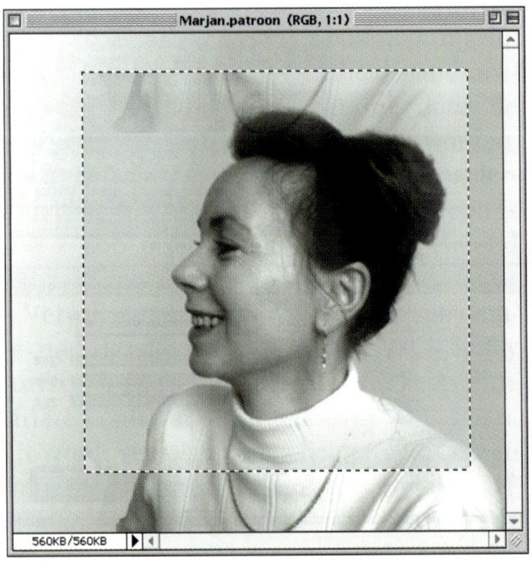


▲ Het resultaat van het KPT Seamless Welder-filter.

In het voorbeeld dat hiernaast is afgebeeld, is duidelijk zichtbaar dat de trui en het halssnoer aan de bovenzijde van het patroon herhaald worden. Aangezien de afbeelding 'monochroom' is gemaakt, kan deze als GIF- en als JPEG-bestand worden bewaard. In dit geval kiezen we voor het GIF-formaat, omdat de browsers dit als 'achtergrond' beter kunnen verwerken. 128 Geïndexeerde kleuren zijn voldoende om de detaillering van de opname te bewaren. Als het patroon in de browser bekeken wordt, ziet men dat het beeldelement naadloos overgaat in de volgende. Het eindresultaat lijkt het resultaat van een fixe retouche, maar is in werkelijkheid met één druk op de knop in KPT Seamless Welder gemaakt. Dus als u ook uw geliefde wilt verrassen met een persoonlijke webpagina, weet u wat u te doen staat...

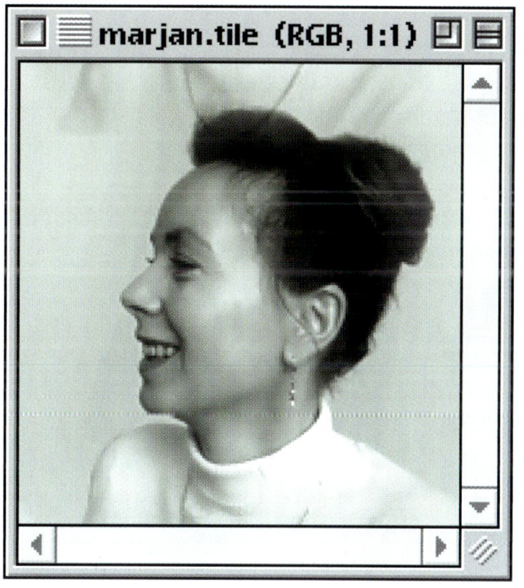


▲ Als het patroon klaar is, moet het zodanig bewaard worden dat het bestand in de <body>-tag geplaatst kan worden. ▼

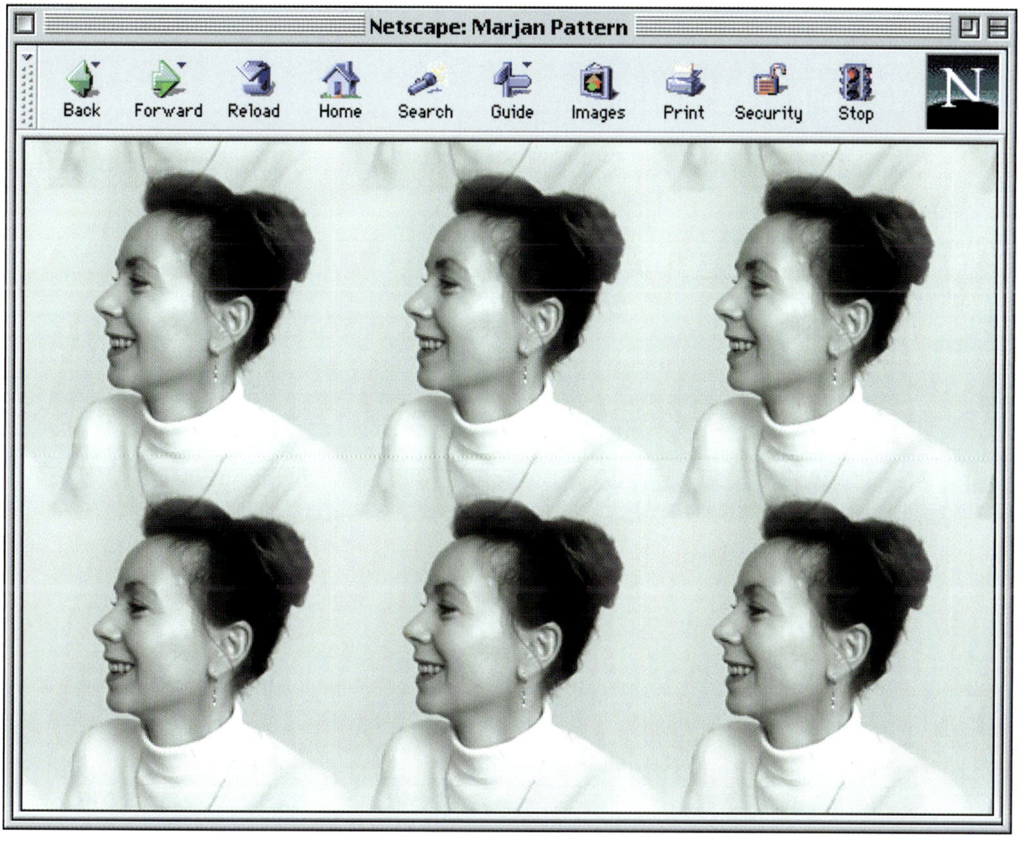

### ▶ Patronen testen

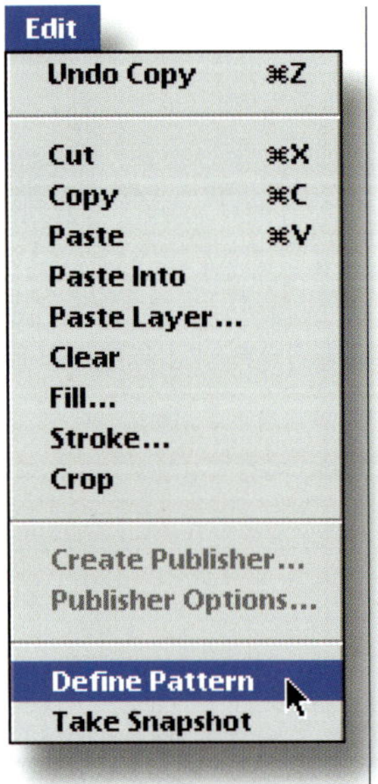


Met een speciale optie van Adobe Photoshop kunt u controleren of repeterende patronen naadloos worden weergegeven. U gaat hierbij als volgt te werk: selecteer het gewenste gebied en kies de optie 'Define Pattern' in het 'Edit'-menu. Maak vervolgens een nieuw document van ruime afmetingen, bijvoorbeeld 500 x 500 pixels. Open vervolgens het venster 'Fill' en kies de optie 'Use Pattern' in 'Contents'. Het hele gebied wordt nu opgevuld met de eerder gemaakte selectie. Op deze manier kunt u het effect bekijken zonder een aparte webpagina en GIF- of JPEG-afbeelding te gebruiken.

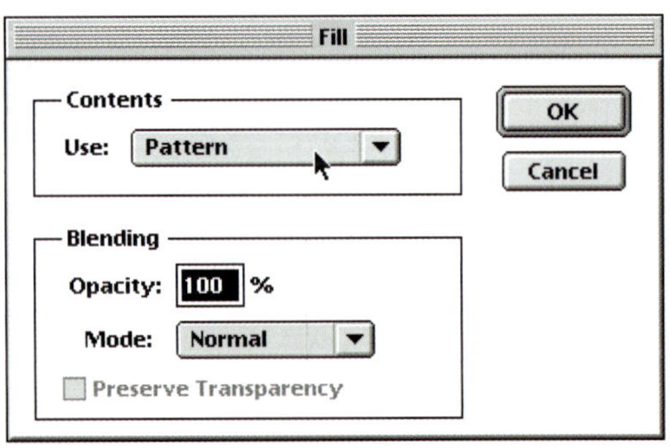


▲ Met de optie 'Use Pattern' kan een repeterend achtergrondpatroon snel worden gecontroleerd

Het 'schoolse' ▸ karakter van deze website wordt vooral veroorzaakt door het 'ringband'-effect in de achtergrond. De beeldentaal van de voorgrondelementen is er ook op afgestemd.

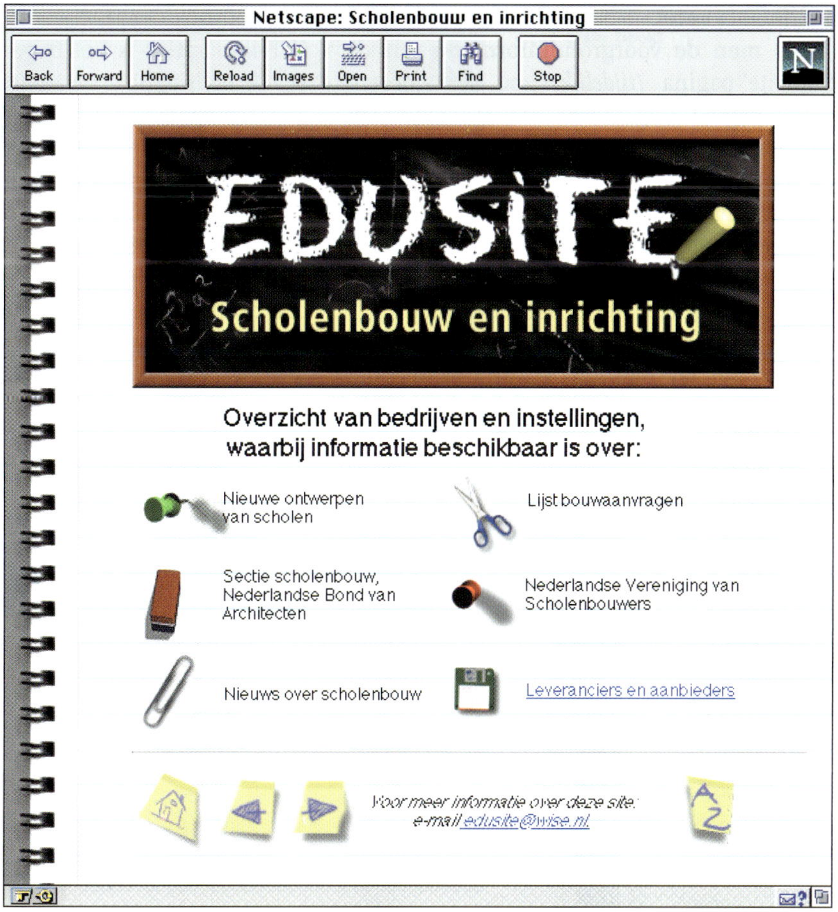


Door creatief om te gaan met de mogelijkheden die HTML biedt kan men heel verrassende webpagina's maken. Typische voorbeelden hiervan zijn pagina's waarin een repeterend achtergrondpatroon een optisch bedrog creëert.

## Achtergrondlijnen en -patronen

Sommige patronen zijn bij uitstek geschikt als achtergrond voor een webpagina. Het ringband-patroon dat prominent op deze pagina staat afgebeeld, geeft de indruk dat er één enorme GIF-afbeelding op de achtergrond geplaatst is. In werkelijkheid wordt een dunne strook van één 'ring' door de browser gerepeteerd tot een naadloos geheel. Het toepassen van dit soort achtergrondafbeeldingen heeft een aantal belangrijke voordelen: het GIF-bestand is zeer klein –slechts een paar Kilobyte– en zal de inleestijd van de webpagina niet echt beïnvloeden. Een ander voordeel is het visuele gewin; de webpagina krijgt een speciale signatuur die deze onderscheidt van de grijze middelmaat.

Deze achtergrondstructuur heet 'bound_pages_blk'. ▸

Deze muziekpapierstructuur is ideaal voor muzikale websites. Het patroon heet 'music_paper'. ▸

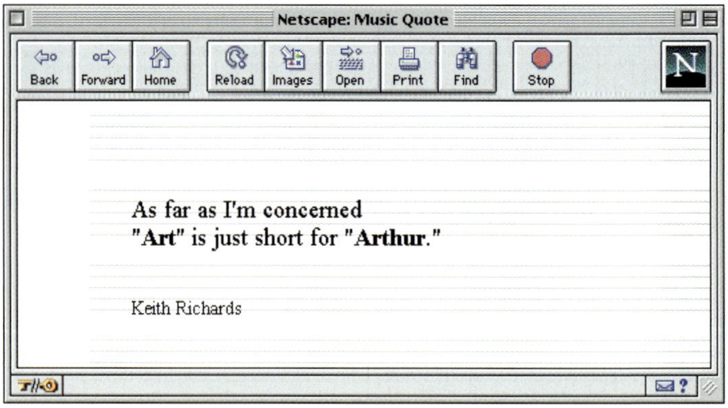

Deze golvende achtergrond wordt gebruikt in de Hacker Tracker pagina en heet simpelweg 'back.gif.' ▸

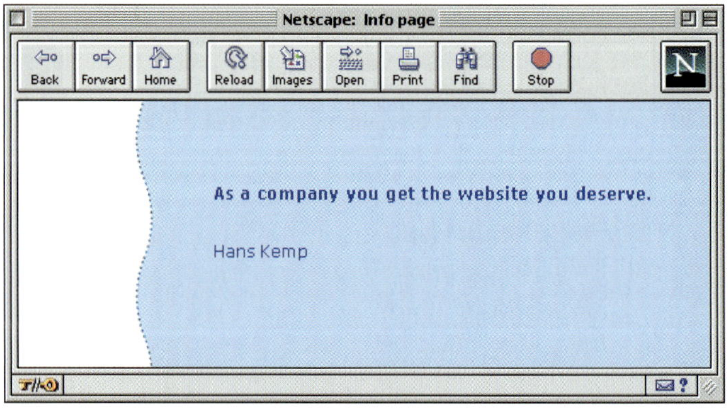


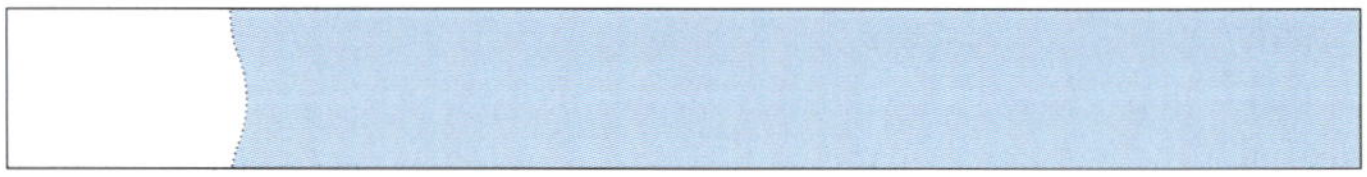

### ▶ Marges voor webbrowsers

Als u creatieve scheidingslijnen en repeterende achtergrondpatronen gebruikt, zult u merken dat de weergave ervan van browser tot browser verschilt. In hoeverre er afwijkingen zijn tussen het achtergrondpatroon, de voorgrondtekst en afbeeldingen, is afhankelijk van het gebruikte platform. Met Internet Explorer 2.0 *(voor Windows en Macintosh)* heeft Microsoft een nieuwe set tags geïntroduceerd om dit probleem op te lossen: LEFTMARGIN | TOPMARGIN | RIGHTMARGIN. De nieuwe tags worden opgenomen in de <BODY> van het document. Als deze tags niet worden gebruikt, past de browser een standaardmarge van 8 pixels toe. Als u de voorgrondinformatie dicht bij de rand van het browservenster wilt plaatsen, zoals in de afbeelding links, moet u de volgende tags toevoegen: TOPMARGIN=0 LEFTMARGIN=0. De pagina wordt in drie kolommen opgedeeld om de gegevens van elkaar te scheiden.

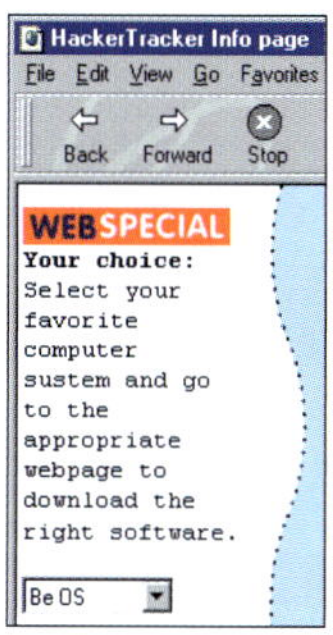


```
<HTML><HEAD><TITLE>Info page</TITLE></HEAD>
<BODY BGCOLOR="#FFFFFF" LINK="#FF0000"
  VLINK="#006600" BACKGROUND="back.gif"
  TOPMARGIN=8 LEFTMARGIN=8>
<TABLE BORDER=1 WIDTH=560>
  <TR>
    <TD WIDTH=110 VALIGN=top> </TD>
    <TD WIDTH=60> </td>
    <TD WIDTH=390><IMG SRC="hack.gif"
      WIDTH=342 HEIGHT=172></TD>
  </TR>
</TABLE><BR>
<TABLE border=0 width=560>
  <TR>
    <TD WIDTH=110 VALIGN=top>Text and Images</TD>
    <TD WIDTH=60> </td>
    <TD WIDTH=390>Text and Images</TD>
  </TR></TABLE>
</BODY>
</HTML>
```

▲ Let op de verschillende breedtes van de tekstvelden. ▼

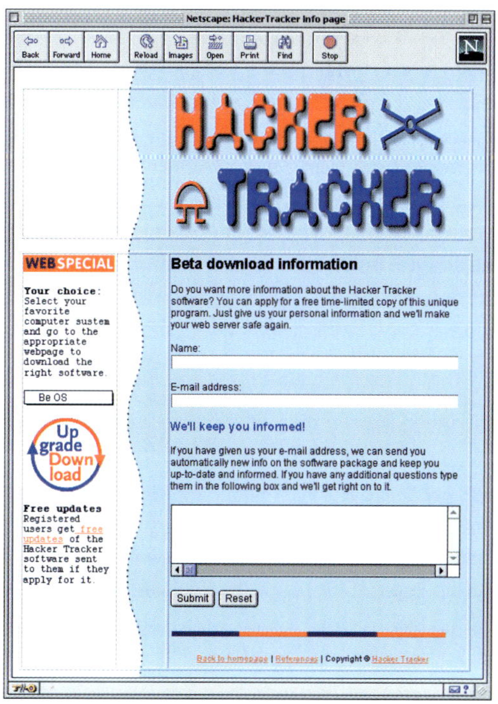

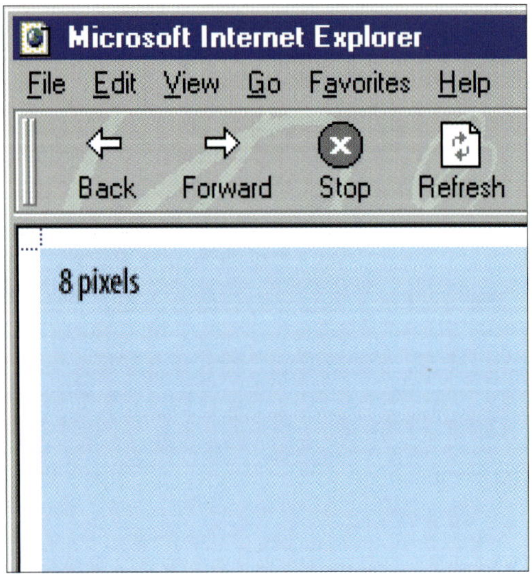


### ▶ Variërende marges per webbrowser

Ondanks alle pogingen tot standaardisering variëren de browsers onderling qua interpretatie van de marge-afstanden. Als u een layout heeft die een exacte positionering van de voor- én achtergrond vergt, levert dit geheid problemen op. Ook al zijn de verschillen relatief klein, maximaal vijf pixels, het oog zal dit onbarmhartig registreren. En daardoor valt het beoogde effect meestal in het spreekwoordelijke water. Feitelijk is er geen remedie tegen deze kwaal anders dan het toepassen van een browserdetect JavaScript waardoor u de verschillende browsers ieder een eigen achtergrond-afbeelding serveert.

| Browser | Versie | OS | Horizontale afstand | Verticale afstand |
|---|---|---|---|---|
| Netscape Navigator | 3.0 | WIN | 10 pixels | 15 pixels |
| Netscape Navigator | 4.0 | WIN | 10 pixels | 15 pixels |
| Netscape Navigator | 3.0 | MAC | 8 pixels | 8 pixels |
| Netscape Navigator | 4.0 | MAC | 8 pixels | 8 pixels |
| Internet Explorer | 3.0 | WIN | 10 pixels | 16 pixels |
| Internet Explorer | 4.0 | WIN | 10 pixels | 16 pixels |
| Internet Explorer | 3.0 | MAC | 8 pixels | 8 pixels |
| Internet Explorer | 4.0 | MAC | 8 pixels | 8 pixels |

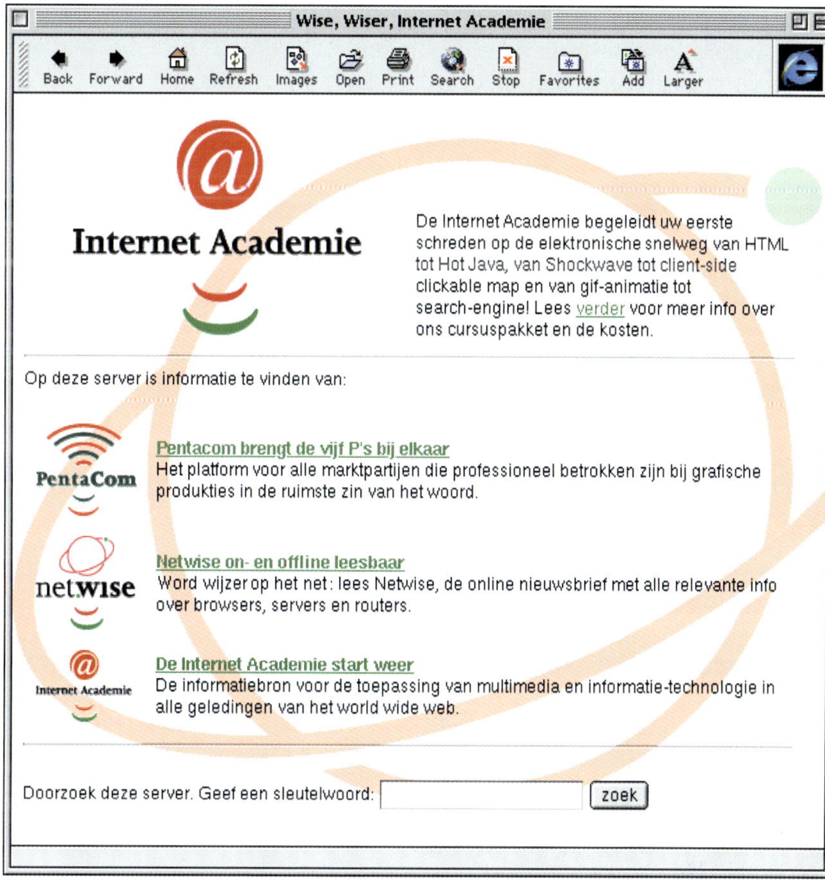


Dankzij één flink GIF-bestand krijgt deze pagina een eigen identiteit zonder dat de informatieoverdracht verstoord wordt.

Eén enkele GIF-afbeelding kan verrassende resultaten opleveren als deze op de achtergrond van de webpagina geplaatst wordt. Het vraagt echter wel om een goede planning van de illustratie. Dit hoofdstuk toont de werkwijze die men kan toepassen in een home- en subpagina.

## Groot achtergrondpatroon

Het repeterende effect van een achtergrondpatroon biedt een veelheid aan creatieve mogelijkheden. De webdesigner kan de achtergrond laten opvullen door een enkele baan in horizontale of verticale richting te herhalen. In voorgaande hoofdstukken heeft u gelezen dat dit een aantrekkelijke optie is voor een webdesigner om de pagina te verrijken. Nu gaan we zelfs een stap verder. Een grote GIF-afbeelding wordt als grafisch element gebruikt op de achtergrond van de homepage en de afgeleide pagina's.

Dit stelt uiteraard eisen aan de illustratie, want de GIF-afbeelding mag geen belemmering vormen voor de inleestijd van de pagina. En tegelijkertijd mag de leesbaarheid van de teksten niet gehinderd worden.

## ▶ Hoe groot is groot

Het begrip 'grootte' kent twee verschillende interpretaties. In dit geval zijn beide van belang. De grootte uitgedrukt in pixels is afhankelijk van het resultaat dat men wil bereiken. Als de GIF-afbeelding 'repeterend' toegepast wordt in een 'effen' tint, hoeft men zich niet zo veel zorgen te maken over de breedte en hoogte.

In het voorbeeld dat hiernaast staat afgebeeld, is een GIF-afbeelding van 662 x 533 pixels groot aangemaakt. Deze maat komt overeen met een oppervlakte van 23 x 19 centimeter. De tekening wordt opgezet in Adobe Illustrator en vervolgens 'gekopieerd' en 'geplakt' in Photoshop. Vanuit dit tekenprogramma wordt de definitieve afbeelding als GIF bewaard.

Doordat de illustratie slechts uit een beperkt aantal kleuren is opgebouwd, is het GIF-plaatje relatief klein. Het bestand genaamd 'globe.gif' is maar 6 Kilobyte groot! Doordat het oppervlak grotendeels uit een effen kleur is opgebouwd, kan het GIF-algoritme het bestand flink comprimeren en kan het vlot ingelezen worden door de browser.

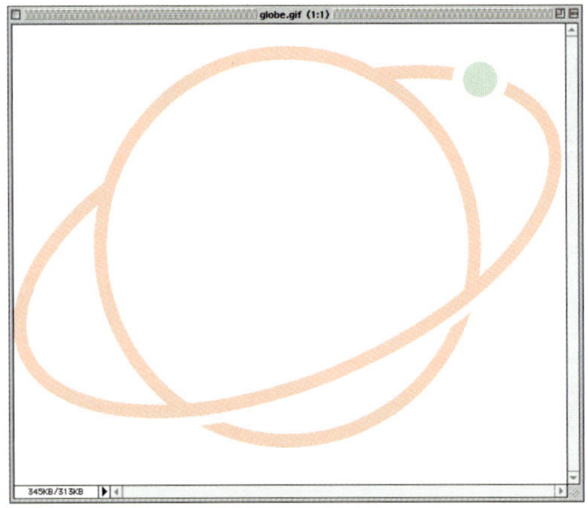


▲ Het bestand 'globe.gif' wordt als GIF-bestand met slechts 8 geïndexeerde kleuren bewaard.

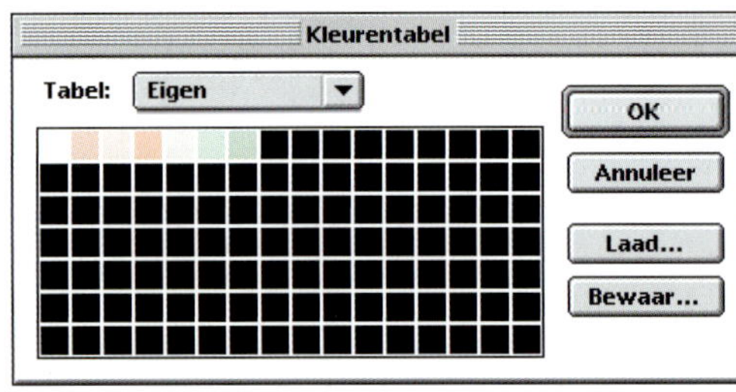


▲ In Photoshop kan men de 'Kleurentabel' van het GIF-bestand wijzigen als men op de individuele kleuren klikt.

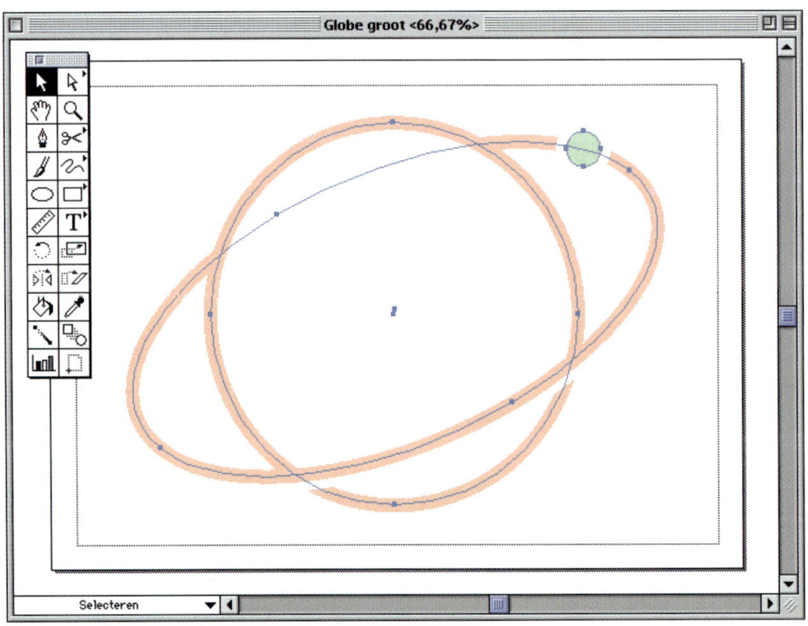


◀ De originele tekening van het logo is in Adobe Illustrator ontworpen en gewerktekend.

▲ Het logo van de 'Internet Academie' wordt vrijstaand gemaakt op een witte achtergrondkleur...

◂ Door de GIF-afbeelding van het logo als 'GIF89a'-bestand op te slaan...

▼ ...wordt het transparant op de achtergrond weergegeven.

▲ ...om storende overgangen tussen de afbeelding en de achtergrond-GIF uit te sluiten.

Alleen als de computer van de gebruiker te weinig RAM-geheugen heeft, kan een grote GIF-afbeelding problemen veroorzaken.

### ▶ Transparante afbeeldingen

Een repeterend achtergrondpatroon heeft wel consequenties voor de opbouw van de webpagina. Dit laatste aspect heeft vooral betrekking op het gebruik van transparante afbeeldingen. Als een webpagina wordt ingelezen, zal de browser het achtergrondbestand als allerlaatste tonen. De tekst en de afbeeldingen die op de voorgrond staan, zijn dan al zichtbaar. U kunt zich voorstellen dat deze inleesvolgorde bij donkere webpagina's, waarin ook nog transparante GIFjes worden toegepast, problemen oplevert. De 'lichte' tekst en afbeeldingen worden pas leesbaar als de achtergrond-GIF volledig geladen is.

Er is gelukkig een remedie voor dit probleem: definieer in de HTML-code zowel een achtergrondkleur als een achtergrond-illustratie. De 'body'-regel ziet er dan zo uit:

```
<BODY bgcolor="white" background="globe.gif">
```

De volgorde is niet van belang. Als alternatief kan men ook de kleur 'white' opgeven. Vergeet dan niet het hekje weg te laten.

### ▶ Achtergrond GIF animatie

De komst van de vierde generatie browsers heeft een optie geïntroduceerd die het werken met achtergrondbeelden een nieuwe dimensie geeft. Netscape Navigator 4.0 en Microsoft Internet Explorer 4.0 ondersteunen GIF-animaties als achtergrondbeeld!

In het voorbeeld draait een bol om de wereld heen door in verschillende stappen de positie van de bol te wijzigen. In een GIF-animatie tekenprogramma kan de animatie samengesteld worden. In dit boek is een apart hoofdstuk aan deze techniek gewijdt.

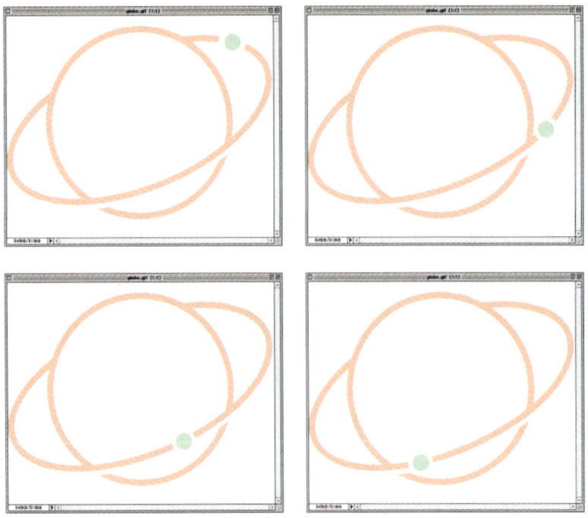

▲ De 'satelliet' cirkelt in een baan om de planeet heen. Dit is een relatief simpel effect dat de leesbaarheid van de voorgrondinformatie niet al te nadelig beïnvloedt.

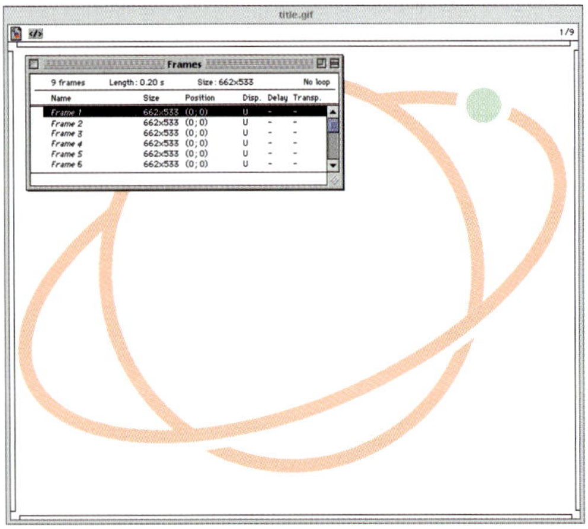


▲ In een programma als GIFbuilder of GIF Construction Set kan de benodigde GIF-animatie gemaakt worden.

Het eindresultaat levert een intrigerend beeld op in de nieuwste browsers. Er zijn echter wel grenzen aan deze toepassing. Allereerst moet u zich wel realiseren dat een continue beweging in de achtergrond de leesbaarheid niet ten goede komt. En u dient rekening te houden met het feit dat oudere browsers deze optie niet ondersteunen en een lege achtergrond laten zien! Het is daarom aan te bevelen om in dit geval gebruik te maken van een zogenaamde 'Browsercheck'. Dat is een JavaScript waarmee men diverse browsers kan identificeren. Een versie 4 of hogere browser krijgt dientengevolge de achtergrondanimatie getoond en een oudere browser een standaard – lees stilstaande – GIF-afbeelding. In het hoofdstuk JavaScript vindt u meer informatie over deze belangrijke scripting-technologie.

Macromedia ▸ Dreamweaver is een ideaal programma voor het maken van 'clickable maps'.

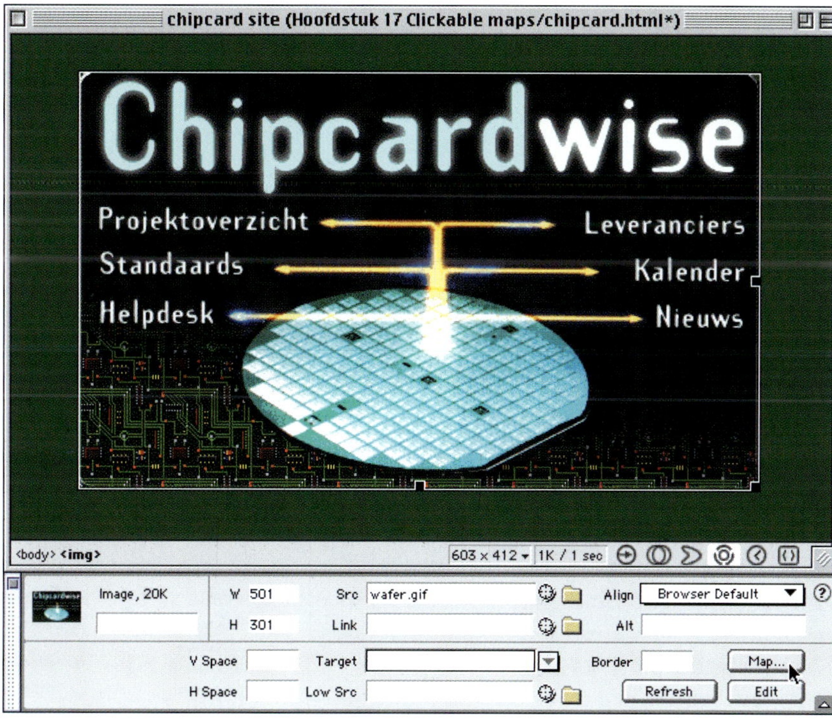


Het alternatief voor de standaard tekstuele en grafische hyperlinks is een zogenaamde clickable map. Dit is een (grotere) afbeelding waarop met de muis geklikt kan worden. De werkwijze die men moet volgen en de eisen die dit aan de servers stelt, worden in dit hoofdstuk stap voor stap beschreven.

## Clickable image maps

Als men een Web 'newbie' uitlegt hoe men op het World Wide Web naar een volgende webpagina gaat, zal men steevast uitleggen dat men op de blauwe, onderstreepte tekst moet klikken. Dit basisprincipe is logisch en een algemeen geaccepteerde standaard. In de praktijk blijkt echter dat hyperlinks helemaal niet louter uit blauwe teksten bestaan, maar dat deze in alle mogelijke kleurvariaties toegepast worden.

Sterker nog een groot deel van de hyperlinks wordt geactiveerd door op plaatjes te klikken. Sommige plaatjes zijn herkenbaar aan een gekleurde rand, andere weer doordat de cursor 'in een handje' verandert als men eroverheen gaat met de muis. En dan is er ook nog een speciale categorie waarbij coördinaten onderin het venster van de browser verschijnen of zelfs een begeleidende tekst. Dat zijn nu clickable maps; een navigatiemiddel waarbij meerdere hyperlinks in één afbeelding gecombineerd zijn.

### ▶ Standaard clickable image maps

Een standaard clickable map bestaat uit een aantal componenten. Uiteraard een illustratie die zodanig is opgezet dat de verschillende delen suggereren dat deze naar een webpagina leiden. Het tweede deel is de HTML-pagina waarop de tag <ISMAP> staat. Dit label geeft aan dat de 'Image' een soort kaart is die door middel van coördinaten naar hyperlinks verwijzen. Het laatste deel is het map-bestand. Dit is een los ASCII-document waarin de posities en de bijbehorende URL's beschreven staan.

Als het geheel op de server geïnstalleerd is, werkt het mechanisme als volgt. Als een bezoeker op de clickable map klikt, worden de coördinaten door een zogenaamd clientprogramma *(meestal een CGI-bin-interface)* naar de server gestuurd. Aldaar worden aan de hand van een omrekenprogramma de x- en y-positie omgezet in een URL-adres. Deze hyperlink wordt vervolgens teruggestuurd naar de bezoeker via het clientprogramma. Dit lijkt een complexe procedure, maar dat valt erg mee. Het is eerder een langdurig*(er)* proces omdat de tussenstap met het client-programma rekentijd kost en bij een trage verbinding additioneel tijdverlies oplevert.

▼ **In het Windows-programma 'Map This' kan een 'clickable map' op basis van een afbeelding efficiënt gemaakt worden.**

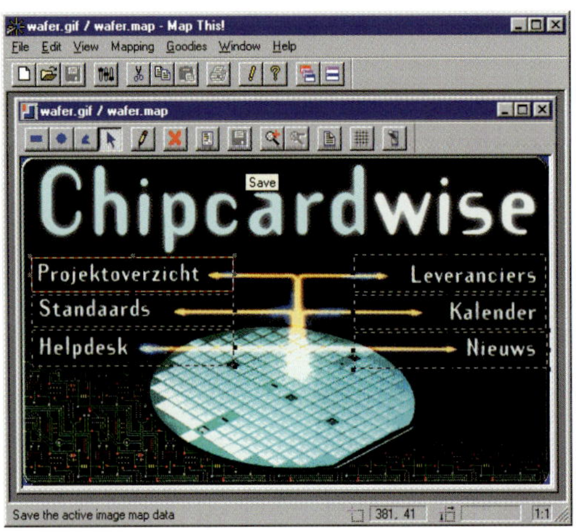

▲ **In Fractal Design Painter kan men een 'Floater' als 'Clickable Region' aangeven en als image map opslaan.** ▼

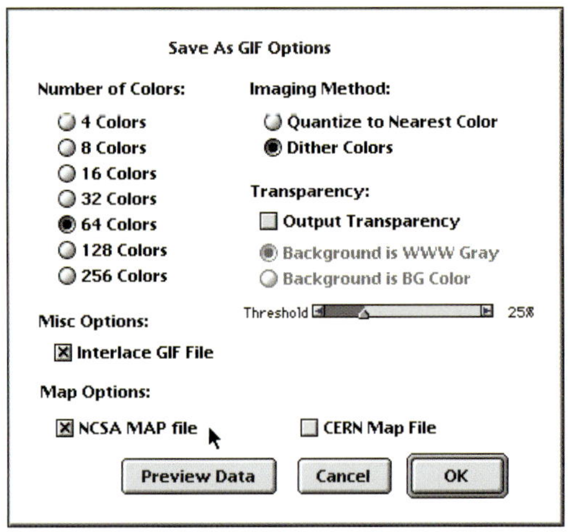


Voor de maker van de pagina is er wel extra werk want hij moet niet alleen de afbeelding indelen, maar ook de bijbehorende map maken. In de getoonde voorbeelden ziet u hier verschillende programma's dit karwei oplossen. Fractal Design Painter biedt het additionele voordeel dat men later de URL's eenvoudig kan wijzigen omdat deze in de vorm van 'Floaters' zijn gemaakt. In het programma moet men kiezen tussen een CERN- en een NCSA-map. Deze keuze wordt bepaald door het type server en de serversoftware. Overleg eerst met de provider wat de juiste keuze is. Let wel, een standaard clickable map kan men niet 'offline', lees op de eigen computer, controleren.

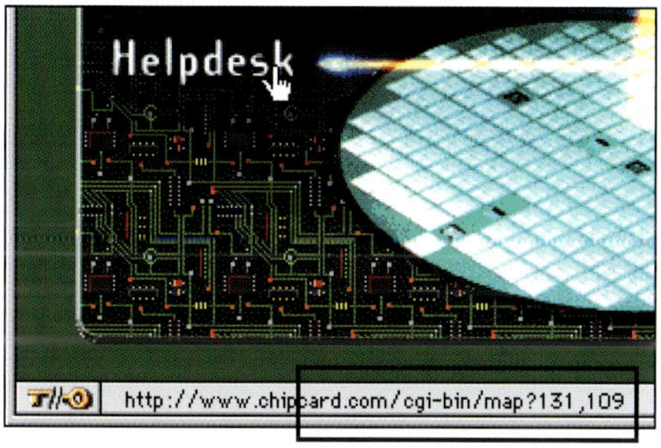


▲ Bij een conventionele clickable map worden alleen de coördinaten gegeven en niet de URL.

```
# Created by WebMap 1.0.1
# Format: CERN

default
rect (414,160) (493,189)  project.html
rect (393,124) (493,158)  standaard.html
rect (356,91) (493,123)   help.html
rect (12,157) (174,192)   leveranciers.html
rect (12,125) (174,154)   calender.html
rect (12,91) (174,123)    nieuws.html
```

▲ De structuur van een CERN illustratiemap verschilt duidelijk met die van een NCSA. Voor beide types moet u de tekstfile naar de server sturen zonder hard carriage returns te gebruiken. Dit laatste is vooral belangrijk voor Macintosh-gebruikers ▼

```
# Created by WebMap 1.0.1
# Format: NCSA

default
rect project.html        12,91 174,123
rect standaard.html      12,125 174,154
rect help.html           12,157 174,192
rect leveranciers.html   356,91 493,123
rect calender.html       393,124 493,158
rect nieuws.html         14,160 493,189
```

Adobe Golive genereert alle benodigde code en presenteert de HTML op een overzichtelijke manier. Door de kleurscheiding tussen de tag, het attribuut en de feitelijke tekst wordt het 'met de hand' aanpassen van de HTML een eenvoudiger ►

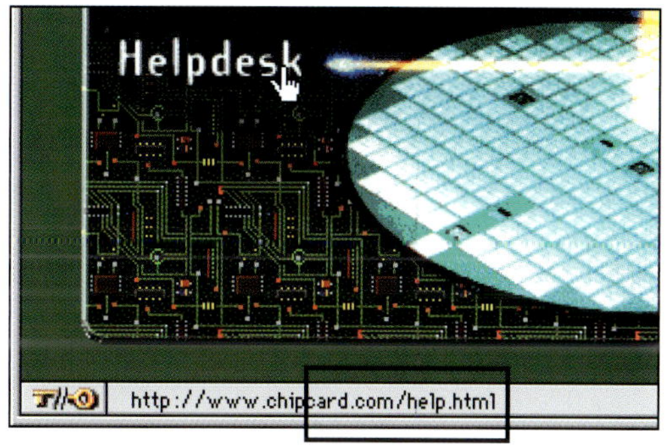


▲ Bij een client-side clickable map geeft de hot spot in tekst aan waar de gebruiker naar toe gaat.

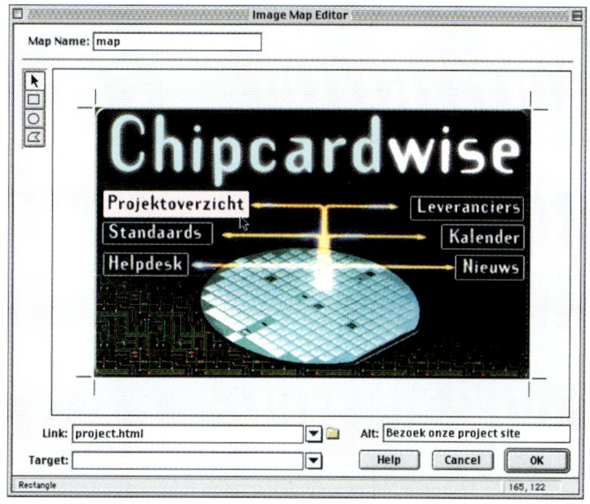


▲ Met Photoshop Info Palette kunnen de coördinaten van de (clickable) image map worden 'berekend'.

## ▶ Clickable image maps

Vanaf de derde generatie browsers wordt een alternatieve oplossing ondersteund: client side image maps. Dit betekent dat de x- en y-coördinaten die normaal gesproken in het map-bestand zitten, rechtstreeks in de HTML-pagina gezet worden door de tag <USEMAP="naam">. Het bestand 'naam' leidt naar een anker met de bijbehorende coördinaten en de juiste URL's.

```
<html>
<head>
<title>Welkom bij Chipcardwise</title>
<meta http-equiv="Content-Type" content="text/html; charset=iso-8859-1">
</head>

<body bgcolor="green">
<img src="wafer.gif" width="500" height="300" border="0" usemap="#map">
<map name="map">
  <area shape="rect" coords="414,163,493,190" href="project.html" alt="Bezoek onze project site">
  <area shape="rect" coords="398,129,493,156" href="standaard.html" alt="Alles over standaarden">
  <area shape="rect" coords="362,98,492,124" href="help.html" alt="Hulp vindt u hier!">
  <area shape="rect" coords="10,162,106,187" href="leveranciers.html" alt="Alle aanbieders op rij">
  <area shape="rect" coords="9,128,133,152" href="calender.html" alt="De komende tijd kunt u naar...">
  <area shape="rect" coords="10,93,174,122" href="nieuws.html" alt="Het laatste nieuws over chipcards">
</map>
</body>
</html>
```

### ▶ Combinatie server en client-side image maps

Doordat lang niet alle browsers de client-side image maps herkennen en dus ondersteunen, wordt in het voorbeeld van beide oplossingen gebruik gemaakt. In Netscape Navigator krijgt de client-side image map voorrang boven de standaard image map.

**Combinatie van <ISMAP> en <USEMAP>** ▶

*De afbeelding 'wafer.gif' wordt door <ISMAP> en <USEMAP> als clickable map gecodeerd.*

**Tag <MAP NAME="wafer">** ▶

*De <USEMAP>-tag wordt vergezeld van een map waarin de coördinaten zijn bepaald door het attribuut 'coords'. De standaardpositie is 0,0 en markeert het punt linksboven in de afbeelding. "10,93" betekent dat het beginpunt van de eerste coördinatenreeks op 10 pixels horizontaal en 93 pixels verticaal vanaf het beginpunt ligt. De volgende twee getallen '201, 123' geven de breedte- en hoogte-coördinaten aan. Dit is dus niet de lengte of hoogte van het veld!*
*De 'area shape' kent drie varianten: 'rect', 'poly' en 'circle' De eerste twee tags zijn afkortingen voor respectievelijk 'rectangle' en 'polygon'. Deze verschillende soorten coördinaten kunnen in één clickable map gecombineerd worden.*

**'Text only' hyperlinks** ▶

*Bezoekers die niet willen wachten op de clickable map en de activiteiten van de server, kunnen in dit voorbeeld op de hyperlinks klikken die onderaan de pagina in 'tekst' zijn afgebeeld. Het is aan te bevelen om deze optie altijd in de pagina in te bouwen als men een clickable map gebruikt.*

```
<HTML>
  <HEAD>
    <TITLE>Welkom bij Chipcardwise</TITLE>
  </HEAD>

<BODY bgcolor="green" text="#ffffff"
 vlink="#ffcc66" vlink="#ffcc33">

<BR>

<CENTER>
<a href="/cgi-bin/map">
<IMG SRC="wafer.gif" border=0 WIDTH=500 HEIGHT=300
ISMAP  USEMAP="#wafer"></a>

<map name="wafer">
<area shape="rect" coords="10,93,201,123"
 href="project.html">
<area shape="rect" coords="10,127,201,155"
 href="standaard.html">
<area shape="rect" coords="10,159,201,191"
 href="help.html">
<area shape="rect" coords="317,91,497,124"
 href="leveranciers.html">
<area shape="rect" coords="317,128,497,158"
 href="calender.html">
<area shape="rect" coords="317,162,498,194"
 href="nieuws.html">
</map>

<br>
<strong><font SIZE=+3>
<tt>Informatie over Chipcards </tt></font></strong>
<br>

<a href="project.html">Projecten</a> |
<a href="standaard.html">Standaarden</a> |
<a href="help.html">Helpdesk</a> |
<a href="leveranciers.html">Leveranciers</a> |
<a href="calender.html">Kalender</a> |
<a href="nieuws.html">Nieuws</a>

</CENTER>

</BODY>
</HTML>
```

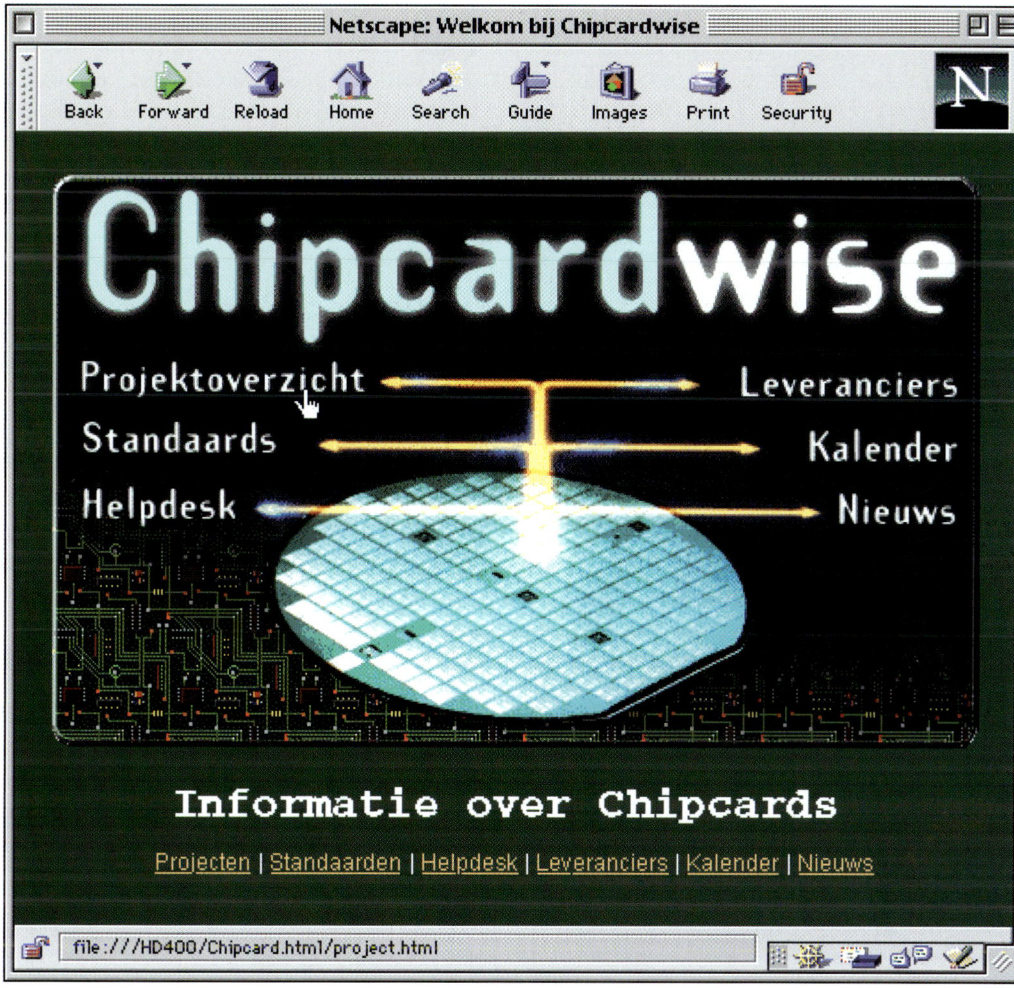


▲ De integratie van de 'clickable map' is in dit ontwerp goed gelukt. Dankzij de 'Client Side Clickable Map' kunnen de URL's lokaal, dus op de harde schijf van de HTML-ontwikkelaar getest worden. Dit is uiteraard ook nuttig als een website "offline' op een beurs of tentoonstelling draait. Als men gebruik zou maken van een standaard 'clickable map', kan de bezoeker nergens op klikken wat tot enig resultaat leidt. Met behulp van de 'Client Side Clickable Map' kan de website offline ongestoord doordraaien.

◄ Het effect van een vrijstaand hoekje wordt bereikt door een sterk afwijkende kleur te kiezen voor het transparant maken van de afbeelding. Het effect is boven goed zichtbaar. ►

◀ De standaard counter GIF-jes zijn meestal gebaseerd op de kilometerteller van een auto. In plaats daarvan maken we GIF-jes die er uitzien als 'LEDs' zoals deze bijvoorbeeld bij het Centre Pompidou in Parijs gebruikt worden om het bezoekersaantal te meten. De lettering is een Futura Light. Elke letter wordt in een aparte laag gezet en semi-transparant gemaakt door de dekking naar zo'n 35% terug te brengen. De letter die 'gloeit' heeft een dekking van 100%.

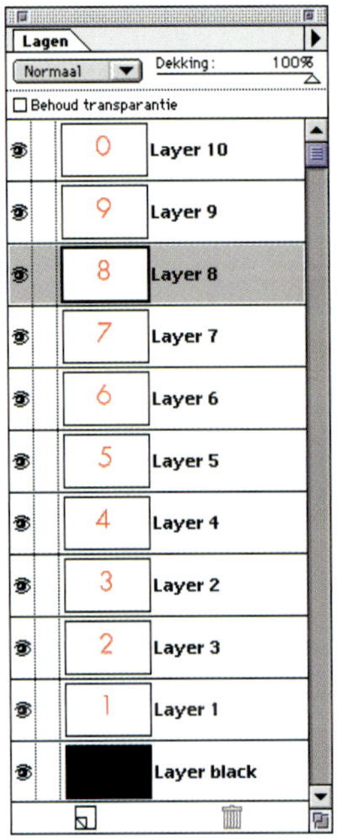


▼ Het cijfer '8' is helder, de andere cijfers zijn semi-transparant gemaakt.

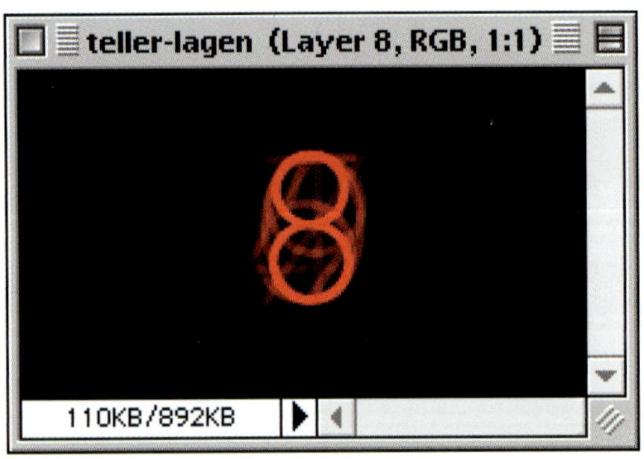


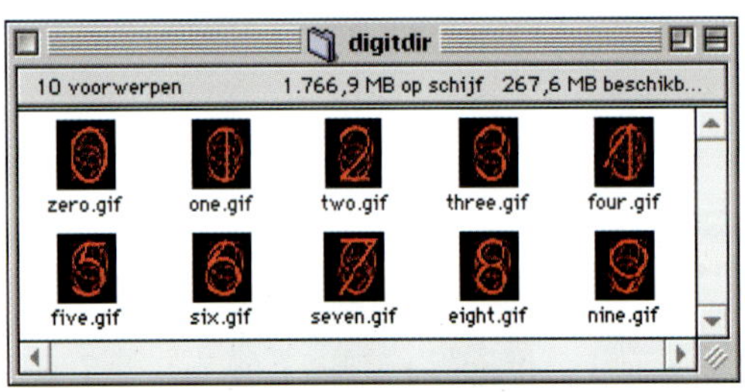


▲ In de map 'digitdir' worden de oude GIF-jes vervangen door de 1 Kb grootte LEDs die we zelf gemaakt hebben.

▲ In de homepage wordt een tekst toegevoegd die vermeldt dat men de 'zoveelste' bezoeker is.

## Counter inbouwen

Een typische community site als Chipcardwise krijgt uiteraard ook bezoekers. Om een indruk te krijgen van de hoeveelheid personen die de site bezocht hebben, kunnen we uiteraard de serverstatistieken bekijken. Als we deze informatie echter 'openbaar' willen maken is zo'n overzicht van het aantal hits een onhanteerbaar geheel. Een betere methode is het inbouwen van een 'teller' of 'counter' in de homepage.

Elke keer dat de homepage opgehaald wordt, zal de teller met de waarde 'één' verhoogd worden. Hierdoor geeft men een *(globale)* indruk van de bezoekersaantallen zonder expliciete gegevens te verklappen. Het is wel oppassen voor commercieel opgezette websites als de bezoekersaantallen wat tegenvallen. De aanduiding: "U bent de 12ᵉ bezoeker" zegt uiteraard ook iets over de populariteit van de afzender...

▲ Standaard teller.

### ▶ Graphics aanpassen

De standaardmethode om een counter in te bouwen werkt als volgt. U informeert eerst wat voor soort computer als server gebruikt wordt voor de te meten website. In de meeste gevallen is dit een UNIX- of een Windows NT-server. Vervolgens gaat u op Internet op zoek naar een counter. Dit zijn CGI-bin-programmaatjes of PERL-scripts die ergens op de server gezet moeten worden. In de webpagina die geregistreerd moet worden, maakt men een verwijzing naar de counter-software. Meestal hoort er ook een set GIFjes bij *(max. 1 Kb groot)* die men eventueel ook kan vervangen door eigen 'cijfer-GIFs' zoals in bijgaand voorbeeld. In de HTML-code neemt u op:

```
<IMG SRC="counter.acgi?index.html" ALT="access counter">
```

Iedere keer dat de pagina bezocht wordt *(inclusief de 'reloads')* zal de counter-software de teller automatisch verhogen en het getal met behulp van de GIFjes weergeven.

Deze pagina ▸ van multimedia-designbureau WDS is geheel in Flash gemaakt. De navigatie wordt verrijkt met gevoel en emotie.

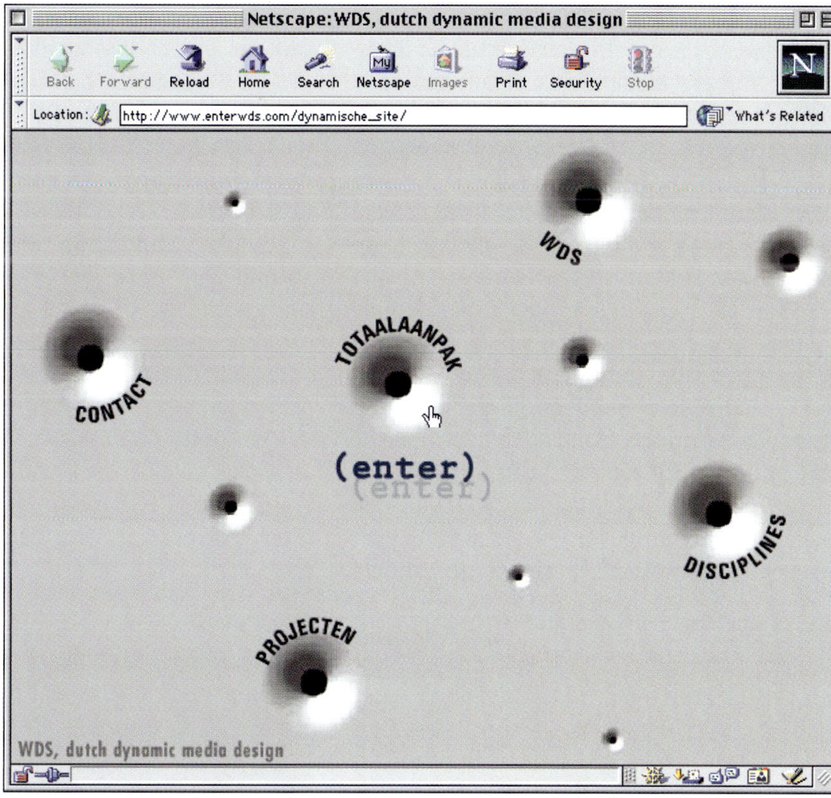


Webdesign: WDS, dutch dynamic media design

Surfen op het World Wide Web vertoont duidelijke overeenkomsten met het spreekwoordelijke zoeken in een hooiberg. Zelfs ín de website wil men nog wel eens het spoor bijster raken. Goed ontworpen knoppen(balken), een heldere structuur en duidelijke navigatie verbeteren de communicatie met de gebruiker.

## Interactief navigeren op het Web

Op bovenstaande afbeelding is overduidelijk zichtbaar dat het websurfen soms tot onvoorspelbare resultaten leidt. Achter elke knop gaat een hyperlink schuil die voor de bezoeker *(nog)* een verrassing is. Voor een experimentele website van de designfirma WDS is deze vormgeving zelfs nuttig.

Een 'normale' website daarentegen moet dusdanig georganiseerd zijn, dat de bezoeker nooit 'de weg kwijt raakt' en met zo min mogelijk 'muisklikken' z'n doel vindt. Om dit proces optimaal te sturen is een knoppenbalk een ideaal hulpmiddel om de navigatie in goede banen te leiden. De elektronische snelweg heeft nu eenmaal ook verkeersagenten nodig. Doordacht vormgegeven en helder getekende knoppenbalken zijn de 'richtingaanwijzers' van een website. En deze verdienen speciale aandacht in het ontwerpproces.

## ▶ Standaardknoppen en plug-ins

Knoppenbalken zijn een ideaal navigeermiddel in een website. Niet alleen kan men hiermee eenvoudig tussen de pagina's onderling navigeren, het is ook een additioneel grafisch element waardoor men 'kleur' en een extra identiteit aan de pagina's kan geven. Uiteraard is dit afhankelijk van de opzet van de website. De stijl en het uiterlijk van de knoppen moeten afgestemd worden op de algehele grafische signatuur van de site. Door de knoppenbalk consequent in de webpagina's toe te passen houden alle pagina's een duidelijke afzender. Ook als de gebruiker de scherminformatie naar de printer stuurt!

Het maken van de knoppen is dus afhankelijk van de vormgeving en de gehanteerde beeldentaal. Als men hierin enige vrijheid van handelen heeft, kan men gebruikmaken van een aantal standaardoplossingen bij het produceren van de 'buttons'.

De plug-ins van Kai Power Tools, versies 3 en 5, bieden ook schier oneindige mogelijkheden om knoppen in alle soorten en maten te fabriceren. Deze filters, die onder andere in Adobe Photoshop en Fractal Design Painter hun creatieve werk verrichten, zijn maatgesneden voor het maken van fraaie drukknoppen en navigatiebalken.

Op deze rechterpagina wordt stap voor stap voorgedaan hoe een driedimensionale 'NEW'- button op basis van de KPT Spheroid Designer gefabriceerd wordt. Op deze pagina wordt de KPT5 Shapeshifter getoond. Met dit filter kan men erg 'organische' knop-vormen maken.

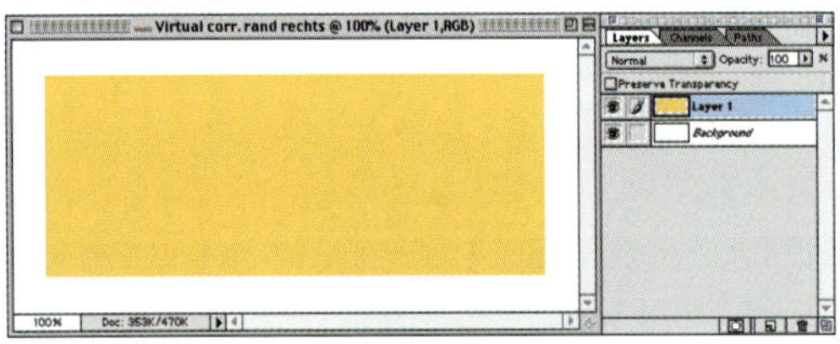

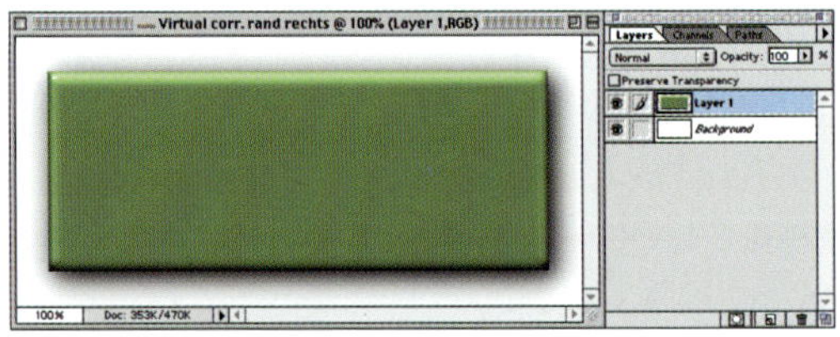

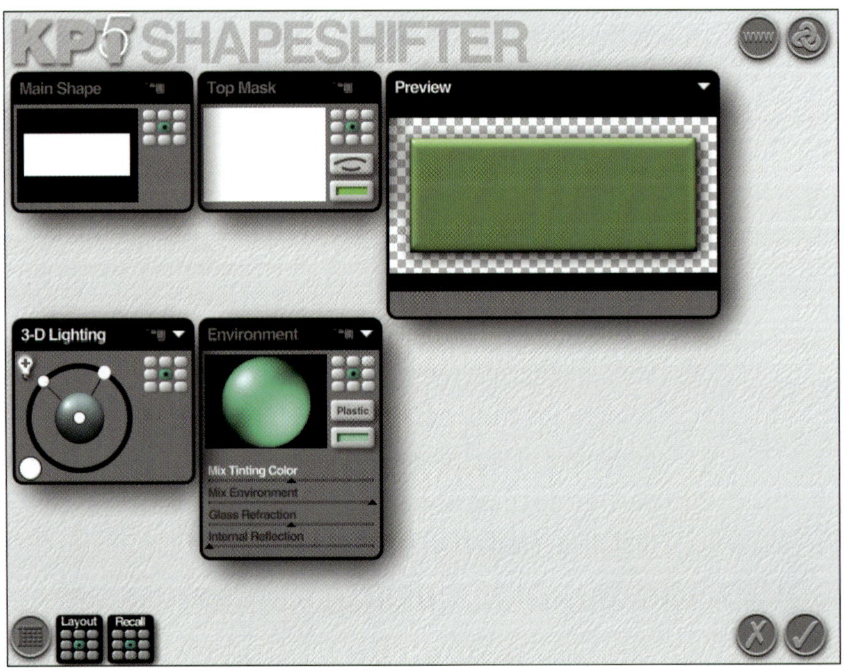


**KPT Shapeshifter ▶ biedt veel mogelijkheden om een knop te maken die de mogelijkheden van een 3D-programma evenaart. Het eindresultaat doet daardoor 'levensecht' aan.**

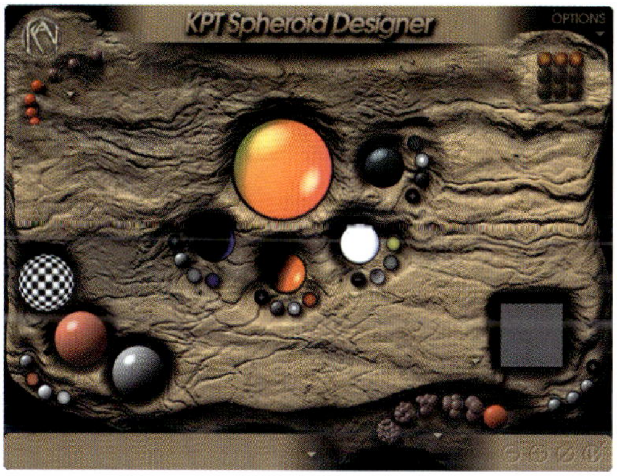


**1** Op basis van de 'Meta Tools Sphere' wordt een bol gemaakt met een iets lichter kleurengamma om wat meer contrast met de grondschaduw te creëren.

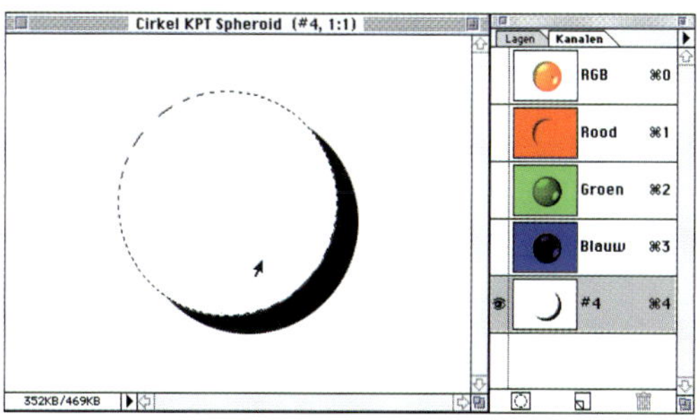


**2** Als KPT Spheroid Designer zijn werk heeft gedaan, is het zaak om de selectie in een apart kanaal te bewaren en deze te kopiëren met de Optietoets. Vul het verschil met wit...

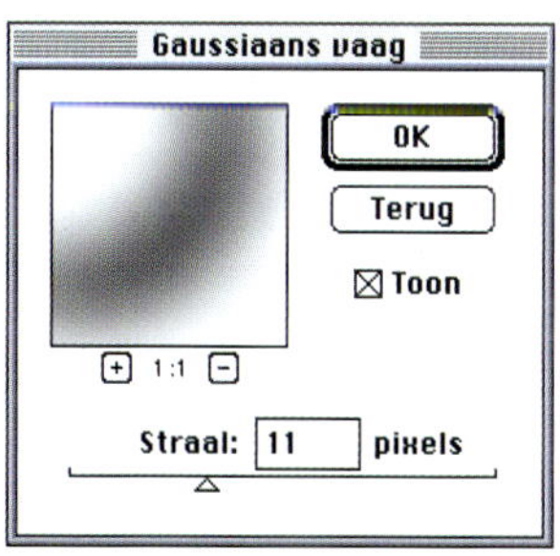


**3** ...en geef de informatie die in kanaal #4 staat, een 'Gaussiaans vaag' van 11 pixels.

**4** Door de grondschaduw onder de KPT bol te plaatsen ontstaat het gewenste effect.

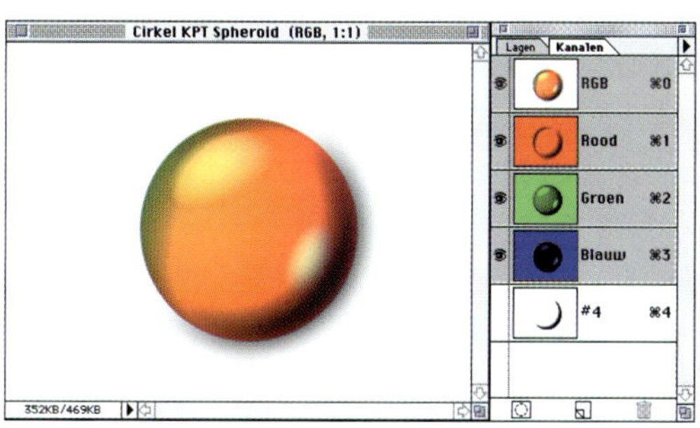


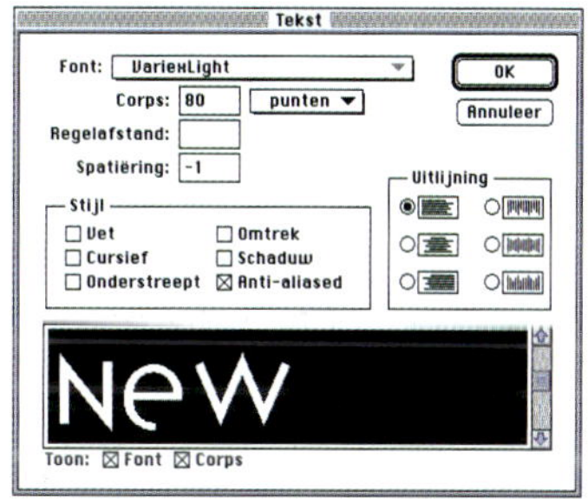


**5** De lettering 'new' wordt in het Emigré-font 'Variex Light' gezet.

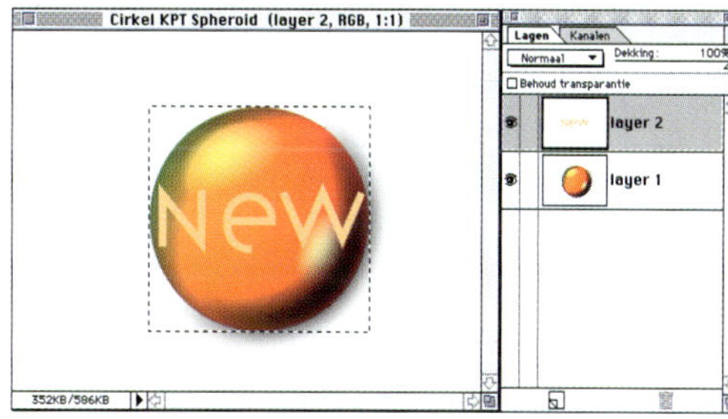


**6** De tekst is passend gemaakt en in een aparte laag gezet

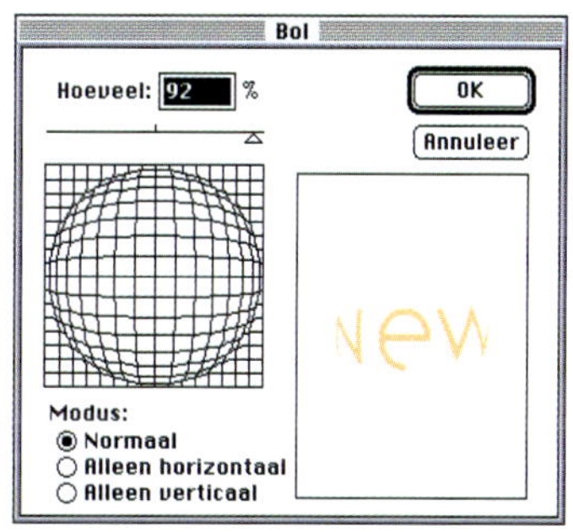


**7** Door de tekstlaag met het Photoshop-filter 'Bol' te bewerken krijgt de lettering een drie-dimensionaal effect.

**8** De positie van de tekst kan eventueel verschoven worden.

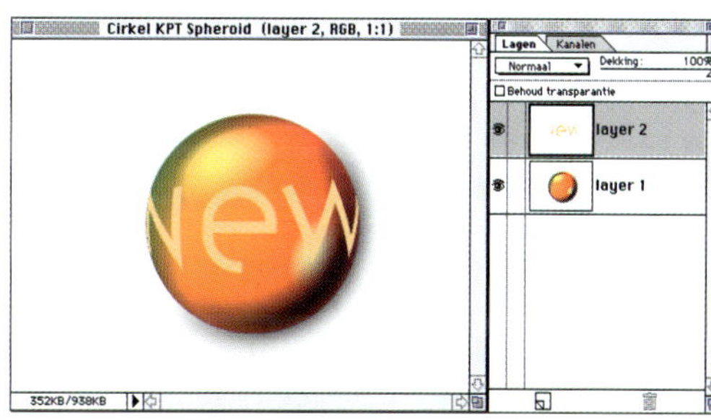


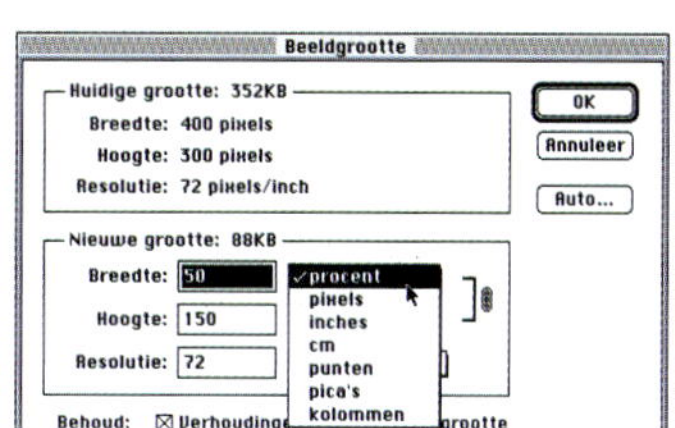


**9** Vervolgens worden de lagen 'verenigd' en kan het geheel verkleind worden. Door de waarde in procenten op te geven gaat dit wat eenvoudiger.

### ▶ In- en uitgedrukte knoppen

Door de knoppenbalk een 'fake' driedimensionaal uiterlijk mee te geven ontstaat het typische 'multi-media' effect dat we kennen van MacroMedia Director CD-ROM produkties. Deze techniek wordt niet alleen voor het effect toegepast; de 'stand' van de knop heeft ook een signaal-functie. Op de afbeelding hiernaast is de 'Help'-button ingedrukt. Dat kan men in één oogopslag waarnemen. Deze methode kan in webpagina's net zo effectief worden toegepast als in multimedia-produkties. Met behulp van Java of ShockWave-technieken kan men zelfs geluid en animatie aan de drukknop toevoegen. Daarover verder in het boek meer.

De 'Glass design'-knoppen zijn gebaseerd op een Letraset Phototone-scan en met behulp van het KPT Convolver filter in verschillende kleurvarianten omgezet. Deze plug-in heeft ten opzichte van de standaardbewerkingen in Photoshop als voordeel dat er meerdere variabelen tegelijk zichtbaar kunnen worden gemaakt. Een selectie kan bijvoorbeeld gelijktijdig omgekleurd en verscherpt worden. En het geheel wordt in 15 varianten tegelijkertijd plus het origineel in één venster afgebeeld. Dit maakt het selecteren van de juiste keuze een stuk eenvoudiger.

▲ De 'Help'-button is duidelijk actief. Dit soort visuele indicatoren helpt enorm bij het navigeren in de website.

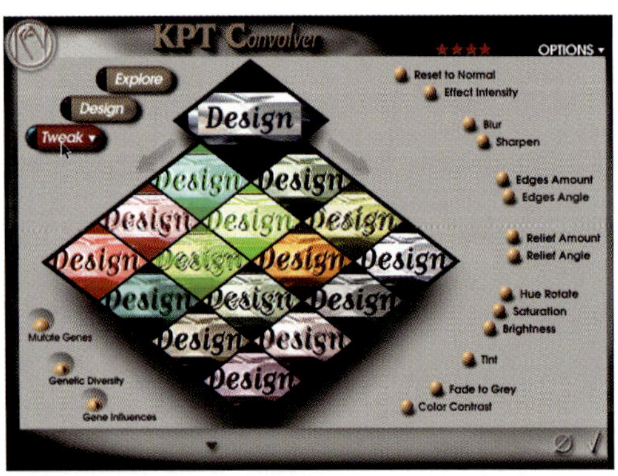


▲ Het KPT Convolver-filter biedt een schier oneindige hoeveelheid variaties op een thema. Door met de muis de instellingen te variëren worden er per keer 15 varianten getoond. Hierdoor kan men heel intuïtief werken en zal geen enkele variant aan het oog kunnen ontsnappen...

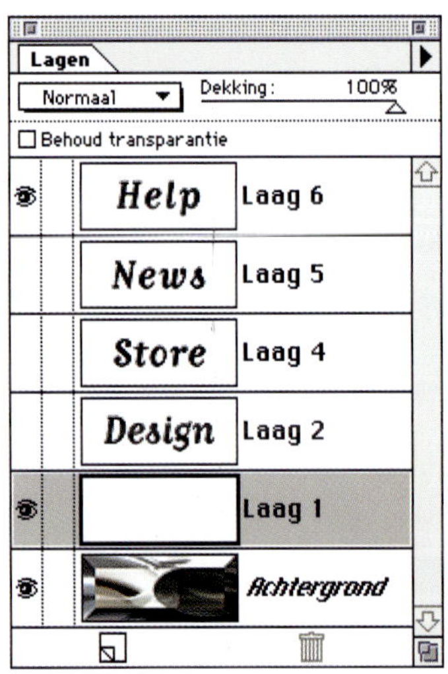

▲ Door de tekst steeds in een aparte laag te zetten kunnen de losse buttons gemaakt worden.

## Tekst gebaseerde knoppen

Ook de lettering van de knop kan bij het creatieve proces betrokken worden. Ter illustratie van deze stelling gaan we een echte 'forward'-knop maken. Uit het beeld-elementen aanbod van Painter selecteren we een platte grijze knop. Door gebruik te maken van de Eye Candy 3.0-filters 'Cutout' en 'Inner Bevel' *(in die volgorde)* krijgt men een realistisch teksteffect Het lijkt alsof de tekst 'uitgestanst' is. Door ook nog een grondschaduw aan het geheel toe te voegen ontstaat een echte 3D-drukknop. In combinatie met JavaScript-code kan men een echt 'Rollover' effect realiseren zoals de gebruiker dat gewend is van CD-rom titels. Voor de gebruiker is dit een functionele uitbreiding; de knop geeft feedback aan de gebruiker. Hierdoor is deze eerder geneigd om te klikken.

Als men met witte of een andere lichtgekleurde tekst gaat werken is het aan te bevelen om een extra tekstlaag boven op de originele te plaatsen en deze een dekking van 40 procent mee te geven. De reden hiervoor is dat een enkele witte of lichte tekstlaag niet als zodanig overkomt. Het lijkt als of de ondergrondkleur er doorheen schijnt. Dit effect treedt het sterkst op als een lichte tekststijl gebruikt wordt of een iel lettertype. Door een duplicaat van de normale laag erbovenop te plaatsen met een geringere dekking, wordt de tekst weer helder.

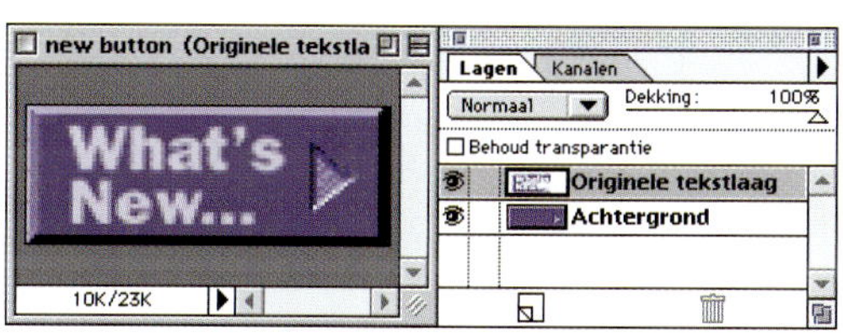


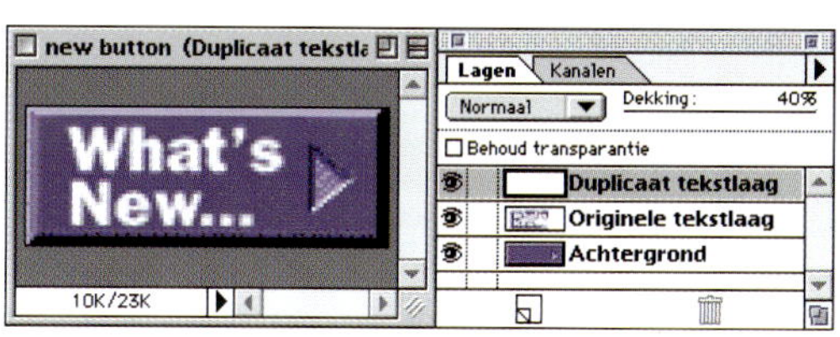


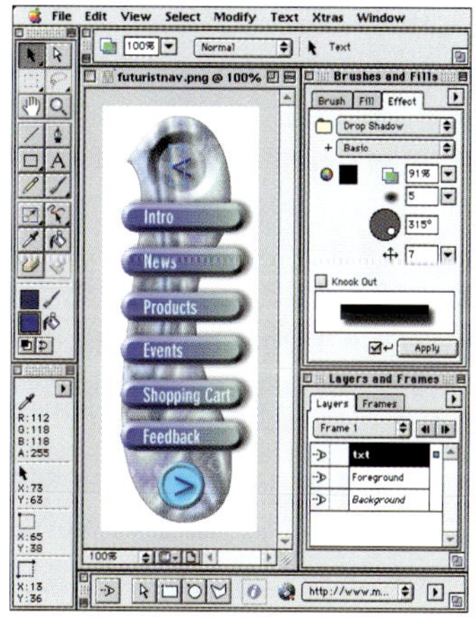


◀ Macromedia Fireworks is echt ideaal voor het maken van drukknoppen en navigatiebalken. Het programma kan ruimtelijke typografiën maken, compleet met grondschaduwen, terwijl de tekst altijd(!) bewerkbaar blijft.

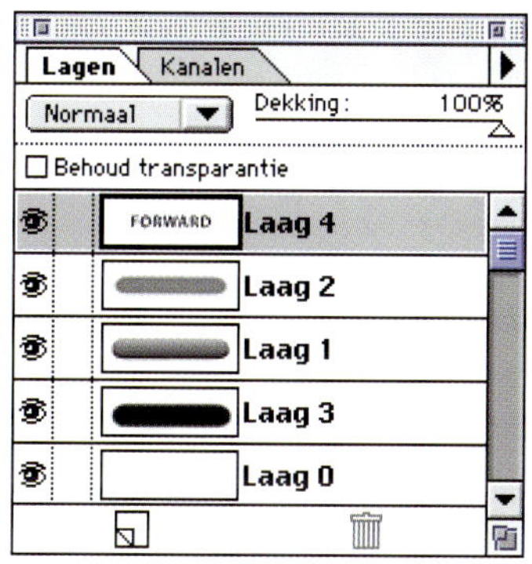


◀ Door de tekening in aparte lagen te zetten kan men efficiënt wijzigingen en alternatieven maken. Door steeds een kopie van het origineel te bewaren zorgt men ervoor dat het origineel intact blijft.

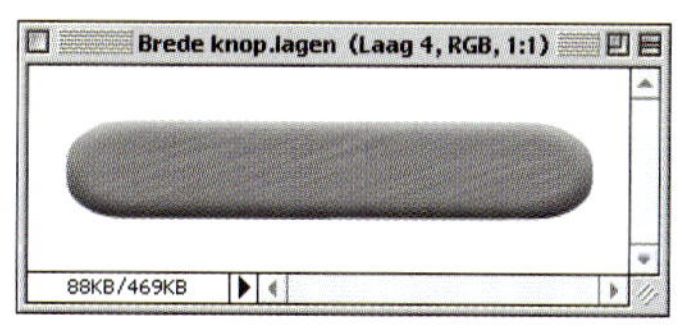


◀ De standaardknop uit Painter wordt van tekst voorzien.

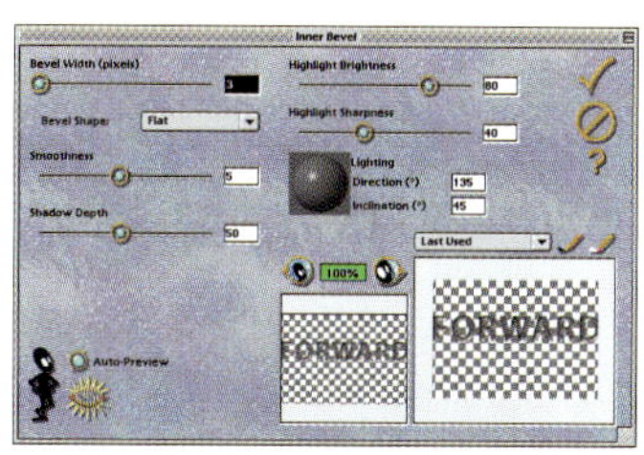


◀ Eye Candy is een filterset die het creëren van 3D-effecten een stuk eenvoudiger maakt.

◀ Met behulp van de Alien Skin filters 'Cutout' en 'Inner Bevel' ontstaat een realistisch effect.

## ▶ Knoppenbalk versus losse knoppen

Als er meerdere knoppen op een rij gezet moeten worden, staat men voor een dilemma: moet dit in één tekening gerealiseerd worden of maakt men voor elke knop een apart GIFje? In het eerste geval betekent dit ook dat men een 'CGI-bin'-commando achter de knoppenrij moet plaatsen omdat men een 'clickable map' moet toepassen met corresponderende X- en Y-coördinaten.

Gelukkig neemt het aantal browsers toe die de zogenaamde 'Client-side clickable maps' ondersteunen, maar qua snelheid kan dit niet opboksen tegen losse knoppen. En als men steeds dezelfde knoppen op de webpagina's gebruikt, is het voordeel nog beter merkbaar. De knoppen worden dan steeds uit de 'cache' gehaald en daardoor razendsnel op het scherm afgebeeld. Aangezien een uniforme knoppenrij, die voor de hele website toepasbaar is, niet vaak voorkomt, wordt zo het snelheidsverschil verklaard. In sommige gevallen is men echter genoodzaakt om de knoppenbalk uit één geheel te maken. In het voorbeeld op deze pagina's ziet u wat er mogelijk is als men echt het onderste uit de kan haalt qua creativiteit en artisticiteit. Deze website van een gerenommeerd Engels computerspel-ontwikkelaar is ontworpen door Christopher Thomas, Eric Mathews en Simon Knight van de Bitmap Brothers.

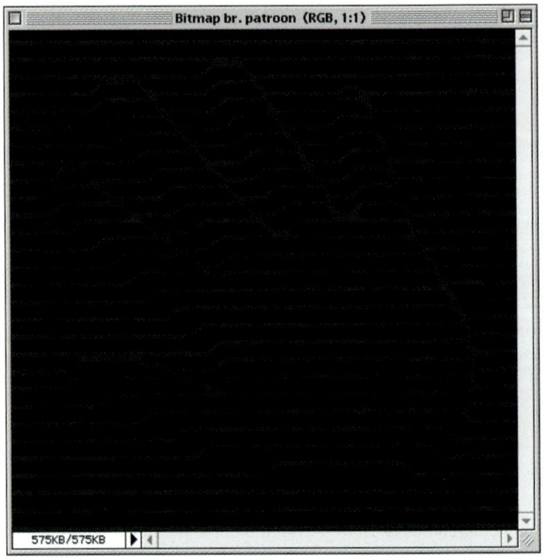


▲ De lijnen sluiten zowel in horizontale als verticale richting naadloos aan, zodat er een apart achtergrondpatroon ontstaat.

## ▶ Integratie voor- en achtergrond-informatie

Door de knoppenbalk semi-transparant te maken ontstaat een intrigerend effect op de webpagina's van de Bitmap Brothers website. De knoppen zijn aan elkaar geregen door een soort 'lichtdraad' waardoor men wel met een 'clickable map' moet werken. Het eindresultaat is echter indrukwekkend en geeft een eigen karakter aan de website. De integratie met het lijnenpatroon op de achtergrond is de 'Finishing touch' van deze even aantrekkelijke als functionele website.

De knoppenbalk ▶ wisselt per pagina aangezien de geselecteerde onderwerpen 'gedimd' worden weergegeven. Alle knoppenbalken zijn in 3D Studio getekend.

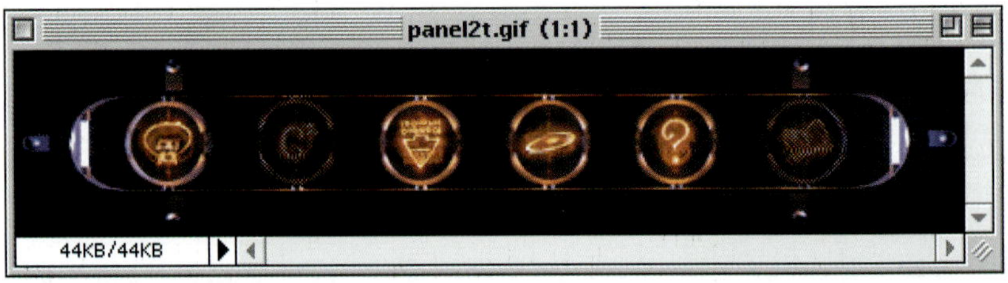


Met behulp van ▶ het programma 'Transparancy' wordt de zwarte kleur transparant gemaakt en ontstaat het semi-transparante effect.

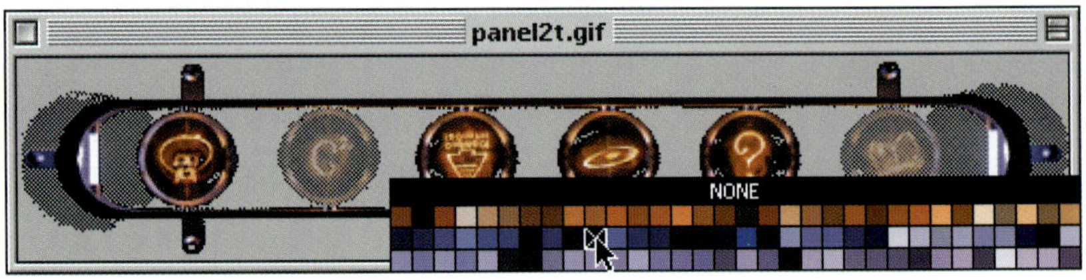

▲ De homepage is een fraai voorbeeld van een pagina waarin de knoppenbalk zowel een grafische als richtingwijzende rol speelt.

## ▶ Programmeertalen en navigatie

De Internet-technologie ontwikkelt zich in een razend tempo. Met de introductie van het World Wide Web en programmeertalen als JavaScript, Java van Sun en Active X van Microsoft is een grotere mate van interactie mogelijk tussen pagina's en pagina-elementen. Bewegende knoppen, highlights, vensters en rolmenu's zijn nu mogelijk dankzij applets en scripts die aan de HTML-pagina's kunnen worden toegevoegd.

Het creatieve proces van de toekomst zal steeds meer technische kennis van de ontwerper vereisen. Het Internet-publiek wenst steeds meer interactie, wat steeds hogere technische eisen stelt aan het ontwerp. De ontwerpers van de toekomst zullen aan deze eisen tegemoet moeten komen. De scheidslijn tussen creativiteit en techniek wordt daardoor steeds minder afgebakend.

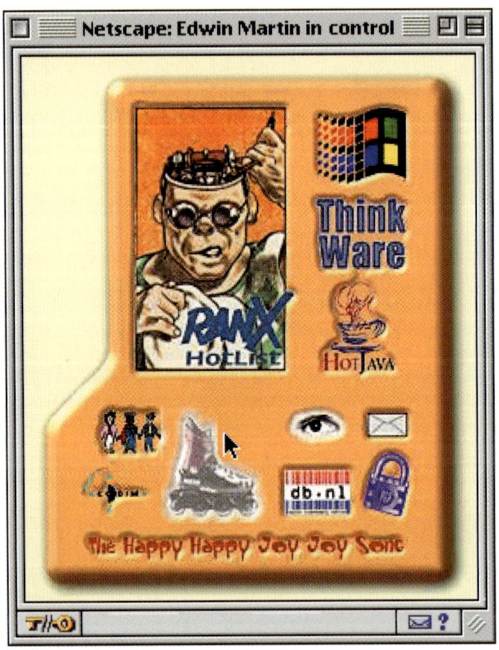


▲ **Met behulp van een JavaScript-script kunt u uw website voorzien van een "besturingspaneel". Het besturingspaneel is een afzonderlijk browservenster dat automatisch opent. Hierdoor werkt het als een soort 'remote control'. Een Java-applet zorgt ervoor dat de navigatieknoppen "oplichten" wanneer de muisaanwijzer erop wordt geplaatst.**

'What a Poser.' ▸ Met behulp van dit programma kan men levensechte figuren tekenen die in webpagina's een opvallende rol spelen.

Stel dat u een paar regels HTML-tekst op een exacte plaats op de webpagina wilt hebben. Bijvoorbeeld bij de linkerhand in de hierboven afgebeelde illustratie. Hoe realiseert u dit dan? Gewoon door dit hoofdstuk te lezen waarin een speciale toepassing van een transparant GIF-plaatje beschreven staat.

## Uitlijnen van tekst en beeld

Ondanks het feit dat HTML een opmaaktaal is, blijft de wens aanwezig om de posities van de pagina-elementen exact vast te leggen. In voorgaande hoofdstukken heeft u kunnen lezen dat er een flink aantal omgevingsfactoren zijn die dit onmogelijk maken. De ingestelde breedte van de webbrowser, de resolutie van de monitor en de standaard fontgrootte. Het enige echte alternatief om de pagina vorm exact te bepalen lijkt Acrobat's PDF.

U kunt echter ook in HTML, door handig gebruik te maken van tabellen, de plaats van de tekst- en beeldelementen bepalen. Deze methode is wel wat omslachtig en vergt enige kennis en inzicht in de mogelijkheden van tabellen. De werkwijze op zich is eenvoudig uit te leggen: Plaats onzichtbare GIF-afbeeldingen in de opmaak zodat de positie van alle pagina-onderdelen en beeldelementen exact bepaald wordt! U zult ontdekken dat deze methode veel creatieve mogelijkheden biedt.

## ▶ What a Poser...

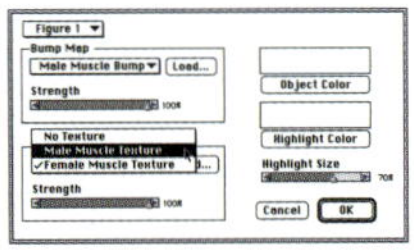

Als uitgangspunt voor een website waarin de exacte positie van de tekst cruciaal is, wordt een 3D-illustratie van de beroemde Atlas-figuur gemaakt. Om deze tekening te realiseren maken we gebruik van een programma dat maatgesneden is voor deze opdracht: Fractal Design Poser.

De Atlas-figuur is één van de standaard 'poses' die in deze software al voorzien zijn. Dat betekent dat de houding van het lichaam, de stand van de armen en benen en zelfs de kromming van de vingers al in een model zijn vastgelegd. Uiteraard kan men dit nog naar believen aanpassen, maar als we de originele figuur zo dicht mogelijk willen benaderen, hoeft dat niet.

De kleur van de figuur en het omgevingslicht zijn in dit geval belangrijker. En ook de stand van de 'camera', ofwel de positie van waaruit de rendering gemaakt wordt, is voor de compositie van belang. Aangezien we een rood draadmodel hebben van de aarde *(een stock-illustratie)*, is een 'rode Atlas' een interessante optie. Door het model uit te lichten met drie variaties 'rode' lampen ontstaat vanzelf het gewenste beeld. Poser heeft een duidelijke preview die snel en efficiënt de nieuwe *(spot)*kleuren voorvertoont.

De belichting accentueert tegelijkertijd de virtuele spieren van het model. Als de stand en de 'aankleding' akkoord zijn, kan het model gerenderd worden. In Adobe Photoshop worden vervolgens in een montage de Atlas-figuur en de wereldbol tot één geheel gesmeed. Hierbij wordt gebruik gemaakt van een zogenaamd 'Laagmasker'. Dit voorkomt dat men de originele informatie moet uitgummen. Er wordt nu een laagmasker gemaakt waarin de overtollige informatie wordt afgedekt.

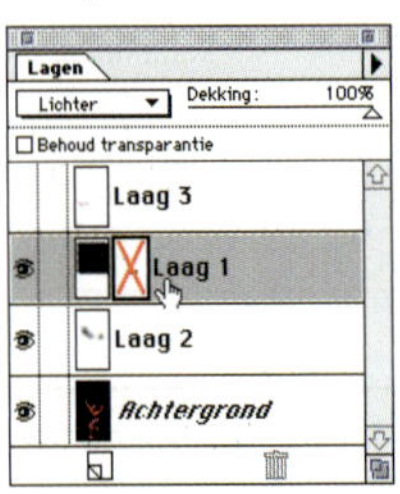


▲ Door met ingehouden Command-toets op het laagmasker te klikken wordt deze uitgezet.

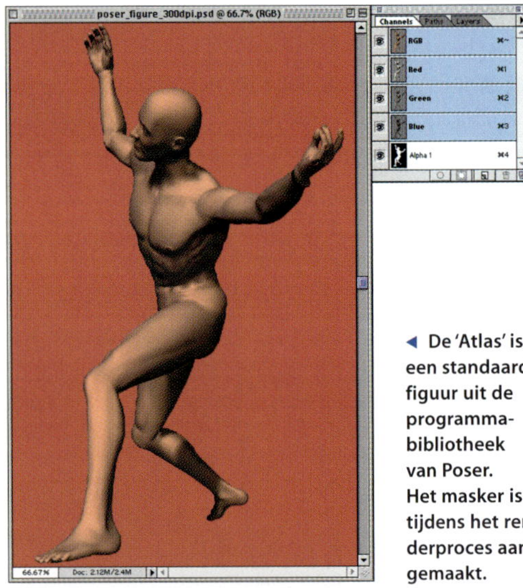


◀ De 'Atlas' is een standaardfiguur uit de programmabibliotheek van Poser. Het masker is tijdens het renderproces aangemaakt.

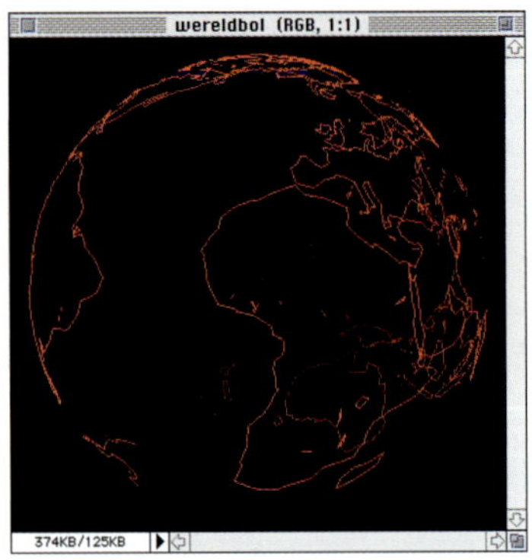


▲ De wereldbol stamt uit een 3D-tekeningen-collectie.

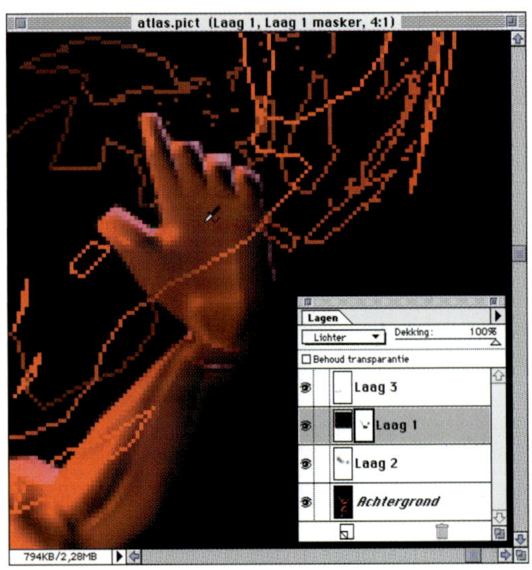

### ▶ Tekst en beeld positioneren

De opzet van de vormgever is om de tekst die tevens als hyperlink fungeert, binnen de wereldbol te plaatsen. Het woord 'hier' moet zelfs exact bij de *(rechter)*vinger van de Atlas-figuur staan. Normaliter is dit een onmogelijke opgave in HTML. En toch kan dit gerealiseerd worden! De truc is om gebruik te maken van een GIF-bestand dat slechts 1 x 1 pixel groot is. Gebruik hiervoor bij voorkeur een kleur die correspondeert met de omgevingskleur. In dit geval dus zwart. Maak het GIF-plaatje vervolgens transparant en bewaar het met een eenvoudige naam als 'dot.gif'.

Wat heb ik nu aan dat GIF-plaatje, hoor ik u denken. Welnu, door gebruik te maken van de <hspace> en <vspace>-attributen kan men de *(wit)*ruimte rond de afbeelding in horizontale en verticale richting bepalen. Als men dus 50 pixels witruimte voor een tekstregel wil hebben, luidt de HTML-code als volgt: `<IMG hspace=50 vspace=0 SRC="dot.gif">`.

### ▶ Uitspatiëren met pixels

Door nu elke tekstregel van een specifieke witruimte te voorzien worden de regels precies in de wereldbol gepositioneerd. Door alle pagina-elementen in een tabel te plaatsen met specifieke breedtes voor de kolommen, kan de hele webpagina gestructureerd worden. De rest van de logo's wordt ook als transparante GIFs bewaard en in de HTML-code opgenomen. De browser zal het geheel normaal gesproken in één keer correct en vlot tonen. Het 1 x 1 pixel GIF-plaatje wordt gelijk in de cache gezet en zal dus erg vlot inlezen. Indien nodig lost een 'Reload' eventuele weergave problemen gewoon weer op.

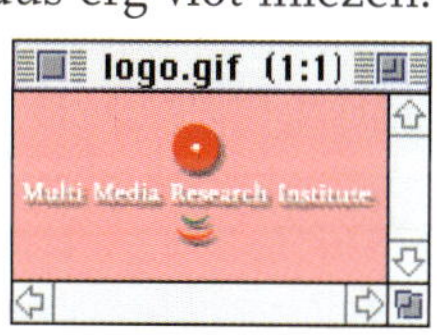

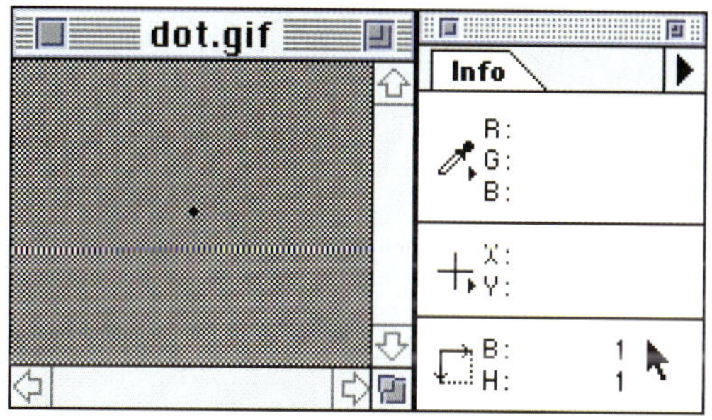


▲ De tekening is 1 x 1 pixel groot èn transparant gemaakt!

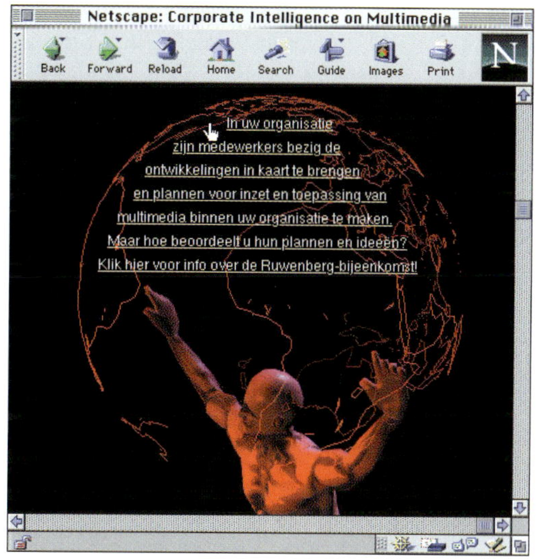


▲ Dankzij de <hspace>-waarde en de 1 x 1 GIF, kunt u de tekst exact binnen de contouren van de wereldbol plaatsen.

### ▶ Onzichtbaar uitlijnen in HTML

De HTML-code op deze pagina resulteert in de afbeelding op de rechterpagina.

#### Tag <BR clear=all> ▶

*Hierdoor start de tekst weer aan de linkerzijde.*

#### Tabelrand aanzetten ▶

*Het commando <TABLE border=2> maakt de rand (tijdelijk) zichtbaar waardoor het uitrekenen van de breedte en de hoogte duidelijker wordt. De aanvulling <width=600> bepaalt de breedte van de gehele tabel. De tekstkolom aan de linkerzijde van de webpagina wordt het eerst bepaald. De tag <TD width = 120> bepaalt de breedte van deze kolom. De overige 480 pixels zijn 'over' voor de tweede (tekst)kolom.*

#### Uitlijnen met 'dot.gif' ▶

*De verticale en horizontale afstand van de tekstregels worden door de <hspace> en <vspace> attributen bepaald. De eerste tekstregel heeft de grootste witruimte aan de linkerzijde, de onderste regel heeft de minste witruimte nodig.*

*U kunt ook een waarde aan de GIF-afbeelding meegeven door de breedte aan te passen:*

*<IMG SRC="dot.gif" width=16 height=80>*

*Doordat de breedte alleen aan de afbeelding gegeven wordt, is de waarde twee maal zo groot dan bij de 'hspace' en 'vspace' optie. De oorzaak hiervan is dat de tag <hspace> even veel ruimte aan de voor als aan de achterkant van de afbeelding plaatst. Daardoor treedt de verdubbeling op.*

```
<HTML><HEAD>
<TITLE>Corporate Intelligence on Multimedia</TITLE>
</HEAD>
<BODY background="atlas6.gif" text="#000000"
link="#ffffff" alink="#ffffff" vlink="#ffffff">

<IMG SRC="logo.gif">
<IMG SRC="corpkop.gif" hspace=12 vspace=2>
<br clear=all>

<TABLE border=2 width=600>
<TR>
<TD width=120>
<B>Seeing is believing</B><P>tekst

<A HREF="cim2.htm">
<IMG WIDTH=8 border=0 HEIGHT=14 ALT="pijl"
ALIGN=RIGHT SRC="pijl.gif"></a>
</TD>

<TD valign=top>
<IMG vspace=1 hspace=71 SRC="dot.gif">
<A HREF="cim2.htm">In uw organisatie</A><BR>
<IMG vspace=8 hspace=57 SRC="dot.gif">
<A HREF="cim2.htm">zijn medewerkers bezig
de</A><BR>
<IMG vspace=8 hspace=45 SRC="dot.gif">
<A HREF="cim2.htm">ontwikkelingen in kaart te
brengen</A><BR>
<IMG vspace=8 hspace=40 SRC="dot.gif">
<A HREF="cim2.htm">en plannen voor inzet en
toepassing van</A><BR>
<IMG vspace=8 hspace=33 SRC="dot.gif">
<A HREF="cim2.htm">multimedia binnen uw
organisatie te maken.</A><BR>
<IMG vspace=8 hspace=29 SRC="dot.gif">
<A HREF="cim2.htm">Maar hoe beoordeelt u hun
plannen en idee&euml;n?</A><BR>
<IMG vspace=8 hspace=25 SRC="dot.gif">
<A HREF="cim2.htm">Klik <BLINK>hier</BLINK>
voor info over de Ruwenberg-bijeenkomst!</A><BR>
</TD></TR>
</TABLE>

</BODY>
</HTML>
```

Netscape: Corporate Intelligence on Multimedia
Back
Forward
Reload
Home
Search
Guide
Images
Print
Security
Stop
Multi Media Research Institute
Corporate Intelligence on Multimedia
Seeing is believing
Informatietechnologie mag voor u geen papieren tijger worden. Steeds sterker blijkt dat naast een helder kader, ervaring een onontbeerlijk middel is. Omdat de ontwikkelingen zo nieuw zijn kunnen we niet terugvallen op ervaringen uit eerdere situaties.
Een programma dat er naar streeft om, gericht op de specifieke behoeften van bestuurders op strategische posities, een helder kader te creëren voor de ontwikkelingen.
De bijeenkomsten
In November aanstaande start de eerste 'Ruwenberg bijeenkomst'. Twee weken daarvoor verschijnt de eerste Intelligence-briefing waarin het programma ook opgenomen is, evenals een overzicht van de sprekers.
In uw organisatie
zijn medewerkers bezig de
ontwikkelingen in kaart te brengen
en plannen voor inzet en toepassing van
multimedia binnen uw organisatie te maken.
Maar hoe beoordeelt u hun plannen en ideeën?
Klik hier voor info over de Ruwenberg-bijeenkomst!
Research

### ▶ Alternatieven?

In plaats van de tag <hspace=x> zou men ook <width=x> kunnen gebruiken. Althans dat lijkt een plausibele oplossing. Helaas heeft dit alternatief een nadelig effect. Een 1 x 1 pixel groot plaatje zal door de tag <width=50> geïnterpreteerd worden als een 50 x 50 groot GIF-bestand. Dat betekent dat er in de hoogte ook extra witruimte gereserveerd wordt.

De toevoeging <width=50 height=1> lost dit nadelig effect weer op. Handig is wel dat er slechts aan één zijde witruimte gecreëerd wordt. Het attribuut <hspace=50> plaatst aan beide kanten van de GIF-afbeelding 50 pixels. Hier dient men wel rekening mee te houden. Als men met behulp van deze truc een afbeelding of tekst precies wil positioneren, zal men proefondervindelijk moeten uitzoeken hoeveel breedte men nodig heeft.

In onderstaand voorbeeld, de vervolgpagina van de 'mensfiguren'-website, is de tekst om het edele hoofd van de denker gegroepeerd! De mogelijkheden zijn echt eindeloos....

### ▶ Spacer-tag

In Navigator 3.0, introduceerde Netscape een speciale tag voor het instellen van de horizontale en verticale witruimte. De tag wordt 'Spacer' genoemd en beschikt over attributen waarmee op een HTML-pagina onzichtbaar blokken witruimte kunnen worden gereserveerd. De tag heeft een aantal attributen die het beste kunnen worden uitgelegd aan de hand van een HTML-voorbeeld:

```
<SPACER TYPE=horizontal SIZE=71>
<A HREF="cim2.htm">In uw organisatie</A><BR>
```

Deze HTML-code zorgt voor een witruimte van 71 pixels. De spacer-tag is ideaal voor het inspringen van tekst, omdat het alternatief, de vaste-spatiecode *( )*, een relatieve waarde aangeeft die afhankelijk is van het lettertype dat de gebruiker instelt.

### ▶ Spacer-attributen

Zoals u in het bovenstaande voorbeeld ziet, gebruikt Netscape een <TYPE>- en <SIZE>-attribuut. Daarnaast kan tevens een <WIDTH>-, <HEIGHT>- en <ALIGN>-attribuut worden gebruikt. Bijvoorbeeld:

```
<SPACER TYPE=vertical SIZE=10>
```

Dit resulteert in een verticale witruimte van tien pixels hoog. Deze codeermethode kan worden gebruikt voor extra witruimte tussen alinea's. Bedenk echter wel dat alleen Netscape 3.0 en 4.0 deze tag ondersteunen. Andere browsers negeren deze HTML-code. Voor de zekerheid kunt u dus beter de methode met de 1 x 1 GIF-afbeelding gebruiken. Let wel, veel wysiwyg HTML-editors werken ook met deze techniek. Denk maar aan GoLive CyberStudio en NetObjects Fusion.

Met behulp van Style Sheets kan u ook uiteraard ook specifieke afstanden instellen. In het hoofdstuk Style Sheets & Dynamic HTML leert u meer over deze, door het W3C goedgekeurde, optie.

In een vorig hoofdstuk zijn de basisbegrippen en werkwijze van de tabel besproken. Hierin wordt tevens vermeld dat de tabelcodes ideaal zijn voor grafische toepassingen omdat ze de webdesigner controle over de pagina en de daarin geplaatste tekst en beeldelementen geven.

## Naadloze tabellen

De afbeelding die op deze pagina staat, kan alleen gerealiseerd worden door in de HTML-code gebruik te maken van de 'Table'-tags. Oorspronkelijk zijn deze tags bedoeld voor het organiseren van tekst, maar ze zijn ook uitermate geschikt voor het positioneren van beeldelementen.

De tags zijn overigens nog geen algemeen geaccepteerde standaard; Netscape heeft een aantal tags geïntroduceerd en ook Microsoft heeft de tabelcodes voorzien van eigen uitbreidingen en toepassingen. Ondanks dit veelvoud aan toevoegingen is er toch een soort 'basis-set' met tabelcodes die door de meeste browsers, wordt ondersteund. De in dit hoofdstuk getoonde toepassing kan door deze browsers zonder problemen gereproduceerd worden.

### ▶ Tags en tabs

Om de grafische mogelijkheden die een tabel biedt, te illustreren wordt een website gemaakt voor een fictieve 'e-zine', of ook wel electronisch magazine, genaamd 'Net Nieuw'. Het basisconcept van de website is gebaseerd op *(de metafoor van)* een virtuele kaartenbak.

Door op de tabs te klikken springt men naar de geselecteerde subpagina. Om het effect van de kaartenbak zo realistisch mogelijk te maken worden vijf tekeningen gemaakt waarvan de tabs afwisselend voorop liggen. Dit tekenwerk wordt in een PostScript-tekenprogramma, te weten Adobe Illustrator, uitgevoerd. Door de individuele tabs ten opzichte van elkaar te verplaatsen kan het artwork van de vijf tekeningen snel en efficiënt gemaakt worden.

**De tabs-tekeningen zijn in Adobe Illustrator gemaakt om zo eenvoudig mogelijk de vijf varianten te kunnen produceren. ▼**

De tekeningen worden vervolgens stuk voor stuk gekopieerd en rechtstreeks in het reeds geopende programma Adobe Photoshop geplakt. Als u ook nog eerst een nieuw document aanmaakt, zorgt Photoshop ervoor dat dit exact dezelfde dimensies heeft als de PostScript-tekening die in het geheugen van de computer zit. Als men het commando 'Plak' kiest, vraagt het programma of de informatie als pixels of als paden geplakt moet worden. Uiteraard kiezen we voor de eerste optie en selecteren we tevens de optie 'Anti-Alias' om harde overgangen te vermijden. Met deze methode worden alle vijf tabregels op dezelfde breedte en hoogte verwerkt.

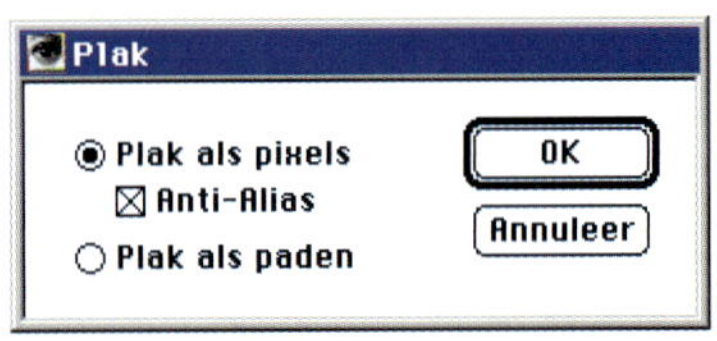


**◀ Maak eerst een nieuw document aan en 'Plak' vervolgens de gekopieerde info.**

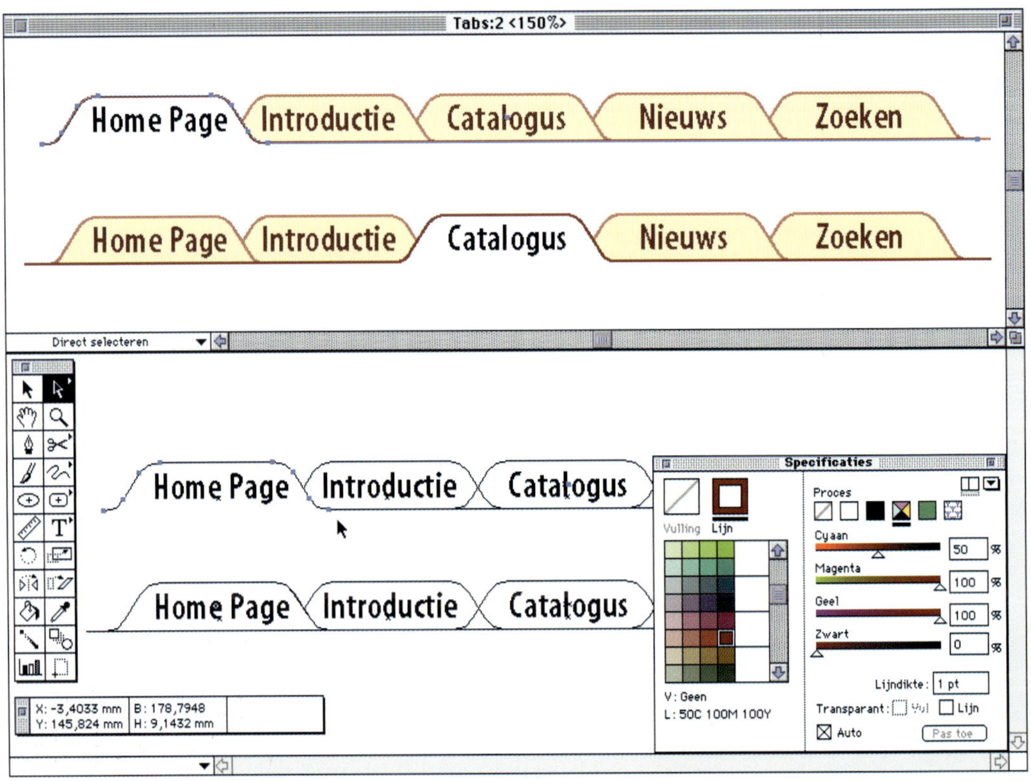

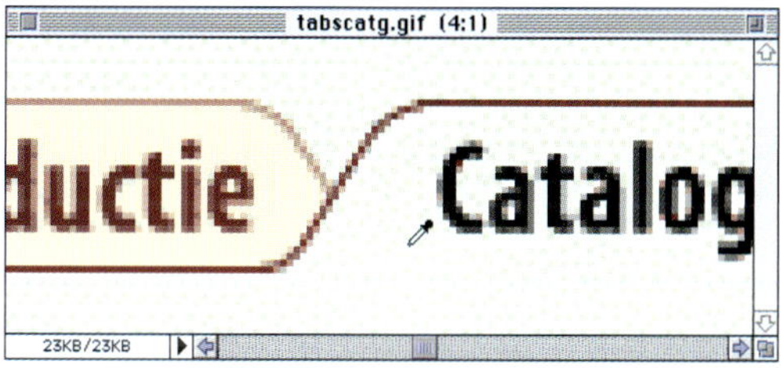


▲ Met behulp van het pipet wordt één pixel geselecteerd die uit het achtergrondpatroon verwijderd moet worden.

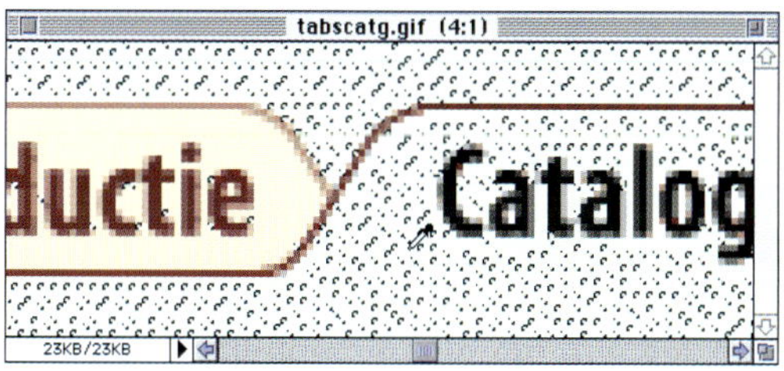


▲ De geselecteerde pixels krijgen de eerder genoteerde RGB-waarde zodat er een homogeen tintvlak ontstaat.

## ▶ Kleurcorrectie

De volgende stap bestaat uit het omzetten van de Photoshop-documenten naar GIF-afbeeldingen. Door de bestanden als geïndexeerde kleuren op te slaan in 4-bits worden de GIF-bestanden heel klein. Er kunnen echter wel hinderlijke patronen ontstaan in de achtergrondkleur. Omdat de tekeningen later transparant gemaakt worden moet de achtergrondtint 'effen' zijn. Om dit te corrigeren moet men de GIF-bestanden weer openen in het beeldbewerkingsprogramma.

De eerste stap die men moet nemen, is het bepalen van de juiste achtergrondkleur. Door op het gekleurde vlakje te klikken, verschijnt de juiste RGB-waarde in beeld. Noteer deze en kies het 'toverstaf'-gereedschap. Klik vervolgens op een pixel met de afwijkende kleur. Zorg er wel voor dat de 'Tolerantie' op '0' staat en de optie 'Anti-aliased' uit is. Door uit het Selecteer-menu 'Soortgelijk' te kiezen kunnen nu alle verkeerde achtergrondkleuren geselecteerd worden! Geef deze pixels de juiste RGB-waarde en de storing is verholpen.

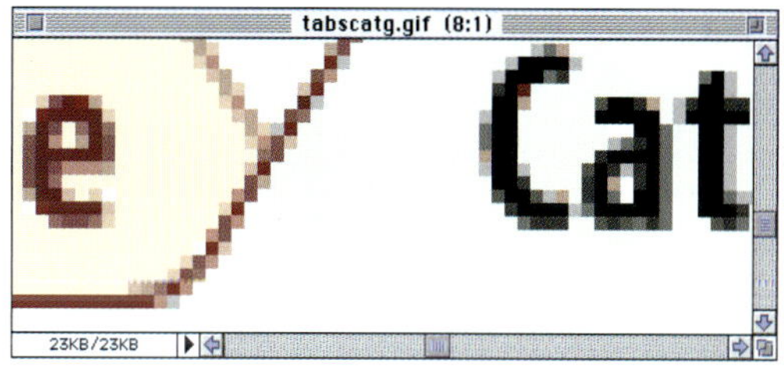


▲ Als de geselecteerde pixels dezelfde kleurwaarde hebben, ontstaat een effen tintvlak dat ideaal is voor GIF-compressie.

◀ Door 'Soortgelijk' te kiezen uit het Selecteer-menu worden alle pixels met dezelfde RGB-waarde actief.

▼ Let op de Toverstaf-instelling.

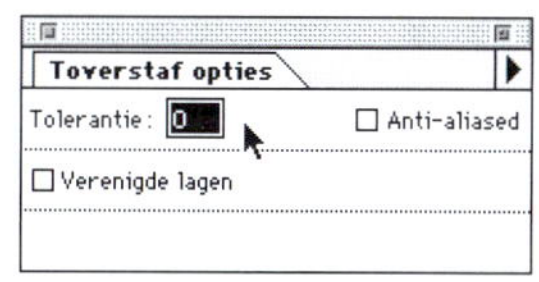


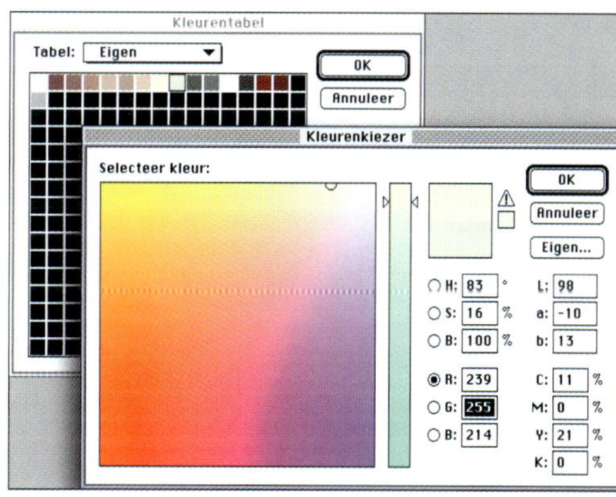

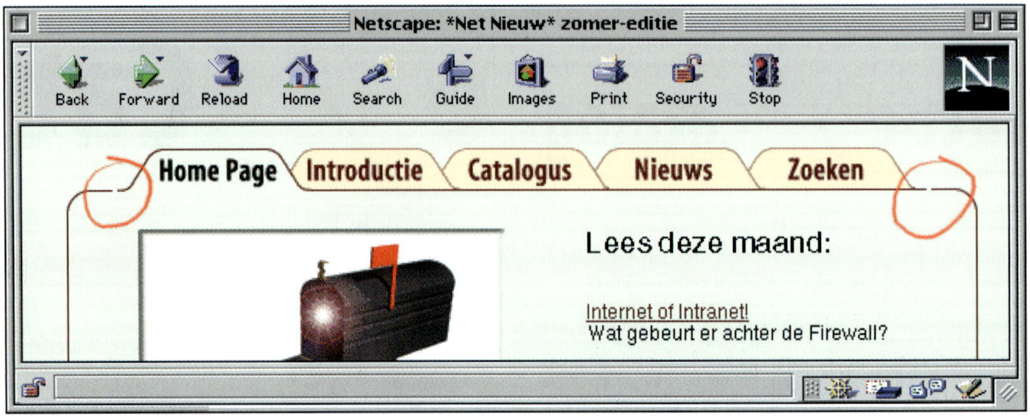


```
<HTML><HEAD><TITLE>*Net Nieuw* zomer-editie</TITLE>
</HEAD> <BODY BGCOLOR="#EFFFEF"><BR>
<TABLE border=2 cellpadding=0 cellspacing=0>
<TR valign=top>
<TD rowspan= 3><IMG SRC="vertli.gif">
</TD>
<TD height= 44 valign=top>
<IMG ISMAP border=0 SRC="tabscatg.gif">
</TD>
```

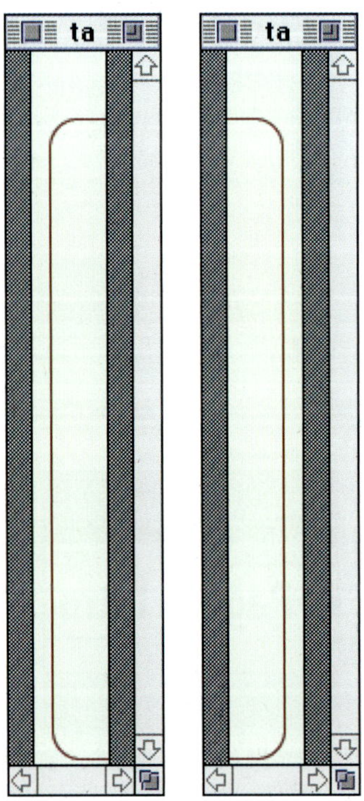


De twee ▸ verticale tabelbegrenzingen komen qua hoogte overeen met de totale tabelhoogte. Schrijf deze maten van tevoren goed op zodat ze in de tabelcode kunnen worden opgenomen.

### ▸ Tabelcompositie

Zoals u in het voorbeeld op de rechterpagina kunt zien, bestaat de webpagina uit een vijftal onderdelen. De vijf 'clickable maps' met de eigenlijke tabs, twee verticale lijnen en een horizontale lijn ter verbinding. Door handig gebruik te maken van de diverse tabeltags kan hiervan een naadloos geheel worden gemaakt. Heel belangrijk is in dit geval de wijze waarop de tags worden genoteerd.

Als men in de Table Data'-regel spaties of zelfs harde returns typt, ontstaan er namelijk hinderlijke uitlijnproblemen. Als de twee <TD>-tags niet op dezelfde regel staan, zal in de tabel één of meerdere pixels witruimte tussen de tabelonderdelen ontstaan. Aangezien we ernaar streven om de onderdelen van de tabel naadloos aan elkaar te plakken, dient dit dus absoluut voorkomen te worden.

Belangrijk is ook dat de hoogte van de gebruikte GIF-bestanden in de <TD>-tags vermeld wordt. Hierdoor is men ervan verzekerd dat het centrale vlak *(nr. 4)* maximaal benut kan worden. De attributen: <border=0 cellspacing=0 cellpadding=0> moeten in de Tabletag staan als men per se geen naden wil zien.

De 'Table'-functie werkt de tabel rij voor rij af. In die volgorde moeten de attributen <rowspan> en <colspan> dan ook geplaatst worden. Het kan geen kwaad om de tabel vooraf uit te tekenen alvorens men gaat coderen. Tabellen vragen om een gedegen aanpak!

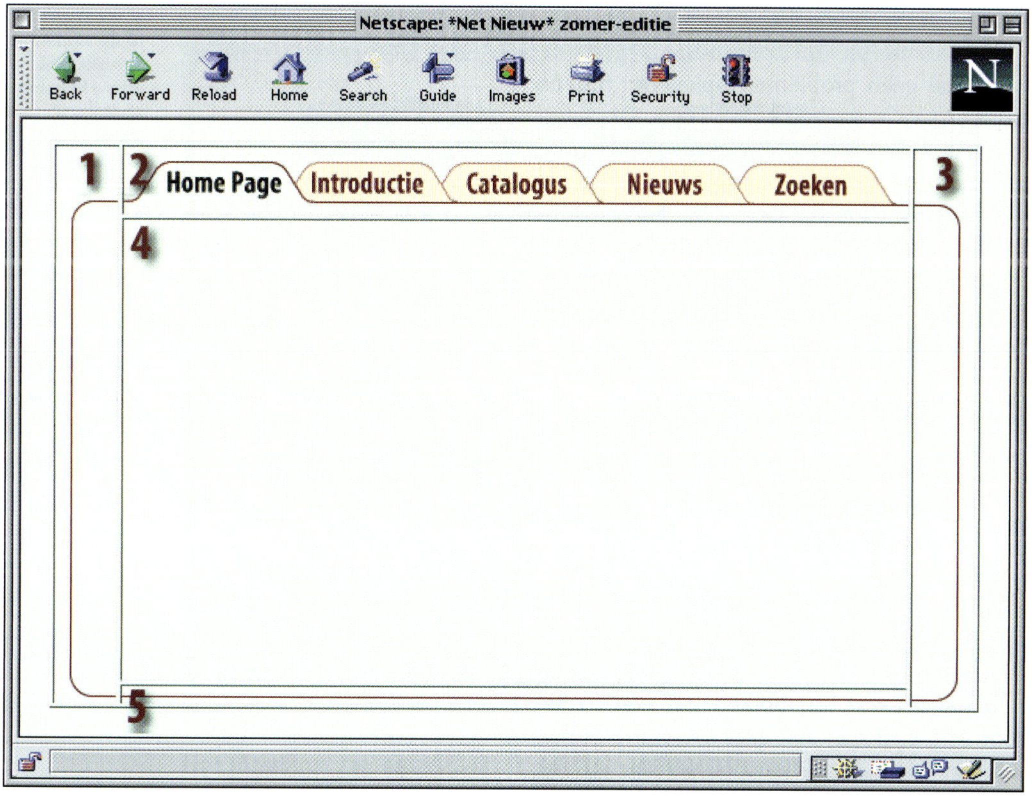


### ▶ Tabelschema

In dit voorbeeld is de 'Border' expres op de waarde 2 gezet om de opzet van de pagina te verduidelijken.

### Tag <TD valign=top, bottom> ▶

*De attributen moeten in de Table Data-tag worden voorzien van de uitlijn-instructies. Deze attributen mogen niet in de <TABLE>-tag worden gezet, anders functioneert de uitlijning niet. De Table Data-regels zijn zonder extra spaties of harde returns getypt om 'gaten' te vermijden.*

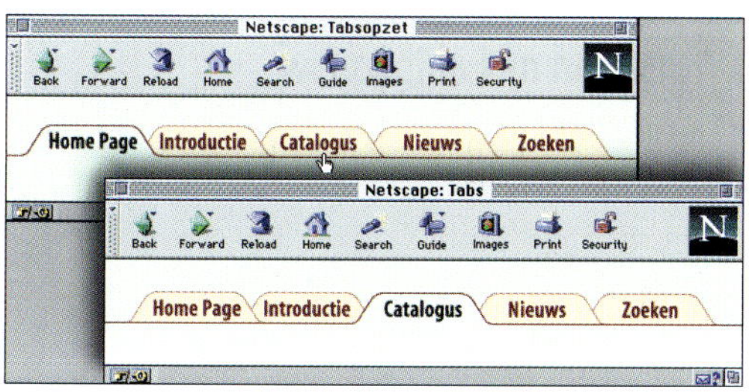


```
<HTML> <HEAD> <TITLE>Tabsopzet</TITLE> </HEAD>
<BODY BGCOLOR="#EFFFEF">  <CENTER> <BR>
<TABLE border=2 cellpadding=0 cellspacing=0>
  <TR valign=top>
    <TD rowspan= 3><IMG SRC="vertli.gif"> 1 </TD>
    <TD height= 44 valign=top>
    <IMG ISMAP border=0 SRC="tabscatg.gif"> 2 </TD>
    <TD rowspan=3><IMG SRC="vertre.gif"> 3 </TD>
  </TR>
  <TR>
    <TD height= 240 valign=top> 4 </TD>
  </TR>
  <TR>
    <TD height=3 valign=bottom>
    <IMG SRC="bot.gif"> 5 </TD>
  </TR>
</TABLE>
</CENTER>
</BODY> </HTML>
```

◂ **Echte interactie tussen de verschillende webpagina's.**

## ▶ Alles in beeld

Het basisconcept van de 'EyeSite', een online optiekcentrum op het World Wide Web, wordt gevormd door creatief gebruik te maken van de twee informatielagen van een webpagina in de site. Door een specifiek patroon in de brilleglazen 'scherp' af te beelden en de repeterende achtergrond juist 'wazig' te houden, ontstaat een even aantrekkelijk als intrigerend beeld. De werkwijze die hiervoor is aangewend, wordt op deze en de volgende pagina's stapsgewijs besproken.

Als basis voor de afbeelding van de brillen dient een stockfoto van PhotoDisc. Deze uitgebreide en kwalitatief goede beeldbank heeft een foto in de collectie die zich perfect leent voor dit ontwerp. Het is een digitale foto van twee monturen, gefotografeerd op een effen, beige ondergrond. Aangezien de brillen als vrijstaande afbeeldingen geplaatst gaan worden, moeten we eerst een masker maken. Doordat het achtergrondpatroon niet uit een effen structuur bestaat, is het lastig om met behulp van het 'Magic wand'-gereedschap, in goed Adobe Nederlands Toverstafje, het masker op basis van een specifieke kleurselectie te bepalen.

Daarom gaan we in Adobe Photoshop 3.0 gebruik maken van de 'Snelmasker'-optie. U vindt dit gereedschap in de, op één na, laatste rij van het zwevende gereedschapsvenster. Door op de dichte cirkel te klikken wordt de snelmasker-modus geactiveerd.

▲ Met behulp van de Snelmasker-optie kan het masker met het penseel over de originele foto worden geschilderd. Door de penseelgroottes te variëren kan men snel werken. ▼

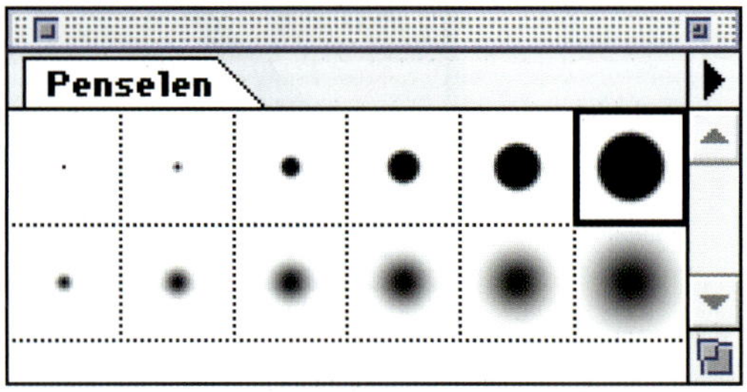


Een alternatief om deze handeling vanaf het toetsenbord te verrichten is het typen van de 'Q'-toets. Photoshop bezit voor alle voorname functies een toetsenbord-equivalent.

Door vervolgens het Penseel-gereedschap te kiezen kunt u een masker over de vorm van de brillen heen tekenen. In de van oudsher bekende rode maskerkleur toont Adobe Photoshop 3.0 de contouren van het masker. Door de dikte van de penseelstreek te variëren kan men de contouren met een fijn penseel afbakenen en met de grove variant de volvlakken inkwasten. Met behulp van de ]-toets wordt de opvolgende penseelgrootte gekozen. Uiteraard werkt de [-toets andersom!

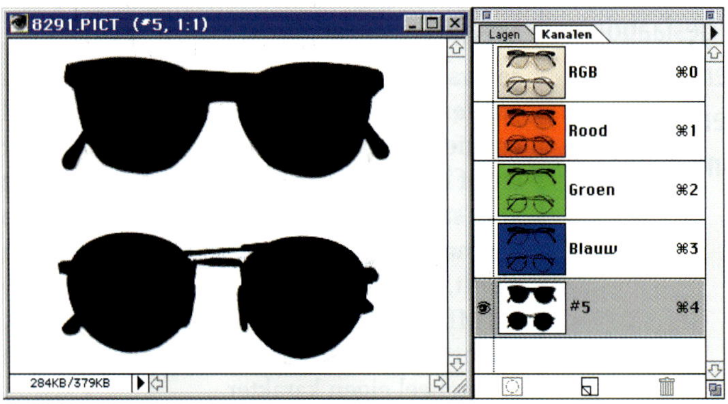


◀ Door op het linkersymbool onderin het Kanalen-venster te klikken wordt de selectie automatisch een masker.

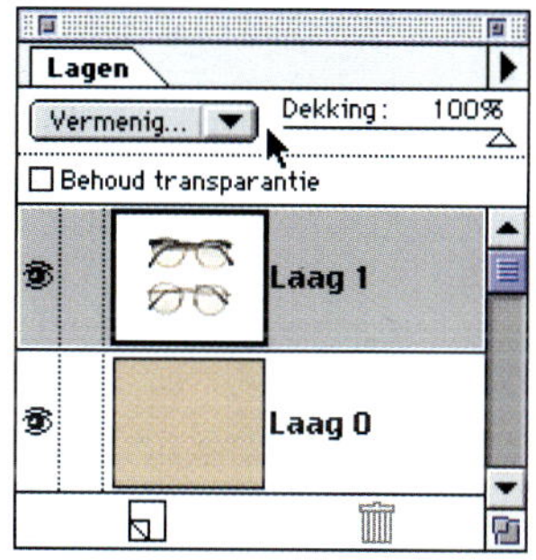


◂ Door de vrijstaand gemaakte brillen in een aparte laag boven de ondergrond te plaatsen, kan met behulp van de modus instelling 'Vermenigvuldig' een compleet beeld gemaakt worden waarin de achtergrond door de brilleglazen zichtbaar wordt.

◂ De gemaskerde brillen worden ontdaan van de achtergrond door de omgekeerde selectie met de kleur 'wit' te vullen.

### ▶ Masker plus ondergrond

Eventuele correcties aan het masker kan men uitvoeren door de kleurstelling van het penseel om te keren. Door de witte kleur voorop te plaatsen zal het penseel als een gum werken. U kunt de kleur met de muis selecteren of gewoon een 'X' typen. Als het masker gereed is, verlaat u de Snelmasker-modus en zullen de contouren van het masker door de bekende 'lopende mieren' worden getoond. Bewaar dit masker vervolgens in een aparte laag.

Het achtergrondpatroon wordt op basis van een Painter 4-patroon gemaakt. Het is een letterpatroon dat normaliter blauw van kleur is. Door in Photoshop de kleurcorrectie 'Tint/verzadiging' toe te passen is een beige tint verkregen met behoud van de originele patroonstructuur. Door de optie 'Maak patroon' te kiezen kan de structuur op een eigen laag in de brillen-foto geplaatst worden. Dubbelklik vervolgens op de laagnaam 'Achtergrond' en druk op 'OK'. Door nu de lagen om te wisselen zweeft de laag met de brillen boven de patroonstructuur. Door de bril-laag de modus 'Vermenigvuldig' mee te geven, ontstaat het nagestreefde effect. Het letterpatroon is zichtbaar achter de glazen.

◂ Door het originele Painter-patroon om te kleuren naar een beige tint ontstaat de basis voor de achtergrond van de website. Om dit naadloze patroon als achtergrond onder de bril te zetten, moet het commando 'Maak patroon' in Photoshop worden gekozen. Een aparte tekenlaag kan dan met dit patroon worden gevuld.

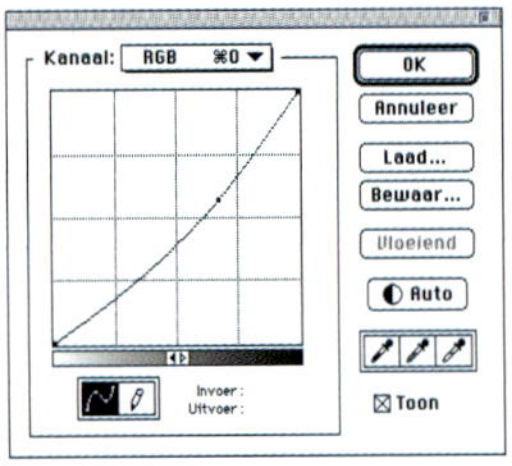


▲ Door de curve (Command-M) iets holler te maken krijgen de glazen meer contrast.

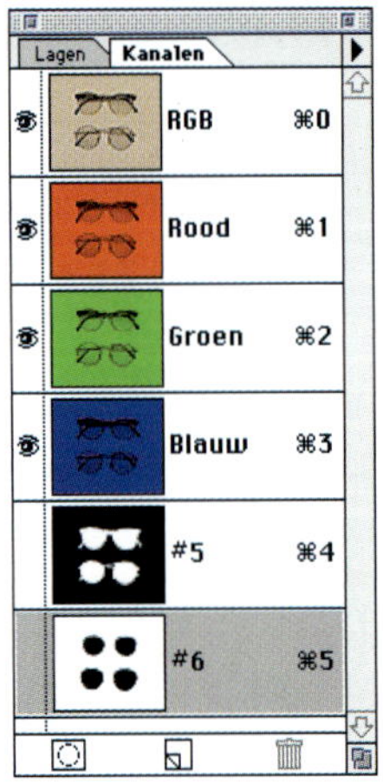


Een apart masker voor de brilleglazen wordt in kanaal #6 bewaard en voor de curve-correctie geselecteerd. ▸

## ▶ Scherpte en contrast aanpassen

Om het effect nog sterker te maken is het zaak om het patroon dat zichtbaar is achter de glazen, nog meer te 'tekenen'. Hiervoor moet er echter een tweede masker gemaakt worden van de exacte vorm van de glazen. Met behulp van dit masker kan het contrast van de brilleglazen verhoogd worden.

De achtergrond dient in tegenovergestelde richting bewerkt te worden. Het letterpatroon moet een wazig, enigszins nevelig uiterlijk krijgen. Om dit effect heel beheersbaar te kunnen uitproberen wordt het Lens *f*/x-filter van Kai Power Tools toegepast. Het unieke aan dit Gaussian *f*/x-filter is de mogelijkheid om de lensinstelling continu aan te passen, waarna het resultaat bijna gelijktijdig op het scherm getoond wordt!

Door de filter-instelling te herhalen op het apart bewaarde letterpatroon-bestand wordt de onscherpe, maar naadloos repeterende achtergrond gemaakt.

▲ Als de brilleglazen geselecteerd zijn, kunnen deze bewerkt worden zonder het eigenlijke montuur verder te beïnvloeden.

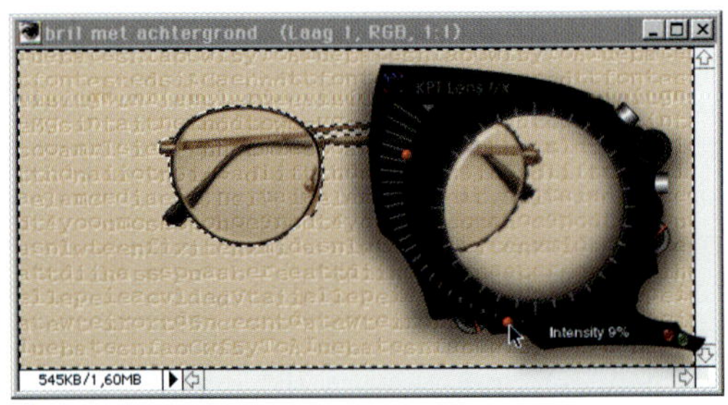


▲ Met behulp van het KPT Lens f/x filter kan 'on the fly' bekeken worden welke effecten Gaussiaans vaag oplevert.

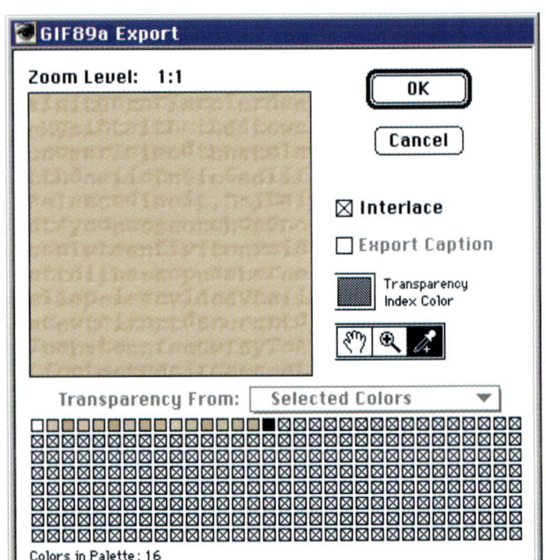


◂ De twee brillen worden elk als JPEG-bestand bewaard. ▲
Het achtergrondpatroon wordt in GIF-formaat geëxporteerd.

▲ De originele PostScript-lettering kan –via het klembord– gekopieerd en rechtstreeks in Photoshop geplakt worden. ▼

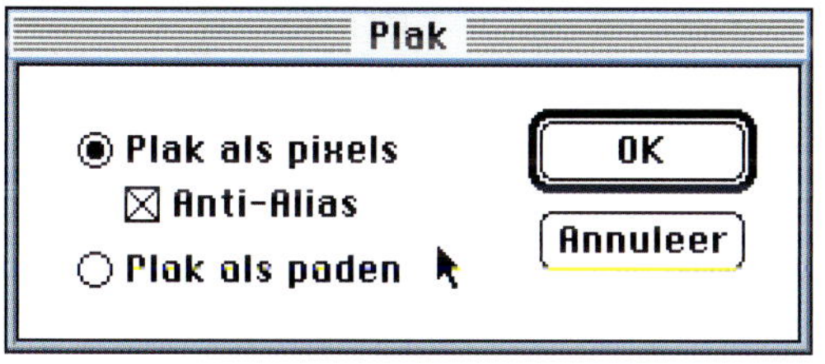


### ▶ Van PostScript naar pixels

Doordat het World Wide Web met stijlen werkt, is het maken van een vastomlijnde typografie onmogelijk. Toch kan men karakter aan de pagina's geven door een lettering als GIF-bestand af te beelden. Ook de naam 'EyeSite' leent zich hiervoor. Vandaar dat er in Illustrator een typografie gemaakt wordt op basis van het Emigré-font 'Matrix Script'. Door in Illustrator de breedte in pixels op te geven, kan men één op één tussen de programma's werken. Als de lettering klaar is en nog als 'font' geselecteerd is, kan de omzetting naar pixels in Photoshop grote problemen opleveren. Het is beter om de lettering eerst naar 'Lettercontouren' om te zetten en dan pas te exporteren.

Als alternatief voor het importeren van het EPS-bestand kan men de PostScript-tekening ook via het klembord importeren. Als men in Photoshop een nieuw bestand opent, zijn de juiste maten al gebaseerd op de import.

Zorg er wel voor dat de PostScript-lettering omgezet is naar 'Lettercontouren'. Anders ontstaan er 'vervormde' letters. ▼

### ▶ Naadloze montage

Aangezien de lettering transparant op de pagina geplaatst zal worden, is het van belang dat de achtergrondkleur van het masker op de kleur van het wazige patroon lijkt. De reden hiervan is deze: als de maskerkleur wit is, zal de lettering altijd een hinderlijk wit randje vertonen. Als de maskerkleur beige is, zal het randje uiteraard een beige tint krijgen, maar dit valt absoluut niet op door de beige kleur van het achtergrondpatroon.

Door de lettering als een 3-bits GIF-formaat te bewaren levert dit een minimale bestandsgrootte op. Slechts 2 Kilobyte neemt dit plaatje met verschillende 8-kleuren in beslag. Hierdoor zal ook de inleestijd op het Web navenant kort zijn.

◀ Als de lettering transparant is gemaakt op basis van de witte kleur, wordt in de webpagina een hinderlijke witte rand om de letters zichtbaar.

◀ Het is beter om de kleur, die als maskertint wordt gebruikt, af te stemmen op de achtergrondkleur van de pagina. Hierdoor wordt een naadloze overgang tussen de voorgrond-informatie en de achtergrondstructuur mogelijk gemaakt.

### De compleet opgemaakte pagina

De HTML-code in de nevenstaande kolom levert in combinatie met de afbeeldingen van de voorgaande pagina's het eindresultaat op de rechterpagina in Netscape Navigator op.

### Gekleurde achtergrond <BGCOLOR="#">

*Door de tag <BGCOLOR="CCCC33"> aan de <BODY> toe te voegen zal de pagina direct na het inlezen van het HTML-bestand een beige tint krijgen. Vervolgens leest de browser de voorgrond-informatie in en op het laatst wordt de eveneens beige gekleurde 'background-GIF' afgebeeld.*

### Tabel voor introtekst

*De introductietekst met aan weerszijden de twee 'oogjes' wordt in een tabel van 400 pixels breedte gezet. Hierdoor wordt voorkomen dat de tekst sterk uit elkaar getrokken wordt als de lezer zijn browser op de schermbreedte van een 17-inch monitor heeft ingesteld. De tabel heeft tevens een instelling voor de weergave van de randen.*

### Breedte en hoogte opgeven bij <IMG>

*Als voor een afbeelding de breedte (width) en hoogte (height) in de <IMG>-tag in pixels gespecificeerd zijn, weet de browser hoeveel ruimte de 'image' inneemt. Tijdens het importeren gaat de browser onmiddellijk verder met het afbeelden van de eerstvolgende informatie. De lezer krijgt daardoor direct alle tekstgegevens op zijn scherm en kan hiermee aan de slag. De afbeeldingen worden vervolgens stapsgewijs opgebouwd en in de gereserveerde ruimten getoond.*

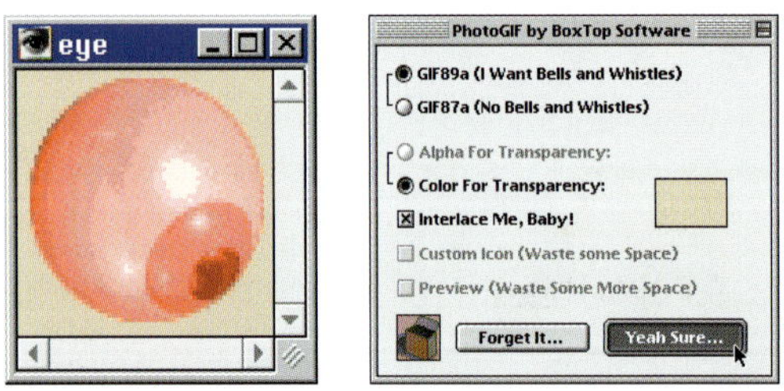


▲ **De illustratie van het oog is in één handeling vrijstaand en transparant gemaakt met behulp van de PhotoGIF plug-in.**

```
<!--Copyright (c) Peter Kentie, peter@kentie.com-->
<!--Creation date: 1996/02/06-->

<HTML>
  <HEAD>
    <TITLE>EyeSite: Come and See us</TITLE>
  </HEAD>
<BODY BACKGROUND="letblur.gif"  BGCOLOR="CCCC33" >

<BR>
<CENTER>
<TABLE WIDTH=400 cellspacing=4 cellpadding=4
  BORDER=2>
<TR><TD ALIGN=CENTER >
<IMG WIDTH=60 HEIGHT=59 ALIGN=LEFT SRC="eyeli.gif">
<IMG WIDTH=60 HEIGHT=59 ALIGN=RIGHT SRC="eyere.gif">
<FONT SIZE=+1>
<B>Welcome at EyeSite</B><BR>
The website for people who spend more time in front of
their monitors than with their families...</FONT>
</TD></TR>
</TABLE>
<BR>

<IMG WIDTH=316 HEIGHT=92  SRC="eyesite.gif">
<BR>
<TABLE WIDTH=400 BORDER=0>
<TR><TD  ALIGN=CENTER>
Check out our models especially created for webmasters &amp;
HTML-programmers with an average workday of 10 hours.
</TD></TR></TABLE>
<BR><BR>
<IMG WIDTH=274 HEIGHT=106  SRC="bril.jpg"><BR>

Eyesite&copy; <B>Online Special</B> &#177;
<I>25 cyberbucks</I>
<BR><P>

<IMG WIDTH=274 HEIGHT=106  SRC="bril2.jpg">
<BR>
Eyesite&copy; <B>Geek look</B> &#177;
<I>55  cyberbucks</I><BR><P>
</CENTER>

</BODY>
</HTML>
```

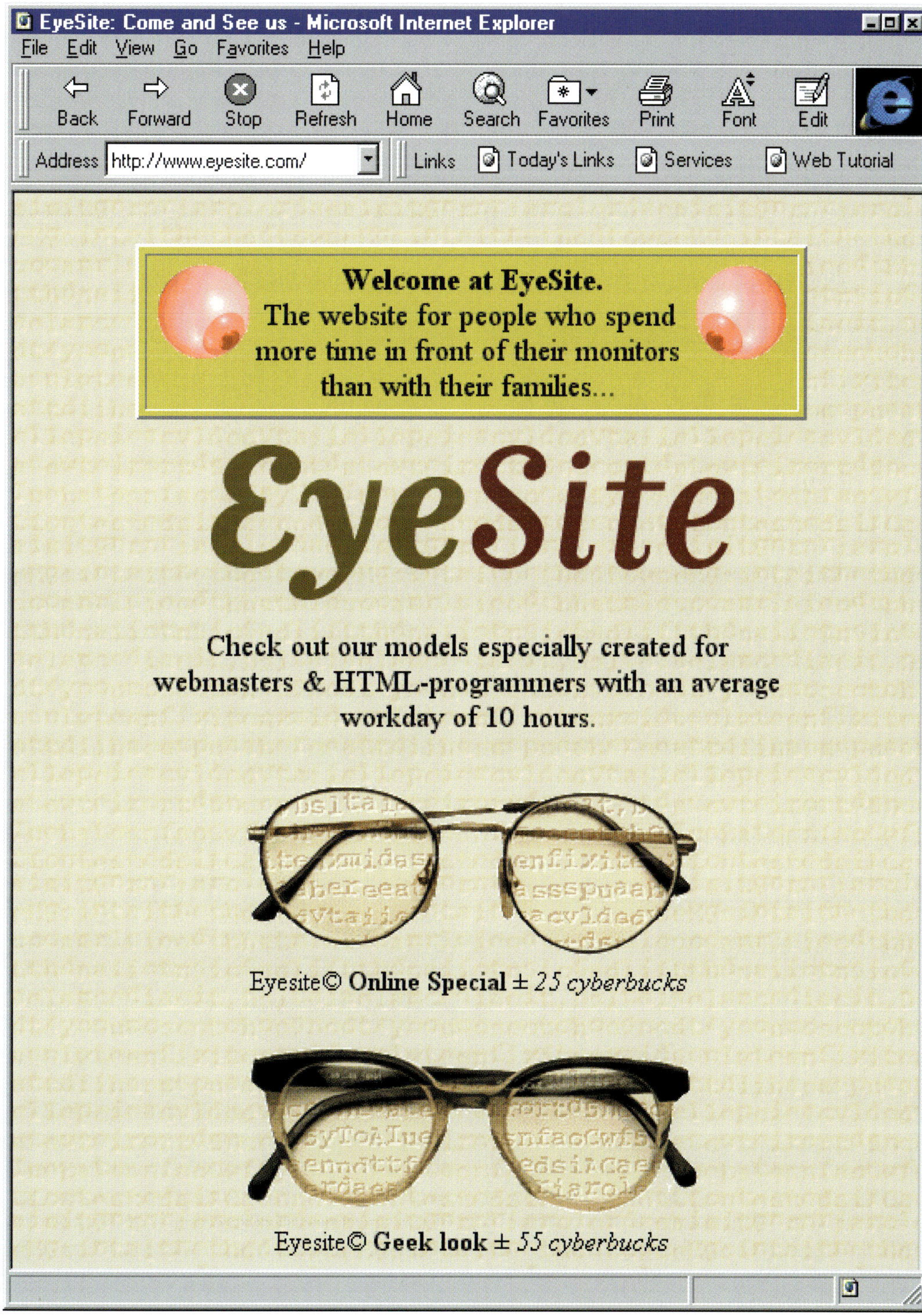


▲ De homepage van 'EyeSite' is visueel aantrekkelijk vormgegeven en neemt desondanks slechts een gering aantal Kilobytes in.

### ▶ Rand verwijderen in Adobe Photoshop

Als u gebruik maakt van een gekleurd achtergrondpatroon, zorg dan dat de logo's die in de voorgrond geplaatst worden op deze kleur transparant worden gemaakt. Als het logo op een witte achtergrond vrijstaand gemaakt wordt, zal het tekenprogramma een één pixel dikke rand om de afbeelding plaatsen. Op de webpagina ziet dit er niet fraai uit; de kleur van de achtergrond moet nu eenmaal overeenstemmen met de 'masker'-kleur van de voorgrond-illustratie. Als deze situatie niet te vermijden is, of men wordt geconfronteerd met bestaand beeldmateriaal dat voor een andere achtergrondkleur gemaakt is, heeft Photoshop gelukkig nog een remedie.

De procedure die men moet volgen om de 'verkeerd gekleurde' rand te verwijderen, gaat als volgt. Maak een selectie die zo dicht mogelijk bij de pixelrand komt.

▲ Met behulp van een instelling van 1 pixel kan de 'Magic wand' de achtergrond in één keer selecteren. Vervolgens moet de selectie omgekeerd worden.

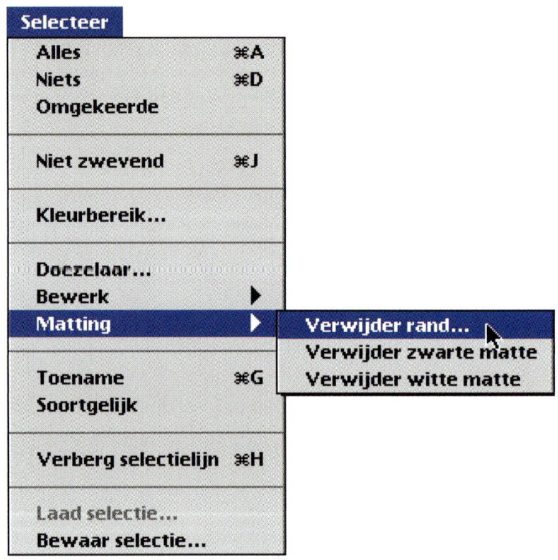


▲ Let op dat ook het binnenste van de letters 'e' aan de selectie wordt toegevoegd. Vervolgens kan men onder het submenu 'Matting' de optie 'Verwijder rand' kiezen.

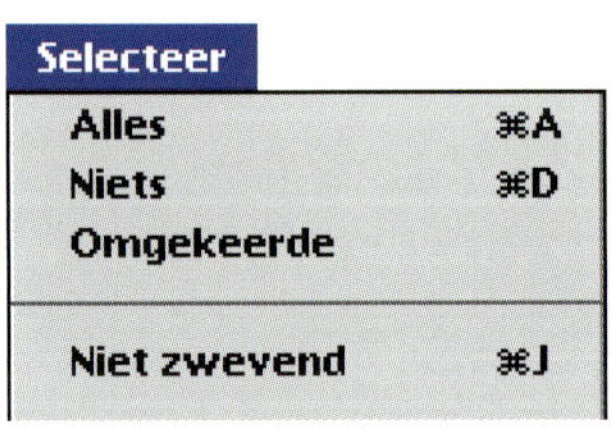


▼ Na de bewerking in Photoshop is de witte pixelrand verdwenen zonder dat de rest van de illustratie is aangetast!

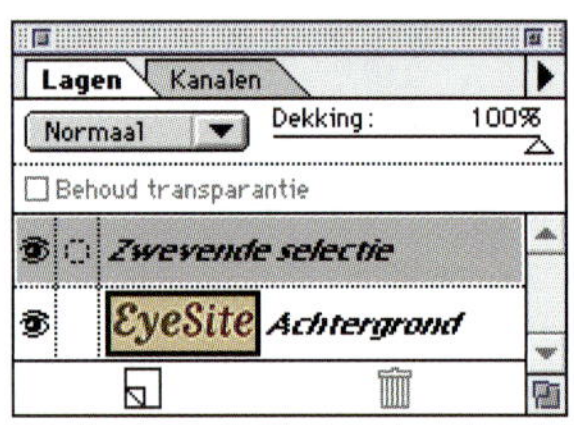


◀ Als het menu bij "Matting' grijs is, moet men de selectie eerst 'Zwevend' maken door Command-J te typen. In het lagen-venster is verschijnt een laag 'Zevende selectie'.

Aangezien de achtergrond een effen tint heeft, kan het 'Toverstafje' ingesteld worden op één pixel. Keer vervolgens de selectie om en selecteer het binnenste van alle letters 'e'. Belangrijk is nu dat men de selectie laat 'zweven' door 'Command-J' te kiezen. Uit het Selecteer-menu kan vervolgens de optie 'Verwijder rand...' gekozen worden. Geef het een waarde van 1 pixel en klik op 'OK'. De hinderlijke rand is nu verdwenen!

Deze illustratie ▸ is gebaseerd op een stockfoto van PhotoAlto uit de serie 'Fruits & Vegetables'

Een plaatje zegt meer dan duizend woorden. Deze spreuk is ook op het World Wide Web van toepassing; zij het in een ietwat afgezwakte vorm. Een afbeelding is soms ook honderd keer groter dan een HTML-tekstbestand. Toch kunnen beide pagina-elementen perfect gecombineerd worden op één en dezelfde webpagina.

## Integratie van tekst en beeld

Het feit dat de HyperText Markup Language 'slechts' een opmaaktaal is, wordt door aspirant webdesigners als een groot nadeel ervaren. De controle die men over de afbeeldingen en de typografie heeft, is *(nog)* erg beperkt. Nu kan men bij de pakken gaan neerzitten of een manier vinden om –binnen de grenzen van het medium– te zoeken naar een grafisch verantwoorde oplossing. Dit zal nooit de echt definitieve methode zijn; het Internet wijzigt continu en inmiddels zijn ook de 'groten' der grafische industrie betrokken bij het uitbreiden van de mogelijkheden. Tot die tijd zal men zich moeten behelpen met de technieken die nu ter beschikking staan.

◂ De Remedy Double Extras is een uitzonderlijk lettertype. Voor deze website kan het perfect gebruikt worden.

### ▶ Cuisine

In dit hoofdstuk wordt aangetoond dat een website ook ontworpen kan worden door op een geraffineerde manier GIF- en JPEG-afbeeldingen te combineren. De typografie is op sommige pagina's pure HTML-code en in andere situaties weer een GIF-plaatje. Door consequent deze werkwijze toe te passen ontstaat een erg fraaie website. Op de homepage worden drie GIF-bestanden gecombineerd; op de subpagina wordt aangetoond dat een grafisch element als een initiaal ook op een webpagina functioneel en tegelijkertijd aantrekkelijk kan zijn.

De basis van de vormgeving is gebaseerd op illustraties die afkomstig zijn van The Top Drawers Art Library. Dit zijn kwalitatief hoogstaande tekeningen die in hoge resolutie ingescand zijn en rechtenvrij gebruikt kunnen worden. De produktfoto's zijn eveneens uit een stock-collectie afkomstig. PhotoAlto heeft etenswaren op een delicate manier gefotografeerd en op CD-ROM laten zetten.

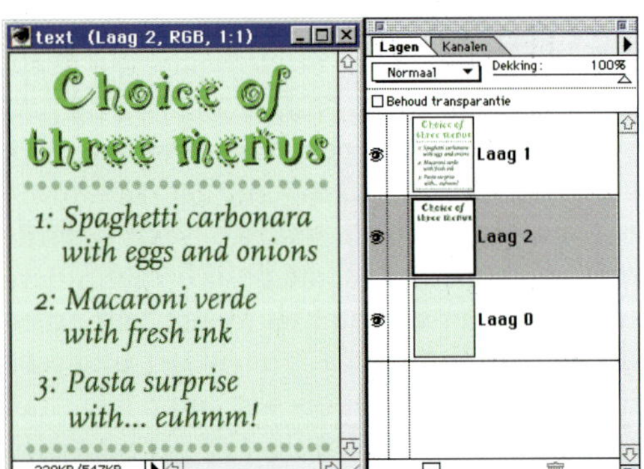


▴ Door de lettering in lagen te zetten is corrigeren eenvoudig.

Het beeldmateriaal wordt met een opvallende typografie gecombineerd. De koppen worden gezet uit het lettertype Remedy Double Extras. Dit is een variant van het Remedy-font waarbij allerlei 'tierlantijntjes' aan de letters zijn geplakt. Door de beelden en de tekst steeds in dezelfde *(groene)* tinten af te beelden kunnen de GIF-bestanden relatief klein worden gemaakt door een beperkt aantal geïndexeerde kleuren toe te passen. Op de rechterpagina ziet u een test om de juiste balans tussen kwaliteit en grootte te vinden.

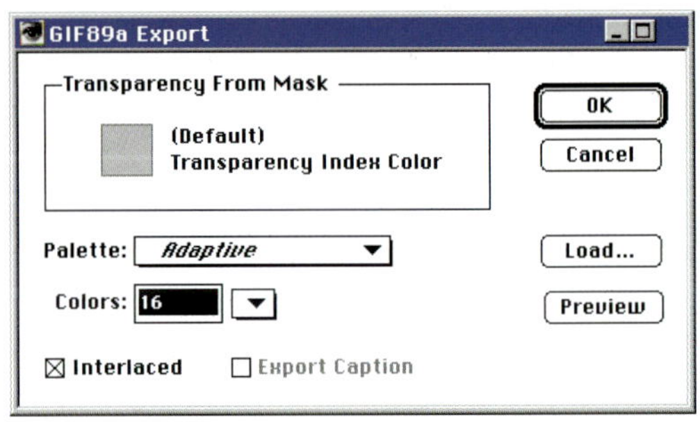


▴ De GIF-export plug-in toont dat 16 kleuren voldoende zijn.

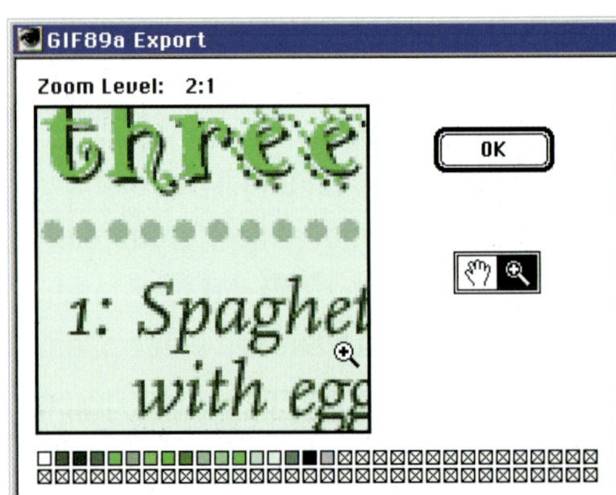

▲ De omgekleurde Top Drawers illustratie wordt in de onderste laag gezet; de typografie is gebaseerd op dezelfde kleuren.

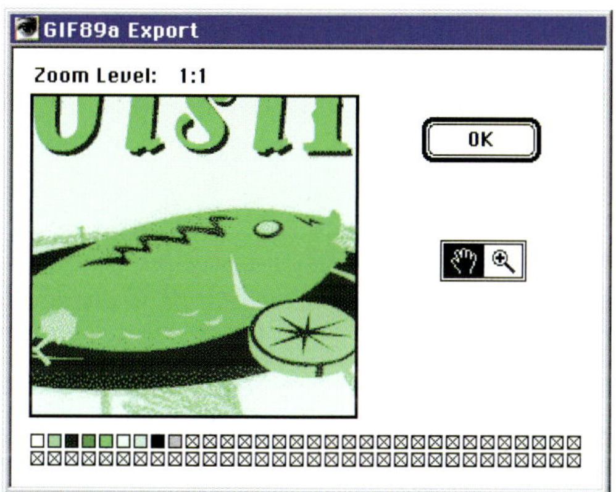


▲ De hoofd-illustratie op de homepage wordt in 8-kleuren...

▲ ...in 16 geïndexeerde kleuren of 4-bits,

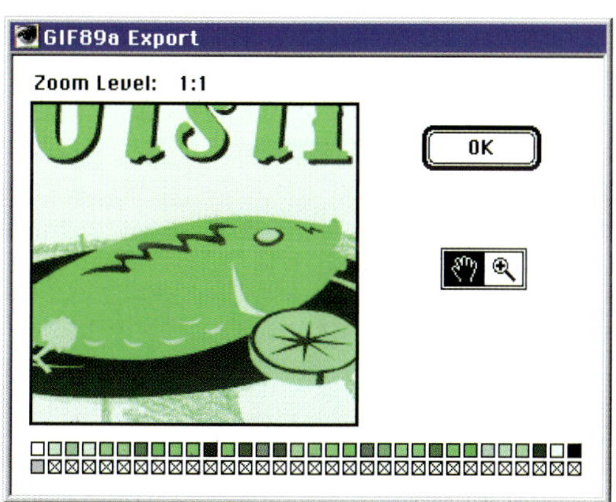


▲ ...in 32 geïndexeerde kleuren of 5-bits,

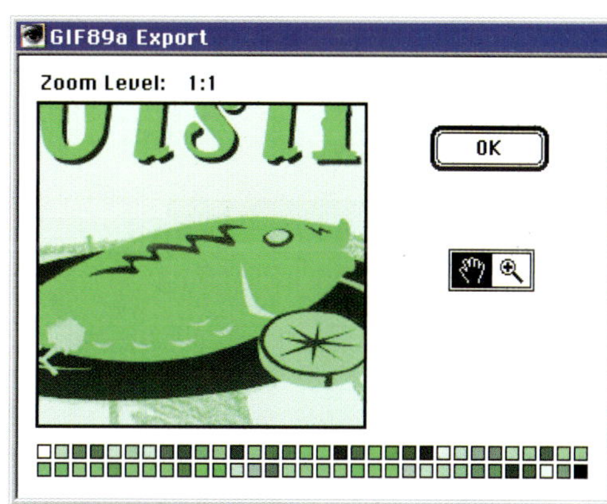


▲ ...en in 64 geïndexeerde kleuren of 6-bits bekeken.

### ▶ Werktekening met tabel

De webpagina bestaat uit vier onderdelen:
- de grote illustratie genaamd 'cuisine.gif',
- de twee kleinere illustraties 'ober.gif' en 'text.gif' die in een tabel gezet worden,
- de afsluiting met haarlijn en adressering.

### Tag <center>

*De tag <CENTER></CENTER> zorgt ervoor dat de complete pagina altijd gecentreerd op het scherm wordt afgebeeld. Doordat ook de horizontale*
*lijn <HR> van een vaste breedte wordt voorzien, zullen de lijnen nooit 'uit de pas lopen'.*

### Tag <TD width=50%>

*De tag <TD width=50%> heeft tot gevolg dat de beide tekeningen die in dezelfde 'Table Row' staan, gelijk verdeeld worden. De tekeningen hebben ook een identieke breedte en hoogte.*

### Tag <FONT size=-1>

*De adresregel wordt in een iets kleinere lettergrootte afgebeeld doordat de tag <FONT size=-1> </FONT> gebruikt wordt. De afsluitende tag <A HREF=MAILTO:"peter@pasta.com"> </A> zorgt ervoor, dat de browser het e-mail-adres van de afzender rechtstreeks kan aanroepen.*

▲ De menukeuzes worden in aparte lagen gezet.

```
<HTML>
  <HEAD>
    <TITLE>Cuisine</TITLE>
  </HEAD>
<BODY BGCOLOR="#DEFFE7" LINK="#8A2A49"
 VLINK="#196A3E">

<center>
<IMG SRC="cuisine.gif" WIDTH=499 HEIGHT=312>
<BR><HR size=1 width=502 noshade><BR>
<TABLE cellpadding=0 cellspacing=0 border=0>
  <TR>
    <TD width=50%><A HREF="service.html">
    <IMG WIDTH=250 HEIGHT=300 border=0
      SRC="ober.gif"></TD>
    <TD width=50%><A HREF="Initiaal.html">
    <IMG border=0 WIDTH=250 HEIGHT=300
      SRC="text.gif"></A></TD>
  </TR>
</TABLE>
<BR><HR size=1 width=500 noshade><BR>

<FONT size="-1"><i>
For help<a href="help.html">click here</a>.
For feedback<a href="feedback.html">click here</a>.
For your comments:
<A HREF="MAILTO:peter@pasta.com">
anti@pasta.com</a>
</i></FONT>
</center>
</BODY>
</HTML>
```

▲ De complete pagina heeft een eigen karakter gekregen en de afbeeldingen zijn desondanks tot een minimum beperkt.

### ▶ Magere initiaal

De tweede pagina van de Cuisine-website wordt een combinatie van HTML-tekst en een typografische GIF-afbeelding. Om een link tussen deze twee 'uitersten' qua webdesign in te bouwen wordt gebruik gemaakt van een zogenaamd 'initiaal'. De eerste letter van de 'platte' tekst is een 'N'. Deze wordt ook in het Remedy lettertype gezet. Echter ditmaal in de variant 'Remedy Single'. Deze versie is minder vet dan het basisfont.

Aangezien de initiaal slechts uit acht geïndexeerde kleuren is opgebouwd, zal het GIF-bestand vlot ingelezen kunnen worden. Door ook de hoogte en breedte van de afbeelding in de HTML-code op te nemen kan de online bezoeker de normale tekst alvast lezen.

De afbeelding van de groenteman is afkomstig uit de PhotoAlto CD-collectie. Om het beeld een authentiek Italiaans 'trekje' te geven wordt gebruik gemaakt van een speciale kaderrand. Ook deze is van een clip-art CD-ROM afkomstig van Auto F/X en is genaamd Photo/Graphic Edges Volume 1. Dit eigenzinnige fotokader is compleet met een eigen maskerkanaal op de CD gezet. Het kanaal #4 wordt geactiveerd door het uit het menu 'Laad selectie' te kiezen of door het kanaal naar het linker-symbool te slepen in het Kanalenvenster. De selectie is nu geactiveerd. De foto van de groentemand kan nu geplaatst worden.

◂ De sierlijke 'N' van het Remedy Single-font wordt in een groot corps gezet...

▴ ...en als GIF-bestand bewaard in 8 geïndexeerde kleuren.

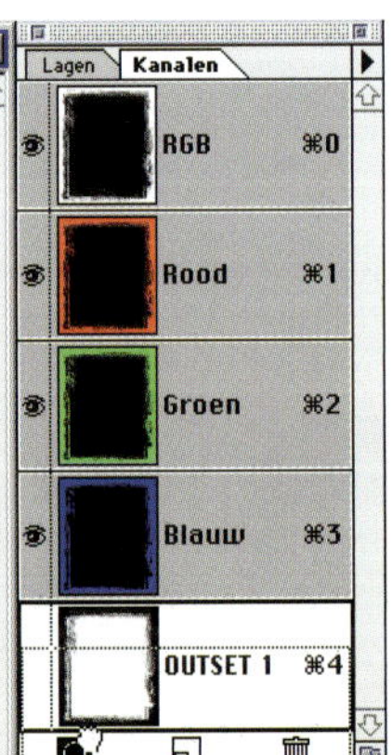


▴ Als het kanaal #4 in het Kanalenvenster op het linker ikoon gesleept wordt, zal de selectie geactiveerd worden.

▴ Met aanhalingstekens kan men ook interessante effecten realiseren als men ze als aparte GIF-bestanden bewaart.

▲ De originele PhotoAlto opname is een CMYK-bestand van 1177 x 1552 pixels grootte, gescand in 260 dpi. Voor de webpagina wordt het bestand teruggebracht tot 260 x 297 pixels in 72 dots per inch, de beeldscherm resolutie.

▲ In het bestand 'Fotokader' is de selectie nog steeds actief. De verkleinde Groentemand-opname wordt nu met behulp van de Photoshop-optie 'Plak binnen' in de actieve selectie geplakt. Deze moet nog even actief blijven...

## ▶ 'Plak binnen'

Voordat de foto van de Italiaanse groentemand kan worden geplakt, moet deze qua maat *(en eventueel verhouding)* worden afgestemd op het geopende kader. Op de webpagina zal de afbeelding inclusief het kader een breedte van ±250 pixels krijgen. Het hoge-resolutie bestand van PhotoAlto moet dientengevolge eerst met behulp van het commando 'Beeldgrootte' in Photoshop tot de juiste proporties worden teruggebracht.

Als dat werk gelukt is, moet de hele selectie gekopieerd worden en wordt het bestand 'Fotokader' weer naar voren gehaald. De selectie is nog steeds actief. Het is nu van groot belang dat u in Photoshop de optie 'Plak binnen' kiest uit het Wijzig-menu. De foto wordt nu in de actieve selectie geplakt. Door vervolgens 'Selecteer omgekeerd' te kiezen kan de kleur van het buitenkader aangepast worden aan de pagina-achtergrond.

▲ ...want met behulp van 'Selecteer omgekeerde' moet de buitenrand nog naar de achtergrondkleur omgezet worden.

▲ Painter 5.5 is een 'Web edition'. Deze is voorzien van additionele functionaliteit die een webdesigner nodig heeft.

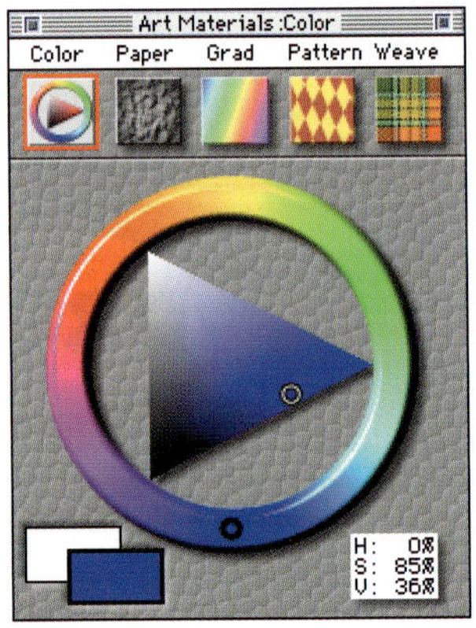


◀ Het programma Painter van Fractal Design wordt voor deze workshop gebruikt. Allereerst worden een achtergrondkleur en een bijbehorende papierstructuur bepaald.

## ▶ 3D-lettering in Painter

Voor de realisatie van het beoogde effect is Fractal Design Painter een ideaal pakket. Deze software beschikt over een groot aantal standaard patronen en structuren waarmee gewerkt kan worden. Deze variëren van papier- tot Schotse ruitpatronen. Voor het ontwerp van de website kiezen we een eenvoudige papierstructuur en een onbestendige mauve-achtergrondkleur. De bibliotheek met achtergronden is in Painter erg uitgebreid. Op de bijbehorende cd-rom staan nog meer varianten. Painter is echter ook een ideaal programma om realistische drie-dimensionale teksteffecten te creëren.

De basis van de illustratie is een lettering die gezet is in het font Chelsea Bold. Dit font is afkomstig uit de schitterende collectie Fontfonts van de Fontshop. Door op het 'A' symbool te selecteren wordt het tekstgereedschap gekozen. Painter toont vervolgens een zwevend venster waarin het lettertype, de corpsgrootte en de spatiëring aangegeven kunnen worden. De tekst kan nu rechtstreeks op het achtergrondpatroon getypt worden. De tekst wordt in de bekende 'lopende mieren' weergave getoond.

## ▶ Het maskeren van de tekst

Er treedt nu een belangrijke fase aan: het bepalen van het masker. Ga als volgt te werk. Terwijl de tekstselectie actief is, kiest u het 'pijl'-gereedschap. Painter geeft dat aan door een soort ankerpunten om de letters te tekenen. Kies nu in het venster 'Controls: Path Adjuster' een 'feathering' van ongeveer zes à zeven pixels. Het programma berekent vervolgens per geselecteerde letter een

Het lettertype Chelsea Bold ▶ wordt in een flink corps op de papierstructuur getypt. In het venster 'Path Adjuster' wordt een feathering van 5,7 pixels ingesteld. Painter berekent vervolgens de zachte contour om de letters heen. De selectie moet wel actief blijven!

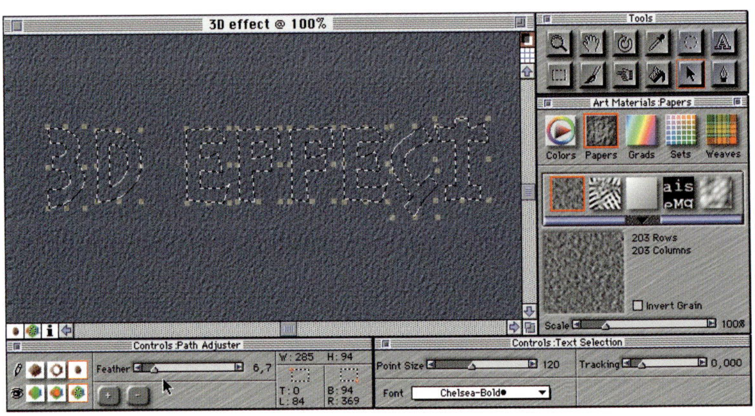

Doezelstraal met het opgegeven aantal pixels. Houd de selectie nog steeds actief en kies uit het 'Effects'-submenu 'Surface Control > Apply Surface Texture'. Deze optie biedt een keur aan mogelijkheden die u eens allemaal moet uitproberen. Om het 3D-effect te realiseren kiest u bij 'Using' voor Mask. In het Preview-venster ziet u onmiddellijk de gevolgen van deze handeling: de tekst komt als het ware uit de achtergrond naar voren. Er ontstaat een soort 'droplettering'. De mate waarin dit effect optreedt, wordt bepaald door de instellingen bij de opties 'Material' en 'Light Controls'. Na enig experimenteerwerk ontstaat een dieptewerking met een duidelijke contour en voldoende contrast. Geef het 'OK' en Painter 4 keert weer terug in het hoofdvenster.

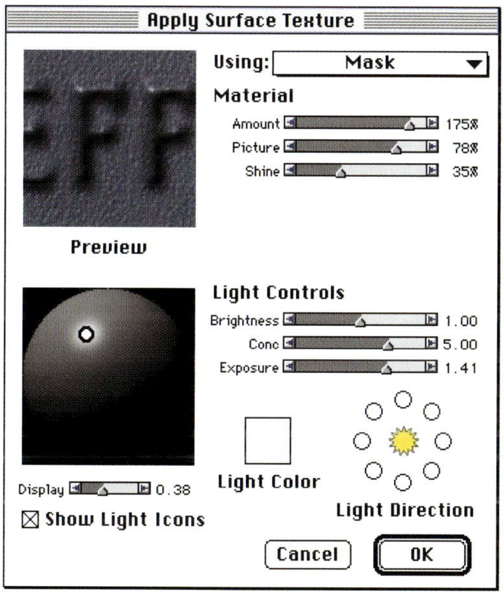


▲ Dankzij 'Mask' wordt de tekst als het ware 'doorgedrukt'...

## ▶ Grondschaduw

De selectie dient nog steeds actief te blijven aangezien we de lettering los gaan maken uit de ondergrondstructuur. Een noodzakelijke stap is het ongedaan maken van de 'Feathering'. Dit is van groot belang aangezien de eerder ingestelde waarde nog steeds geldt en daardoor invloed heeft op het latere kopieerproces. Sleep dus de schuifbalk in de 'Controls: Path Adjuster' terug naar nul en kopieer de selectie.

Voor de webpagina maken we vervolgens gebruik van een neutrale achtergrond waarop de 3D-lettering goed tot uitdrukking komt. Letterlijk en figuurlijk. Plak nu in het nieuwe tekenvlak de gekopieerde lettering, maar laat de selectie wel actief. We gaan namelijk nog een grondschaduw onder de lettering plaatsen om het ruimtelijk effect nog extra te versterken. Painter heeft hiervoor een speciaal filter, toepasselijk genaamd 'Drop Shadow'.

Kies een vijftal pixels 'offset' en een dekking van honderd procent en zie daar een perfecte illusie: Een zwevende ruimtelijke lettering.

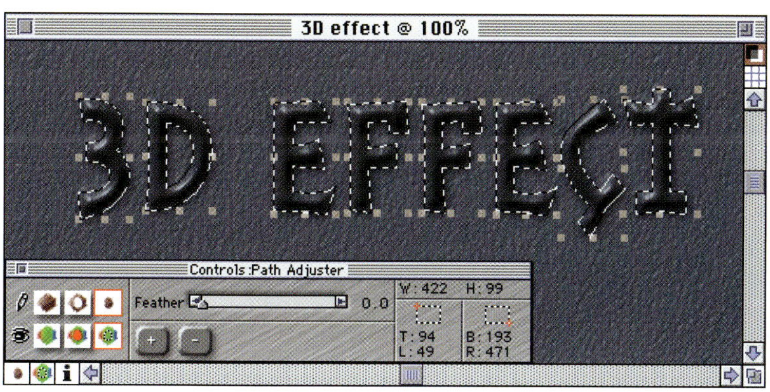


◄ Belangrijk is dat men de 'Feathering' weer naar de waarde '0,0' terugzet. Anders wordt de wazige rand meegekopieerd en dat is niet de bedoeling. Enkel de driedimensionale lettering moet straks van een grondschaduw worden voorzien.

De gekopieerde selectie krijgt in Painter een grondschaduw door de standaardfunctie 'Drop Shadow' te kiezen.

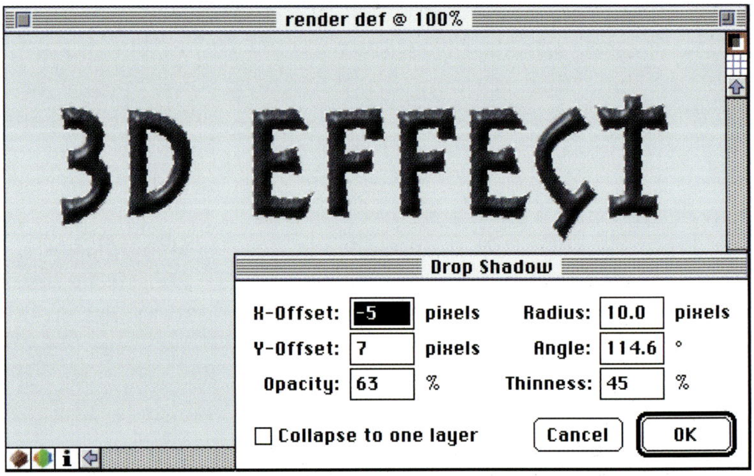


Het resultaat is een 'levensechte' 3D-lettering met een erg realistische schaduwrand.

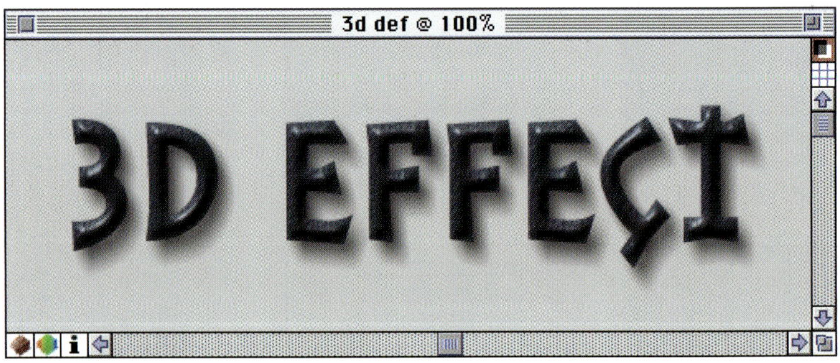


Als het Painter-bestand in Adobe Photoshop geopend wordt, zijn de lagen ook apart ingelezen! Alleen de namen onderscheiden zich van de Photoshop-conventie.

Uiteraard zijn er oneindige varianten mogelijk met deze werkwijze aangezien ook andere interessante filters, zoals het belichtingseffect, ingezet kunnen worden. Voor de illustratoren die zich meer in Adobe Photoshop thuisvoelen: men kan zelfs naar dit 'concurrerende' tekenpakket overstappen met behoud van alle lagen- en maskerinformatie die in Painter getekend is.

Voorwaarde is wel dat de tekening in Painter opgeslagen wordt als PS 3.0-bestand. De zwevende selectie wordt in het Lagenvenster van Photoshop weergegeven als 'Floater'.

### ▶ Afwijkend patroon

Als men de GIF-afbeelding van de lettering met grondschaduw combineert met de bijbehorende achtergrond-GIF, kan dat

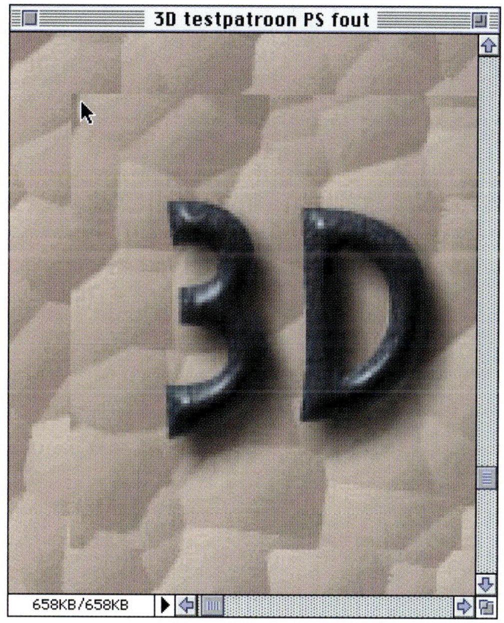


in de webbrowser tot verrassende resultaten leiden. Als men een fijnmazig patroon gebruikt voor de achtergrondstructuur, zal de overgang tussen de lettering en het patroon nagenoeg onzichtbaar zijn. Zo wordt een volmaakte illusie gecreëerd.

Gebruikt men echter een grof patroon, dan wordt het een stuk lastiger om de overgang te vermijden. In het hieronder afgebeelde voorbeeld steekt de voorgrond-illustratie duidelijk af ten opzichte van de ondergrond.

▲ **Een 'te grof' patroon geeft al snel hinderlijke naden.**

Dat is niet echt fraai. Ook een patroon dat uit *(te)* veel kleuren bestaat zal problemen opleveren omdat de GIF-kleuren van de voor- en achtergrond moeilijk op elkaar af te stemmen zijn. Alleen door gebruik te maken van een speciale kleurentabel kan men de schade enigszins beperken. Met behulp van bijvoorbeeld DeBabelizer kunnen de kleurtabellen op elkaar afgestemd worden.

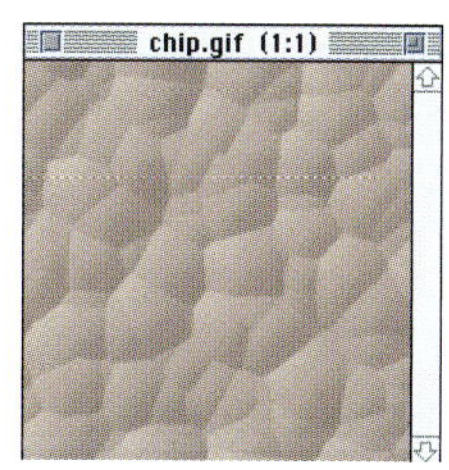

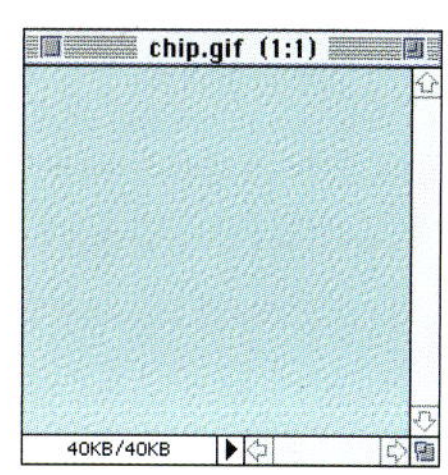

▲ De digitale foto wordt met een ruime marge geselecteerd.

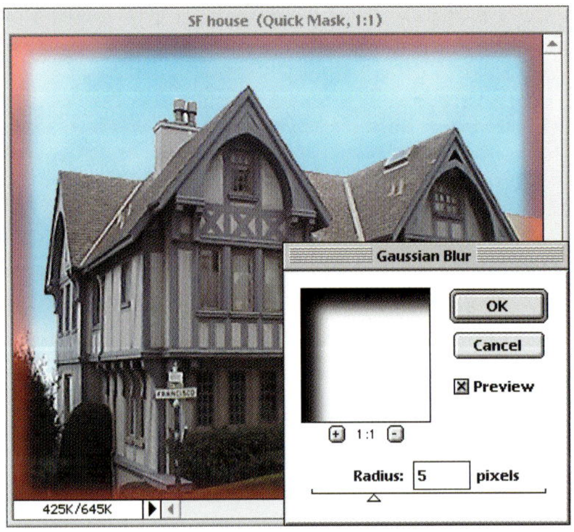


▲ Vervolgens wordt de gewenste Quick Mask geselecteerd en het filter toegepast.

## ▶ Beeldresolutie en grootte

De exacte positie van de GIF-afbeelding is afhankelijk van externe omstandigheden. De grootte van het lettertype van de gebruiker, de breedte van het scherm en de resolutie van de monitor. Zeker bij Windows computers is dit een belangrijke factor. Aangezien een 17 inch monitor meerdere resoluties kan weergeven, zal ook de webpagina op verschillende groottes worden getoond. In het voorbeeld op deze pagina ziet u dat het toch mogelijk is om 'naadloos' een illustratie op een gelijksoortige ondergrond te plaatsen. Op de plaats van de cursor in onderstaande afbeelding is de contour van de afbeelding amper zichtbaar.

▲ Het lasso-gereedschap uit de werkset wordt gebruikt om de beeldselectie te verkleinen.

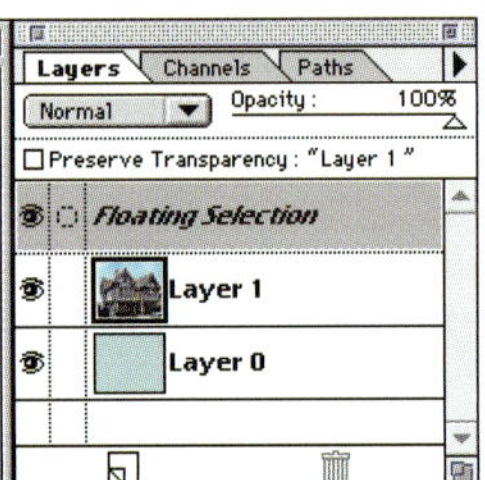


▲ De selectie wordt "zwevend" gemaakt voor verdere bewerking.

▲ Als u de selectie weer opheft, kunt u het masker ongedaan maken door met de kwast pixels toe te voegen.

◀ De afbeelding wordt in een nieuwe afbeelding geplakt die gevuld is met het achtergrondpatroon.

▲ Als het teveel geselecteerde verwijderd is...

▲ ...blijkt nog enige correctie noodzakelijk. De uiteindelijke foto wordt bewaard als een 6-bit geditherd GIF-bestand. ▼

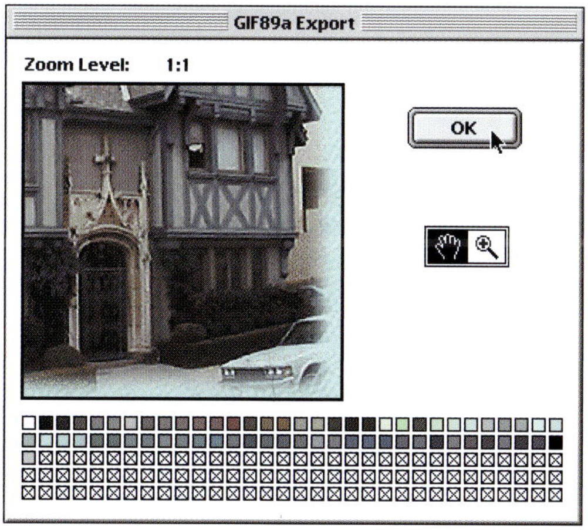


## ▶ Afbeeldingen bewerken

Het naadloos inpassen van 3D-tekst op een achtergrond lijkt misschien niet zo moeilijk, maar geldt dit ook voor het inpassen van een afbeelding op een bewerkte achtergrond? Het antwoord hierop is niet moeilijk. Het vereist wat gesleutel in Photoshop en het gebruik van een QuickMask, maar, zoals u op deze en de volgende pagina's ziet, is het resultaat indrukwekkend. In dit voorbeeld wordt een foto gebruikt van een huis in San Francisco. Omdat de randen van de foto moeten samensmelten met de achtergrond, wordt een Gaussian Blur van 5 pixels gebruikt om de contouren van de afbeelding onzichtbaar te maken.

▲ De tekst wordt op dezelfde manier bewerkt.

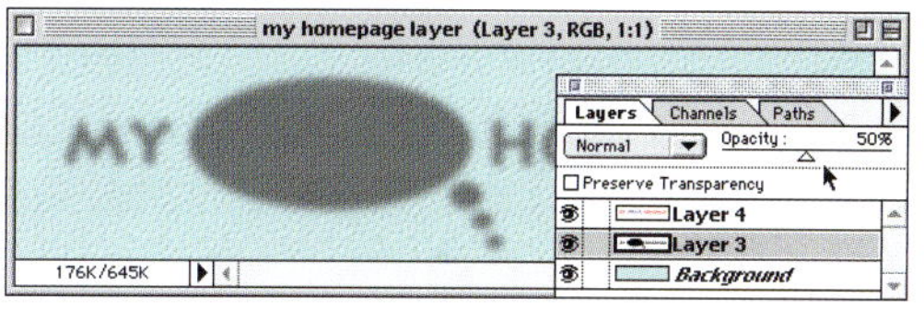


▲ De schaduw wordt gemaakt door de opaciteit van de oorspronkelijke zwarte kopie van de afbeelding met 50% te verminderen.

## ▶ Afbeelding monteren

Als de QuickMask-optie nog actief is, maakt u een kopie van de afbeelding en plakt u deze in een nieuw document dat gevuld is met het achtergrondpatroon. Plak hierin de selectie. U kunt nu extra pixels van de foto verwijderen met de lasso. Als u tegelijkertijd de Option/Alt-toets ingedrukt houdt, is de lasso eenvoudiger te besturen. Door langs de contouren van het huis te klikken, komt de selectie van de afbeelding los te staan. Als het resultaat naar wens is, kiest u de optie 'Flatten image'. De montage is nu gereed.

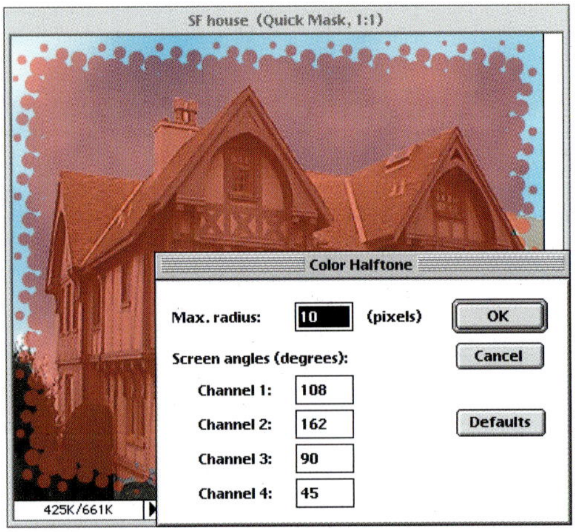


▲ De QuickMask wordt 'omgekeerd' gebruikt voor het Color Halftone-filter. Een radius van 10 pixels geeft een goed resultaat. Het complete effect in de browser is overtuigend. ▼

De website ▸ van de kinderdierentuin is een ideaal onderwerp om de creatieve mogelijkheden van Painter te tonen.

Fractal Design Painter is de onbetwiste koning van de creatieve beeldbewerkingsprogramma's. Ook voor het maken van achtergronden kan men op dit tekenpakket terugvallen. De eindresultaten zijn even apart als de te volgen werkwijze.

## Painter: Image Hose & patterns

Het programma Painter onderscheidt zich niet alleen qua interface van de concurrentie in de markt van creatieve tekenapplicaties. Ook het tempo waarin de makers van Fractal Design de capaciteiten uitbreiden is indrukwekkend. Het is tegenwoordig zelfs mogelijk om met Painter meerdere gebruikers aan dezelfde tekening te laten werken over het Internet. Dat is pas grenzeloze creativiteit!

In dit hoofdstuk concentreren we ons op twee sterke punten van het programma. Het maken van een patroon op basis van een tekenfiguur. Vervolgens wordt getoond hoe met behulp van de Image Hose-techniek een achtergrondstructuur gemaakt wordt op basis van diverse dieren-stripfiguren. Het eindresultaat staat op deze pagina.

### ▶ Random Color Replace

Als uitgangspunt voor de achtergrondpatronen wordt een zestal tekeningen van dierenfiguren gebruikt. Deze zijn allemaal in MacroMedia FreeHand in PostScript-vectoren getekend. De lijntekeningen zijn gebaseerd op originele potloodschetsen die in outline zijn omgezet in FreeHand. Deze basistekeningen zijn echter in zwartwit gemaakt. Dat is geen goed uitgangspunt voor een webpagina en zeker een kinderdierentuin vraagt om een kleurrijke aanpak.

In plaats van het handmatig inkleuren van elke illustratie kan men dit proces ook automatiseren. Hiervoor is een ideaal hulpmiddel bedacht: de Random Color Replace-module van Extensis DrawTools. Dit filter gebruikt ondergetekende maar al te graag, omdat het filter op zijn aanvraag ontwikkeld is door de programmeurs van Scarlett Graphexx. De versie die momenteel bij de DrawTools geleverd wordt, kan het hele document of alleen de geselecteerde objecten omkleuren. Aangezien elk dierenfiguur apart gekleurd wordt, is deze optie een welkome aanvulling op de mogelijkheden.

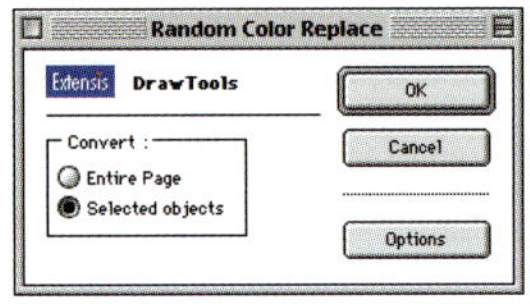


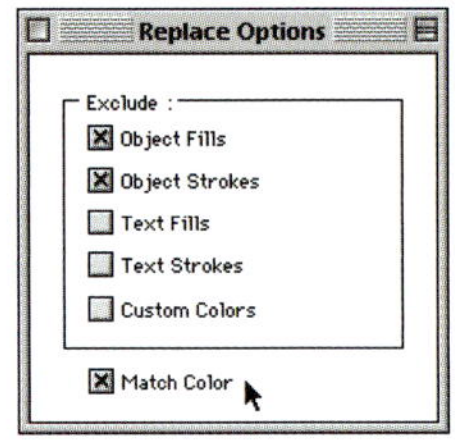


▲ DrawTools kan ook delen van een tekening omkleuren.

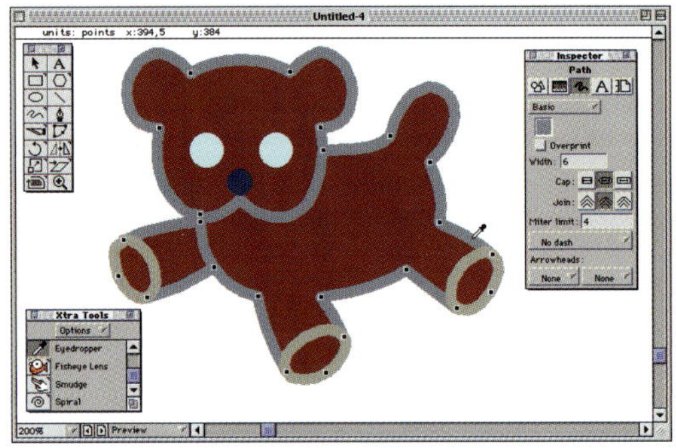


Als het Random Color Replace-filter bij de eerste poging geen optimaal resultaat heeft opgeleverd, kunt u het filter gewoon nogmaals loslaten op de geselecteerde outlines. Als de kleurstelling naar wens is, kunnen de gelijksoortige onderdelen van de tekening alsnog op kleur bijgewerkt worden zoals in bovenstaand voorbeeld.

▲ De FreeHand illustratie voor de toepassing van DrawTools.

▲ En het eindresultaat van het 'Random Color Replace'-filter.

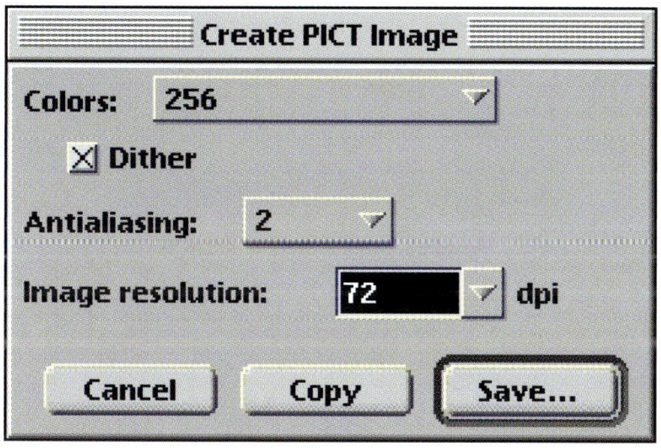


▲ FreeHand kan z'n gevectoriseerde PostScript-tekening omzetten naar een gedithed PICT-bestand in schermresolutie.

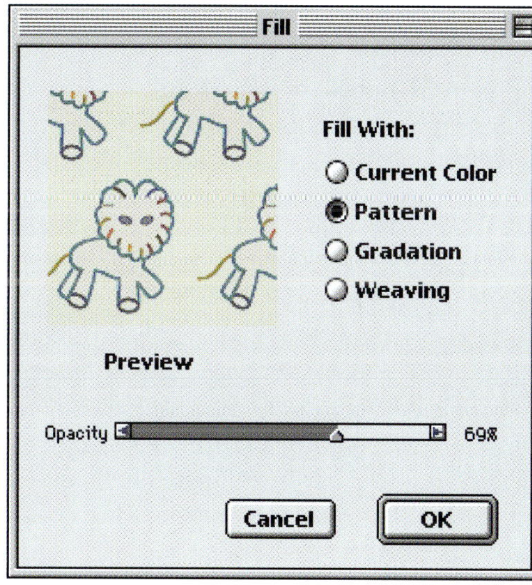


In het 'Fill'-venster kan men de transparantie van het patroon exact in procenten instellen. ▶

### ▶ Rasteren van PostScript

MacroMedia FreeHand biedt de mogelijkheid om de in het programma gemaakte PostScript-tekeningen als bitmaps weg te schrijven. Aangezien de dierentekeningen in Painter verder bewerkt worden, kiezen we het PICT-formaat als export-bestand. De tekening wordt in 72 dpi gerasterd. In Painter

wordt een nieuw bestand aangemaakt ter grootte van 200 x 200 pixels. De gerasterde tekening wordt hierna in Painter geopend en één van de dieren wordt geselecteerd. Het kader dat om de leeuw getrokken is, kan lukraak worden gemaakt. Als we in Painter gebruik maken van de 'Capture Texture'-techniek, zal de afstand die om de eigenlijke tekening staat, niet van invloed zijn op het uiteindelijke patroon dat ervan gemaakt wordt. Deze methode is dan ook een ideale manier om snel een patroon te genereren.

Het patroon kan ook als papierstructuur bewaard worden. Over het naadloos maken van de tegel hoeft u zich ook geen zorgen te maken. Painter lost dat voor u op!

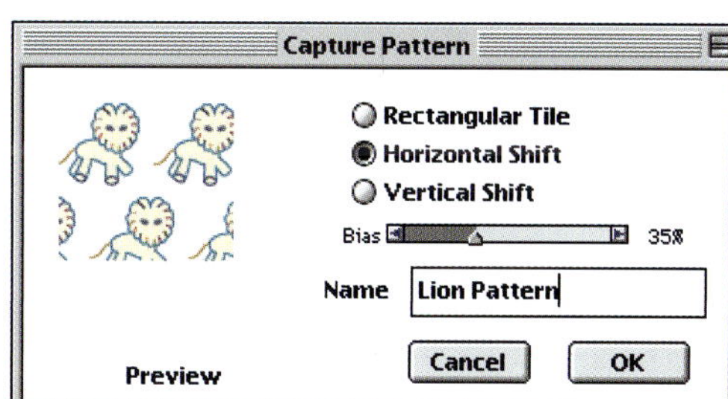


▲ Als het patroon is bepaald, kan men de verhouding tussen de beeldelementen apart instellen en laten verschuiven.

## ▶ Patronen maken

In het venster ‘Art Materials: Pattern’ zijn de patroon-opties voortaan in submenu’s ondergebracht. Fractal Design heeft de interface van Painter opgeschoond en wat meer structuur in de mogelijkheden gebracht. Ook het aantal zwevende vensters is drastisch verminderd waardoor de overzichtelijkheid aanzienlijk is vergroot.

Als een patroon eenmaal is aangemaakt en opgeslagen onder een toepasselijke naam, kan men de optie ‘Pattern’ aanklikken. Het patroon dat zojuist bewaard is, verschijnt in de lijst inclusief naam en instellingsgrootte. Aangezien het voorbeeldpatroon flink verkleind is, worden 22 rijen en 24 kolommen aangegeven. De ‘Offset’ en ‘Scale’ kunnen nog aangepast worden, waarna Painter weer naadloos passende tegelelementen berekent.

Als het patroon bewaard is, kan men ook het aparte ‘Apply Surface Texture’-filter toepassen in combinatie met het patroon. Door de lichtbron te selecteren en de materiaal-instellingen te manipuleren ontstaan aparte effecten. Het eindresultaat is een naadloos repeterend patroon waardoor een webpagina verfraaid kan worden.

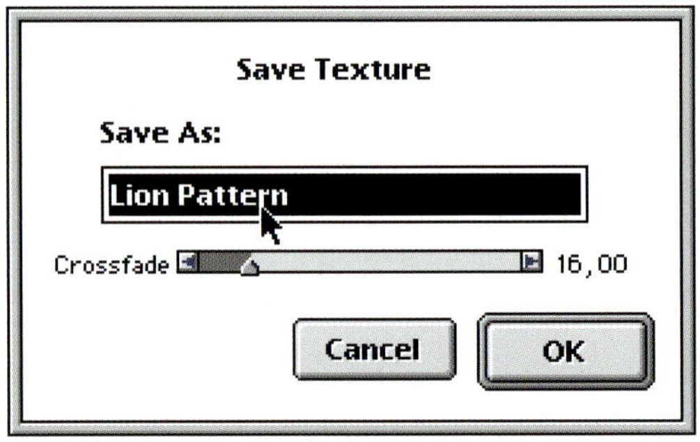


▲ Het patroon moet onder een eigen naam bewaard worden.

◀ Als het patroon met het ‘Leeuw’-ikoontje geselecteerd wordt, verschijnen de instellingen in beeld.

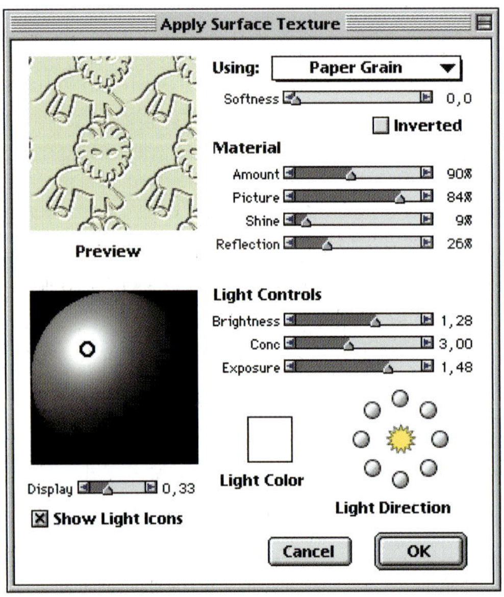


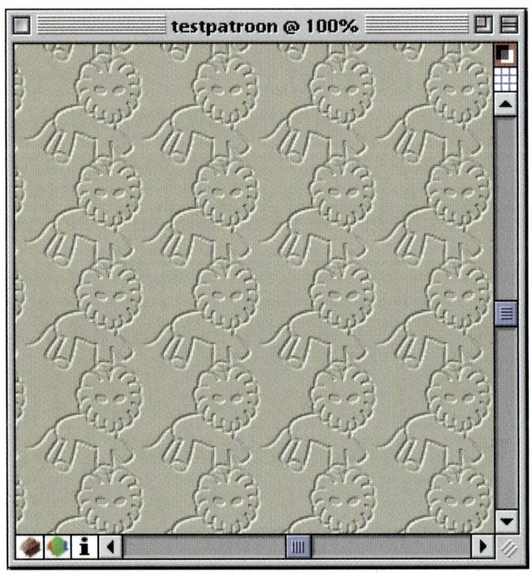


▲ Het testpatroon geeft de mogelijkheden duidelijk weer.

De individuele ▸ tekenelementen moeten stuk voor stuk vrijstaand worden gemaakt en vervolgens gemaskerd.

Het Tools-venster ▸ is in Painter 4.0 flink uitgebreid met de Shapes-optie.

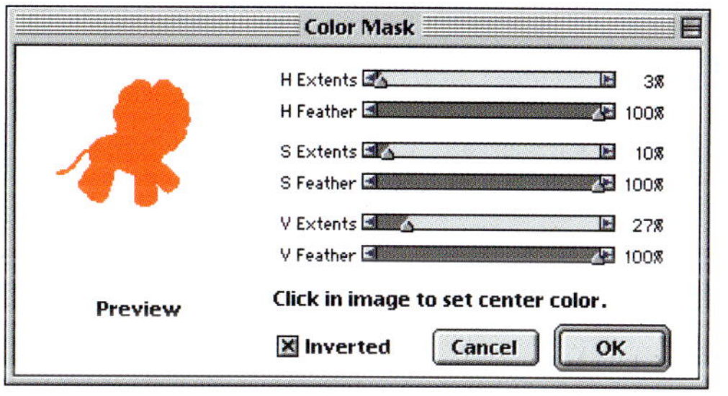


▴ In Painter kan men ook maskers tekenen op basis van de gebruikte kleuren in het tekenelement en de omgeving. Door aan de schuifregelaars te slepen worden kleuren aan het masker toegevoegd of weer verwijderd.

## ▸ Image Hose produceren

Fractal Design heeft een unieke tekenoptie in het programma Painter geïntroduceerd: de zogenaamde 'Image Hose'. Hiermee kunnen verschillende tekenelementen via een drukgevoelige instelling op de illustratie worden geplaatst. Met behulp van deze techniek kunnen patronen gemaakt worden die op geen enkele andere wijze gerealiseerd zouden kunnen worden. De Image Hose heeft echter één nadeel: het is erg lastig te produceren. Daarom wordt in dit hoofdstuk de techniek stap voor stap beschreven, zodat u niet alleen een idee krijgt van de mogelijkheden maar die ook kan reproduceren met een eigen patroon of achtergrondstructuur.

De basis van elke Image Hose wordt gevormd door losse tekenelementjes. In het voorbeeld worden de losse dierentekeningen gebruikt om er één Image Hose-instelling mee te fabriceren. Een voorwaarde is wel dat alle beeldelementen eerst gemaskerd en als Floater worden omgezet.

Als de zes ▸ dierentekeningen gemaskerd zijn, kunnen ze als genummerde 'Floater' in de lijst worden geplaatst.

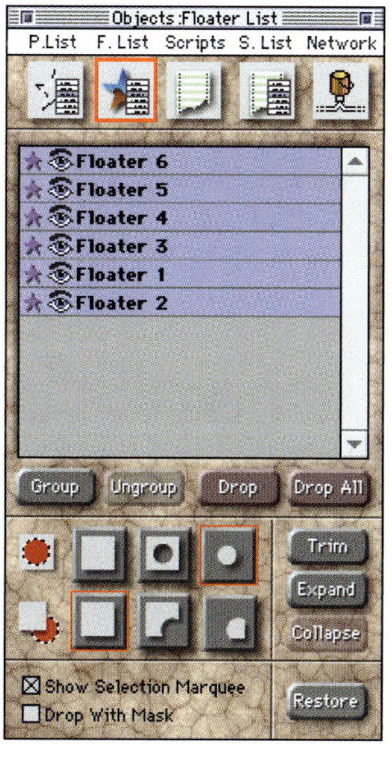


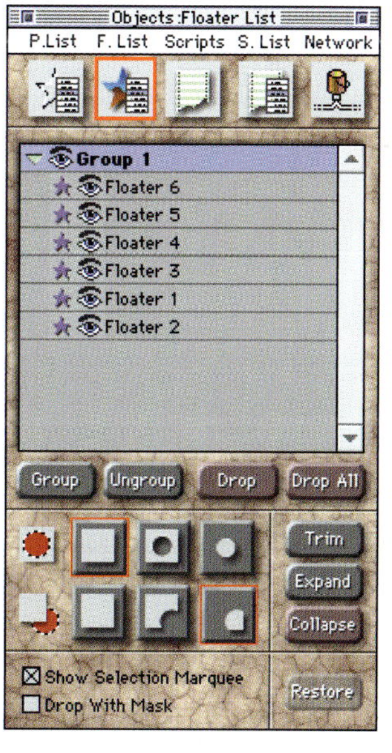


◂ Voor het maken van een eigen Image Hose is het essentieel dat de Floaters gegroepeerd worden.

## ▶ Groeperen

Een Image Hose kan alleen functioneren als de individuele tekenelementen in de 'Floater-list' eerst gegroepeerd zijn. Dit kan men realiseren door alle floaters te selecteren met behulp van de Shift-toets en vervolgens onderaan het venster op 'Group' te klikken. Boven de namen van de floaters verschijnt nu de aanduiding 'Group 1'. Zorg dat deze tekst geselecteerd is en open nu het 'Brushes'-venster. Het derde submenu heeft als naam 'Nozzle'. Als u op deze tekst met ingedrukte muisknop klikt, verschijnt het menu in beeld. Hieruit moet men kiezen: 'Make Nozzle From Group...' en Painter zal ogenblikkelijk de Image Hose berekenen. Painter gebruikt overigens twee verschillende namen, 'Nozzle' en 'Image Hose', voor exact dezelfde techniek.

Om de Image Hose te kunnen toepassen moet deze eerst bewaard worden onder een eigen naam. We kiezen voor 'Dieren Nozzle' en bewaren de nieuwe Image Hose als RIFF-bestand. Dit is het 'eigen' bestandsformaat van Fractal. Het bestand kan overigens ook nog bijgewerkt of anderszins aangepast worden voordat het als Image Hose wordt toegepast. De mate waarin de Nozzle ingezet wordt is afhankelijk van factoren als 'drukgevoeligheid' en de 'hoek' waarin de Brush Control is ingesteld. Kies de optie 'Nozzle' en u krijgt de basisinstellingen van onze 'Dieren Nozzle' in een apart venster weergegeven. Ook de rangordes tussen de verschillende effecten kunnen vastgelegd worden.

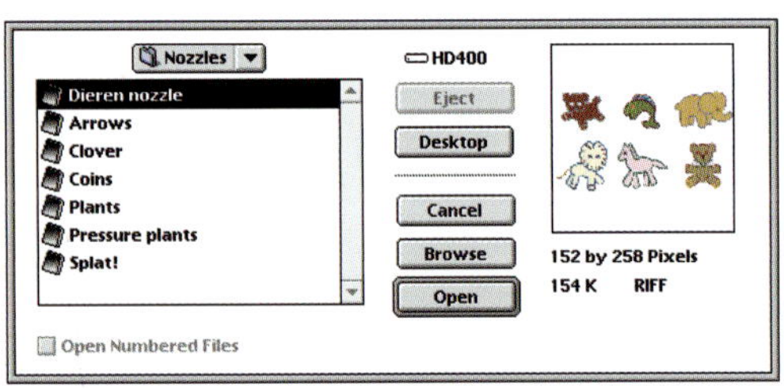


▲ De Nozzle wordt met een voorvertoning van de tekenelementen bewaard en kan eenvoudig aangepast worden. ▶

▲ Met behulp van het commando 'Make Nozzle From Group' worden de gegroepeerde floaters omgezet naar een 'Nozzle'.

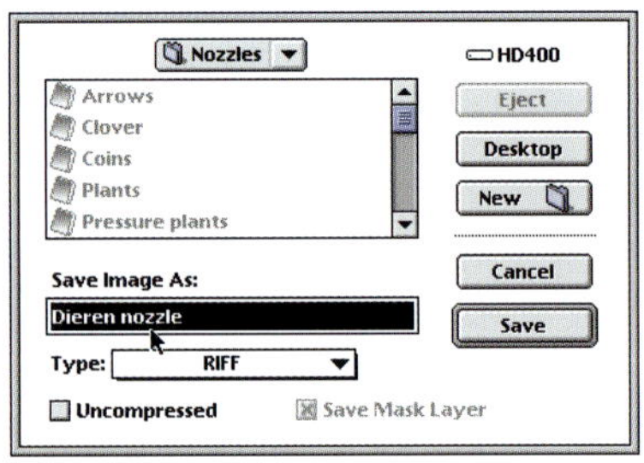


◀ Fractal gebruikt een eigen bestandsformaat genaamd 'RIFF' voor de Nozzle.

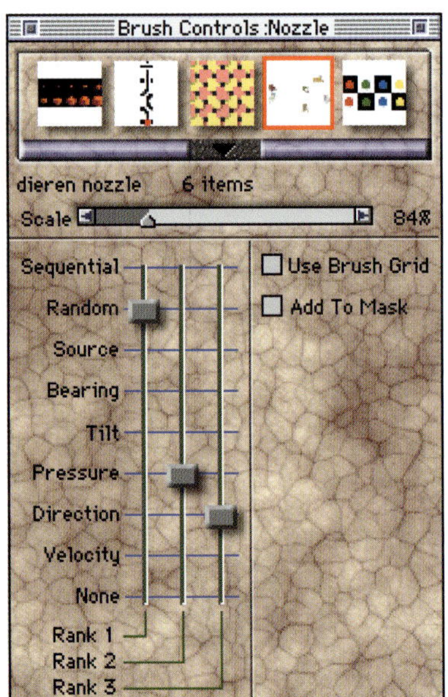

◂ De eerste poging met de nieuwe dierentuin-Nozzle is geen succes. Te druk en te donker.

De Image ▸ Hose heeft een kenmerkend ikoon.

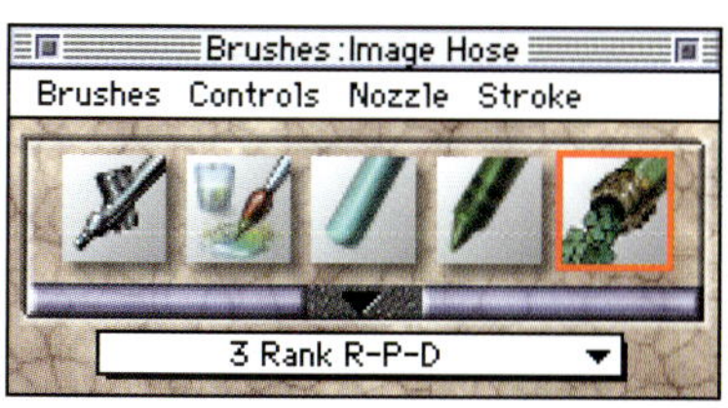


## ▶ Drukgevoeligheid

De eerste voorzichtige pogingen met de nieuwe Image Hose resulteren in een chaos van stripfiguurtjes op het scherm. Het is duidelijk dat de instellingen van de 'Nozzle' wat aangescherpt moeten worden. En de drukgevoeligheid moet ook flink afgezwakt worden om de boel beheersbaar te houden.

▴ Painter geeft de diverse Nozzles grafisch weer door middel van een miniatuur ikoon. Dit maakt de selectie eenvoudiger.

### ▶ Kleuren en druk afzwakken

Door de instellingen van de Nozzle flink af te zwakken en tevens een witte tekenlaag boven op de tekening te plaatsen wordt het geheel al een stuk bruikbaarder. In een nieuw venster van 200 x 200 pixels kan zo naar hartelust geëxperimenteerd worden. Door dit vlak als 'Patroon' te kenmerken kan men vervolgens de repeterende tegel maken en als geïndexeerd GIF-bestand bewaren.

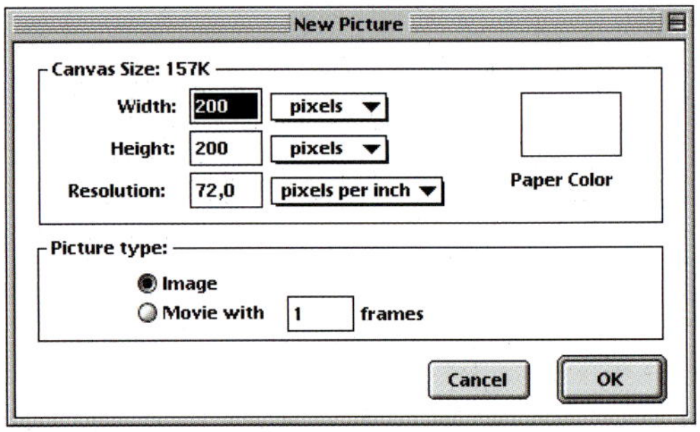

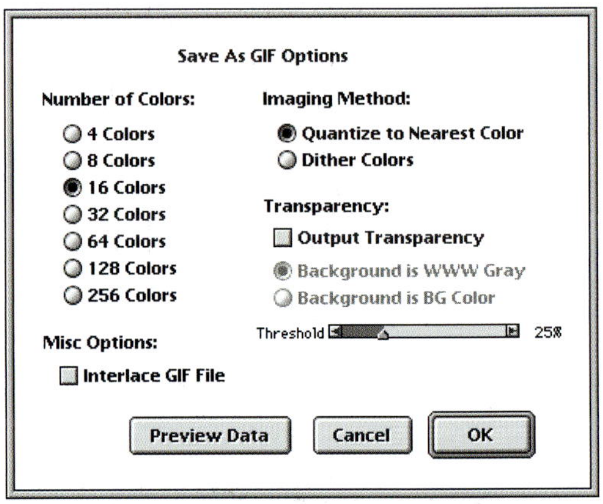


▲ De definitieve tegel wordt als GIF-bestand weggeschreven in 16 geïndexeerde kleuren. Let op dat u de optie 'Interlace GIF File' uitzet. Het tegelpatroon wordt in de <BODY> van de webpagina gebruikt en die kan men beter niet 'interlacen'.

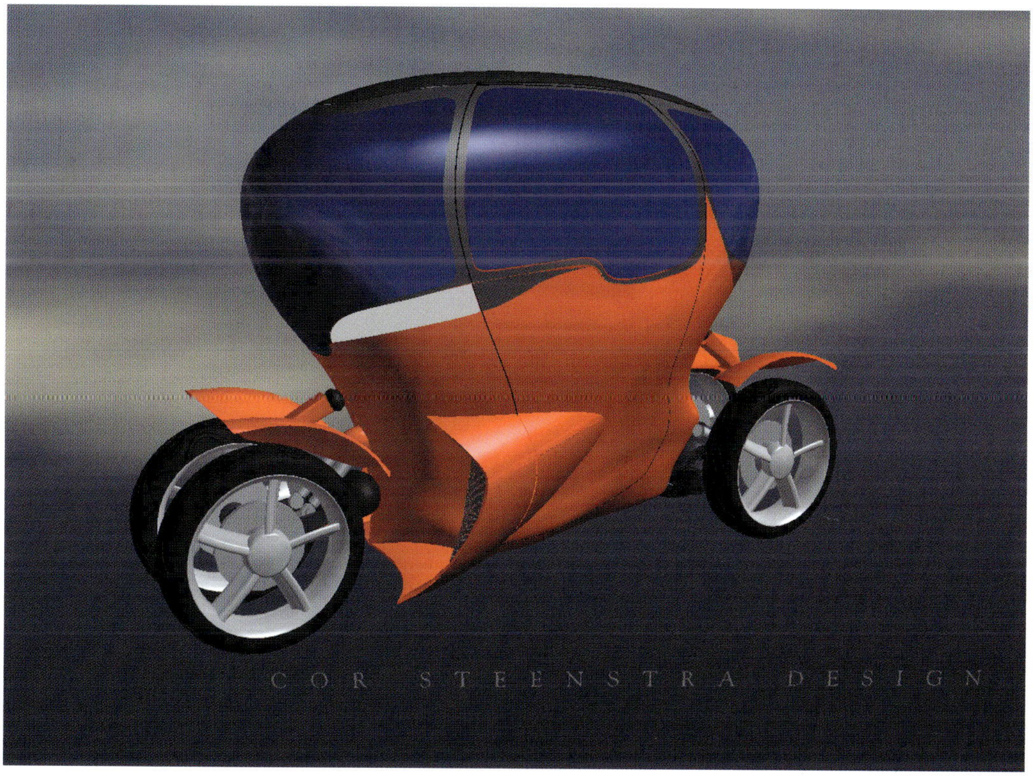


Een alternatieve methode om met fotokaders accent te geven aan een webpagina wordt in dit hoofdstuk getoond. Door gebruik te maken van 'echte' diakaders worden de foto's aantrekkelijker gemaakt.

## Creatieve fotokaders

Een website die geheel gewijd is aan 'Concept cars' vraagt om een aparte en aantrekkelijke aankleding van de pagina's. Om deze kwaliteit te bereiken kan men gebruik maken van interessante foto's van rijdende creaties. Als deze afbeeldingen echter op de pagina's gezet worden zonder verdere aankleding, wordt het beoogde effect niet helemaal bereikt. De grillige vormen van de auto's vragen om iets extra's, een beeldrand die niet alleen de afbeelding accentueert, maar ook aangeeft dat het om studies gaat.

De modellen van Cor Steenstra zullen misschien nooit de openbare weg bereiken. Daarom vraagt hun plekje op de digitale snelweg om een andere aanpak. Door de beelden met typische foto- en diakaders te 'versieren' lijken de modellen een stuk realistischer. Voor de bezoeker van de site verhoogd dit de professionele uitstraling van het bedrijf.

### ▶ Polaroid-kader

De eerste afbeelding die op de homepage van de 'Concept cars'-website afgebeeld wordt is een creatie van Cor Steenstra Design en draagt de naam 'Quad'. Het uitgangspunt voor de vormgeving is het creëren van een 'mobiel' dat het midden houdt tussen een auto en een motorfiets. Daardoor heeft de inzittende het comfort en de beschutting van een conventionele auto. De naam 'Quad' refereert aan het feit dat het model over vier wielen beschikt en daardoor ook een stuk stabieler is dan een reguliere motor.

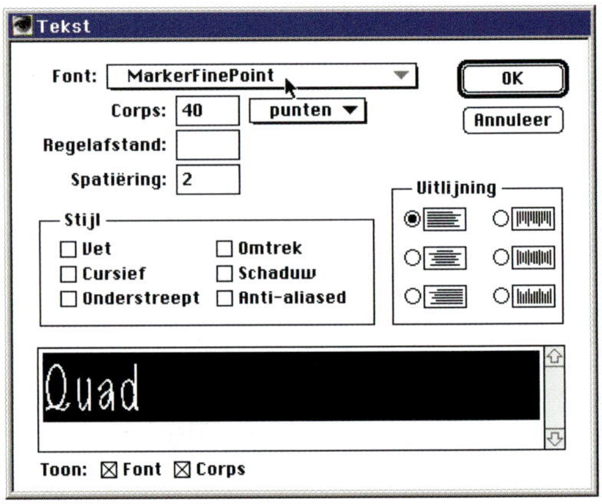


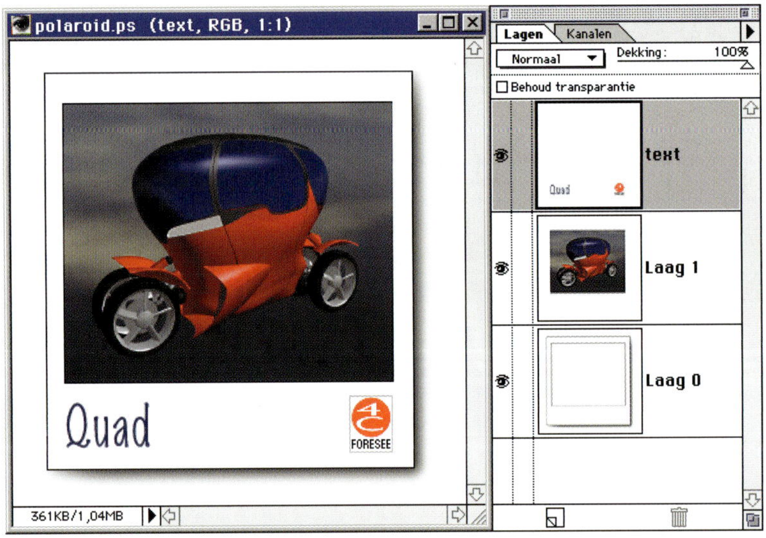


◂ De tekst en het 4C-logo, kort voor ForeSee, wordt in een aparte tekstlaag gezet.

▾ Met behulp van het 'Curves'-commando wordt het contrast verhoogd.

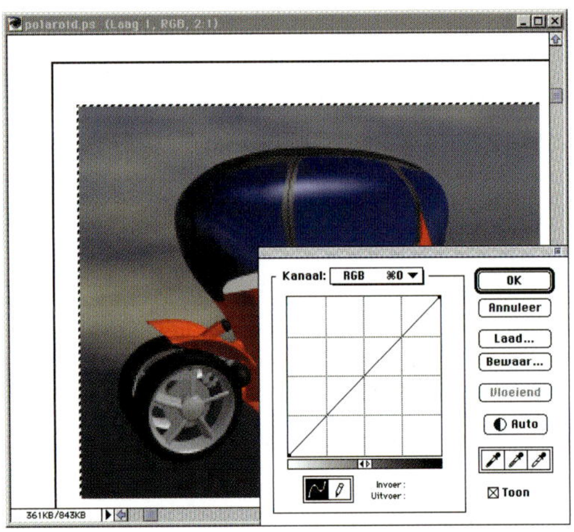


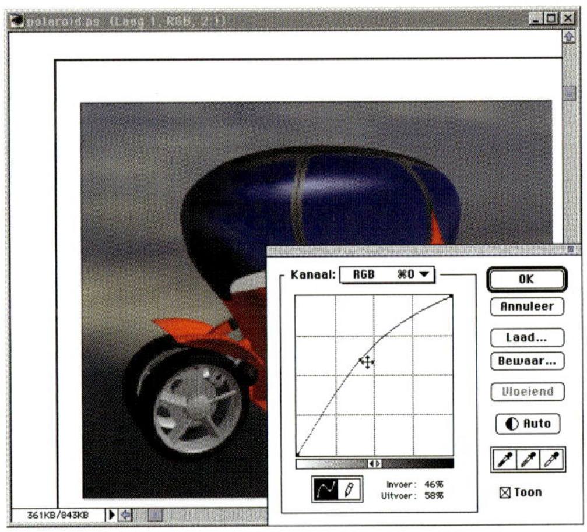

◀ Het eindresultaat van de montage is een bedrieglijk echte 'Polaroidfoto'.

Om het futuristische karakter te onderstrepen wordt ervoor gekozen om er een soort Polaroid-foto van te maken. Een 'snapshot' uit de toekomst. Als basis hiervoor dient een Adobe Illustrator-tekening van een foto voorzien van twee zwarte kaders. De maten worden afgestemd op een echte Polaroid-foto.

Het Adobe Illustrator-bestand wordt in Photoshop geïmporteerd. De 'Quad'-rendering wordt vervolgens geïmporteerd en in een aparte laag gezet. Dit resultaat bereikt men heel eenvoudig door op het ikoontje linksonder in het Lagenvenster te klikken, terwijl de selectie nog actief is. Photoshop vraagt vervolgens in een venster of men een nieuwe laag wil openen.

### ▶ Handschriftlettering

De naam van de conceptstudie wordt in een toepasselijk lettertype op de Polaroid-foto gezet. Het font 'MarkerFinePoint' eigent zich hiervoor het beste. Vervolgens wordt een grondschaduw onder de afbeelding geplaatst om het geheel nog meer diepte te geven. Door een kopie van het Polaroid-kader met zwart te vullen en vervolgens met het filter 'Gaussiaans vaag' te vervagen, ontstaat het beoogde effect. De rendering wordt ook iets opgehaald om het contrast te vergroten. De schaduwpartij moet wat tegenwicht hebben. Als het geheel klaar is, kan men alle lagen verenigen door middel van het commando 'Maak één laag'. En de illustratie is gereed!

## ▶ Photo-CD-bronmateriaal

De tweede conceptstudie die de homepage gaat sieren is een stockfoto van Corel. Dit model is aanzienlijk realistischer dan de Quad en krijgt dus ook een bijpassend kader. Een grootbeeld dia-kader is zeer geschikt om de foto nog 'echter' te maken.

Als basis dient een Photo-CD-opname uit de gigantische collectie van Corel. Om de afbeelding in zijn volle glorie en scherpte op het scherm te krijgen is het raadzaam om de officiële Kodak Photo-CD Acquire Module te installeren. Dankzij deze plug-in kan men in één handeling de foto in de juiste resolutie importeren en verscherpen. Voor multimedia doeleinden is Base/4 ruim voldoende. Als een webpagina niet breder is dan zo'n 600 pixels, is een afbeelding van 256 x 384 pixels ruim voldoende.

## ▶ Maskers maken

Het fotokader zelf wordt wederom in Adobe Illustrator gewerktekend. Let op dat de teksten in de kaderrand gezet worden; dit versterkt de illusie van een echt diakader. In Photoshop wordt dit kader geïmporteerd en van maskers voorzien. Het binnenste kader krijgt een eigen masker zodat de foto hierin geplaatst kan worden. Verklein vervolgens de Photo-CD-opname tot de juiste breedte van het binnenste kader en selecteer het geheel.

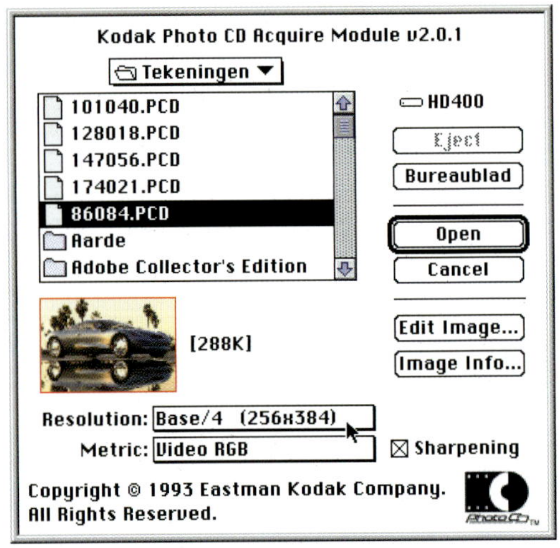


▲ Met behulp van de Acquire Module wordt Base/4 geopend.

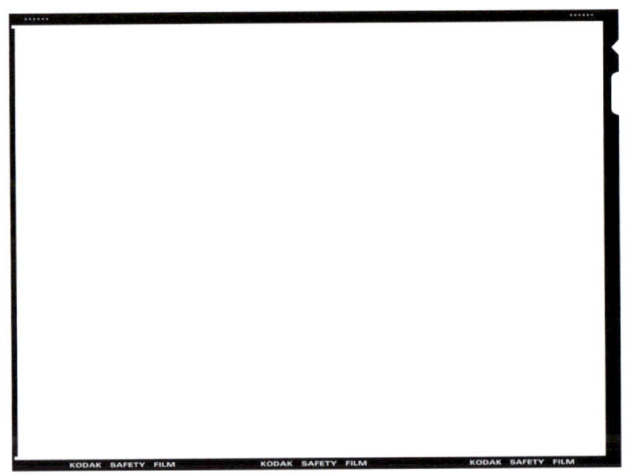

▲ Het fotokader van een grootbeeld dia wordt in Adobe Illustrator natuurgetrouw nagetekend.

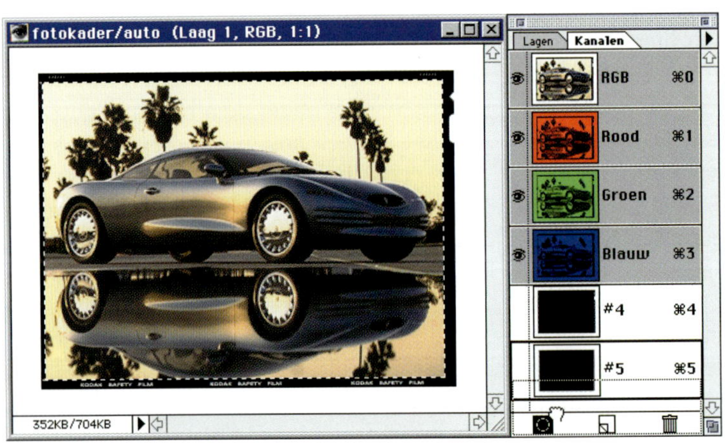

◀ Dankzij de optie 'Plak binnen' wordt de foto gepositioneerd.

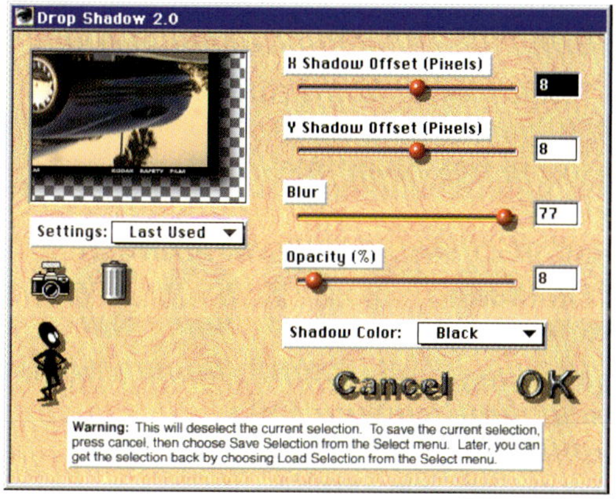


Ga vervolgens naar het fotokader-bestand en selecteer het binnenste kader. Door nu de selectie te 'plakken' met behulp van de speciale optie 'Plak binnen' zal de foto exact op stand gezet worden. Vervolgens wordt er ook aan deze opname een grondschaduw toegevoegd. Hiervoor wordt ditmaal het Alien Skin Drop Shadow-filter gebruikt. Het voordeel van deze plug-in is zijn voorvertoning.

De laatste fase bestaat ook hier uit het roteren van de collage. Let op dat men de afbeelding niet selecteert alvorens het 'Roteer'-effect wordt toegepast. Photoshop snijdt dan het beeld aan en verwijdert(!) de uitstekende pixels. Een niet-geselecteerde afbeelding wordt automatisch vergroot bij het roteren.

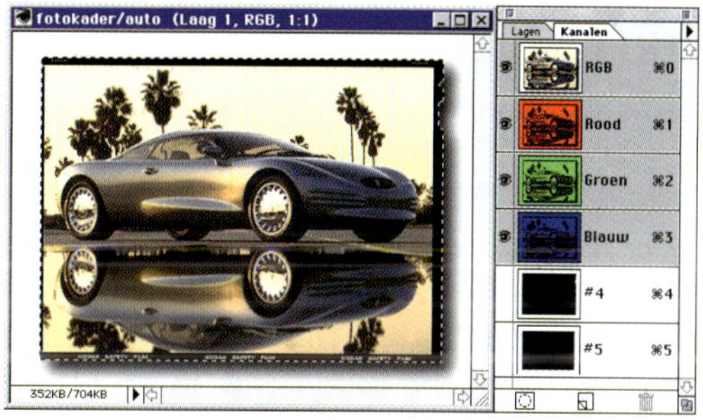


▲ Voor het maken van een grondschaduw wordt de buitenmaat van het grootbeeld dia-kader geselecteerd...

◄ ...en wordt het filter Alien Skin Drop Shadow toegepast.

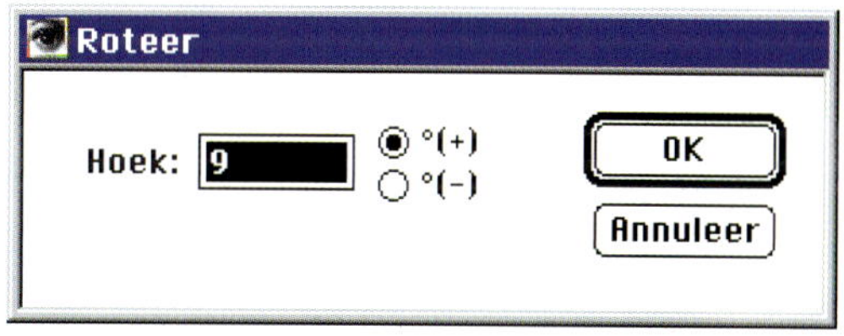


▲ Zorg ervoor dat er niets is geselecteerd voordat de optie 'Roteer' wordt toegepast. Anders verliest men kostbaar beeldmateriaal: de hoeken van de afbeelding! ▼

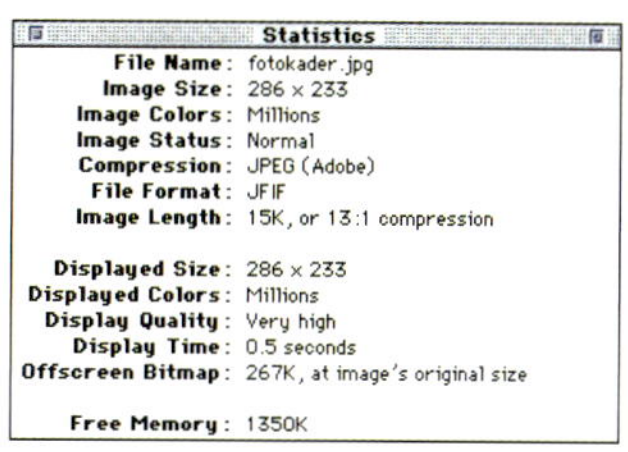


◄ Het eindresultaat wordt als JPEG-bestand weggeschreven en neemt slechts 15 Kilobyte ruimte in beslag, met inbegrip van fotorand en grondschaduw!

**▶ Compact**

In de definitieve werktekening in HTML wordt gebruik gemaakt van een 1 x 1 pixel groot GIF-plaatje waarmee de teksten uitgelijnd worden. Door de <HSPACE>-waarde te variëren kunnen de regels op verschillende afstanden van de kantlijn geplaatst worden.

### De tag <BASEFONT SIZE=>

*Het is mogelijk om alle <FONT size>-tags uniform te vergroten of te verkleinen door de tag <BASEFONT=x> in de HTML-code op te nemen. Let wel, dit functioneert alleen als men de navolgende koppen van een <FONT size>-tag voorziet of in het geheel niet formatteert. Als men echter de heading-tags <HX></HX> toepast, zal de basefont-tag geen enkel effect hebben op de typografie.*

*De tag <TT></TT> zorgt ervoor dat de tekst die tussen deze tag wordt geplaatst, in het monospaced-lettertype wordt weergegeven. Dit is in het voorbeeld dat op de rechterpagina staat, duidelijk zichtbaar en resulteert in een apart effect.*

```
<HTML>
  <HEAD>
     <TITLE>Sleep</TITLE>
   </HEAD>
<BODY BGCOLOR="#F7EFBD">

<BR>
<IMG width=600 height=317 ALT="sleep logo"
SRC="sleep.gif">

<BASEFONT size=+1><BR>

<TT>
<IMG hspace=35 SRC="dot.gif">
<FONT size=+1><B>Get a Suntan online!<B/>
<I>Check out this offer!</I> </FONT>
<BR>

<IMG vspace=9 hspace=78 SRC="dot.gif">
<FONT size=+1><B>Now all you palefaced
computer geeks</B></FONT>
<BR>

<IMG vspace=9 hspace=2 SRC="dot.gif">
<FONT size=+3>can get a<B>real</B>
<I>surfer-look.</I> </FONT><BR>

<IMG vspace=22 hspace=30 SRC="dot.gif">
<FONT size=+1>Just hold your face <B>close</B>
to the screen...</FONT>
<BR>

<IMG vspace=14 hspace=70 SRC="dot.gif">
<FONT size=+1><B>...and keep your eyes firmly closed
</B></FONT>
<BR>

<IMG vspace=22 hspace=60 SRC="dot.gif">
When you wake up your<FONT size=+2><I>face</I>
</FONT>looks like a Californian websurfer!
<BR>
<CENTER><HR width=120 size=1 noshade><BR>
<FONT size=-2>&copy; Sleep Suntanners in
Cyberspace</FONT></CENTER></TT>
</BODY>
</HTML>
```

▲ De combinatie van een sterk grafisch beeld en een monospaced lettertype resulteren in een intrigerende webpagina.

▲ Een browser gebruikt een vaste volgorde voor het downloaden van de voorgrond- en achtergrondinformatie. ▼

### ▶ Kleuren in stereo

Op de homepage van "Sleep Suntanning" is zowel een achtergrondkleur als een achtergrondafbeelding gebruikt. Hiervoor zijn twee redenen. Ten eerste worden kleurafwijkingen voorkomen, zoals is uitgelegd in het hoofdstuk 'Integratie van tekst en beeld'. Ten tweede wordt deze apart gedefinieerde achtergrondkleur gebruikt om de volgorde waarin browsers de informatie van een webpagina weergeven, te verbeteren. Sommige browsers beginnen met de achtergrondkleur, vervolgens geven ze de voorgrondtekst en -afbeeldingen weer en als laatste de achtergrondafbeelding.

Als u geen achtergrondkleur in de <BODY> van het HTML-document opneemt, wordt bij deze volgorde eerst de pagina weergegeven met de standaard grijze achtergrond, terwijl de afbeeldingen al zichtbaar zijn op de voorgrond. Dit ziet er weinig fraai uit en kan eenvoudig worden voorkomen door de hexadecimale kleurcode toe te voegen die gelijk is aan de achtergrondkleur van de GIFje.

De homepage ▸ van Cosmos Automatisering biedt een fraaie eerste indruk, maar dit gaat niet ten koste van de downloadtijd!

De ideale site combineert attractiviteit en actualiteit. De eerste indruk moet de blik, of nog beter, de 'eyeballs' van de kijker vangen én vasthouden. Echter, de downloadtijd speelt ook een rol; geduld was een schone zaak op het Web. Dit betekent dat een afbeelding snel moet laden en tegelijkertijd aantrekkelijk en functioneel moet zijn. Het voorbeeld van Cosmos Automatisering toont hoe KPT Bryce en Macromedia Fireworks helpen om de ideale balans te bereiken.

## KPT Bryce splash pagina

Als de gebruiker op een webpagina komt, is de eerste indruk bepalend voor zijn verdere surfgedrag op deze site. De criteria variëren uiteraard per gebruiker, echter één ding staat voorop: men zoekt informatie. De tijd van surfen, louter om te surfen is voorbij. Om toch een blijvende indruk te creëren speelt de vormgeving van de site een belangrijke rol. Een professioneel en doordacht vormgegeven site geeft de bezoeker het vertrouwen dat de aanbieder van de informatie zijn bezoek op prijs stelt. Tegelijkertijd wordt het *(informatie)*aanbod gepresenteerd en wordt de gebruiker met de identiteit van het bedrijf vertrouwd gemaakt. Om al deze waarden te combineren kan men gebruikmaken van programma's die niet alleen fraaie en functionele beelden genereren, maar ook de laadtijd binnen de perken houden. Voor Cosmos Automatisering is KPT Bryce toegepast om een indrukwekkend openingsbeeld te vormen dat tegelijkertijd als navigatie-element dient.

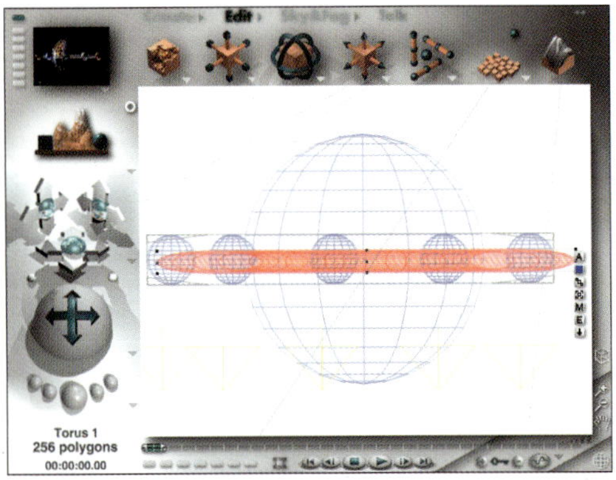


▲ In het vooraanzicht worden de basisvormen geplaatst.

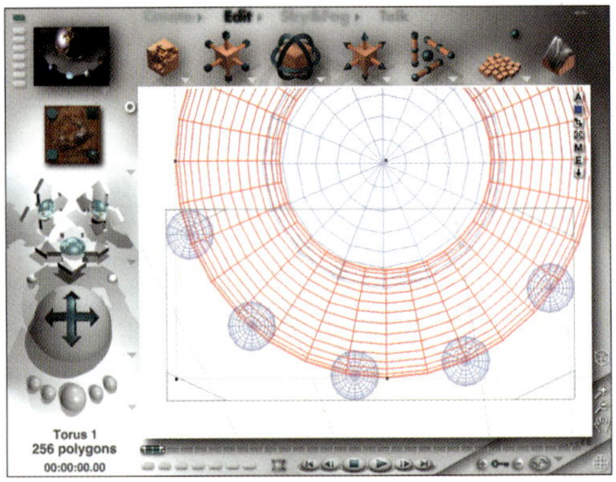


▲ In het bovenaanzicht kan men exact de positie bepalen.

## ▶ Virtuele wereld in KPT Bryce

Het finale concept voor de site is het idee om een planetenstelsel te creëren waarbij de diverse diensten van Cosmos als planetoïden eromheen draaien. De individuele planeten worden ook op de subpagina's als navigatie-element gebruikt. Het 3D-programma KPT Bryce is ideaal om deze virtuele wereld te bouwen. Bryce is een laagdrempelige toepassing die vrijelijk experimenteren met vormen en structuren toestaat.

De opzet van de illustratie is op zich eenvoudig. In het bovenaanzicht wordt een bol getekend en deze wordt van een structuur voorzien. KPT Bryce bezit oneindig veel mogelijkheden en variaties op dit gebied. Het aura om de centrale planeet wordt vervolgens aangemaakt. Hiervoor dient als basis een cilinder, één van Bryce's standaardvormen, die vervolgens platgemaakt wordt. In het vooraanzicht worden nu de zes planetoïden toegevoegd met elk een eigen en onderscheidende structuur. In het bovenaanzicht wordt de finale positie bepaald en kunnen we een aanzicht in perspectief bepalen. De achtergrond wordt in het Sky Lab bepaald, maar dient louter voor de lichtval en de schaduwen.

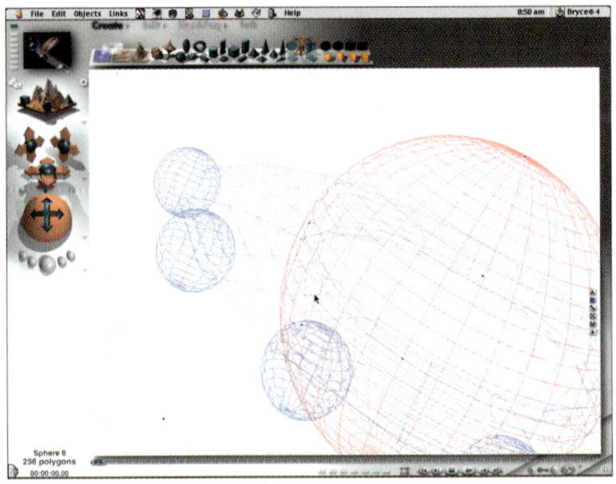

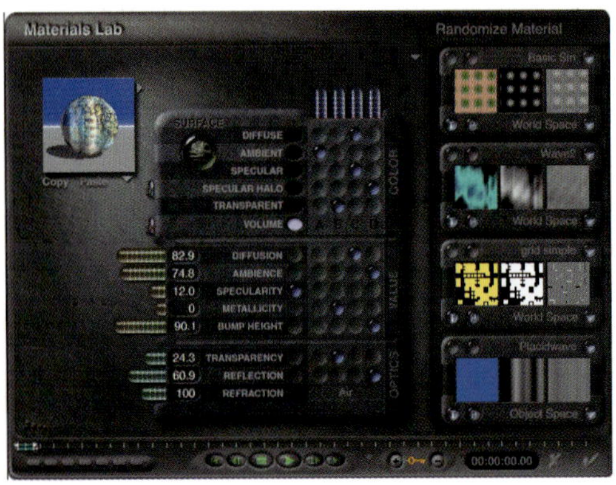

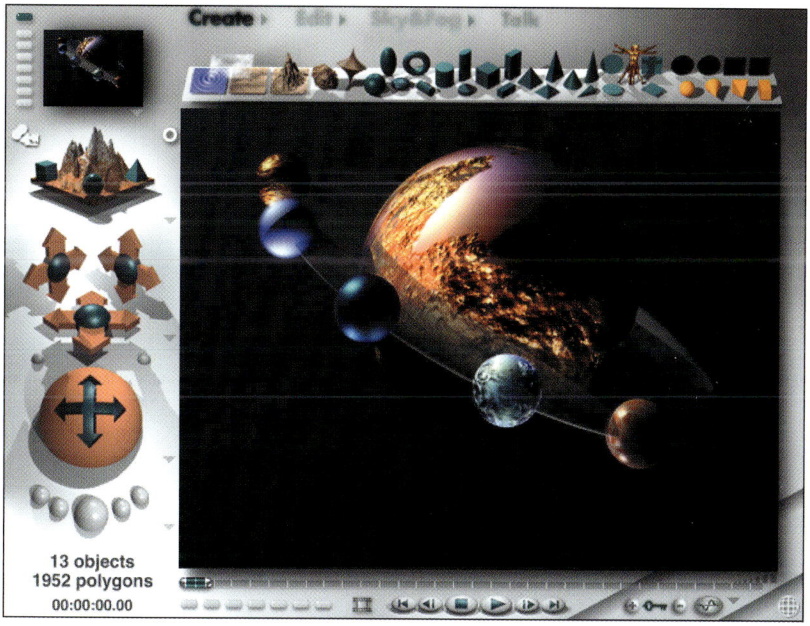


◀ Een uitgerenderde versie van het eerder bepaalde perspectivische standpunt.

▼ De rendertijd is minimaal, nog geen twee minuten op beeldschermresolutie.

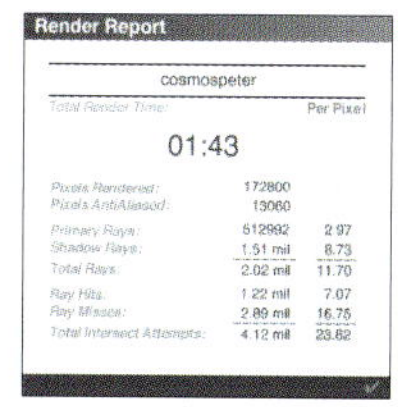


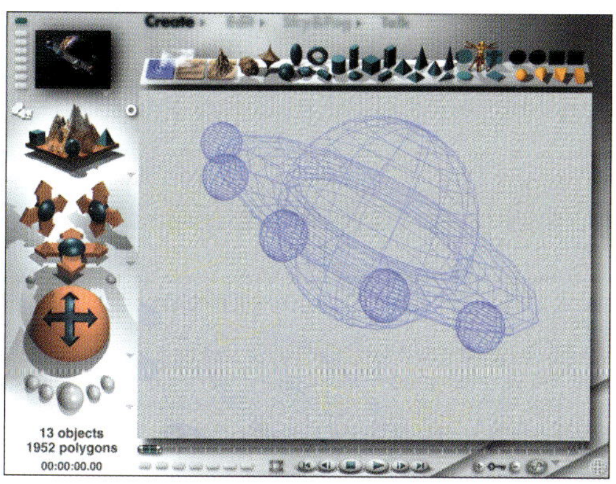


▲ De gekozen positie wordt uitvoerig uitgelicht en getest. ▼

We gebruiken het alphakanaal van Bryce als masker om het later te combineren met een repeterend achtergrondpatroon. Door met de lichtval en de achtergrondkleur te experimenteren ontstaan diverse varianten van de rendering. De boven afgebeelde positie en kleurstelling wordt gebruikt. Pas wel op dat u de rendering niet te donker maakt. Zeker op een Macintosh! Op een Windows PC is de helderheid zichtbaar minder. Een correctie in Photoshop is meer dan nodig!

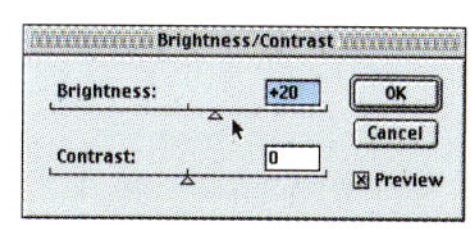


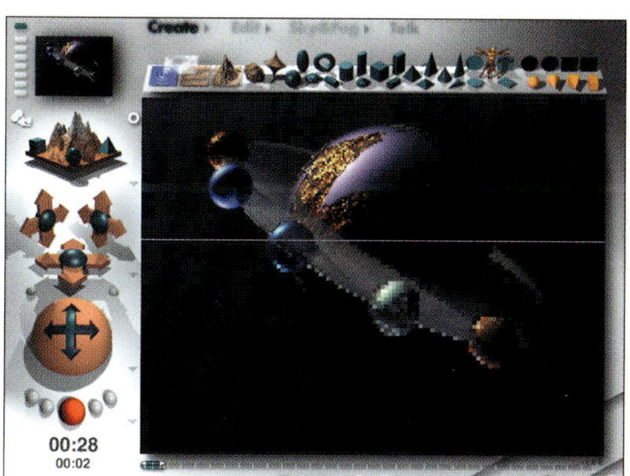


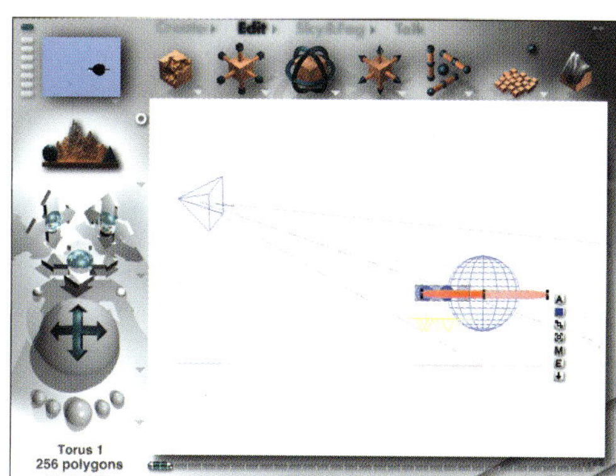

▲ De rendering wordt vrijstaand gemaakt en met het apart gemaakte achtergrondpatroon 'backgr.jpg' gecombineerd. ▼

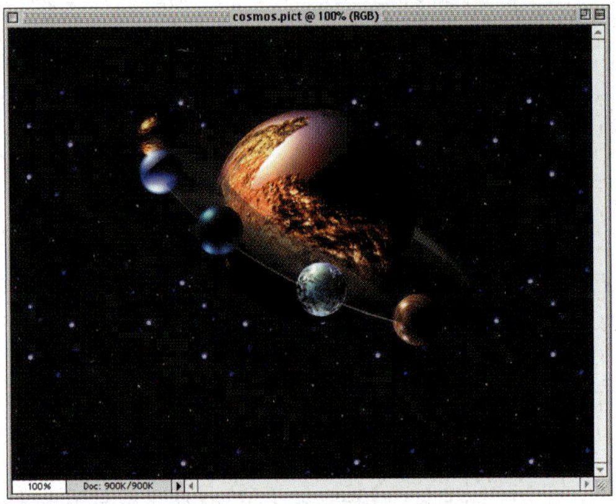


▼ In Fireworks wordt de Image map gecomplimenteerd.

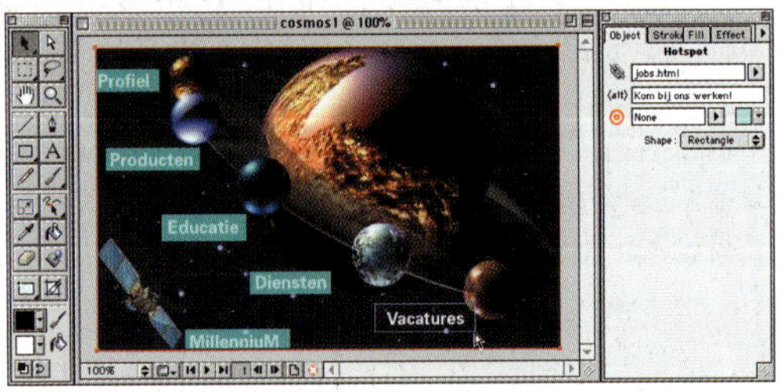


## ▶ Nabewerking in Macromedia Fireworks

Aangezien we met een repeterend achtergrondpatroon gaan werken, wordt de finale versie met behulp van een masker vrijstaand gemaakt. Een eerder gemaakt achtergrondpatroon, genaamd 'backgr.jpg', wordt als patroon gebruikt. De structuur is dusdanig opgezet dat het niet bezwaarlijk is als in de webpagina het repeterende achtergrond overlapt met de illustratie die in de voorgrond geplaatst wordt. Door her en der wat sterren in diverse helderheden te plaatsen onstaat een 'lukraak' patroon. Voor de webpagina gebruiken we hetzelfde 'backgr.jpg' bestand als achtergrondpatroon.

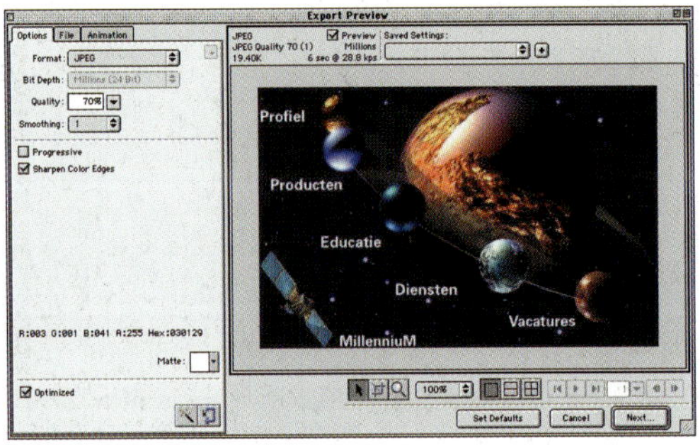


De definitieve illustratie wordt als PICT bestand opgeslagen en in Macromedia Fireworks geïmporteerd. In dit programma wordt de tekst bij de planeten toegevoegd. Een groot voordeel van Fireworks is zijn unieke bestandsformaat PNG. Door de gecombineerde illustratie in dit formaat te bewaren, kan men later altijd nog tekstcorrecties doorvoeren met behoud van de eerder bepaalde typografie. En ook de specifieke conversiemethode wordt in het bestandsformaat opgeslagen. Dat maakt het beheren van de illustratie een stuk eenvoudiger en consistenter.

## ▶ Image map toevoegen

De teksten die de primaire navigatierichtingen aangeven zoals Profiel, Producten en Educatie worden als click-regios aangemerkt. In Fireworks worden ze in de image map gekoppeld aan de achterliggende subpagina's en scripts. Dit hele proces vergt geen regel HTML codering meer.

Vervolgens wordt de afbeelding geëxporteerd waarbij de juiste balans tussen de bestandsgrootte en de beeldkwaliteit vooropstaat. Fireworks toont de diverse mogelijkheden in zijn voorvertoningsvenster bij 'Export Preview'. Zowel GIF als JPEG worden met elkaar vergeleken. De definitieve JPEG-versie is onder de twintig kilobyte gebleven en wordt als zodanig bewaard. In de editor wordt de afbeelding gecombineerd met het achtergrondpatroon. Het eindresultaat is de startpagina zoals deze op de eerste pagina van dit hoofdstuk is afgebeeld. Zoveel fraais in zo weinig bytes!

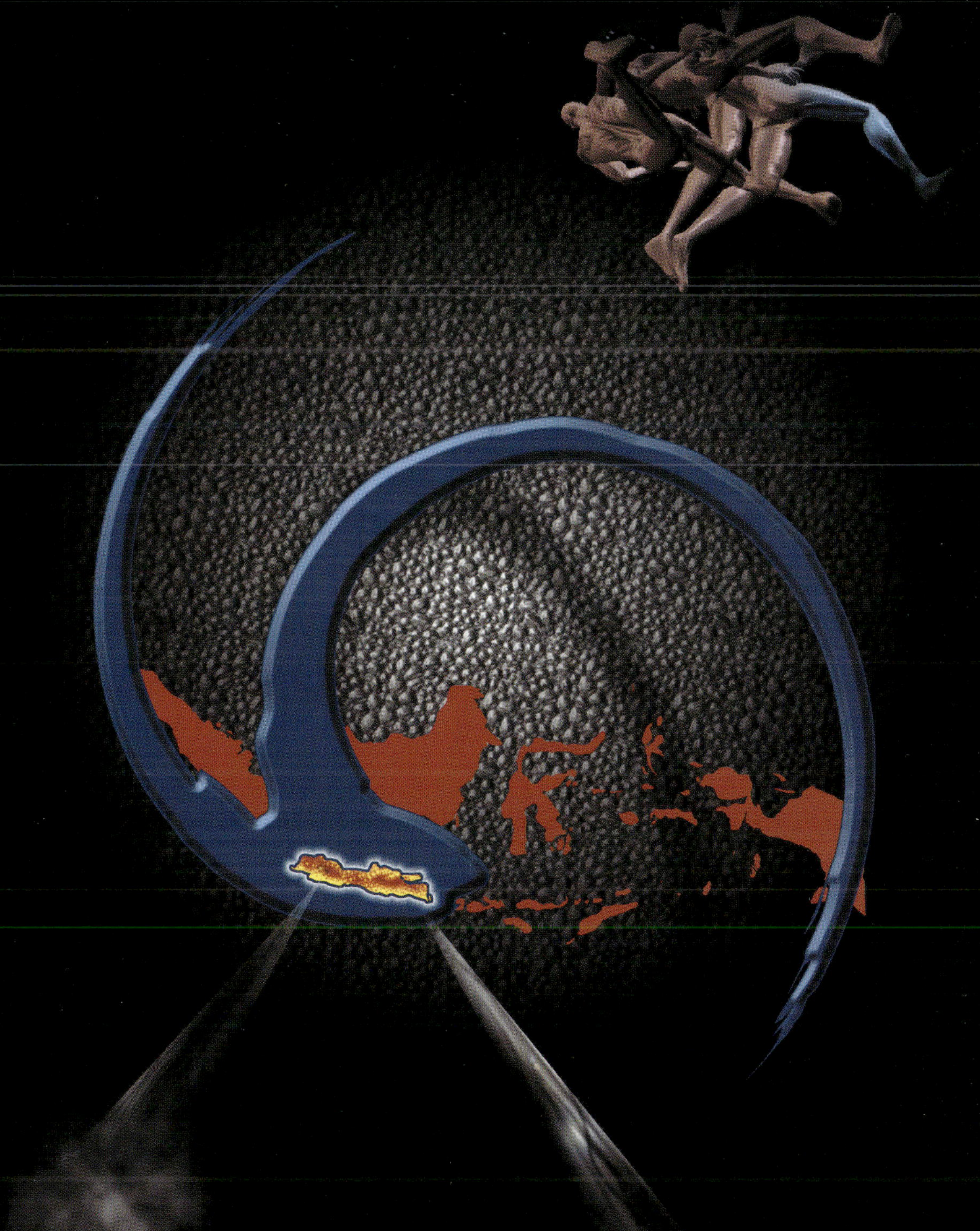

# Geavanceerd webdesign

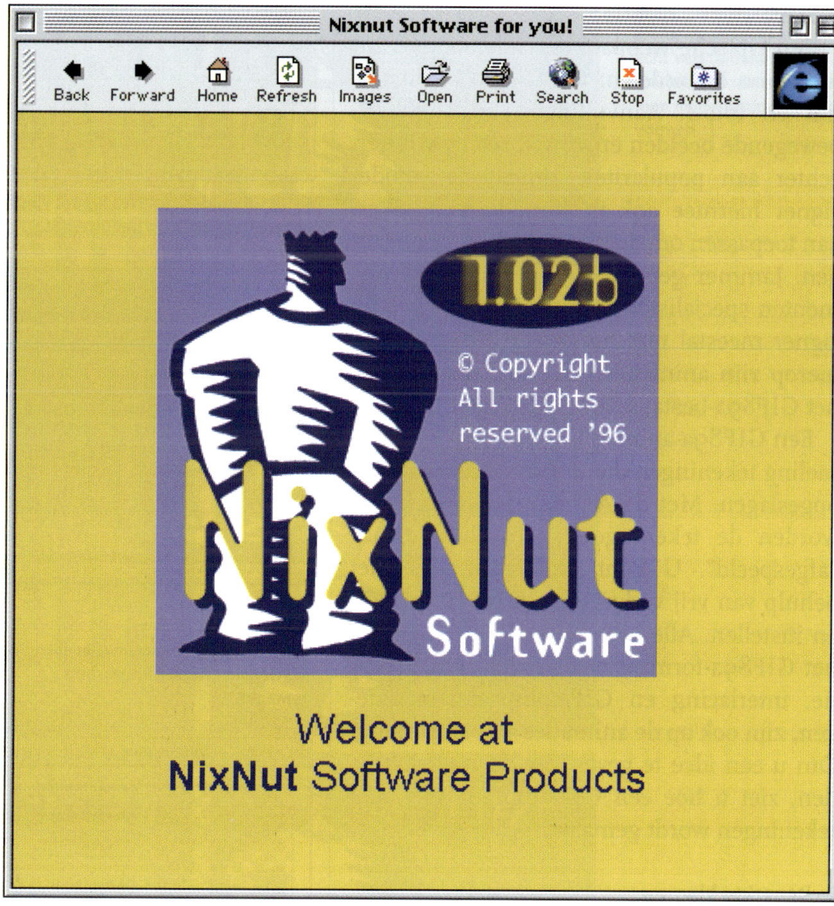


Met behulp van GIF-animaties kan een webdesigner een produktvoordeel in de vorm van een animatie online weergeven.

Bewegende beelden voegen een extra dimensie aan een webpagina toe. Dat staat onomstotelijk vast. De uitdaging is: hoe creëert men een animatie die niet alleen op de webpagina zichtbaar is, maar ook de belasting van de verbinding binnen de perken houdt? Dit hoofdstuk leert u alles over GIF-animaties.

## Optimale GIF-animaties

Verreweg de meestgebruikte animatievorm is GIF-animatie. De reden achter deze populariteit is simpel: elke browser kan met GIF-animaties overweg. Men heeft geen plug-ins nodig, er zijn geen installaties nodig. Kortom simpelheid troef. Toch kunnen de webdesigners creatief aardig uit de voeten met GIF-animaties. De meestgebruikte softwareprogramma's bezitten van huis uit opties om de animaties te maken. Photoshop 5.5 is daar een prima voorbeeld van. Ook specifieke oplossingen als ULead GIFanimator zorgen voor gereedschappen waardoor iedereen, zonder onnodig veel grafische kennis, aantrekkelijke en technisch correcte GIF-animaties kan maken.

## ▶ Overstekende GIF-animaties

De creatieve toepassingen van GIF-animaties zijn onbeperkt. Bewegende knoppen, logo's, titels, alles is mogelijk. Als de GIF-animatie eenmaal is ingelezen, blijft deze bewegen. Ter illustratie wordt op deze pagina een speciale GIF-animatie van een rijdende auto getoond. De techniek voor het maken van een dergelijke animatie is vrij eenvoudig. In een tekening van ongeveer 600 pixels breedte wordt op tien verschillende plaatsen een auto op de achtergrond geplaatst. De tekeningen worden vervolgens in tien verschillende bestanden opgeslagen, steeds gebaseerd op hetzelfde kleurenpalet. In GifBuilder wordt de optie 'Disposal Method>Restore to Background' geselecteerd en de achtergrondkleur wordt op 'Transparent' ingesteld. Bewaar hierna de illustratie en bekijk het verrassende resultaat in een echte webpagina.

▲ De Illustrator-tekening wordt naar Photoshop geëxporteerd waar tien verschillende tekeningen van gelijke afmetingen worden gemaakt.

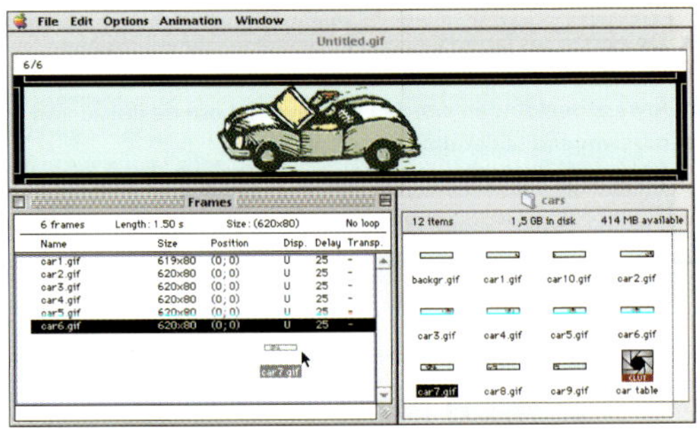


▲ De frames worden in positie gebracht door ze te slepen en neer te zetten.

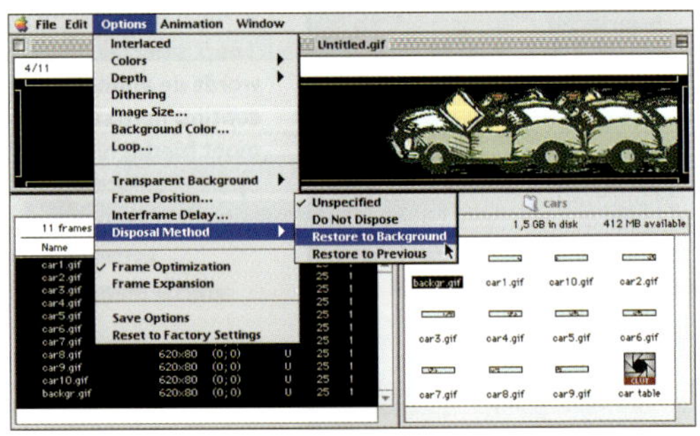


▲ De instellingen van de Disposal Method zijn van cruciaal belang voor de GIF-animatie. Omdat de tekening transparant moet zijn, wordt de optie 'Restore to Background' geselecteerd. De achtergrondkleur wordt transparant gemaakt met de optie 'Based on First Pixel'. ▼

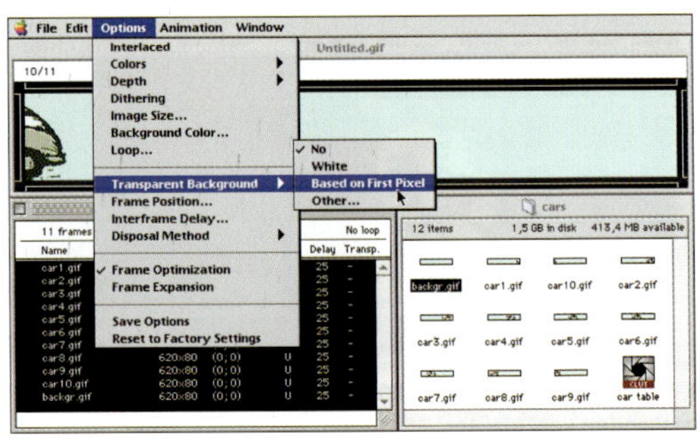

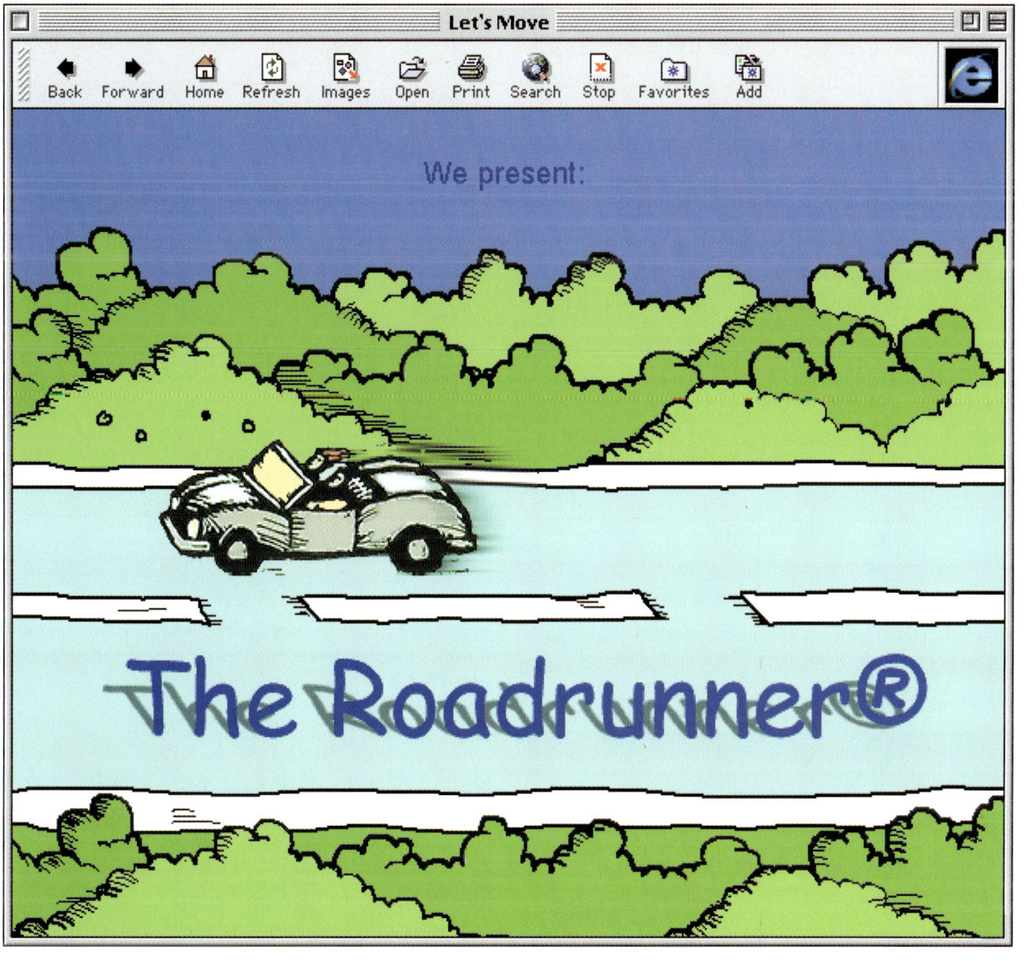


▲ Door gebruikmaking van een <TABLE> met lege cellen, wordt met GIF-animatie de illusie van een rijdende auto in het landschap gecreëerd. De tabelcode is relatief eenvoudig, maar uiterst effectief. ►

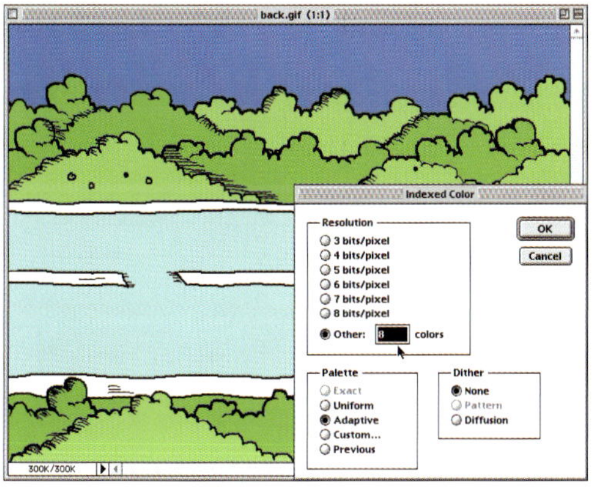


```
<HTML><HEAD><TITLE>Let's Move</TITLE></HEAD>
<BODY BACKGROUND="BACK.GIF">
<TABLE ALIGN=CENTER BORDER=0 WIDTH=620>
<TR><TD HEIGHT=40 ALIGN=CENTER>
<FONT SIZE=5 COLOR="BLUE">We present:</FONT></TD>
</TR><TR>
<TD HEIGHT=120> </TD>
</TR><TR>
<TD><IMG SRC="caranim.gif" HEIGHT=80 WIDTH=620></TD>
</TR><TR>
<TD HEIGHT=30> </TD>
</TR><TR>
<TD><IMG SRC="runner.gif" HEIGHT=64 WIDTH=510></TD>
</TR>
</TABLE>
</BODY>
</HTML>
```

## ▶ GIF Construction Set

Het Windows 95- en NT-compatibele programma GIF Construction Set van Alchemy Mindworks heeft vergelijkbare mogelijkheden als GifBuilder op de Macintosh. Een additioneel voordeel dat GIF Construction Set biedt, is de mogelijkheid om slechts 'delen' van een tekening te stapelen. Het geheel kan dan als GIF-animatie worden bewaard. In de website die op de rechterpagina is afgebeeld, komt deze optie goed van pas.

De kerngedachte achter de illustratie is duidelijk: een klok loopt 24 uur per dag door. Daarmee symboliserend dat het bedrijf continu in touw is om voor de klanten topprestaties te leveren. Aangezien de tekening vrij groot is, zou de normale werkwijze om GIF-animaties te creëren een te groot bestand opleveren. Aangezien er voor elk uur een tekening gemaakt moet worden, heeft dat tot gevolg dat er in totaal 12 tekeningen op elkaar 'gestapeld' moeten worden.

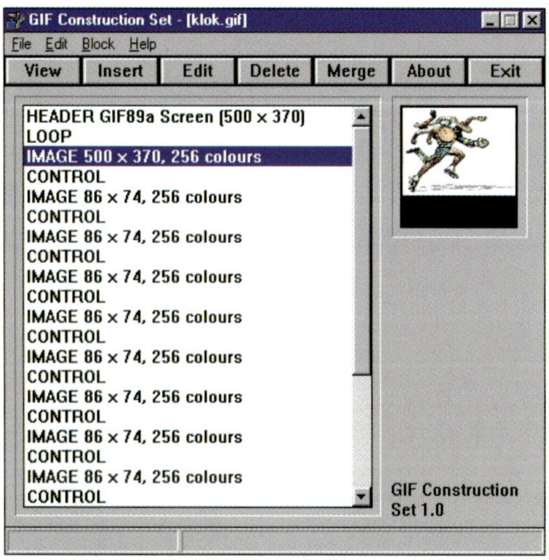

▲ De eerste 'Image' heeft een oppervlakte van 500 x 370 pixels. Dat is de basislaag. De volgende lagen meten slechts 86 x 74 pixels. Dat zijn de elf 'klokken' die hiernaast in de juiste volgorde staan afgebeeld. ▶

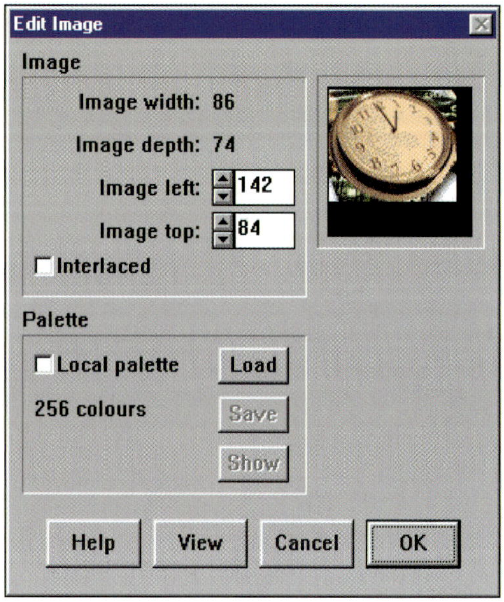


▲ De elf lagen waarin uitsluitend de informatie van de klok wijzigt –de wijzers verspringen steeds één uur– wordt exact gepositioneerd in GIF Construction Set op de coördinaten van de basislaag.

▲ Figuur 1: De high source wordt geladen.

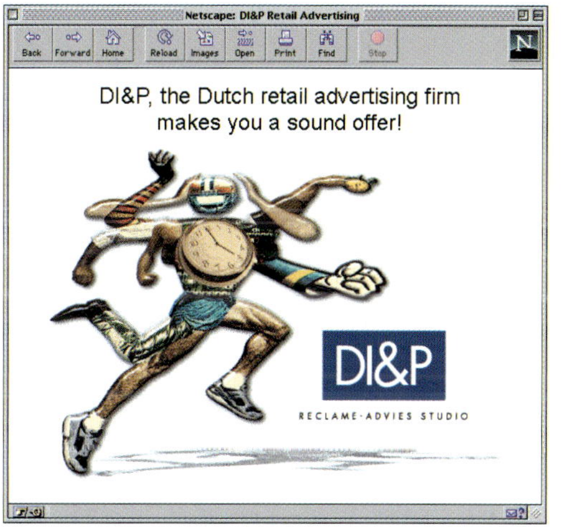


▲ Figuur 2: De volledige homepage van de reclamestudio.

## ▶ High Source na Low Source

Het eindresultaat van deze 'stapeling' zal door geen enkele websurfer gewaardeerd worden; hoe mooi het effect ook is. Gelukkig is er de GIF Construction Set-software. Door alleen in de onderste laag de volledige illustratie te plaatsen en in de elf volgende lagen slechts de nieuwe klok met aangepaste wijzerpositie te zetten, ontstaat een compacte GIF-animatie. Ondanks de grootte van het bestand en de 12 stappen die de animatie doorloopt. Door gebruik te maken van de x- en y-coördinaten wordt de klok exact boven de originele plek in de onderste laag gepositioneerd. Het vergt enig rekenwerk, maar als de waarde voor één tekening bepaald is, kunnen de tien resterende GIFjes ook zo gemaakt worden. Om de inleestijd draagbaar te maken wordt gebruik gemaakt van een Low source-versie *(figuur 1)* van de illustratie. De tekst 'Even geduld voor een mooi plaatje' geeft aan dat er nog iets aankomt *(figuur 2)*.

GIF Construction Set biedt ook de mogelijkheid om een reeds gemaakte en bewaarde animatie weer te openen waarna de lagen weer bewerkbaar zijn. Zo kan een correctie makkelijk uitgevoerd worden of een animatie met meerdere GIFs uitgebreid worden. Het programma GIF Construction Set van Alchemy Mindworks vindt u onder de naam: GIFCON.EXE op de bekende FTP-adressen voor Windows-software op het Internet.

```
<HTML>
<HEAD>
<TITLE>DI&amp;P Retail Advertising</TITLE>
</HEAD>
<BODY BGCOLOR="white">
<H1>Heading</H1>
<IMG LOWSRC="personlo.gif" SRC="personhi.gif"
  WIDTH=500 HEIGHT=370>
  Text
</BODY>
</HTML>
```

▲ De broncode van de DI&P-homepage.

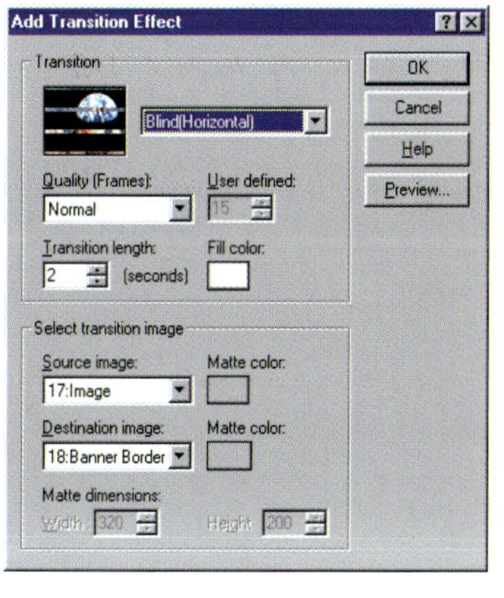


◀ De nieuwste rage in GIF-animatie is het toevoegen van overgangseffecten aan de animatie. Een programma als Ulead Gifanimator is een goede keus.

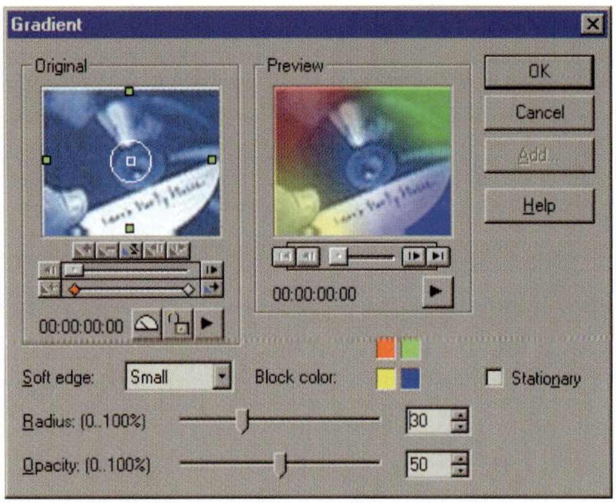


▲ Een beeld kan in Ulead GIF animator bewerkt worden...

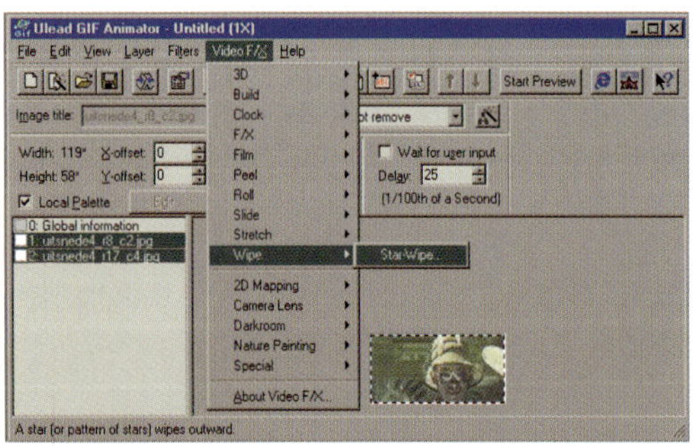


▲ ...en vervolgens automatisch 'geblend' worden naar een andere afbeelding. GIF Animator creëert de tussenstappen. ▼

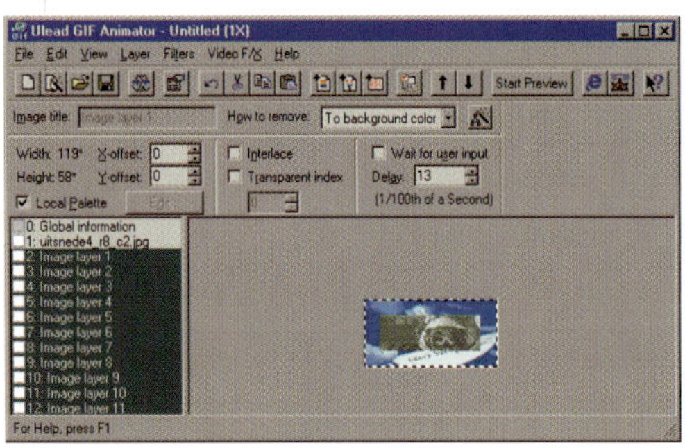


## ▶ Ulead GIF Animator

De ontwikkelaars van ULead hebben een aantal handige en productiviteitsverhogende tekenprogramma's achter hun naam staan. Ook voor het maken van GIF animaties hebben ze een speciale applicatie ontwikkeld die het mogelijk maakt om 'filmische' effecten in webdesign te integreren. Het product Ulead GIF Animator kan namelijk transities berekenen tussen twee bestanden. Hierdoor ontstaan heel aparte GIF-animaties.

De effecten lijken ook op de overgangen die Microsoft Powerpoint gebruikt om naar de volgende 'slide' over te gaan. Deze effecten zijn bedoeld om de aandacht van de toeschouwer vast te houden en dat lukt aardig.

De werkwijze van Ulead GIF Animator is op zich simpel. U geeft een begin- en een eindbeeld aan en selecteert vervolgens uit de lange lijst met opties het gewilde effect. Het programma berekent nu de tussenliggende transities en genereert automatisch de benodigde GIF-bestanden. Het geheel kan in GIF Animator voorvertoond en indien nodig nabewerkt worden. Deze simpele procedure creëert indrukwekkende effecten en gaat tegelijkertijd economisch met de bestandsgrootte om. Het eindresultaat is slechts 22 kilobyte groot.

De website van Joop is een prima toonbeeld van de interactieve en creatieve mogelijkheden van Flash. Kijk zelf op www.joop.com!

Webdesign: LUNA MEDIA

Macromedia Flash is in hoog tempo het aanzien van het Web aan het veranderen. Deze uitspraak kan zowel letterlijk als figuurlijk worden opgevat. Door de animatietechnieken die in Flash mogelijk zijn, wordt het Web een veel levendiger medium en kan het de strijd met de andere media nog beter aan. Dit hoofdstuk toont een blauwdruk van het creatieve potentieel dat Flash aan designers biedt.

## Shockwave Flash animaties

Het Web komt in beweging dankzij Macromedia Flash. De mogelijkheden die dit teken- en animatieprogramma biedt zijn eindeloos, en worden louter beperkt door de creatieve vermogens van de gebruiker. Flash wordt, als we niet oppassen, de vervanger van HTML-gebaseerde sites. Want bijna alle interactieve mogelijkheden van JavaScripting, Java en Dynamic HTML kunnen in Flash gerealiseerd worden.

Ook Shockwave moet uitkijken want Flash komt per release dichterbij in programmeermogelijkheden. Flash is en kan alles, maar men moet het wel leren. En dat is nog niet zo eenvoudig. Het pakket is op zich niet moeilijk, maar het werken met een tijdlijn en het bijbehorende 'filmische' denken is niet aan iedereen besteed. Wie weet, bieden de komende 21 pagina's de juiste duw in de rug om zelf een 'Flashy site' te maken.

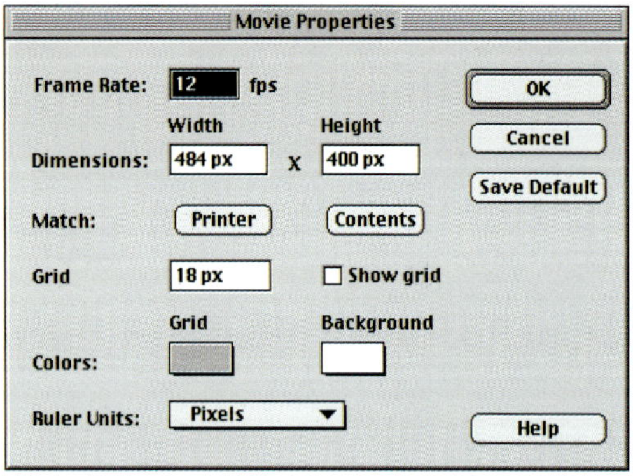


▲ In de 'Movie Properties' worden de kenmerken van de movie ingesteld. Deze kunnen altijd nog gewijzigd worden.

## ▶ Macromedia Flash

Ooit gestart als SmartSketch en daarna herdoopt als CellAnimator is het programma bij het grotere publiek bekend geworden als FutureSplash Animator. En sinds de overname van FutureWave door Macromedia heet het product Shockwave Flash.

Flash is een authoring-programma annex animatie-tool waarmee extreem compacte bestanden gerealiseerd kunnen worden. De kwaliteit van de beelden is bijzonder goed aangezien Flash vectorgebaseerd is en gebruikmaakt van een antialiasingtechniek. Dat betekent dat een *(schaalbare)* animatie op elke grootte een optimale beeldkwaliteit toont. Dit brengt de beeldkwaliteit van cd-rom producties naar het Web!

## ▶ Inline publiceren

De combinatie van kwaliteit en compactheid maakt een Flash-animatie perfect geschikt voor het World Wide Web. En inderdaad, een aantal prominente websites waaronder Microsoft Network *(www.msn.com)* en de website van de Batman-film maken op een creatieve manier gebruik van deze nieuwe standaard. Een voorwaarde om van deze animaties te genieten is wel dat men de nieuwe Macromedia plug-in heeft geïnstalleerd, die zowel Shockwave- als Flash-bestanden kan lezen. Deze plug-in neemt slechts 162 Kb schijfruimte in beslag en vergelijk dat eens met de 1.2 Mb van de Shockwave plug-in. En Flash ondersteunt ook geluid! De bekende .wav en .aiff bestandsformaten kunnen in een Flash animatie worden opgenomen. Het enige verschil met een Director-productie is het ontbreken van volwassen scripting- en authoring-mogelijkheden. Dit belooft nog wat voor de toekomst.

## ▶ Uitgebreide tekenopties

Het realiseren van een Flash-animatie is voor gebruikers met Director-ervaring een snel aan te leren kunstje. De typische tijdlijn die ook in programma's als Adobe Première en in menig 3D-animatiepakket te vinden is, vormt ook het 'authoring'-hart van Flash.

Tevens beschikt het programma over een uitgebreid arsenaal aan tekenopties dat niet zou misstaan in Adobe Illustrator en Macromedia FreeHand. Het programma bezit bijvoorbeeld een gumgereedschap waarmee overtollige beeldinformatie wordt weggegumd. Jawel, in PostScript! En in een schitterende antialiased beeldkwaliteit. De tekeningen zijn door deze opzet *(bijna)* oneindig schaalbaar en worden razendsnel op de monitor weergegeven.

In Flash kunnen PICT-afbeeldingen opgenomen of geconverteerd worden naar vectoren dankzij het ingebouwde 'autotrace'-gereedschap.

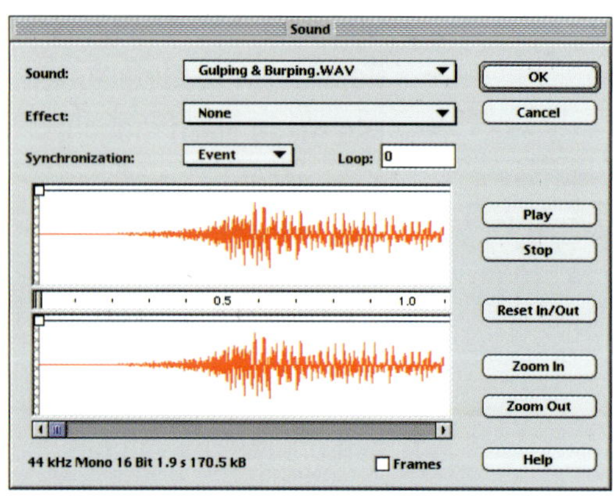


▲ In Macromedia Flash kan men ook (stereo) geluiden en geluidseffecten in de Flash-movie opnemen.

Flash maakt gebruik van zogenaamde ‘symbols’. Te vergelijken met de Castmembers van Director. Door zo veel mogelijk van dezelfde beeldelementen gebruik te maken kan men extreem compacte animaties maken. De grootte van de ‘symbols’ die in een eigen bibliotheek met de productie mee bewaard worden, kan uiteraard op de ‘stage’ in diverse varianten gebruikt worden. Dit is het voordeel van vectorgebaseerde tekeningen; de schaalgrootte is niet gerelateerd aan de bestandsgrootte! Een animatie waarin bijvoorbeeld dertig identieke symbolen in verschillende groottes toegepast zijn, is amper groter dan een animatie waarin slechts één symbool toegepast is! Hiermee kan men tijdens de ontwikkeling van een Flash-animatie rekening houden en er handig gebruik van maken. En ook complexe verlopen kosten amper ruimte want het zijn PostScript-beschrijvingen. En hoe kleiner het uiteindelijke bestand, des te sneller het verstuurd kan worden.

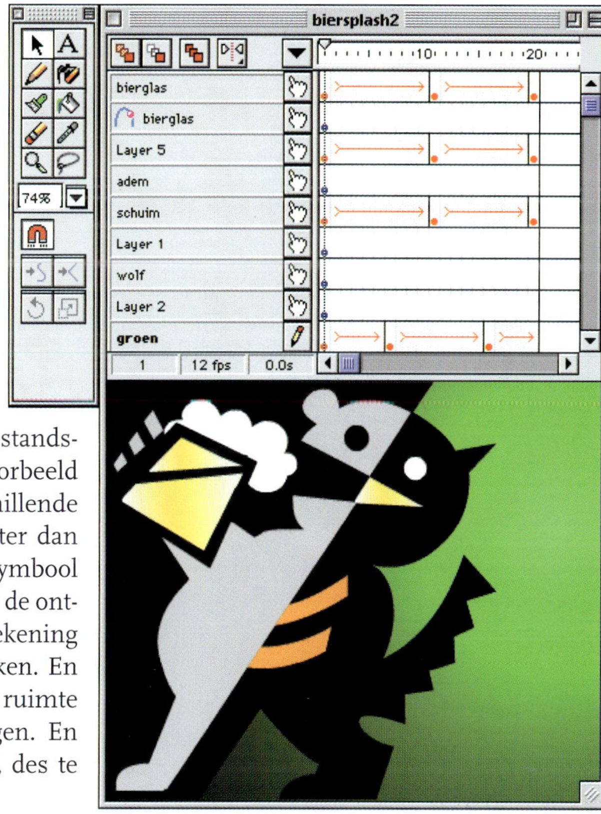


▲ **De gebruikersinterface van Flash lijkt op het eerste gezicht een complex geheel, maar dankzij de ingebouwde lessen kan men in korte tijd een professionele animatie creëren.**

## ▶ Animated buttons

In Macromedia Flash kan men knoppen maken die variërende beelden tonen, afhankelijk van de positie van de muis. Dus: als het pijltje *(of handje in Flash)* over de knop heen gaat, als de knop ingedrukt wordt en als de knop gereed is, levert dat telkens een ander beeld op. Het programma beschikt standaard over een groot aantal voorbeeldknoppen, die men rechtenvrij kan gebruiken. Een knop kan maximaal vier standen hebben: Up, Over, Down en Hit. En aan elke stand van de knop kan een specifieke actie verbonden worden als ‘Stop’, ‘Ga naar positie X’ of ‘link naar de URL: http://www.voorbeeld.com/’.

◀ **Een geanimeerde button kent maximaal vier posities in Shockwave Flash. Minder ‘standen’ mag uiteraard ook.**

▲ De 'Over' positie van de geanimeerde button is hier geselecteerd. Deze wordt zichtbaar door het bekende 'handje'.

Het maken van een simpele animatie is eenvoudig. Bepalend is de instelling van de tijdlijn. De uitgangspositie geldt als startpunt. Plaats een element op de startpositie.

▼ Ook een grafisch element kan een 'Over' status krijgen. Hier is dat de kwispelende staart van de kat.

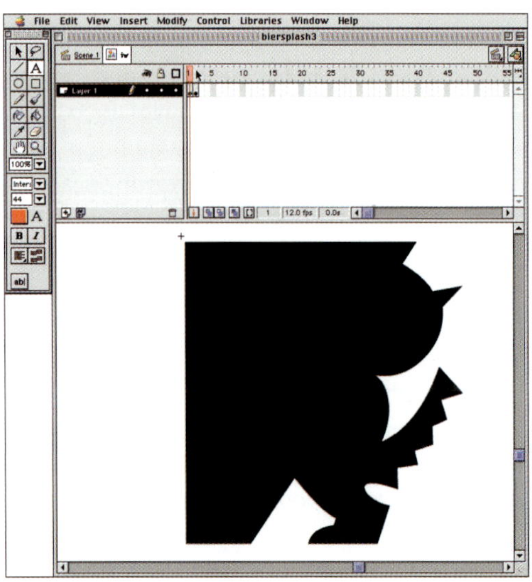


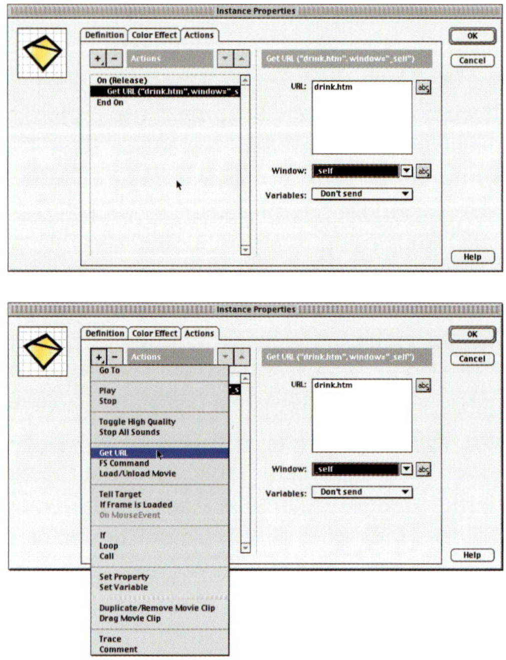


▲ In de 'Instance Properties' wordt de interactiviteit aan de button toegevoegd. Bijvoorbeeld een link naar een URL.

Door vervolgens op de tijdlijn ter hoogte van de tiende tic te klikken en 'Insert Frame' te kiezen kan men de eindpositie van de animatie bepalen. Door op de Enter-toets te klikken 'loopt' de animatie naar de laatste positie op de tijdlijn. Vervolgens dient men de 'fysieke'

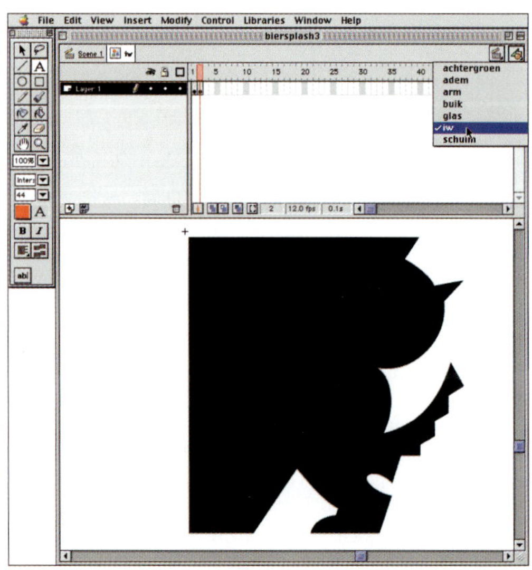

positie van het element te verplaatsen naar de eindpositie. Eventueel kan deze ook nog uitvergroot of verkleind worden.

Door nu 'Insert Key Frame' te kiezen en vervolgens de tijdschaal te selecteren kan men de 'Tweening' instellen. Dit is een Engels woord voor de berekening van de tussenliggende stappen. Door op 'Motion' te klikken worden de benodigde beelden automatisch berekend. De animatie kan vervolgens bekeken worden.

Het wordt pas echt fraai als men nog een laag aan de animatie toevoegt, met daarop waarop een getekend pad waarlangs de animatie wordt verplaatst. Door deze laag onzichtbaar te maken zal de lijn slechts als 'Motion Guide' gebruikt worden. Door tijdelijk de 'Onion Skin'-optie aan te zetten worden alle posities van de animatie voorvertoond zodat men een visueel overzicht krijgt van het resultaat. In de bijbehorende illustraties zijn de handelingen toegelicht. Om Flash goed te leren, dient men veel te oefenen!

## ▶ Exportmogelijkheden

Een interessante optie van Flash is de mogelijkheid om de animaties in diverse bestandsformaten te exporteren. Bijvoorbeeld als een GIF-animatie of als losse

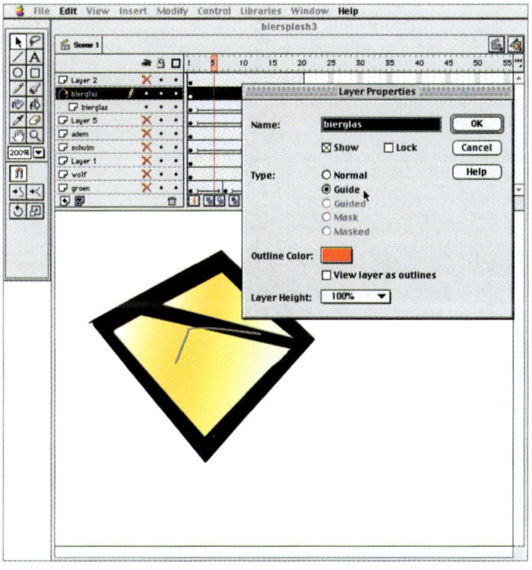


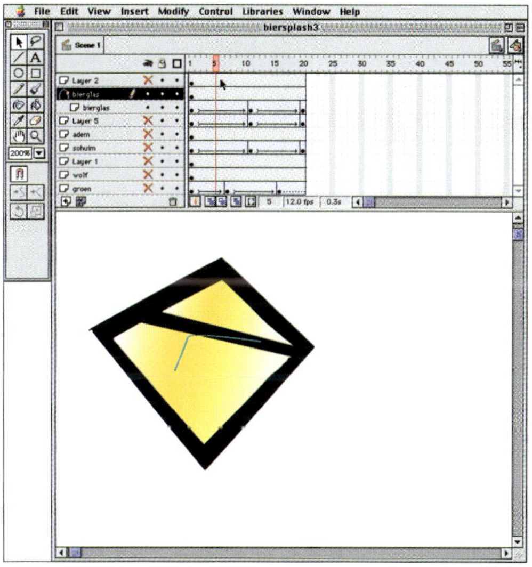


▲ Door een pad te tekenen en dit te koppelen aan het glas...

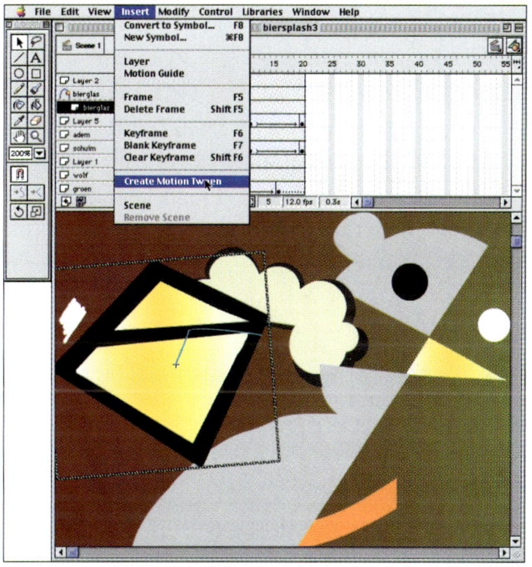


▲ ...ontstaat het effect van een drinkende kat. De optie 'Orient to path direction' moet wel aan staan.

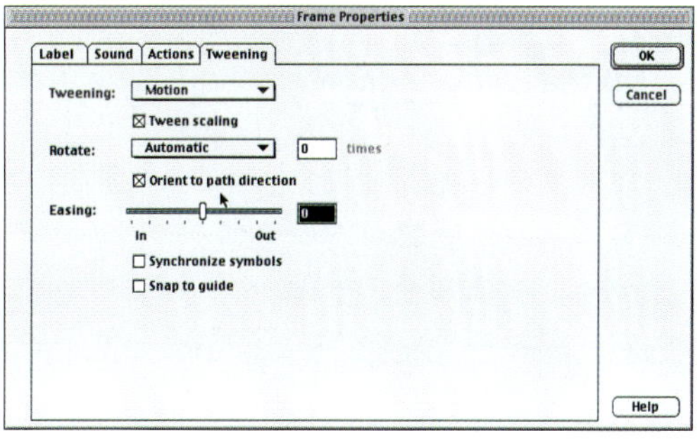

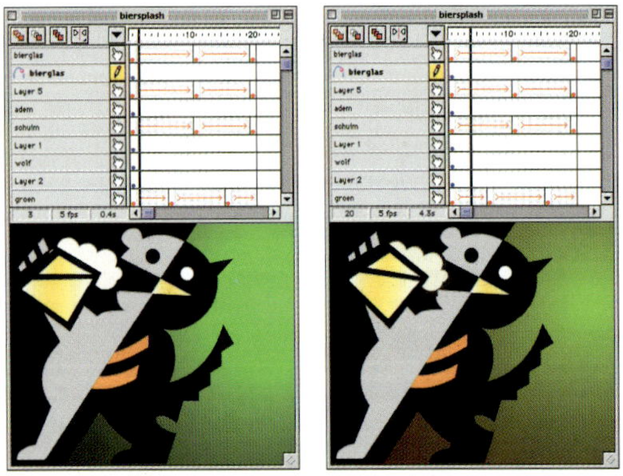

▲ Als de animatie afgespeeld wordt loopt een indicator in de tijdschaal mee. Het achtergrondverloop verandert van kleur...

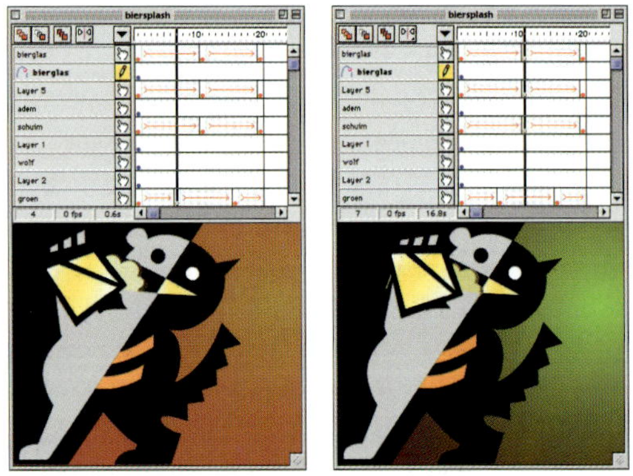

▲ ...en de 'Beerwolf' drinkt onderwijl zijn glas leeg waardoor zijn buik(je) qua volume toeneemt. En dat in slechts 5,5 Kb.

Illustrator-bestanden. De compactheid van het Flash-bestand komt hierin tot zijn recht. Het .swf-bestand is slechts 5500 bytes(!) groot terwijl de GIF-animatie 485 Kilobyte zwaar is. Met behulp van een programma als GifBuilder kunnen daar nog zo'n zestal Kb's afgehaald worden, maar het blijft een indrukwekkend verschil. Ook de kwaliteit is stukken beter door de antialiased weergave van de beeldcontouren van het Flash-bestand. Dit komt eveneens tot uitdrukking in het gebruik van tekst. Ondanks het feit dat de geplaatste tekst in een speciaal lettertype is gezet, hoeft dit niet apart te worden meegestuurd. Flash zet de informatie om naar 'lettercontouren'. Desondanks kan men nog altijd de tekst corrigeren! Ook het gebruik van verlopen levert geen enkel nadelig effect op. Deze worden wondermooi in de browser weergegeven zonder het bestand onnodig te vergroten. Vergelijk dat eens met een GIF-animatie waarin een verloop is opgenomen. De kwaliteit wordt belabberd en de downloadtijd zal voor geen enkele surfer acceptabel zijn.

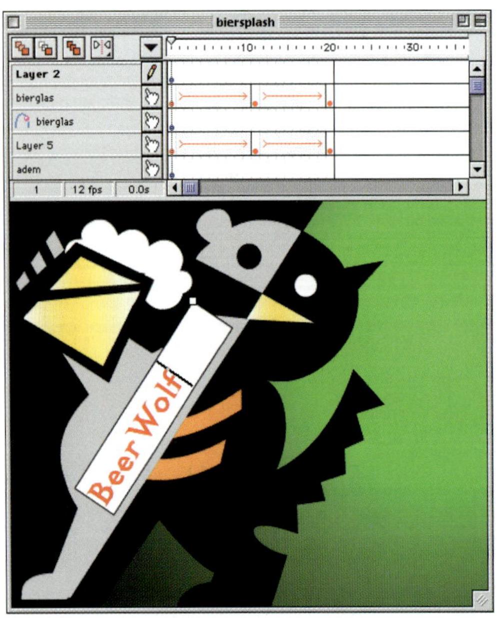


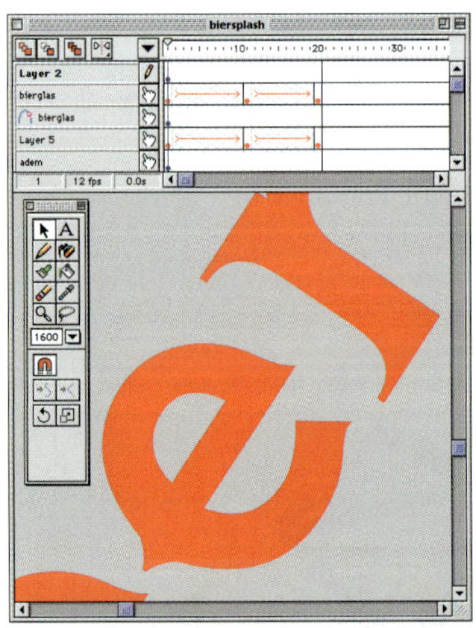


◂ De tekstkwaliteit van Flash is bijzonder groot. Als men op 1600 procent inzoomt, is nog geen hakkeltje zichtbaar. Dat is nu het voordeel van PostScript!

◂ Het plaatsen van tekst in de animatie is een simpel karwei. Men selecteert eerst een nieuwe laag en klikt vervolgens op het tekstgereedschap. Vervolgens kan de kopij getypt worden. Belangrijk is ook te weten dat deze tekst achteraf nog aangepast kan worden in het originele document.

De keuze aan export-opties is verrassend groot. Ondanks deze variëteit zal geen enkele andere versie de minimale bestandsgrootte van het Flash bestandsformaat benaderen. ▶

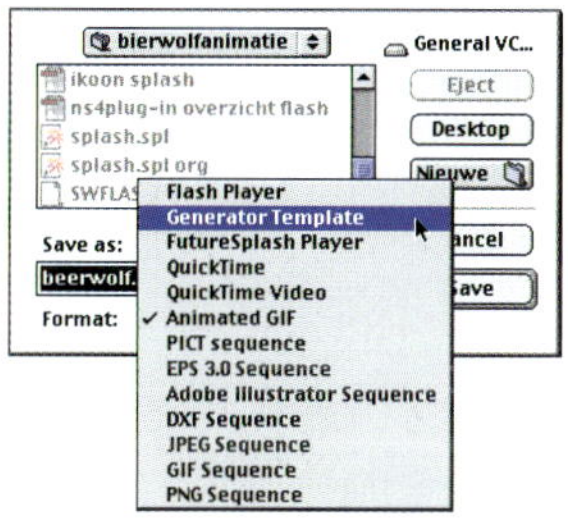


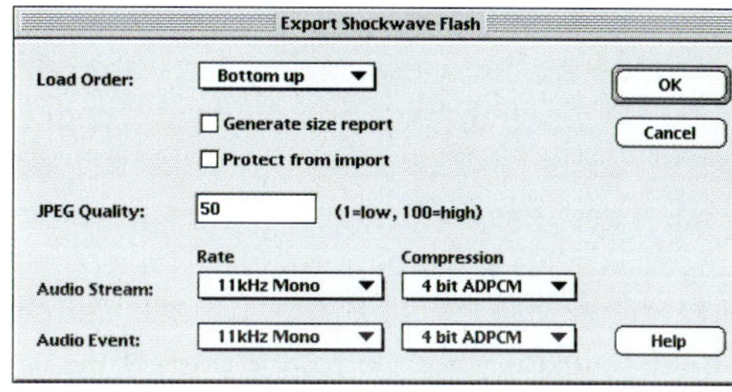


▲ Het geëxporteerde Flash-document kan tevens worden voorzien van streaming audio in diverse kwaliteitsvarianten.

De plaatsing van het Flash-bestand in een webpagina wordt door middel van de <Embed>-tag gerealiseerd. Er zijn een aantal specifieke Flash-attributen die de beeldweergave beïnvloeden. <SCALE=EXACTFIT> is er zo een, evenals <QUALITY=high>. In combinatie met de toevoeging <WIDTH=100% en HEIGHT=100%> zorgen deze attributen ervoor dat de geopende webpagina waarin de Flash-movie is geplaatst, zich aanpast aan de grootte van de monitor van de gebruiker! Overigens kan een geëxporteerd Flash-bestand niet meer geopend worden in het originele programma. Dat is positief voor het copyright, maar betekent wel dat men altijd twee versies van de animatie moet bewaren: het origineel en de als .swf weggeschreven kopie.

Macromedia Flash is misschien wel de langverwachte 'Killer app' van het Web. Een indrukwekkend programma dat aan bijna alle wensen én eisen voldoet zonder te verdrinken in een al te gecompliceerde interface.

## Flash 'embedding' in HTML-code:

```
<HTML>
<HEAD>

<TITLE>Beerwolf Splash page</TITLE>
</HEAD>

<BODY BGCOLOR="YELLOW">
<BR>
<CENTER>

<EMBED src="bierbest.swf" width="100%" height="100%"
  loop="true" play="true" quality="high" scale=exactfit>

</CENTER>

</BODY>
</HTML>
```

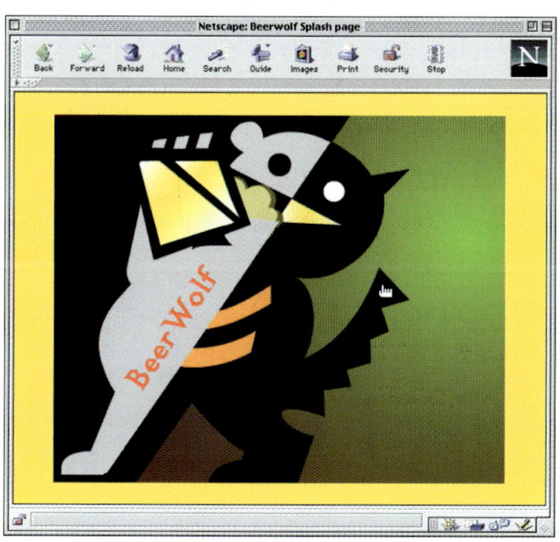

▲ Als de animatie in een webpagina is geplaatst, blijkt de ware kracht van Macromedia Flash: een hoge resolutie, beeldschermformaat-onafhankelijk en 'streaming' animatie die ook als hyperlink gebruikt kan worden om naar andere URLs te verwijzen op dezelfde of op een externe site!
◀ Een droom voor alle interaction designers...

## ▶ Tekstanimatie in Flash

Een van de sterke eigenschappen van Flash is dat het programma oneindig veel typografische mogelijkheden heeft. En aangezien de teksten gebaseerd zijn op vectoren voegen ze amper kilobytes toe aan de Flash animatie. Voor de vormgever is het fijn dat de kwaliteit van de lettering behouden blijft. Zeker als de Flash zich aan de schermverhoudingen aanpast, wordt dit zichtbaar. De antialiasing is erg goed, zelfs kleine corpsgroottes worden *(ook in het browservenster)* duidelijk leesbaar weergegeven.

Het produceren van een tekstintro in Flash is het onderwerp van deze pagina's. In dit voorbeeld wordt een tekstuele kop geanimeerd in een Flash movie. De eerste stap vereist het plaatsen van de tekst. Macromedia Flash ondersteunt alle geïnstalleerde PostScript Type 1 en TrueType lettertypen. De tekst 'Crazy Beerwolf' wordt met opzet buiten het werkblad van Flash geplaatst. De reden hiervoor is dat de tekst moet komen 'invliegen' van rechts naar links. Tijdens deze animatie wordt de tekst ook van wazig naar scherp afgebeeld en van grootte veranderd. Dit lijkt een complexe animatie te worden, maar dat valt enorm mee. Als men eenmaal de basisprincipes van Flash doorheeft – en de fantastische ingebouwde uitleg biedt ruim voldoende basis – kan elke creatieveling met Macromedia Flash aan de gang.

De in dit voorbeeld getoonde werkwijze is een uitvloeisel daarvan en kan in enkele minuten worden gerealiseerd. Het eindresultaat ziet er schitterend uit en aangezien steeds meer browsers en daardoor surfers van Flash gebruik maken, loont het ook steeds meer om deze techniek voor webdesign structureel in te zetten. De voordelen van Flash zijn evident: minimale downloadtijd, dit voorbeeld is nog geen 3 kilobyte groot en bezit maximale beeldkwaliteit... en onder zowat alle omstandigheden. Een Flash movie heeft geen last van browser-dithering en schaalt ook nog eens met het scherm mee.

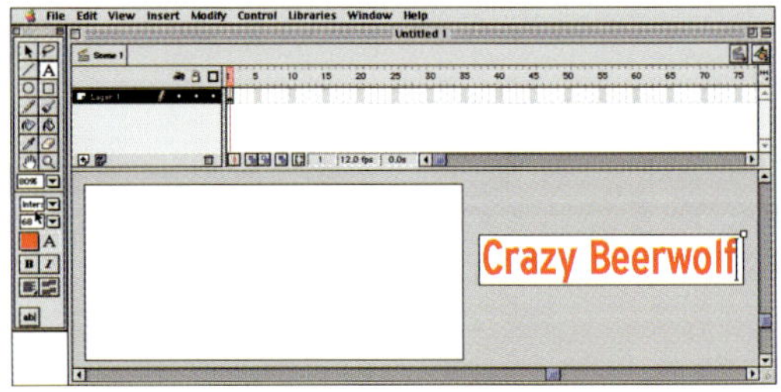


▲ De tekst wordt gezet in het lettertype 'Interstate'.

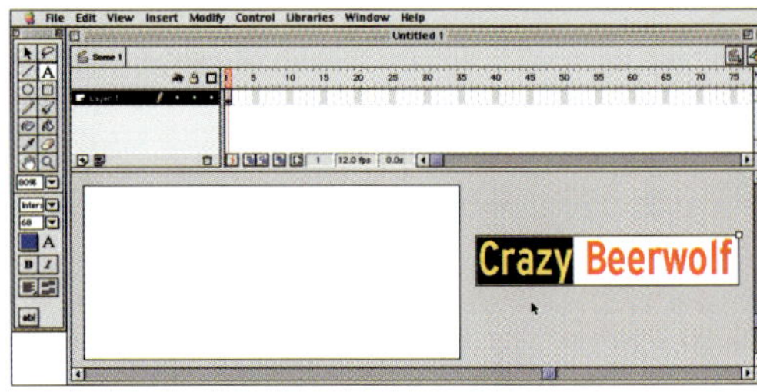


▲ Het eerste woord wordt blauw gekleurd.

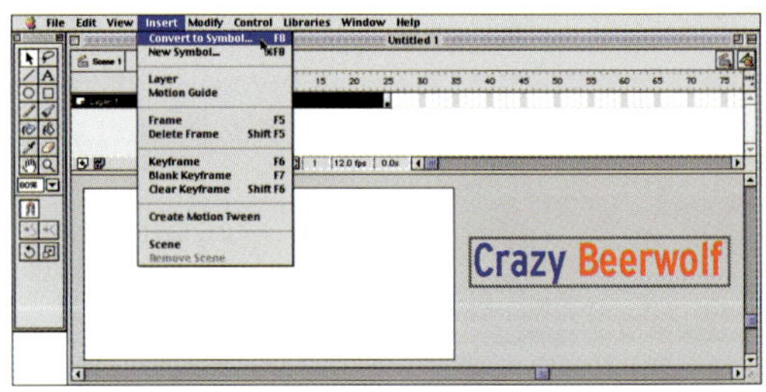


▲ De tekst wordt geconverteerd naar een (library) symbol. ▼

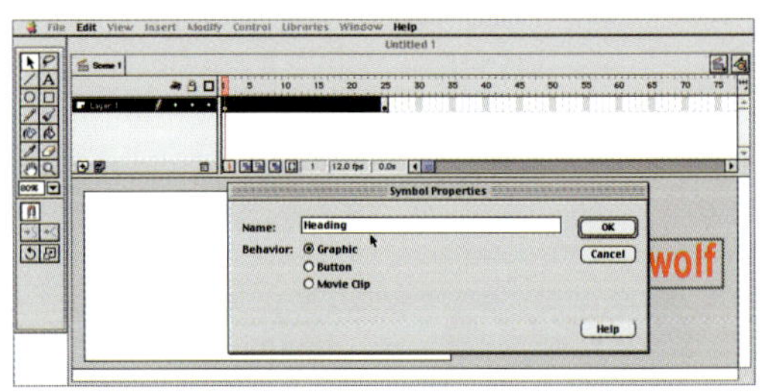


▼ De eerste 'Keyframe' wordt toegevoegd op positie 25.

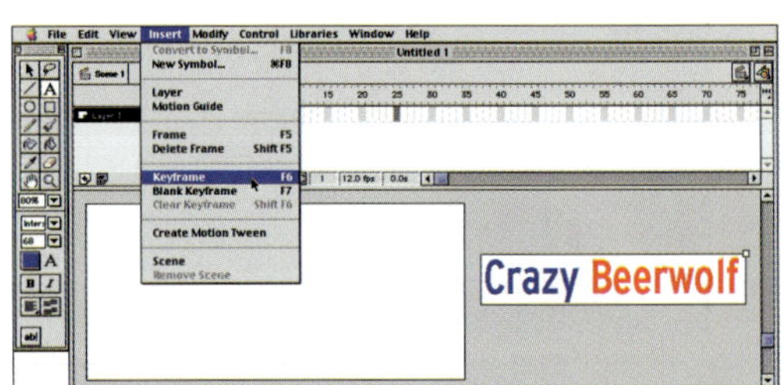

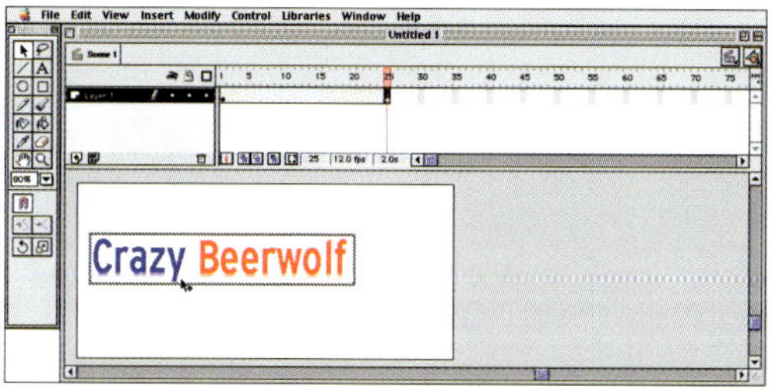


▲ Op het keyframe '25' wordt de tekst op zijn positie gezet...

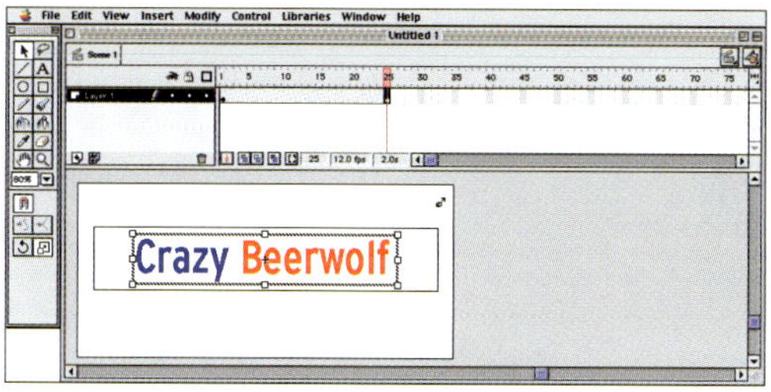


▲ ...en uitvergroot zodat het net in het frame past.

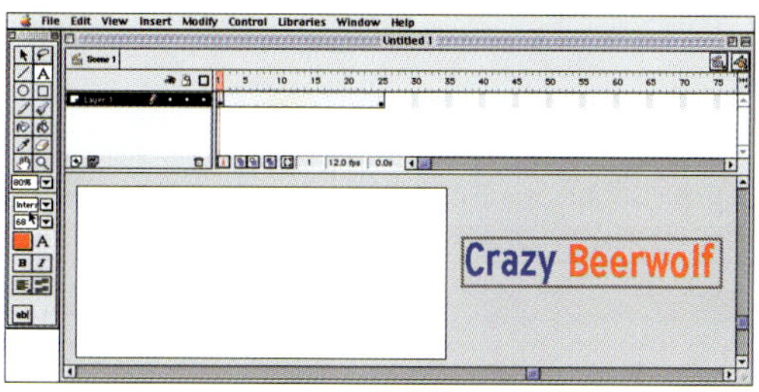


▲ Op positie '1' staat de tekst nog steeds buiten beeld.

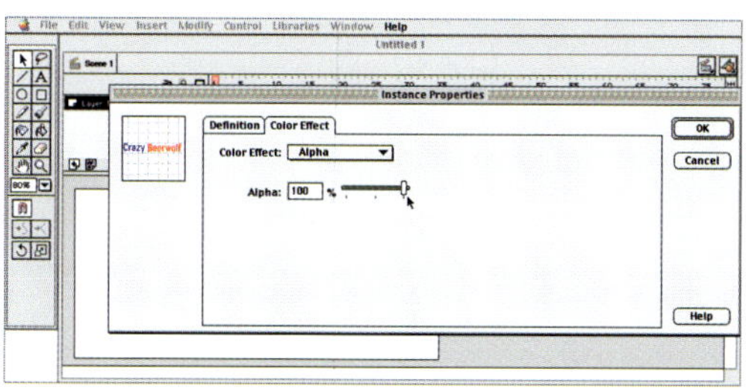


▲ De kleur 'Alpha' wordt van '100' naar '0' teruggezet. ▼

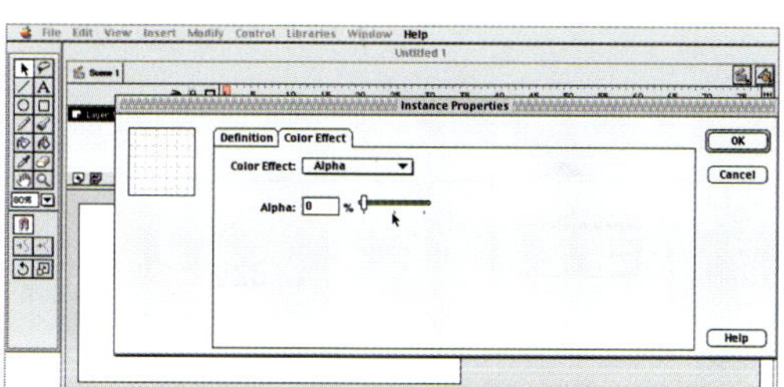


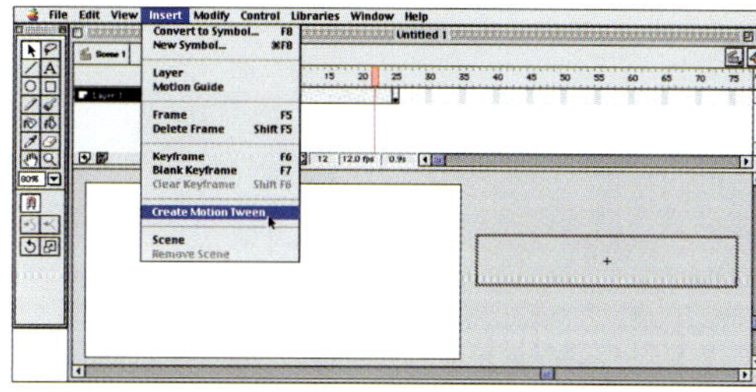


▲ Zet de tijdlijn tussen 1 en 25 en kies 'Create Motion Tween'.

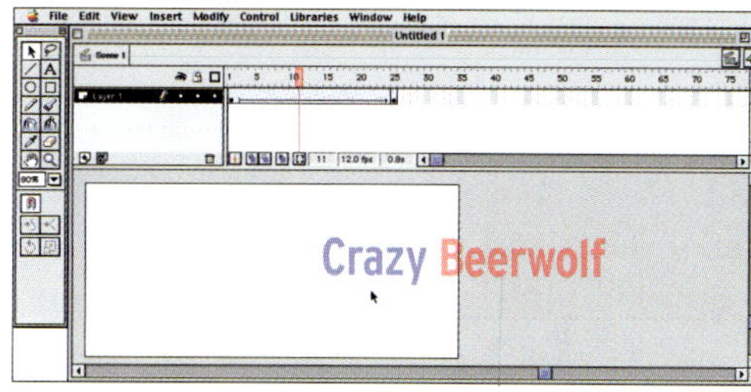


▲ Alle tussenstappen worden ogenblikkelijk aangemaakt.

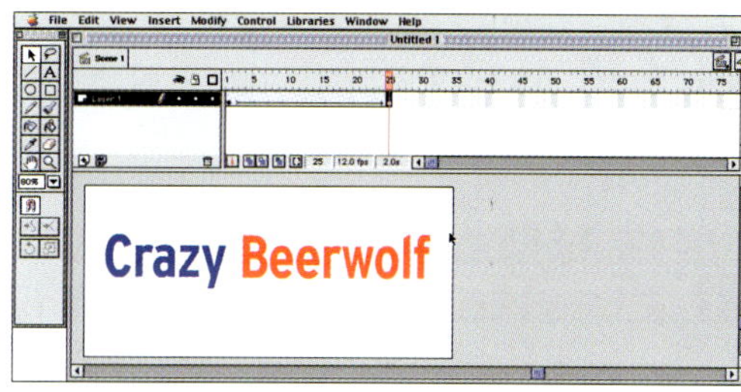


▲ Op positie 25 staat de tekst in zijn volle glorie!

▲ Om het resultaat in een browser te kunnen bekijken, hoeft u slechts 'F12' in te typen. De benodigde Flash en HTML worden automatisch aangemaakt door het programma zelf.

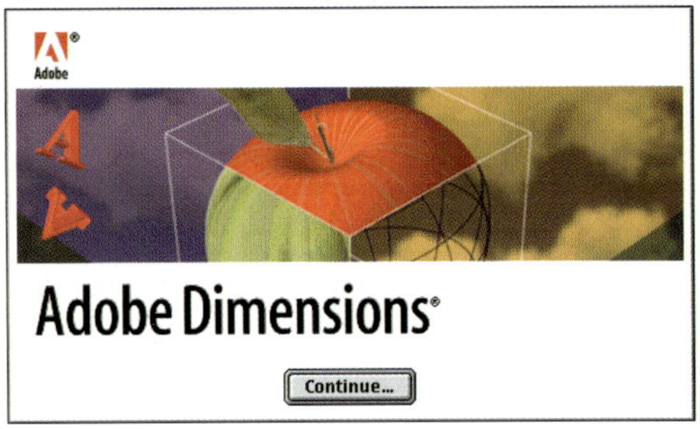


## ▶ Vectorgebaseerde 3D-illustraties

Het programma Adobe Dimensions leent zich bij uitstek om 3D-animaties te creëren voor Flash. En wel vanwege de mogelijkheid die Dimensions biedt om vectorbestanden weg te schrijven in Adobe Illustrator's *(.ai)* bestandsformaat. De procedure is logisch en werkt zowel op een Mac als een Windows PC.

We starten met een tekst in Dimensions die gezet wordt in het lettertype Myriad. De tekst wordt afgespatieerd en door vervolgens door Dimensions in perspectief gezet.

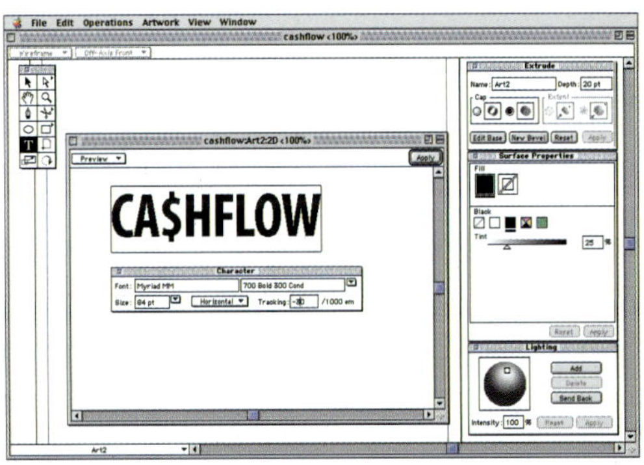


▲ De tekst wordt ingevoerd en naar outline omgezet. ▼

▲ De platte tekst wordt in perspectief weergegeven.

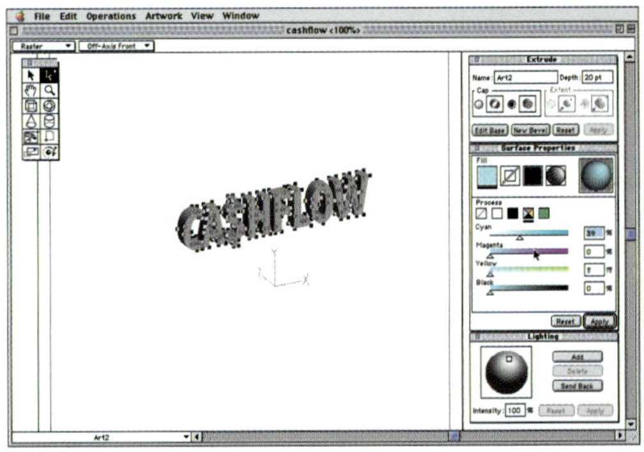


▲ Door 'Extrude' wordt 20 pt. diepte aan de tekst gegeven.

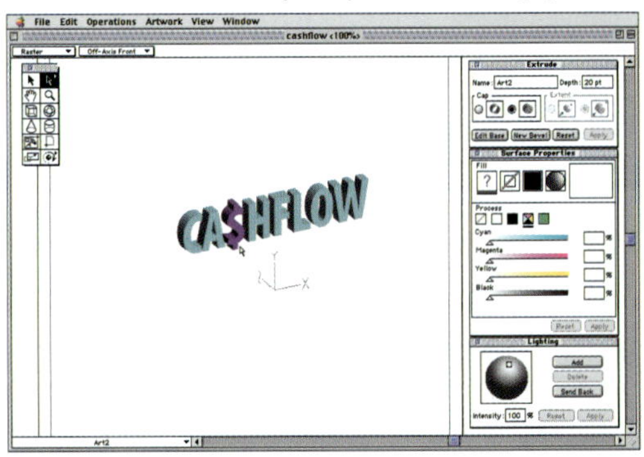


▲ Na het kleuren van de tekst moet 'PostScript' selecteren. ▼

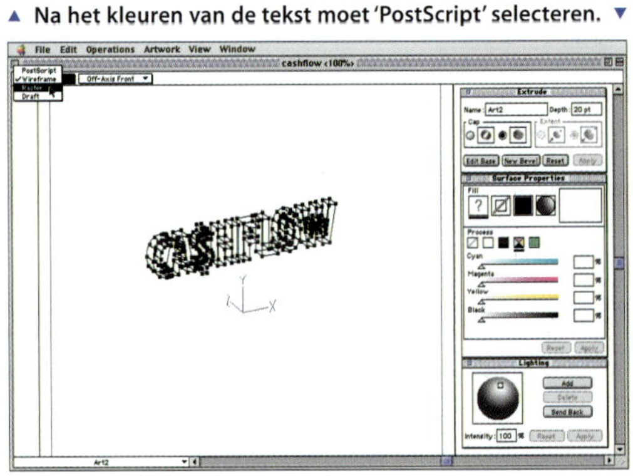

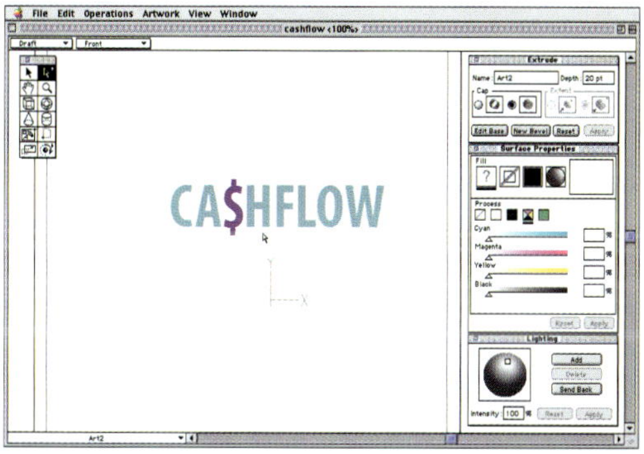


▲ Het dollarteken wordt uitvergroot voor extra accentuering.

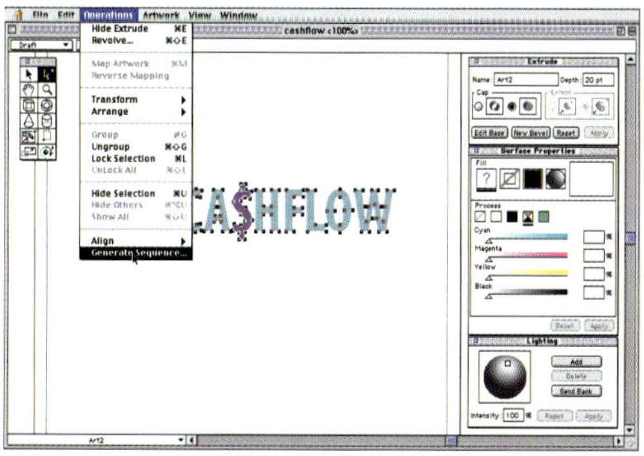

▲ De animatie 'Sequence' wordt opgestart vanuit het menu.

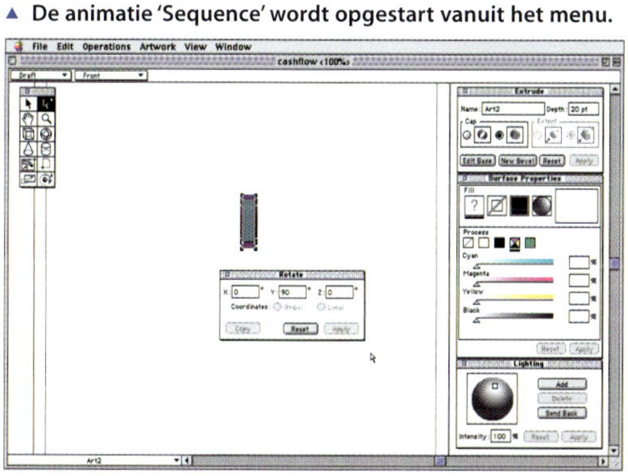

▲ Een rotatie van 90 graden wordt aan de tekst meegegeven. Hierna moet de sequence beëindigd worden.

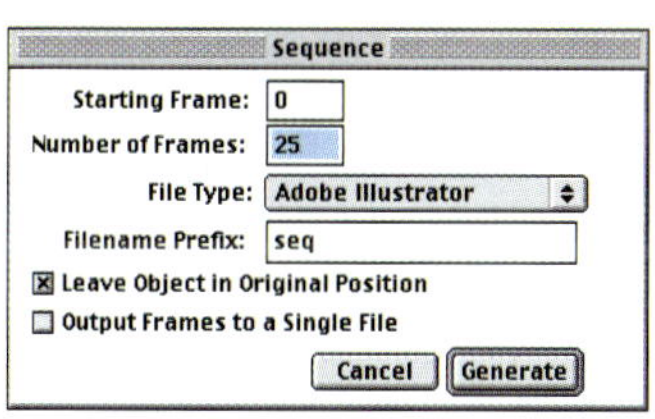


▶ 25 frames zijn genoeg voor Flash.

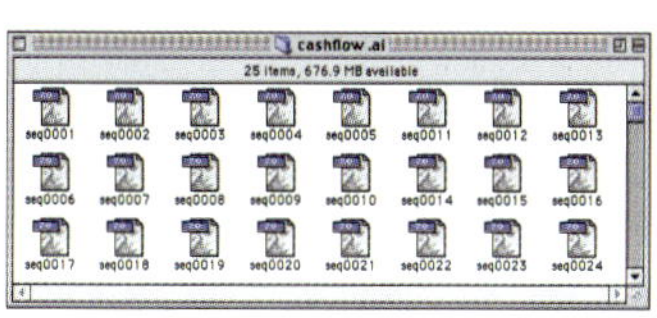

▶ Dimensions heeft 25 aparte bestanden weggeschreven. Deze kunnen in Flash geopend worden.

In deze perspectivische weergave is het eenvoudig om de gevolgen van een 'extrude' te zien. Dat is de naam van de handeling die ervoor zorgt dat de platte tekst in een ruimtelijke, drie-dimensionale vorm wordt omgezet. Dimensions bezit hiervoor het 'Extrude' venster en daarin kan men de diepte van het object aangeven en de 'bevel, de randvorm, bepalen. In het voorbeeld geven we de rand een dikte van twintig punten mee. Adobe Dimensions trekt het object nu uit zodat het een ruimtelijke typografie vormt. Vervolgens geven we de vorm een kleur, waarbij we tevens gebruik maken van de mogelijkheid om een specifieke lichtbron aan de tekening toe te wijzen. De letter '$' die in het woord Cashflow een aparte positie inneemt, krijgt een afwijkende tint.

## ▶ Een 'Sequence' genereren

Aangezien we een animatie willen hebben voor later gebruik in Flash, is het evident dat de lettering moet gaan bewegen. Dimensions biedt daarvoor een aantal opties om dat te realiseren. U kunt 'met de hand' een beeld stap voor stap verplaatsen en dat telkens wegschrijven als een Illustrator bestand. U kunt dit proces ook automatiseren door gebruik te maken van een zogeheten 'Sequence'.

Door in het Operations-menu te kiezen voor 'Generate Sequence' zal Dimensions u vragen om een eindpositie aan te geven. Door gebruik te maken van de menu-optie 'Rotate' geven we bij de Y-as een rotatie van negentig graden in. Door op 'Apply' te klikken gaat het programma aan de slag en draait de lettering om zijn as. Vervolgens gaan we weer naar het 'Operations'-menu en kiezen we voor 'End Sequence'. Hierdoor wordt aangegeven dat de animatie eindigt. Vervolgens verschijnt een keuzemenu waarin het aantal frames wordt ingesteld. We kiezen voor 25 omdat de animatie 1 seconde in Flash moet duren of wel 25 frames per seconde. De bewaarinstelling is in bestandsformaat 'Adobe Illustrator' zodat we de files verder kunnen bewerken.

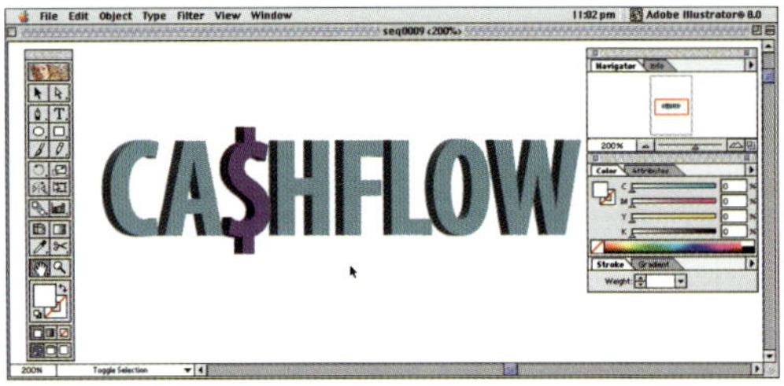


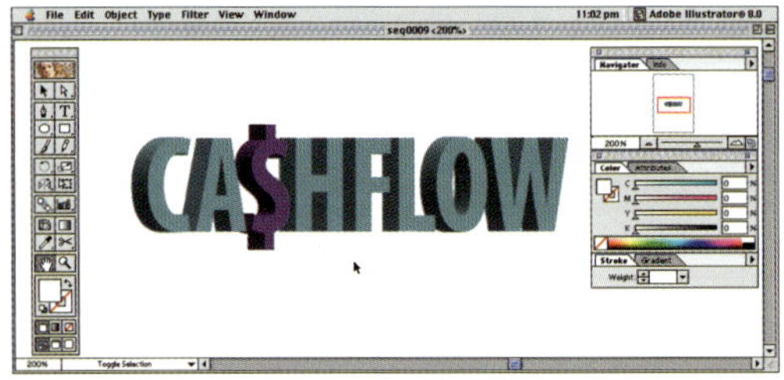


## ▶ Nabewerking in Adobe Illustrator

De 25 gegenereerde bestanden kunnen we openen in Adobe Illustrator. De reden hiervoor is tweeërlei. Enerzijds om te controleren dat het daadwerkelijk PostScript-tekeningen zijn en geen PICT-previews. Mocht dat toch

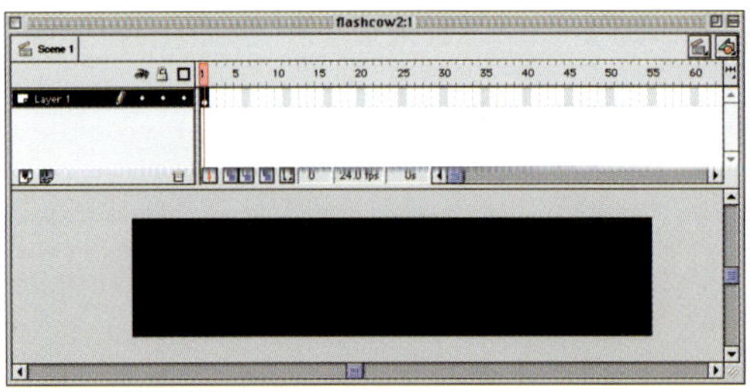

▲ Open Flash en geef de movie de juiste instellingen mee.

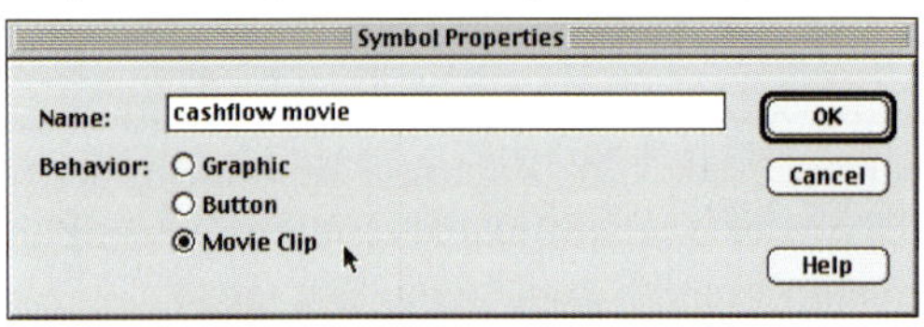


▲ Maak een nieuw symbol aan na het openen van Flash.

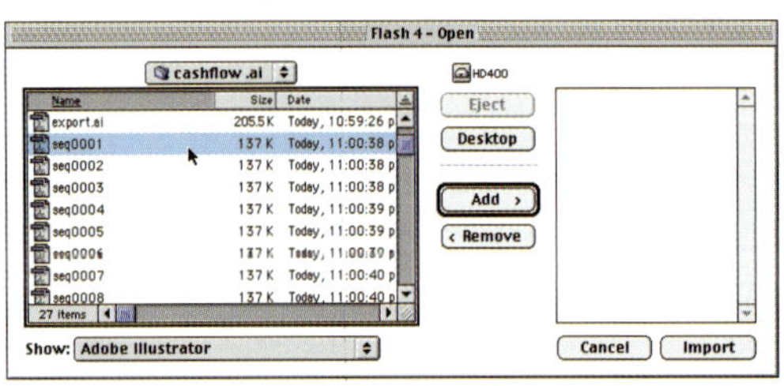


▲ Importeer het eerste bestand en Flash doet de rest!

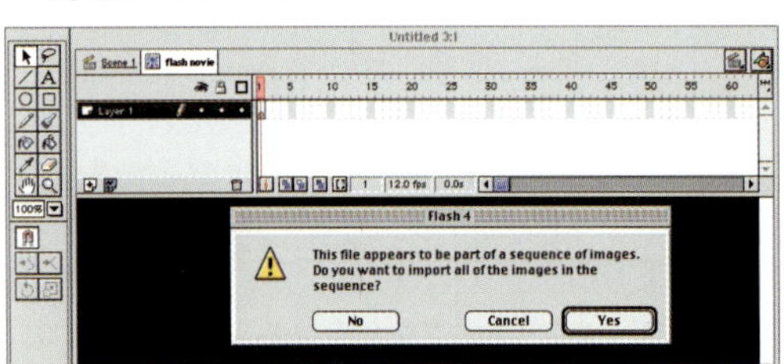

het geval zijn, dan moet u terug naar Adobe Dimensions en de weergave linksboven in de hoek van het scherm op ‘PostScript’ zetten. In alle andere gevallen berekent Dimensions PICT-voorvertoningen.

Goed, als we deze horde genomen hebben kunnen we ook nog controleren of we de bestanden nog van enige overbodige pixels kunnen ontdoen. Illustrator bezit een ‘clean up path’ optie die hiervoor geschikt is. In het voorbeeld hebben we gebruikgemaakt van fijne verlopen in de lettering. Pas op dat deze niet te fijn zijn ingesteld, anders wordt onze Flash later te groot. Het aantal verloopstappen moeten in de voorkeuren van Dimensions worden ingegeven. Het is echter ook mogelijk om het bestand in Illustrator bij te werken. Als alle 25 bestanden ‘schoon’ zijn kunnen we de animatie in Flash maken.

## ▶ Importeren in een movieclip

In Flash kunnen objecten zich op drie verschillende manieren vertonen: als knop, als graphic en als movieclip. In principe maakt het niet uit hoe een object in de bibliotheek *(de Library)* is opgenomen. Dat kan later altijd nog worden aangepast. Onze animatie echter is bij uitstek geschikt als movieclip.

De reden is dat we de movie meermaals in het Flash werkblad kunnen gebruiken zonder dat de bestandsgrootte daardoor groeit. Bovendien kunnen we de movie qua ‘presentatie’ aanpassen langs de tijdas. Bijvoorbeeld zo: de animatie begint fel en wordt langzaam donkerder totdat ze uit beeld verdwijnt. Als we de animatie op de ‘scene’ zetten kan dat niet. Dus we importeren de beelden in een movieclip ‘Symbol’ en niet in de ‘Scene’ zelf!

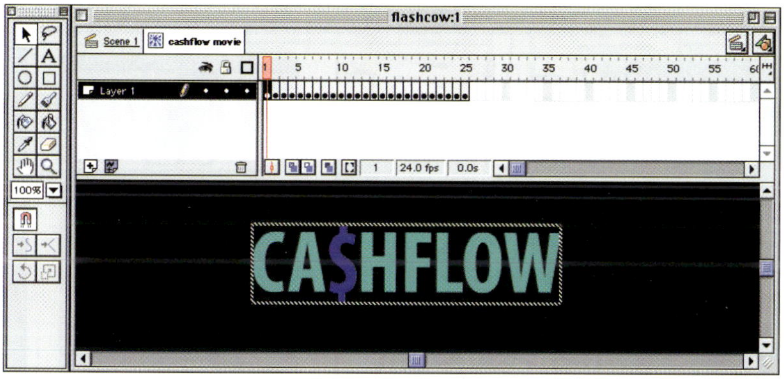


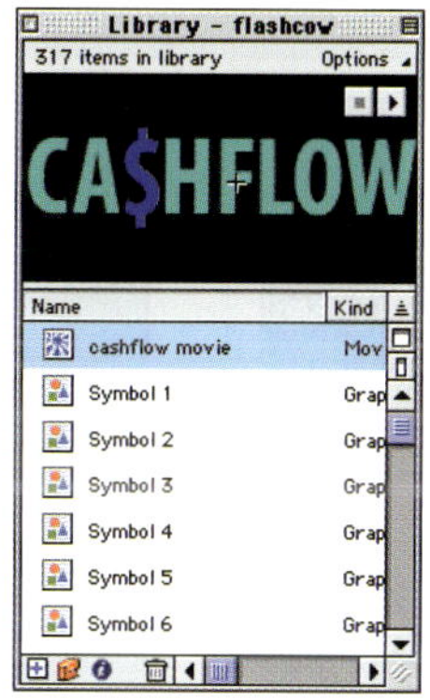


▲ Als alle sequences geïmporteerd zijn, is de animatie ook gereed! De voorvertoning wordt in de library opgenomen.

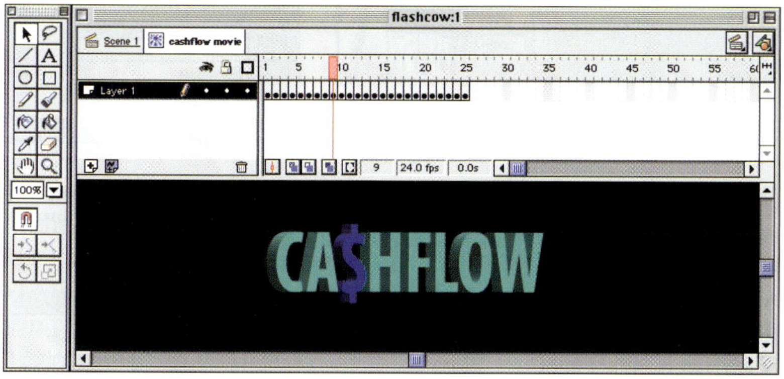


◄ Door de tijdlijn te verplaatsen wordt de animatie afgespeeld.

### ▶ Plaatsen op het werkblad

Als het Import-venster opent, zoekt u de map op waar de gerenderde Illustrator-beelden staan. Ze zijn door Dimensions netjes genummerd in een reeks die begint met 'Seq001' en eindigt met 'Seq0025'. We importeren uiteraard eerst 'Seq0001' en dan volgt een verrassing. Flash is zo intelligent dat het herkent als een beeld een onderdeel uit een animatiereeks is. Het programma vraagt dan ook of het de rest ook moet importeren. Inderdaad, en de hele reeks wordt in het object 'Cashflow movie' geïmporteerd. Feitelijk is de animatie nu gereed. Door op de 'Enter'-toets te drukken wordt de animatie voorvertoond.

De laatste stap is nu het importeren van het 'Cashflow movie' door het ikoon vanuit de bibliotheek naar het werkblad te slepen. Vervolgens kan de movieclip verder bewerkt worden zoals eerder aangegeven en onder is gevisualiseerd.

▼ Sleep de movieclip uit de library en u kunt aan de slag.

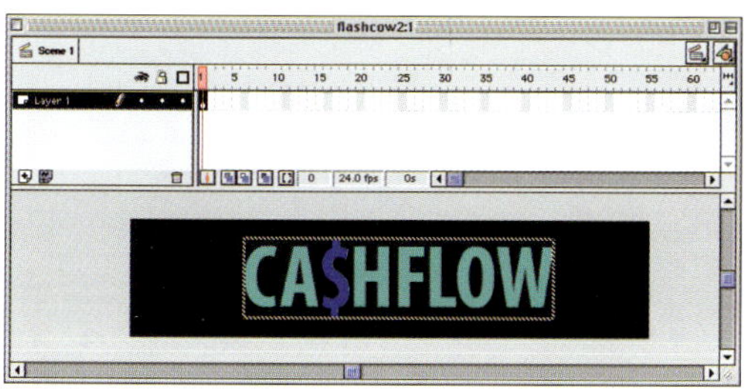


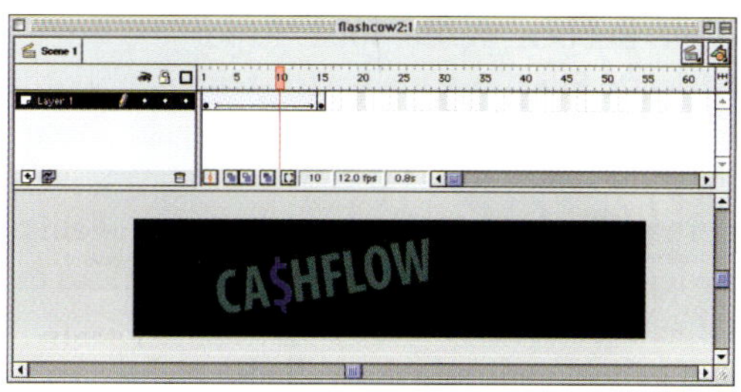

◂ Het originele filmpje zoals het opgenomen is met een webcam.

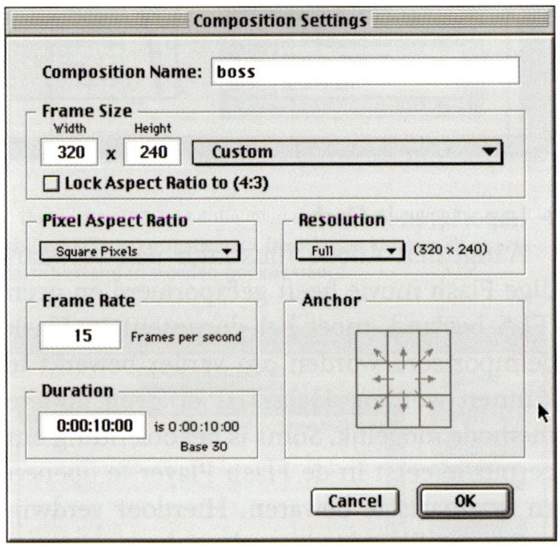


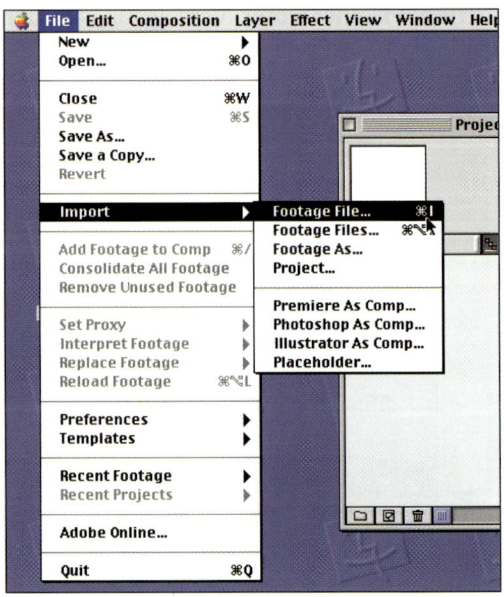


## ▶ Filmische effecten in Flash

Ondanks het feit dat Macromedia Flash een sterk vectorgeoriënteerd programma is, kun je er bewegende beelden in opnemen. Dit lijkt in tegenspraak met elkaar want filmbeelden zijn toch altijd pixelgebaseerd? Daar zit nou net de clou! We gaan de film converteren naar individuele frames die in vectoren zijn getekend. Voor deze conversie hebben we een goed origineel bestand nodig, bij voorkeur een QuickTime movie *(.mov)*.

Tevens dient u te beschikken over Adobe After Effects en Adobe Streamline. Uiteraard zijn er alternatieve producten voor de individuele handelingen, maar de onderdelen van de Adobe sluiten goed op elkaar aan.

We beginnen in Adobe After Effects door een zogeheten 'Footage File' te importeren. Dat is dus de movie getiteld 'origineel.mov'. Vervolgens maken we een nieuwe compositie aan. Dat bepaalt het werkgebied in After Effects. Het programma wordt gebruikt om zo veel mogelijk schakeringen en tinten uit de movie te verwijderen. Daardoor ontstaat een heel grafisch effect en leent het zich goed voor een conversie naar vectoren. We stellen daarom bij de filters de 'Treshold' nogal grof in. Je ziet nu de movie veranderen van beeld. Nu kan het fimlmpje gerenderd worden en zijn we klaar in After Effects.

In de QuickTime Player wordt de movie weer geopend, beoordeeld en weggeschreven als een 'Image sequence' van losse PICT-beelden. Dat is ons digitale basismateriaal.

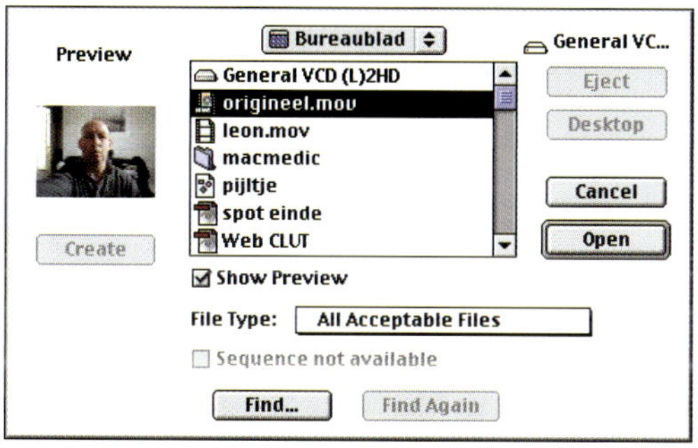


▲ Het QuickTime bestand wordt in After Effects geplaatst.

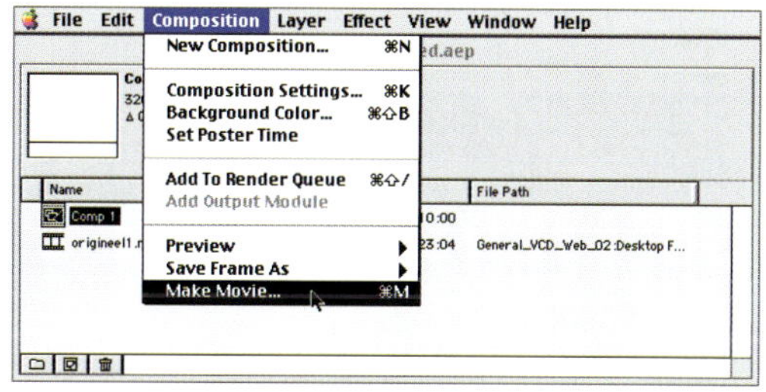


▲ Een nieuwe composite wordt in After Effects aangemaakt.

## ▶ Handwerk of automatisering

Indien u geen Adobe Streamline heeft, kunt u de conversie naar vectoren ook in Flash zelf doen. Echter beeldje voor beeldje...

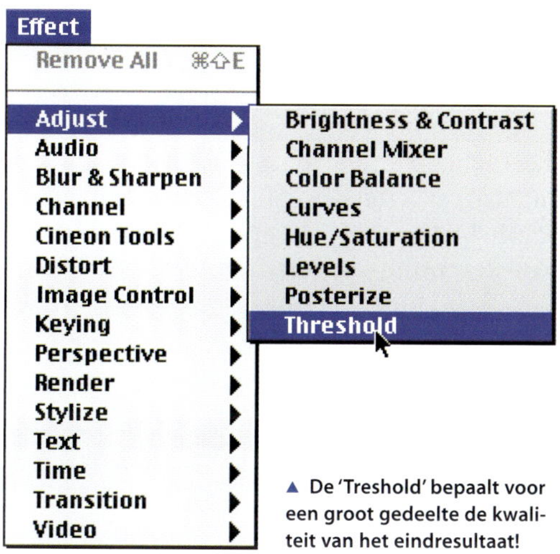


▲ De 'Treshold' bepaalt voor een groot gedeelte de kwaliteit van het eindresultaat!

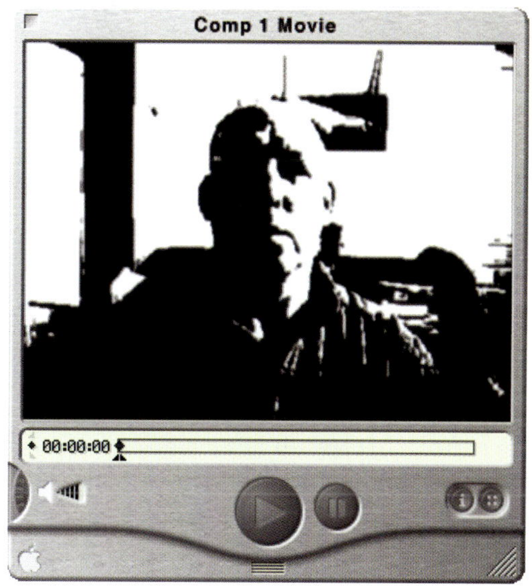


▲ De geconverteerde movie wordt ter controle weer in de QuickTime Player geopend.

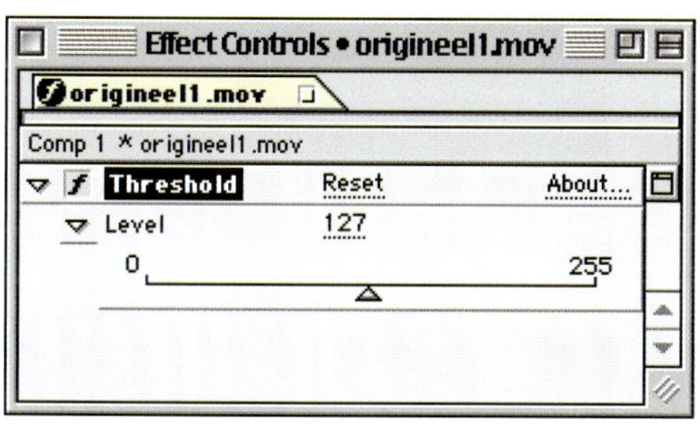


◀ Het belangrijke 'Treshold' venster.

◀ De movie krijgt ook een 'Blur' mee om ervoor te zorgen dat er geen al te 'scherpe' hoeken in komen

▲ Vanuit QuickTime exporteren we de PICT bestanden.

## ▶ Automatische conversie in Adobe Streamline

In Adobe Streamline moet eerst de conversie ingesteld worden. Ook hier is de 'Treshold' belangrijk. De batchconversie kan nu uitgevoerd worden en bewaar vervolgens de bestanden als Illustrator documenten. Het filmpje is nu een 'image sequence' die uit gevectoriseerde bestanden bestaat.

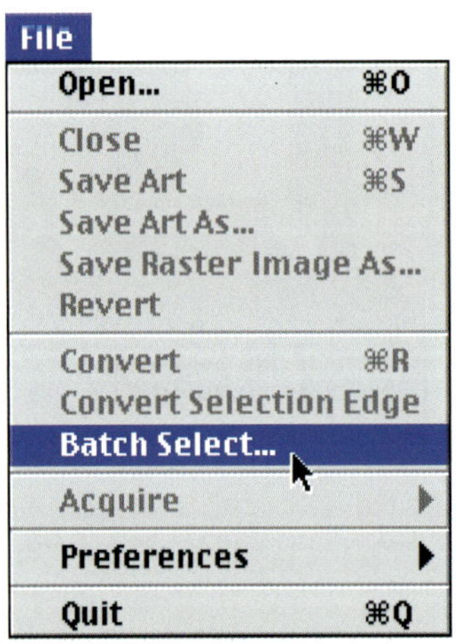


De optie 'Batch Select' maakt het mogelijk om een reeks bestanden te importeren en te verwerken in Adobe Streamline. ▶

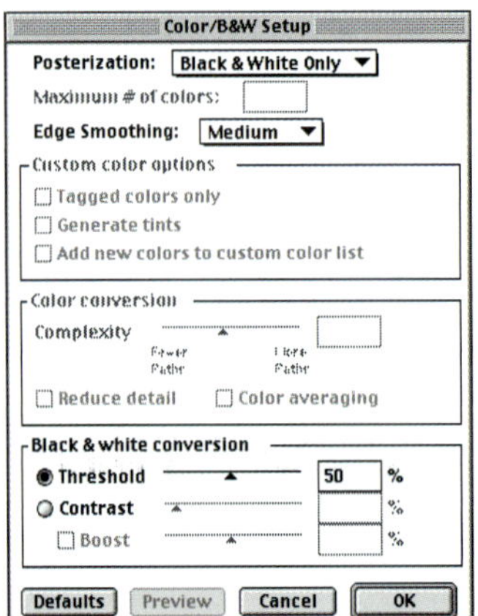


Het originele beeld is puur zwart/wit. Vandaar dat we die instellingen kiezen in de Setup. ▶

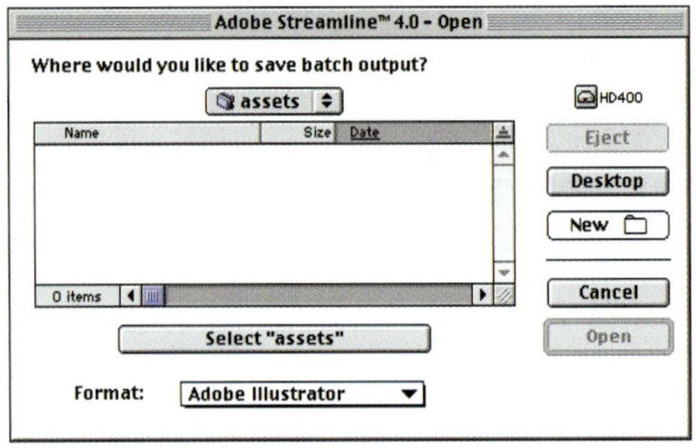


▲ Een aparte map genaamd 'assets' wordt aangewezen.

U kunt nu de individuele Illustrator bestanden nog opschonen. Dit is helaas handwerk. De beelden worden hierna in Flash geïmporteerd. Ga hierbij zo te werk als in het Dimensions voorbeeld. Dus niet rechtstreeks importeren maar in een movie symbol. Als u geen gebruik heeft gemaakt van Streamline worden nu de PICT image sequence files geïmporteerd. Heeft u wel Adobe Streamline gebruikt, dan wordt de Illustrator sequence geïmporteerd.

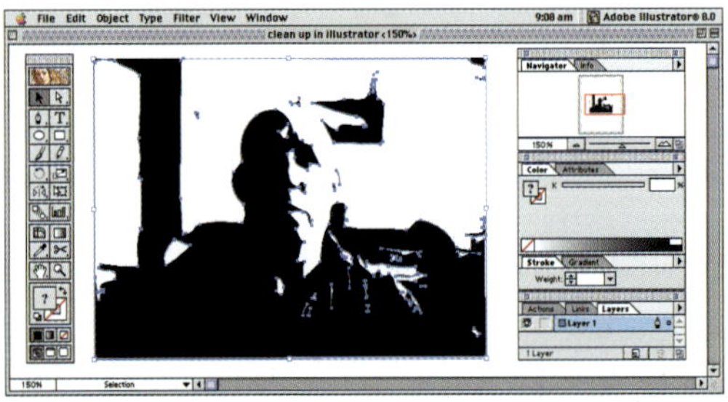

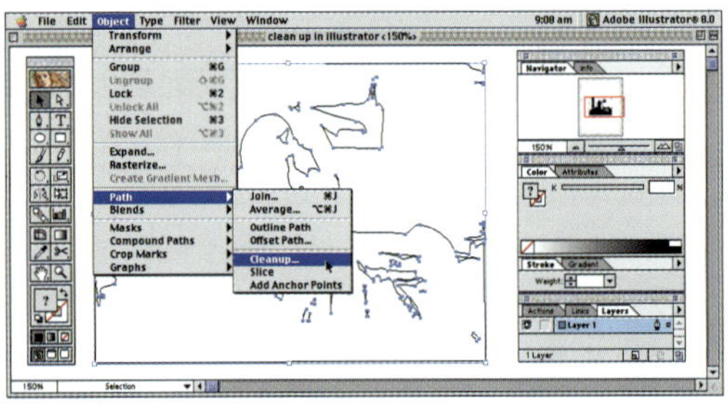

▲ Als tijd geen rol speelt, kunt u de getracede beelden een voor een nabewerken in Adobe Illustrator. Op zich komt dit de kwaliteit én de bestandsgrootte van het eindresultaat in Flash ten goede. Het nadeel is natuurlijk de tijd die dit in beslag neemt. Een filmpje van 10 seconden vergt bij 25 beelden per seconden zo'n 250 handmatige bewerkingen...

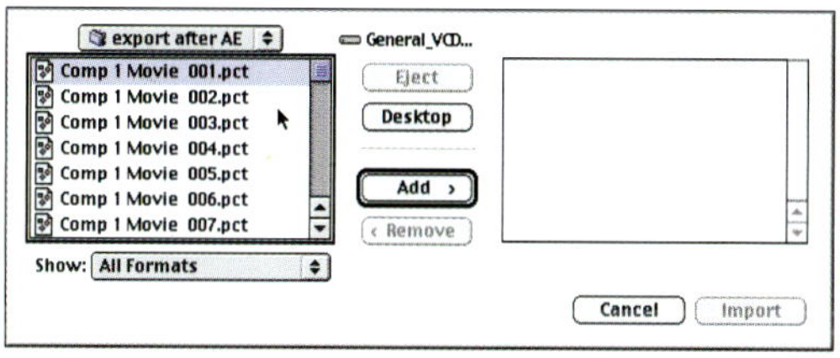


▲ De image sequence wordt in Flash geïmporteerd...

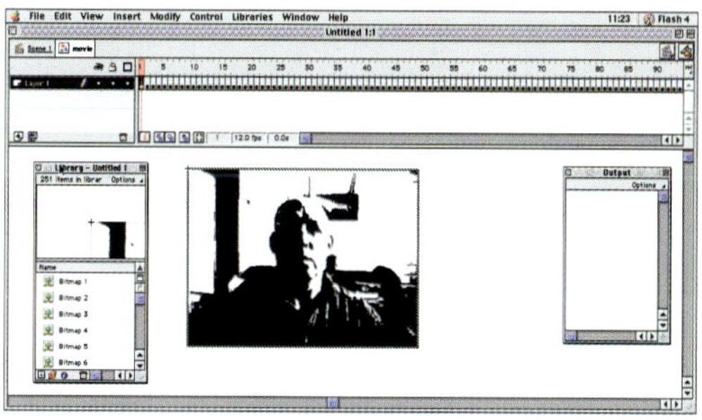

▲ ...en wordt als lange sequence in het 'movie' element getoond. Vervolgens kan het beeld geoptimaliseerd worden. ▼

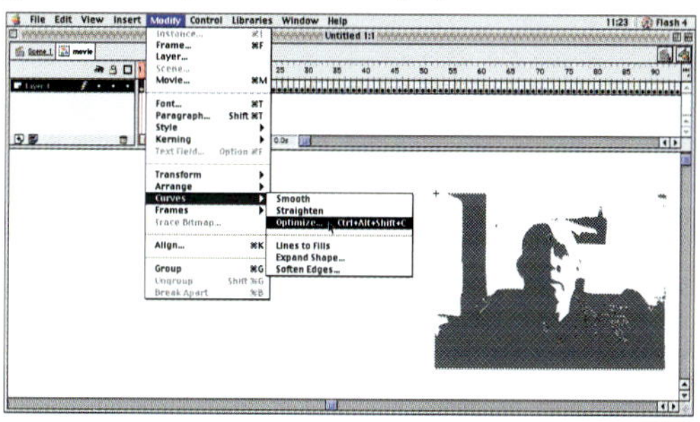

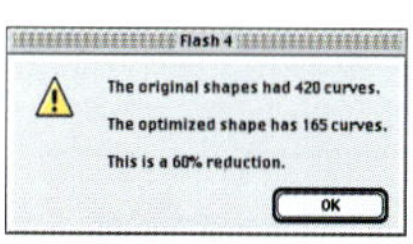


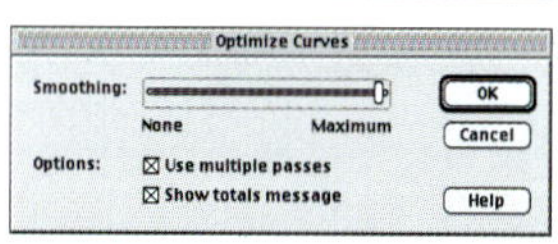


▲ De winst van de optimalisatie is 60%!

▼ Als er PICTs zijn geïmporteerd, moeten deze eerst 'getraced' worden. ▶

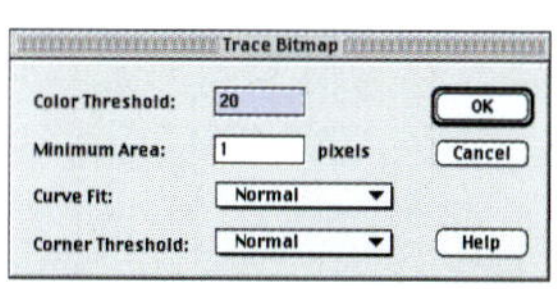


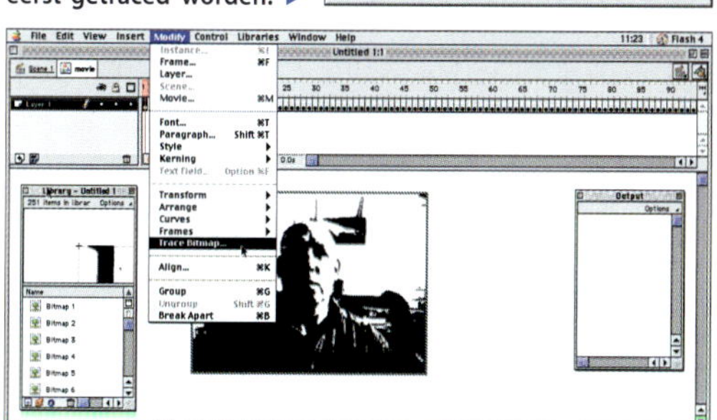

Als de sequence is geïmporteerd, is de timeline gevuld met frames. Belangrijk is nu om de frames te optimaliseren door losse en overbodige ankerpunten te verwijderen. Dit kan in een besparing op de bestandsgrootte resulteren van wel zestig procent. Dat is de moeite waard!

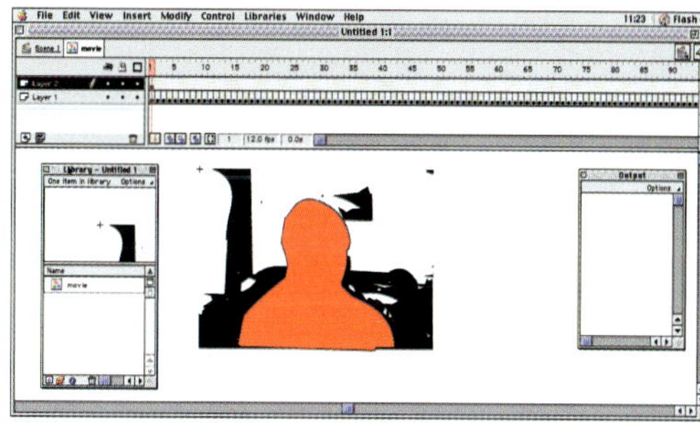

▲ Met behulp van een laagmasker wordt de figuur geïsoleerd.

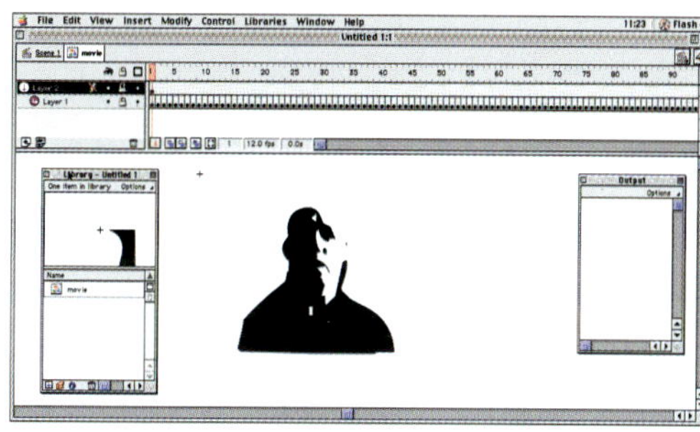

▲ Het gemaskerde beeld wordt 'sec' weergegeven in Flash.

In principe is de Flash animatie nu klaar. Als u nog niet tevreden bent over de vorm, kunt u met behulp van een laagmasker wat overbodige beeldinformatie wegmaskeren. Indien er geen Streamline is gebruikt, moet u eerst nog frame voor frame Trace bitmap uitvoeren om vectoren te krijgen. Helaas verliest u in dit proces de audio track. Dat kan altijd nog apart gedaan worden. Exporteer de audio track en 'dub' die over in de Flash movie.

## ▶ Flash bedenkingen

Na al het fraais wat op de voorgaande pagina's is vertoond, vraagt u zich waarschijnlijk af waarom er nog webpagina's in HTML gemaakt worden? Flash is toch een ideale oplossing: het verenigt fantastische beeldkwaliteit, een hoge mate van interactiviteit en minimale downloadtijden in één oplossing. Correct, hier is niets op af te dingen. Wat Flash echter blijft achtervolgen is dat niet alle browsers de plug-in bezitten. Dat is op zich nog niet zo erg, de nieuwste browsers leveren Flash er standaard bij. En ook de besturingssystemen van Microsoft en Apple installeren de benodigde Flash plug-in software. Dus het percentage dat niet over de juiste plug-in beschikt, slinkt zienderogen.

Lastiger wordt het als de webpagina zelf moet ontdekken of de gebruiker de plug-in heeft geïnstalleerd. Doordat er verschillende versies van Flash en de bijbehorende plug-ins in omloop zijn, willen de automatische detectie-scripts nog wel eens een steekje laten vallen. En helemaal lastig wordt het als de browser de ontwikkelaars in de steek laat. Internet Explorer versie 4.5 voor de Macintosh wordt door menig browserdetectie script gemist, met alle gevolgen vandien.

Slimme webontwikkelaars bedenken daar natuurlijk weer van alles voor. Bij Planet Internet bijvoorbeeld worden de foutmeldingen in dezelfde kleur getoond als de achtergrond van de pagina zelf. Hierdoor valt dit de gebruiker niet op. Heel slim bedacht!

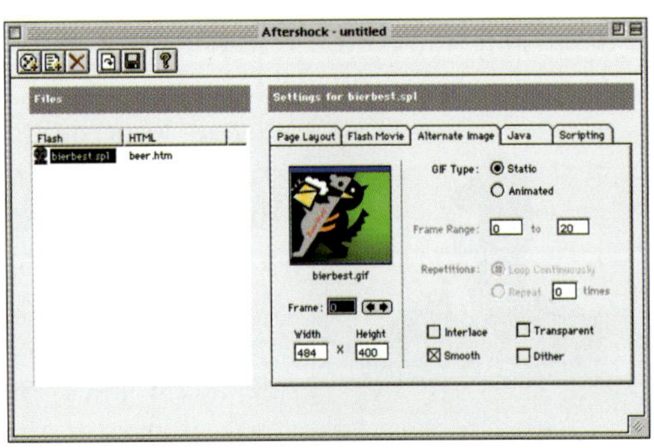


▲ Afterschock creëert alle benodigde HTML-code voor Flash.

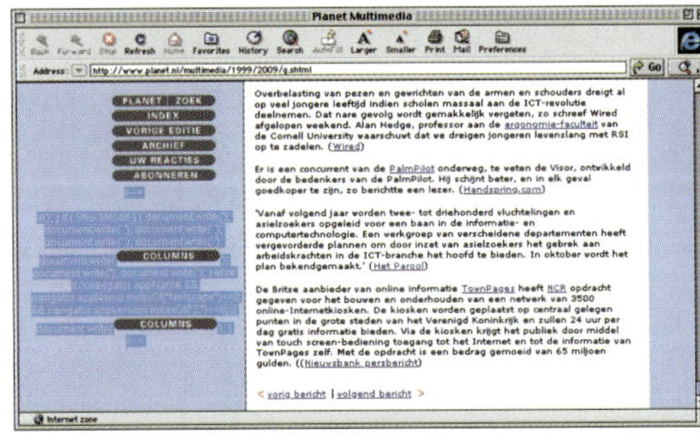


▲ Op www.pi.net staat de foutieve Flash code verstopt.

## ▶ Flash embedtijd

Macromedia heeft het publiceren van de Flash movie geheel geautomatiseerd. Let echter wel op dat eraltijd een 'Embed' en een 'Object' beschrijving is gemaakt. Deze zijn *(brood)*nodig voor respectievelijk Netscape Navigator en Microsoft Internet Explorer.

```
<HTML>
<HEAD>
<TITLE>flashcow</TITLE>
</HEAD>
<BODY bgcolor="black">

<OBJECT classid="clsid:D27CDB6E-AE6D-11cf-96B8-540000"
  codebase="http://active.macromedia.com/flash2/cabs/
  swflash.cab#version=4,0,0,0"
  ID=flashcow WIDTH=500 HEIGHT=110>
  <PARAM NAME=movie VALUE="flashcow.swf">
  <PARAM NAME=quality VALUE=high>
  <PARAM NAME=bgcolor VALUE=#000000>

<EMBED src="flashcow.swf" quality=high
  bgcolor=#000000 WIDTH=500 HEIGHT=110
  TYPE="application/x-shockwave-flash"
  PLUGINSPAGE="http://www.macromedia.com/shockwave/
  download/index.cgi?P1_Prod_Version =ShockwaveFlash">

</EMBED>
</OBJECT>

</BODY>
</HTML>
```

## ▶ Macromedia Generator

Als u de producten Flash en Generator combineert, kunt u dynamische websites bouwen in de tweede betekenis van het woord. Met dynamisch wordt hier niet de 'beweging' bedoeld, maar het feit dat de data die in de animatie verschijnt uit een database komt. Deze techniek is ideaal voor illustraties die zich voortdurend aan moeten passen, terwijl de kwaliteit van de afbeelding intact moet blijven. Denk bijvoorbeeld aan weerkaarten of wegenkaarten met file-informatie. Zo'n voorbeeld is ideaal voor Generator.

Macromedia heeft echter Flash 4 ook voorzien van de mogelijkheid om variabele informatie te kunnen importeren en verwerken. Maakt dat Generator 2 overbodig? In veel gevallen wel, want in Flash 4 kun je zelf al behoorlijk met de ingebouwde scripttaal werken. Een bijkomend voordeel is dat de database vanuit de client in plaats van de server wordt aangesproken.

Generator onderscheidt zich door de mogelijkheid om in realtime beelden te kunnen renderen in de bestandsformaten GIF, Flash 3 of Quicktime 4. Deze optie is specifiek bedoeld voor de gebruikersgroep van de derde generatie browsers. Generator kan ook eigenhandig taart-, staaf- of andere standaarddiagrammen maken op basis van data die vanuit een tekstbestand, een database of een URL verkregen worden.

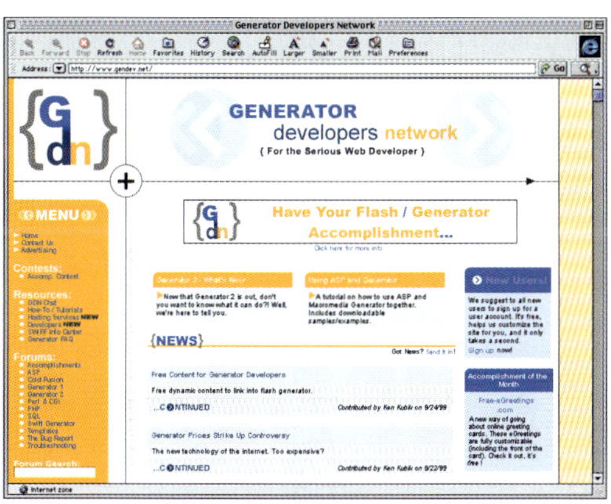


▲Alles over dynamische Flash sites vindt u op www.gendev.net

▲ Macromedia Generator en Flash 4 maken een dynamisch gegenereerde en animerende site mogelijk. Ideaal voor als u up-to-date informatie wil koppelen aan hoge beeldkwaliteit.

De database die aan Flash gekoppeld wordt kan JDBC/ODBC compliant zijn of vanuit ASP of Java gevoerd worden. Let wel, de Macintosh versie ondersteunt geen JDBC/ODBC, dat zijn typische Windows standaarden.

Er zijn ook alternatieve oplossingen die het dynamisch wijzigen van content in Flash 3 mogelijk maken. De Swift Generator *(www.swift-tools.com)* is een vrij verkrijgbaar stuk gereedschap waarmee ook databases aan Flash 3 content gekoppeld kunnen worden. Het shareware programma ASP Flash Turbine *(www.blue-pacific.hexagon.net)* richt zich vooral op het afleveren van dynamische Flash-pagina's met behulp van Active Server Pages, de populaire Microsoft oplossing.

▲ ScreenTime maakt van Flash FLA-bestanden screensavers!

## ▶ Flash screensavers

Macromedia's zegetocht met zijn Flash product kent geen grenzen. Het product is namelijk ook nog ideaal om screensavers te maken. Dankzij speciale programma's als ScreenTime kan een Flash FLA bestand bewaard worden als een screensaver met behoud van alle kwaliteit en dynamiek. Ditmaal echter full-screen en full-motion!

Let wel: u moet over een originele Flash werktekening beschikken, een .SWF bestand is niet voldoende om in een screensaver om te toveren. Want iedereen kan de Flash originelen uit zijn browsercache halen. Dit vergt wel enig speuren op uw harde schijf. Zoek daarom op .SWF en sleep het cache-bestand met de jongste datum naar de desktop.

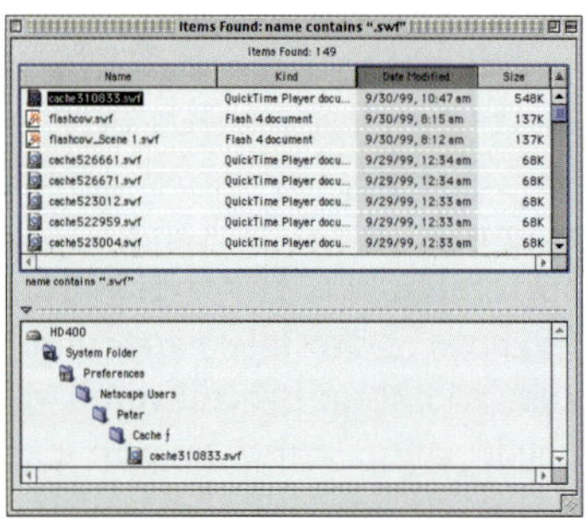


De Flash .swf ▶ bestanden staan in de (tijdelijke) cache van de browser.

Deze fictieve ▸ Cyburger website strijdt voor de digitale rechten van de online-gemeenschap.

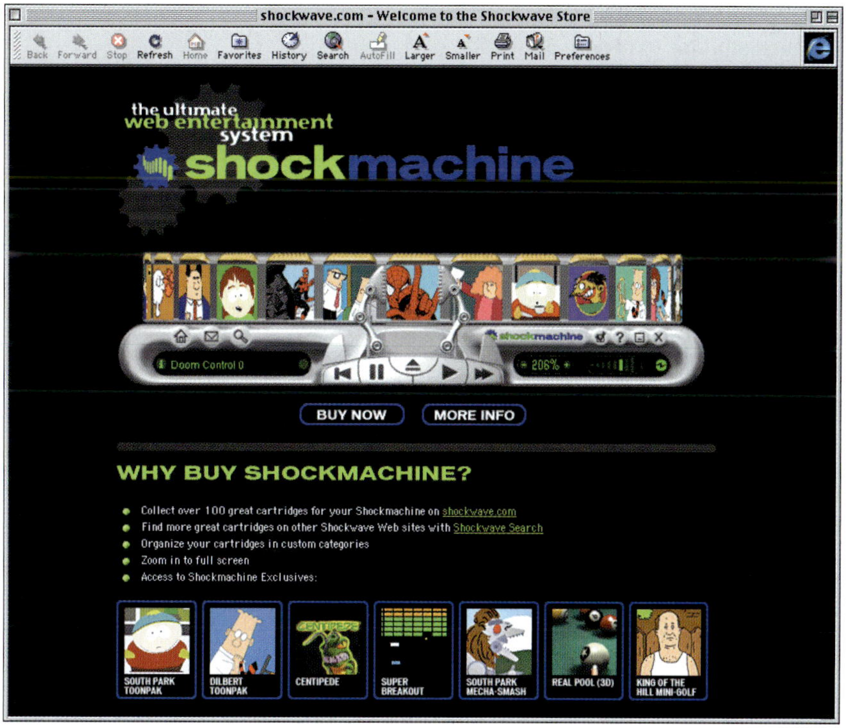


Homepages met uitsluitend tekst en statische afbeeldingen hebben steeds meer moeite om de aandacht op het Web te trekken. Men moet ShockWave-animaties in zijn pagina's hebben. Akkoord, maar hoe maakt men zo'n DCR-bestand? In dit hoofdstuk wordt dat in tekst en beeld uitgelegd.

## ShockWave-movies

Macromedia Director is marktleider in interactieve produkties voor op CD gebaseerde media. De firma heeft een jarenlange ervaring opgebouwd op het gebied van interactieve multimedia. Het is dan ook begrijpelijk dat Macromedia zijn kennis en kunde naar het Internet heeft gebracht. Webpagina's met bewegend beeld, geluidseffecten èn, heel belangrijk, een directe interactie met de gebruiker geven een website flinke meerwaarde. Het feit dat deze technologie gebaseerd is op Macromedia Director, het programma dat al bij een groot aantal multimedia-specialisten in gebruik is, maakt het ontwikkelen eenvoudig.

Vooralsnog moet de speciale ShockWave plug-in aan cliënt-zijde geïnstalleerd worden om de movies 'in-line' te kunnen bekijken. Naar verwachting zal deze engine in de toekomst in de populaire webbrowsers standaard opgenomen worden. Dan kunnen de schokken op het Internet pas echt gevoeld worden!

### ▶ Director = ShockWave

De produktie van een ShockWave is grotendeels gelijk aan de vervaardiging van een Macromedia Director-movie. In principe is de ShockWave-behandeling niets meer dan een ordinaire compressie van het .dir-bestand dat Director als bestandsformaat gebruikt.

Voor dit hoofdstuk wordt een Macromedia Director-bestand gemaakt dat uit de volgende onderdelen bestaat. Een belettering getiteld 'Cyburger', twee 'broodjes hersenen' en een toepasselijk 'slurp'-geluid. Al het beeldmateriaal wordt in Adobe Photoshop voorbereid.

De belettering is gebaseerd op een Fuse-Font van Neville Brody genaamd 'Spherize'. Enige aanpassingen aan de letter 'R' zijn wel nodig in verband met de leesbaarheid. De 'broodjes'-illustraties worden in drie varianten bewaard: eenmaal recht, een kopie die 10 graden naar rechts en een andere kopie 10 graden naar links is geroteerd. Het geheel wordt als PICT-bestand weggeschreven.

### ▶ Castmembers op de stage

In MacroMedia Director worden alle beelden eerst naar het Apple Macintosh systeemkleurenpalet geconverteerd. Dit geeft de beste resulaten op zowel Mac- als Windows-computers. Vervolgens worden de beelden in Director in de 'Cast' geïmporteerd. De achtergrond van het 'werkblad' wordt ingesteld op 448 x 240 pixels en krijgt dezelfde felrode kleur als de achtergrond van de lettering. De kleine 'cyburgers' zijn 75 x 75 pixels groot. Deze beelden moeten transparant gemaakt worden met als gevolg dat de rode achtergrondkleur in wit omgezet moet worden. Met behulp van het 'vul'-gereedschap wordt dit gewijzigd. Op de 'Stage', het werkveld van Director, worden de vijf posities van de springende cyburgers aangegeven. Door ze allemaal te selecteren in het 'Score'-venster en een 'Matte' inkt te kiezen worden ze transparant gemaakt. Door de optie 'Space to Time' te kiezen, worden de tussenliggende beelden die een vloeiende animatie opleveren, door Director berekend.

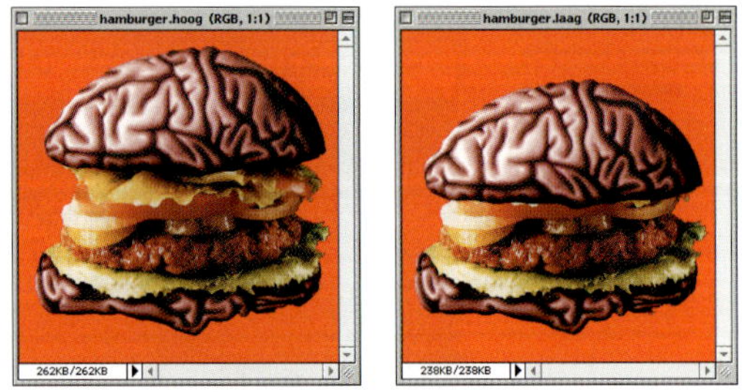


▲ De twee verschillende 'broodjes Cyburger'.

▲ De Spherize-lettering wordt met behulp van het Gaussiaans Vaag-filter van een blauw 'aura' voorzien. ▼

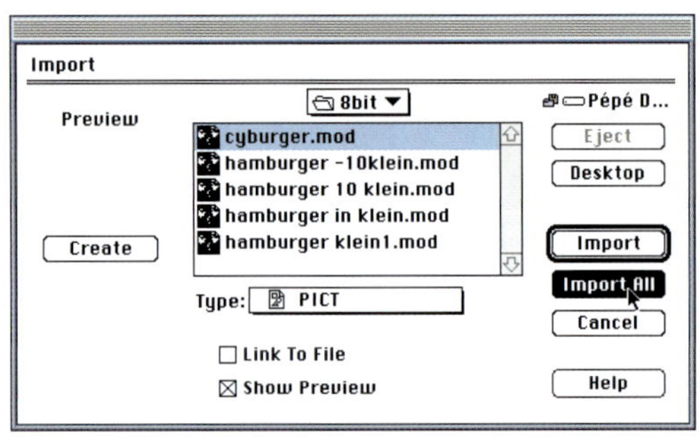


▲ De originele castmembers na import uit Photoshop. ▼

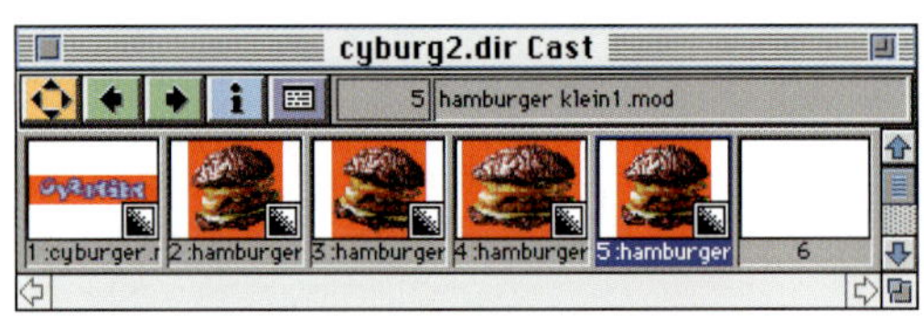

▲ De achtergrondkleur wordt ook 'felrood' gemaakt.

▲ De rode achtergrond van de cyburgers wordt omgezet naar 'wit' met behulp van het 'emmertje'.

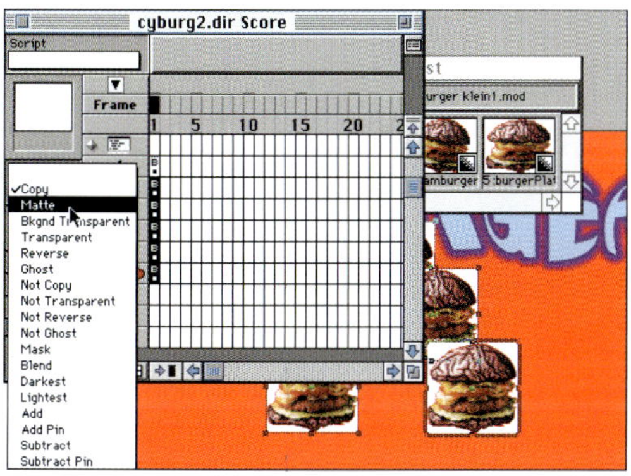


▲ In de score worden de vijf afbeeldingen die op de 'Stage' staan geselecteerd en een 'Matte' meegegeven.

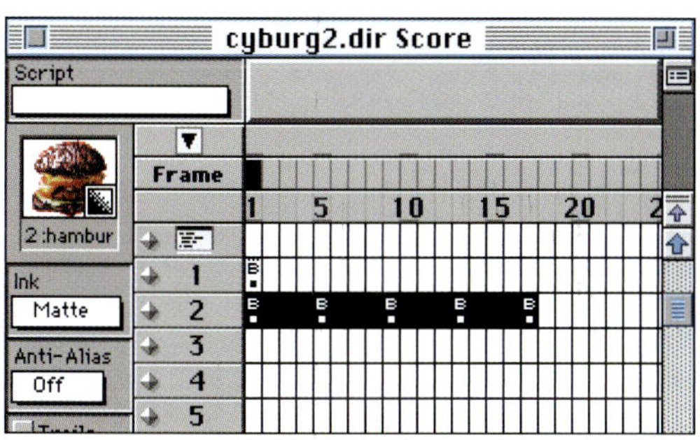


▲ De stand van de tussenliggende frames wordt door Director berekend op basis van vier tussenliggende sprites. ▼

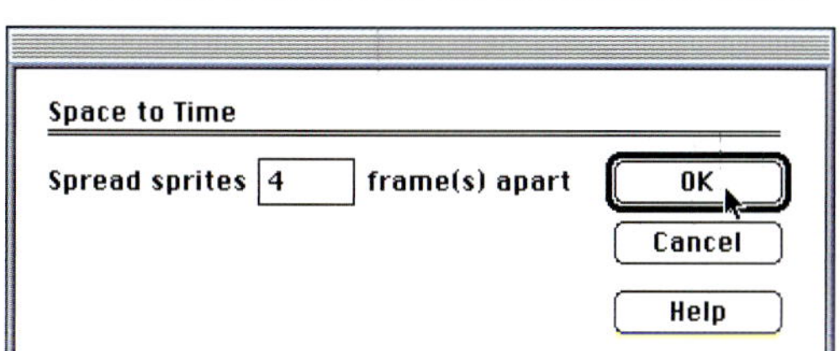


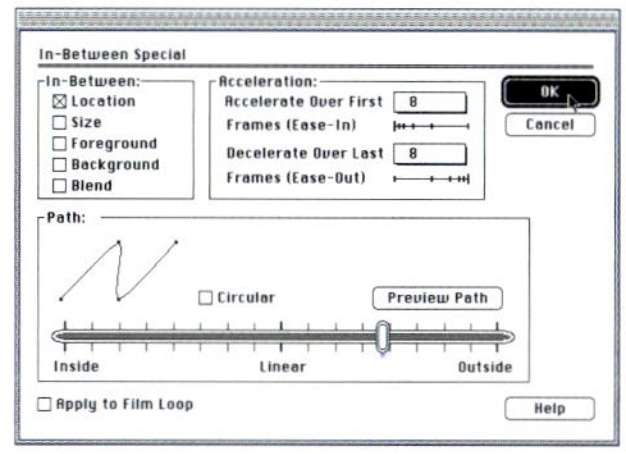


◄ De 'In-Between Special' zorgt voor de realistische sprong-beweging van de cyburgers.

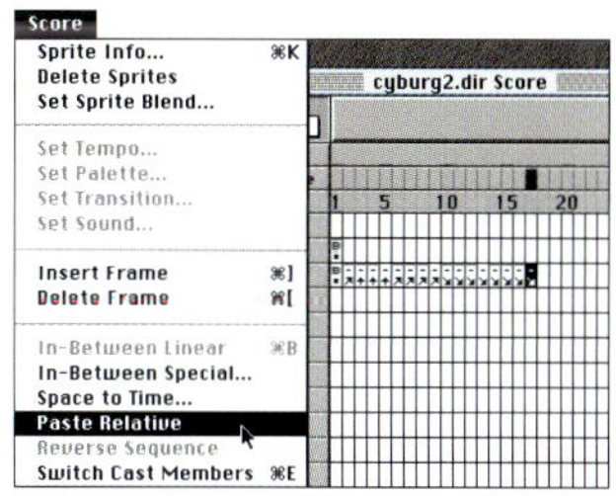


◄ De functie 'Paste Relative' wordt toegepast op de laatste frame van de reeks.

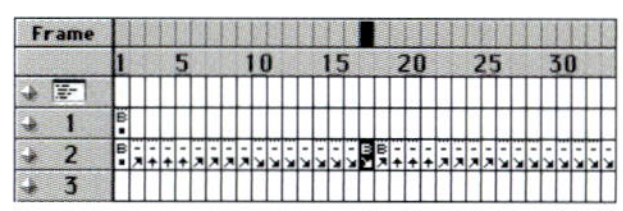

◄ De frame op het laagste punt wordt als 'keerpunt' van de beweging gebruikt.

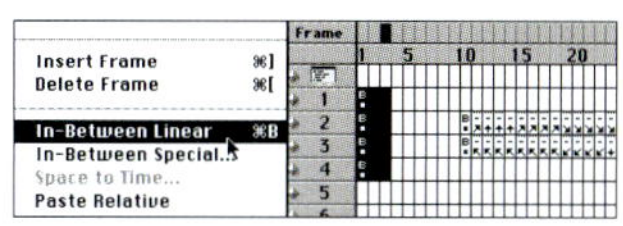


◄ 'In-Between Linear' wordt op alle vier cellen in frame 1 toegepast.

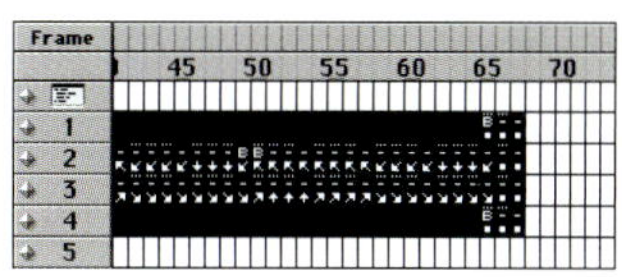

◄ Het gekopieerde deel uit de score wordt verderop in de tijd 'geplakt'.

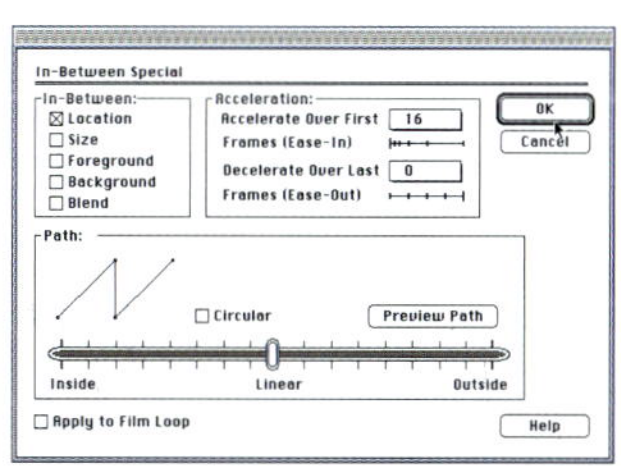


◄ De valbeweging wordt wederom met 'In-Between Special' gerealiseerd.

▼ De tekst wordt rechtstreeks op de Stage getypt.

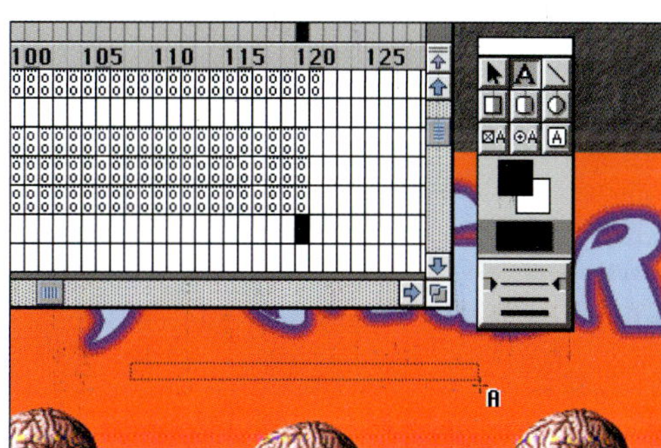

## ▶ Afwerking

Als alle animaties aangebracht zijn, en bekend is hoe lang de movie duurt, moet de achtergrondtekening over de hele score aangebracht worden. Hiervoor wordt de nuttige functie 'In-Between Special' gebruikt. Vervolgens worden twee tekst 'castmembers' toegevoegd en het geluidsbestand wordt in de cast opgenomen. Het geluid wordt hierna in de score in groepjes van vier frames gezet op de plaats waar de cyburgers 'de grond raken'.

## ▶ Scripting

Geen Director-movie zonder Lingo. Ook wij moeten eraan geloven. Een script dat absoluut noodzakelijk is, heet Script 7 en markeert het einde van de frame. De interactieve mogelijkheden van Director worden met Script 11 geïllustreerd. In Lingo wordt hier gedefinieerd dat 'als men met de muis klikt op de cyburger, wordt de platte versie getoond'. Script 8 gaat nog een stap verder en beschrijft het 'gedrag' van de cyburger als de tekst afgebeeld wordt, terwijl de illustratie een wiebelende beweging maakt. Je kunt het zo gek niet verzinnen of het is mogelijk.

De definitieve Director-movie is nu klaar en kan in principe zo in een compatibele webbrowser bekeken worden. Director heeft echter nog een compressie-mechanisme ontwikkeld waardoor zo'n veertig procent aan data bespaard wordt. De bijgeleverde Aftershock-software maakt het Shockwave .dcr-bestand en de HTML-code klaar.

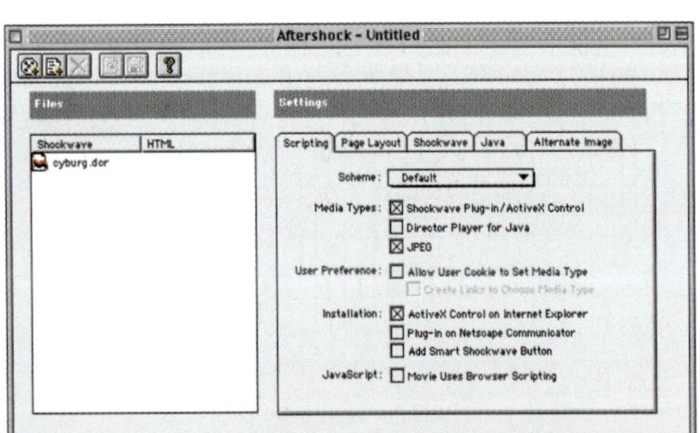


▲ Macromedia Aftershock genereert alle benodigde HTML en JavaScripting om de Shockwave movie te gebruiken.

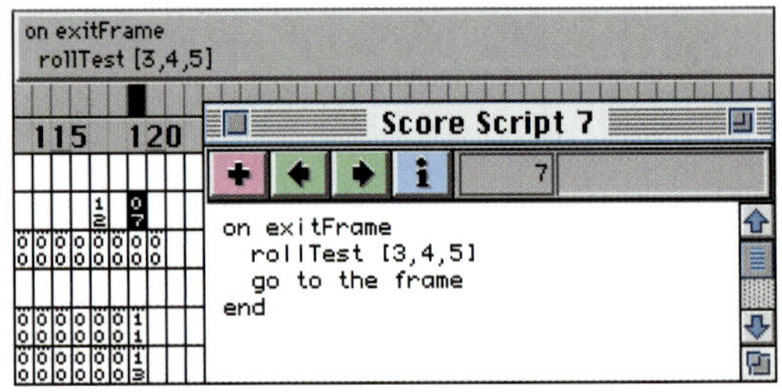


▲ Het script dat begint met 'on exitFrame' is bedoeld voor de laatste Frame van de Director-movie.

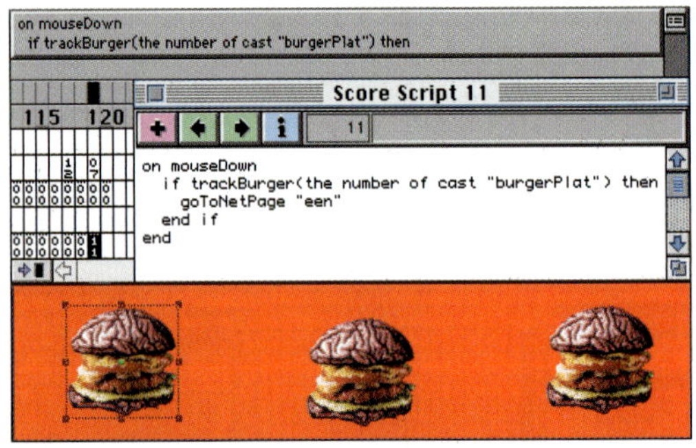


▲ Dit script zorgt ervoor dat de tweede platte versie van de cyburger afgebeeld wordt als erop geklikt wordt. ▼

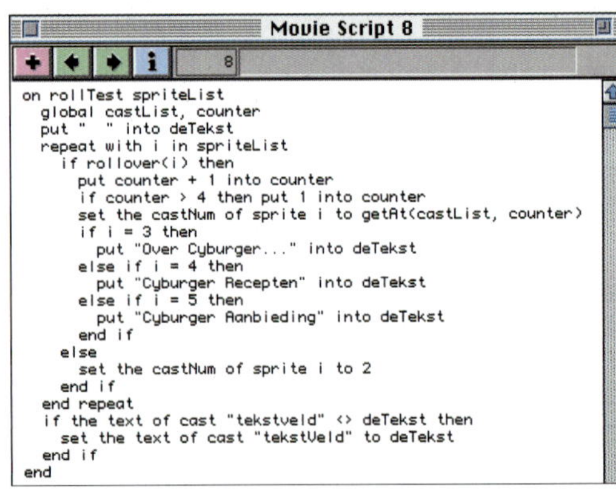


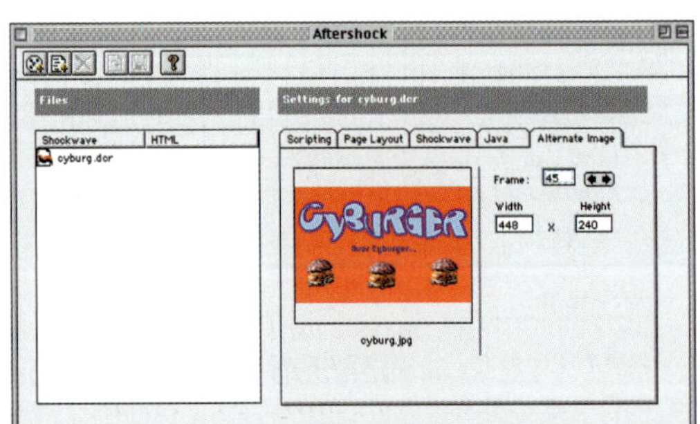


▲ Als de gebruiker geen Shockwave plug-in heeft (of de verkeerde versie), dan wordt een GIF-afbeelding gebruikt.

### ▶ Embedding

Voor het plaatsen van de Shockwave-movie wordt een nieuwe tag geïntroduceerd. Deze tag bezit tevens een aantal specifieke attributen die het totale bewegingsverloop van de movie kunnen beïnvloeden. De extensie .dcr geeft aan dat het een ShockWave-bestand is.

**ShockWave .dcr plaatsen <EMBED>**

*Door de <EMBED>-tag te gebruiken en als 'source' de naam van het ShockWave-bestand op te geven wordt de animatie in de pagina opgenomen. Het is aan te raden om ook in dit geval de breedte en hoogte van de animatie op te geven zodat de browser de ruimte alvast kan reserveren. Zeker voor grote ShockWave-bestanden een must. Het 'cyburg.dcr'-bestand is slechts 24 Kilobyte groot!*

```
<HTML>
  <HEAD>
    <TITLE>Cyburger statement</TITLE>
  </HEAD>
<BODY bgcolor="#ff0000" text="#9CCEFF">
<BR>

<CENTER>

<EMBED SRC="cyburg.dcr" WIDTH=448
  HEIGHT=240 TEXTFOCUS=never>

<H1>Fight for your digital rights</H1>

</CENTER>

</BODY>
</HTML>
```

### ▶ Houd het compact!

De bestandsgrootte van de ShockWave-movies mag de grens van 200 Kilobyte niet overschrijden. Er zijn een aantal technieken waardoor de grootte gelimiteerd kan worden:

- Beperk het aantal castmembers èn de hoeveelheid kleuren in de paletten. Probeer hetzelfde plaatje in verschillende groottes te gebruiken, dat is veel economischer dan aparte versies in Photoshop voor te bereiden. Met behulp van de optie 'Transform Bitmaps' kan men de dithering heel laag instellen in Director. De tekengereedschappen van het programma geven weinig extra 'gewicht' aan de movie, maar kunnen goed gebruikt worden als castmembers, maar ook als masker.
- Geluid voegt een belangrijke dimensie toe aan de movie. Een stille film is nu eenmaal uit de tijd, nietwaar? Geluid is echter ook erg 'ruimtevretend' op de harde schijf. Probeer daarom te downsamplen naar minimaal 11.025 kiloHertz. Door gebruik te maken van 'loops' kan een kort geluidsfragment steeds gerepeteerd worden. Een kort geluidje als ergens op 'geklikt' wordt is ook heel nuttig.
- De ShockWave-movie zelf kan ook ingekort worden en in een 'loop' gezet worden. Daartoe moet men wel het script in de laatste frame aanpassen met de volgende tekst:

```
on exitFrame
  go frame 1
end
```

De film zal nu oneindig doorspelen, probeer daarom de bezoeker niet te veel te irriteren met al te indringende muziekfragmenten...

- Door gebruik te maken van repeterende achtergrondpatronen kan de ShockWave-movie een fraaie structuur krijgen zonder de hoeveelheid data die bij een forse PICT hoort. De 'tegels' die men voor het achtergrondpatroon gebruikt dienen bij voorkeur gebaseerd te zijn op 16, 32, 64 of 128 pixels hoogte en/of breedte. Director kan maximaal acht aparte patronen als castmember opslaan.
- Ook het gebruik van videoclips vereist enige terughoudendheid. De bestandsgrootte van QuickTime noopt tot deze beperking. Probeer als alternatief repeterende 1-bits PICT-afbeeldingen die per 4 frames in een loop zijn gezet. Door kleurvariaties aan te brengen kan het wat beperkte beeldgebrek gemaskeerd worden. Ook 3D-animaties kan men omzetten naar 1-bits frames om ruimte te besparen zonder aan de kwaliteit te tornen.
- De sterkste eigenschap van Director, de Lingo-codetaal, is in het cyburger-voorbeeld slechts beperkt gebruikt. De mogelijkheden van Lingo zijn echt oneindig en MacroMedia breidt de taal ook met elke update uit. Er zijn inmiddels ook Lingo-commando's geïntroduceerd om URL's direct vanuit de movie aan te roepen. Versie 5 van Director is de beste optie.
- Als men een aantal websites bezocht heeft die met ShockWave-movies zijn uitgerust *(via www.shockwave.com vindt u ze wel)*, kijkt u daarna eens in de 'cache' van uw webbrowser. De .dcr-bestanden zijn de bezochte ShockWave-movies, ter lering ende vermaak.

### ▶ ShockWave controller

Macromedia heeft een speciale controller uitgebracht waarmee men favoriete movies kan bewaren en later ook weer aanspreken. Op de desktop van uw computer kunt u een soort remote control installeren waarmee de movies bedient kunnen worden. Een handige oplossing om uw movies te ordenen.

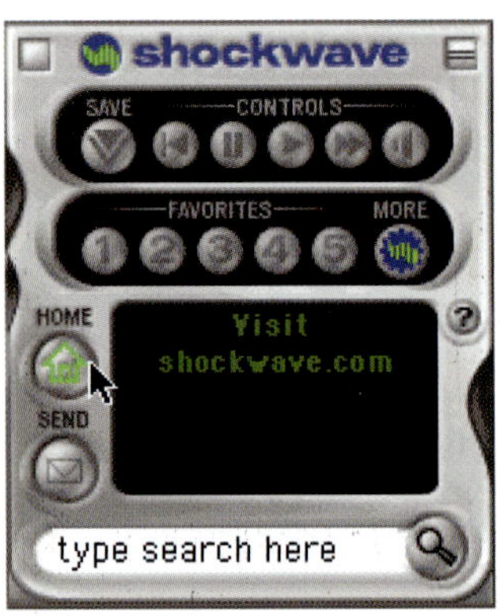


◂ Op de site shockwave.com staat de installer voor de Shock controller.

Advertising ▸ banners vindt men tegenwoordig in alle soorten (en maten) op het web.

In deze workshop wordt getoond hoe men met behulp van Headline Studio van Metacreations in korte tijd een aansprekende online advertentiebalk kan maken. Tevens wordt ingegaan op de voorwaarden om een succesvolle banner te scheppen en welke aanverwante technieken van toepassing zijn.

## Banner advertising

Banner ads vervullen op Internet dezelfde rol als reclameborden in een voetbalstadion. Ze eisen een ondergeschikt deel van de aandacht op, maar zijn toch altijd nadrukkelijk aanwezig en commercieel waardevol. Echter overdaad schaadt nu eenmaal en net als in Italiaanse voetbalstadions waar de reclameborden drie tot vier rijen dik staan en de mensen amper nog een speler, laat staan een bal, kunnen ontwaren, zo zijn ook commerciële webpagina's een beetje aan het dichtslibben. De reacties zijn dan ook navenant en de gevolgen, zoals alles meetbaar op het Web, vindt men terug in de statistieken. De clickthroughs dalen continu en de regelgeving wordt alsmaar strikter. Het DoubleClick Netwerk en populaire search engines als AltaVista accepteren alleen nog banners die aan specifieke eisen voldoen. Andere sites isoleren de banners in hun pagina om de 'onrust' te beperken.

## ▶ Regels en wetten

De oorzaak is uiteraard de verstoorde communicatie die de banner ad veroorzaakt. In opvallende *(lees schreeuwende)* kleuren en voorzien van hinderlijk, constant repeterende animaties vraagt de graphic om de aandacht van de lezer. Dit leidt uiteraard de aandacht af van de rest van de content waarvoor de bezoeker oorspronkelijk naar de pagina was toegesurft. Het doel van het plaatsen van de online advertentie verschilt per adverteerder.

Sommige banners dienen louter om een specifieke boodschap in zijn kernvorm te communiceren. Vervolgens dient de banner 'aangeklikt' te worden en op een andere site wordt dan de rest van het proces vervolgd. De mate waarin een banner aangeklikt wordt, kan men zeer zorgvuldig meten. Het percentage bezoekers dat de muisknop echt indrukt wordt uitgedrukt in de zogeheten 'clickthrough rate'. Een erg succesvolle banner zoals HP's 'pong' haalt maximaal 7 procent...

Er zijn ook banners die puur voor de naambekendheid op het Web opduiken; ze vragen niet om een specifieke actie maar scheppen 'awareness' voor het getoonde merk. Andere banners weer bezitten interactieve mogelijkheden zoals pop-upmenu's of invoervelden. Ondanks de grote verscheidenheid aan functionaliteit hebben alle banners één kenmerk gemeen: opvallendheid. Een online advertentie die geen 'eyeballs' aantrekt is zonde van de investering. De aantrekkingskracht van een banner ad blijkt namelijk sterk beïnvloed te worden door beweging. Een statische balk levert aanmerkelijk minder 'clickthroughs' op dan een geanimeerde banner, zo'n 25 procent!

Op zich logisch, bewegend beeld trekt sneller de aandacht. Dit heeft echter een aantal praktische gevolgen voor de webontwikkelaar. Een banner ad die gebruikmaakt van GIF animatie is gebonden aan de beperkingen die het advertentiemedium opgeeft. Afgezien van het meest logische criterium, de grootte van de advertentiebalk in pixels,

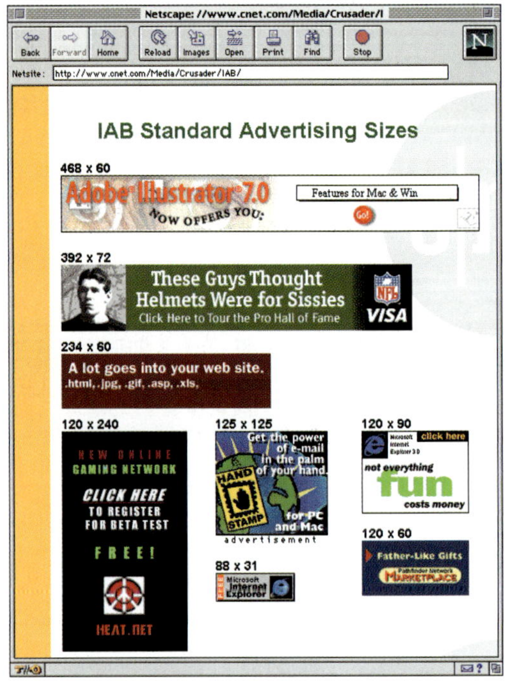


▲ **Op de website van het Internet Advertising Bureau (www.iab.net) vindt u alles over adverteren op Internet inclusief een overzicht van de officiële bannergroottes.**

wordt ook de maximale grootte in kilobytes steeds vaker als eis gesteld. Uit eigen ervaring weet ik dat de publicaties van Time Warner een 15 kilobyte limiet heeft gesteld. Dat betekende letterlijk pixel voor pixel de werktekening bewerken tot de limiet bereikt is.

Yahoo gaat overigens nog een stap verder en stelt ook een maximum van 4 seconden aan de duur van de animatie. Dit om die hinderlijke continu repeterende reclameboodschappen op het scherm te vermijden. Het wereldwijd opererende Doubleclick netwerk stelt een beperking aan het aantal animatieloops: maximaal drie herhalingen. De werktekening van een typische banner moet dus voldoen aan de volgende eisen:

| | |
|---|---|
| Pixelbreedte: | 468 pixels |
| Pixelhoogte: | 60 pixels |
| Maximale bestandsgrootte: | 12 Kb |
| Uitgebreide bestandsgrootte: | 15 Kb |
| Maximale animatieloop: | 3 x |

## ■ Metacreations Headline Studio banner productie 1

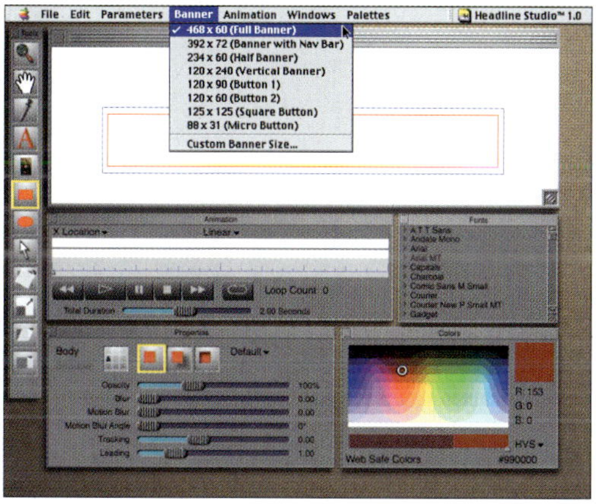


❶ Een standaard banner van 486 x 60 pixels wordt opgezet.

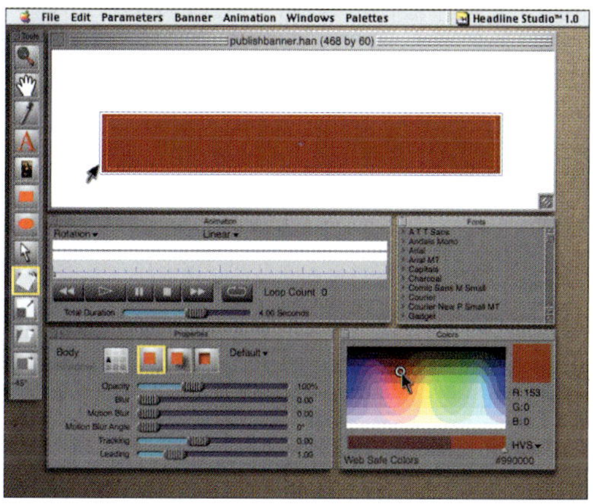


❷ Een rode achtergrond (met afsnee) wordt aangebracht.

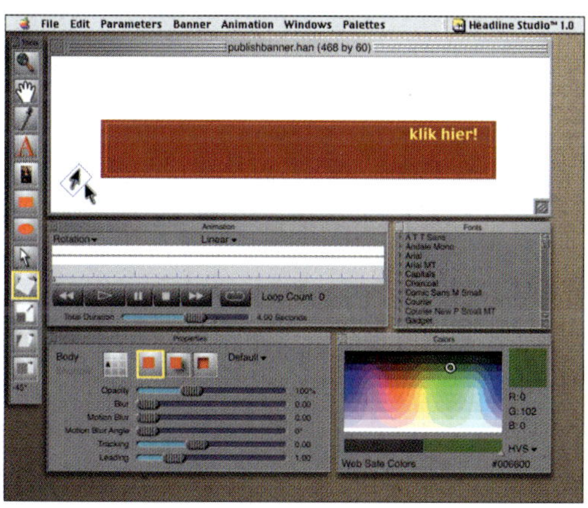


❸ De tekst 'klik hier' wordt aangebracht in een contrasterende kleur. Een afbeelding van een pijltje wordt geïmporteerd en buiten de bannervorm geplaatst.

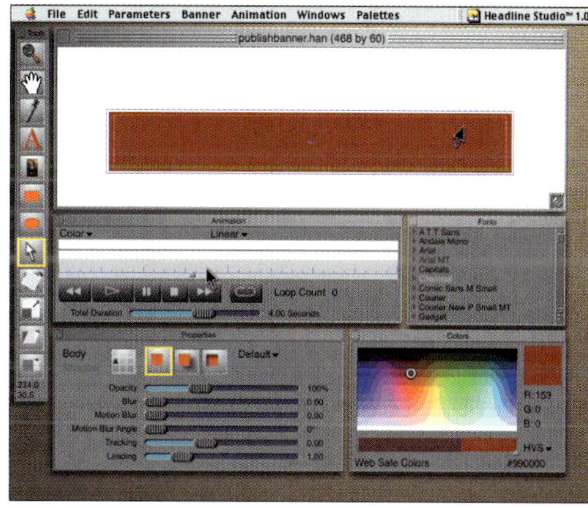


❹ In het animatievenster wordt het eindpunt aangegeven.

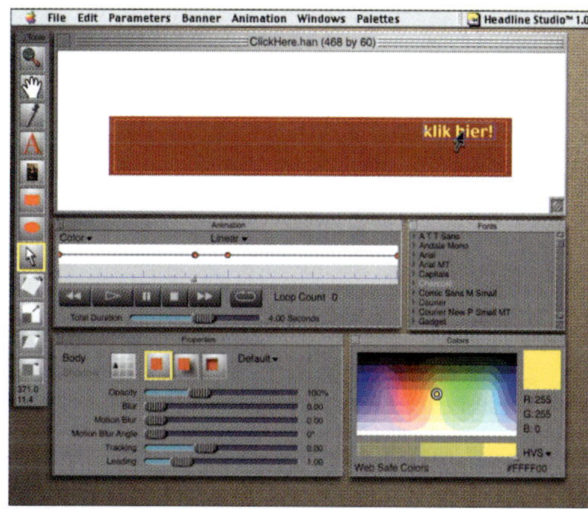


❺ De 'Opacity' van de tekst wordt op 100% ingesteld...

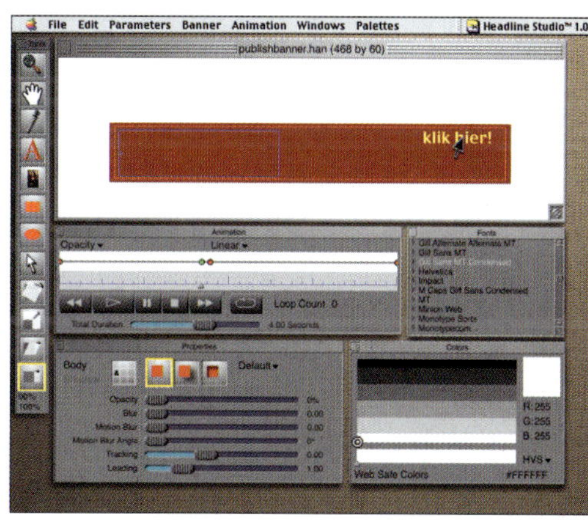


❻ ...terwijl op hetzelfde punt op de tijdas een nieuwe tekst wordt geplaatst voor een tweede animatie. Headline Studio werkt net als Macromedia Flash en Director met een tijdlijn.

### ▶ Vakgereedschap

Het is duidelijk dat goed gereedschap vereist is om de banners te ontwikkelen. Opmerkelijk genoeg is zo'n product nog maar net op de markt. Voorheen moest een combinatie van Adobe Photoshop en een hulpprogramma als GIF Construction Set of GIFBuilder het werk doen. Macromedia heeft met Fireworks ook een goed bruikbaar instrument gemaakt, maar Headline Studio van Metacreations is het non plus ultra op dit gebied. Deze software is specifiek ontwikkeld om geanimeerde en interactieve banner ads te creëren en te produceren.

Aangezien Headline Studio een product uit de stal van Kai Krause is, heeft de gebruikersinterface een atypisch uiterlijk. Ook al heeft de Duitser Metacreations inmiddels verlaten, de typische amorfe stijl van zijn interfaces onderscheidt zich van alle gangbare conventies. Typerend is sowieso dat Headline Studio het hele scherm overneemt en een soort hybride desktop creëert die het midden houdt tussen de Mac en Windows. Zelfs de cursor wordt aan de interface van het programma aangepast.

Uniek aan Headline Studio is het feit dat het programma veel creatievere oplossingen en mogelijkheden biedt om een broadcastkwaliteit banner te maken. Inderdaad, effecten zoals we die van de zogenoemde 'leaders' van televisieprogramma's kennen. Deze kwaliteit overstijgt het gangbare niveau op Internet in ruime mate.

▲ Op de website van Doubleclick (www.doubleclick.nl) leest u alles over de tarieven van een online banner campagne.

Door de vele ingebouwde effecten is een bewegende typografie in Headline Studio 1.0 in géén tijd gefabriceerd. Als men dit proces vergelijkt met de moeizame weg die men moet volgen in Adobe Photoshop is Headline Studio een grote stap voorwaarts. Vooral de spontaniteit waarmee men ideeën kan uitproberen en weer verwerpen, is uniek aan dit product. Voorheen moesten alle stappen in het animatieproces met de hand getekend en apart bewaard worden. In Headline Studio kan men naar hartelust experimenteren, ook met geïmporteerde afbeeldingen in TIFF-, PICT- en JPEG-bestandsformaat.

▼ Banners in Macromedia Flash-formaat zijn nog zeldzaam.

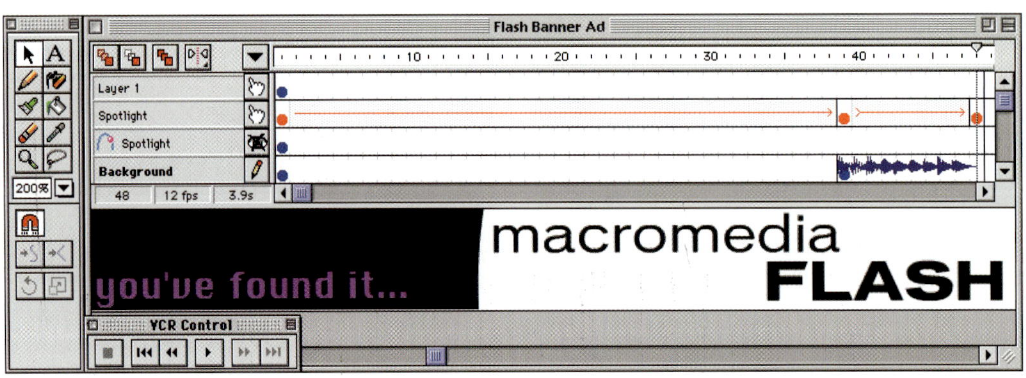

## Metacreations Headline Studio banner productie 2

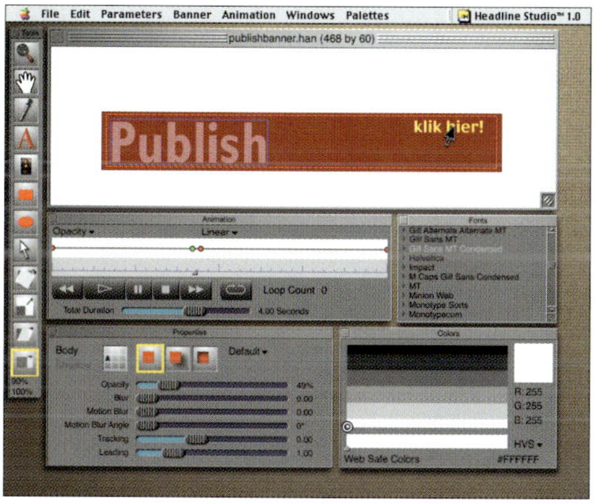


❼ De grote tekst krijgt een transparantie van 49%...

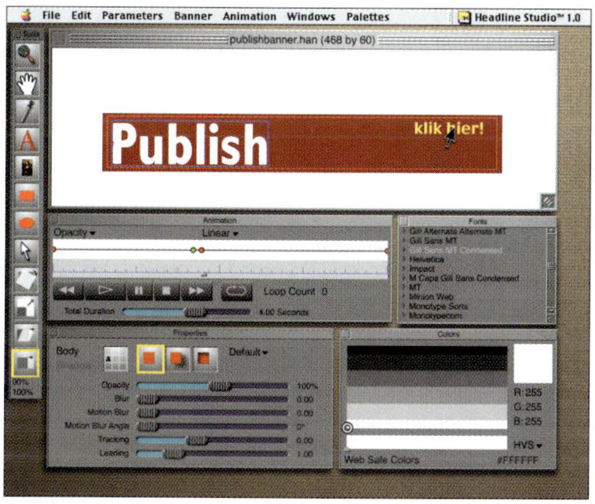


❽ ...en vervolgens een 100% dekking na een halve seconde.

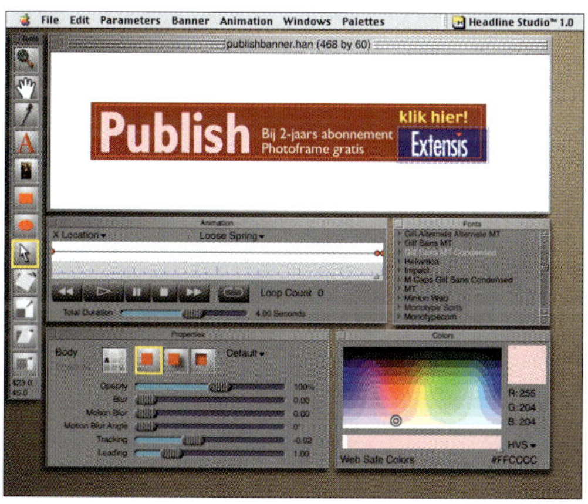


❾ Vervolgens wordt het logo van Extensis geïmporteerd en in de rechterbovenhoek geplaatst. Headline Studio kan TIFF-, JPEG- en PICT-bestanden importeren.

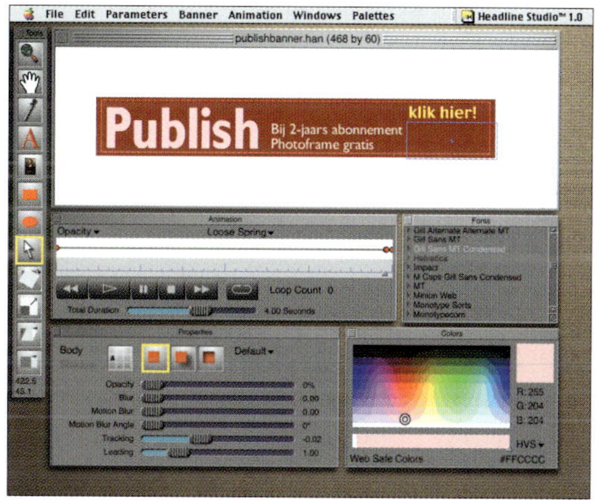


❿ Ook een geïmporteerd beeld kan men transparant maken.

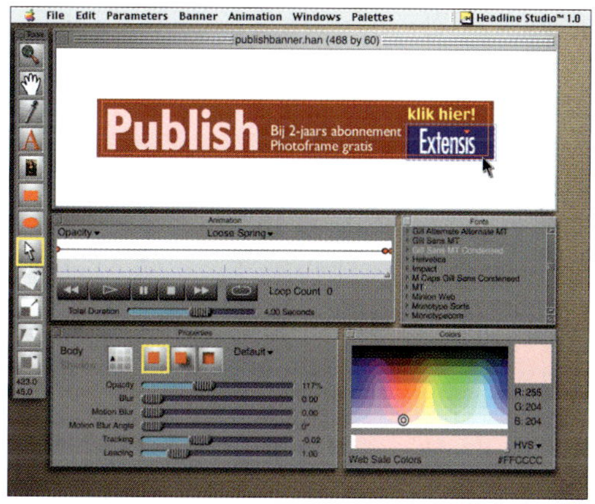


⓫ Op de laatste tik wordt het logo volledig zichtbaar.

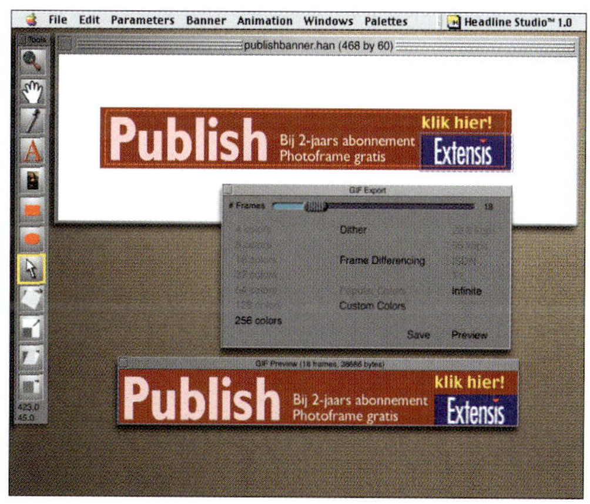


⓬ Bij het exporteren zijn een groot aantal instellingen mogelijk. Gelukkig kan men de animatie 'previewen' zodat deze in het programma zelf beoordeeld kan worden.

## ▶ Succesvolle bannertechnieken

Voor deze workshop maken we een banner in het standaardformaat van 468 x 60 pixels. Headline Studio start overigens automatisch in deze instelling op. Uiteraard kunnen ook de andere IAB/CASIE-standaardmaten gekozen worden: 392 x 72, 234 x 60, 120 x 240, 120 x 90, 120 x 60, 125 x 125 en 88 x 31 pixels, het bekende button-formaat van de Netscape en Microsoft browsers. Dit zijn wereldwijd gestandaardiseerde bannermaten. Uiteraard kan men ook een eigen maat ingeven.

Headline Studio toont de binnenmaat van de banner in een één pixel dik kader, met tevens een ruimere marge eromheen. Een soort digitale afsnede. De desktop die Headline Studio geheel in beslag heeft genomen, toont ook een animatievenster, een kleurenpalet, een tijdlijn met keyframes en een fontlijst. Dit zijn de ingrediënten waarmee men de banners kan klaarmaken, zonder hulp van andere software. Voor de Publish banner willen we gebruikmaken van een rode achtergrond en overwegend gele en witte teksten. Onderzoek heeft uitgewezen dat deze kleurcombinatie een goede clickthrough oplevert.

Om de rode achtergrond aan te maken, tekenen we een rechthoek en plaatsen die op de afsneelijnen van de door Headline Studio aangegeven marge. De kleur rood wordt vervolgens uit het kleurenpalet geselecteerd. Let wel, het is verstandig om het 'Web safe palet' aan te klikken in het kleurenvenster om later dithering van de kleuren te voorkomen.

De eerste tekst die op de banner geplaatst wordt, is het bekende 'Klik hier!'. De reden voor deze digitale open deur is dat onderzoek ook heeft uitgewezen dat zo'n tekst een stijging van 18 procent oplevert aan clickthroughs. Het lettertype kan men eenvoudig uit de fontlijst selecteren, Headline Studio werkt met alle Type 1 geïnstalleerde fonts.

Vervolgens willen we een pijltje op het scherm animeren dat zich van linksonder naar rechtsboven verplaatst en op de 'Klik

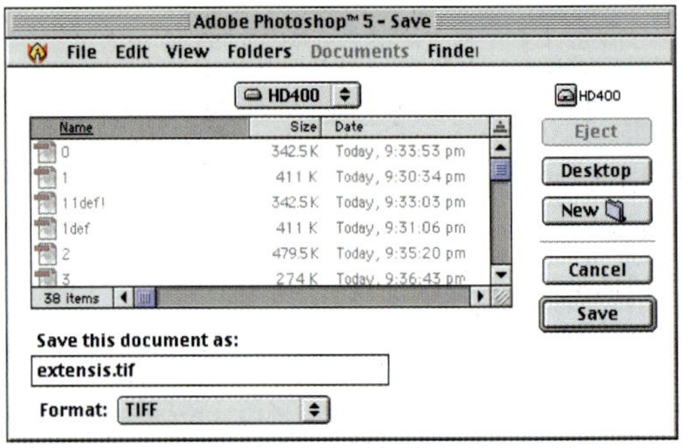


▲ Een TIFF-bestand kan in Headline Studio geplaatst worden.

hier!' eindigt. Het pijltje dient als object geïmporteerd te worden. We maken gewoon een screendump van de grote Headline Studio pijl en slaan deze als TIFF-bestand op. Als de pijl linksonder in het beeldkader geplaatst is, zetten we in de tijdlijn de eerste keyframe aan. Op ongeveer driekwart van de tijdlijn plaatsen we een tweede keyframe en slepen de pijl ernaartoe. Headline Studio berekent vervolgens de animatie tussen deze twee uitersten. Dit gaat allemaal erg vloeiend waardoor een kwalitatief hoogstaand product ontstaat.

Ook op het tweede keyframe moment zorgen we dat de kleur van de 'Klik hier!' verandert naar felgeel. Een luttele seconde na deze stap plaatsen we de wervende tekst 'Bij 2-jaars abonnement PhotoFrame gratis'. Deze kopij wordt in twee regels in Gill Sans geplaatst. Om het enig cachet mee te geven wordt de tekst eerst wazig weergegeven en op het einde van de animatie scherp. Dit effect is in géén tijd gerealiseerd door een hoge waarde bij de optie Motion Blur in te geven op het derde keyframe. Op het eindpunt wordt de Motion Blur instelling weer op de waarde 'nul' gezet. Ziedaar een fraaie animatie. Als afsluiter wordt het geïmporteerde Extensis logo geplaatst. Dit element verschijnt in beeld nadat de 'Motion Blur' tekst volledig leesbaar in het beeld staat. De banner is nu klaar en alle grafische en tekstuele elementen zijn in het concept opgenomen. Nu volgt nog de optimalisering van de animatie zelf.

Eén van meest geslaagde ▸ 'banner ads' ooit, is dit hier afgebeelde voorbeeld op de site van Hotwired. De homepage is geheel in zwartwit uitgevoerd en de bezoeker wordt uitgenodigd om op de 'Hotwired true colors' te clicken…

◂ Na de click wordt de hele(!) webpagina opnieuw ingelezen en ditmaal met gekleurde beelden en teksten. De banners van Hewlett Packard maken duidelijk aan wie we dit te danken hebben.
Dit is pas echt geïntegreerde communicatie.

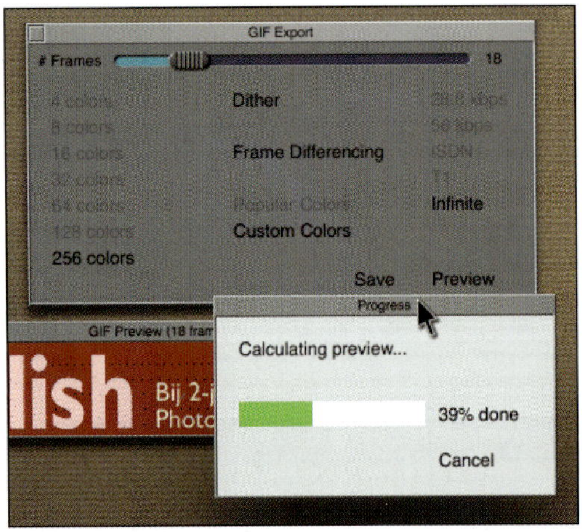


▲ De preview wordt in Headline Studio zelf aangemaakt.

## ▶ Eindresultaat verkleinen

De uiteindelijke animatie kan men ook tijdens de productie voorvertonen door Command-P te typen. In een apart venster wordt het voorlopige resultaat in de juist aangesneden grootte getoond. Als de banner naar believen is, dient deze geëxporteerd te worden als GIF-bestand. Ook hier kan men diverse varianten uitproberen; Headline Studio toont de grootte in kilobytes na elke preview. Overigens kan de bestandsgrootte van het uiteindelijke GIF-bestand nog flink verkleind worden *(15 tot 40%)* met specifieke software als Ulead GIF Animator voor Windows of GIFBuilder voor de Mac. De definitieve banner is net iets groter dan voornoemde 14 Kilobyte limiet.

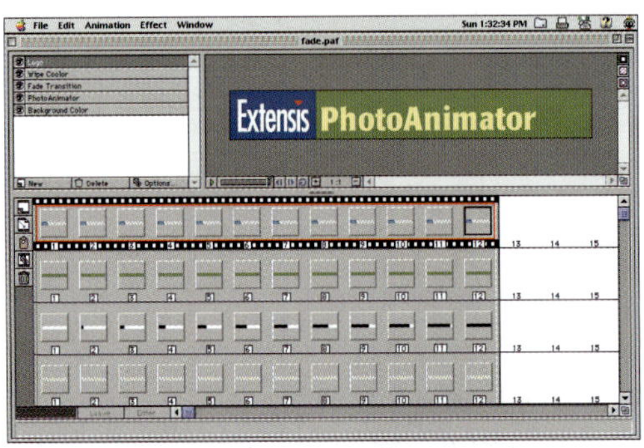


▲ Als alternatief voor Headline Studio kan men ook bij Extensis terecht. Het programma PhotoAnimator is iets minder 'heftig' maar produceert wel prima GIF animaties.

De 'virtuele' ► documenten kunnen met behulp van de Acrobat-reader en de Amber-technologie online bekeken worden.

Adobe heeft het 'Portable Document Format' of PDF ontwikkeld als een systeem-onafhankelijke oplossing voor het bekijken en afdrukken van documenten. Deze eigenschap maakt dit produkt bij uitstek geschikt voor zowel 'online publishing' als 'information publishing'.

## Adobe Acrobat & PDF

HTML is niet het enige 'computertaal-ongevoelige' bestandsformaat. Al jaren geleden is Adobe, de firma die aan de basis stond van DeskTop Publishing, met de ontwikkeling gestart van PDF. Technisch gezien is het 'Portable Document Format' een conversie van PostScript-data.

De unieke karakter-eigenschap van dit bestandsformaat is het feit dat de 'lezer' van het PDF-bestand niet over de lettertypen hoeft te beschikken die in het originele PostScript-document zitten om de informatie te kunnen lezen. Als de informatie op een PostScript-printer afgedrukt wordt, komt een tweede voordeel aan het licht: ook de printkwaliteit is perfect!

## RealAudio en geluidscompressie

Zoals u op de afgelopen pagina's heeft kunnen lezen, is er geen algemeen geaccepteerde standaard op geluidsgebied. De frequenties zijn gelukkig wel bepaald, maar de 'doorstroom' van de data nog niet. De droom van alle geluidsfreaks is namelijk 'live' audio op het Internet! Dit vergt echter compleet nieuwe technieken aangezien de WAVE, AU en AIFF-bestanden nog geen 64 kbps *(Kilobyte per seconde)* halen. Voor live-data is 10 kbps een beter uitgangspunt...

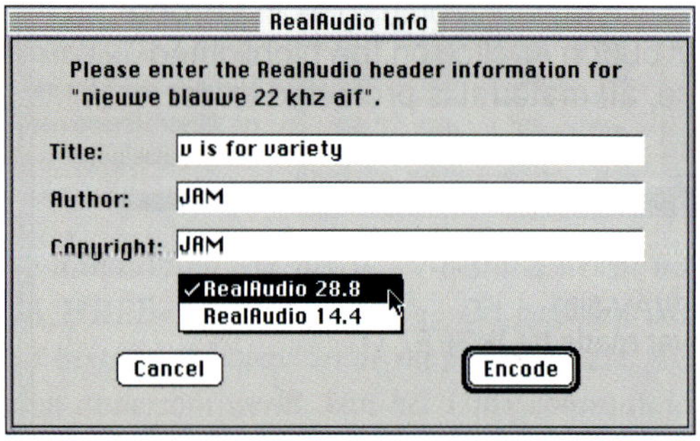


▲ RealAudio heeft twee aparte versies en kan 8, 11, 22 en 44 kHz mono databestanden converteren.

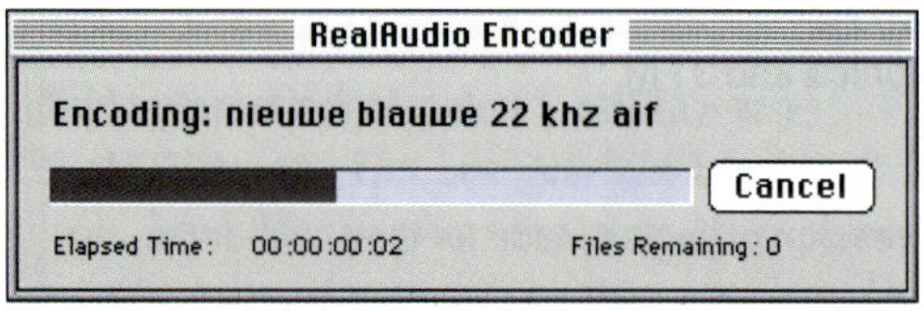


▲ De conversie kan door de gebruiker niet beïnvloed worden. De RealAudio Player is nodig om het geluid af te spelen.

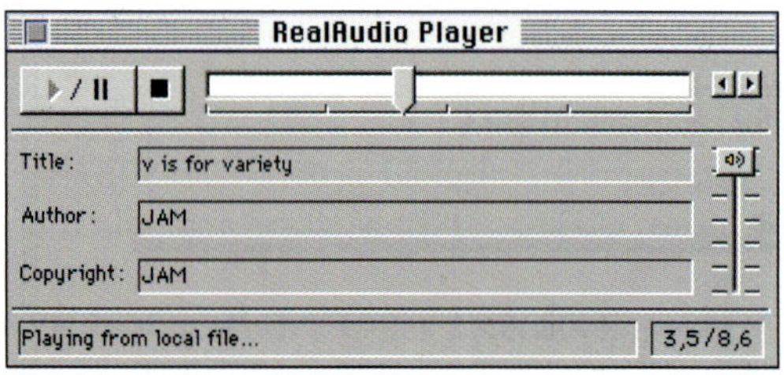


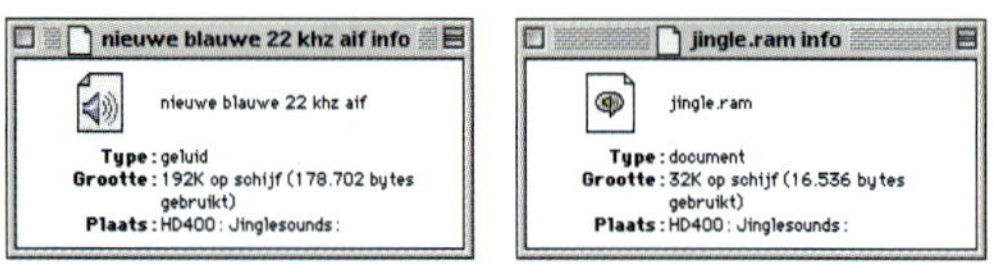


▲ Het RealAudio-geluidsbestand is slechts 10 procent van het origineel in AIFF-formaat (Apple's eigen geluidsnorm).

Er zijn inmiddels een aantal firma's die een succesvolle poging hebben ondernomen om dit probleem te tackelen. Het meest vooruitstrevende produkt is RealAudio. Het bijbehorende .ra- of .ram-bestandsformaat geldt momenteel als de standaard voor 'streaming' audio. Er zijn ook een hoop *(vaak commerciële)* websites die hun software toepassen, denk aan omroepbedrijven en dergelijke. Het voordeel van RealAudio is niet alleen de doorstroom van de data, maar het feit dat dit mogelijk wordt gemaakt door de compressie die men toepast. Het Jingle-testbestand dat in dit hoofdstuk is voorbereid is door de RA 28k8 mono-kwaliteit slechts 16,5 Kb groot! De kwaliteit is echter minder dan de 11 kHz .wav-bestand van 89 Kilobyte.

De 'real time'-compressie is echter de weg van de toekomst, dat staat vast. Progressive Networks, de maker van RealAudio, heeft voor alle computerplatforms gratis afspeel-software ter beschikking gesteld. En ook de noodzaak om de dure serversoftware te gebruiken is vervallen; men kan van een externe server gebruik maken om de 'stream' op gang te brengen. Met RealPlayer heeft Progressive Networks niet alleen de audio-wereld veroverd, maar ook het versturen van videobeelden is eenvoudiger doordat dezelfde player voor beide media te gebruiken is.

▼ De RealPlayer kan zowel audio- als video-data weergeven en is standaard uitgerust met eigen kanalen.

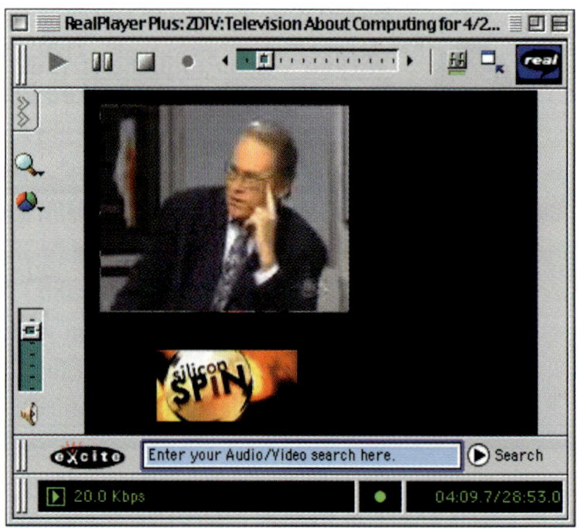

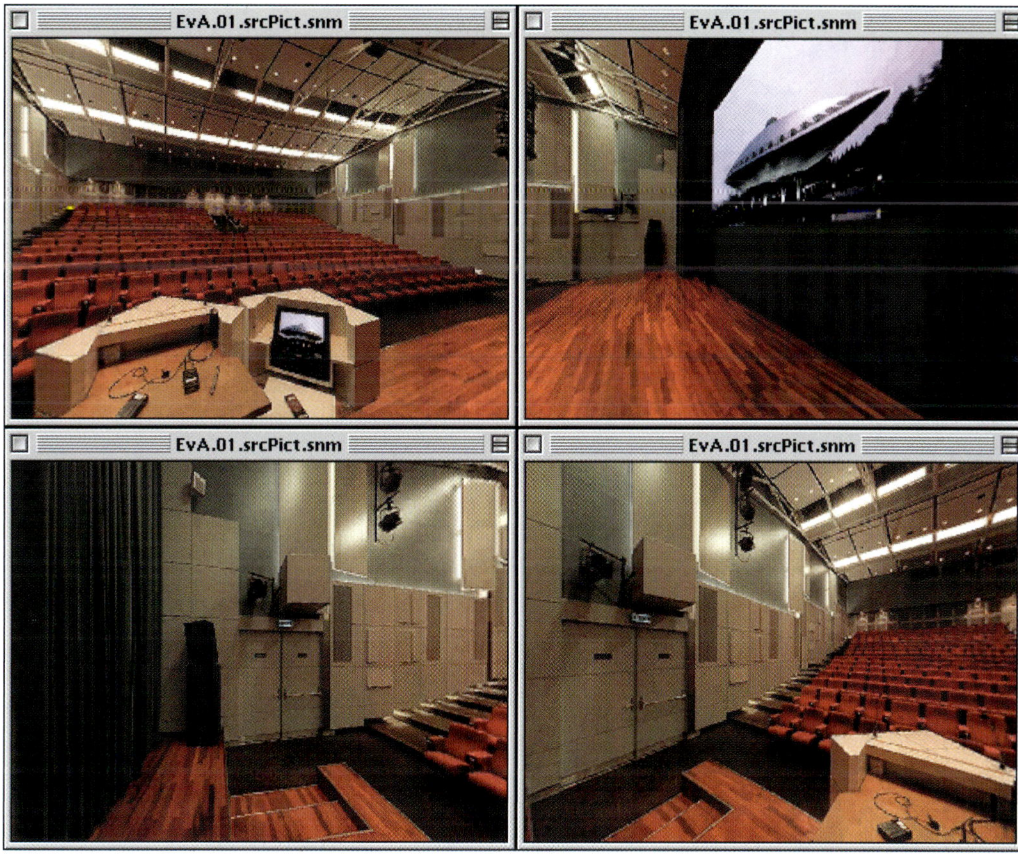


De toevoeging van video aan webpagina's maakt het Net tot de ultieme vorm van televisie: miljoenen kanalen met de mogelijkheid om direct te communiceren met de aanbieder! Met behulp van de unieke QuickTime VR technologie kan een onbekende ruimte 'virtueel' bekeken worden. Het multimediale karakter van het Net is een communicatieproces op zich.

## QuickTime VR en Video

Het inbouwen van filmpjes in een webpagina voegt tegelijkertijd bewegend beeld èn audio-informatie toe. De nadelen van deze operatie zijn echter de enorme omvang van de videobestanden. Toch zijn er een aantal oplossingen om deze data-overlast in te tomen. De knappe koppen op het Internet zijn druk doende om videobeelden te 'streamen', ofwel direct toonbaar te maken vanaf de eerste bytes die door de computer ontvangen worden. Een andere richting gaat Apple op met QuickTime Virtual Reality, kortweg QTVR. Dit zijn videofilmpjes waar de gebruiker zelf 'doorheen' loopt door de muis in de gewenste richting te bewegen. Aan de hand van een praktijkvoorbeeld wordt het produktieproces van een QTVR getoond.

## ▶ Virtuele verkoop

Een QTVR-movie kan op diverse manieren en met behulp van verschillende programma's gemaakt worden. De standaardprocedure maakt gebruik van speciaal geprepareerde foto's. Het is echter ook mogelijk om met beeldmateriaal te werken dat in een CAD- of 3D-programma is aangemaakt. KPT Bryce is een voorbeeld van laatstgenoemde procedure.

De mogelijkheid om een virtuele wereld te scheppen die niet alleen een 'betoverende' indruk van de ruimte geeft, maar ook nog eens compact is, maakt QTVR geschikt voor multimedia toepassingen. In dit hoofdstuk wordt uitgelegd hoe een QTVR panoramamovie van de congreszaal in het conferentiecentrum werd geproduceerd. Door de prospects, die de zaal kunnen huren, de mogelijkheid te geven om door middel van de website een 'virtueel' kijkje in het interieur te nemen, wordt de zaal wereldwijd gepresenteerd.

▲ Deze foto geeft slechts een oppervlakkige indruk van de 'Philips Hall', de grote zaal van het Evoluon congrescentrum.

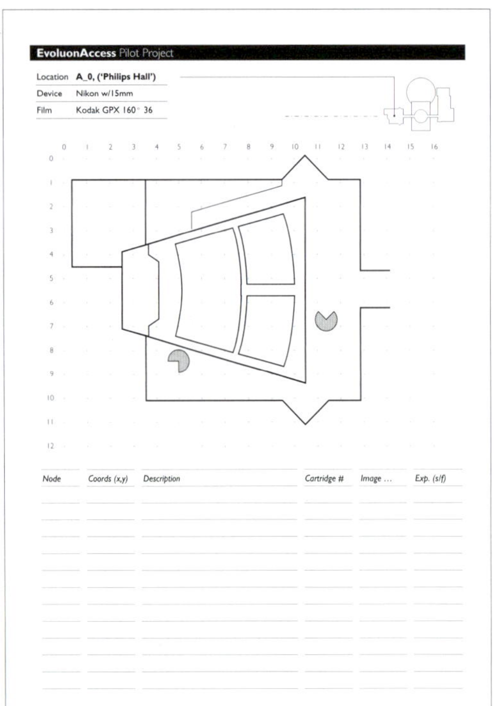
EvoluonAccess Pilot Project

Location A_0, ('Philips Hall')
Device Nikon w/15mm
Film Kodak GPX 160 · 36

| Node | Coords (x,y) | Description | Cartridge # | Image ... | Exp. (s/f) |
|---|---|---|---|---|---|

▲ Met behulp van dit formulier worden opnamen van de zaal gedocumenteerd inclusief de fotografische kenmerken.

## ▶ Produktieplanning

Om de zaal optimaal weer te geven is er voor gekozen om drie QTVR-movies te produceren met drie verschillende standpunten. Om deze punten te bepalen wordt gebruik gemaakt van een architectuur-tekening waarop de posities uitgezet worden. Eén opname wordt vanaf het spreekgestoelte gemaakt om een indruk te geven van het aanzicht vanuit die positie, waarbij tegelijkertijd de technische faciliteiten getoond worden. Nadat de posities bepaald zijn, kan er gefotografeerd worden.

Met behulp van een spiegelreflex-camera en een niet-vertekenende *(rectilineare)* 15 mm lens worden 12 opnamen gemaakt. Dit betekent dat een speciaal statief nodig is waarop de draaihoek in graden instelbaar is. Het middelpunt van de supergroothoek-lens moet boven het 'hart' van het statief staan. Dit is nodig om parallax te vermijden. Daarom moet de camera naar achteren verschoven worden. Aangezien de foto's softwarematig tot één geheel worden gesmeed, wordt later tijdwinst geboekt door nauwkeurig te fotograferen.

De lens is zo geconstrueerd dat de vertikale lijnen in de afbeeldingen zuiver recht blijven. De opnamen worden met negatief diafilm geschoten vanwege het grote bereik *(7 stops)* van deze filmsoort. Met behulp van een diascanner worden de beelden gedigitaliseerd. De camera heeft een effectieve kijkhoek van 97 graden. Het nadeel van zo'n 'bolle' lens is dat er van boven af licht op de lens valt. Dit resulteert in zogenaamde 'lens flares'. Deze zijn duidelijk zichtbaar in bovenstaande foto's. De 12 opnamen worden eerst door de 'stitcher' tot één beeld verwerkt en dan pas geretoucheerd vanwege de aansluitingen.

## ▶ De Stitcher

Apple's VR Authoring Tools Suite naait de opnames vervolgens aan 'elkaar'. Het MPW *(Macintosh Programmers Workshop)* gereedschap Stitcher brengt de cilindrische vervorming aan in de bronbeelden en monteert het tot één geheel. De overlappende delen worden 'tot een grootste gemene deler' gemiddeld. Het resultaat is een PICT-bestand van 1248 x 384 pixels. Deze hoeveelheid beeldinformatie is voldoende voor een QTVR-movie in 'web-kwaliteit'. Voor CD-rom toepassingen is een beeldgrootte van 2496 x 768 pixels geschikter. Het is belangrijk dat de maten een veelvoud van 96 pixels zijn.

De Stitcher is feitelijk een script waarin de horizontale en verticale speelruimte van de beeldmontage is ingegeven. Tevens is het 'pad' naar de originele bestanden in het script opgenomen. Deze opnamen zijn genummerd van 01 tot 12. Het pad moet exact kloppen anders ontstaan er problemen bij het 'stitchen'. Aangezien het stitch-proces een tijdrovende en computerintensieve bezigheid is, kan men deze *(typ)*fouten beter voorkomen. Een handig hulpmiddel is het programma DropPath. Dit is 'drag-and-drop' software waarmee men eenvoudig het pad van een bestand op het Apple klembord kan zetten. In de MPW Tool wordt het pad vervolgens in het script geplakt.

## ▶ Beeldbewerking

Zoals eerder vermeld is het verstandig om de originele gescande beelden ongeretoucheerd te laten verwerken door de Stitcher. Dat heeft een aantal redenen. Ten eerste zal een retouche met behulp van het stempelgereedschap van Adobe Photoshop een verandering in de structuur te weeg brengen. In de plankenvloer, waar het 'Lens Flare'-effect nogal wat bewerking vereist, zal een correctie vooraf aansluitproblemen veroorzaken. Als de Stitcher zijn werk heeft gedaan, kan men het PICT-beeld naar believen aanpassen. Zie er wel op toe dat het contrast verhoogd wordt.

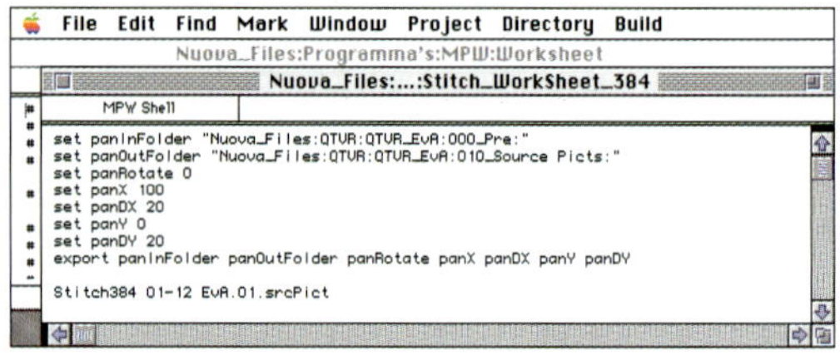


▲ Het standaard script van de Stitcher in een MPW Worksheet.

## ▶ Hot spots

QuickTime VR maakt gebruik van zogenaamde 'hot spots'. Dit zijn gebieden in het filmpje die een verwijzing naar een andere 'node' *(lees QTVR-movie)* mogelijk maken. Vanaf versie 1.1 van de QuickTime plug-in kan een hot spot ook naar een URL verwijzen. Dat geeft de QTVR-technologie aantrekkelijke mogelijkheden. In het Evoluon-voorbeeld zijn twee hot spots opgenomen. Deze worden in Photoshop in een aparte laag getekend waarbij gebruik wordt gemaakt van een kleur uit het standaard kleurenpalet van Apple. De oranje kleur waarmee de Vidiwall wordt aangemerkt, heeft als kleurnummer 16. Als de QTVR-movie met behulp van de <EMBED>-tag in de HTML-pagina is opgenomen, kan men de hot spots aan webpagina's koppelen.

```
<EMBED SRC="EvA_01.mov" WIDTH=320 HEIGHT=240
 HOTSPOT16="http://www.evoluon.com/comfort.htm"
 CONTROLLER=false>
```

Voor het combineren van de hotspots moet het Stitch-script wel uitgebreid worden.

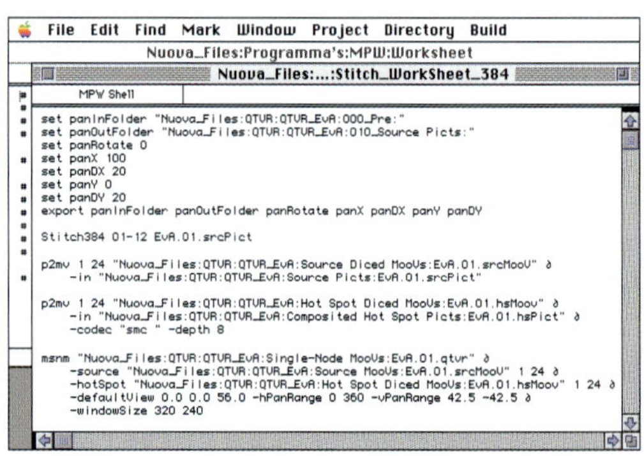

▲ Dit ongeretoucheerde beeld is het eindresultaat van de Stitcher op basis van de 12 foto's die op de voorgaande pagina staan.

▲ De 'Lens flares' zijn met het stempelgereedschap verwijderd en de schermen zijn van een illustratief beeld voorzien.

## ▶ Scene editor

In de Scene Editor, een HyperCard-stack, kunnen nodes aan elkaar gekoppeld worden tot een multi-node scene. Dit proces is niet bepaald eenvoudig en vergt tevens een flinke hoeveelheid RAM-geheugen, zo'n 20 Megabyte! Apple heeft een simpel programma gemaakt, Make QTVR Panorama waarmee een 'single' node eenvoudig te realiseren is op basis van een PICT-afbeelding.

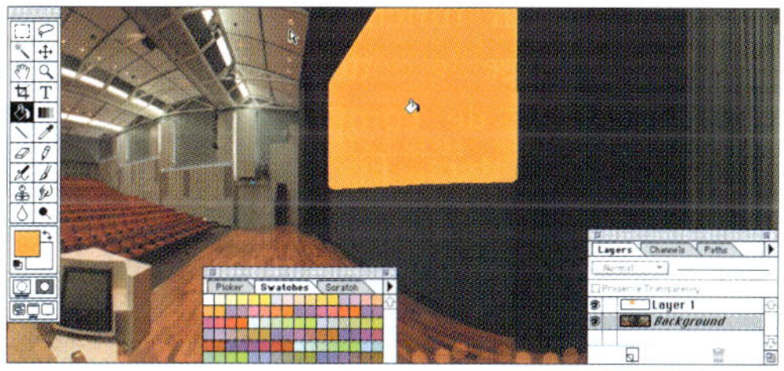


▲ Door gebruik te maken van een (absolute) kleur uit het basiskleurenpalet van Apple wordt een hot spot getekend. ▼

## ▶ Metastream open 3D formaat

Het softwarehuis Metacreations staat bekend om zijn innovativiteit en geldingsdrang. Inmiddels is oprichter Kai Krause vertrokken, maar zijn creatieve spirit leeft voort.

Metacreations is van oudsher sterk in 3D-technologie, getuige zijn prestaties op dit gebied met KPT Bryce en Canoma. Het was te verwachten dat juist zij een oplossing zouden aandragen voor een grote behoefte op het Web: een 3D-technologie die het mogelijk maakt producten realistisch weer te geven en tegelijkertijd amper downloadtijd vergt. Dat is met Metastream gelukt en bovenal is het bestandsformaat 'streaming'. Dat betekent dat er direct iets getoond wordt als er gegevens binnenkomen.

▲ Elke soort object kan in het Metastream formaat bewaard worden. Het 'embedden' van een .mts-bestand geschiedt zo: ▼

```
<html>
<head>
  <title>Embed Metastream schoen</title>
</head>

<body BGCOLOR="black">
 <embed src="shoe.mts" >
</embed>

 </body>
</html>
```

Ook een Metacreations ▶ product: Canoma 3D. Met dit pakket kan een foto 'geconverteerd' worden naar een volwaardige 3D-representatie. En, belangrijk in dit voorbeeld, het eindresultaat kan als Metastream bestand worden bewaard.

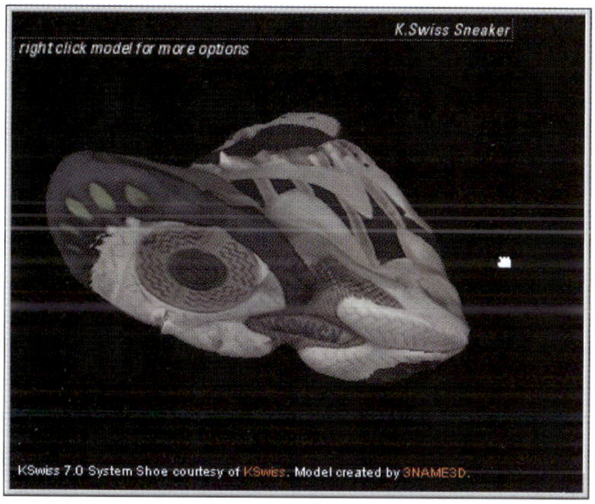


▲ Dit voorbeeld van een sportschoen toont de kwaliteit...

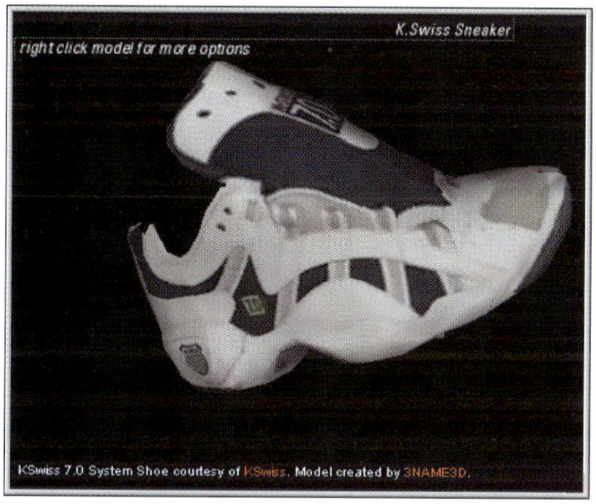


De voordelen van deze aanpak zijn legio. Het wachten wordt beloond en toch kan de gebruiker al aan de slag met het ingelezen bestand. Terwijl de textures nog ingelezen worden, kan de driedimensionale vorm al bewogen worden. Het enige nadeel is dat het een aparte plug-in vergt. Deze is echter relatief klein. Gelukkig gebruiken een aantal belangrijke sites de Metastream-technologie zodat de populariteit snel zal groeien!

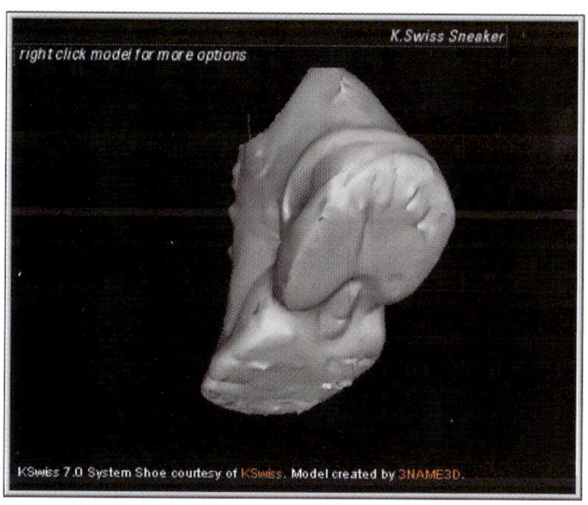


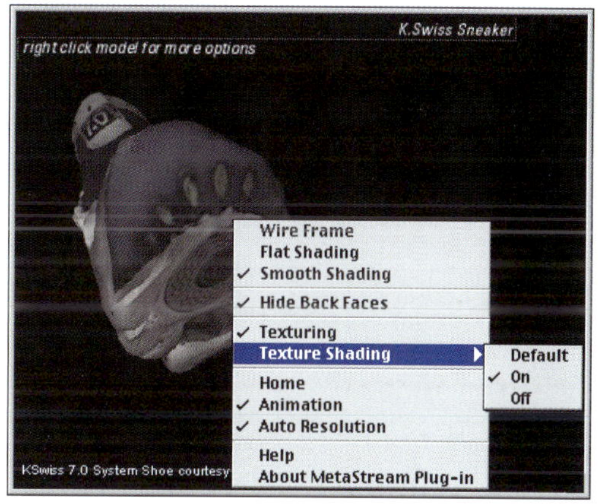


▲ ...en de gebruiksmogelijkheden van Metastream.

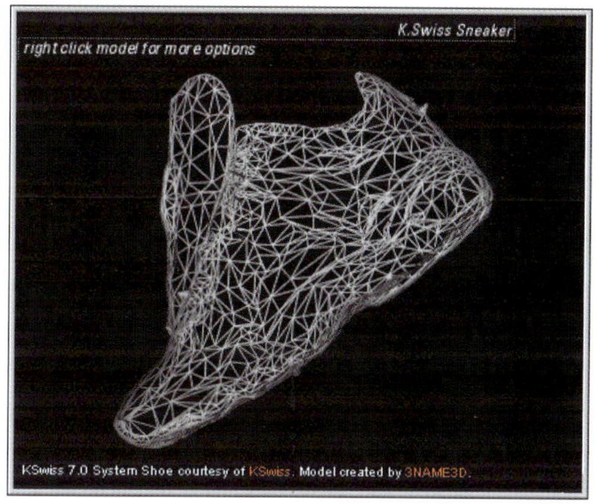


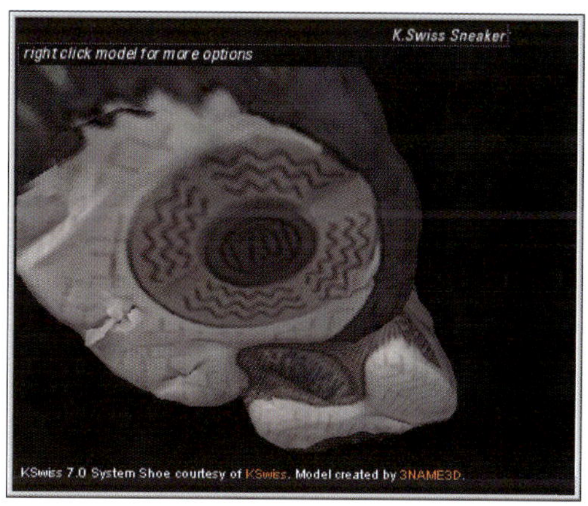

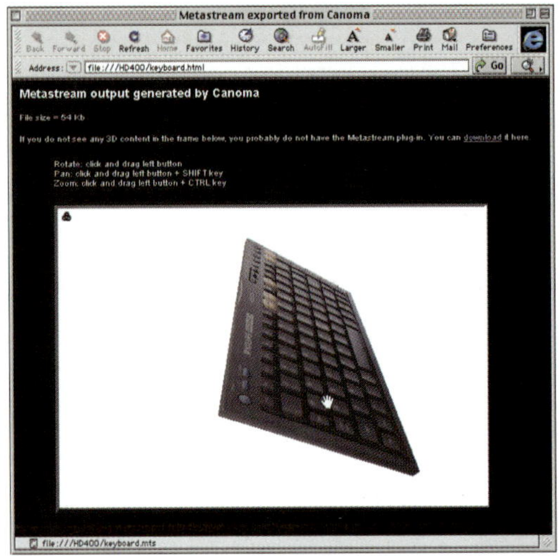


▲ Door 'Add Image' wordt het beeld in Canoma geplaatst. Het object kan compleet met HTML code bewaard worden. ▶

## ▶ Objecten natekenen in 3D

Dankzij het programma MetaCreations Canoma kunt u foto's omzetten naar echte 3D-tekeningen. Deze kunnen vervolgens als MetaStream bestand bewaard worden en dus in een webpagina bekeken worden.

De werkwijze van Canoma is even logisch als eenvoudig. Een geïmporteerde afbeelding *(in TIFF, PICT, JPEG formaat)* wordt door de gebruiker voorzien van geometrische vormen die enigszins corresponderen met de verhoudingen van de vormen op de foto. Hoe beter het lukt om de vormen op de foto te benaderen, des te realistischer wordt het eindresultaat. U begrijpt dat de kwaliteit en vorm van de afbeelding ook een belangrijke rol speelt. Maar het blijft opmerkelijk met welk een gemak in Canoma een foto van een produkt 'gedigitaliseerd' en in een 3D-object omgezer kan worden. Met behulp van Photoshop kan men ook eigen structuren in het programma opnemen of door middel van een masker een hinderlijk beeldelement verwijderen.

Als er genoeg 'blokken' om de meest herkenbare vormen van de foto getekend zijn, kan men het bestand om laten zetten naar een 3D-bestand. Een simpele klik op het 'haas' of 'schildpad' ikoon volstaat. In geen tijd is het 3D-model klaar en kan men met de bekende Bryce 3D-bol als navigator het perspectief veranderen. De eerste keer dat men dit met de eigen ogen ziet, is een waar feest.

MetaCreations heeft echt weer voor een ware doorbraak gezorgd en biedt alle designers een nieuw creatief *(teken)*instrument. Voor in de opmaak- of fotografiestudio is het programma ook bijzonder interessant. Een net niet kloppend perspectivische opname bijvoorbeeld kan eenvoudig gecorrigeerd worden. Let wel, Canoma kan in alle gangbare 2D- en 3D-bestandsformaten exporteren inclusief de eigen Poser-en Bryce-formaten. Vooral voor webdesigners is Canoma een erg aantrekkelijk tekeninstrument. Het programma ondersteunt VRML2 en uiteraard het eigen MetaStream bestandsformaat.

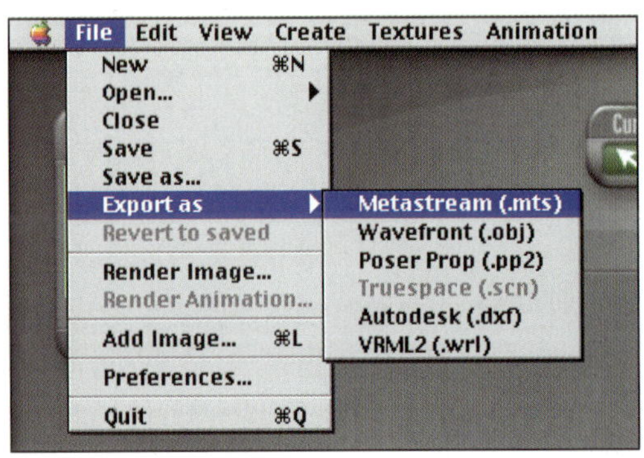

▲ Door een kubusvorm zo te manipuleren dat deze de contouren van het toetsenbord overneemt, ontstaat het 3D model.

## ▶ Blokkendozen verplaatsen

Plaats in Canoma een object uit de onderste beeldreeks op de geopende foto. Door vervolgens net zo lang aan de hoekpunten te slepen totdat deze met de fotovorm overeenkomen, ontstaat het 3D-model. Een simpele rendering is voldoende en klaar is het model!

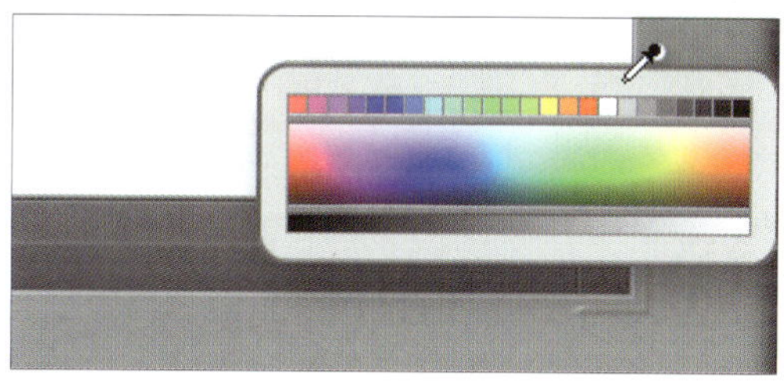

▲ De achtergrondkleur kunt u aan het origineel aanpassen. Door de bol aan de linkerzijde te verplaasten draait de vorm. ▼

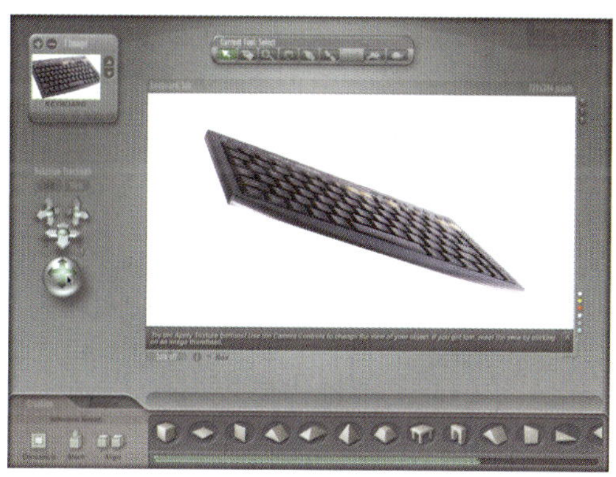

### ▶ VRML: geometrische beschrijving van de ruimte

De basis van de VRML-taal is een letterlijke beschrijving van de omgeving. De structuur, de belichting, de vorm van de objecten, alles kan in de uiterst compacte VRML-modelleertaal worden beschreven. De VRML-taal is het resultaat van het werk van virtuele samenwerking. Onder aanvoering van Mark Pesce is een ruimtelijke beschrijving ontstaan waar de bezoeker vanuit elk gezichtspunt naar kan kijken en doorheen navigeren. De objecten zijn in ASCII gedefinieerd en gebaseerd op primitieven. De omschrijving van een kubus, een basis 'node', is op zich eenvoudig. U bewaart een tekstbestand als 'kubus.wrl' *(de VRML-extensie)* en typt de volgende tekst:

```
#VRML V1.0 ascii
Cube { height 2 width 2 depth 2 }
```

De VRML-compatibele browser 'rendert' vervolgens een virtuele kubus van twee bij twee meter op het scherm. Zo eenvoudig is de programmeertaal VRML. Een bol *(Sphere)*, een kegel of een pyramide worden op dezelfde manier omschreven. Ondanks deze simpele opzet is er toch veel mogelijk. Kijk maar eens naar het volgende voorbeeld, waarin de positie, de kleur, een lichtbron en het cameraperspectief gedefinieerd zijn:

```
#VRML V1.0 ascii
Separator {
    DirectionalLight {
            direction 0.0 -1
    }
    PerspectiveCamera {
            position 0 8 15
            orientation 1 0 0 -0.4
    }
    Separator {
            Translation { translation 3 2 3 }
            Material { diffuseColor 1 0 0 }
    Cube { }
    }
}
```

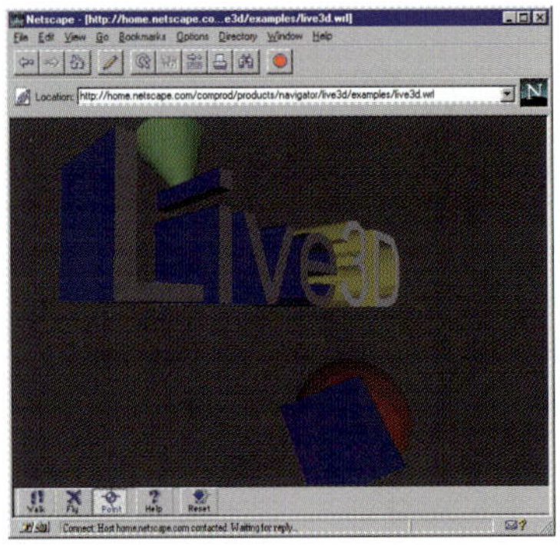

◀ Live3D is een plug-in van Netscape om de VRML-bestanden 'inline' te kunnen zien op de webpagina.

De instellingen van de VRML-taal zijn vast omlijnd. Maten zijn altijd in meters, de hoeken worden uitgedrukt in 'radians' en de coördinaten staan altijd in de volgorde X,Y,Z. Tekst die voorafgaat door het 'hekje'-symbool (#), wordt niet door de VRML-browser gelezen; het is slechts commentaar-code. In de VRML-taal kan men driedimensionale werelden beschrijven. Op de volgende pagina ziet u een compleet kantoor dat opgebouwd is met de basisvormen van VRML. Het vloeroppervlak wordt als volgt gecodeerd:

```
Cube { height .01 width 8 depth 7 }
```

Door de hoogte heel klein te maken ontstaat een vloeroppervlak. Men kan ook een structuur of textuur aan een object koppelen. Dit verhoogt de realiteitswaarde. JPG-afbeeldingen kunnen als repeterende 'tegel' gedefinieerd worden. De vraag rijst nu of men de VRML-code helemaal moet intypen en uit het hoofd leren? Nee hoor, ook hiervoor zijn Wysiwyg-programma's beschikbaar.

▲ Het onofficiële logo van VRML vindt men op Internet.

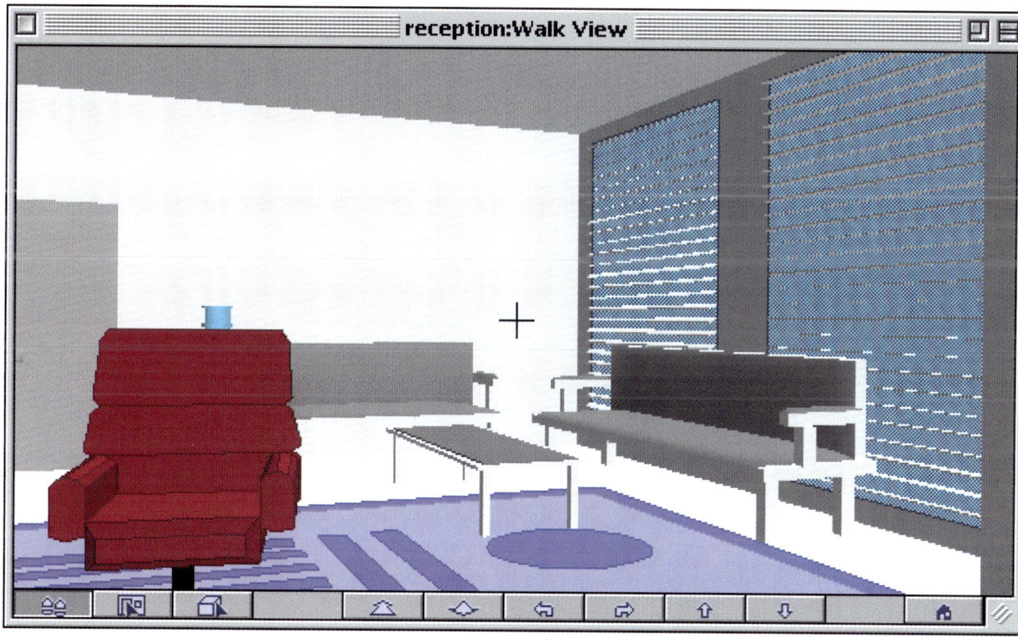


## ▶ Virtuele ruimtes bouwen

Met het programma 3D Website Builder van Virtus kan men op basis van 'drag 'n drop' een compleet interieur samenstellen in VRML zonder één regel code te hoeven typen. De objecten kunnen uit standaard-bibliotheken gehaald worden, terwijl de structuren en de aankleding van de ondergronden ook al voorbereid zijn door Virtus. Het programma ondersteunt de VRML-standaard volledig waardoor de lichtval, inclusief schaduwen, in de 'virtuele wereld' zichtbaar wordt.

Elk object kan in een specifieke kleur worden afgebeeld of zelfs van een structuur worden voorzien. Het vloerkleed bijvoorbeeld is eigenlijk een extreem platte kubus, zoals op de vorige bladzijde is uitgelegd, waarop een 'texture' is geplaatst. In de 'Top View' is goed te zien hoe de indeling van de kamer is gemaakt.

Het werken met een visuele VRML-editor biedt ook de mogelijkheid om een URL aan een object te koppelen. Als men in de virtuele wereld op de stoel klikt, springt men naar de website die in de Hyperlink wordt vermeld!

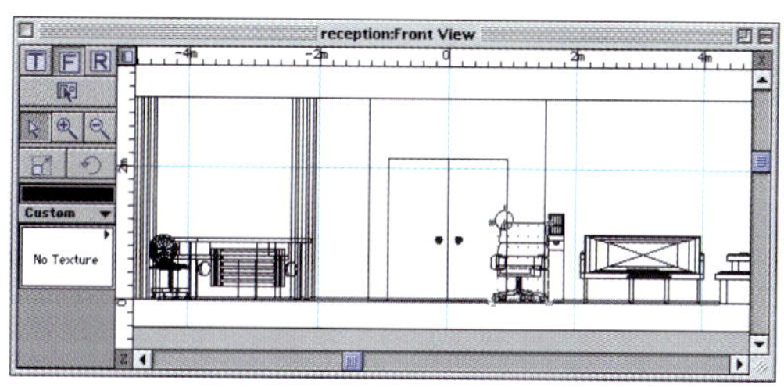


▲ De stoel is aan de scene toegevoegd door het object uit de clip-art library van Virtus op de wereld te slepen. De verschillende aanzichten worden tegelijkertijd aangepast.

▼ Elk VRML-object kan van een URL worden voorzien.

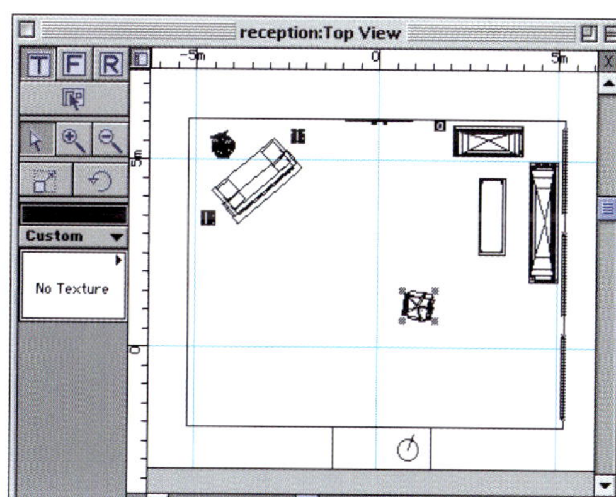

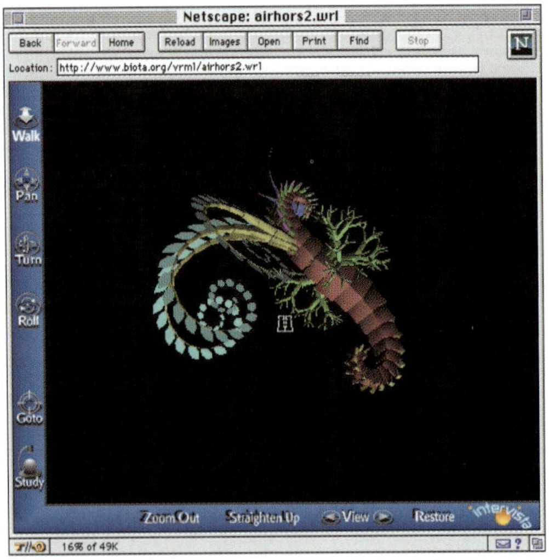


▲ **Mathematische vormen lenen zich prima voor VRML.**

## ▶ 3D-programma's en VRML

Door het wereldwijde acceptatie van de VRML-standaard is het ook voor de ontwikkelaars van de 3D-tekenprogramma's aantrekkelijk geworden om het bestandsformaat te ondersteunen. Populaire producten als 3D Studio Max kunnen ruimtelijke objecten wegschrijven als VRML-object. De programma's geven de gebruiker de keuze of de geplaatste patronen en textures geconverteerd moeten worden.

De ontwikkeling van VRML 2.0 is nog in volle gang en zal geleidelijk aan de benodigde kritische massa bereiken om een echt serieus alternatief te bieden voor het 2-dimensionale websurfen. Creatieve ontwikkelingen als Metastream kunnen het VRML nog heel moeilijk maken door de laagdrempelige aanpak van deze 3D-technologie.

De strijd om de hegemonie op het Web is begonnen: XML tegen HTML.

De opmaaktaal XML en zijn aanverwante standaarden zullen grote invloed uitoefenen op het webdesign proces zoals we dat kennen. De mogelijkheden van XML grijpen in het hart van het proces in door structuur aan de eigenlijke data te geven. Dit hoofdstuk stelt de 'rules and tools' voor aan webdesigners die met XML geconfronteerd worden.

## Webdesign en XML

Stel je toch eens voor dat een TV-programma bekeken zou kunnen worden op televisieschermen die variëren in kleurdiepte en beeldbuisgrootte zonder de mogelijkheid om zich aan het formaat aan te passen, en zonder een duidelijk geldende afspraak voor diverse technische standaarden. Dit lijkt voor het medium televisie ondenkbaar, maar voor zijn beoogde opvolger, het World Wide Web is het helaas de alledaagse werkelijkheid. Om enig zicht op een mogelijke oplossing te bieden is de gestructureerde opmaaktaal XML ontwikkeld. Deze door W3C gestandaardiseerde taal vervangt HTML, de huidige web-standaard. Voor de webdesigners is dat een belangrijk wapenfeit en daar zal men dan ook voor de lange termijn ter dege rekening mee moeten houden. In dit hoofdstuk worden de basisprincipes van XML uitgelegd en worden de mogelijkheden die deze vrijzinnige standaard biedt aan de hand van praktische voorbeelden en applicaties getoond en onderwezen.

### ▶ Voor iedere surfer een aparte versie?

De diversiteit in hard- en software van de websurfers is een van de lastigste eigenschappen van het medium. Aan de hardwarezijde is er een sterk groeiende variëteit aan monitorgroottes en -densiteiten. Aan de software kant wordt een spectrum van verschillende browsers en operating systemen getoond. Elk met hun specifieke interpretatieverschillen van de ogenschijnlijk 'gestandaardiseerde' HTML content. In de toekomst zullen de verschillen nog groter worden door het toenemende gebruik van enerzijds mobiele Internet apparaatjes en anderzijds niet-computergebaseerde apparaten zoals set-top boxes voor televisies.

Betekent dit dan voor elk platform een aparte versie van uw homepage? Het is duidelijk dat de HTML opmaaktaal geen eensluidend antwoord heeft op deze (meer dan logische) ontwikkeling. Een portable webgebruiker heeft behoefte aan een lichte, snel verstuurbare versie van de content die op een klein beeldschermpje van amper 200 pixels breedte en met een kleurdiepte van 2 bit bekeken moet worden. De gebruiker die op de televisie de informatie tot zich wil nemen, ziet graag de volledige 'experience' compleet met flitsende graphics en fraaie animaties.

De crux is dat beiden naar exact dezelfde webpagina kunnen kijken, maar dat de presentatie van deze pagina is afgestemd op het specifieke medium. Om dit te realiseren is een scheiding tussen de feitelijke inhoud en de vorm waarin het gepresenteerd wordt een dwingende voorwaarde. De beoogde opvolger van HTML, de uitgebreide *(eXtended)* opmaaktaal XML, biedt hier uitkomst. XML combineert structurele informatie met een flexibele, beschrijvende presentatie. In tegenstelling tot HTML is men vrij om eigen tags en labels te bedenken! Hierdoor is XML geschikt om diverse soorten documenten op te maken. Niet alleen webpagina's, maar ook metagegevens, databasebestanden en zelfs berichtenverkeer kunnen in XML opgeslagen worden. Zal de vrijheid om eigen <tags> te creëren dan toch tot een chaos leiden? In theorie wel, aangezien er geen verplichting is om de tag <webboek> exact zo te gebruiken. Als het u uitkomt, creëert u de tag <web_boek> of <weboek>. Voor kleinschalige toepassingen is dit niet zo'n probleem, maar als er data tussen industriën uitgewisseld moeten worden, gaat het voordeel verloren. Als applicaties genoodzaakt worden om samen te werken, dan moeten de tags op een uniforme manier gedefinieerd zijn. Daar is de Document Type Definition, ofwel DTD, voor uitgevonden. Feitelijk is HTML zelf een DTD, dat leest u ook in de broncode van goedgemaakte webpagina's. Om het hele theoretische spectrum wat te verduidelijken, keren we eerst terug naar de basis.

### ▶ XML in context: SGML en HTML

HTML is verreweg de meest populaire taal om documenten op het Web mee te publiceren. Hoewel het bijna alleen uitspraken doet over hoe een tekst weergegeven moet worden, is het wel een toepassing van SGML *(Standard Generalized Markup Language)*. Het is, zoals de afkorting zegt, een gestandaardiseerde 'veralgemeende' taal om het 'merken' van teksten te beschrijven. Feitelijk een taal die een handvat biedt om de syntax van andere talen te beschrijven. De meest opvallende karakteristieken die HTML van SGML heeft overgenomen, zijn de schrijfwijzen van de tags en de begin- en eindtag. Ook het nesten van tags stamt uit SGML. De meest basale opbouw van een HTML-pagina, is een sprekend voorbeeld:

```
<html>
<head>
<title>...</title>
</head>
<body>
<p>...</p>
</body>
</html>
```

Een laatste kenmerk dat HTML heeft overgenomen is het gebruik van zogeheten entiteiten voor speciale tekens als 'kleiner dan' (<) < 'groter dan' (>) > en 'ampersand' (&) &. Hoewel de oorspronkelijke HTML *(versie 1)* wel uitging van meer logisch beschrijvende tags *(H1 tot en met H6, address, quote)* is het vanwege het gebrek aan fatsoenlijke style sheets snel geëvolueerd naar een opmaaktaal. Elementen zoals table, frameset, div*(isie)* zorgen ervoor dat de browser weet hoe de pagina gerenderd moet worden, maar helaas niet wat de feitelijke inhoud van het document is.

### ▶ Een simpel XML-voorbeeld

```
Het leven van <b>Ridley Scott</b>wordt ...
```

Deze omschrijving in HTML laat, eenmaal weergegeven in de browser, alleen zien dat de naam Ridley Scott een waarde heeft. De naam is vet afgedrukt ter verduidelijking.

```
Het leven van<filmregisseur>Ridley Scott</filmregisseur>
wordt ...
```

Deze omschrijving echter vertelt letterlijk wat Ridley Scott doet en maakt het tevens mogelijk om het bestand te doorzoeken op de term: 'filmregisseur'. Als we de browser ook de opdracht geven alles tussen de begin en eind tag vet weer te geven, dan is de opmaak én de beschrijving aan elkaar gekoppeld.

Dit voorbeeld geeft helder weer dat XML een betekenis aan de informatie geeft, terwijl HTML slechts de weergave van de informatie beschrijft. XML is feitelijk een digitaal 'etiket'. Als de etiketjes nu ook nog eens op elkaar afgestemd worden qua terminologie en semantiek, ontstaat er een wereldwijd geharmoniseerde beschrijving van informatie. En dat biedt enorm veel perspectieven. Dankzij productbeschrijvingen in XML kan men producten met elkaar vergelijken. Catalogi kunnen op elkaar afgestemd worden. Als nu ook nog de bijbehorende prijskaartjes van de producten in XML geëtiketteerd zijn, dan kan men wereldwijde prijsvergelijkingen doen. In een maatschappij die naar twee 'munten' toegroeit, de US dollar en de Euro, biedt dit enorme kansen.

### ▶ Zoek de verschillen

XML is in wezen een uitgeklede vorm van de SGML. Waar SGML afgestemd is op het werken met erg grote en complexe documenten, is XML specifiek afgestemd op Internet om informatie eenvoudig op een database-achtige manier op te slaan.

Een aantal markante verschillen op een rijtje:

- In SGML kan men aangeven of de start of eind tag van een element weggelaten mag worden. Zie het voorbeeld <!ELEMENT P - 0 ...>
- Het 'min'-teken bepaalt dat de start tag verplicht is, de 'nul' zegt dat de eind tag weggelaten mag worden. In XML daarentegen zijn beide verplicht. Bij 'lege' elementen zoals de beschrijving van een afbeelding *(image)* wordt de eind tag weergegeven als <img/>.
- XML is altijd 'case sensitive' ofwel gevoelig voor de verschillen tussen kleine- en hoofdletters. In SGML kan de gebruiker de keuze maken. HTML is niet case sensitive, <B>...</b> is goed terwijl dat in XML alleen <b>...</b> of <B>...</B> zou kunnen zijn.
- In SGML kan gekozen worden voor een specifieke karakterset terwijl in XML uitsluitend gebruik kan worden gemaakt van Unicode *(UTC-8 of UTC-16)*. Unicode is een set waarin gepoogd wordt alle tekstkarakters ter wereld te verzamelen. Het is tevens de basis voor een nieuwe fontstandaard.
- SGML kent de 'AND connector' waarmee aangegeven kan worden dat bepaalde elementen in elke willekeurige volgorde in een ander element voor mogen komen. Als veel elementen op die manier 'aan elkaar gekoppeld' worden, is het aantal combinaties erg groot en wordt het document daardoor zeer complex. XML kent de 'AND connector' in het geheel niet.

## ▶ De bouwstenen van XML

Een XML-document kan zo klein zijn als, naam, adres, woonplaats (de zo waardevolle NAW-gegevens) of zo groot als een webpagina, een boek of een beschrijving van alle producten die een bedrijf verkoopt. Een voorbeeld van een XML-document:

```
<? XML version="1.0"?>
<! DOCTYPE product_sheet SYSTEM
"http://www.domain/dtds/product_sheet.dtd">
<product_sheet >
  <prod_naam>Dynamax</prod_naam>
  <prod_typenummer>RX-567-78</prod_typenummer>
  <prod_groep>portable audio</prod_groep>
  <prod_familie>audio</prod_familie>
  <prod_prijs valuta="EURO">300</prod_prijs>
  <prod_foto src="http://www.domain/images/
     dynamax.gif"/>
</product_sheet >
```

De aanhef <? XML version="1.0"?> is een verplichte constructie om een document mee te openen. XML kent PI's, ofwel Proces Instructions. Dit zijn opdrachten die direct naar een applicatie gestuurd worden. Bijvoorbeeld om een tekst een opmaak te geven XML en een bijbehorend Style Sheet niet voor elkaar krijgen. PI's staan altijd tussen de aanheffing '<?" en "?>'. De aanhef van een XML-document zou je een bijzondere PI kunnen noemen.

Ondanks de verschillen in omvang en inhoud hebben alle XML-documenten het bovenstaande karakteristieke uiterlijk. Uniek aan deze opzet is dat het zowel door mens als machine te lezen is.

## ▶ Mijn eerste XML-bestand

Het maken van een XML-applicatie begint met het benoemen van de elementen; dat zijn de termen die de logische onderdelen van het document beschrijven. Één specifiek element wordt door XML verplicht gesteld: het root-element dat het begin en het einde van het document markeert.

Hebben we bijvoorbeeld te maken met een product informatieblad, dan kan het root-element 'product_sheet' zijn. Een element wordt als volgt volgens de regels van XML gedefinieerd: <! ELEMENT product_sheet >

Daarnaast willen we nog een aantal gegevens van het product vastleggen zoals tot welke productcategorie of -familie het behoort; welke groep binnen de familie waartoe het behoort; wat de naam is, en waar we de bijbehorende foto kunnen vinden. Dat levert de volgende XML-code op:

```
<! ELEMENT prod_naam #PCDATA >
<! ELEMENT prod_typenummer #PCDATA >
<! ELEMENT prod_groep #PCDATA >
<! ELEMENT prod_familie #PCDATA >
<! ELEMENT prod_prijs #PCDATA >
<! ELEMENT prod_foto EMPTY >
```

De toevoeging '#PCDATA' staat voor gewone (platte) tekst en de toevoeging 'EMPTY' betekent dat het element geen inhoud heeft. Dit is vergelijkbaar met de eerder aangehaalde <img> tag in HTML Van de foto moeten we nog een belangrijk stuk informatie opnemen, namelijk waar deze te vinden is. We doen dat door attributen toe te voegen in een zogenaamde 'attributenlijst' die aan het element wordt toegevoegd. Kijkt u maar naar het volgende voorbeeld:

```
<! ELEMENT prod_foto EMPTY >
<!ATTLIST   prod_foto
            src      CDATA #required >
<! ELEMENT prod_prijs #PCDATA >
<!ATTLIST   prod_prijs
            valuta  CDATA #required >
```

Het attribuut 'CDATA' staat voor elk karakter dat tussen tags geplaatst kan worden. Dat betekent bijvoorbeeld dat ook 'http://', '$' of 'Dollar' in het element kunnen worden gebruikt. Het attribuut 'required' betekent letterlijk dat het verplicht is.

### ▶ De DTD (Document Type Definition)

Elk document behoort tot een eigen, specifieke categorie: een boek, een webpagina, een e-mailbestand. Meestal zie je dat gereflecteerd in het zogenaamde root element. De code is dan iets als: <boek>...</boek>, <html>...</html>, <email>...</email>. In ons voorbeeld is het dit keer een productsheet <product_sheet >...</product_sheet >.

Een document type definitie is dus een verzameling beschrijvingen van elementen, attributen en entiteiten. Bovendien wordt in de DTD de *(dwingende)* logische structuur van het document vastgelegd. Dit zijn de regels die later door het programma, dat het document verwerkt, worden gebruikt om vast te stellen of het document goed is opgebouwd.

```
<! ELEMENT  product_sheet
            (prod_naam, prod_typenummer,
            prod_groep, prod_familie, prod_foto?)>
<! ELEMENT  prod_naam #PCDATA >
<! ELEMENT  prod_typenummer #PCDATA >
<! ELEMENT  prod_groep #PCDATA >
<! ELEMENT  prod_familie #PCDATA >
<! ELEMENT  prod_foto EMPTY >
<!ATTLIST   prod_foto
            src
            CDATA  #required >
<! ELEMENT  prod_prijs #PCDATA >
<!ATTLIST   prod_prijs
            valuta
            CDATA  #required >
```

De definitie van het XML-element 'product_sheet' is aangepast, door een regel toe te voegen waarin alle andere elementen *(tussen haakjes)* uit de DTD opgenomen zijn om aan te geven dat ze allemaal in een productsheet voor moeten komen. Alleen zo kan een geldig document gevormd worden. De enige uitzondering is het element 'prod_foto' waar een vraagteken achter staat. Dit geeft aan dat dit element optioneel is. Vervolgens wordt de DTD opgeslagen in een *(ascii)* tekstbestand met de naam 'prod_sheet.dtd'.

Door de elementen en hun onderlinge relaties volgens de in XML vastgelegde voorschriften te benoemen, kan een set met regels voor de formele structuur van een document geschreven worden. De dwingende structuur van het document wordt zo bepaald.

### ▶ Welgevormd en geldig

In XML is het niet echt noodzakelijk dat er een specifieke DTD gebruikt wordt. Een document dat zich houdt aan de basisregels van de boomstructuur en de regels voor nesting, en zorgt dat er een rootelement aanwezig is, kan een goed XML document vormen. We noemen het dan 'well-formed' of in goed Nederlands 'welgevormd'. Als de opbouw incorrect is, zoals in het volgende voorbeeld <root><tag></root></tag>, blijft het een ongeldig en daardoor onbruikbaar XML-bestand. Een document waar wel een DTD aan ten grondslag ligt noemen we 'valid' ofwel geldig. Zowel een welgevormd als een geldig document worden door een XML-browser zoals Internet Explorer 5 gerenderd. Een ongeldig document wordt door de XML-compatibele browser niet weergegeven.

### ▶ Mark up

Mark up is het taggen *(het voorzien van begin en eind tag)* van de elementen. Uit deze definitie kunt u lezen dat een tag en een element niet hetzelfde zijn, hoewel ze vaak door elkaar gebruikt worden. De logische onderdelen van het document noemen we elementen. Het element 'geadresseerde' in een brief is de naam van de persoon aan wie de brief gestuurd wordt. De tag is het 'etiket', ofwel de onzichtbare code die als volgt wordt gelabeld: <geadresseerde>...<geadresseerde>.
De DTD product_sheet zal gebruikt worden om een XML-document te schrijven van het type productsheet. Dit XML-bestand moet altijd beginnen met de versie van de XML die gebruikt wordt. Momenteel is alleen nog versie 1.0 door het W3C geaccordeerd.

▶ Het Wapforum is de informatiebron om op de hoogte te blijven!

Gebaseerd op de eerder geïntroduceerde productsheet volgt nu een 'ingevuld' XML-document:

```
<?XML version = "1.0"?>
<! doctype product_sheet system

  "http://www.domain/dtds/product_sheet.dtd">
<product_sheet >
  <prod_naam>Dynamax</prod_naam>
  <prod_typenummer>RX-567-78</prod_typenummer>
  <prod_groep>portable audio</prod_groep>
  <prod_familie>audio</prod_familie>
  <prod_foto src=
        "http://www.domain/images/dynamax.gif"/>
  <prod_prijs valuta="EURO">300</prod_prijs>
</product_sheet >
```

Als u een beetje door de code heen leest, herkent u dat het product Dynamax een portable audiospeler is die 300 Euro kost. De computer kan deze tekst echter ook lezen. Dat feit maakt XML zo uniek en mede daardoor kan het uitgroeien tot de lingua franqua van de computerwereld.

### ▶ Naar de browser: Style Sheets

Wat kunnen we nu met het XML-bestand doen? Wel, we kunnen het 'parsen' ofwel de orginele data uit het document halen. Of we kunnen het 'renderen', het in leesbare vorm met de bijbehorende foto op een beeldscherm weergeven.

Voor het renderen wordt een browser gebruikt. Omdat een XML tag in principe niets zegt over hoe de browser een pagina moet weergeven *(in tegenstelling tot veel HTML tags als <b>, <i> en <p>)*, moet aan de tag informatie gekoppeld worden die de browser duidelijk maakt hoe het element moet worden weergegeven. Hiervoor kan gebruik gemaakt worden van zogeheten Style Sheets. We kennen al CSS, de Cascading Style Sheets, maar deze wordt momenteel opgevolgd door XSL. Dit is een acronym voor eXtensible Stylesheet Language en is - door het W3C - de voorgestelde standaard om style sheets voor XML te noteren. XSL is in een aan XML verwante schrijfwijze opgemaakt. XSL lijkt veel op de Style Sheets die nu in HTML gebruikt worden:

```
(p {font-weight : bold;})
```

Zouden we bijvoorbeeld willen dat de product naam in onze productsheet vet (bold) wordt weergeven, dan kunnen we dat als volgt met een XSL Style Sheet opgeven:

```
<xsl>
  <rule>
  <target-element type="prod_naam"/>
    <P font-weight="bold">
      <children/>
    </P>
  <rule/>
<xsl/>
```

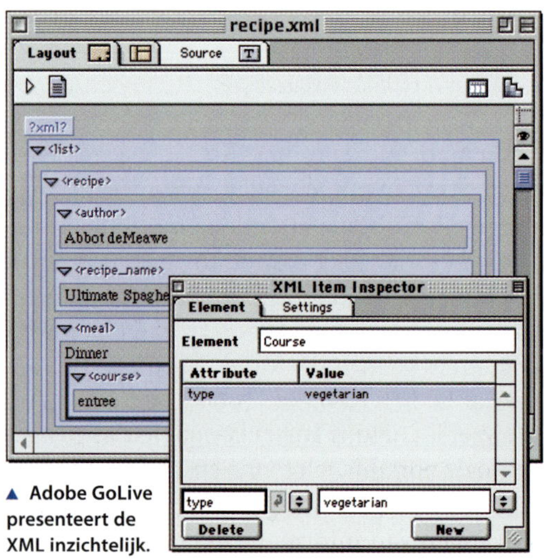


▲ Adobe GoLive presenteert de XML inzichtelijk.

De notitie <children/> laat de applicatie weten dat als er meerdere prod_naam elementen zouden voorkomen, deze ook vet gemaakt moeten worden. XSL is nog in ontwikkeling en vormt dus nog een van de zwakke schakels in het succesverhaal van XML. De verwijzing naar het Style Sheet kan, vergelijkbaar met de DTD-verwijzing, in het document geplaatst worden:

```
<? xml:stylesheet href=
"http://www.domain.com/stylesheets/prod_sheet_style.xsl"
type="text/xsl" ?>

<table>
  <tr>

<td><prod_naam>Dynamax<prod_naam/></td>
  </tr>
</table>
```

Om XML-documenten leesbaar te maken voor oudere browsers kunnen XML tags, voor dat ze naar de client verstuurd worden, vervangen worden door HTML tags of via een script omgeven worden door HTML tags. Aangezien browsers gelukkig de eigenschap hebben, dat ze alle tags die ze niet herkennen negeren, zal de productsheet als een gewone HTML-pagina worden weergegeven.

De vijfde generatie browsers waaronder Microsoft Internet Explorer 5.0 is in staat om zowel XML-documenten als de eraan gekoppelde XSL-Style Sheets te kunnen lezen en weergeven.

### ▶ WAP en UTMS surfers

In de inleiding heb ik gewezen op de komende scheiding die zich in het Webgebruik begint af te tekenen. Webpagina's worden bekeken op uiteenlopende computerschermen, op televisies, maar ook op micro browsers. Dit zijn Internet-enabled apparaatjes zoals portable telefoons en handheld computers die uitermate geschikt zijn voor het ontvangen van informatie via Internet.

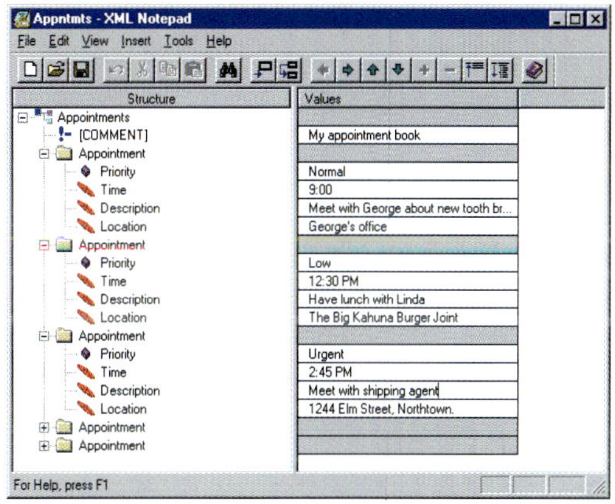


▲ Het Windows-programma XML Notepad in werking.

De wireless protocollen WAP *(Wireless Application Protocal)* en UMTS *(Universal Mobile Telecommunications Standard, de opvolger van GSM)* maken hoge snelheden van de datatransmissie mogelijk. U moet denken aan 2 Megabit per seconde. Hierdoor krijgt een handheld telefoon de mogelijkheid om bewegende beelden in kleur te versturen! Draagbare beeldtelefoons zullen dan werkelijkheid worden.

Dat is op zich nog toekomstmuziek, aangezien UTMS pas in 2002 volledig operationeel wordt. Maar daar kan men nu al rekening mee houden. Door bijvoorbeeld de data in XML op te slaan, want dan hoeft men alleen nog een aparte XSL stylesheet voor de handheld gebruikers te schrijven.

In de praktijk zal het als volgt werken: Op het moment dat een gebruiker van een mobiele Internet-applicatie een pagina aanroept, geeft de handheld door dat het met een klein zwartwitschermpje is uitgerust. Op basis van de XML-etiketten die hier op afgestemd zijn stelt de XSL Style Sheet de pagina samen en verstuurt deze naar de mobiele gebruiker. Deze krijgt alleen de maatgesneden content, zonder de zware afbeeldingen of onnodig kleurrijke content. De feitelijke content is in XML gestructureerd! De scheiding tussen vorm en inhoud is dan een feit en dat is in dit voorbeeld een bittere noodzaak!

### ▶ Sterke punten van XML op een rijtje

Kortom de sterke punten van XML zijn dat:

- XML eenvoudig in het gebruik is en er snel programma's mee geschreven kunnen worden die XML kunnen verwerken.
- het volstrekt 'media en medium'-onafhankelijk; een keer schrijven betekent dus in theorie oneindig publiceren.
- een XML document zowel voor de mens als de machine leesbaar is.
- door de logische 'inhoud beschrijvende' tags het mogelijk is de kwaliteit van een document te controleren.
- XML gestructureerd opslaan van de gegevens mogelijk maakt zonder de complexiteit van een database. Toch blijft het mogelijk om de content te doorzoeken en te selecteren. Een 'query' zou kunnen zijn: GEEF alle producten uit de GROEP 'portable audio' die beginnen met een 'B'.
- als het XML-bestand eenmaal in de *(vijfde generatie)* browser is ingelezen, de data gemanipuleerd kunnen worden zonder dat er contact met de server nodig is. Bijvoorbeeld: GEEF alle 'portable audio'-apparaten die goedkoper zijn dan 300 EURO.

### ▶ One-to-one marketing en XML

Zowat alle soorten data kunnen naar een XML-formaat vertaald worden zodat de browser van de toekomst nog maar één taal hoeft te verstaan. Met een simpele klik op een hyperlink kan een webpagina aan de server worden opgevraagd. Stel dat we een formulier ingevuld hebben met de naam en het paswoord en daarna bepaalde informatie hebben opgevraagd. Achter de schermen moeten nu verschillende databronnen aangesproken worden om de gegevens voor de te versturen webpagina te verzamelen. Wanneer de gevraagde pagina een template is in een content management systeem *(CMS)*, dan zullen alle andere opmaakonderdelen zoals de navigatie, de pagina header, de copyright gegevens en het bijbehorende beeldmateriaal, erbij gezocht moeten worden.

Vervolgens wordt op basis van al dit materiaal een webpagina samengesteld die vervolgens naar de browser wordt verstuurd. Bij menige website die op basis van deze opzet functioneert, duurt dit lang. Zeker als er ook nog van 'persoonlijke' pagina's gebruikt wordt gemaakt om de beroemde een-op-een marketing *(communicatie)* mogelijk te maken. In zo'n scenario wordt er ook nog een 'cookie' geïnterpreteerd waarin de individuele voorkeuren en vorig surfgedrag van de bezoeker zijn opgeslagen. De tijd die het genereren van de uiteindelijk perfect op maat gemaakte pagina kost, is soms net zo lang als het geduld van de websurfer. En die haakt vervolgens af. Uiteraard een nachtmerrie voor de aanbieder van de informatie. Toch zal de maatgesneden, op persoonlijke voorkeuren gebaseerde content, het model van de toekomst zijn. XML speelt hierin een sleutelrol.

De kracht van XML in een dergelijk scenario is namelijk dat het, zoals de 'X' al suggereert, eXtensible ofwel uitbreidbaar is. En dus kan elk willekeurig element toegevoegd worden aan een DTD. Dientengevolge kunnen alle data uit willekeurig welke informatiebron zonder problemen vertaald worden naar een nieuw XML-formaat. Ook omdat XML, dat door zijn specifieke boomstructuur en nestingvoorschriften veel overeenkomsten vertoont met een relationele database, een tabel uit zo'n database een-op-een naar XML kan vertalen. De browser hoeft dus nog maar één taal te verstaan.

Door gebruik te maken van een XSL-Style Sheet, maar ook door het 'embedden' of opnemen van XML-data in een HTML-bestand kan elke, dus ook een oudere browser aangesproken worden.

### ▶ Three Tier Model

Dit nieuwe concept voor het Web wordt het 'Three Tier Model' genoemd, letterlijk vertaald het 'drie-lagen-model'. In tegenstelling tot het 'Two Tier Model' waarbij de Client, de computer van de gebruiker, en de Server, de webserver die de data stuurt, betrokken zijn. Tussen de data en de client zit in het 'Three Tier Model' een derde laag die de data naar XML vertaalt en vervolgens naar de client stuurt. Veel content management systemen maken hiervan gebruik, vanwege de hierboven beschreven problemen.

Door gebruik te maken van aparte pagina layouts of templates die gevuld worden met content die in databases zijn opgeslagen, wordt publiceren en contentbeheer aanzienlijk makkelijker. En vooral minder tijdrovend dan met harde, handgecodeerde HTML-pagina's. Vooral in de aanloop naar een tijdperk waarin de vijfde generatie browsers algemeen geaccepteerd en in gebruik zijn, zal XML vooral toegepast worden als intermediair.

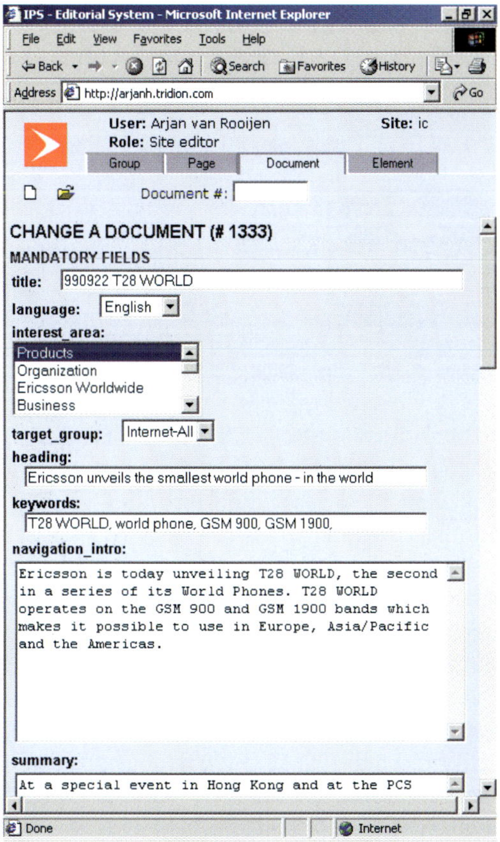


◄ **Het Tridion Content Management System is in staat om de XML-gebaseerde content zowel naar een standaard browser als een WAP-enabled mobiel telefoontje te publiceren.**

▼ **In dit voorbeeld voor de nieuwssite van Ericsson is duidelijk zichtbaar dat de XML-gecodeerde data zich aanpast aan het medium. Dit is state-of-the-art webpublishing!**

### ▶ XML en EDI

XML zal een grote rol kunnen gaan spelen bij Electronic Data Interchange, afgekort tot EDI. Tegenwoordig wisselen bedrijven hun gegevens van voorraad, prijzen en bestellingen uit, via formaten en formulieren die ze onderling ontwikkeld hebben. Rekeningen en pakbonnen zijn daarom gestandaardiseerd in het EDI-formaat en kunnen in digitale vorm verstuurd worden per modem of diskette. Dit systeem functioneert al jarenlang en is de drijvende kracht achter de opkomst van grote winkelsystemen en het elektronische betalingsverkeer. EDI heeft ervoor gezorgd dat de verschillende systemen die men vroeger ieder voor zich hanteerde, nu op elkaar aansluiten. Bij de opkomst van e-commerce, ofwel digitale handel, is EDI een belangrijke factor. Door EDI-informatie in XML te verpakken, kunnen bedrijven voortaan via het Web met elkaar afrekenen. Door XML te gebruiken kan een groep bedrijven in een branche of verticale markt zelfs een eigen DTD ontwikkelen om onderling gegevens uit te wisselen, bijvoorbeeld supermarkten en hun toeleveranciers.

### ▶ Werkende DTD's

Momenteel worden allerhande Document Type Definitions ontwikkeld. Een prachtig voorbeeld is een specifieke DTD voor de 'Classifieds' ofwel de kleine advertenties in kranten. Als alle krantenuitgevers dezelfde DTD zouden gebruiken, zou men wereldwijd kunnen zoeken in de kleintjes! Een nieuwe uitdaging voor Ebay? Er zijn ook al een aantal werkende applicaties van XML in omloop:

- CDF *(Channel Definition Format)* geschreven door Microsoft en geïmplementeerd in Explorer 4. Het beschrijft metadata van 'push channels' zoals de URL, een korte beschrijving van de pagina, een samenvatting, de bijbehorende logo's en het uitzendschema.

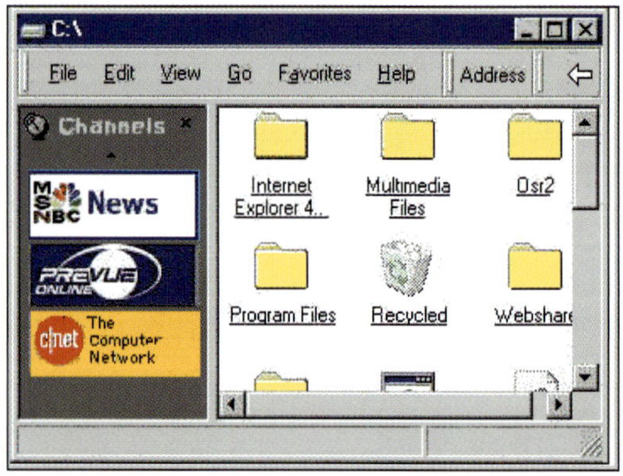


- MathML *(Mathematics Markup Language)* is een poging van W3C om een taal te ontwikkelen die wiskundige formules in XML kan beschrijven.

- WML *(Wireless Markup Language)* is een initiatief van het WAP Forum om een taal te ontwikkelen voor browsers op GSM's en PDA's. Deze hebben heel specifieke eisen en gebruiksvoorwaarden, zoals een erg klein scherm. En de GSM heeft ook nog eens eigen navigatiemiddelen, zoals de typische functietoetsen op de telefoon zelf.

  De elementen die bij de navigatie betrokken zijn kunnen met de ACCEPT knop, de UP/DOWN; LEFT/RIGHT en BACK knoppen op de GSM 'aangeklikt' worden. Zo wordt de functionaliteit van de GSM aangesproken voor de webapplicatie en verandert de telefoon in een mobiel Internet station.

**Channels verschijnen op het werkblad van de computer.** ▸

▲ De RealPlayer kan heel fraai SMIL-content verwerken.

■ SMIL, spreek uit smile, is een subset van XML en staat voor Synchronized Multimedia Integration Language. Deze taal maakt het mogelijk om diverse media synchroon aan te roepen en af te spelen. Beeld, spraak, muziek en dynamische teksten kunnen zo in harmonie gebruikt worden. In de RealPlayer kan een SMIL-bestand zelfs 'streaming' bekeken worden.

■ DSML is kort voor Directory Service Markup Language. De firma's Microsoft, IBM, Netscape en Novell werken samen aan een data model voor het beschrijven van directory *(naam, adres, enzovoort)* gegevens.

### ▶ Biztalk

Microsoft's Biztalk wordt door sommigen gezien als een poging uit Redmond om ook XML naar zijn hand te zetten. Dat is feitelijk niet zo: Biztalk is meer een platform om tot een samenwerking te komen in applicatie-integratie en e-commerce toepassingen met behulp van XML. Microsoft heeft Biztalk ook aan een onafhankelijk orgaan overgedragen.

Wat de samenwerking tussen programma's momenteel nog het meest in de weg staat, is dat ze *(voor elkaar)* vreemde talen spreken. Waar de een 'abc' zegt, bedoelt de ander 'xyz' terwijl het mogelijk is dat ze precies hetzelfde bedoelen. Een oplossing die in de fysieke wereld gekozen zou worden, is het bouwen van een brug om elk gat letterlijk te overbruggen. In de virtuele wereld betekent dit dat een applicatie de externe data moet koppelen aan die van het origineel *('abc' bij mij = 'xyz' bij jou)*.

Aan de manier waarop applicaties zich uiten, ligt een zogeheten 'data model' ten grondslag. Dit noemt men een schema. Zodra het schema van de externe databank bekend is, weet men ook hoe men ervoor moet zorgen dat het schema op ons eigen data model aansluit.

In deze context komt Microsoft met het initiatief Biztalk dat de volgende belangrijke elementen bevat. Het uitgangspunt is: maak een aantal afspraken over hoe applicaties zich presenteren. Vervolgens kunnen alle applicaties die zich aan de afspraken houden elkaar verstaan! Om dat te realiseren moet een plaats gecreëerd worden waar bedrijven hun schema's kunnen publiceren. Dat kan op de site www.biztalk.org. Microsoft heeft tevens een framework opgezet waarin een algemene structuur is neergelegd die de data beschrijft.

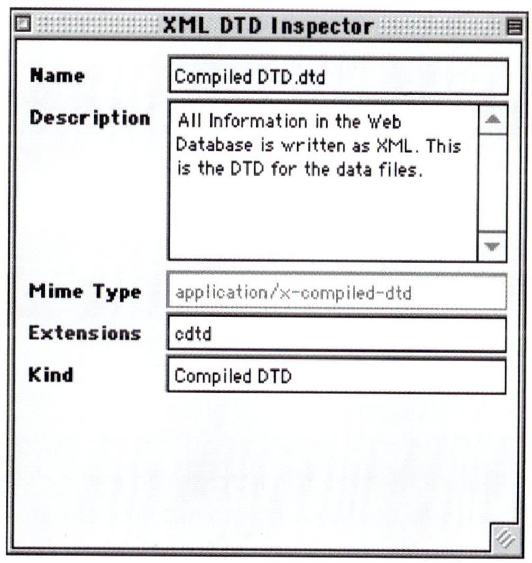


▲ Adobe Golive's XML DTD Inspector toont de classificaties.

Op www.biztalk.org geeft het BizTalk platform alle informatie en nieuwtjes over de standaard.

Een soort steering commissie gaat toezien op de uitvoering van Biztalk. Een aantal bedrijven als Microsoft, SAP, Baan en Peoplesoft hebben zich inmiddels gemeld als partners. En Microsoft is alle grote Consumenten Electronica fabrikanten af aan het gaan om Biztalk te evangeliseren. Elektronisch zakendoen en uitwisseling van gegevens wordt dankzij de Biztalk elektronische 'lijm' een stuk eenvoudiger. Wordt vervolgd!

### XML Data Server

Het nieuwste op het gebied van XML is de XML Data Server. Dit concept kenmerkt zich doordat het het drie lagen concept weer vervangt door een volledig XML-gebaseerd twee lagen model. Hierin zijn de data niet eerst uit een database of andere informatiebron gehaald, maar komen rechtstreeks als XML geformatteerde data uit de data server. En worden vervolgens direct naar de client gestuurd.

Bij dit concept wordt XQL toegepast, eXtensible Query Language *(naar SQL de bekende Standard Query Language)*, om zeer gericht data uit een XML Data Server te halen en die ook aan de client kant te blijven manipuleren. Voor XQL geldt hetzelfde als voor XSL. Er is nog geen standaard en wat er is zal nog aan verandering onderhevig zijn. Een van de eerste websites die gebruikmaakt van deze technologie is de Europese site van Dell computers.

### XLink

Tenslotte wil ik graag de ontwikkelingen rondom het basisprincipe van het surfen onder de aandacht brengen. De hyperlinks hebben het Web gemaakt. Het basale concept dat een klik op een onderstreept en gekleurd stuk tekst een ander document aanroept, heeft de wereld veranderd. Alan Kay, oud medewerker van Xerox Parc, het beroemde lab waar zowat alle bekende computerconcepten geboren zijn, heeft de hyperlinks gemaakt tot wat ze nu zijn.

Helaas levert niet elke klik het gewenste resultaat op. Zeker in de resultaten van search engines duiken de foutieve pagina's meer dan eens op. En het is soms heel tijdrovend om eerst op een link te moeten klikken totdat een afbeelding wordt getoond. Zeker als de click niet de gezochte of zelfs verwachte informatie oplevert.

Ook op het gebied van de hyperlinks levert XML een nuttige bijdrage. Er is namelijk een standaard in de maak, getiteld XLink, waarin hyperlinks op het XML-datamodel gebaseerd zijn. Hierdoor wordt het bijvoorbeeld mogelijk dat één hyperlink meerdere bestemmingen kan krijgen. Een andere toepassing van XLink is dat een afbeelding getoond wordt als men de link aanklikt zonder naar een andere webpagina te navigeren. En als klap op de vuurpijl maakt XLink het mogelijk dat hyperlink content verbonden wordt aan database informatie. Hierdoor zal een webpagina die verdwijnt, geregistreerd worden en zullen alle verwijzingen die erheen leiden hiervan op de hoogte zijn. De voordelen van dit systeem is dan ook dat er gerichter op het Web gezocht zal kunnen worden. Met meer dan een miljard webpagina's online *(rond de eeuwisseling)*, is enige structurering van deze hooiberg onderhand noodzakelijk.

### ▶ Conclusie

XML is niet alleen een goed doordacht concept, maar is het ook een technologie zonder echte minpunten. Momenteel is het belangrijkste minpunt van XML dat het geen volwaardige standaard is. En zeker geen ISO-standaard zoals SGML. Weliswaar is het volledig ontwikkeld door de W3C organisatie, in samenwerking met grote bedrijven als Microsoft, SUN en Netscape. Dit stemt hoopvol, maar biedt geen garantie dat er eventueel nog grote veranderingen op komst zijn of dat er verschillende dialecten gaan ontstaan zoals dat met HTML is gebeurd *(W3C HTML, Explorer en Netscape HTML)*. En zoals eerder al is opgemerkt, is er ook voor de stylesheets nog geen harde standaard. XSL wordt nog het meest gebruikt maar ook hier geldt helaas dat er nog geen garantie is dat het gedane werk aan de definitieve standaard voldoet. De tijd zal het ons leren.

**XHTML**

Het World Wide Web Consortium heeft een voorstel van aanbeveling gepubliceerd voor een kruising tussen XML en HTML 4.0, genaamd XHTML. Dit is de afkorting voor eXtensible Hypertext Markup Language. De voorgestelde standaard is bedoeld om webpagina's beter leesbaar te maken voor niet-traditionele Internet-apparaten, zoals PDA's, GSM's en Internet via set-top boxes als WebTV. XHTML-documenten onderscheiden zich doordat ze veel rigider qua structuur zijn dan HTML-bestanden. Een begin tag zonder eind tag is niet meer mogelijk. Ook moeten alle tags en attributen in kleine letters worden genoteerd. En moeten alle waarden tussen "quotes" staan.

Ter verduidelijking een voorbeeld:

HTML:

```
(P><FONT SIZE=1
COLOR="$ffffff>Alinea<p></FONT>
```

XHTML

```
(p><font size="1" color="$ffffff>Alinea</font></p>
```

XHTML speelt in op de vraag naar compacte, geselecteerde content door de webpagina op te splitsen in 'modules'. Als een webready apparaat dat met een klein scherm uitgerust is de webpagina aanroept, zorgt de server dankzij XHTML ervoor dat alleen de relevante 'modules' die op het scherm passen getoond worden. XHTML heeft nog de status van aanbeveling. Meer informatie vindt u op de website van W3C www.w3c.org.

## ▶ Quark Avenue XML XTension

Er zijn inmiddels meer dan twee miljoen exemplaren van het populaire opmaakprogramma Quark XPress verkocht. Het pakket domineert de grafische industrie, met als gevolg dat zowat alle uitgevers hun content in XPress-documenten opgeslagen hebben.

Uiteraard is die 'opslag' niet gestructureerd. Meestal heeft men gebruikgemaakt van typogrammen ofwel Style Sheets, maar de tekstuele inhoud zit meestal in het XPress-document zelf. Om nu deze content gestructureerd in XML op te slaan, heeft Quark een XTension ontwikkeld genaamd Avenue. Dit kan men inderdaad letterlijk nemen, want Quark Avenue is inderdaad een nieuwe weg voor de publishing industrie. Deze weg leidt naar het Web, sowieso al een smeltkroes van diverse publicaties en uitingen. Het grote voordeel van Quark Avenue is de eenvoudige werkwijze om XML output te genereren. Daar zijn wel twee voorwaarden aan verbonden: men dient over een 'DTD' te beschikken en het XPress-bestand moet *(bij voorkeur)* opgemaakt zijn met behulp van de voornoemde Style Sheets. Als dit geregeld is, stelt de conversie niets meer voor: drag 'n drop!

▼ Deze 'DTD' is gebaseerd op Quark's Whitepaper voorbeeld.

webdesign.dtd

```
<!-- ================================================================ -->
<!-- NAME:           Webdesign in de Praktijk boek                    -->
<!-- FILE NAME:      webdesign.dtd                                    -->
<!-- CREATION DATE: 1999/09/17                                        -->
<!-- LAST MODIFIED: 1999/06/18                                        -->
<!-- VERSION:        0.1                                              -->
<!-- OWNER:          MacKentie                                        -->
<!--                 Peter@Kentie.com                                 -->
<!--                 Eindhoven, Holland                               -->
<!-- ================================================================ -->

<!-- ################################################################ -->
<!-- Root Element                                                     -->

<!-- ================================================================ -->
<!-- The whole section document.                                      -->
<!-- ================================================================ -->
   <!ELEMENT webdesignboek           (head-L1, body)>

<!-- ################################################################ -->

<!-- ================================================================ -->
<!-- Elements that can make up the body of a section,                 -->
<!-- subsection, or subsubsection.                                    -->
<!-- ================================================================ -->
   <!ELEMENT body                  (parag |
                                    head-L2 |
                                    head-L3 )>

<!-- ================================================================ -->
<!-- Main headline.                                                   -->
<!-- ================================================================ -->
   <!ELEMENT head-L1               (#PCDATA)>

<!-- ================================================================ -->
<!-- Subsection headline.                                             -->
<!-- ================================================================ -->
   <!ELEMENT head-L2               (#PCDATA)>

<!-- ================================================================ -->
<!-- Subsubsection headline.                                          -->
<!-- ================================================================ -->
   <!ELEMENT head-L3               (#PCDATA)>

<!-- ================================================================ -->
<!-- A paragraph of text.                                             -->
<!-- ================================================================ -->
   <!ELEMENT parag                 (#PCDATA)>
```

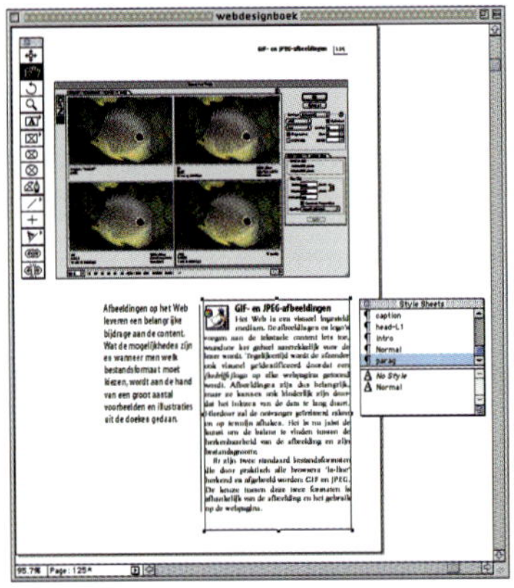


◀ Het XPress-bestand maakt gebruik van Style Sheets.

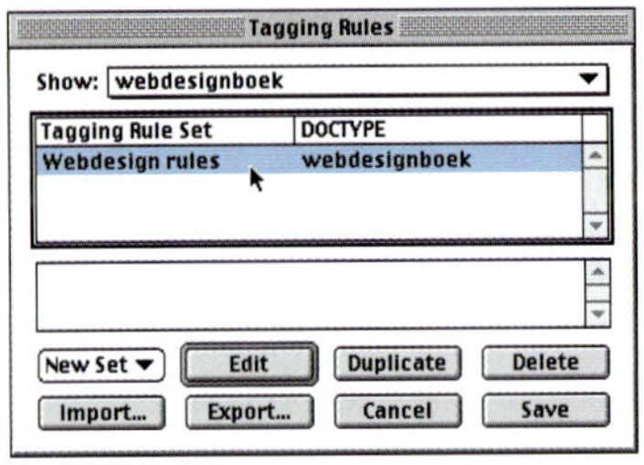


◀ Het DTD-voorbeeld van QuarkXpress is gebruikt om een eigen 'Tagging Rule set' te maken getiteld: 'Webdesign rules'.

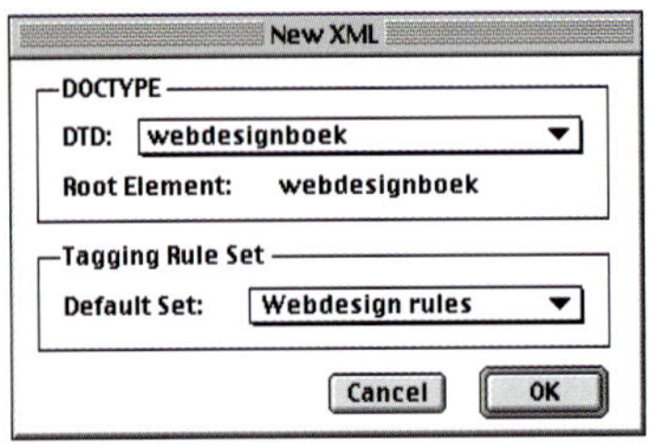


◀ Als we in XPress een nieuw XML willen creëren moet er een DTD en een default 'Tagging Rule Set' geselecteerd worden.

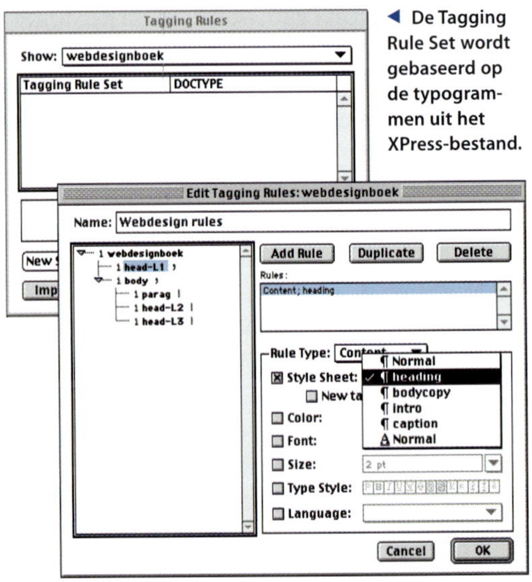


◀ De Tagging Rule Set wordt gebaseerd op de typogrammen uit het XPress-bestand.

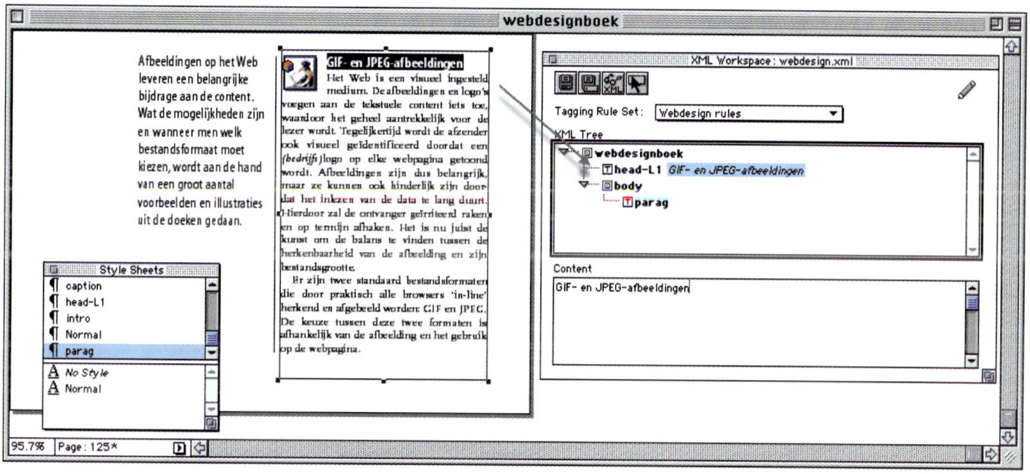


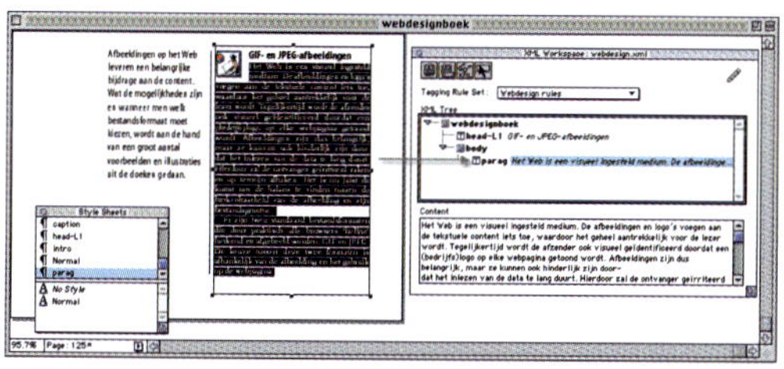

▲ Door de geselecteerde tekst op het ikoon van Head-L1 te slepen, wordt de tekst opgeslagen in het XML-bestandsformaat volgens de 'Webdesign.dtd' documentstructuur.

## ▶ Documentstructuur is bepalend

Kenmerkend aan XML is het feit dat de taal niet alleen de layout van de gegevens beschrijft maar ook de betekenis van diezelfde gegevens. In ons voorbeeld zien we dat de typogrammen voor de heading van het hoofdstuk *(head -L1)*, de platte tekst *(parag)* en de tussenkoppen *(head-L2)* gebruikt worden als eigengemaakte tags. Door de heading op de head-L1 te slepen ontstaat de XML-code:

<head-L1>GIF- en JPEG-afbeelingen</head-L1>

De tag <head-L1> is dus specifiek voor de vertaling van dit boek naar XML geschikt. In de XML Workspace ziet u dat er een duidelijke hiërarchie is tussen de paginaonderdelen. De heading wordt gevolgd door de tussenkop en vervolgens door de platte tekst. Door deze structurering kan alle kopij zijn rangorde behouden als het naar een ander medium zoals het Web wordt vertaald. Door gebruik te maken van Cascading Style Sheets, ofwel CSS, wordt de hiërarchie naar HTML vertaald zonder dat daar enige handmatige inspanning bij komt kijken. De content kan ook eenvoudig in databases worden omgezet.

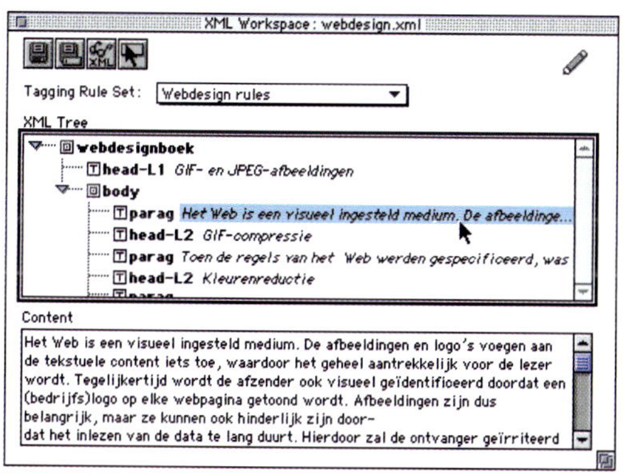


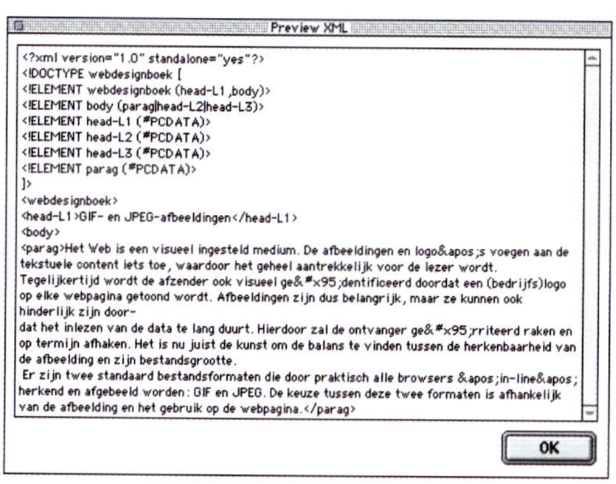


◀ Quark Avenue geeft een preview van de gegenereerde XML.

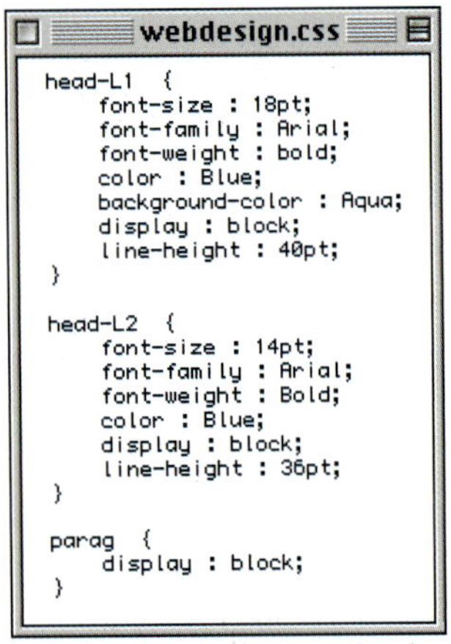


```
head-L1  {
    font-size : 18pt;
    font-family : Arial;
    font-weight : bold;
    color : Blue;
    background-color : Aqua;
    display : block;
    line-height : 40pt;
}

head-L2  {
    font-size : 14pt;
    font-family : Arial;
    font-weight : Bold;
    color : Blue;
    display : block;
    line-height : 36pt;
}

parag  {
    display : block;
}
```

### ▶ XML en CSS: de ideale combinatie

In het voorbeeld dat we hier tonen, is nu alle XPress-content omgezet naar XML. Op de harde schijf staat een bestand getiteld: 'webdesign.xml'. Vervolgens maken we een CSS-bestand aan waarin de kop, subkop en paragraaf elk een eigen beschrijving in een HTML Style Sheet meegeven. De heading, head-L1, wordt in dit bijvoorbeeld in corps 18 weergegeven in het lettertype Arial Bold.

Een achtergrondkleur *(background-color)* genaamd 'Aqua', wordt ook toegepast om de kop extra accent mee te geven. De tussenkop, head-L2, wordt iets kleiner gemaakt, 14 punten en zonder de achtergrondkleur afgebeeld. De platte tekst, met de Style Sheet 'parag', wordt als blok gezet. Door nu in de webpagina het style sheet 'webdesign.css' aan te roepen wordt de pagina als zodanig weergegeven. Uiteraard kost het weinig moeite om een geheel andere Style Sheet te bedenken voor het geval de content in een andere online publicatie gebruikt moet worden. De XML-data blijven onaangetast, alleen het .CSS-bestand moet aangepast worden.

Zoals u op voorgaande pagina's ziet, is de conversie van de kopij uit dit boek een even simpele als doelmatige exercitie. Het hergebruik van de informatie geeft uiteraard meerwaarde aan de content. Dankzij Quark Avenue kost het weinig additionele moeite om de data naar XML te exporteren.

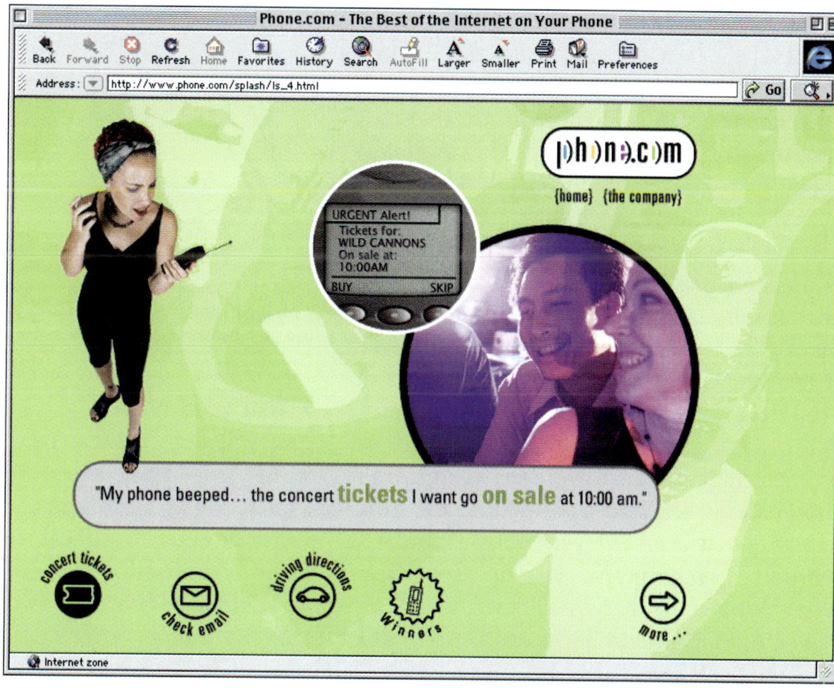


Even kaartjes ► kopen voor een popconcert terwijl je op de bus staat te wachten? Dit is geen utopie noch fictie, maar de realiteit dankzij WAP en WML.

Een voorspelling: telefonie zal een gadget worden dat gratis met Internet geleverd zal worden. De reden voor dit optimisme is dat mobiele telefonie de belangrijkste toegangspoort tot het Internet wordt. Het Web wordt hierdoor bevrijd van de zware desktopcomputers en zal overal beschikbaar zijn. Hierdoor zullen er product/service combinaties-ontstaan die een mobiele vorm van E-commerce mogelijk maakt. In dit hoofdstuk wordt getoond hoe de 'Wap'designer hier op kan inspelen!

## WAP en WML

WML *(Wireless Markup Language)*, voorheen ook bekend als HDML *(Handheld Devices Markup Language)*, is WML is een pagina-opmaaktaal die specifiek gericht is op gebruikers van portable telefoons en PDA's. WML is onderdeel van WAP, het Wireless Application Protocol. U kunt dit protocol vergelijken met HTTP, het HyperText Transfer Protocol, omdat beiden er voor zorgen dat websites getransporteerd worden. In het geval van WAP is de eindbestemming een mobiel Internet apparaat met alle beperkingen vandien. WAP is een open standaard die geoptimaliseerd is voor de mobiele datacommunicatie en is daardoor in staat om pagina's sterker te comprimeren dan HTTP. Het Wireless Application Protocol functioneert op de bekende data link protocollen als GSM, en UTMS, zijn opvolger.

WML is onderdeel van de WAP-specificatie en zorgt voor de pagina-opmaak, vergelijkbaar met HTML. Dankzij WML kan men webpagina's componeren voor mobiel gebruik.

### ▶ Wireless Mark-up Language

WML is een pagina-opmaaktaal die specifiek gericht is op gebruikers van portable telefoons en PDA's. Door de grote penetratie van 'cellular phones' en handheld computers als de PalmPilot en de PSION series, neemt ook de behoefte om deze apparaten te gebruiken als browser toe. De originele HTML-taal is hiervoor niet geschikt aangezien de cellulaire telefoons gebruik maken van een klein display dat slechts ruimte biedt aan vier regels van twintig tekens. Dat komt neer op 1/64 deel van een normaal computerscherm. WML zorgt ervoor dat de data eerst gebufferd worden alvorens deze worden weergegeven in het kleine scherm. Door de enorme groei van deze markt zal er meer en meer aandacht worden geschonken aan de specifieke begrenzingen van handheld devices.

Een typisch beeldscherm van een portable telefoon heeft een schermgrootte van 96 x 65 pixels. Het scherm kan slechts 1-bits afbeeldingen tonen, ofwel zwartwit-plaatjes zonder anti-aliasing. En een Palm-organizer heeft een schermpje van 160 x 160 pixels grootte.

### ▶ WAP en operating systems

WAP is tegelijkertijd een *(data)*communicatie protocol en een applicatie omgeving. Daardoor kan een WAP-applicatie op alle operating systems gebouwd worden inclusief PalmOS, EPOC *(PSION's OS)*, Windows CE, OS/9, JavaOS, etc. Al deze besturingssystemen kenmerken zich door hun compactheid. WAP kiest niet voor een specifiek OS maar kan met alle concurrerende systemen overweg. In een markt waarin het marktleiderschap nog betwist wordt, is dit een goed idee!

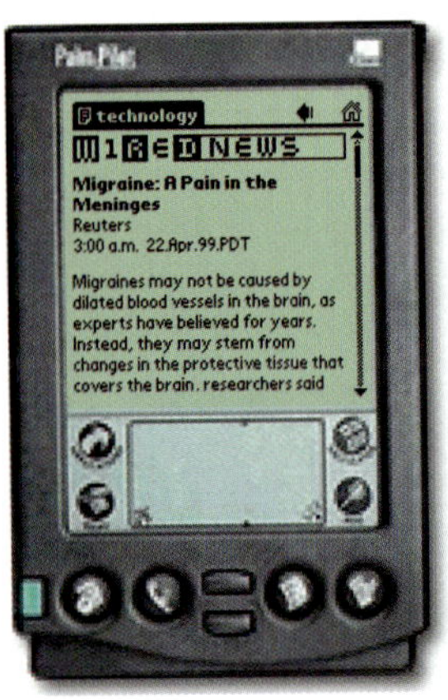


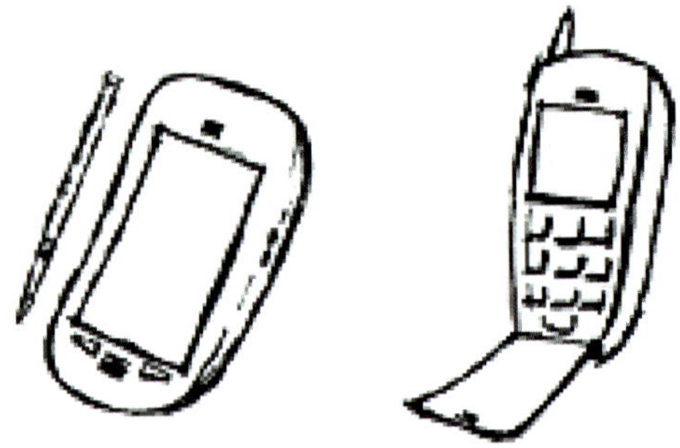

▲ Mobiele computers en telefoons zijn de informatiedragers van de toekomst. Software, hardware, everyware!

### ▶ WML decks

Een volledige pagina, een zogeheten 'deck' wordt in WML verdeelt in kaarten, ofwel 'cards'. Bij het opvragen van de webpagina wordt de eerste 'card' van een 'deck' getoond. Door het toetsenbord of de functietoetsen op de telefoon te gebruiken worden de volgende kaarten aangeroepen. Hierdoor navigeert men door een langere WML-pagina.

### ▶ WML Script

WAP bezit ook een eigen scripting taal, WML Script, die qua opzet en mogelijkheden sterk verwand is aan JavaScript voor HTML. WML Script wordt als een apart bestand bij het WML-document gebruikt. De extensie is .wmls om een onderscheid aan te brengen met de .wml extensie. De Scripts worden aangeroepen door middel van een URL, net als de WML content zelf. De syntax is als volgt:

```
<go href="currency.wmls">
```

De gebruiksmogelijkheden van WML Script zijn echt oneindig; zelfs complexe berekeningen als hypotheek-kosten kunnen er mobiel mee berekend worden.

### ▶ WAP Server

Om de WML data te kunnen publiceren is een zogenaamde WAP server benodigd. De grote telecom maatschappijen zullen deze aanbieden om hun aandeel in deze communicatie veilig te stellen.

### ▶ Wapdesign in de Praktijk

De WML-code in de rechterkolom geeft een indruk van de opzet van de compacte opmaaktaal. Een aantal standaard tags zoals <B></B>, <I></I>, <P></P> en <EM></EM> zijn in dit voorbeeld gebruikt. De structuur van het document lijkt erg op die van HTML. Dat is de grote winst van WML en de achterliggende standaardisatie op XML.

**WML-versie 1.1** ▶

*De XML-versie is in de DTD (Document Type Definition) beschreven. In dit geval versie 1.1 die behoort bij WAP versie 1.1. Ook de URL van het wapforum wordt vermeld.*

**Card IDs** ▶

*Bij het opvragen van de webpagina wordt de eerste 'card' van een 'deck' getoond.*

**IMG SRC** ▶

*Het plaatsen van een afbeelding is vergelijkbaar met de normale procedure in HTML. Het enige verschil is dat het plaatje uitlsuitend 1-bits kan zijn. Nieuwere WAP-versies zullen ook kleurenbestanden ondersteunen. Als de afbeelding niet geladen wordt, wordt de Alt-tekst afgebeeld.*
*De <title> wordt 'buiten' het scrollveld gehouden; de ASCII entity '©' wordt gebruikt om het copyright symbool weer te geven.*

**Telefoonbediening** ▶

*Door de toetsen op de telefoon te bedienen, kan men door de pagina scrollen. De <title> blijft in beeld staan. Ook de twee functietoetsen aan weerzijde van het op- en neerblok kunnen ingezet worden. Dus in plaats van de standaard opties 'openen' en 'sluiten' kan door gebruik te maken van WML en een WML Script, ook staan: 'Buy' en 'Skip'. De WML opmaaktaal en het WAP protocol bieden een ruime functionaliteit die zowat alle vormen van commercie naar een mobiele telefoniescherm kan vertalen.*

```
<?xml version="1.0"?>
<!DOCTYPE wml PUBLIC "-//WAPFORUM//DTD WML 1.1//EN"
"http://www.wapforum.org/DTD/wml_1.1.xml">

<wml>

   <card id="card1" title="Wapdesign&#169; tips">
      <p>
         <img src="wapdesign.gif" alt="Wapdesign"/>
         <em>
            Hello mobile wapdesigners<br/>
            <i>
               Wireless Application Protocol<br/>
            </i>
            Toolkit for you!
         </em>
      </p>
   </card>

</wml>
```

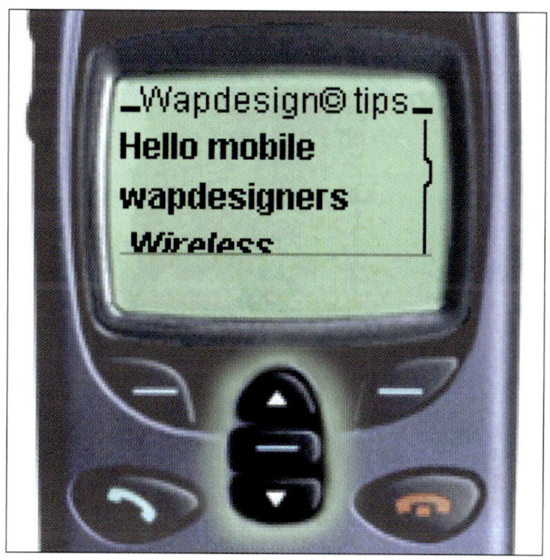

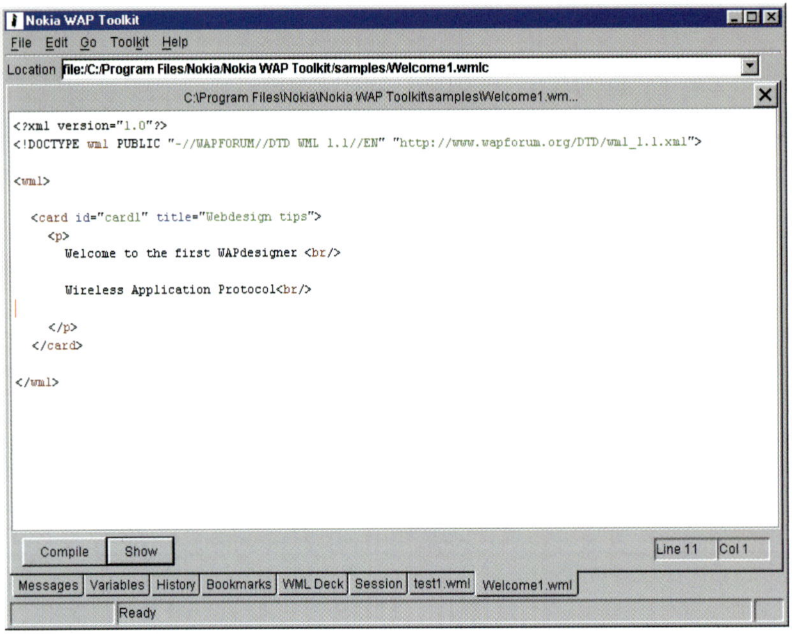


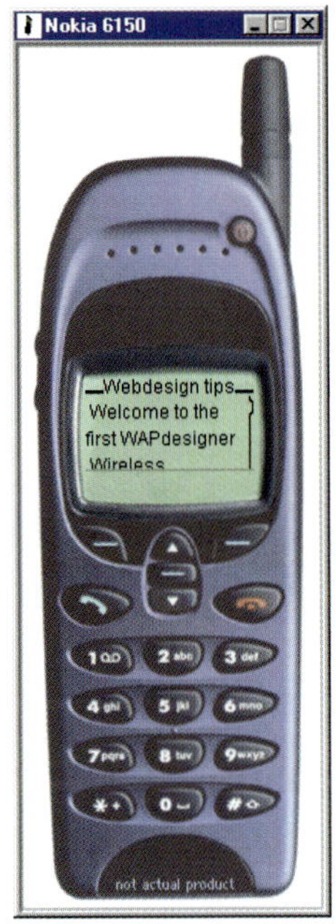


## ▶ Nokia WAP Toolkit

De portable telefoon producent Nokia heeft een simulator uitgebracht waarmee WML-applicaties en WML scripts kunnen worden getest en ontwikkeld. De simulator is geheel in JAVA geschreven en maakt het ook mogelijk om afbeeldingen te plaatsen en te visualiseren. Voor de afbeelding 'Wapdesign' is een GIF plaatje gebruikt in twee kleuren geditherd.

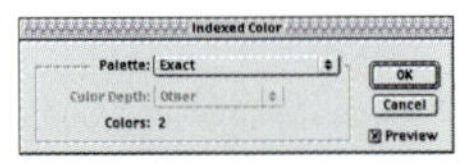

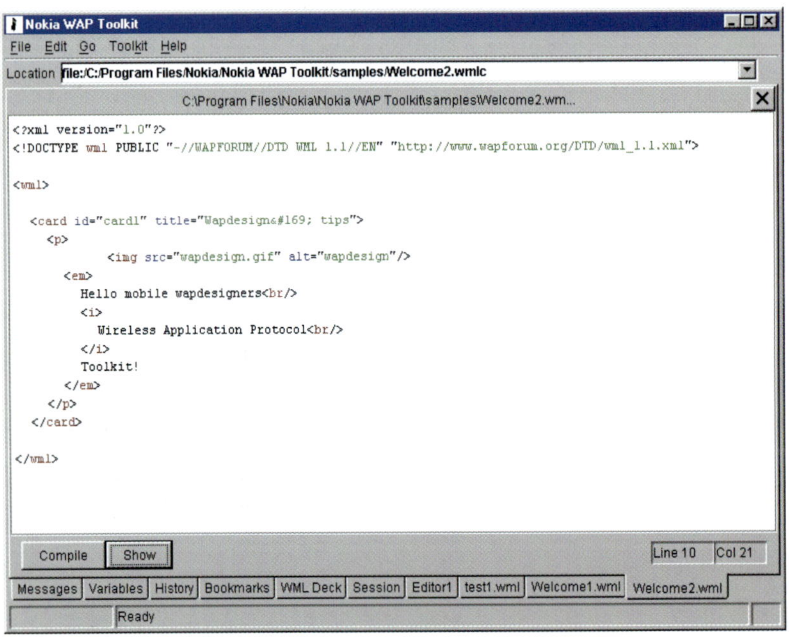

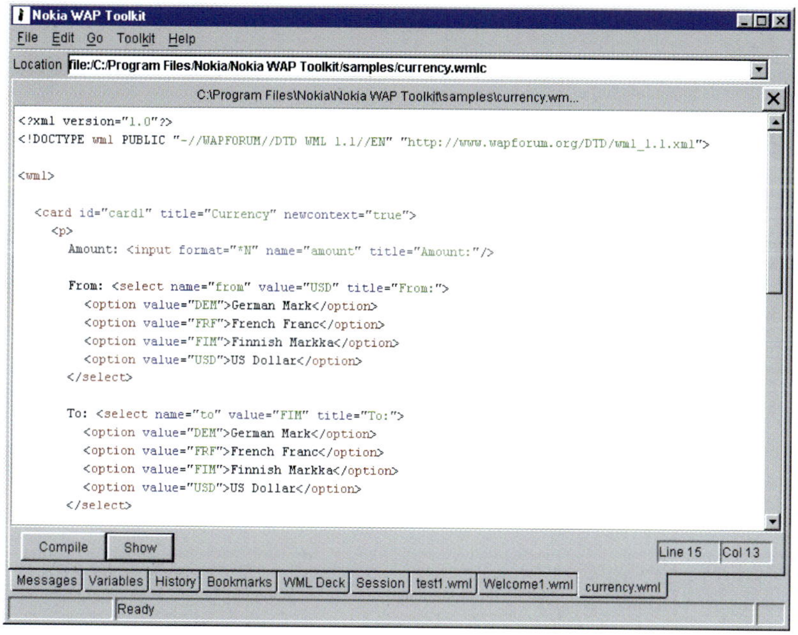


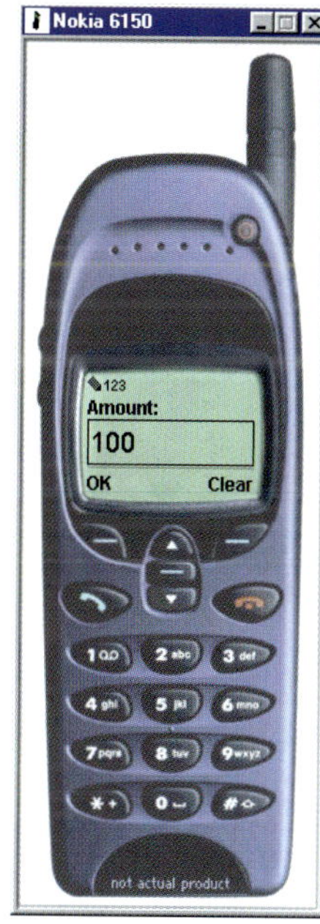


## ▶ Telefoontoetsen gebruiken

Het omrekenvoorbeeld dat hierboven afgebeeld is maakt gebruik van de mogelijkheid om ook de functietoetsen aan te spreken die normaal voor 'openen' en 'sluiten' van het gesprek worden gebruikt. Door de WML pagina worden ze als 'OK' en 'Clear' weergegeven. De scroll-functie blijft ook intact zodat er vier knoppen tot onze beschikking zijn.

▲ De Nokia WAP Toolkit heeft een ingebouwde WML-validatie.

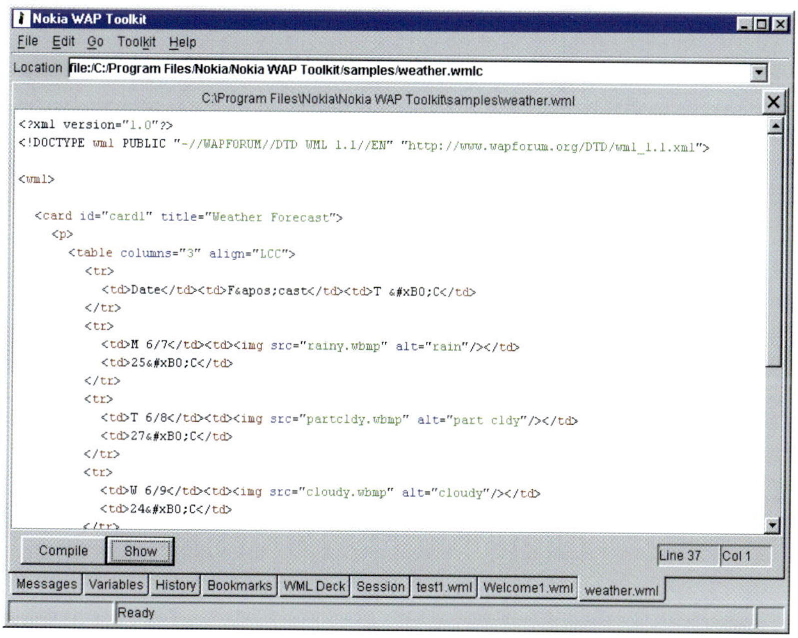

### ▶ De onlosmakelijke product-service combinatie

Mobiele Internetdiensten is slechts één voorbeeld van de mogelijkheden die hét business-model van de toekomst biedt: onlosmakelijke combinaties tussen een *(hardware)* product en een *(interactieve)* dienst. Deze componenten dient men zodanig te ontwikkelen dat het product en de service los van elkaar geen echt bestaansrecht hebben, maar in directe combinatie de gebruiker een service bieden die 24 uur per dag en 7 dagen per week bereikbaar is. In een wereld waarin het Internet enorm toeneemt, maar tegelijkertijd minder zichtbaar wordt doordat het in zowat alle apparaten die kunnen communiceren opgenomen wordt, is een constante stroom van inkomsten gegarandeerd voor de aanbieders van de service. Het verkopen van service-abonnementen op nieuwsdiensten wordt een doel op zich. Het feit dat men het op een portable telefoon moet bekijken en/of afluisteren limiteert de telefoon tot de boodschappendrager van de informatie. Het telefoonabonnement is de drager van de content, het communicatieplatform. De dienst zal de boventoon gaan voeren en daar zal de klant voor gaan betalen, continu via abonnementen. De benodigde technische middelen als het Internet- en het telefoonabonnement zullen 'gratis' weggegeven worden om de dienst mogelijk te maken.

### ▶ Kansen en bedreigingen dankzij IP

Moderne ondernemers kunnen op deze ontwikkelingen inspelen door creatieve product/service combinaties te ontwikkelen en te onderhouden. Het Internet Protocol, of IP, zal de bestaande economische orde grondig herdefiniëren. Dat biedt zowel kansen als bedreigingen voor entrepeneurs en ondernemers! Creativiteit en ondernemersgeest zijn de onderscheidende kenmerken in de nieuwe economie.

JavaScript ▸ maakt interactie in de pagina mogelijk.

De scriptingtaal JavaScript heeft niet veel meer dan de naam gemeen met de programmeertaal Java. Dat beperkt de inzetbaarheid van JavaScripts niet. Door stukjes code in webpagina's op te nemen kan additionele functionaliteit aan de pagina worden toegevoegd.

## Programmeren met JavaScript

De naam 'JavaScript' wekt de indruk dat we hier met een afgeleide van de volwaardige programmeertaal Java hebben te doen. Dat is echter een misvatting. De codetaal is net als Java afgeleid van C++ en ook de wijze van noteren heeft enige overeenkomst maar verder reikt de gelijkenis niet. Voor de webdesigners en vormgevers is JavaScript een ideale manier om interactiviteit aan een website toe te voegen zonder dat een gecompliceerde programmeertaal moet worden aangeleerd. Het mooie van JavaScript is dat de code in de webpagina zelf opgenomen kan worden; dit in tegenstelling tot Sun's Java waar aparte applets gebruikt worden die ook nog eens gecompileerd moeten worden. De JavaScript-code die in de eigen pagina is geplaatst kan 'afgespeeld' worden zonder dat er gebruik wordt gemaakt van een externe server-verbinding die uiteraard weer extra vertraging oplevert.

## ▶ JavaScript

JavaScript is dus een zeer vereenvoudigde versie van Java. Al biedt het minder mogelijkheden, toch kan JavaScript heel handig zijn. JavaScript bewijst bijvoorbeeld zijn diensten bij het invullen van formulieren. Er kan worden gewaarschuwd dat een invoerwaarde niet klopt, bedragen kunnen direct worden uitgerekend en invoervelden kunnen automatisch worden ingevuld. Met JavaScript kunnen ook dynamische pagina's worden gemaakt. Bijvoorbeeld een pagina die meermaals per dag wijzigt. Een voordeel is ook dat JavaScript direct tussen de HTML-code kan worden ingetypt en het resultaat snel bekeken kan worden. Kijk maar eens naar dit voorbeeld:

### Klok-script

Zo eenvoudig kan JavaScript zijn: één regel code en de tijdsaanduiding staat in de pagina.

```
<HTML>
<HEAD><TITLE>It's time for Java!</TITLE></HEAD>
<BODY bgcolor="#FFFFFF">
<SCRIPT>document.write("The current time ¶
is "+Date()+"<P>")
</SCRIPT>
</BODY>
</HTML>
```

JavaScript kan op twee manieren worden gebruikt. De eerste is het dynamisch opbouwen van een pagina, waarbij een deel van de HTML-codes uit het script komt. Nadeel is dat de HTML-code niet meer veranderd kan worden als de pagina eenmaal is opgebouwd.

### Update-script

Dit is een voorbeeldscript dat tijdens de opbouw van de pagina wordt uitgevoerd. Het berekent het aantal dagen dat de pagina oud is en meldt dat. De commentaartekens '<!--' en '-->' zijn voor browsers die geen scripts ondersteunen. Ze interpreteren het JavaScript als commentaar en slaan het over zonder foutmeldingen te genereren.

```
<script language="JavaScript">
<!--
	today = new Date()
	lastmod = new Date(document.lastModified)
	diffdays = Math.ceil( (today.getTime()-
	lastmod.getTime())/(24*60*60*1000) )
	document.writeln( diffdays+" dagen geleden voor
	het laatst veranderd." )
// einde -->
</script>
```

Op de plaats van het script komt dan de regel:

'17 dagen geleden voor het laatst veranderd.'

### Tekstuitleg script

Een script om tekst en uitleg aan de onderzijde van de pagina weer te geven, is als volgt:

```
<HTML><HEAD>
<TITLE>Comment in window</TITLE></HEAD>
<BODY bgcolor="#FFFFFF">
<a href="/tips" onMouseOver="window.status='tekst ¶
 en uitleg'; return true">tekst</a>
</BODY>
</HTML>
```

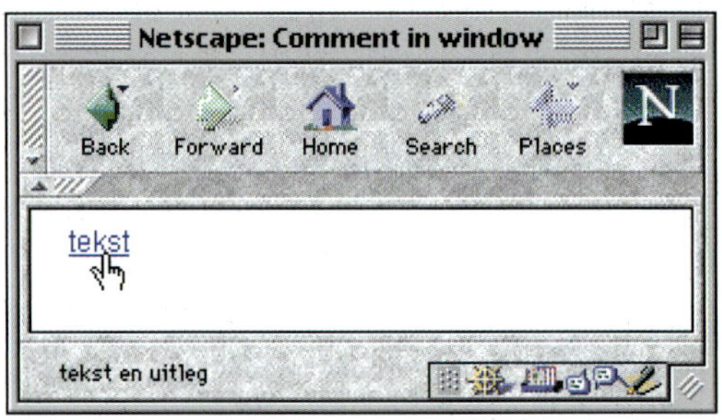

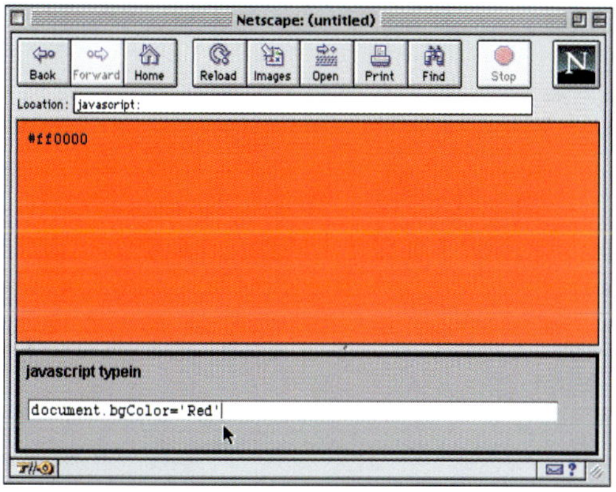


▲ Door in het 'location'-venster van Netscape Navigator het woord 'javascript:' te typen...

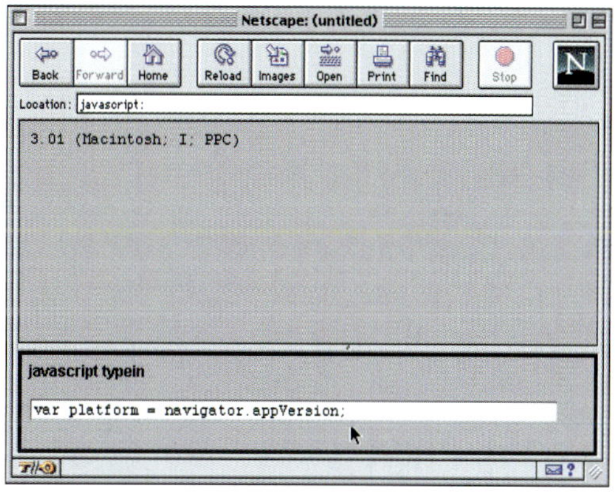


▲ ...kunt u de syntax rechtstreeks in de browser uitproberen. Voor een compleet script heeft u een editor nodig.

Een andere manier om JavaScript te gebruiken is als gebruikersinteractie met een formulier. Sommige 'interacties' kunnen alleen optreden bij bepaalde formulierelementen. 'OnFocus' kan bijvoorbeeld wel optreden bij een 'textarea', maar niet bij een 'checkbox'. De mogelijke gebeurtenissen zijn:

| Gebeurtenis | Treedt op als |
|---|---|
| onBlur | de cursor een tekstinvoerveld verlaat |
| onChange | een formulierelement verandert van waarde |
| onClick | op een element wordt geklikt |
| onFocus | de cursor verschijnt in een tekstinvoerveld |
| onLoad | een pagina (of frame) wordt geladen |
| onMouseOver | de muis over het element beweegt |
| onSelect | een element wordt geselecteerd |
| onSubmit | het formulier wordt verzonden |
| onUnload | een pagina wordt verlaten |

Een JavaScript kan bijvoorbeeld worden ingezet om te controleren of alle velden van het formulier correct zijn ingevuld.

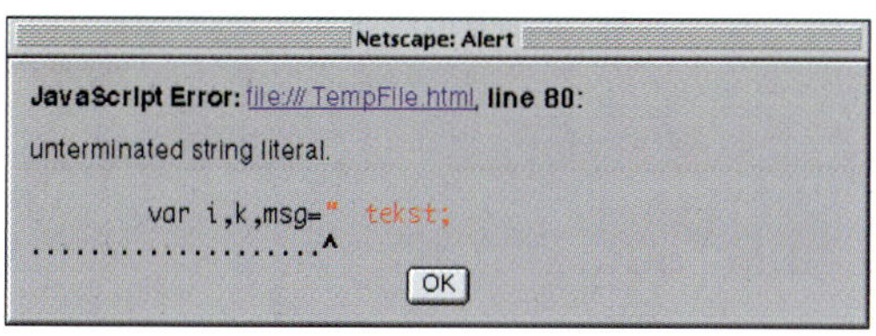


▲ De gebruiker zal een foutmelding niet echt waarderen, test daarom eerst de JavaScripts in een aantal browsers.

## ▶ One, two, three testing...

Het schrijven van een JavaScript vergt enig verstand van programmeren. Voor het kopiëren van een script heeft u beduidend minder kennis nodig. Door de verwijzingen te vervangen door uw eigen voorbeelden kunt u eenvoudig scripting aan uw webpagina toevoegen. Op deze en volgende pagina's staan een aantal JavaScripts die zeker de moeite waard zijn.

Houdt er wel rekening mee dat de programmeertaal JavaScript in ontwikkeling is en dat er kleine verschillen zijn tussen de eerste en de laatste versie (1.2). En pas op voor de interpretatieverschillen tussen de browsers van Netscape en Microsoft.

▼ GoLive CyberStudio heeft een ingebouwde scripteditor.

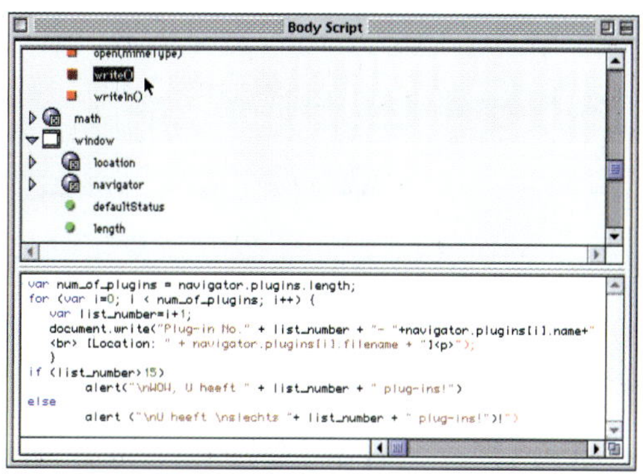

## Welkomstboodschap JavaScript

```
<HTML>
<HEAD>
<TITLE>Welkomstboodschap</TITLE>

<script language="JavaScript">
<!--
var temp="typ hier uw naam";
var user_name=prompt(temp,"uw naam");
if (user_name)
document.write("<H2>Hallo " + user_name + "! Bedankt ¶
voor uw bezoek!</H2>");
else
document.write("<H2>Bedankt voor uw anonieme ¶
bezoek!</H2>");
// einde -->
</script>
</HEAD>

<BODY bgcolor="#FFFFFF">
<A HREF="/tips">Terug naar de Javascript index.</A>
</BODY>
</HTML>
```

### User action design

Als de gebruiker op een pagina komt waar bovenstaand script wordt gebruikt, zal hij eerst om zijn naam worden gevraagd, waarna pas de eigenlijke pagina getoond wordt, inclusief de naamsvermelding in de context.

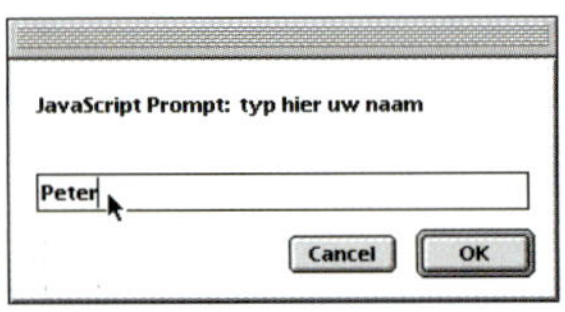

▲ Een gepersonaliseerde webpagina is eenvoudig te creëren met behulp van bovenstaand JavaScript.

## Automatisch venster openen JavaScript

```
<HTML>
<HEAD>
<TITLE>Automatisch venster openen</TITLE>

<script language="JavaScript">
<!--
function WinOpen() {
  window.open('find.htm', 'newWin');
}
// einde -->
</script>
</HEAD>

<BODY BGCOLOR="#FFFFCC"
onLoad="window.open('find.htm', 'newWin', '
resizable=no,menubar=no,directories=no, toolbar=no,
scrollbars=no,status=yes,width=140,height=220')")>

<IMG SRC="finditkl.gif" WIDTH=90 HEIGHT=40 >
Resterend tekst en beeld...
</BODY>
</HTML>
```

### Browser open u!

Door bovenstaand JavaScript te gebruiken wordt een nieuw venster geopend met een specifieke breedte en hoogte. Een beeldvullende webpresentatie is dus ook mogelijk!

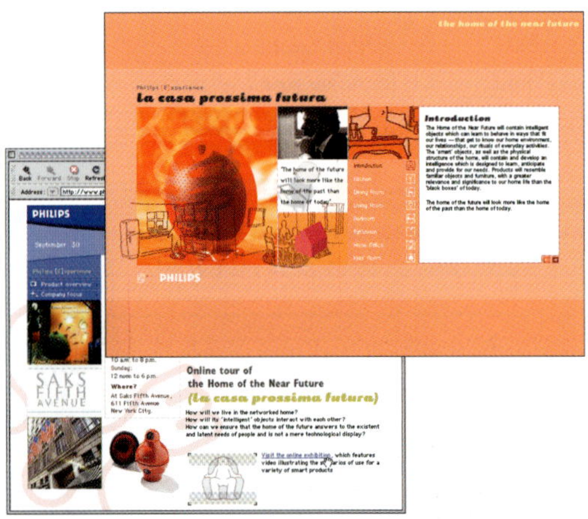


▲ De muisklik op de 'online presentatie' introduceert een apart schermvullend beeld dat boven op het geopende venster komt.

## Browsercheck in frames-weergave JavaScript



```
<HTML>
<HEAD><TITLE>Browser sensitive frames</TITLE>

<script language="JavaScript">
<!--
browser = navigator.appName;
version = parseInt(navigator.appVersion);

if     (browser=="Netscape" && version >=3) ver="Netscape3plus";
else if (browser=="Netscape" && version ==2) ver="Netscape2";
else if (browser=="Microsoft Internet Explorer" && version >=2) ver="Explorer3";

if (ver=="Netscape3plus") {
document.write('<FRAMESET ROWS="100%,*" FRAMEBORDER=NO BORDER=0>' +
        '<FRAME NAME="main" SRC="netscape3.htm" SCROLLING=AUTO MARGINHEIGHT=10 MARGINWIDTH=10>' +
        '</FRAMESET>');
}
if (ver=="Netscape2") {
document.write('<FRAMESET ROWS="100%,*" FRAMEBORDER=NO BORDER=0>' +
        '<FRAME NAME="main" SRC = "netscape2.htm" SCROLLING=AUTO MARGINHEIGHT=10 MARGINWIDTH=10>' +
        '</FRAMESET>');
}
if (ver=="Explorer3") {
document.write('<FRAMESET ROWS="100%,*" FRAMEBORDER=NO BORDER=0>' +
        '<FRAME NAME="main" SRC="explorer3.htm" SCROLLING=AUTO MARGINHEIGHT=10 MARGINWIDTH =10>' +
        '</FRAMESET>');
}
// einde -->
</script>
</HEAD>
<BODY bgcolor="#FFFFFF">
<FONT SIZE="4">Deze tekst wordt getoond in een  browser die geen JavaScript ondersteunt.</FONT>
</BODY>
</HTML>
```

### ▶ Aanpassen aan browserkeuze

Door een slimme combinatie van een 'geframede' website en een slim JavaScript van Nick Heinle en Athenia Associates krijgt een gebruiker van Microsoft Internet Explorer een geheel andere pagina te zien dan de websurfer die de pagina met Netscape Navigator 2 leest. Slechts één frame is zichtbaar door de toevoeging van de code: FRAMESET ROWS="100%,* " in de HTML-pagina.

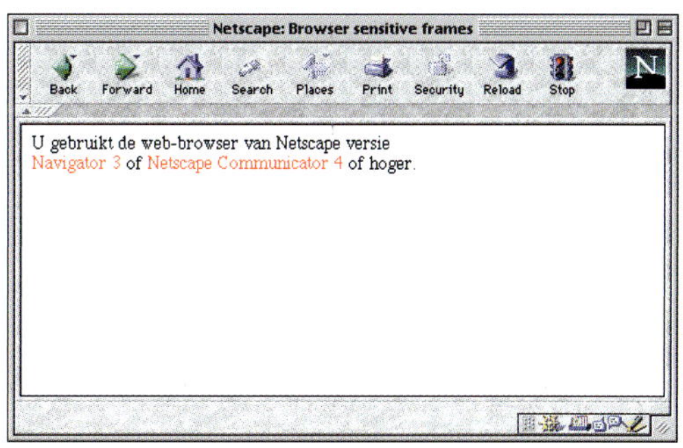

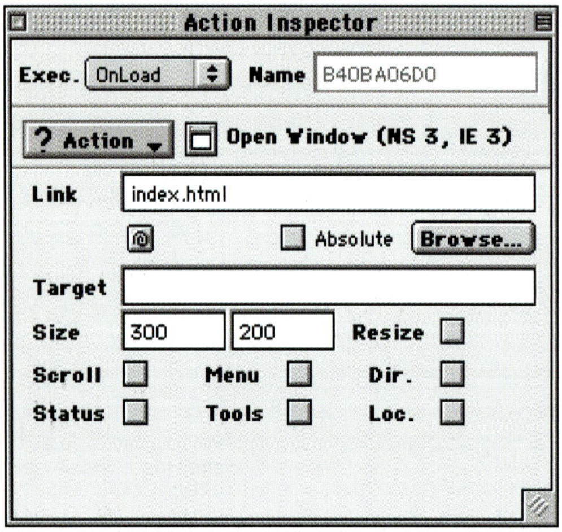


▲ **Met een wysiwyg-editor als Adobe GoLive is het handmatig schrijven van een JavaScript overbodig geworden.**

### ▶ JavaScript-editors

Het schrijven van een JavaScript is een vak apart. Vooral uitgebreide(re) scripts vergen veel programmeerkennis en praktische ervaring. Het is logisch dat er dan ook professionele programmatuur op de markt komt waardoor dit proces gestroomlijnd wordt. Netscape heeft bijvoorbeeld een JavaScript-editor ontwikkeld, genaamd Visual JavaScript.

Er zijn ook een aantal Wysiwyg HTML editors uitgekomen die een ingebouwde JavaScript-editing functie bezitten. Het Macintosh-programma GoLive CyberStudio is hiervan een goed voorbeeld. Uniek aan deze oplossing is het feit dat alle statements en functies van JavaScript 1.0 al opgenomen zijn in de editor. Door de code te selecteren wordt deze opgenomen in het edit-veld. Ook kan GoLive complexe JavaScript code genereren op basis van voorgedefinieerde vensters.

Het web en TV ▸ komen dichterbij. Letterlijk en figuurlijk! De webdesigners krijgen daardoor een medium erbij.

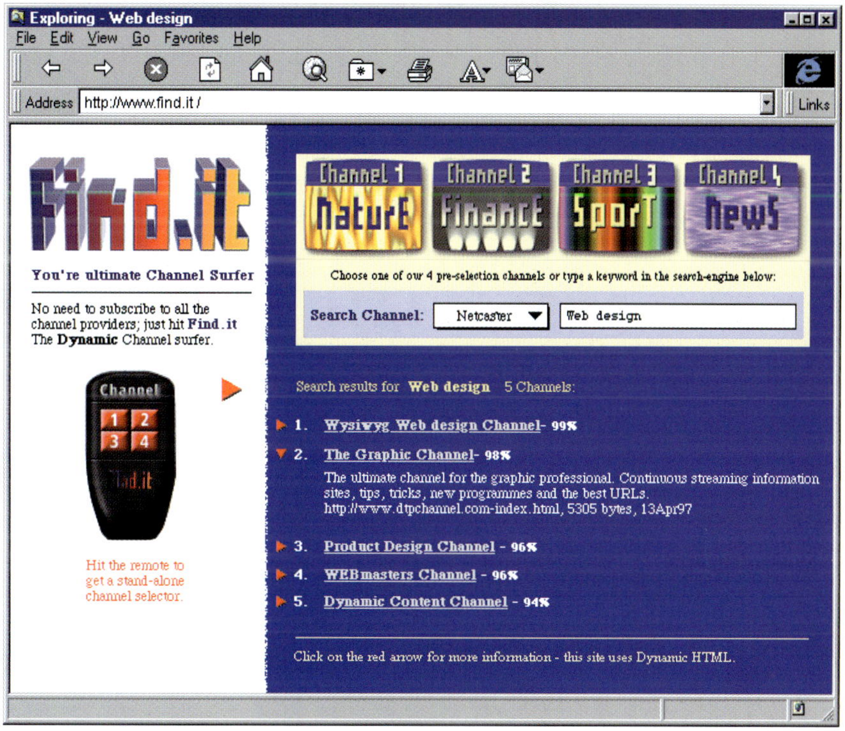


Het traditionele interactiemodel van het web is te karakteriseren als 'klikken en wachten'. Een techniek die daar verandering in brengt is Dynamic HTML. Een webpagina kan hierdoor meerdere gedaantes aannemen nadat(!) deze ingeladen is. Tevens wordt er dynamiek aan de webpagina toegevoegd zoals we die van CD applicaties gewend zijn. Dynamic HTML is de verzamelnaam voor deze diverse, onderling gerelateerde technieken.

## Dynamic HTML en TV browsers

De ontwikkelingen op het World Wide Web staan niet bepaald stil. De snelheid waarmee nieuwe browsers en aanverwante technieken op de markt verschijnen is zodanig dat het zelfs voor de professionele webdesigners een hele opgave is om bij te blijven. De introductie van de vierde lichting browsers van Netscape en Microsoft heeft de zaak op de spits gedreven door de implementatie van Dynamic HTML en Cascading Style Sheets. Deze technologiëen bieden aantrekkelijke creatieve en interactieve mogelijkheden, maar veroorzaken tevens compatibiliteitsproblemen waar de voorgaande perikelen uit de browserwars bij verbleken. Het W3C zit als scherprechter tussen beide partijen in om een uniforme standaard van Dynamic HTML te maken. Dit neemt niet weg dat het voor webdesigners een hele opgave zal blijven om dynamische pagina's te maken die volledig downward compatible zijn.

### Positioneren met CSS1

Microsoft heeft een voorstel gedaan aan het W3C om de Style Sheet-technologie uit te breiden met positioneringseigenschappen. Dat betekent dat de stijl niet alleen de fysieke weergave van een tekstelement bepaalt maar ook de locatie op de webpagina.

```
<STYLE type=text/css>
#start { position: absolute; left: 100; top: 50;
</STYLE>

<DIV ID="start">
<FONT SIZE="+2" COLOR="Red">De eerste tekst</FONT>
</DIV>
```

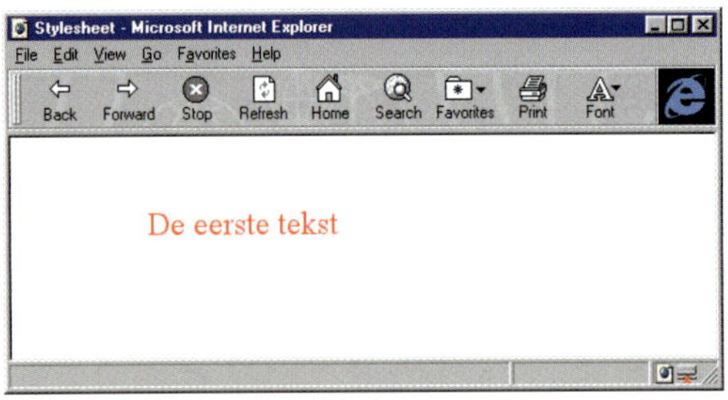


▲ De weergave van de code in Microsoft Internet Explorer 4.0

### De functie van de <DIV>-tag

De tag <DIV> in het bovenstaande voorbeeld isoleert een pagina-element van de algemene instellingen. Een goed voorbeeld daarvan is een afbeelding die rechts uitgelijnd moet worden in een gecentreerde pagina.

### CSS1 versus Layers

De werkwijze om met behulp van 'stijlen' de pagina-elementen te bepalen lijkt op het eerste gezicht eenvoudig. Met behulp van duidelijke attributen als 'left' en 'top' met in pixels uitgedrukte waarden kan men de locatie van tekst- en beeldelementen nauwkeurig op de webpagina vastleggen. Ook de kleur, grootte, uitsnede en volgorde kan met behulp van een Style Sheet worden bepaald.

Lastiger wordt het als we deze elementen gaan combineren; de typogrammen worden steeds complexer en uitgebreider. Als er ook nog JavaScript of Visual Basic Script-commando's aan worden toegevoegd, ontstaan weliswaar aantrekkelijke webpagina's, maar de inspanning om ze te programmeren stijgt aanzienlijk. Netscape daarentegen heeft een andere, incompatibele, weg gekozen om de webpagina tot leven te brengen met 'layers'.

### De <Layer>-tag

De 'layers' zijn een uitvinding van de programmeurs van Netscape die het positioneren van elementen op een webpagina vereenvoudigen. Helaas ondersteunt Microsoft's Internet Explorer deze tag niet en heeft het een alternatieve methode aangeboden aan het W3C, geheel gebaseerd op Style Sheets. De webdesigner wordt nu gedwongen om een keuze te maken tussen beide alternatieven. Een voorbeeld van de syntax is als volgt:

```
<LAYER VISIBILITY=SHOW TOP=100 LEFT=100>
De eerste laag
</LAYER>
```

De attributen die men kan gebruiken zijn:

| | |
|---|---|
| name | De naam van de laag |
| left | De locatie (in pixels) van de laag gerelateerd aan de linkerzijde van het browservenster |
| top | De locatie (in pixels) van de laag gerelateerd aan de bovenkant van het browservenster |
| z-index | De hiërachische volgorde van de lagen |
| visibility | De zichtbaarheid van de laag aangeduid door de waarden 'hide' en 'show' |
| clip | Het zichtbare gedeelte van de laag uitgedrukt in pixelcoördinaten |
| bgcolor | De achtergrondkleur van de laag |
| background | De achtergrond van de laag |

Elke laag is standaard 'doorzichtig' en gedraagt zich in wezen als een tabelcel. Als een afbeelding van200 x 200 pixels in een laag met geringere afmetingen geplaatst wordt, zal de laag zich aanpassen. Transparante GIFjes blijven doorzichtig; de transparantie van een laag wordt echter ongedaan gemaakt als een achtergrondkleur wordt toegepast.

```
<HTML>
<HEAD><TITLE>layers</TITLE></HEAD>
<BODY BGCOLOR="#ffffff">

<LAYER VISIBILITY="SHOW" BGCOLOR="NAVY"
  LEFT=150 TOP=150>
<FONT COLOR="WHITE" SIZE="+2">De eerste laag</FONT>
</LAYER>

</BODY>
</HTML>
```

```
<HTML>
<HEAD><TITLE>layers</TITLE></HEAD>

<BODY BGCOLOR="WHITE">

<LAYER VISIBILITY="SHOW" BGCOLOR="NAVY"
  LEFT=50 TOP=50>
<FONT COLOR="WHITE" SIZE="+2">De eerste laag</FONT>
</LAYER>

<LAYER VISIBILITY="SHOW" BGCOLOR="FF0000"
  LEFT=60 TOP=60 HEIGHT=100 WIDTH=60>
<FONT COLOR="WHITE" SIZE="+2">De tweede laag</FONT>
</LAYER>

</BODY>
</HTML>
```

```
<HTML>
<HEAD>
<TITLE>layers</TITLE>

<script language="JavaScript">
<!--
   function showHide() {
   if (document.layers["laag1"].visibility == "show")
     document.layers["laag1"].visibility = "hide"
   else document.layers["laag1"].visibility = "show";
   }
// einde-->
</script>

</HEAD>
<BODY BGCOLOR="#ffffff">

<LAYER NAME=laag1 VISIBILITY=show LEFT=150 TOP=50>
<FONT COLOR="RED" SIZE="+2">De eerste laag</FONT>
</LAYER>

<FORM>
<INPUT type="button" VALUE="Toon/Verberg laag"
 onClick="showHide()">
</FORM>

</BODY>
</HTML>
```

### ▶ Layers en scripting

De ‘layers’ lenen zich bij uitstek om gemanipuleerd te worden door middel van een scripttaal als JavaScript. Door gebruik te maken van een script als in bovenstaand voorbeeld wordt de zichtbaarheid *(de visibility)* van de laag door een druk op de knop aan- en uitgezet. Let wel, zonder dat er contact is met de server, de pagina is al opgehaald!

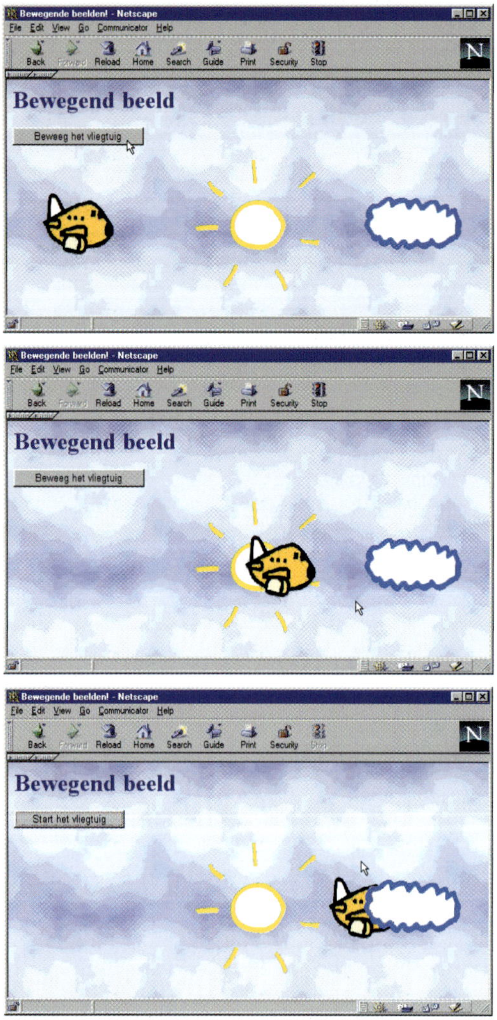


▲ **Een animatie op afroep zonder tussenkomst van de server!**

## ▶ Moving layers

Het script dat op deze pagina staat zorgt ervoor dat het vliegtuig beweegt en wel zo dat het voor de zon, maar achter de wolken langs manoevreert. Een uitleg van de JavaScript-code: De functie 'moveplane' werkt als volgt:

```
var plane = document.layers["plane"];
```

Deze regel zorgt ervoor dat de officiële syntax van de layer (document.layers["plane"]) wordt afgekort tot het woord *(ofwel de variabele)* 'plane'. In de rest van de functie wordt dus gebruik gemaakt van 'plane' als de laag bewerkt wordt.

## ■ Animatie met behulp van Layers en JavaScript

```
<HTML>
<HEAD><TITLE>Bewegende beelden!</TITLE>
</HEAD>
<BODY BGCOLOR="#CCFFFF" BACKGROUND="back.jpg">

<LAYER NAME="cloud" LEFT=250 TOP=100>
   <IMG SRC="cloud.gif" WIDTH="149" HEIGHT="79">
</LAYER>
<LAYER NAME="sun" LEFT=450 TOP=150>
   <IMG SRC="sun.gif" WIDTH="183" HEIGHT="186">
</LAYER>
<LAYER NAME="plane" LEFT=50 TOP=100  ABOVE="sun">
   <IMG SRC="plane.gif" WIDTH="152" HEIGHT="107">
</LAYER>

<SCRIPT LANGUAGE="JavaScript">
   function moveplane() {
      var plane = document.layers["plane"];
      if (plane.left < 500) {plane.offset(5, 0);}
      else {plane.left = 10;}
      setTimeout("moveplane()", 10);
      return;
   }
</SCRIPT>

<H1>Bewegend beeld</H1>
<FORM>
   <INPUT type=button value="Beweeg het vliegtuig"
   OnClick="moveplane(); return false;">
</FORM>
</BODY>
</HTML>
```

```
if (plane.left < 500) {plane.offset(5, 0);} else {plane.left = 10;}
```

Hier wordt een eigenschap van de afgekorte layer ingevoerd, plane.left. Het '.left' gedeelte is een property. Het definieert de horizontale positie van de linkerkant van de layer ten opzichte van de browser. De methode 'offset' zorgt voor de verplaatsing. plane.offset(5, 0) betekent dus: verplaats de 'plane' layer vijf pixels naar rechts en nul pixels naar beneden.

```
setTimeout("moveplane()", 10);
```

Het geheel wordt elke tien milliseconden herhaald waardoor de laag opschuift.

### ▶ Moving Style Sheets

Het script op de linkerpagina werkt zoals eerder vermeld uitsluitend in Netscape 4.0. In Microsoft Internet Explorer 4.0 volgt dan ook onverbiddellijk een foutmelding. Toch bestaat er een mogelijkheid om in Dynamic HTML een animatie te creëren die in beide browsers functioneert. Met behulp van Style Sheets en aangepaste scripting kan dezelfde functionaliteit worden bereikt. Het geheel is iets lastiger te programmeren dan de layers-oplossing van Netscape, maar daar staat tegenover dat men slechts één versie van de pagina hoeft te maken voor de vierde generatie van de populairste browsers.

### ▶ ECMA Script

De Dynamic HTML oplossing die hiernaast staat afgebeeld werkt in zowel Netscape als Internet Explorer 4.0 en hoger. Aangezien beide webbrowsers stylesheets ondersteunen en er in het toegepaste JavaScript geen gebruik is gemaakt van browser specifieke functies, kan de animatie zonder problemen afgespeeld worden. Als men gebruik zou hebben gemaakt van JScript-commando's dan wordt de toepassing beperkt tot Microsoft's browser. Intussen zijn er al drie versies van JavaScript in omloop: 1.0, 1.1 en 1.2. Dat maakt het ontwikkelen van uniforme scripts niet eenvoudig, aangezien niet alle browsers dezelfde scriptversies ondersteunen. Het ECMA Script project probeert orde in de dreigende chaos te brengen door Javascript te standaardiseren en vast te leggen.

## ■ Animatie met StyleSheets en JavaScript

```
<HTML><HEAD><TITLE>Bewegende beelden!</TITLE>
<STYLE>
.cloud {position: absolute; left: 250; top: 100;}
.sun {position: absolute; left: 450; top: 150; z-index: 2;}
.plane {position: absolute; left: 50; top: 100; z-index: 1;}
</STYLE>
</HEAD>

<BODY BGCOLOR="#CCFFFF" BACKGROUND="back.jpg">
<DIV CLASS="cloud">
<IMG SRC="cloud.gif" WIDTH="149" HEIGHT="79"></DIV>
<DIV CLASS="sun">
<IMG SRC="sun.gif" WIDTH="183" HEIGHT="186"></DIV>
<DIV CLASS="plane" ID="bewegend">
<IMG SRC="plane.gif" WIDTH="152" HEIGHT="107"></DIV>
<SCRIPT LANGUAGE="JavaScript">
  var nN = (navigator.appName == 'Netscape');
  var bewegend = (nN) ? document.bewegend :
  document.all.bewegend.style ;
  function movePlane(){
     if (parseInt(bewegend.left) < 500){bewegend.left =
     parseInt(bewegend.left) + 5} else {bewegend.left = 10};
     setTimeout('movePlane()', 10)
  }
</SCRIPT>

<H1>Bewegend beeld</H1>
<FORM>
<INPUT TYPE=BUTTON VALUE="Beweeg het vliegtuig"
 OnClick="movePlane()">
</FORM>
</BODY>
</HTML>
```

▲ De correcte weergave van de animatie in Microsoft Internet Explorer 4.0 dankzij Style Sheets en een aangepast JavaScript.

## ▶ Wysiwyg versus handmatige JavaScripting

Mocht het u allemaal ietwat te veel zijn geworden met al die JavaScript code, bedenk dan dat er ook alternatieve oplossingen zijn om fraaie JavaScripting te genereren. De bekende Wysiwyg HTML editors voorzien namelijk allemaal in een JavaScript-code generator. Het voordeel van deze oplossing is dat u ook kunt aangeven in welke browser het script ongestoord moet werken. Tegelijkertijd kunt u een oudere browser uitsluiten. U hoeft zelf niet de complexe en hypergevoelige 'browsercheck' te schrijven, maar geeft dit gewoon in het programma aan. Adobe GoLive werkt met deze oplossing en die functioneert prima. Uiteraard gaat er niets boven het handmatig schrijven van JavaScript en VBScript code in editors als BBEdit en Allaire HomeSite, maar niet iedereen is even vertrouwd met computercode. Handmatig geschreven code is altijd compacter en daardoor ook sneller.

## ▶ JavaScripting en Layers

Op de rechterpagina ziet u een voorbeeld van de kracht van een Wysiwyg programma als GoLive. De animatie, die geheel in JavaScript is gecodeerd, wordt door simpele drag-and-drop gecreëerd. Zonder één regel code te schrijven ontstaat een dynamische webpagina. Na het inlezen van de code en de bijbehorende beelden worden de gehalveerde afbeeldingen naar elkaar toe gebracht tot ze één geheel vormen. Dit proces maakt slechts gebruik van GoLive's standaardoplossingen.

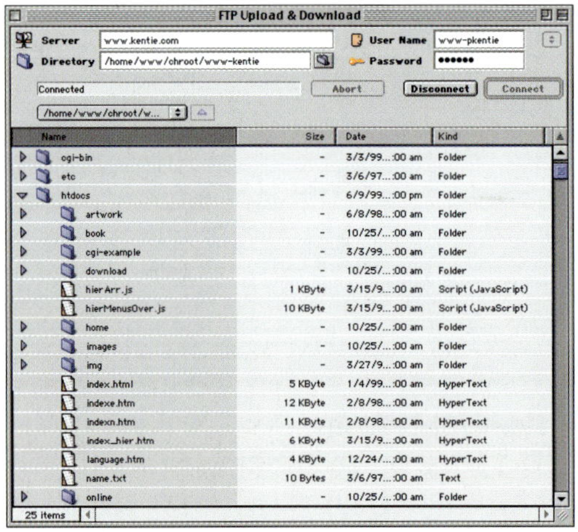


## ▶ Wysiwyg uploading

De tijdlijn van GoLive is een krachtig hulpmiddel, zeker gezien het feit dat het handmatige bewegingen kan registreren en die vervolgens kan omzetten naar JavaScript code. Voorwaarde is wel dat u gebruikmaakt van de Layers, en dat levert meteen ook een beperking op. Oudere browsers zoals Netscape 3 kennen de <layer> tag niet en zullen hiermee dus weinig kunnen uitrichten.

Moderne browsers kennen deze beperking gelukkig niet, dus u kunt aan de slag met de unieke mogelijkheden van GoLive.

Ook het uploaden is een simpel karwei geworden dankzij Adobe GoLive. Het beheer van de site vindt vanuit het programma zelf plaats en GoLive onthoudt wat er wel en niet gewijzigd is. Simpel en efficiënt.

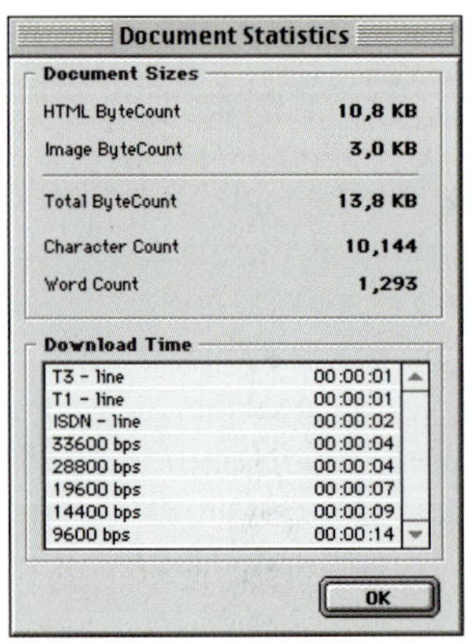


◀ GoLive kan een inschatting geven van de downloadtijd van de webpagina. De courante modemtypen en Internet-verbindingen staan vermeld.

## Dynamic HTML in Adobe GoLive

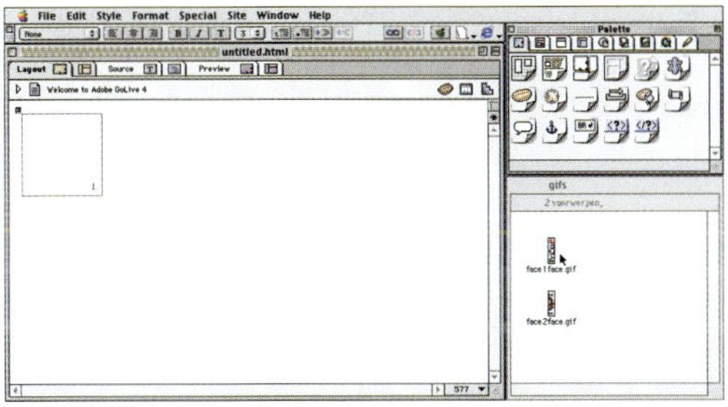

1 Plaats een 'Layer' op het werkblad en importeer het plaatje.

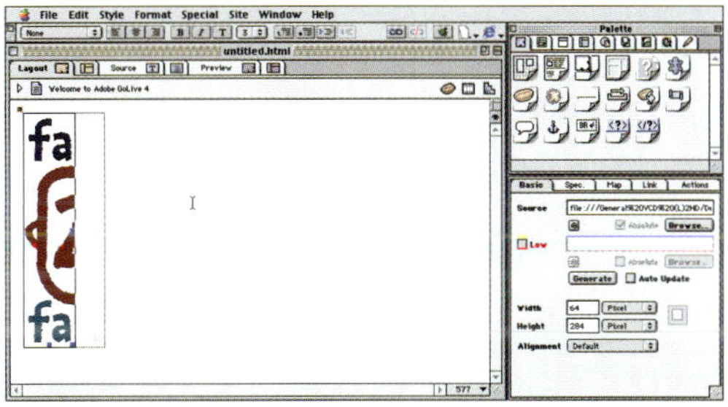

2 De linkerhelft van het gezicht is in de layer geplaatst.

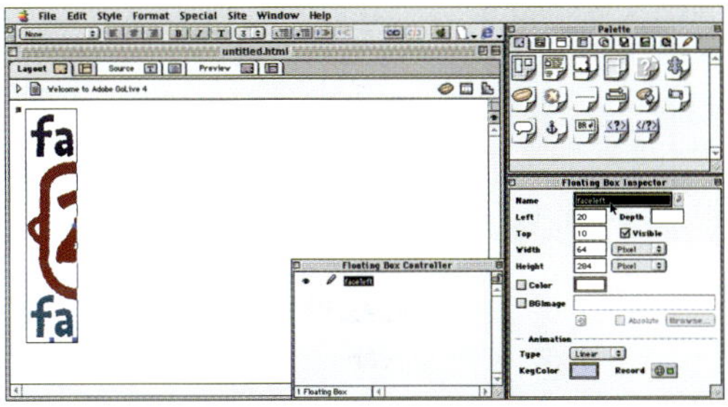

3 In de 'Floating Box Inspector' wordt de laag gepositioneerd.

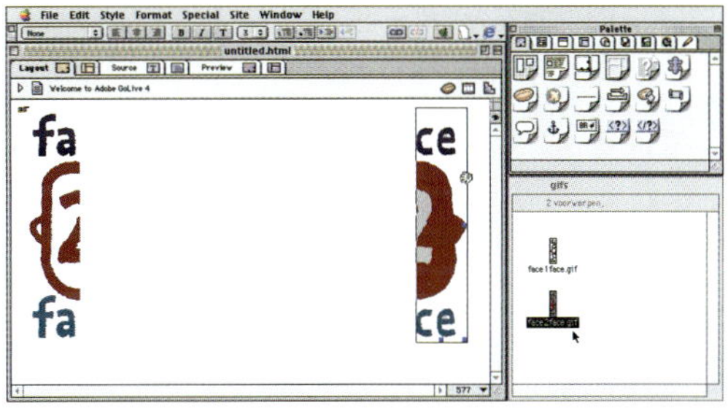

4 De rechterillustratiehelft wordt op de tweede laag gezet.

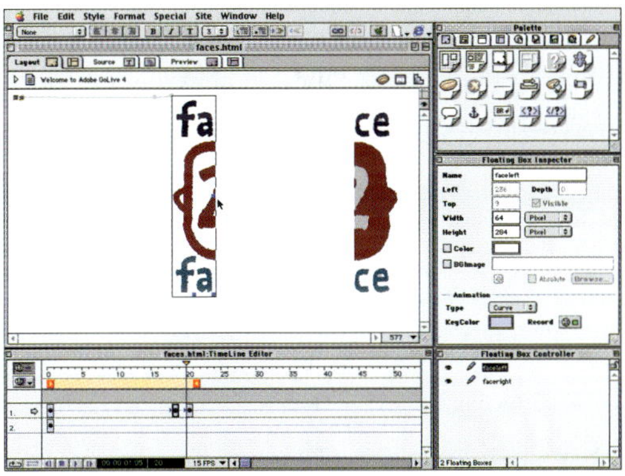

5 Met 'Record' wordt de eerste beweging geregistreerd...

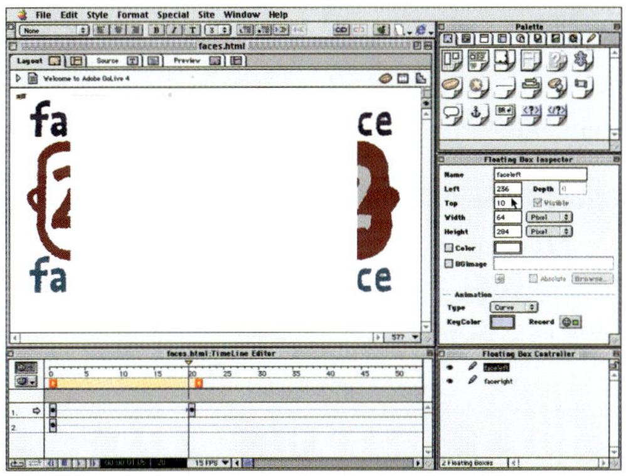

6 ...en vervolgens van de overbodige 'sprongen' ontdaan.

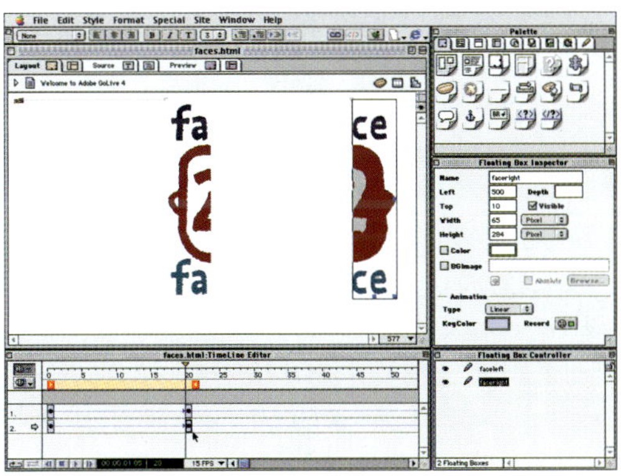

7 De rechterhelft wordt op dezelfde manier geanimeerd...

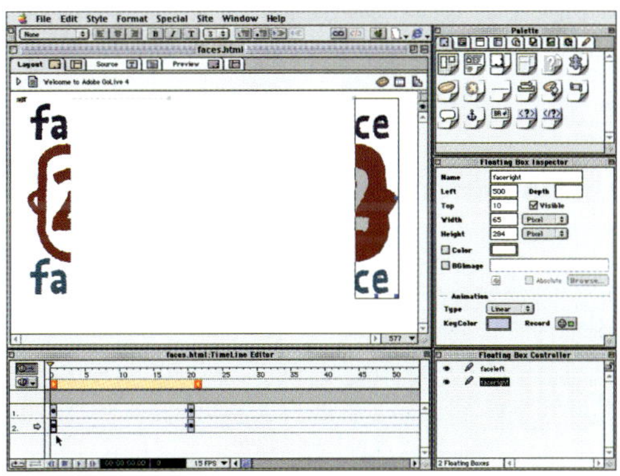

8 ...de 'top' wordt van beide helften op 10 pixels gezet.

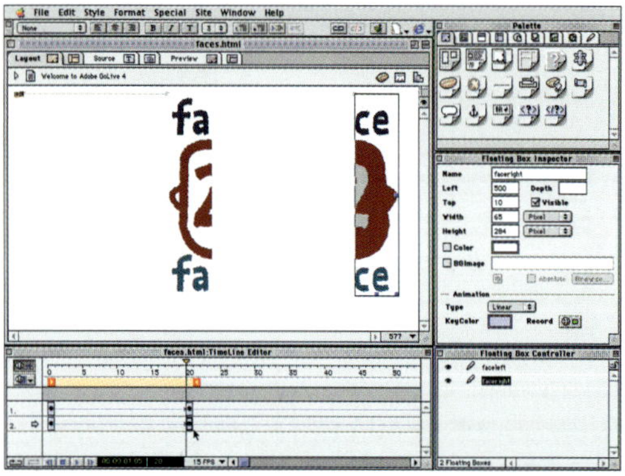


⑨ De beginpositie van de rechterhelft wordt ingegeven...

⑩ ...en vervolgens de eindpositie. GoLive berekent de stappen.

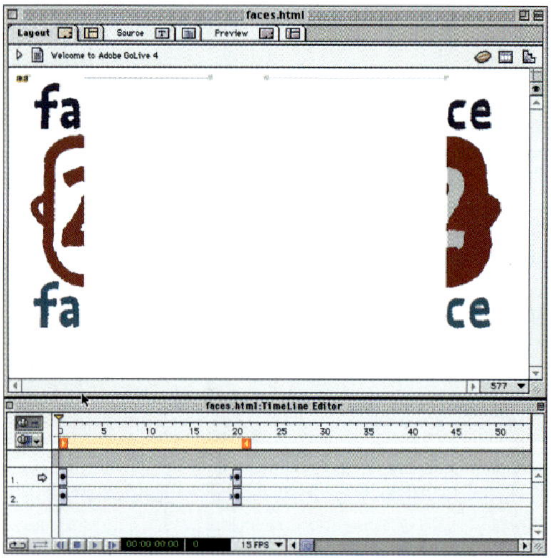


⑪ De animatie in actie. Op tijdstip '0' staan de beelden los.

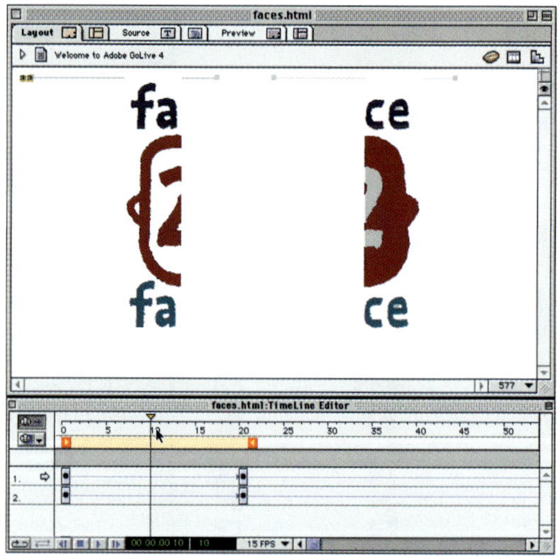


⑫ Op tijdstip '9' komen de beide helften dichterbij.

⑬ En op tijdstip '18' raken de beelden elkaar bijna...

⑭ Waarna ze 'koud' op elkaar aansluiten op tijdstip '20'.

## ▶ Site compositie

Door gebruik te maken van drie frames kan de, door GoLive gegeneerde JavaScript code in een apart HTML-bestand geplaatst worden. Het bovenste en onderste frame worden respectievelijk voor de heading en de site navigatie gebruikt. Al met al levert deze sterk visueel georiënteerde opzet een pakkend ontwerp op. De productietijd is dankzij het handige gebruik van een Wysiwyg editor en een uitgekiende typografie relatief kort. Door gebruik te maken van een font dat erg fraai getekende symbolen heeft, ontstaat een consistent grafisch uiterlijk van de site.

Aangezien een goede website uit twee componenten bestaat – attractiviteit en actualiteit– zitten we met ons cyberchat café goed!

▲ Het lettertype FF Kosmik van van de Nederlandse letterontwerpers Just van Rossum en Erik van Blokland dient als uitgangspunt voor de navigatiesymbolen en het gezicht! ▶

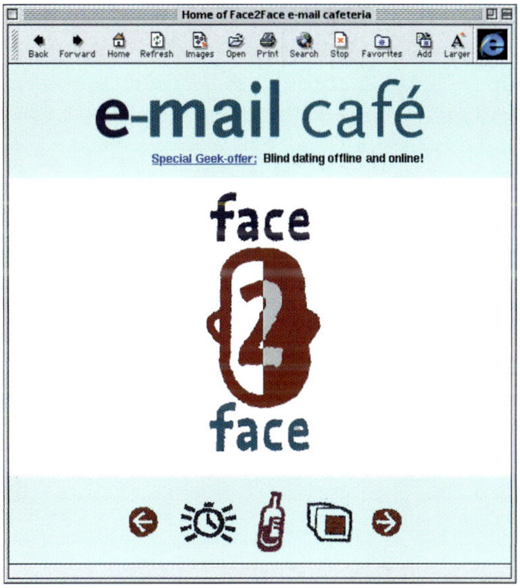

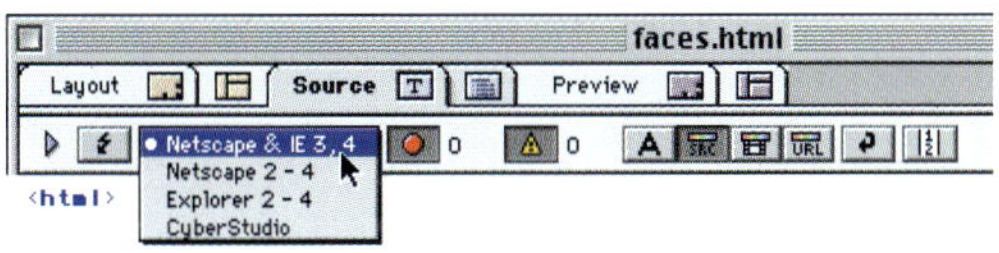


▲ GoLive geeft zelf aan waar oudere browsers haperen.

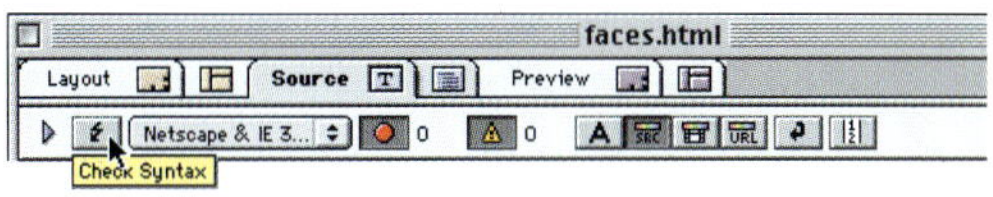


▲ Als u 'Check Syntax' kiest, worden de foutmeldingen regel voor regel getoond inclusief het bijbehorende regelnummer.

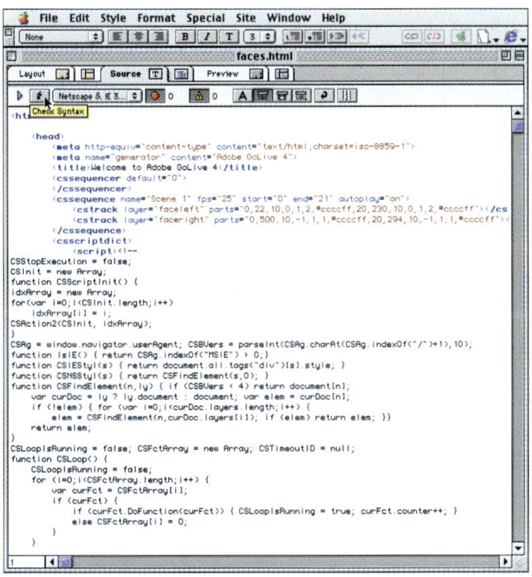


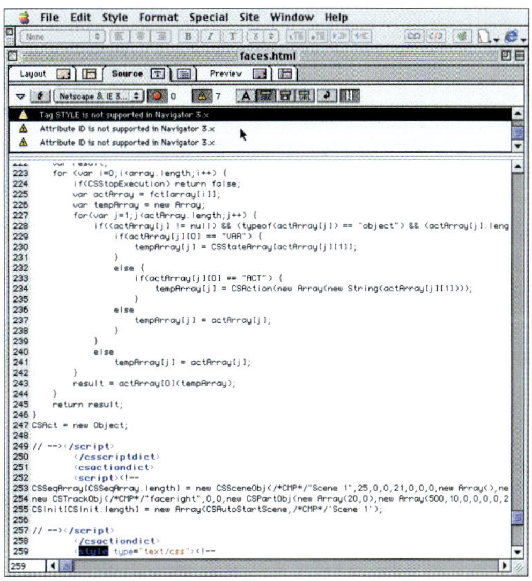

## ▶ Dynamic HTML en VBscript

Het maken van een script dat 'dynamisch' de HTML manipuleert is niet specifiek gebonden aan JavaScript en kan net zo goed in VB Script *(Visual Basic Script)* geschreven worden. Aangezien dit voorbeeld alleen werkt in Internet Explorer hebben we voor de afwisseling gekozen voor VBScript.

Het script op zich kan echter weinig initiëren zonder een aantal aanpassingen in de HTML door te voeren. Zo is er aan de <IMG>-tag die de grote arrow-button op het scherm zet een speciaal 'class attribute' toegevoegd. Deze class wordt later in het script 'uitgelezen' om te bepalen op welke button de gebruiker heeft geklikt.

```
<IMG SRC="btn.rightarrow.on.gif" VSPACE=10 WIDTH=19
  HEIGHT=19 BORDER=0 CLASS="ExpandAll" ALT="Expand">
```

Een soortgelijk class attribute is ook toegevoegd aan iedere kleine pijl, maar dan met een andere naam *(arrow)*. Tevens heeft ieder pijltje een uniek ID-attribute gekregen omdat we in het script moeten weten op welk pijltje is gedrukt, zodat we de bij dat pijltje behorende tekst zichtbaar kunnen maken.

```
<IMG SRC="sm.right.gif" VSPACE=5 WIDTH=9 HEIGHT=9
  BORDER=0 ID="Item1" CLASS="Arrow">
```

Het eerstvolgende pijltje krijgt dan ID="Item2" maar de class blijft hetzelfde *(arrow)*. De laatste wijziging die is uitgevoerd bestaat uit het toevoegen van een uniek ID aan de Table Row *(TR)*-tag waarin de lange omschrijving staat. Deze ID is gekoppeld aan het ID van de pijl.

```
Arrow <IMG> ID="item1" Tekst <TR> ID="item1txt"
```

Deze werkwijze is niet verplicht, maar het maakt het script wat makkelijker en overzichtelijker. Om de tekst bij het inlezen van de webpagina te verbergen *(voor browsers die dit begrijpen)* is ook nog eens een style met

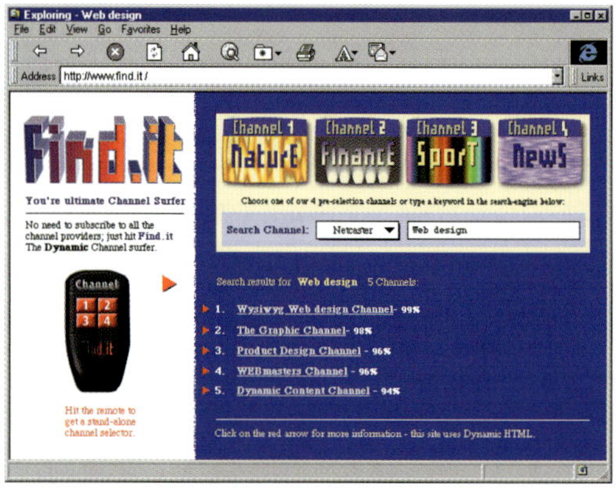


▲ **De standaardpagina geeft de informatie compact weer. Als er op een pijltje gecliked wordt, komt de informatie in beeld.** ▼

'display:none' toegevoegd aan de <TR>-tag. Het script beïnvloedt de 'style' zodra er op het bijbehorende pijltje wordt gedrukt. De browser zorgt er dan voor dat de nieuwe tekst weergegeven wordt en de rest van de content naar beneden wordt geplaatst.

```
<TR ID="item1txt" style="display:None">
```

## ▶ Het VBScript in actie

Iedere keer als er ergens op de pagina met de muis geklikt wordt, roept de browser de routine 'Document_OnClick()' automatisch aan. Met behulp van window.event.srcElement.className vragen we welke type button is ingedrukt, Arrow of ExpandAll. Afhankelijk van dit type *(of classname)* laten we het programma iets anders doen.

Als er op een pijltje gedrukt wordt, dan moeten we ervoor zorgen dat de tekst die bij het pijltje hoort zichtbaar wordt. Is de tekst daarentegen zichtbaar dan moet deze onzichtbaar gemaakt worden. Als er op het eerste pijltje geklikt wordt, dan zal het ID opgevraagd worden *(item1)*. Hierna wordt de ‘txt’ erachter geplakt om het ID samen te stellen van de <TR>-tag die zichtbaar gemaakt moet worden. We kijken dan of de <TR>-tag al zichtbaar is om te bepalen of we deze moeten verbergen of juist laten zien. Het uiterlijk van het plaatje verandert ook *(opengeklapt=down, ingeklapt=right)*.

### ▶ ExpandAll

Als op deze button gedrukt wordt moeten alle items open- of ingeklapt worden. Tevens veranderen we de ALT-attribute van de grote pijl om later op te vragen wat de status is *(opengeklapt of niet)*. Het veranderen van de ALT-attribute geeft ook aan dat de Dynamic HTML-implementatie van Microsoft zeer geavanceerd is en weinig beperkingen kent. Het is mogelijk om ieder attribute van elke tag op te vragen en aan te passen terwijl de pagina al op het scherm staat.

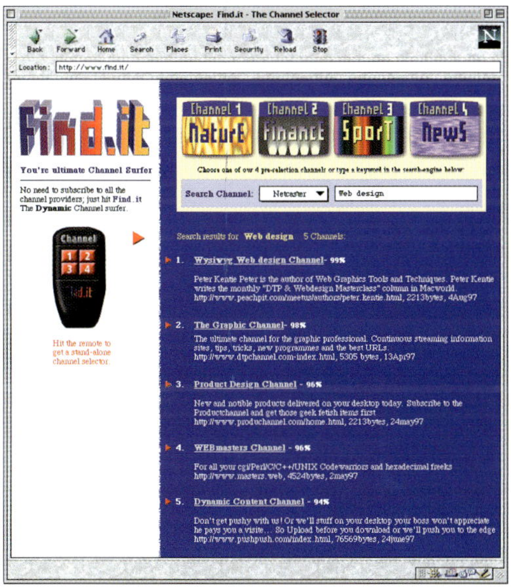


▲ Browsers die geen VBScript ondersteunen krijgen een pagina te zien waarin alle tekst is afgebeeld.

```
<HTML>...
<SCRIPT LANGUAGE="VBSCRIPT">
sub ExpandAll(State)
  on error resume next
  For i = 1 to 10
    Err.clear
    set ClickItem = document.all("Item" & cstr(i))
      if (err.number = 0) and (ClickItem.className = "Arrow")
      then
      TextID = ClickItem.id & "txt"
      set TextElement = document.all(TextID)
      if (State = True) then
        TextElement.style.display = ""
        ClickItem.src = "down.gif"
      else
        TextElement.style.display = "none"
        ClickItem.src = "right.gif"
      end if
    end if
  next
end sub
sub Document_OnClick()
  set ClickItem = window.event.srcElement

  select case ClickItem.className
    Case "Arrow"
      TextID = ClickItem.id & "txt"
      set TextElement = document.all(TextID)
      if (TextElement.style.display = "none") then
        TextElement.style.display = ""
        ClickItem.src = "down.gif"
      else
        TextElement.style.display = "none"
        ClickItem.src = "right.gif"
      end if
    Case "ExpandAll"
      select case ClickItem.alt
        case "Expand"
              ExpandAll(true)
              ClickItem.alt = "Collapse"
              ClickItem.src = "downarrow.on.gif"
        case "Collapse"
              ExpandAll(false)
              ClickItem.alt = "Expand"
              ClickItem.src = "rightarrow.on.gif"
      end select
  end select
end sub
</script>
```

### ▶ Internet + Televisie = WebTV

Zo langzamerhand wordt het Internet ontsloten voor het grote publiek. Een belangrijk instrument is het publicatiemedium dat gebruikt wordt om de online informatie toegankelijk te maken. Een PC is en blijft een erg technisch gegeven, zeker als massamedium. De televisie die in praktisch elke huis- en tienerkamer te vinden is, biedt qua potentieel een veel grotere penetratie. De opkomst van nieuwe distributiemogelijkheden van het Internet, met name de optie om het Net te kunnen ontvangen via de *(televisie)*kabel geeft de opmars van het Net een geheel andere dimensie. Het is dan ook logisch dat een aantal vooruitstrevende ondernemers – waaronder Philips – begonnen zijn om een brug te slaan tussen de online informatie en het televisie-apparaat. Dit heeft geresulteerd in een product genaamd WebTV. Vanzelfsprekend is de beleving van een webpagina op een 66 centimeter groot beeldscherm op meer dan twee meter afstand een heel ander uitgangspunt dan de PC-gebruiker die zowat met zijn neus tegen het scherm gedrukt zit. Het aantal randvoorwaarden dat meespeelt om de webcontent fatsoenlijk en ergonomisch verantwoord op de televisie te krijgen is dan ook enorm.

Toch is WebTV een geslaagde oplossing en als de makers van de HTML-pagina's ook rekening houden met de eigenaardigheden van dit medium kan de 'convergence', ofwel de samensmelting van de diverse soorten media wel eens zijn eerste realistische vorm gevonden hebben. WebTV biedt de televisiekijker plots miljoenen zenders en aangezien het Web zelf ook steeds meer multimediale eigenschappen krijgt is er een volwaardig vierde medium ontstaan. WebTV is bij uitstek een instrument om het bereik van het Internet te optimaliseren.

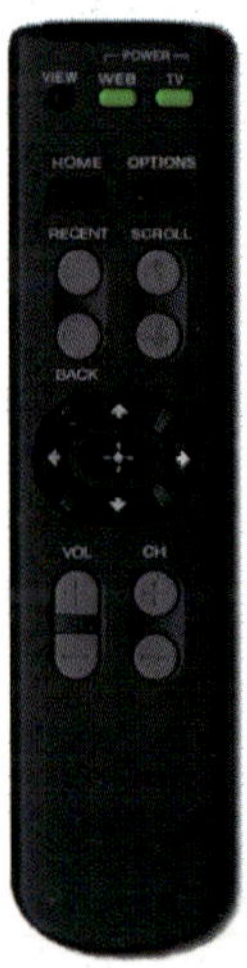

▲ De WebTV interface van het favorietenscherm.

### ▶ I want my WebTV...

Het apparaat is een zogenaamde set-top box waarin een 64-bit RISC-processor is opgenomen. Het bezit een veelvoud aan interfaces en een geïntegreerde browser die HTML 3.2 ondersteunt inclusief tabellen, frames en een aantal multimedia-extensies zoals Real Audio, MIDI en Macromedia Flash! Dit betekent dat met behulp van een WebTV verbinding en het schier oneindige aanbod aan Real Audio radiostations de televisie omgetoverd kan worden tot de ultieme radio-ontvanger.

### ▶ Rekening houden met WebTV

De WebTV-browser heeft uiteraard ook een aantal beperkingen. Afgezien van de onmogelijkheid om Java-applets af te spelen is de schermbreedte een serieuze factor om reke-

▼ Het opstartscherm van de WebTV simulator.

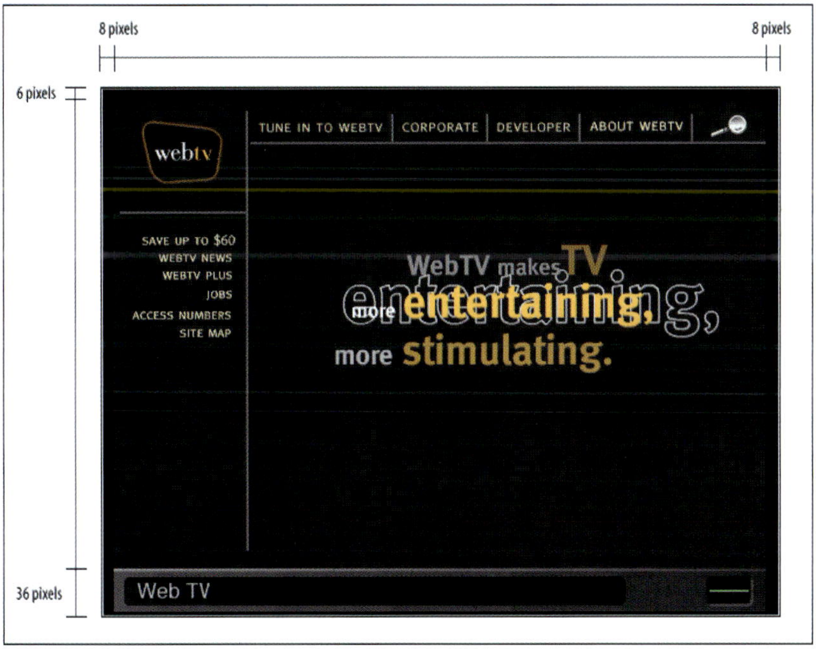


◄ De WebTV afmetingen zijn in principe vastgelegd in pixels. Sites die groter zijn worden automatisch verkleind.

ning mee te houden. De breedte van de browser is 564 pixels en de hoogte is maximaal 384 pixels. Websites die te breed zijn worden door de WebTV software verkleind, waardoor de tekst in een huis- of tienerkamer situatie soms veel te klein wordt weergegeven. En daardoor onleesbaar wordt.

De standaard corpsgrootte is 18 punten. Dat is een aardig groot font, vanwege de leesbaarheid op grotere afstanden is dit noodzakelijk, denk maar aan een typisch huiskamer interieur. Dit heeft tot gevolg dat er slechts een beperkt aantal tekstregels tegelijkertijd in beeld zichtbaar zijn. Door uw eigen browser op deze corpsgrootte in te stellen krijgt u een idee van de gevolgen van deze 'vertaling'.

Ook de interpretatie van tabellen en frames is een factor om rekening mee te houden. De WebTV-browser heeft de (nare) eigenschap om een pagina die uit meerdere tabelcellen is opgemaakt, in elkaar te schuiven door de buitenste tabelcel naar links te verplaatsen. Dit gaat ten koste van de overlap en dus de leesbaarheid. Zeker bij websites die gebruikmaken van pseudo frames, u weet wel pagina's waar met behulp van een tabelindeling de *(smalle)* linker kolom voor navigatie-elementen wordt gebruikt, levert dit problemen op.

Een laatste aandachtspunt gaat uit naar het kleurgebruik. Als u een website ontwikkelt die specifiek voor WebTV-gebruikers bedoeld is, gebruik dan donkere achtergrondkleuren en licht gekleurde teksten. Dit zal door het televisie-apparaat rustiger worden weergegeven dan een witte pagina. En probeer dunne scheidingslijnen te vermijden aangezien deze 'overstraald' worden door de achtergrondkleur.

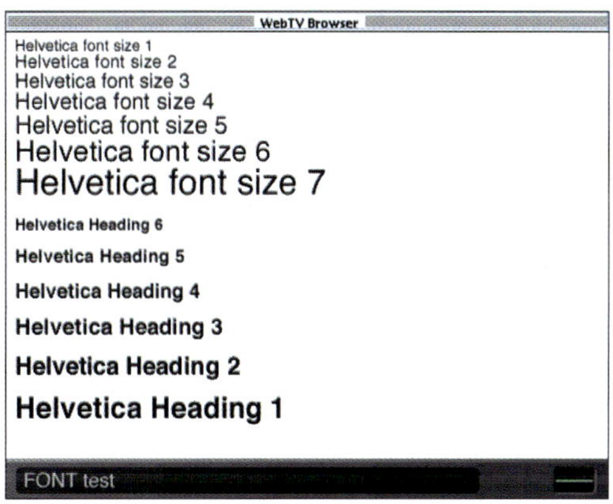

▲ De nieuwste WebTV-ontwikkelingen brengen interactieve televisie een grote stap dichterbij. Het informatie-ikoon wordt met het TV-programma meegestuurd...

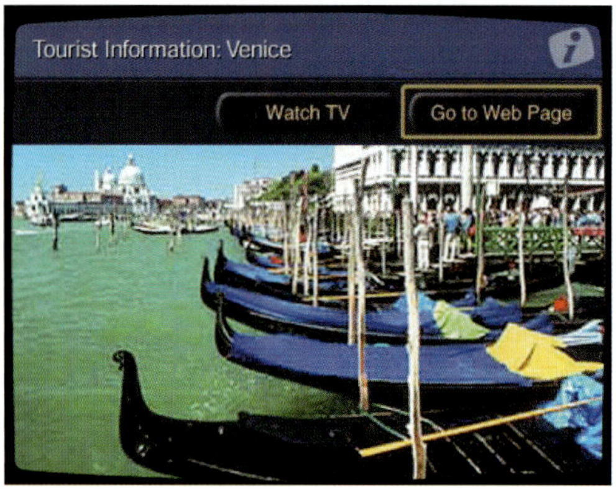


▲ ...Als men de WebTV box aangesloten heeft en men klikt op het ikoon, dan zal de WebTV box de keuzepagina tonen en de gebruiker de optie bieden om de pagina op te vragen.

▲ Indien men voor Internet content heeft gekozen wordt doorgeschakeld naar een specifieke URL die de tv-zender heeft geselecteerd en met het tv-signaal heeft meegezonden.

## ▶ Optimaliseren voor WebTV

WebTV bezit tevens een aantal eigen tags waar een webdesigner gebruik van kan maken zonder de weergave van de pagina via een standaardbrowser te verstoren.

Een aantal van de nieuw gedefinieerde tags zijn erg specialistisch en uitsluitend nodig voor specifieke situaties. Eén daarvan is de tag <BLACKFACE>. Deze zorgt ervoor dat de tekst die tussen deze tag geplaatst wordt extra zwaar in de pagina wordt weergegeven.

Een courantere tag is <SHADOW>. De tekst die tussen deze tag gecodeerd wordt, zal een zwarte *(grond)*schaduw tonen in de WebTV-browser.

## ▶ WebTV simulator

Op de website http://webtv.net/ staat een uitgebreide beschrijving van alle relevante tags en de gevolgen ervan tijdens de beeldschermweergave. Voor de serieuze WebTV-designer is een zogenaamde simulator beschikbaar op de developer site van WebTV. Deze WebTV Viewer kan men op de URL: http://developer.webtv.net/ gratis ophalen.

Voor de ontwikkelaar is dit een reuze handig instrument, echter met zijn beperkingen. De WebTV Viewer kent slechts een drietal fontgroottes en verkleint de tekst dus niet zoals in de 'live' situatie op televisie.

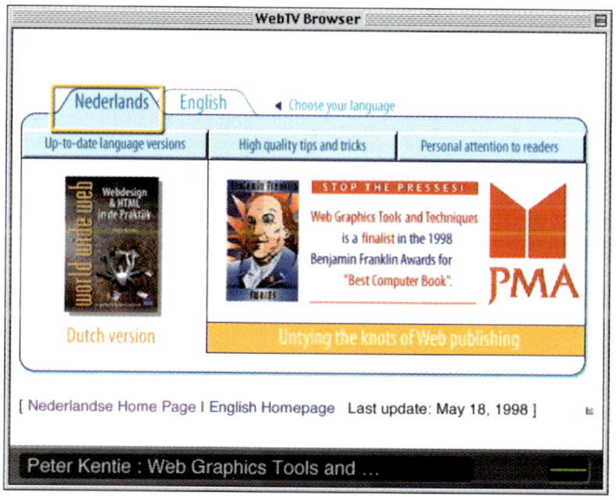


▲ De website van het boek weergegeven op een WebTV.

En het kleurengamma waarin de content afgebeeld wordt, is natuurlijk dat van de PC en niet van de televisie. Maar in een vergelijking tussen een aangesloten WebTV en de simulator is er een hoge mate van overeenkomst. Er is een Macintosh en een PC-versie *(Windows 95 en NT)* van de WebTV Viewer, beiden zijn ongeveer 5 Megabyte groot.

## ▶ Design guidelines

Het ontwikkelen van een site die op WebTV gebruikers afgestemd is, vergt zeker wat aanpassingsvermogen van de webdesigner. Dat heeft met het medium te maken, maar ook met publiek. Niet alleen het feit dat de content in de leefomgeving 'geconsumeerd' wordt speelt een rol, maar ook de veel bredere doelgroep die ermee bereikt wordt stelt zo zijn eisen. De leeftijdsopbouw van de TV-gebruiker is anders dan die van de PC bezitters. Uit onderzoek in de Verenigde Staten is bijvoorbeeld gebleken dat WebTV bij een significant aandeel ouderen in gebruik is. Een groep die niet in een PC investeert maar door middel van WebTV wel kan communiceren met de virtuele wereld.

Een TV-gebruiker verwacht een andere manier waarin de informatie gepresenteerd wordt. Men is niet gewend aan passieve informatie, stilstaande beelden en een overvloed aan links en buttons. Televisie vormgeving is veel meer gericht op één aandachtscentrum, dit in tegenstelling tot een typische webpagina waarin men keuze en dus afleiding te over heeft. Een reden temeer om er voor te zorgen dat de homepage op een scherm past zonder te scrollen. Het is aan te bevelen de vervolgpagina's ook volgens deze richtlijn te maken. Ook met het gebruik van tekst dient men spaarzaam om te gaan; korte alinea's met een heldere boodschap en niet teveel achter elkaar. En lichte tekst op een donkere kleur is veel aangenamer voor de ogen dan andersom. Felle kleuren als helder rood dient men te vermijden aangezien zo'n kleur op het TV-scherm overstraalt en tot vreemde resultaten zal leiden.

## ▶ WebTV integratie met TV

De navigatie op een WebTV systeem wordt met behulp van een afstandsbediening en/of een draadloos toetsenbord verricht. De gebruiker kan zijn URLs intypen via het toetsenbord of via het soft-keyboard door individuele letters te selecteren met de afstandsbediening. Dit laatste is natuurlijk niet echt handig. Het is natuurlijk de vraag hoe het surfgedrag van een WebTV gebruiker zich zal gedragen. In een huiskamersituatie waar het hele gezin meekijkt zal de democratie een rol spelen, al was het maar om de strijd WebTV of televisie kijken. WebTV Networks is zich dit terdege bewust en heeft een techniek in samenwerking met de televisie-industric ontwikkeld waardoor een naadloze verbinding tussen televisie en het Internet wordt bewerkstelligd. WebTV Networks noemt dit systeem 'Web page with TV overlay' en is dit al in de praktijk aan het testen. Het systeem maakt gebruik van zogenaamde 'Crossoverlinks'. Hierbij verschijnt een ikoon in beeld dat de WebTV-gebruikers signaleert dat men bij het programma relevante informatie op het Internet kan vinden. Als men op het ikoon klikt verschijnt een balk in beeld die vraagt of men de Web content wil bekijken en indien bevestigend beantwoord, start vervolgens de WebTV browser en wordt de pagina geladen.

Aangezien het bewegende televisie beeld nu verdwenen is, waardoor de kijker de continuïteit van het tv-programma dreigt te verliezen, heeft WebTV ook speciale TVML *(TeleVision Markup Language)* code ontwikkeld om het TV-beeld in de webpagina te laten weergeven. Zelfs een echt Picture In Picture venster, waarin het 'actieve' televisiekanaal wordt getoond, kan men in een WebTV pagina opnemen. De TVML code die hiervoor gebruikt dient te worden, zijn door WebTV eigen ontwikkelde HTML tags en attributen.

Een voorbeeld: Als men in een WebTV pagina een link naar CNN wil opnemen, waardoor de WebTV browser onmiddelijk overschakelt naar deze zender, mits op de kabel aanwezig, dient men de volgende HTML code te gebruiken:

```
<A HREF="tv:cnn"> CNN
```

Het attribuut 'tv:' maakt onderdeel uit van TVML. Een alternatieve methode kan een klein PIP-scherm zijn met CNN. Dat codeert men als volgt:

```
<img src="tv:13" height=90 width=120>
<object data="tv:CNN" height=90 width=120>
<body background="tv:">
```

Een TV-zender kan een link met het signaal meesturen. Een TVML-voorbeeld is dan:

```
<a href="http://cnn.com/newslink.html" view=WEB>
```

Het attribuut 'view=WEB' zorgt ervoor dat de WebTV geactiveert wordt als men op het typische 'I'-ikoon klikt dat tijdens de uitzending rechtsboven in het tv-scherm verschijnt.

### ▶ WebTV en E-commerce

Deze hiervoor beschreven technieken staan nog in de kinderschoenen maar duidelijk is dat WebTV een compleet en werkend concept in handen heeft waar de televisie-industrie op kan instappen. Met ruggesteun van Microsoft, Philips en Sony wordt de droom van convergence werkelijkheid. De mogelijkheden die dit de 'commerciëlen' biedt is nagenoeg oneindig. Een reisprogramma op televisie die de links naar de aanbieding afbeeldt waardoor de gebruiker de boeking èn betaling in één keer kan afhandelen. WebTV is SSL-compliant en daardoor maatgesneden voor E-commerce! Of een aflevering van Goede Tijden waarna men doorklikt naar de fanclub-pagina's van de *(hoofd)*rolspelers. Of een aflevering van de Heilige Koe waar men de uitgebreide informatie van de autotest in detail kan nalezen op een speciale site. Dit zijn nog ideëen op basis van bestaande content; creatieve ondernemers in het medialandschap zullen reikhalzend uitzien naar een *(toekomstige)* tijd waarin WebTV en zijn soortgenoten een kritische massa in de consumentenmarkt heeft bereikt.

Kopje Java-koffie ▸ voor de vormgever? De computertaal van de toekomst èn dus ook voor de webdesigners is Java van Sun.

"Think globally, act locally" deze beladen spreuk krijgt steeds meer waarheidsgehalte. Zeker op het Net sinds de programmeertaal Java aan zijn opmars is begonnen. Applets, kleine programmaatjes kan men in de pagina's opnemen waardoor echte interactiviteit mogelijk wordt. Maar Java gaat verder: het updaten van software kan zelfs met dit concept! Java is echt 'internetworking'.

## Java programmering

Java is een programmeertaal waarmee het mogelijk wordt om software-programma's in een webpagina op te nemen. Het programmaatje wordt dan op de eigen computer uitgevoerd. Dit schept mogelijkheden waarvan creatieve geesten alleen maar konden dromen. In een webpagina een tekening maken. Of een assistent die helpt bij het invullen van een formulier. Of om een spel te spelen ìn een webpagina. Met Java is dit allemaal mogelijk.

Nu kan het zijn dat een grafisch vormgever denkt: "Een programmeertaal? Ik kan niet eens programmeren èn ik wil helemaal niet leren programmeren". Toch kan dit hoofdstuk ook voor de graficus de moeite waard zijn. Vormgeven op het Web wordt namelijk meer en meer 'interaction design' en dat vergt ook kennis van de basisprincipes van Java.

### ▶ Begripsverwarring

Als het om Java gaat worden vaak verschillende begrippen door elkaar gehaald: Java, HotJava en JavaScript. Java is een uitgebreide programmeertaal, ontwikkeld door de netwerk-computerfabrikant Sun. Hotjava is een webbrowser, net zoals Netscape. Hotjava ondersteunt niet alleen Java, maar is ook geheel in de 'taal' Java geschreven! Dit vormt tevens het bewijs dat met Java volwaardige programma's ontwikkeld kunnen worden. JavaScript is ontwikkeld door Netscape en kan gezien worden als een elementaire vorm van Java. Later in dit hoofdstuk komen we nog op JavaScript terug.

Oorspronkelijk is Java niet ontwikkeld voor het Internet. Begin 1991, toen het World-Wide Web nog niet eens bestond, wilde Sun software ontwikkelen voor settop boxjes. Dit zijn elektronische apparaatjes die op de TV gezet kunnen worden en die de TV allerlei interactieve mogelijkheden geven. Deze apparaten moesten geprogrammeerd worden in een taal die robuust was en eventueel ook gebruikt kon worden om een CD-speler, een koelkast en zelfs een broodrooster te programmeren. Na verloop van tijd bleek van die settop-boxjes niet veel terecht te komen. Maar ondertussen heeft Sun wel een taal ontwikkeld die, vergeleken met andere programmeertalen, op een aantal punten uitblinkt. Inmiddels is gebleken dat Java erg geschikt is voor distributie op het Internet.

Waarom werd er eigenlijk een nieuwe taal ontwikkeld terwijl er al zo veel andere programmeertalen bestaan zoals bijvoorbeeld C, C++ en Perl? De belangrijkste reden was een taal te ontwikkelen die zowel robuust als veilig moest zijn. Het kan natuurlijk niet zo zijn dat je TV vastloopt of je broodrooster crasht. Ook van groot belang is de systeem-onafhankelijkheid. De verschillende computerplatforms ondersteunen HTML en PDF, dus is een gemeenschappelijke taal ook nuttig. Bij de ontwikkeling van Java werd met de volgende begrippen rekening gehouden:

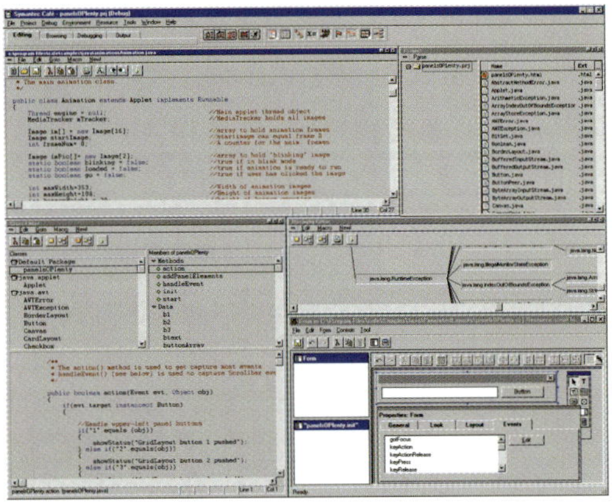

▲ Symantec Café is een 'Wysiwyg' Java-ontwikkel omgeving.

#### ■ Relatief eenvoudig

Voor een programmeur die bekend is met het concept 'object georiënteerd programmeren', is Java niet moeilijk onder de knie te krijgen. Dit in tegenstelling tot de meest bekende object georiënteerde programmeertaal C++. Er zijn inmiddels ook al een aantal hulpprogramma's op de markt verschenen als Café van Symantec waardoor het programmeren vereenvoudigd wordt.

#### ■ Object-georiënteerd

Een Java-programma bestaat uit objecten. Een dergelijk object kan van alles zijn, bijvoorbeeld een 'geanimeerde knop'. Een knop waarin een animatie speelt en waar met de muis op geklikt kan worden. Het voordeel van een object is dat het eenvoudig is aan te passen. Om de eigenschap toe te voegen dat de animatie zich steeds herhaalt, hoeft alleen het object te worden aangepast en niet de locaties in het programma waar de geanimeerde knop gebruikt wordt. En de objecten kunnen hergebruikt kunnen worden.

#### ■ Platform onafhankelijk

Erg belangrijk voor het World Wide Web is de platform-onafhankelijkheid van Java. Hetzelfde programma kan net zo gemakkelijk onder UNIX, de Macintosh als op de PC gedraaid worden.

### ■ Veilig en Robuust

Het is natuurlijk niet de bedoeling dat een Java-programma in een webpagina gegevens van de harde schijf leest en verstuurt naar de maker van het programma. Ook mogen er geen fouten optreden waardoor de computer crasht. Toch blijft Java een klein veiligheidsrisico houden omdat er nu eenmaal 'executables' naar de gebruiker worden gestuurd.

### ■ Snelheid

Het spreekt voor zich dat een programma niet te langzaam moet zijn. Het Java concept is vergelijkbaar met een Interpreter-programmeertaal als bijvoorbeeld Basic, alleen wordt de code nu geëmuleerd. Uit ervaring is gebleken dat ook Java-programma's vooralsnog relatief langzaam zijn, maar daar wordt aan gewerkt. Microprocessoren worden echter steeds sneller en er zijn processoren in ontwikkeling die speciaal voor Java zijn gemaakt. Met een just-in-time compiler kan een Java-programma snel omgezet worden naar een 'gewoon' programma vóórdat het wordt uitgevoerd.

### ■ Multi-Threaded

Multi-threaded betekent feitelijk dat meerdere programma's of programma-onderdelen gelijktijdig uitgevoerd kunnen worden. Zo kan tegelijk een animatie worden afgespeeld,

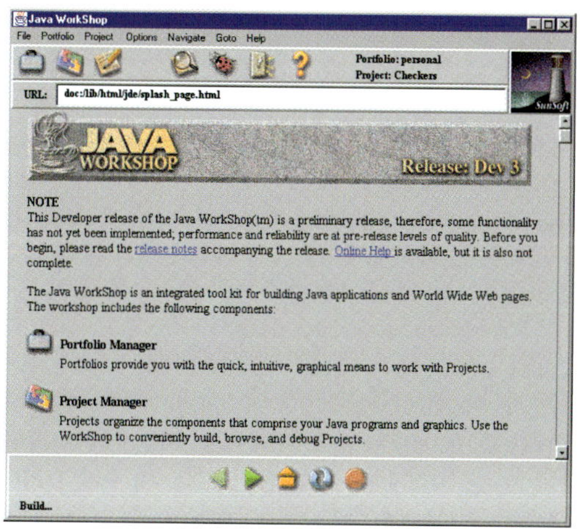


gegevens worden verwerkt en op een klik van de muis worden gewacht.

### ▶ The Network is the Computer

Een fascinerend concept èn de slogan van Sun. Helaas is het in de praktijk nog niet zo ver. Op een netwerk zijn vaak verschillende computers aangesloten, zoals PC's, Mac's en UNIX-computers, die elkaar maar slecht verdragen. Bestanden die op de ene computer functioneren, zijn op een ander systeem vaak onbruikbaar. Door Java krijgt Sun's slogan iets meer realiteitswaarde. Java-programma's kunnen namelijk zonder wijziging op de gangbare computers uitgevoerd worden. Deze platform-onafhankelijkheid is mogelijk omdat een Java-programma bestaat uit zogenaamde byte-code.

Er zijn grofweg twee manieren om een programma te verspreiden: als script en als machinecode. Een script is meestal een klein programmaatje dat bestaat uit de tekst zoals de programmeur die heeft ingetypt. Door het script in te laden in een teksteditor, kan deze tekst bekeken worden. In sommige gevallen kunnen scripts op verschillende computers uitgevoerd worden, maar ze zijn vaak langzaam en onveilig. De meeste programma's bestaan uit machinecode. Wil je een dergelijk programma in een texteditor laden dan zal dat niet lukken of er verschijnen allerlei vreemde tekens. Dit zijn codes voor een specifieke microprocessor. Machinecode voor een Motorola-processor zal niet zo maar draaien op een Intel-processor. De byte-code van Java is te zien als een soort machinecode voor een Java Virtual Machine.

Veel mensen vragen zich af of een Java-programma in een web-pagina niet ongemerkt gegevens van de harddisk kan lezen en vervolgens via het Internet versturen. En als niet van de harddisk gelezen kan worden, hoe kan dan een serieus programma gemaakt worden? Het antwoord zit in de twee verschillende soorten Java-programma's: de applet en de applicatie.

### ▶ Stand-alone applicaties

Een applet is een klein stukje programma dat kan worden opgenomen in een groter programma zoals een webbrowser. Omdat applets eenvoudig door iedereen via het World Wide Web verspreid kunnen worden, moeten ze wel aan strenge veiligheidseisen voldoen. Applets mogen bijvoorbeeld niet van de harddisk lezen en ze mogen ook niet zomaar met andere computers contact maken. De keerzijde is dat dit de mogelijkheden van de applet erg beknot. Java-programma's zijn echter ook als volwaardige applicaties te gebruiken. Ze dienen dan wel standalone, dus buiten de webbrowser, gebruikt te worden. De beperkingen van de applet zijn er dan niet meer. Een voorbeeld van een Java-applicatie is de HotJava webbrowser.

### ▶ Bronbestand

Een Java-applet wordt in de pagina opgenomen door middel van de <APPLET>-tag en moet ook altijd worden afgesloten met </APPLET>. Net als de Image-tag moet het bronbestand en eventueel de afmeting worden opgegeven. Dit bestand heeft altijd de extensie '.class' en wordt met CODE aangegeven. Tussen de tags kan HTML-code worden gevoegd voor het geval dat de gebruikte browser geen Java ondersteund.

```
<APPLET CODE="EngineDemo.class"width=490 height=400>
<I>Deze demo heeft een Java compatibele browser nodig</I>
</APPLET>
```

### Demo applet

Aan veel Java-applets kunnen parameters worden meegegeven. Een voorbeeld van zo'n dergelijke applet is de HighLightImage-applet, waar nog wat dieper op wordt ingegaan. De HighLightImage-applet is een muisgevoelige afbeelding. Als de muis over de afbeelding gaat verandert deze qua uiterlijk èn als op de afbeelding geklikt wordt, wordt naar een andere pagina gesprongen. De HTML-code van deze pagina ziet er als volgt uit:

```
<HTML>
  <HEAD>
    <TITLE>Image Highlight Example</TITLE>
  </HEAD>
<BODY bgcolor="#FFFFFF">
<H2>Image Highlight Example </H2>
<APPLET CODE="HighLightImage.class" WIDTH=260
  HEIGHT=75>
<PARAM NAME="image" VALUE="product.gif">
<PARAM NAME="highlighted" VALUE="h-product.gif">
<PARAM NAME="url" VALUE="products.html">
<A HREF="products.html"><IMG SRC="product.gif"
  border=0 width=260 height=75 alt="products"></A>
</APPLET>
</BODY>
</HTML>
```

### ▶ Compiler

De parameters worden meegegeven met de PARAM-tag. Van tevoren moet bekend zijn welke parameters de applet leest. In dit geval zijn dat 'image', 'highlighted' en 'url'. Bij de parameter 'image' moet de afbeelding worden opgegeven als de muis zich buiten de afbeelding bevindt *(in dit geval 'product.gif')*.

Bij de parameter 'highlighted' moet de aparte highlighted versie van deze afbeelding worden opgegeven en bij 'url' de URL *(lees hyperlink)* waar naartoe gesprongen moet worden als op de afbeelding geklikt wordt. Als de netsurfer geen Java-applets kan zien, verschijnt toch een 'gelinkte' afbeelding in de webpagina van de gebruiker. Het aantal browsers dat Java ondersteunt, neemt echter steeds meer toe. Netscape en Microsoft hebben deze ondersteuning 'in de kern' van hun browser ingebouwd. Dit heeft als voordeel dat men geen aparte plug-ins hoeft te installeren om de applets te kunnen zien draaien. De Java-browsers vergen wel meer RAM.

Om een indruk te geven hoe Java broncode eruit ziet, staat rechts de code van het bestand HighLightImage.java. Met een Java-compiler is dit bestand omgezet naar HighLightImage.class. Deze is in het voorbeeld op de rechterpagina gebruikt.

### ▶ Zuivere Koffie

Eén van de sterke punten van Java is dat het op meerdere platformen draait. Toen Microsoft met Java-uitbreidingen kwam waarmee Java-programma's alleen nog onder Microsoft Windows te gebruiken zijn, kwam Sun met een tegenoffensief: het '100% Pure Java Initiative'. Een programma mag zich alleen 100% Pure Java noemen als het echt platform onafhankelijk is. Inmiddels hebben de grote computerbedrijven zich achter dit initiatief geschaard, behalve Microsoft. "Java is een prachtige taal, maar programma's die geen gebruik maken van de specifieke mogelijkheden van een besturingssysteem zullen het afleggen tegen programma's die dat wel doen," aldus Bill Gates. De toekomst zal leren wie gelijk heeft.

### ▶ Java 1.1

Al gauw na het verschijnen van Java ontstond er een groeiende vraag naar meer mogelijkheden in de taal. Binnen nog geen twee jaar kwam het antwoord: Java 1.1. In deze nieuwe versie is het aantal mogelijkheden sterk toegenomen. De belangrijkste zijn:

#### Java Archive (JAR)

De verschillende bestanden die bij een Java-applet horen kan men nu samenvoegen tot één gecomprimeerd JAR-bestand. Het laden van een applet over het Internet zal hierdoor een stuk sneller gaan.

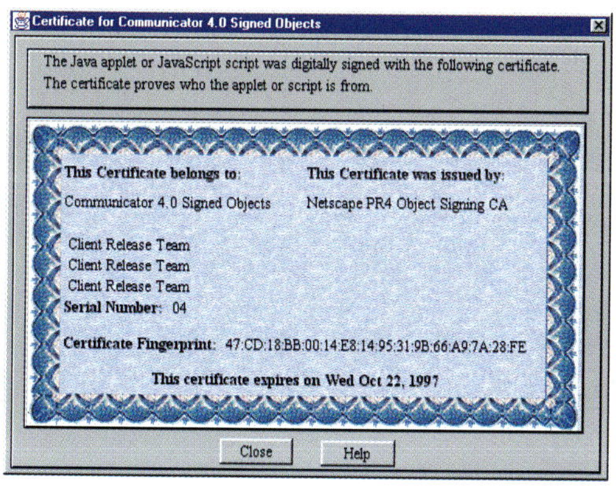


Een nog belangrijkere eigenschap van JAR-bestanden is dat ze ook 'digitale handtekeningen' kunnen bevatten. Met een digitale handtekening weet men zeker van wie de applet is en kan men een applet meer vrijheid geven om bijvoorbeeld bestanden op de harddisk te schrijven en lezen en om bijvoorbeeld een verbinding te maken met een andere computer.

#### Java Database Connectivity (JDBC)

Met JDBC is het mogelijk om op een uniforme manier database-gegevens te lezen en te veranderen door middel van de gebruikelijke SQL-commando's.

#### Internationalisatie

In Java 1.1 is het mogelijk om programma's voor elke taal te ontwikkelen. Hebreeuws of Cyrillisch, het maakt niet uit. Vanwege de lengte van het woord wordt 'internationalization' ook wel eens afgekort tot 'I18N.'

#### Gebruikersinterface verbeteringen

Op het gebied van de gebruikersinterface is ook veel verbeterd. Zo is het nu mogelijk om vanuit Java-programma's te printen.

### ▶ JavaBeans

JavaBeans zijn zelfstandige stukjes Java-programma, ook wel 'componenten' genoemd. Een voorbeeld is de al eerder genoemde knop waarin een animatie speelt. Maar een JavaBean kan ook een kalender, een rekenmachine of een zoekmethode zijn. Alle user-interface-elementen in Java, zoals knoppen en invulvelden, zijn nu zelf ook JavaBeans. Een voordeel van JavaBeans is dat men er visueel mee kan programmeren. Een ontwikkelaar kan zijn programma nieuwe mogelijkheden geven door simpelweg een Bean met de muis tussen de code te slepen. In de toekomst, als de Beans-technologie en de ontwikkelomgevingen geavanceerder worden, zullen ook niet-programmeurs eigen *(Java)*programma's kunnen maken.

## ▶ Spacemen applet

De volledige broncode van de spacemen applet past uiteraard niet in één enkele kolom maar de belangrijkste code is hiernaast afgebeeld. De complete webpagina staat erlangs. De bezoeker kan hierdoor 'online' een spel spelen in Java. De hoogste scores staan in een apart kader vermeld. Dit voorbeeld illustreert de harmonie tussen 'programmeren en ontwerpen'. De complete applet is in totaal nog geen 15 kilobyte groot(!) en geeft toch het spelplezier van een volwaardige spel!

### class Sprite extends Object ▶

*Dit vormt de kern van de Spacemen-Applet. Met behulp van deze 'class' kunnen sprite objects (de kleine stukjes graphics) worden aangemaakt en op het scherm getekend. Bij het aanmaken worden de sprite objects als het ware uit het GIF-bestand gesneden en in het geheugen geplaatst. Een sprite object kan uit meerdere frames bestaan, zodat animaties gemaakt kunnen worden. Als de class eenmaal aangemaakt is, kan men zoveel sprite objects maken als wenselijk is, met variërende groottes en aantal frames. Dit geeft het voordeel van object georiënteerd programmeren van Java goed weer.*

```
class Sprite extends Object
{
  spacemen parent;

  public int xpos;
  public int ypos;
  public Image IMGsprite[];
  public int frames;
  public int currentframe;
  public int framespeed;

  Sprite(spacemen parent,int xpos,int ypos,Image
  IMGsprite, int frames, int sx,int sy,int w,int h)
  {
    this.parent=parent;

    this.IMGsprite=new Image[frames];
    this.xpos=xpos;
    this.ypos=ypos;
    this.frames=frames;
    this.currentframe=0;
    this.framespeed=2;

    for(int x=0;x<frames;x++)
    {
      this.IMGsprite[x]=parent.createImage(new
      FilteredImageSource(IMGsprite.getSource(), new
      CropImageFilter((sx+x)*w,sy*h,w,h)));
    }
  }

  public void paint(Graphics g)
  {
    g.drawImage(this.IMGsprite[this.currentframe],
    this.xpos, this.ypos, null);
  }
}
```

De Applet ▶ bestaat uit de twee 'class'-files. De GIF-bestanden worden door de JavaApplet aangesproken.

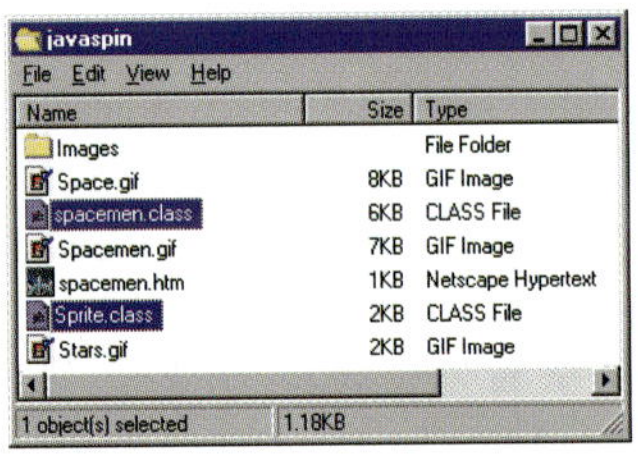


### mainship = new Sprite ▶

*Dit voorbeeld geeft aan dat het 'mainship' sprite object aangemaakt wordt waarna het in het spel gebruikt wordt. De instructie Mainship,paint (Doublebuffer) tekent het sprite object op het scherm op de opgegeven x- en y-positie.*

```
mainship = new Sprite(this,size().width/2-8,size().
height-30,imgs,1,0,0,24,24);
```

**De Java-applet is naadloos geïntegreerd in de webpagina. De attractiviteit wordt door het online-spel versterkt.** ▶

Netscape - [Come and play with Java]
File Edit View Go Bookmarks Options Directory Window Help
SPACEMEN
Have F U N with the
J A V A Spacemen!
SCORE: 0040
Recent winners of the
JAVA competition:
Richard 1280 spacepoints
Mike 1140 spacepoints
Jeroen 1138 spacepoints
Document: Done

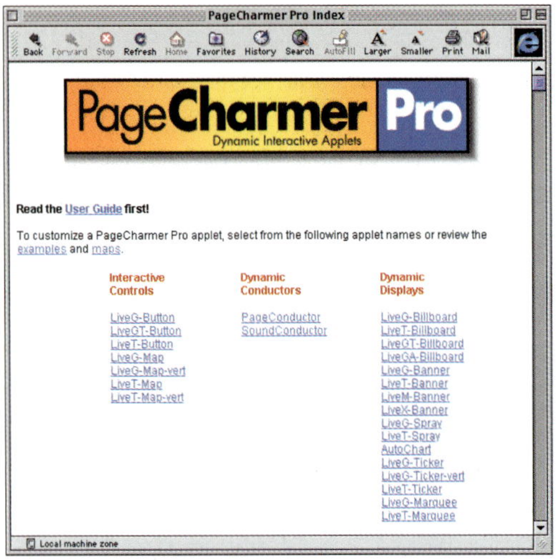


## ▶ Wysiwyg Java oplossingen

Ook voor het maken van Java Applets zijn er een aantal hulpprogramma's ontwikkeld. Eén daarvan is PageCharmerPro, dit is een flinke bibliotheek aan voorbeelden waarin de gebruiker alleen de originele voorbeelden hoeft te vervangen door de eigen beelden. Het programma genereert vervolgens de Applet en de bijnodigde Java- en HTML-code.

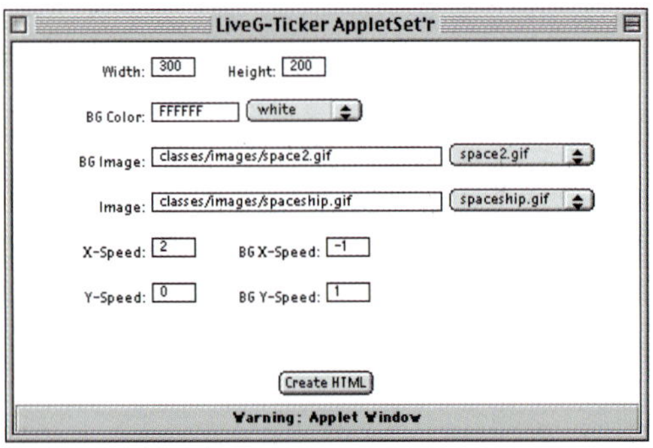


▲ De Java-editor van PageCharmerPro is ook in Java gemaakt.

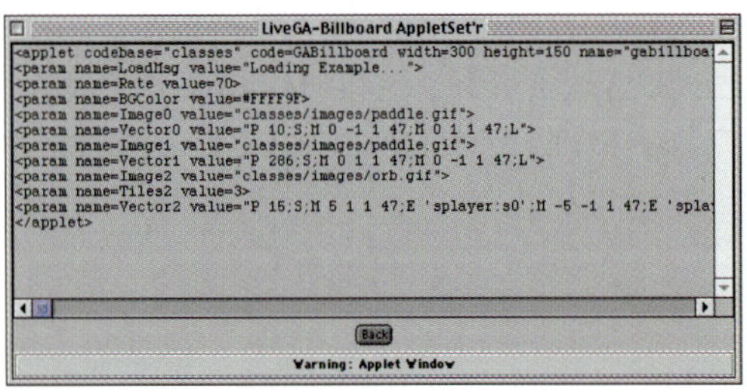

ActiveX controls ▶ voegen een stuk dynamiek toe aan de webpagina's.

ActiveX is een technologie die Microsoft heeft geïntroduceerd met Internet Explorer. Het is een krachtige uitbreiding op de standaard functionaliteit van een browser die het midden houdt tussen een Plug-in en een (Java) Applet. In dit hoofdstuk wordt de theorie uitgelegd en een echte applicatie getoond waarin ActiveX excelleert.

## Alles over ActiveX controls

Microsoft heeft als geen andere software-ontwikkelaar bijgedragen aan het populariseren van de programmeertalen Basic en C. Het heeft daarvoor een aantal ontwikkelomgevingen geproduceerd die bekend staan als Visual Basic en Visual C. Met behulp van deze software kunnen niet alleen complete programma's geschreven worden, maar ook zogenaamde OLE applicaties.

Aangezien Sun met Java bewezen heeft dat een programmeertaal een toegevoegde waarde kan geven aan webpagina's, is Microsoft begonnen om OLE, of wel Object Linking and Embedding uit te bouwen naar een universele *(lees systeem-onafhankelijke)* technologie genaamd ActiveX. Deze ontwikkeling zal het web radikaal veranderen.

**▶ Automatische download en updates**

Deze herbruikbare software componenten worden ook toegepast in speciale programmeeromgevingen zoals MS-Access, Delphi en Powerbuilder. Met behulp van deze software kunnen uiteenlopende toepassingen zoals AVI-players voor het afspelen van filmpjes en uitbreidingen op de gebruikersinterface als knoppen met plaatjes, tekst-highlights en dergelijke gerealiseerd worden.

Wanneer een webbrowser, die ActiveX ondersteunt, een pagina inleest waarin een verwijzing naar een ActiveX control staat, dan zal het programma eerst controleren of dat component al aanwezig is op de machine van de gebruiker. Als dit niet het geval is zal de browser de control downloaden – een ActiveX programma heet een control, net zoals een Java programma een applet heet – èn automatisch installeren. Als de control al aanwezig is, dan wordt deze niet opnieuw opgehaald, maar gewoon geactiveerd. Dit gaat razendsnel en zonder dat de gebruiker het in de gaten heeft. Hierdoor zal dit niet tot vertragingen leiden.

De control kan een diversiteit aan functies aan de webpagina toevoegen. Dit varieert van een eenvoudige highlight voor een knop, of een automatisch rolmenu tot complete players voor Shockwave-animaties. Doordat er veel volwassen tools zijn om Windows-programma's te maken groeit het aanbod van ActiveX. Qua complexiteit doet een ActiveX control niet onder voor een Java Applet. Microsoft Visual Basic versie 5 zal het werk voor de programmeur een stuk aangenamer maken. De groei van het aantal ActiveX controls zal ook de browsermarkt dwingen om deze technologie ondersteuning te geven. Microsoft Internet Explorer is de eerste browser die de volledige functionaliteit van ActiveX ondersteunt.

Het automatisch inlezen van de control is vergelijkbaar met de 'installatie van een Java-applet; in beide gevallen moet de code eerst volledig ingelezen zijn alvorens de functionaliteit van de webpagina uitgebreid kan worden. In tegenstelling tot een Java applet, die na het inlezen eerst een aantal seconden een grijs vlak op het scherm geeft, worden ActiveX controls onmiddellijk na het inladen actief.

**▶ Cache flow**

Een filosofisch verschil met voornoemde Java Applet is, dat een ActiveX control permanent opgeslagen wordt op de harde schijf van de gebruiker. Microsoft Internet Explorer houdt een aparte cache directory aan voor controls *(genaamd Occache)*. Deze cache wordt echter nooit 'geflushed'. Wat gebeurt er nu als een nieuwe versie uitkomt van de control, met dezelfde filenaam als de eerder opgehaalde control die in de Occache-map staat? De oplossing die Microsoft daarvoor bedacht heeft is even eenvoudig als functioneel. De auteur van de ActiveX module kan een intern versienummer aan de control toevoegen. Deze wordt aan het eind van het <CODEBASE>-attribuut geplaatst. Een voorbeeld ziet er als volgt uit:

```
< OBJECT ID="StatistiX1"
  WIDTH=600 Height=181
  CODEBASE="StatistiX.ocx#version=1,0,0,1">
```

Als de browser bij het inladen van de HTML-pagina een control ontdekt die al aanwezig is op de computer van de gebruiker, zal deze niet geladen worden. Alleen als een oudere versie op de harde schijf staat, dan wordt de nieuwere ActiveX control op het Internet ingeladen en over de oude heen geïnstalleerd. Op een Windows-computer wordt de oude control voor de zekerheid wel eerst gebackuped naar de Occache\conflict.1 directory. Als daar al een control met dezelfde naam staat dan wordt deze automatisch gekopieerd naar de Occache\conflict.2 directory etc. Voor het Macintosh- en het Unix-besturingssyteem worden gelijksoortige oplossingen gecreëerd.

## Beveiliging

U zult zich onderhand afvragen of al die controls die ongemerkt op de harde schijf geïnstalleerd worden nu wel zo veilig zijn. Net als de Java Applets introduceren de ActiveX controls een potentieel gevaar voor de gebruiker. Java heeft er alles aan gedaan om deze negatieve gevolgen van die mini-programmaatjes te beperken door de zogenaamde 'Virtual Machine' te laten bepalen welke functies van een computer wel en niet mogen en kunnen worden gebruikt. Hiervoor wordt een techniek gebruikt genaamd Sandboxing. Daarbij komt dat Java ervoor zorgt dat er geen bestanden op de locale harddisk geschreven kunnen worden. Dat betekent dat er ook geen configuratie instellingen gewijzigd kunnen worden.

Het potentiële gevaar van een ActiveX is echter nog groter aangezien een ActiveX toegang heeft tot alle systeem-functies inclusief de harde schijf en het netwerk. Er is al een ActiveX die op een nette manier laat zien wat de schadelijke mogelijkheden zijn door de computer opnieuw op te starten. Het enige middel wat Microsoft hiertegen kan inzetten is het certificeren van de ActiveX controls. Zogenaamde 'trusted' servers mogen certificaten afgegeven die de ontvanger van de control de garantie geven over de herkomst van het component. Dit zegt echter niets over de inhoud of werking van het control. Daarbij komt dat het verificatie-proces zelf ook een aantal hordes oplevert. Verisign bijvoorbeeld wenst een 'Dunn & Bradstreet'-bedrijfsnummer en een 'fee'. Dat maakt het voor particuliere ActiveX producenten niet echt aantrekkelijk om zich te laten registreren.

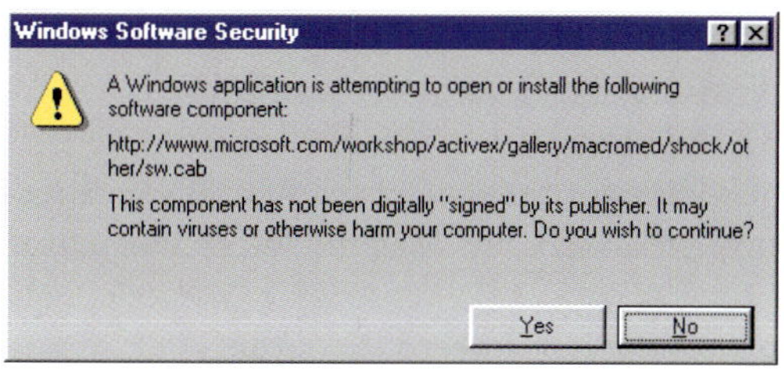


## Functionaliteit

De keerzijde van de kracht van de ActiveX controls is de uitgebreide functionaliteit op systeemniveau. Bij gebruikers van het Windows-platform kan het hele besturingssysteem benaderd worden vanuit een ActiveX. Dat betekent dat bestanden gelezen kunnen worden, maar ook het schrijven, wissen en versturen van data is mogelijk. Dit is zowel een enorm voordeel *(flexibiliteit)* als ook een gigantisch nadeel *(beveiliging)*. Dat geldt ook voor de beperkingen van de systeemsoftware; een Windows-machine kan zo op bestandsniveau door een ActiveX control benaderd worden.

De computerwereld gebruikt ook nog andere besturingssystemen als Unix en het Macintosh Operating System. Deze worden niet betrokken in dit proces. Als Microsoft zijn controls naar de andere platforms wil porten, dan zal het ook aparte versies voor ieder systeem van de controls moeten maken. De vraag is of dat zal gebeuren; de Java Applets kennen deze restrictie niet. Daar staat weer tegenover dat een Applet slechts beperkte toegang heeft tot systeem-specifieke eigenschappen. Java kan slechts 4 lettertypen aanspreken, geen gebruik maken van de rechter-muisknop en de printer-routines niet aanroepen. Simpelweg vanwege het feit dat het een systeem-onafhankelijke taal is en voornoemde routines zijn nu eenmaal per computer verschillend. Heeft u ooit een Macintosh met drie muisknoppen gezien?

## Snelheid

Aangezien de applicatie gecompiled is naar 'native machine code' blinken de controls uit qua snelheid op Intel-compatibele computers. Hierdoor wordt de maximale snelheid uit de control gehaald. De concurrerende Java applicaties zijn gecompiled naar een geheel platform onafhankelijk Byte-code. Deze code moet eerst omgezet *(geïnterpreteerd)* worden door de virtuele machine naar instructies die de computer kan begrijpen.

Dit kost veel *(reken)*tijd waardoor een Java Applet niet altijd even snel is en het aflegt tegen de ActiveX controls. Voor het intel Platform zijn inmiddels JIT *(Just In Time)*-compilers verschenen voor zowel Microsoft Internet Explorer als Netscape Navigator. Deze JIT-compilers vertalen alle bytecode eenmalig naar native machinecode, wat een flinke snelheidswinst tot gevolg heeft en het snelheidsvoordeel van de controls relativeert.

## Bestandsgrootte

Ook de grootte van de bestanden is een belangrijk item. Een ActiveX control is relatief klein qua kilobytes, maar niet zo compact als Java. Dit wordt echter gecompenseerd door het feit dat ActiveX applicaties gecompressed gedownload kunnen worden, inclusief alle additionele componenten zoals 'DLL's' en configuratie bestanden. Deze componenten worden in één .cab bestand gebundeld *(.cab is net zoiets als .zip)*. Java Applets kunnen dit *(nog)* niet, maar deze hebben weer het voordeel dat de gebruiker al een groot gedeelte van de libraries op zijn machine heeft staan. Netscape en Internet explorer zetten deze informatie bij de installatie van het programma op de harde schijf. Door van deze 'software-bibliotheek' gebruik te maken kan een Applet erg klein geschreven worden, aangezien het de functionaliteiten uit deze library aanroept tijdens de uitvoering van de Applet.

## En plug-ins dan?

Na alle discussie over Applets en ActiveX controls lijkt het wel of de plug-ins geen rol meer spelen. Deze zullen echter zeker niet verdwijnen. Plug-ins blijven vooral geschikt voor de wat complexere functies die te groot zijn om iedere keer weer te downloaden over het internet. Een typisch voorbeeld is de MacroMedia Shockwave plug-in. Deze is welgeteld 1202 kilobyte groot; en dat zou per keer eerst zo'n kwartier download-tijd in beslag nemen als men een Shockwave-movie wil afspelen met een ActiveX Viewer.

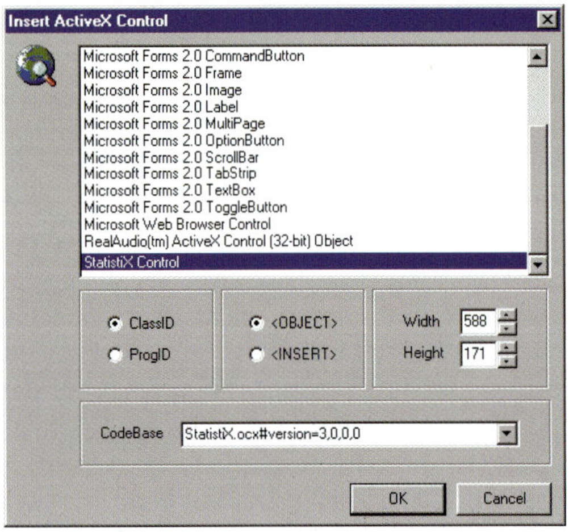


Dus worden deze plug-ins eenmalig opgehaald en in de juiste map bij de webbrowser geïnstalleerd. Er is inmiddels ook een Shockwave ActiveX Viewer uit en deze dient slechts eenmaal geïnstalleerd te worden om zijn werk te kunnen verrichten.

De procedure om het 'CLASSID' van een control in te geven, is ook niet echt eenvoudig. Met behulp van een goede HTML-editor als HomeSite 2.0 kan dit proces echter geautomatiseerd worden.

## HTMLSyntax

Een ActiveX wordt toegevoegd met de <OBJECT>-tag, eventueel in combinatie met één of meerdere <PARAM>-tags. Hier volgt een beschrijving van de <OBJECT> syntax volgens de officiële W3 specificaties:

```
<OBJECT
  ALIGN=left|center|right
  BORDER=n
  CLASSID=id
  CODEBASE=url
  CODETYPE=codetype
  DATA=url
  DECLARE
  HEIGHT=n
  HSPACE=n
  ID=id
  NAME=url
  SHAPES
  STANDBY=message
  TYPE=type
  USEMAP=url
  VSPACE=n
  WIDTH=n>

<PARAM NAME="name"
  VALUE="value">

</OBJECT>
```

### ▶ Praktijkvoorbeeld

De werking van een control kan ook vanuit een HTML-pagina beïnvloed worden door middel van zogenaamde 'Properties' en 'Methods' vanuit Java Script of Visual Basic Script. Aan de hand van een functioneel voorbeeld, een control genaamd StatistiX, wordt een praktisch voorbeeld van de besproken technologie getoond. StatistiX is een control die een visueel overzicht geeft van het 'bezoek' aan een website. Normaal gesproken wordt dit gedaan door op de server een programma te draaien dat de 'log file' interpreteert en aan de hand van deze statistische informatie een GIF-afbeelding aanmaakt van het resultaat. Het 'log' bestand registreert wanneer een pagina of elk ander 'object' wordt opgevraagd door een externe browser.

Menig ISP *(Internet Service Provider)* laat echter niet toe dat de gebruiker een eigen programma op de server zet, vanwege de CPU-belasting die dit genereert. De oplossing is om het verwerken van de informatie over te laten aan een programma dat aan de kant van de client draait, of wel aan de persoon die de pagina ophaalt. Met behulp van ActiveX kan die wens gerealiseerd worden.

De werking van de StatistiX control is uit te leggen in een aantal stappen:

1. De pagina wordt opgevraagd door een webbrowser.
2. De browser ziet dat er een activeX control op de pagina staat en haalt deze op.
3. Nadat de control is opgehaald wordt deze automatisch gestart
4. In de webpagina wordt via een property *(kom ik later op terug)* aangegeven waar de statistieken in tekstuele vorm staan. Eventueel worden de statistieken van meerdere pagina's ter vergelijking opgegeven via deze properties.
5. De control haalt de statistieken over.
6. De control kijkt waar in deze statistieken de informatie over het aantal bezoekers per dag staat.

Het statistiek-bestand ziet er als volgt uit:

```
Number of hits per day:<p>
<SS>
<pre>
1 Sep 1996    1017  (9176Kb)
2 Sep 1996    1177  (10377Kb)
3 Sep 1996    1249  (10692Kb)
4 Sep 1996    1044  (8956Kb)
5 Sep 1996    1016  (9193Kb)
</pre>
<ES>
```

De <SS>-tag *(Start Statistics)* is verzonnen en geeft aan dat hier de statistieken waarin we geinteresseerd zijn beginnen. Als de control deze tag tegenkomt dan weet deze exact waar de gezochte informatie staat. De daarna volgende regels geven het totaal aantal 'hits' per dag aan. De control zal doorgaan met het inlezen van informatie tot het de <ES>-tag *(End Statistics)* tegenkomt. Als alle informatie ingelezen en geinterpreteerd is, moet de grafiek automatisch getekend worden.

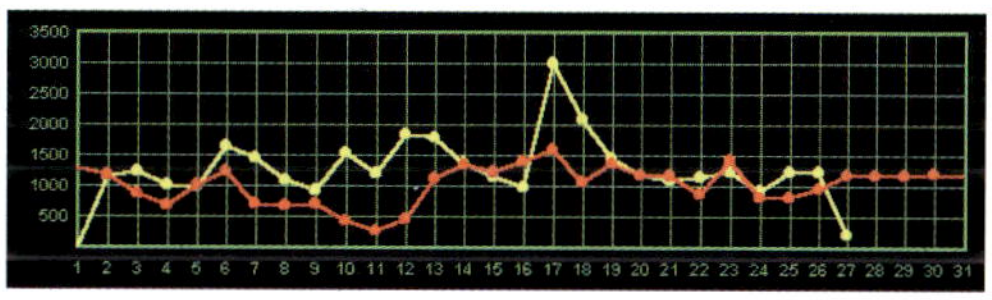


▲ Voor een duidelijke weergave van de 'score' wordt gebruik gemaakt van primaire kleuren uit het windows basispalet.

### ▶ Image tags

Het eindresultaat staat hierboven afgebeeld. Een probleem ontstaat als iemand anders de control ook wil gebruiken, maar een gele achtergrond wil, in plaats van een zwarte. De broncode van het programma is niet beschikbaar en misschien heeft de gebruiker ook niet genoeg programmeerkennis om de achtergrondkleur van de control zelf te veranderen. Gelukkig heeft de programmeur dat van te voren ingezien en daarom een zogenaamde property ingebouwd om deze aanpassing mogelijk te maken.

### ▶ Properties

Properties zijn zogenaamde 'programma variabelen' die bereikbaar zijn van buitenaf ook nadat het programma is gecompileerd. Voorbeelden zijn uiteraard achtergrondkleur, fontnaam, lokatie van een file, update interval etc. De properties die de StatistiX control beschikbaar stelt zijn de kleur per lijn, een URL per lijn *(de lokatie van de file waarin de statistieken staan)* en de achtergrondkleur van de grafiek.

De properties worden gezet vanuit een stukje 'visual basic script' dat zich in de HTML file bevindt:

```
<HTML>
<HEAD>
  <SCRIPT LANGUAGE="VBScript">
    <!—
    Sub window_onLoad()
      StatistiX.URL(0) = location.href
      StatistiX.URL(1) =
      "http://www.xs4all.nl/~jarit/stats/index0896.html"
    end sub
    —>
  </SCRIPT>
<Title>Statistics for www.xs4all.nl/~jarit</Title>
</HEAD>
<BODY BGCOLOR="#ffcccc">
```

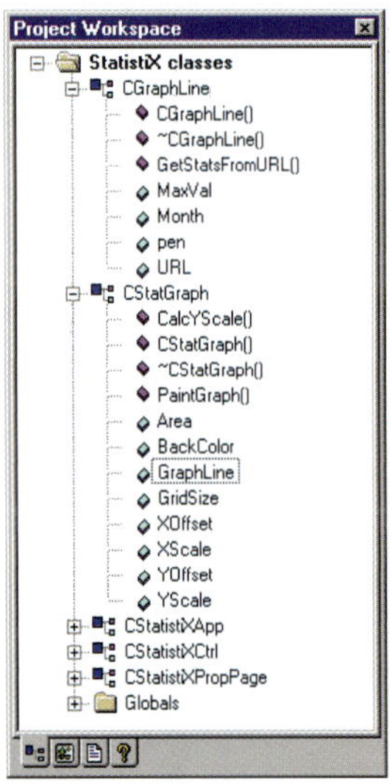


**Visual C++ laat de ▶ 'Methods' en 'Properties' van C++ objecten zien in een zogenaamde ClassView.**

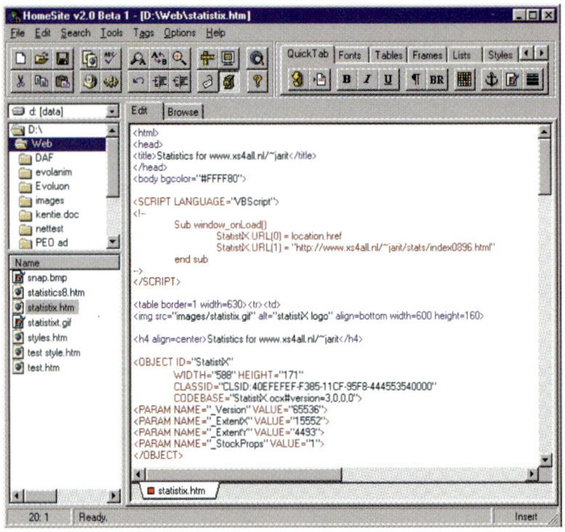


### ▶ HTML-code

Het inbouwen van een ActiveX control is geen simpele handeling. Met behulp van de <OBJECT>-tag wordt de control in de webpagina opgenomen. Vanwege het 'registratie' systeem van Microsoft, moet er een "CLASSID" aan toegevoegd worden. Deze moet apart 'ingevoerd' worden en stelt daardoor eisen aan de HTML-editor. De hierboven afgebeelde HomeSite editor automatiseert dit complexe proces. Met behulp van het <PARAM> attribuut kan men de parameters zetten die specifiek voor het object zijn zoals de voorgrondkleur, het lettertype, de lijnkleur, etc.

```
<OBJECT
  ID="StatistiX"
  WIDTH=588 HEIGHT=171
  CLASSID="CLSID:40EFEFEF-F385-11CF-95F8-444553540000"
  CODEBASE="StatistiX.ocx#version=3,0,0,0">
      <PARAM NAME="_Version" VALUE="65536">
      <PARAM NAME="_ExtentX" VALUE="15552">
      <PARAM NAME="_ExtentY" VALUE="4493">
      <PARAM NAME="_StockProps" VALUE="1">
  <IMG SRC="images/statistix.gif"
    WIDTH=600 HEIGHT=181 BORDER=0><BR>
    You need an ActiveX enabled browser like
    <A HREF="http://www.microsoft.com/ie/">Microsoft
    Internet Explorer 3</A> to properly display this page.
</OBJECT>
```

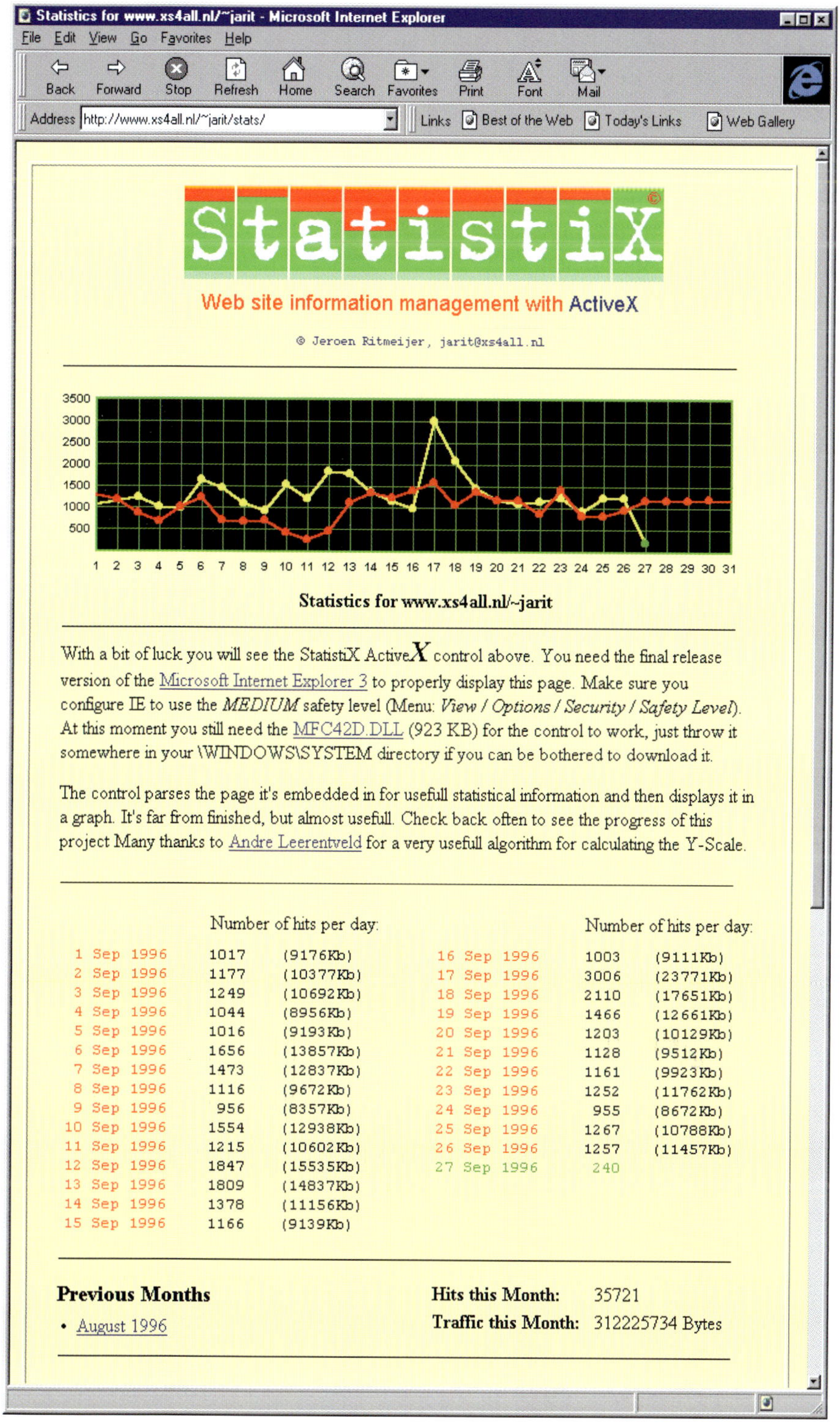


◂ De complete webpagina met daarin opgenomen de automatisch gegenereerde statistiek informatie dankzij de ActiveX control van Jeroen Ritmeijer.

### ▶ Internet Explorer safety settings

Microsoft Internet explorer beschikt over een aantal instellingen om de gebruiker te beschermen tegen 'agressieve' controls. De zogenaamde 'Safety Setting' kent drie veiligheids-instellingen:

- **High** controls die geen certificaat hebben worden niet ingeladen. De gebruiker krijgt ook niet de keuze om deze alsnog te laden.
- **Medium** Als internet explorer een control zonder certificaat tegenkomt dan krijgt de gebruiker een waarschuwing en de keuze om de control wel of niet in te laden.
- **Low** Internet explorer leest iedere control in, met of zonder certificaat. De gebruiker wordt nooit gewaarschuwd.

### ▶ Authenticode

Als een ActiveX programmeur deze beveiligingsmaatregel in zijn control heeft ingebouwd, krijgt degene die de bewuste control via de webpagina op zijn computer inleest een melding in de vorm van een digitaal certificaat. Deze opzet moet de veiligheid van de gebruiker garanderen.

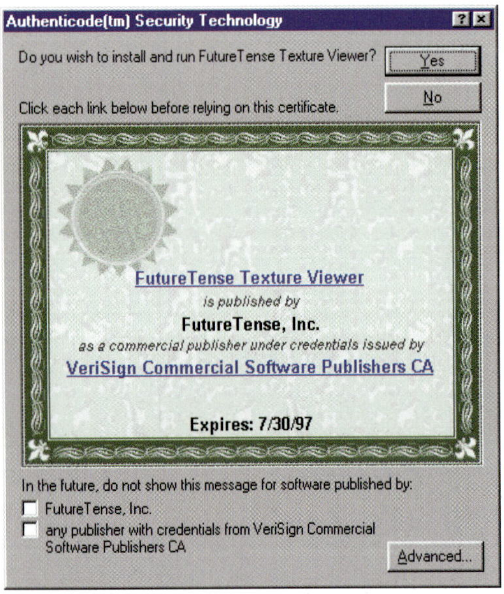


▲ **Het digitale certificaat ziet er 'waardevol' uit en zorgt voor een veiliger gebruik van 'besturingselementen' als ActiveX.**

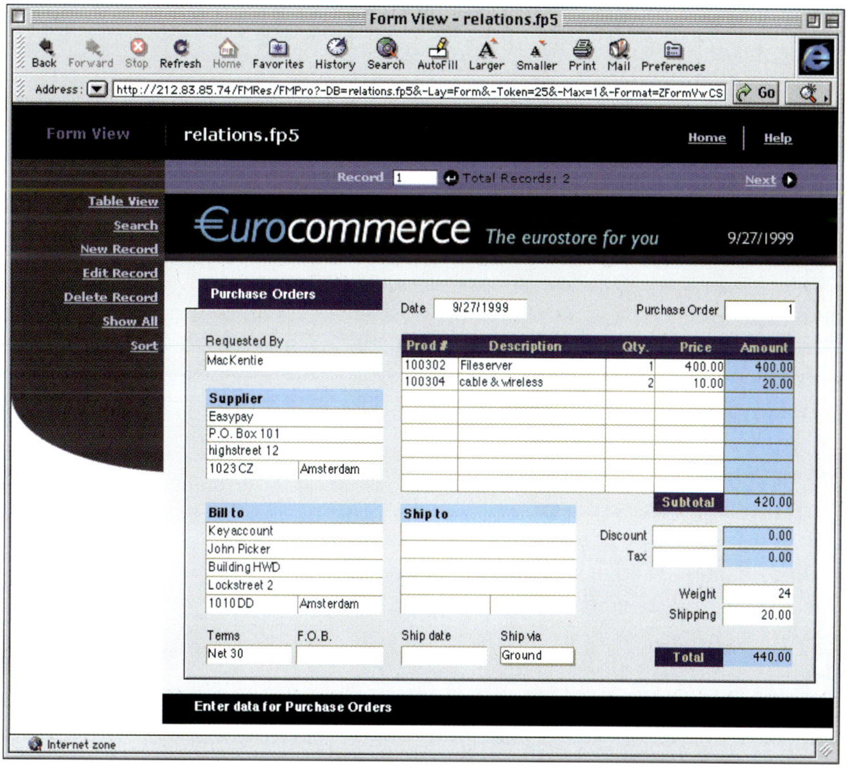


Deze complexe ▸ 'database driven' webpagina is zonder gebruik te maken van een HTML- of scriptingcommando live op het Web gezet.

Database publishing wordt door velen als de toekomst van het web gezien. Nooit meer statische, met de hand gecodeerde pagina's, maar automatisch gegenereerde en up to date sites. In dit hoofdstuk wordt een 'out-of-the-box' oplossing getoond die aantoont hoe zo'n ogenschijnlijk complexe taak efficiënt kan worden opgelost.

## FileMaker database publishing

Het beschikbaar stellen van een database op Internet was vroeger voorbehouden aan ervaren programmeurs. Met behulp van de talen C en Perl werden ingewikkelde scripts geschreven die ervoor zorgden dat de database inhoud letterlijk vertaald werd naar het Web. De vraag van webontwikkelaars naar meer laagdrempelige oplossingen heeft verandering in deze situatie gebracht. Programma's als Netobjects Fusion en Allaire ColdFusion bezitten standaard oplossingen om een webpagina template te koppelen aan de database.

Het databaseprogramma FileMaker Pro 5.0 gaat een stap verder. De ontwikkelaars van Filemaker zoals de firma herdoopt is, hebben ervoor gezorgd dat het online publiceren van een database nog slechts enkele instellingswijzigingen vergt! Simpeler kan haast niet, en toch is het resultaat krachtig en efficiënt.

## ▶ Opzet database

FileMaker Pro 5.0 is een bedrieglijk eenvoudig programma. Het kost de gebruiker relatief weinig moeite om een database op te zetten en er zelfs een relatieve database van te maken. Koppelingen met Microsoft Excel, Access en andere gangbare bestanden zijn zonder problemen te realiseren. En de ondersteuning van ODBC, de Open Database Connectivity, zorgt ervoor dat ongeveer elk gangbaar databaseformaat toegankelijk wordt, inclusief Microsoft SQL!

## ▶ Vast IP-nummer

Het publiceren van een FileMaker Pro database op het Web is op zich een eenvoudig proces. Echter de logica is soms een beetje zoek, vandaar deze stap-voor-stap aanpak.

Een eerste voorwaarde, afgezien van de database, is dat u verbinding hebt met het Web. Bij voorkeur een 'vaste' verbinding aangezien we een vast IP-nummer nodig hebben om de database continu bereikbaar te maken. Als het IP-nummer wisselt, zoals bij een normaal Internet-abonnement, varieert ook de toegangscode... Een tussenweg is een abonnement bij een kabelexploitant want die geven dynamische IP-nummers, die niet vaak veranderen aangezien men continu is 'ingelogd'. Wanneer u een permanente verbinding met het Web nodig hebt, omdat de schoorsteen er van moet roken, dan is een extra trip naar de provider nodig.

▼ Het IP-nummer verkrijgt men in het TCP/IP venster.

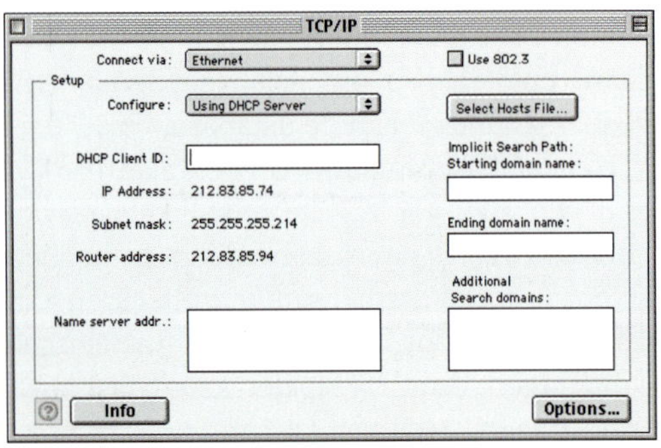


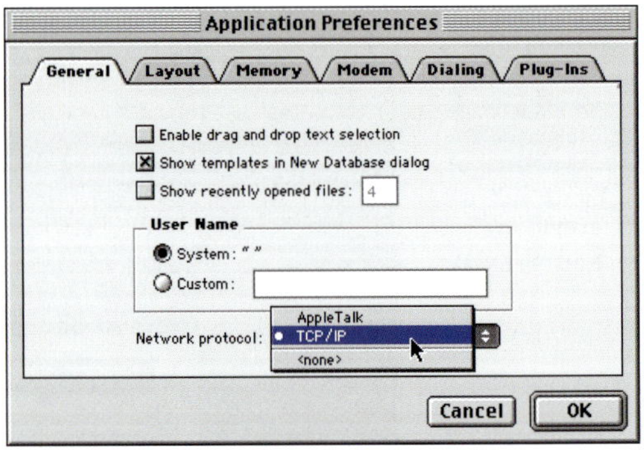


▲ Het netwerk protocol moet op TCP/IP worden gezet.

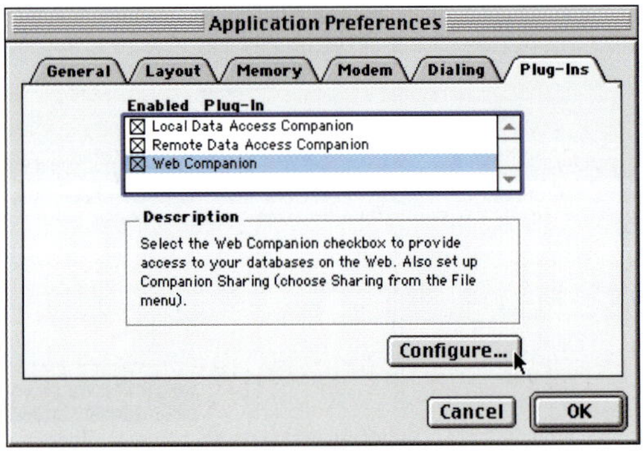


▲ Vervolgens wordt de Web Companion geconfigureerd.

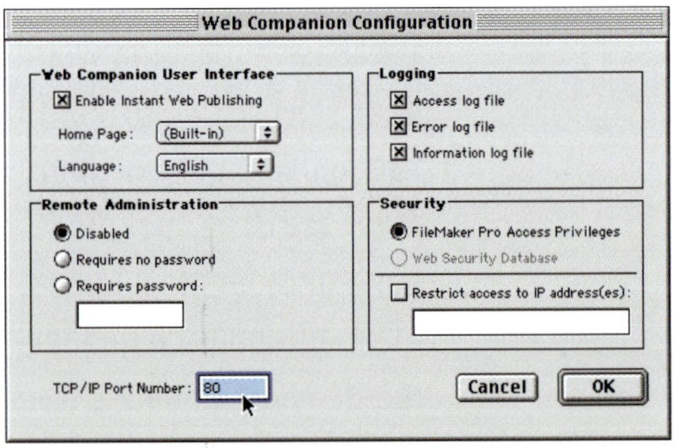


▲ Het poortnummer en het IP-nummer moet men ingeven. ▼

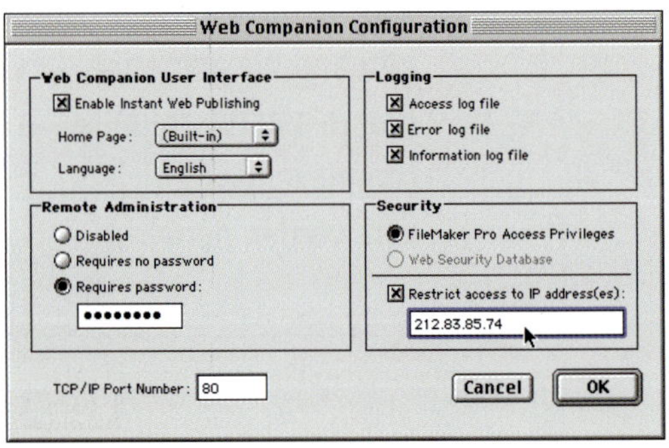

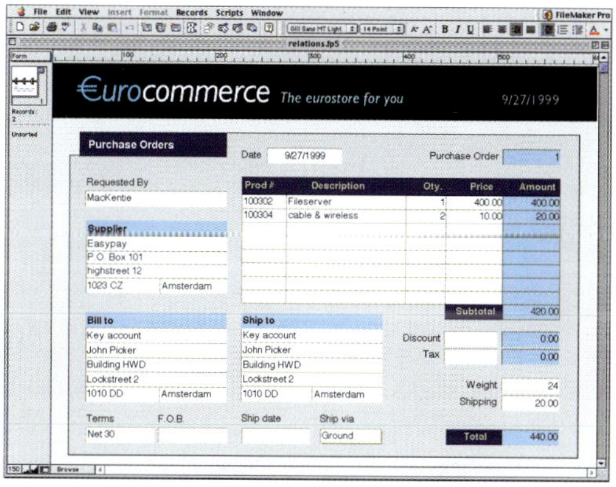


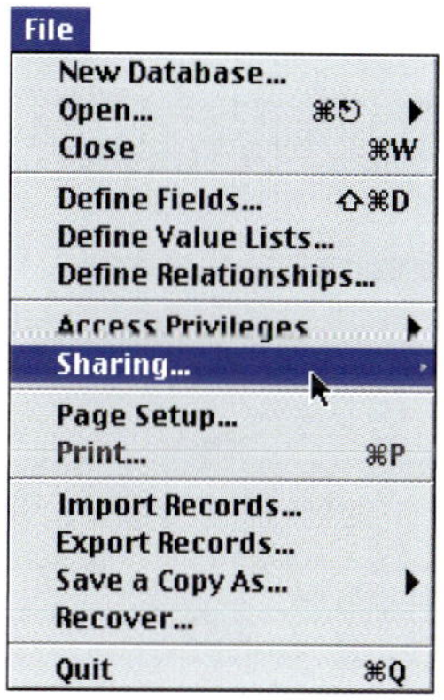


◀◀ De database bezit meerdere layouts, maar de 'form' wordt gebruikt als opstartscherm voor de site.
◀ De database kan geactiveerd worden door de 'Sharing' aan te zetten.

## ▶ Web Companion instelling

De sleutel tot het succes is de plug-in Web Companion. Deze tovert FileMaker Pro om in een webdatabaseserver compleet met de juiste beveiliging en toegangsprivileges.

De configuratie van Web Companion is op zich simpel. Als u het IP-nummer hebt gevonden *(op de Macintosh staat het in het TCP/IP regelpaneel)*, dient u in de Application Preferences het Netwerk protocol op TCP/IP te zetten. Vervolgens kiest u de Web Companion en kiest u voor 'Configure'. In het venster geeft u het IP-nummer in en een paswoord. Dat laatste is optioneel, maar toch.

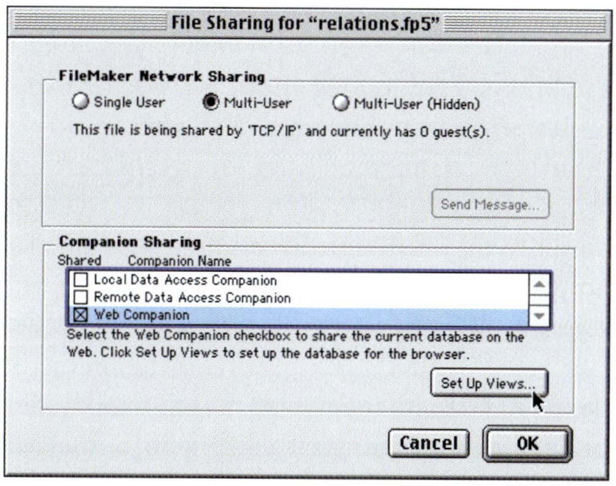


▲ Kies 'Multi-User' en kies 'Set Up Views' voor de juiste layout.

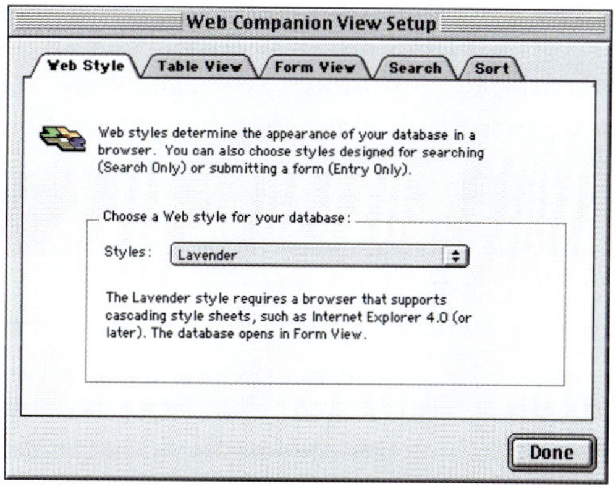


▲ De stijl 'Lavender' past het best bij de database layout. ▼

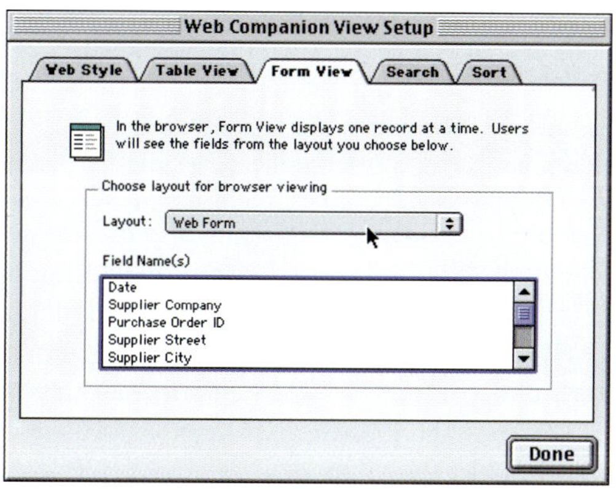


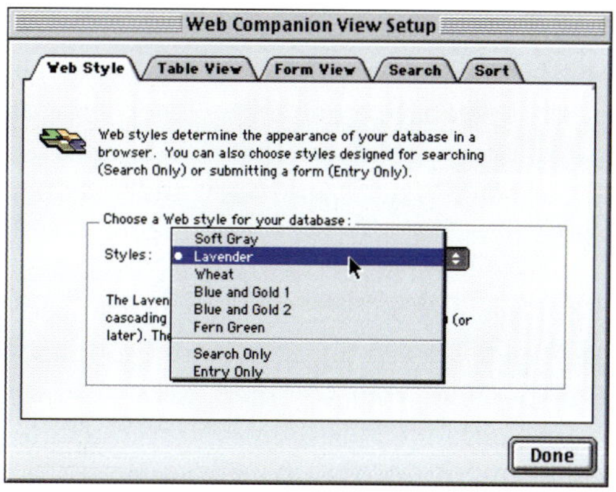

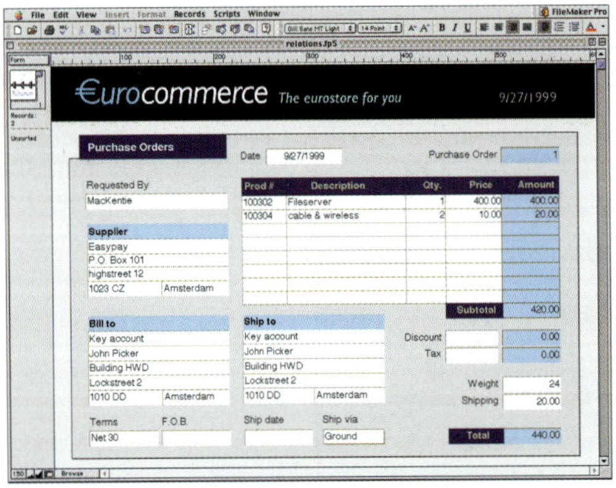


▲ **De layout in FileMaker en de online versie zoals deze via de browser zichtbaar is, zijn identiek in functionaliteit.**

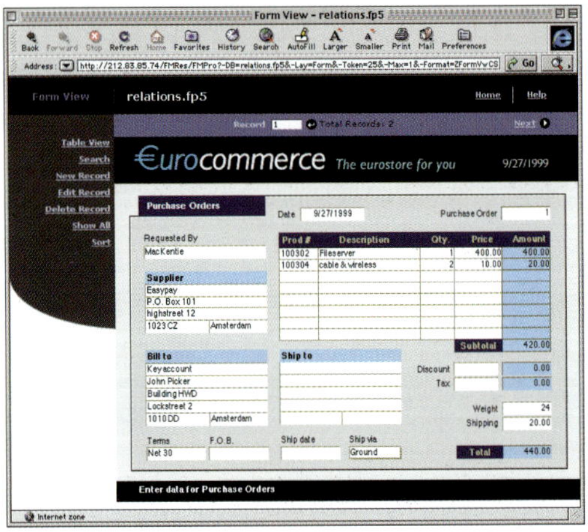


## ▶ Samengebruik van de database

Mocht u achter een firewall zitten, dan moet u ook de TCP/IP poort apart instellen. Zonder firewall is poortnummer 80 de juiste optie. Ook belangrijk zijn de 'log' files. FileMaker Pro biedt een drietal opties: 'Access', 'Error' en 'Information' log files. Alledrie worden aangeklikt aangezien ze waardevolle informatie over het bezoek van de site en de daarbijhorende problemen registreren.

De volgende stap is de bepaling van welke layout er getoond gaat worden van zowel de inhoud van de database zelf, als de layout van webstramien. Standaard maakt FileMaker Pro gebruik van de optie 'Enable Instant Web Publishing'. In het popup-menu staat dan ook bij de 'Homepage: built-in'. Als u zelf een eigen vormgeving voor presentatie van uw database wilt hebben, klik de optie dan uit. Met behulp van een wysiwig web-editor als Claris Homepage en de ingebouwde wizards kunt u een eigen homepage voor de database ontwerpen. En uiteraard in een andere editor verder bewerken.

Voor dit hoofdstuk hebben we een standaard-layout gebruikt aangezien deze er goed uitzien en van een uitgekiende user interface zijn voorzien. Voor commerciëlere websites is het wel aan te raden om een meer gedifferentieerde vormgeving toe te passen.

De klant zou wel eens verward kunnen raken met al die FileMaker Pro databases op het Web. Dit is overigens bij uitstek een toepassing om templates voor te ontwikkelen. Een gat in de markt: e-commerce templates en sjablonen voor online database publishers.

Als alle waarden zijn ingegeven heeft FileMaker Pro genoeg input om de database op het Web te publiceren. We kunnen nu de 'Sharing' afmaken. Kies de gelijknamige optie uit het 'File'-menu en zet het vinkje bij de 'Web Companion' aan. Een belangrijke optie staat boven in het midden van het scherm. U dient namelijk aan te geven dat de site een 'Multi-User' netwerk samengebruik heeft. Als de site toegankelijk is gemaakt, ziet u dat eronder geregistreerd wordt hoeveel gebuikers, of wel users, er zijn aangesloten. Momenteel staat dat aantal nog op nul.

## ▶ Database layout aanpassen

De vormgeving van de database wordt bepaald in FileMaker zelf. Het programma biedt oneindig veel mogelijkheden om een persoonlijke vormgeving aan de database te geven. Ook is het mogelijk om afbeeldingen te importeren, zoals in dit voorbeeld het logo van Eurocommerce, de naamgever van onze site. E-commerce in Europa wordt pas echt interessant als de Euro pan-Europees is ingevoerd, nietwaar?

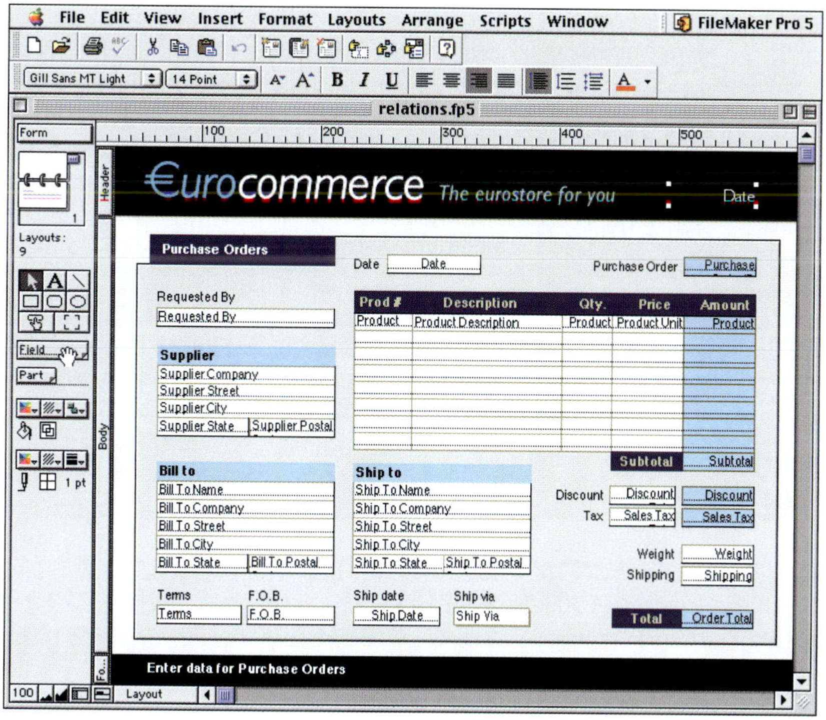


◂ De layout getiteld 'Form' is opgebouwd uit een header, een body en een footer. Al deze onderdelen worden in de vertaling naar het Web vertaald. De geplaatste logo's worden naar GIF-bestanden omgezet.

De opzet van de database is geheel afgestemd op de eindgebruiker. Aangezien hij een flink aantal velden moet invullen staat gebruiksgemak en overzichtelijkheid voorop.

Een voorwaarde voor een webkoppeling is overigens dat er minimaal één layout geselecteerd is. Dat betekent echter niet dat alle webpagina's dezelfde layout moeten hebben. In het voorbeeld ziet u dat de weergave van het centrale overzichtscherm veel meer opties heeft, dan het invoerscherm voor de klanten. Beide maken gebruik van dezelfde data maar van verschillende layouts. Als u de optie 'Set up views' aanklikt, volgen de layout-keuzes.

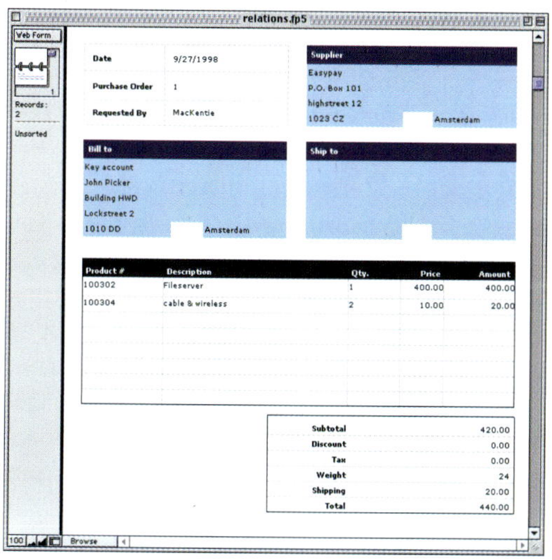


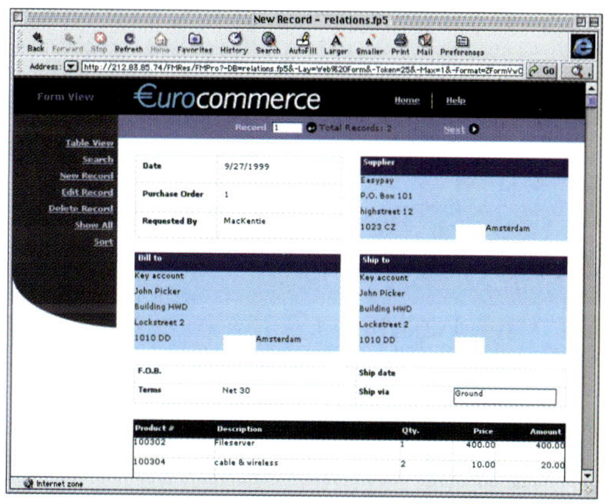


▴ Een geheel andere layout, getiteld 'Web Form' wordt gebruikt voor het invoerscherm van de klanten.

◂ Ook hier is de vertaling naar het Web erg geslaagd.

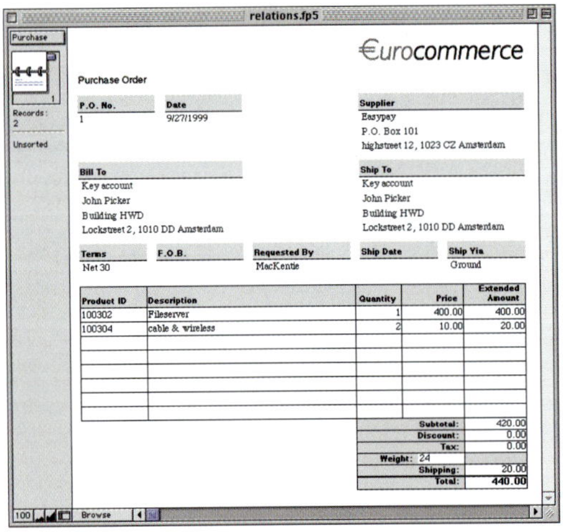


▲ Een aparte layout voor het afdrukken van het formulier.

## ▶ Database publiceren

Alles staat ingesteld, de stijl 'lavender' is als webstijl gekozen en we kunnen het resultaat in de browser gaan bekijken. Vreemd genoeg staat er nergens een button: Publish. Zoals eerder gesteld: de hele procedure is niet echt logisch. Ga als volgt te werk: open de browser, zorg uiteraard voor een Internetverbinding en plak het IP-nummer als webadres in de browser. Als u hiermee contact maakt, wordt een standaardscherm getoond met als enige hyperlink de naam van onze database: relations.fp5. Als u hierop klikt wordt de database gepubliceerd in de eerder gekozen layout. Zoals u in de voorbeelden ziet, is de vertaling naar het Web nauwgezet.

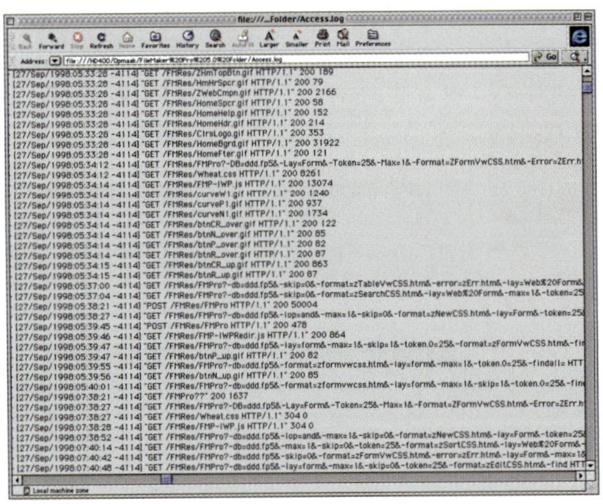

▲ De logfile registreert nauwgezet het gebruik van de site.

De werkwijze voor de Windows 95/98 en NT versie van FileMaker is precies eender als de hier getoonde Macintosh methodiek. De snelheid van de computer waar de database op draait, is uiteraard ook bepalend voor de toegangkelijkheid. Als u de database op deze wijze publiceert en de site wordt populair dan neemt de belasting evenredig toe.

Gelukkig biedt FileMaker diverse groeipaden, of in Internet lingo: het biedt een schaalbare oplossing. U kunt in plaats van de gratis bijgeleverde Web Companion ook kiezen voor een dedicated FileMaker Server. En ook de koppeling kan verbeterd worden door gebruik te maken van producten als Tango en Lasso. Deze worden zelfs door grotere E-commerce initiatieven gebruikt om hun databases op het Web te publiceren. Tango biedt ook cross-platform ondersteuning en kan met alle courante webservers overweg.

## ▶ XML enabled

FileMaker heeft ook ondersteuning voor XML ingebouwd. De beschrijving van de layout *(in ons voorbeeld lavender.fth)* is in XML gedaan en ook de database zelf kan output naar XML genereren. Dat biedt ook lange termijnperspectief als u voor deze keuze gaat. Apple, de eigenaar van FileMaker, heeft met dit programma een prima opstap naar online database publishing in zijn portfolio.

Uiteraard kan men doorgroeien naar Apple's WebObjects maar voor menige publicist is FileMaker Pro 5 Unlimited versie al een volwaardige oplossing. Deze Filemaker 5 upgrade ondersteunt bijvoorbeeld Secure Socket Layer *(SSL)* connection zodat u uw content met een betrouwbaar beveiligingssysteem kunt afschermen. FileMaker kan ook als groupware toegepast worden door uit te breiden naar de FileMaker Server 5 versie. Hiermee kunnen 250 gebruikers tegelijkertijd aan een database gekoppeld zijn. Ideaal voor een klein bedrijf om gezamenlijk aan een gegevensdatabase te kunnen werken. Dit is echt goedkope groupware!

De Direct E-mail ▸ e-commerce site is gebaseerd op de Active Server Pages technologie van Microsoft.

E-commerce is feitelijk het bouwen van een schil om de relatie- en productdatabases. Door deze data via het Internet wereldwijd ter beschikking te stellen ontstaat electronische handel. In dit hoofdstuk wordt het ontwikkelingsproces van een Microsoft Active Server Page databasekoppeling uitgelegd. Deze techniek maakt het ook mogelijk om een database aan een specifieke, persoonlijke layout te koppelen.

## Databasekoppeling met ASP

Lang niet alle webpagina's worden met de hand in HTML gecodeerd. Steeds meer URL's eindigen op mysterieuze uitgangen als .asp of .stm. Er zijn ook webpagina's die louter uit cijfers bestaan zoals 8002336.htm. Dit zijn typische kenmerken van het database driven Internet, ofwel webpagina's die pas gegenereerd worden op het moment dat de gebruiker een bepaalde link selecteert. Deze vorm van online publiceren heeft een aantal voordelen en vormt ook de voorbode voor zaken als online commerce en merchant servers. De interactie tussen de vormgever van zo'n site en de technisch verantwoordelijke(n) dient goed geregeld te zijn. De designer moet HTML-bestanden als template of gridpagina maken waarin wederkerige, structureel identieke gegevens geplaatst kunnen worden. Dit werk vergt dus enig inzicht in het achterliggende proces.

De fictieve site die in dit hoofstuk wordt getoond is die van een online verkoper van kantoorartikelen. De doelgroep van het bedrijf zit zowel in Nederland als in België. De eindgebruiker moet dus kunnen aangeven in welke valuta hij de prijzen afgebeeld wil zien. Een aparte optie speciaal voor de koopjesjagers maakt het mogelijk een maximale prijs op te geven, waardoor alles boven deze prijs niet weergegeven zal worden in het resultaat-scherm.

## ▶ De taakverdeling

Over het algemeen heeft de programmeur geen kennis van ontwerpprogramma's en het toepassen van *(huis)*stijlen; de vormgever daarentegen is minder thuis in het programmeren. Nadat de juiste afspraken zijn gemaakt kunnen de vormgever en de programmeur aan de slag. Een gedeelte van het werk kan gelijktijdig plaatsvinden, bij een ander deel van het werk zijn de programmeur en de vormgever van elkaars voortgang afhankelijk. Het komt erop neer dat de vormgever de HTML-bestanden ontwerpt als templates of gridpagina's waarin wederkerige, structureel gelijke, data geplaatst wordt. De taken van de programmeur zijn dan als volgt *(meestal in deze volgorde)*:

### Database analyse

Met de opdrachtgever dient men te bespreken welke informatie reeds voorhanden is en welke gegevens opgeslagen en opgevraagd moeten kunnen worden. Tevens moeten we kijken naar de hoeveelheid informatie. Aan de hand van deze informatie leiden we af wat voor hardware *(server)* en software*(database omgeving)* we nodig hebben. Dit proces dient zeer grondig te zijn aangezien een aanpassing achteraf vaak een enorme hoeveelheid werk met zich meebrengt.

### Communicatie met vormgever

De programmeur vertelt de vormgever welke informatie aanwezig is en moet worden

▲ Figuur 1: Het zoekcriteriascherm.

▲ Figuur 2: Het resultaatscherm en Figuur 3 het detailscherm ▼

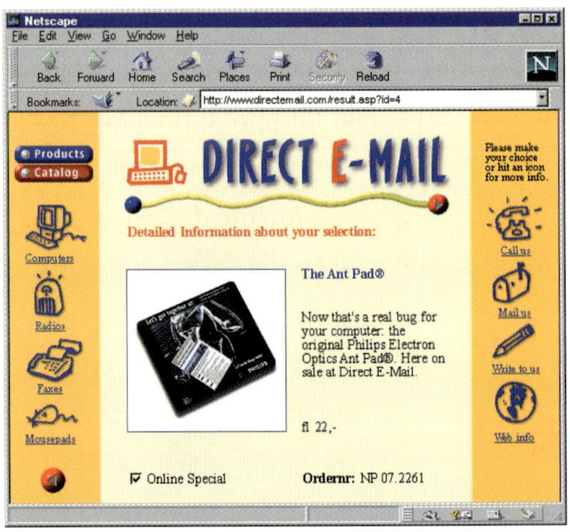

weergegeven op de website. Het is verder aan de vormgever om de informatie op een overzichtelijke en gebruikersvriendelijke manier weer te geven. Aan de hand van de in de analyse-fase verkregen informatie wordt een optimaal database-ontwerp gemaakt.

De kantoorartikelen website specificeert:

- Tabelnamen *(producten, catagorieën, klantinfo, etc)*
- Relaties tussen tabellen
- Velden per tabel *(naam, prijs, omschrijving, etc)*
- Eigenschappen per veld *(datatype, validaties, etc)*

Aan de hand van het basisontwerp wordt de database geïmplementeerd in een database-omgeving naar keuze.

#### Conversie bestaande data

Eventuele informatie die in een bestaand *(legacy)* systeem van de klant aanwezig is dient geconverteerd te worden naar het nieuwe systeem zodat we zoveel mogelijk informatie kunnen hergebruiken. Dit voorkomt fouten en vermijdt onnodig werk, zoals het invoeren van productinformatie.

#### Invoerprogramma

Als het opdrachtgevende bedrijf zelf niet de capaciteit heeft om een invoerprogramma te maken, moet er ook een gebruiksvriendelijk invoerprogramma worden gemaakt. De taak van dit programma is om de complexiteit van de database af te schermen voor de persoon die de data gaat invoeren. Op deze manier is het mogelijk een *(goedkope)* datatypist het bulkinvoerwerk te laten doen.

#### Programmeren van de koppeling tussen database, templates en zoekformulier.

Als de goed gestructureerde database, gevuld met de juiste informatie, gereed is, wordt het tijd om de koppeling tussen de database en de webpagina's te bewerkstelligen.

Afhankelijk van de specificaties van de website, complexiteit van de database en het verwachtte bezoekersaantal van de site kiezen we een webserver en koppelingssoftware. Vaak zijn deze twee opties geïntegreerd.

### ▶ De vormgeving opzetten

De kern van deze vormgevingsopdracht is het overzichtelijk weergeven van de diverse zoekmogelijkheden. Het is niet de bedoeling de bezoeker te overdonderen met een overdaad aan mogelijkheden, maar om een duidelijk, overzichtelijk en gebruiksvriendelijk zoekformulier te presenteren. *(Figuur 1)*

#### Vormgeven samenvattingscherm

De resultaat-pagina laat een samenvatting zien van de gevonden producten die voldoen aan de zoekcriteria die in het zoekformulier zijn ingevuld. Ook hiervoor maakt de vormgever een template aan. De resultaatpagina is meestal 'regel' georiënteerd. Ofwel voor ieder gevonden artikel wordt er één regel met informatie afgebeeld. Dit beperkt de vormgeving, hij moet rekening houden met eventuele uitzonderingen. Hoe moet het er bijvoorbeeld uitzien als de gevonden informatie niet op één regel past? Men dient dus goed te kijken naar alle mogelijkheden die in de database zitten, om zo de uitzonderingen te lokaliseren. *(Figuur 2)*

#### Vormgeven Detailscherm

Het detailscherm wordt weergegeven als er in het samenvattingscherm op een product wordt geklikt of als er maar één artikel gevonden wordt. Het samenvattingscherm wordt dan uiteraard niet weergegeven. Het detailscherm kan redelijk complex worden, afhankelijk van de hoeveelheid gegevens in de database. Ook hiervoor dient men met de uitzonderingen rekening te houden. Hoe moet het er bijvoorbeeld uitzien als er geen plaatje van het product aanwezig is? Moet de tekst opzij geschoven worden of moet er een leeg plaatje weergegeven worden?

Het detailscherm is het laatste scherm in onze voorbeeld-applicatie. In 'real world'-situaties zit er vaak nog een 'bestel' of 'add to shoppingbag'-button op dit scherm. Als de vormgeving en de inventaris van alle data gereed zijn, wordt het tijd om de hulp in te roepen van ondersteunende software.

### ▶ Database engine

Als database engine gebruiken we voor dit voorbeeld Microsoft Access. Dit product is onderdeel van Microsoft Office en staat dus op de harde schijf van veel gebruikers. Het is niet een product dat je moet gebruiken voor een zeer drukke, high volume website; maar voor de gemiddelde 'database driven' website voldoet het goed.

De eerste stap bestaat uit het aanmaken van een tabel waarin de gegevens opgeslagen worden. Het gaat te ver om hier een cursus database-ontwikkeling te geven, maar dit eenvoudige voorbeeld moet goed te volgen zijn. Tevens maken we tabellen aan waarin we alle groepen en categorieën kwijt kunnen. Relaties tussen deze tabellen en de MAIN_ITEMS-tabel definieren we in het 'Relationships'-scherm.

### ▶ Invoerscherm

Geen database is compleet zonder een invoerscherm. Dit scherm maakt het mogelijk dat iemand zonder verstand van computers, HTML of andere technische kennis toch de website actueel kan houden. Het is een van de allerbelangrijkste pluspunten van een database driven website. Zodra iemand de prijs aanpast in de database wordt deze verandering onmiddellijk weergegeven op het internet.

### ▶ Webserver

De webpagina's zijn vormgegeven, de database is opgezet en de data zijn ingevoerd. Nu hebben we nog de spreekwoordelijke 'lijm' nodig die deze elementen aan elkaar koppelt. De opmaaktaal HTML zelf biedt geen mogelijkheden om databases te adresseren. Deze mogelijkheden worden wel geboden door moderne webservers zoals Microsoft Internet Information Server 3 *(IIS)* and Netscape Enterprise Server 3. Deze webservers hebben ongeveer dezelfde mogelijkheden, maar voor het gemak werken we ons voorbeeld verder uit in IIS. Het magische woord is Active Server Pages *(ASP)*, een onderdeel van IIS 3. Met ASP is het mogelijk om tussen de HTML verwerkingscodes te zetten die iets betekenen voor de server. Deze codes kunnen worden geschreven in VBScript en JavaScript.

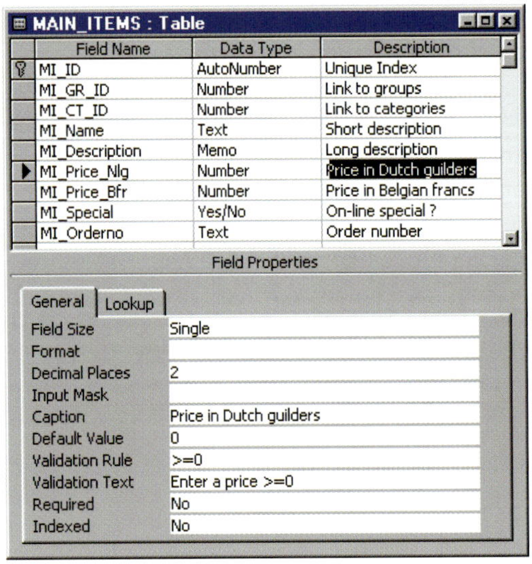


▲ In een tabel genaamd MAIN_ITEMS is de opzet gemaakt.

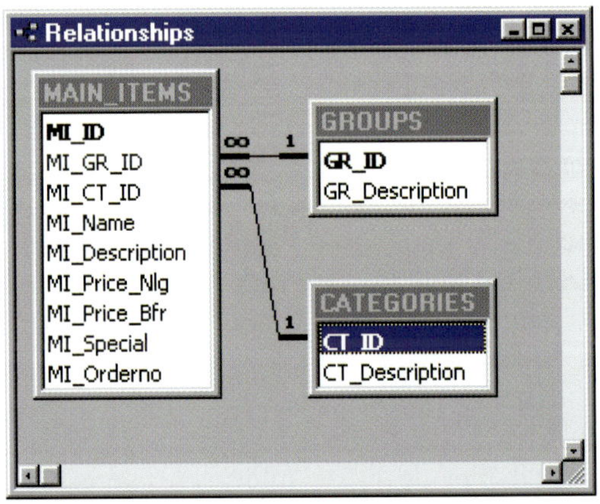


▲ In het 'Relationships' scherm wordt de onderlinge relatie tussen de componenten ingesteld.

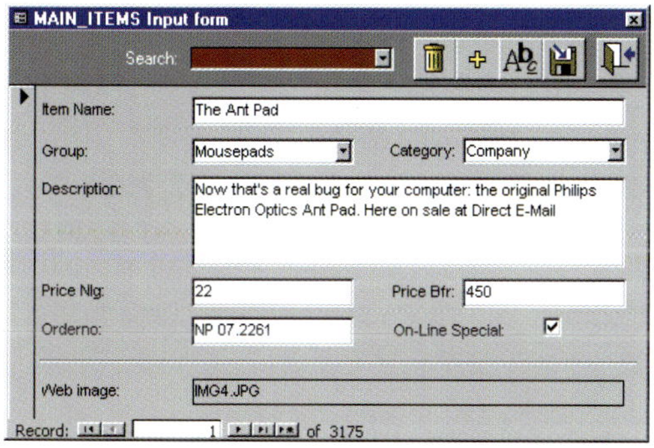


▲ **Het invulformulier is speciaal voor de koppeling gemaakt.**

Voor de duidelijkheid volgt hier onder een eenvoudig voorbeeld:

```
<HTML>
<HEAD><TITLE>ASP Demo</TITLE></HEAD>
<BODY>
<H1>ASP Demo</H1>
<% for i = 1 to 3
  response.write("<FONT SIZE=" & i & ">Hello ¶
    World</FONT><BR>")
  next
%>
</BODY>
</HTML>
```

Deze demo zal voor iemand met Visual Basic-kennis direct duidelijk zijn. De nieuwe <%-tag is voor de webserver een teken dat er commando's aankomen die de server uit moet voeren voordat de pagina verstuurd wordt naar de browser. Alle pagina's die mogelijk ASP-commando's bevatten moeten de extensie '.asp' hebben. Deze techniek is browser onafhankelijk. De nieuwe commando's zijn puur voor de webserver bedoeld. Deze voert het programma uit en het resultaat is pure HTML zoals hieronder weergegeven.

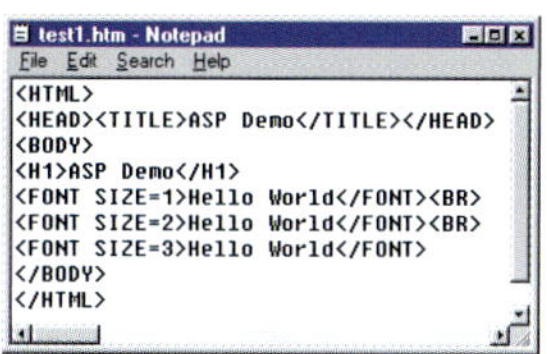


## ▶ Zoekpagina (Figuur 1)

Het belangrijkste element in deze zoekpagina is het invulformulier waarin de zoekcriteria ingegeven kunnen worden. Voor de duidelijkheid zijn alle formateringscodes eruit gestript.

```
<FORM ACTION="result.asp" METHOD="get">

Group:
<INPUT TYPE="radio" NAME="group" VALUE="1"
  CHECKED> Computers
<INPUT TYPE="radio" NAME="group" VALUE="2"> Printers
<INPUT TYPE="radio" NAME="group" VALUE="3"> Modems
<INPUT TYPE="radio" NAME="group" VALUE="4"> Pads
<INPUT TYPE="radio" NAME="group" VALUE="5"> Faxes
<INPUT TYPE="radio" NAME="group" VALUE="6"> Tablets
Category:
<INPUT TYPE="radio" NAME="category" VALUE="1"
  CHECKED> Private
<INPUT TYPE="radio" NAME="category" VALUE="2">
  Non-profit
<INPUT TYPE="radio" NAME="category" VALUE="3">
  Commercial
<INPUT TYPE="radio" NAME="category" VALUE="4"> Profit
Max:
<INPUT TYPE="TEXT" NAME="max" SIZE="5">
Currency:
<INPUT TYPE="RADIO" NAME="currency" VALUE="nlg"
  CHECKED> Nlg
<INPUT TYPE="RADIO" NAME="currency" VALUE="bfr"> bfr
Buttons
<INPUT TYPE="SUBMIT">
<INPUT TYPE="RESET">

</FORM>
```

In dit voorbeeld gebruiken we alleen radiobuttons, van deze buttons kan er maar één per groep worden geselecteerd. We hebben drie groepen: Group, Category en Currency. Als men dus op de optie 'printers' drukt, wordt 'computers' gedeselecteerd. De waarde die we in de Value attribute stoppen komt overeen met de waarde van iedere category in de database *(Computers=1, Printers=2 etc.)*.

De inhoud van dit zoekformulier wordt automatisch doorgestuurd naar de pagina result.asp, alwaar we aan de hand van de ingevulde criteria een zoekopdracht samenstellen die we aan de database doorgeven.

**▶ Resultaatpagina (Figuur 2)**

Deze pagina verwerkt de informatie uit het zoekformulier, stelt een zoekopdracht samen voor de database en formatteert de gevonden informatie naar HTML-code. De zoekcriteria worden vanuit de zoekpagina doorgegeven via de zogenaamde QueryString op de URL. Deze ziet er als volgt uit.

http://www.directemail.com/result.asp?group=1&category=1&max=50&currency=nlg

We gaan nu aan de hand van deze querystring een zoekopdracht bouwen in SQL. SQL staat voor Structured Query Language, een taal die door zo goed als iedere databasefabrikant ondersteund wordt. Dit heeft als voordeel dat onze webpagina's database onafhankelijk zijn. Mocht de website zo succesvol zijn dat we een snellere database nodig hebben, dan kunnen we MS-Access zo inruilen tegen Oracle of SQL-Server zonder dat de boel geherprogrammeerd moet worden. De ASP code om dit voor elkaar te krijgen is hiernaast weergegeven.

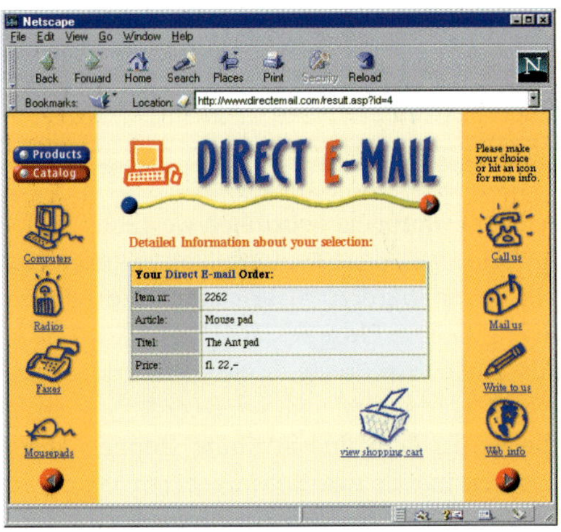


Wederom zijn de formateringscodes voor de duidelijkheid weggelaten.

```
<HTML>
<HEAD><TITLE>Result Page</TITLE></HEAD>
<BODY>

<% set Conn = server.createobject("ADODB.Connection")
  Conn.Open "DirectEMail"

  SQLQuery = "SELECT * FROM main_items"
  SQLWhere = " WHERE mi_gr_id = " & request("group")
  SQLWhere = SQLWhere & " AND mi_ct_id = " &
     request("category")
  if request("max") <> "" then
    SQLWhere = SQLWhere & " AND mi_price_nlg <= " &
     request("max")
  end if

  set RSItems = Conn.Execute(SQLQuery & SQLWhere)

  if RSItems.eof then
%>
    Er zijn geen artikelen die aan uw criteria voldoen.<P>
<% else %>
    De volgende artikelen voldoen aan uw criteria:<P>
    <%    while not RSItems.eof
            response.write(RSItems("mi_name") & " - fl." &
               RSItems("mi_price_nlg") & "<BR>")
            RSItems.movenext
        wend
    %>
<% end if
  RSItems.close
  Conn.close
%>
</BODY>
</HTML>
```

Een korte uitleg van deze ASP Code:

```
set Conn = server.createobject("ADODB. Connection")
Conn.Open "DirectEMail"
```

*Maak een Connection-object aan en laat deze verwijzen naar de (ODBC) database*

```
SQLQuery = "SELECT * FROM main_items" SQLWhere = "
WHERE mi_gr_id = " & request("group") SQLWhere =
SQLWhere & " AND mi_ct_id = " & request("category")
if request("max") <> "" then
SQLWhere = SQLWhere & " AND mi_price_nlg <= " &
request("max") end if
```

*Stel aan de hand van de querystring de zoekopdracht voor de database samen*

```
set RSItems = Conn.Execute(SQLQuery & SQLWhere)
```

*en voer deze uit.*

```
if RSItems.eof then
```

*Zijn er records die aan de criteria voldoen?*

```
while not RSItems.eof
response.write(RSItems("mi_name") & " - fl." &
RSItems("mi_price_nlg") & "<BR>")
RSItems.movenext wend
```

*Loop door de gevonden records heen en 'druk' ze af totdat er geen meer zijn.*

```
RSItems.close Conn.close
```

*Sluit alles netjes af.*

Van iedere regel die we gevonden hebben moeten we eigenlijk ook nog een hyperlink maken zodat je op het detailscherm met productinformatie terecht komt als je erop drukt. Aan deze hyperlink voegen we ook weer een querystring toe die aan de detailpagina doorgeeft welk product afgebeeld moet worden. De link stellen we als volgt samen:

```
<A HREF="detail.asp?id=<% =RSItems("mi_id") %>">
Productnaam </A>
```

In de browser ziet dat er als volgt uit:
http://www.directemail.com/detail.asp?id=4

### ▶ Detailpagina (Figuur 3)

De detailpagina is vergelijkbaar met de resultaatpagina, alleen levert het resultaat maar één product op. Dit is het product waarvan het 'id' is doorgegeven via de querystring vanaf de resultaatpagina. In deze detailpagina gaan we alle informatie die we over het product hebben een beetje smeuïg weergeven. Omdat de informatie uit een database komt wil dat nog niet zeggen dat het er saai uit moet zien. We hebben de volledige vrijheid in het vormgeven van de databasegegevens. Om dit te benadrukken zijn deze keer de formateringscodes niet weggelaten.

```
<% set Conn = server.createobject("ADODB.Connection")
  Conn.Open "DirectEMail"

  SQLQuery = "SELECT * FROM main_items"
  SQLWhere = " WHERE mi_id = " & request("id")

  set RSItem = Conn.Execute(SQLQuery & SQLWhere)
%>
<P>
<FONT SIZE="4" COLOR="#FF0000"><B>Detailed infor-
mation about your selection:</B></FONT>
<P>
<TABLE BORDER="0" CELLPADDING="3"  WIDTH="343">
  <TR>
    <TD WIDTH="52%" VALIGN="TOP">
      <IMG SRC="/images/img<% =RSItem("mi_id")
      %>.jpg" WIDTH="164" HEIGHT="164"
       ALIGN="BOTTOM" BORDER="1"></A>
    </TD>
    <TD WIDTH="3%"> </TD>
    <TD VALIGN="TOP" COLSPAN="3">
      <FONT SIZE="4" COLOR="#0000AA">
      <% =RSItem("mi_name")
      %></B><BR><BR></FONT>
      <FONT SIZE="4"><%= RSItem("mi_description")
      %><BR><BR>fl <%= RSItem("mi_price_nlg")
      %></FONT>
    </TD>
```

Zoals te zien is aan de <IMG>-tag stellen we het plaatje samen uit gegevens uit de database.

Natuurlijk slaan we niet het hele plaatje op in de database, maar kunnen we het afleiden van het unieke 'record id'. We plakken '/images/img' ervoor en '.jpg' erachter en we hebben het volledige pad naar het plaatje.

### ▶ Zoeksysteem gebruiken vanaf andere pagina's

Nu we eenmaal deze pagina's in elkaar hebben gezet zijn we niet alleen afhankelijk van het zoekscherm om opdrachten aan de database te geven. We kunnen ook vanuit de lopende tekst op een willekeurige HTML pagina het resultaat- of detailscherm oproepen, compleet met parameters om een product te laten zien. Zo kan de homepage de volgende tekst bevatten:

```
Op deze site staat ons assortiment aan <A HREF="result.asp?
group=1&category=3">computers</A> en andere <A HREF
="result.asp?group=2&category=3">randapparatuur</A>.
De aanbieding van de week <A HREF="detail.asp?id=4">Ant
Pad</A>.
```

De eerste twee hyperlinks springen naar de resultaatpagina en laten een overzicht van respectievelijk alle computers en printers zien. De derde hyperlink springt direct naar het detailscherm van de Ant Pad toe. Deze techniek passen we ook toe in de ikoontjes van iedere pagina die naar de juiste productgroepen wijzen.

### ▶ Andere voorbeelden

Natuurlijk is deze techniek niet uitsluitend te gebruiken voor databasekoppelingen, er zijn ook andere nuttige dingen mee mogelijk. Aangezien deze techniek browseronafhankelijk is, kan men een interactie realiseren die met JavaScript of VB Script niet haalbaar is.

#### ■ Verschuivende achtergrondpatronen

Een groot probleem bij het maken van Websites die met meerdere browsers moeten kunnen werken is het feit dat de achtergrond bij Netscape één pixel naar links verschoven staat t.o.v. Internet Explorer. Dit verschil van één pixel kan een probleem zijn als men bijvoorbeeld plaatjes op de voorgrond exact wil laten aansluiten op de achtergrond. De oplossing is even simpel als functioneel. We maken een achtergrond voor Netscape en een andere voor Internet Explorer. Vervolgens plaatsen we enige ASP-functionaliteit in de HTML-pagina. De server biedt de mogelijkheid om op te vragen wat voor browser iemand gebruikt. Afhankelijk van de browser sturen we een andere achtergrond. En zo wordt een irritant webdesign-probleem opgelost dankzij intelligentie aan de serverkant.

```
<% Agent =Request.ServerVariables("HTTP_USER_AGENT")
  if instr(Agent, "MSIE") then %>
<BODY background="images/back_ie.gif" bgcolor="red">
<% else %>
<BODY background="images/back_ns.gif" bgcolor="red">
<% end if %>
```

#### ■ 'Reset' probleem in Microsoft Internet Explorer

Dezelfde techniek kunnen we gebruiken voor een ander 'browser'-probleem. Zo kan Internet Explorer geen grafische button gebruiken om de inhoud van een formulier te wissen. Deze button sturen we dan ook gewoon niet naar Explorer maar wel naar de Netscape-browser. Dit voorkomt verwarring bij de gebruikers van Internet Explorer die anders wel een 'waardeloze' button op het scherm zien.

Aan het tot stand komen van dit boek werkten mee:

Rob Kouwenberg, Eric Bruinewoud, Mike Camerling, Richard Heesbeen, Jeroen Ritmeijer, Edwin Martin, Mark Ossen, Maarten Schutjes, Sander Kessels, Ton Daamen, Paul Keltjens, Ilse van Kuijck, Marijke den Ouden, Marlou Wijsman, Frits Bonjernoor, Wouter Betting, René van den Bichelaer, Willem Jan Withagen, Hans van Rossum, Marieke Verspaandonk, Marc de Kruijf, Eric van der Linden, Cor Steenstra, Dingeman Kuilman, Michael Schaeffer, Hans Frederiks, Martin Mes, Just van Rossum, Erik van Blokland, Albert Kiefer, Marc Hagers, Dennis de Poorter, Kees Metzger, Stephen Atkinson, Peter Buiks, Hans Kemp, Pieter van Twisk, Ruud Kluivers, Michael Baumgardt, Jouk Pleiter, Martin van den Berg, Douglas Jacobson, Herbert van Staveren, Ronald Baart, Ton Frederiks, Adelheid van der Werf, Sylvia Langereis, Loek Schönbeck, Nathalie Melotte én Marjan Kentie.

Een bijzonder woord van dank voor Joop Krijvenaar en Wouter Vermeulen.